Andrea Gysling
Die analytische Antwort

Das Anliegen der Buchreihe BIBLIOTHEK DER PSYCHOANALYSE besteht darin, ein Forum der Auseinandersetzung zu schaffen, das der Psychoanalyse als Grundlagenwissenschaft, als Human- und Kulturwissenschaft und als klinische Theorie und Praxis neue Impulse verleiht. Die verschiedenen Strömungen innerhalb der Psychoanalyse sollen zu Wort kommen, und der kritische Dialog mit den Nachbarwissenschaften soll intensiviert werden. Bislang haben sich folgende Themenschwerpunkte herauskristallisiert:

Die Wiederentdeckung lange vergriffener Klassiker der Psychoanalyse – wie beispielsweise der Werke von Otto Fenichel, Karl Abraham, W. R. D. Fairbairn, Sándor Ferenczi und Otto Rank – soll die gemeinsamen Wurzeln der von Zersplitterung bedrohten psychoanalytischen Bewegung stärken. Einen weiteren Baustein psychoanalytischer Identität bildet die Beschäftigung mit dem Werk und der Person Sigmund Freuds und den Diskussionen und Konflikten in der Frühgeschichte der psychoanalytischen Bewegung.

Im Zuge ihrer Etablierung als medizinisch-psychologisches Heilverfahren hat die Psychoanalyse ihre geisteswissenschaftlichen, kulturanalytischen und politischen Ansätze vernachlässigt. Indem der Dialog mit den Nachbarwissenschaften wiederaufgenommen wird, soll das kultur- und gesellschaftskritische Erbe der Psychoanalyse wiederbelebt und weiterentwickelt werden.

Stärker als früher steht die Psychoanalyse in Konkurrenz zu benachbarten Psychotherapieverfahren und der biologischen Psychiatrie. Als das anspruchsvollste unter den psychotherapeutischen Verfahren sollte sich die Psychoanalyse der Überprüfung ihrer Verfahrensweisen und ihrer Therapie-Erfolge durch die empirischen Wissenschaften stellen, aber auch eigene Kriterien und Konzepte zur Erfolgskontrolle entwickeln. In diesen Zusammenhang gehört auch die Wiederaufnahme der Diskussion über den besonderen wissenschaftstheoretischen Status der Psychoanalyse.

Hundert Jahre nach ihrer Schöpfung durch Sigmund Freud sieht sich die Psychoanalyse vor neue Herausforderungen gestellt, die sie nur bewältigen kann, wenn sie sich auf ihr kritisches Potenzial besinnt.

BIBLIOTHEK DER PSYCHOANALYSE

HERAUSGEGEBEN VON HANS-JÜRGEN WIRTH

Andrea Gysling

# Die analytische Antwort

Eine Geschichte der Gegenübertragung
in Form von Autorenportraits

Psychosozial-Verlag

Bibliografische Information der Deutschen Nationalbibliothek
Die Deutsche Nationalbibliothek verzeichnet diese Publikation in der Deutschen
Nationalbibliografie; detaillierte bibliografische Daten sind im Internet über
<http://dnb.d-nb.de> abrufbar.

Unveränderte Neuauflage der Ausgabe von 1995
(edition diskord)
© 2009 Psychosozial-Verlag
E-Mail: info@psychosozial-verlag.de
www.psychosozial-verlag.de
Alle Rechte vorbehalten. Kein Teil des Werkes darf in irgendeiner Form (durch
Fotografie, Mikrofilm oder andere Verfahren) ohne schriftliche Genehmigung des
Verlages reproduziert oder unter Verwendung elektronischer Systeme verarbeitet,
vervielfältigt oder verbreitet werden.
Umschlagabbildung: Wilfried Bion, Sándor Ferenczi,
Karen Horney, Sigmund Freud
Umschlaggestaltung und Satz: Hanspeter Ludwig, Gießen
Printed in Germany
ISBN 978-3-8379-2017-8

# Inhalt

Vorwort von 1994     8
Vorwort von 1985     9
Einleitung     11

### Teil I
### DIE PIONIERZEIT: AM ANFANG WAR DIE FURCHT

1. Die besonderen Charakteristika der Pionierzeit     35
2. Die Gegenübertragung bei FREUD: Das Spiegel-, Chirurgen- und Indifferenzideal     37
3. Adolph STERN: Ohne ein gewisses Maß an milder, positiver Gegenübertragung geht es nicht     53
4. Edward GLOVER: Unsere Gegenübertragung bedarf täglicher analytischer Pflege     57
5. Sandor FERENCZI: Warum denn immer so streng und versagend? Wo bleibt die Zärtlichkeit?     64
6. Otto RANK: Das wichtigste Ingrediens der optimalen Gegenübertragung heißt Bescheidenheit. Der Analytiker wird zum Hilfs-Ich und Teilobjekt     75

### Teil II
### DIE ZWEITE PHASE: DER DORNRÖSCHENSCHLAF BIS ZUM BEGINN DER FÜNFZIGER JAHRE

1. Vom langen Schlaf zwischen 1930 und 1950. Und von einigen bemerkenswerten Ausnahmen     89
2. ALEXANDER und FRENCH: Deine Gegenübertragung sei umgekehrt proportional zur einstigen Haltung der Eltern des Patienten     94
3. Karen HORNEY: Ihr Umgang mit den Patienten – ein Spiegel ihrer unbewußten Konflikte?     103
4. Ella SHARPE: Dem Analytiker als immer nur ausgeglichenem Übermenschen wird der Garaus gemacht. Wichtig ist einzig der Grad seiner Bewußtheit     112
5. Wilhelm REICH: Die wilde Jagd nach der negativen Übertragung als Ausdruck einer paranoid gefärbten Gegenübertragung?     122

6. Donald Woods WINNICOTT: Haß in der Gegenübertragung ist manchmal ganz normal und soll dem Patienten sogar vermittelt werden  132
7. Carl Gustav JUNG: Freuds Indifferenzideal ist unmenschlich und feige. Analytiker sollten sich vom Patienten infizieren lassen  140
8. Robert FLIESS: Zuviel Engagement und Identifikation ist des Teufels. Analytiker sollen sich mit ihren Patienten nur so weit identifizieren wie Tee-Tester mit einem Schluck Tee  149
9. Alice und Michael BALINT: Keimfreiheit und Neutralität gibt es nicht. Schon die Anordnung der Kissen auf der Couch spricht Bände  154
10. Otto FENICHEL: Übertrieben kühles Spiegel-Gehabe ist genauso schlimm wie das Suchen nach Triebbefriedigung  165
11. Leo BERMAN: Restlose Hingabe des Analytikers als Gegenübertragung ist das wichtigste therapeutische Agens  168
12. Theodor REIK: Analytiker arbeiten zu kopflastig. Man höre mehr auf seine Gegenübertragung, dann hat man schon alles begriffen  171

Teil III
DIE DRITTE PHASE:
DIE GEGENÜBERTRAGUNG WIRD DER SCHLÜSSEL
ZUM UNBEWUSSTEN DES PATIENTEN

1. Der umwälzende, neue Gedanke und der Beitrag der Briten zu dieser Revolution  185
2. Paula HEIMANN: Die Gegenübertragung ist eine Schöpfung des Patienten  189
3. Margaret LITTLE: Die ganz subjektive Gegenübertragung öffnet den Weg ins Unbewußte des Patienten. Man sollte daher unbedingt zu ihr stehen  196
4. Maxwell GITELSON: Die Gegenübertragungs-Komplikation wird zum Wachstumspunkt für den Patienten, vorausgesetzt, man ist offen und ehrlich  206
5. Heinrich RACKER: Selbst in der allerneurotischsten Gegenübertragung liegt noch ein Körnchen Wahrheit über den Patienten verborgen  214
6. Wilfred R. BION: Der stumme Schrei. Die Gegenübertragung als Abbild des Überwältigenden  224

7. Werner KEMPER: Unsere Gegenübertragung sagt immer die Wahrheit. Allerdings nur in qualitativer, nicht in quantitativer Hinsicht .................................................................. 250
8. Anni REICH: Die Revolution ist ein Ding des Teufels. Die Neuerer mißverstehen die Psychoanalyse in ihrer Essenz. Jetzt heißt es zusammenhalten! .................................................. 258

## Teil IV
## UND HEUTE:
## DIE GEGENÜBERTRAGUNG ALS MOTOR DER KUR, ALS FUNDAMENT DER DEUTUNG UND MANCHMAL GAR ALS KONKURRENZ ZU IHR ........ 269

1. Die Gegenübertragung als bloße Re-aktion wird zur primären Aktion .................................................................................... 271
2. Sacha NACHT: Auf der Suche nach einem neuen Standort zwischen Abstinenz und gratifizierender »Präsenz« ........................ 275
3. Donald W. WINNICOTT und Masud KHAN: Die Gegenübertragung wird somatisch. Sie ist der warme Mutterleib, der den Patienten trägt .................................................................... 289
4. Michael BALINT: Im Umgang mit Grundgestörten wird eine Gegenübertragung, schmiegsam und unzerstörbar wie Wasser, wichtiger als alles Deuten ...................................................... 301
5. Marguerite SECHEHAYE: Nicht der direkten Mutterliebe und Wunscherfüllung, sondern einzig der verhüllten Mütterlichkeit und der symbolischen Wunscherfüllung bedürfen die Psychotiker 317
6. John ROSEN: Mutterliebe und Nähren der Seele als übergeordnetes Prinzip in der Psychosentherapie ................................. 327
7. Gaetano BENEDETTI: Nicht auf Mütterlichkeit, sondern auf die erschütterte Liebe eines Bruders oder Stellvertreters in der Gegenübertragung kommt es an .............................................. 340
8. Otto KERNBERG: Die Väter melden sich zurück: Schluß jetzt mit soviel Verwöhnung von früh gestörten Patienten! Wo bleiben die Grenzen? Wo die Selbstverantwortung des Patienten? Wo die Neutralität und die Forderungen der Realität? ......................... 355

Schlußbetrachtungen ............... 379

Personenregister ..................... 391

Literaturverzeichnis ................. 397

# Vorwort von 1994

Neun Jahre sind vergangen, seit ich die hier vorgelegte Dissertation beendet habe. Daß der Verlag edition diskord ihr nun die Ehre erweist, sie aus ihrer tristen Existenz in einem Züricher Keller zu befreien, ehrt die Autorin. Zu hören, daß meine Arbeit nach wie vor gültig sei und im Zuge des wachsenden Interesses der Psychoanalytiker an einer Analyse der unbewußten Bedeutungen des »Hier und Jetzt« als wesentlicher Voraussetzung zu einer bedeutsamen Analyse des »Dort und Damals« (vgl. Kernberg, 1994, S. 499) von hoher Aktualität, ist eine große Freude für mich. Tatsächlich scheint ein so ausführlicher historischer Abriß zur Geschichte der Gegenübertragung, der sich nicht nur an Theorien, sondern an einzelnen Therapeuten-Persönlichkeiten orientiert, in dieser Form noch immer nicht publiziert worden zu sein.

Ganz unverändert, so wie sie 1985 von Benedetti, meinem Lehrer und Doktorvater, gutgeheißen wurde, mochte ich die Dissertation allerdings nicht drucken lassen. Es galt, die Arbeit auf den neuesten Stand zu bringen, sie inhaltlich und stilistisch etwas aufzupolieren. Und vor allem verspürte ich das dringende Bedürfnis, zwei Autoren, die ich zu wenig berücksichtigt hatte, die aber – nicht zuletzt wegen ihrer wichtigen Beiträge zur Theorie der Gegenübertragung – derzeit in aller Munde sind, noch je ein Kapitel zu widmen: Wilfred R. Bion und Otto Kernberg.

In der Hoffnung, daß der Leser einen Gewinn von der Lektüre dieser Arbeit haben möge, die so viele interessante, aber auch abseitige Theoretiker und ihre Überlegungen zur Gegenübertragung aufeinanderprallen und miteinander streiten läßt – und zwar vor allem einen Gewinn in Form eines Zuwachses von Mut zur Freiheit und Eigenständigkeit in der therapeutischen Arbeit – wünsche ich viel Vergnügen bei der Lektüre.

A. G.

# Vorwort von 1985

Meinem in Basel und Italien wirkenden Doktorvater, dem Psychosentherapeuten und Spezialisten in der Behandlung von Erkrankungen aus dem schizophrenen Formenkreis, Professor Dr. med. Gaetano Benedetti, und meinem Ko-Referenten, dem Leiter der Psychiatrischen Universitäts-Poliklinik am Kantonsspital Basel, Professor Dr. med. Raymond Battegay, schulde ich großen Dank. Sie haben sich nicht nur die Mühe genommen, mich beim Verfassen meiner Dissertation geduldig zu begleiten und zu unterstützen, sie haben mich überdies mehr als ein Jahrzehnt geschult und geformt.

Ohne ihren Einfluß wäre ich brav autoritätsgläubig geblieben oder ich wäre bei einem nivellierenden Relativismus gelandet. Die heutige »chaotische Situation« innerhalb der Psychoanalyse (Cremerius) verführt den Analytiker in Ausbildung nur zu leicht zur Übernahme der einen oder anderen dieser Haltungen. Den Patienten ist damit in beiden Fällen nicht gedient. Weder Starrheit noch Willkür auf der Seite ihrer Behandler bringt sie weiter.

In den »Psychoanalytischen Kolloquien« meiner Lehrer wurde mir das eine wie das andere konsequent versagt. Worauf es ankam, das war die immer neue Auseinandersetzung und kritische Bewertung der verschiedensten Ansätze, ob es sich nun um Resultate aus der Depressions-Forschung, Konzepte der Psychosomatik, der Traumdeutung, der Schizophrenie-Therapie, der Narzißmus-Theorie, Familientherapie, Gruppentherapie oder der Objektbeziehungs-Lehre handelte. Es gab keinen psychoanalytischen Ansatz, mochte er noch so fernab vom mainstream liegen, der in ihren Kolloquien nicht seine ökologische Nische gefunden hätte, der der Beachtung und lebhaften Diskussion nicht für wert befunden worden wäre.

Daß soviel Offensein und ein so weitgespanntes Interesse nicht nur innerhalb des Universitätsbetriebes, sondern vor allem innerhalb der Psychoanalyse die Ausnahme darstellt, wurde mir bald einmal klar. Ich besuchte daher die Mittwochs-Kolloquien acht Jahre nach Abschluß meines Studiums, bis zu Benedettis Emeritierung, 1985, immer weiter. Groß waren der Verlust und die Traurigkeit, als die so selbstverständlich gewordene Gewohnheit des Mittwochs-Kolloquiums von einem Tag auf den anderen vom Stundenplan gestrichen werden mußte. Ich denke mit Dankbarkeit an diese bereichernde Zeit zurück und wünschte mir, sie käme wieder. Benedetti hat mir ganz wesentlich dabei geholfen, das zu finden, was der Psychoanalytiker so dringend braucht: den Mut zum eigenen Stil, unter Beachtung der überlieferten Erfahrung.

A. G.

# Einleitung

Die ersten Jahre des psychoanalytischen Ausbildungskandidaten sind von Verwirrung und tiefer Verunsicherung geprägt. Der Kandidat ist, anders als andere Lernende, keineswegs nur mit seinem Noch-nicht-Können und einer Verantwortung konfrontiert, die ihn schier erdrückt, er weiß darüber hinaus auch nicht, wie das Plansoll und das Klassenziel eigentlich auszusehen haben, die er erreichen sollte, um ein guter Analytiker zu werden. Je mehr und je fleißiger er liest, desto unsicherer wird er, denn der eine verlangt von ihm dies, der andere das genaue Gegenteil, und seine Kontrollanalytiker, die seine praktische Arbeit beurteilen, sehen es noch einmal anders. So gerne würde er es gut und richtig machen, ein Musterschüler sein, doch es besteht kein Konsens darüber, was gut und richtig ist. Die Lehrerschaft scheint mächtig zerstritten, Konfliktfähigkeit eine Rarität, Dogmatik die Regel.

In den nunmehr neun Jahren, die verstrichen sind, seit ich meine Doktorarbeit beendet habe, hat sich, was das angeht, nicht viel geändert. Kernberg warnt auch 1994 noch inständig vor den »[...] verdummenden Folgen einer Beschränkung der Supervision von Ausbildungskandidaten auf einen einzigen theoretischen Ansatz [...]« sowie vor dem »intellektuellen Terrorismus« (Kernberg, 1994, S. 497) psychoanalytischer Institutionen und vergleicht psychoanalytische Institute gar spöttisch mit einer »Verbindung von Technikschule und Religionsseminar« (a. a. O., S. 502). Die Züricher Psychoanalytikerin Martha Eicke stößt einen nahezu identischen Stoßseufzer aus, wenn sie 1994 schreibt:

»Schon damals war ich betroffen davon, in welchem Ausmaß psychoanalytische Institutionen dazu benützt werden können, unbesehen als Ersatz für kirchliche Strukturen zu dienen, und wie anspruchsvoll es sein kann, diesen Mißbrauch zu durchschauen und zu bearbeiten« (Eicke, 1994, S. 165).

Auch sie beklagt die wachsenden Verständigungsschwierigkeiten verschiedener Psychoanalytiker untereinander:

»Auch gesamtschweizerisch sind wir an einem Punkt unserer Entwicklung angelangt, wo uns die Verständigung untereinander Mühe macht. Es scheint, daß sich analytische Gesellschaften, welche ohnehin zu kämpfen haben mit dem unauflösbaren Paradox zwischen Reglementierung der Ausbildung bei gleichzeitiger Autonomisierung der Kandidaten in der Lehranalyse, daß diese

Gesellschaften besonders dazu neigen, Sicherheit in der Gewißheit zu suchen: die ›richtige‹ Psychoanalyse zu vertreten. Sie scheuen davor zurück, mit offenem Horizont verschiedenartige Auffassungen anzuhören und ohne Verurteilung zu prüfen, eine Aufgabe, die auch den Umgang mit Macht berührt« (a. a. O., S. 194).

Der Dogmatismus scheint erschreckend häufig vorzukommen, da er in Zeiten der Unsicherheit Halt und Schutz verspricht. Sehr zum Schaden von Kandidaten, deren Befreiung hin zu selbständigem Denken und therapeutisch wirksamem Handeln mit solcher Schulung nolens volens sabotiert wird. Wen wundert es, daß es zwar viele jahrelang ausgebildete, aber auch viele farblose Analytiker gibt, Verwalter der Psychoanalyse, statt lebensvoller, vitaler und origineller Persönlichkeiten? Cremerius geht sogar so weit, in einem Interview 1994 zu behaupten, daß das Gros der Analytiker, die in die jeweiligen psychoanalytischen Gesellschaften als Mitglieder aufgenommen würden, überangepaßte »Normopathen« und damit eigentlich ungeeignet für den Beruf seien:

»Die Erfahrung zeigt, daß es eher anpassungsfreudige Menschen sind. Man läßt nur Leute zu, die sehr angepaßt, sehr gebildet, sehr normal sind, und gerade die, zeigt sich, sind für den Beruf ungeeignet. Die Amerikaner nennen diesen Typus ›Normopath‹. Es sind Menschen, die so angepaßt sind, daß sie die für diesen speziellen Beruf nötigen Eigenschaften nicht haben, der ja seelische Empfindsamkeit, Wachheit, aber auch einen gewissen Grad Erfahrung um menschliches Leiden, um menschliche Konflikthaftigkeit, um die Brüchigkeit der menschlichen Existenz fordert. Sie haben ihr Leben so organisiert und zementiert, daß sie gerade das, was sie für den Umgang mit dem Patienten brauchen, nicht mehr haben« (Cremerius, 1994, S. 45).

»Gesundheitsneurotiker« also, in etwa so lautet die böse Diagnose für die organisierte Analytikerschaft, unempathische Philister, zubetonierte Anpasser. Cremerius nimmt kein Blatt vor den Mund, was der Kandidat sich seinerseits nicht leisten kann. Der Kandidat macht bestenfalls die Faust im Sack, sofern er sich nicht selbst verrät und selbst verliert, der Aufnahme in die Gesellschaft zuliebe.

Eicke und Kernberg gehen nicht ganz so weit in ihren Urteilen wie Cremerius, der das Provozieren immer schon geliebt hat, doch ein tiefsitzendes Unbehagen über ein zu enges und zu intolerantes Gehäuse mit Namen psychoanalytische Ausbildungs-Institution zieht sich wie ein roter Faden auch durch ihre Äußerungen, ein Unbehagen, das den Kandidaten bei seiner Suche nach der Wahrheit, bei seinem Lernen auf Schritt und Tritt verfolgt:

»Nur allzu oft kämpfen wir heute mit aggressivem Mißtrauen, mit Exklusivitätsansprüchen und Reglementierungen um ihrer selbst willen, Haltungen, welche eine lebendige Auseinandersetzung, das Vertrauen in kreativen Einfallsreichtum und letztlich die Fortschritte in der Psychoanalyse so sehr erschweren« (Eicke, 1994, S. 163).

Vor allem finden wir solche »Exklusivitätsansprüche« im Rahmen der Theorien zur Handhabung der Gegenübertragung. Soll man als Analytiker nun ein reines »Fantasieobjekt« für den Patienten bleiben und sich als reale Person möglichst gar nie zu erkennen geben, oder soll man tatsächlich die Person, die man ist, verkörpern? Soll man seine Gefühle »niederhalten« oder soll man sie einbringen und den Patienten damit recht eigentlich tragen? Darf man gelegentlich eine völlig neue, »korrigierende Erfahrung« vermitteln, oder ist es eine Anmaßung und infantile Größenidee, wenn Analytiker sich einbilden, »die besseren Eltern« zu sein? Sind intensive Gefühle, ja, Leidenschaften, auf Analytikerseite ein »Beweis« für die ungelöste Neurose beim Behandler, oder haben wir ganz einfach einen Therapeuten vor uns, der sich stärker als der lauwarme Durchschnitt zu engagieren vermag? Ist die Gegenübertragung furchtbar oder ist sie fruchtbar?

Die Lehrmeinungen sind in diesem Feld Legion, und der Kandidat wird gnadenlos einem dogmatischen Chaos überlassen, das er weder zu überblicken, geschweige denn zu durchdringen oder zu gliedern vermag. In einem auf einfühlsame Weise mit diesen Nöten des Ausbildungskandidaten befaßten Artikel hat Cremerius beschrieben, in welches intellektuelle Dilemma, in welche Krisen des Selbstwertgefühls der Kandidat angesichts der geschilderten Verhältnisse unweigerlich geraten muß. Ich zitiere:

»Er selbst erlebt sich ganz anders, viel beteiligter, viel verstrickter in den Prozeß, viel mehr mit Gefühlen unterschiedlicher Art und Stärke reagierend. Nun tauchen neue Fragen auf. Ist das, was er da erlebt, sein Problem – sind die Gefühle von Wut, Ärger, Zuneigung, Abneigung, Langeweile, Enttäuschung etc. Ausdruck seiner Neurose –, oder ist es das, was man Gegenübertragung nennt, von der er gelesen hat, daß sie ein feiner Indikator für das Verständnis des Unbewußten sei? Aus Freuds Schriften gewinnt er den Eindruck einer gleichbleibenden, unbewegten Beziehung des Analytikers zu seinem Patienten. Der Ausdruck ›gleichschwebende Aufmerksamkeit‹ beunruhigt ihn, weil er sie so selten erreicht. Auch die anderen Autoren scheinen perfekte Beobachter und Behandler zu sein. Sein eigener Analytiker ist so verschlossen, daß er völlig unbewegt erscheint. Das einzige, was er von ihm wahrnimmt, sind die gelegentlichen Interventionen. Und die sind stets sachlich, völlig unpersönlich, stets um Verstehen bemüht, oft hilfreich. *Die Entdeckung seiner Verwirrungen beschämt ihn tief, weil er befürchtet, daß nur er von ihnen heimgesucht werde«* (Hervorhebung von der Verf.) (Cremerius, 1979 a, S. 561).

Nicht anders ist es mir selber in den ersten Jahren meiner Tätigkeit als Psychoanalytikerin ergangen. Als Mensch, dessen Gefühle in aller Regel rasch und stark anspringen, der einen dichten und intensiven Austausch mit seinem Gegenüber sucht, wurde mir der Umgang mit der Gegenübertragung in ganz besonderem Maße zum Problem. Ich habe mir deshalb oft nichts sehnlicher gewünscht, als einen praktischen Leitfaden zur Handhabung der Gegenübertragung zur Verfügung zu haben, welcher der ganzen Vielfalt von Theorien und Meinungen zu diesem Thema gerecht geworden wäre — oder zumindest den wichtigsten unter ihnen —, und der mir außerdem hätte erklären können, wie der einzelne Autor zu seinen spezifischen Ansichten gekommen war. Aber entweder waren solche nach Autoren gegliederte Werke zu unspezifisch, oder die Übersicht endete mit dem Jahre 1950, oder die einzelnen Theorien wurden nur stichwortartig abgehandelt und verloren dadurch an Gehalt und Interesse. Vielfach wurde auch von einem eng umschriebenen und als einzig richtig deklarierten Verständnis von Gegenübertragung ausgegangen und damit zu vieles vernachlässigt, was andere Theoretiker darunter verstanden und dazu geäußert hatten. Kurz, es stellte sich als äußerst schwierig heraus, mir innerhalb einer vernünftigen Zeitspanne einen Überblick über die psychoanalytischen Erkenntnisse auf diesem Gebiet zu verschaffen, um mir so eine fundierte, eigene Meinung bilden zu können.

Aus dieser Misere heraus ist in mir das Bedürfnis entstanden, mit meiner Dissertation in diesen Dschungel etwas Ordnung zu bringen. Ich beschloß also, mir erst einmal einen Überblick über dieses wichtige und interessante Segment psychoanalytischen Denkens zu verschaffen[1] und mich danach eingehender mit jenen Autoren zu befassen, deren Werke mich besonders angesprochen hatten, oder denen in besonderem Maß die Funktion von Marksteinen oder aber Steinen des Anstoßes in der Geschichte der Gegenübertragungs-Theorie zugekommen war.

Man muß, wenn man sich mit Gegenübertragung befaßt, eigentlich ununterbrochen den Umstand berücksichtigen, daß sowohl der Patient wie der Analytiker immer je einmalige Individuen darstellen. Jeder der beiden Beteiligten bringt seine besondere Lebensgeschichte mit ihren typischen Konflikten, Sehnsüchten und Achillesfersen mit sich. Jeder hat sein eigenes Temperament und seine spezifische »Neurosen-Struktur«, um es mit einem Terminus des Neo-Analytikers Schultz-Hencke zu sagen.[2,3]

Patient wie Therapeut sind immer einzig in ihrer Art, so wie die Situationen, in denen sie sich befinden, einmalig und unwiederholbar sind.

Darüber hinaus muß man sich vergegenwärtigen, daß das zwischenmenschliche Geschehen, in das Patient wie Therapeut miteinander verstrickt sind, häufig so intensiv und beide Beteiligten vereinnahmend ist, daß es im Erleben der beiden zu Fusionen kommt und sich die Grenzlinien zwischen ihnen verwischen. Vor allem gilt dies natürlich dort, wo es der Analytiker mit schwerer Psychopathologie, mit sogenannten »pathologischen Organisationen«, zu tun bekommt, mit Patienten, deren Identität und Ichgrenzen unklar sind, die nie die eigentliche Objektkonstanz erlangt haben, die zu Ambivalenz nicht fähig sind, an massiven narzißtischen Defiziten leiden und sich archaischer Abwehrmechanismen wie der Projektion und der projektiven Identifizierung bedienen.

Nicht zuletzt aber gilt es zu bedenken, daß die Psychoanalyse nicht immer auf demselben Stand war, auf dem sie heute ist: andere Voraussetzungen, andere Ängste, andere Interessen prägten sie.[4]

Nur wenn man sich die Abhängigkeit der Theorien zur Gegenübertragung von immer einmaligen Persönlichkeiten, Zeitgeist und spezifischen zwischenmenschlichen Situationen vor Augen hält[5], wird man ob der Flut an sich widersprechenden Äußerungen zum Thema nicht verzweifeln. Erst dann wird man die Suche nach der einen, objektiven, absoluten Wahrheit aufgeben und sich mit gesunder, innerer Distanz fragen können, was denn nun von all dem Geschriebenen zu einem selber und dem jeweiligen Patienten, mit dem man arbeitet, paßt, was aber nicht.

Bei Morgenthaler steht zu lesen, daß auch anerkannte, allgemein gültige Technik-Regeln niemals die spezifische Persönlichkeit des Analytikers außer acht lassen dürfen und einen individuellen Zuschnitt erfordern. Maßarbeit ist also gefragt, nicht Technik »von der Stange«:

*»Die Beziehung, die ich zu meinem Analysanden herstelle, muß in jedem Falle zu mir passen und stimmen* [...]. *Das ist genau so, wie wenn ich zum Beispiel in ein Restaurant essen gehe. Dort angekommen, stelle ich mich so ein, daß ich mich wohlfühle,* ich bestelle das, was zu mir paßt und stimmt. Ich tue das unter selbstverständlicher Berücksichtigung von all dem, was mir angeboten wird: Küche, Bedienungspersonal, Raumgestaltung, die anderen Gäste, die Preise. Treten Mißverhältnisse in derartigen Gleichgewichten auf, spüre ich schnell eine Spannung und ein Unbehagen. [...]
*Im Umgang mit einem Analysanden kommt es darauf an, daß ich weiß, was ich will, und daß ich auch ausspreche, was unumgänglich ist, damit ich meine Funktion spannungsfrei ausüben kann«* (Hervorhebungen von der Verf.) (Morgenthaler, 1978, S. 47).

Die deutsche Psychoanalytikerin Thea Bauriedl hält dieses tägliche Ringen des Analytikers um sein Wohlgefühl und um die Wiederherstellung seines spannungsfreien Funktionierens im Prozeß des Analysierens gar für die zentral wichtige Aufgabe. Nur wer sie immer neu zu lösen vermag (natürlich ohne daß dies auf Kosten des Patienten geht), arbeitet optimal und vermag dem Patienten tatsächlich bei seiner Befreiung zu helfen, weil er Befreiung als Prozeß immer neu vorlebt. Es kommt, so Bauriedl, für den in die Enge getriebenen, manipulierten, frustrierten Analytiker immer neu darauf an, für sich selber Sorge zu tragen, indem er Fragen aufwirft wie die: »Was brauche ich gerade jetzt, um mich wieder ganz und lebendig zu fühlen?« Die Antwort auf solche Fragen weist der Deutung den Weg, wobei natürlich nicht von einem simplen Ausagieren libidinöser oder aggressiver Spannungen auf Analytikerseite die Rede sein kann, wohl aber von einem Ernstnehmen all dessen, was jetzt gerade wieder einmal fehlt, die Beziehung und die Kommunikation stört und sabotiert. Von diesem Fehlenden her wird dann der Analysand und seine vorherrschende Angst verstanden (vgl. Bauriedl, 1985, S. 250).

Findet ein Therapeut den Mut zur persönlichen Note nicht, hält er sich sklavisch an von anderen gesetzte Regeln, bleibt er eine abhängige Marionette des »Religionsseminars« (Kernberg, 1994, S. 502), so verliert sein therapeutischer Umgang an Effektivität. Redlich und Freedman jedenfalls schreiben:

> »Alle Psychiater, und *gerade die besseren unter ihnen, bewahren sich in ihren Techniken eine ausgesprochen persönliche Note.* Tatsächlich zeigt sich rasch, *wenn man diese persönliche Note eliminieren will, daß der Stil des ärztlichen Handelns etwas Langweiliges, Abgeschmacktes bekommt und zudem an Wirksamkeit verliert.* Natürlich gibt es bestimmte Charakterzüge eines Psychiaters, die seine therapeutische Effektivität beeinträchtigen und die daher abzuändern oder zu eliminieren sind; solche Veränderungen dürfen aber seiner grundsätzlichen Wesensart keine Gewalt antun. Daraus folgt unter anderem, daß nicht jeder Therapeut jeden Patienten gleich gut behandeln kann« (Hervorhebungen von der Verf.) (Redlich und Freedman, 1976, S. 314).

Auch Cremerius ist der Ansicht, daß es beim Erwerb von Technik nicht um das Finden von absoluten, sondern von individuellen Wahrheiten gehe. Wer es anders sehe, opfere die »emanzipatorische Qualität der Analyse« der Dogmatik. Ähnlich wie der Künstler hat auch der Analytiker seine eigene Handschrift, seinen unverwechselbaren Stil zu finden:

> »Endet er aber in Gläubigkeit und Orthodoxie, so wird dieser Analytiker seinem Patienten nichts von der emanzipatorischen Qualität der Analyse vermit-

teln können. Der andere Ausgang ist der, daß er sich auf den langen Marsch durch die vorhandenen Techniken macht. Leicht ist dieser Weg nicht. Der Angebote sind viele und sehr verschiedene. Und viele Lehrjahre hindurch fragt der Suchende irrtümlich nach der *richtigen* Technik im objektiven Sinn – anstatt nach *seiner* Technik zu fragen und zu verstehen, daß es hier um Stilbildung, nicht um falsch oder richtig geht« (Cremerius, 1979 a, S. 561).

»Was dem eenen sin Uul, is dem andern sin Nachtigall.« Keiner hat die absolute Wahrheit in Händen, da jeder Analytiker verschieden geartet ist und mit anderen Patienten arbeitet. Freud hatte dies ungeachtet der Striktheit seiner Regeln zum Umgang mit der Gegenübertragung klarer gesehen als seine dogmatischen Epigonen, indem er nämlich 1912 im Aufsatz »Ratschläge für den Arzt bei der psychoanalytischen Behandlung« äußerte:

»Die technischen Regeln, die ich hier in Vorschlag bringe, haben sich mir aus der langjährigen Erfahrung ergeben, nachdem ich durch eigenen Schaden von der Verfolgung anderer Wege zurückgekommen war. [...] Ich hoffe, daß ihre Berücksichtigung den analytisch tätigen Ärzten viel unnützen Aufwand ersparen und sie vor manchem Übersehen behüten wird; *aber ich muß ausdrücklich sagen, diese Technik hat sich als die einzig zweckmäßige für meine Individualität ergeben; ich wage es nicht in Abrede zu stellen, daß eine ganz anders konstituierte ärztliche Persönlichkeit dazu gedrängt werden kann, eine andere Einstellung gegen den Kranken und die zu lösende Aufgabe zu bevorzugen*« (Hervorhebungen von der Verf.) (Freud, 1975, S. 171).

So viel Toleranz anderen Techniken, anderen Stilen gegenüber ist, ich habe es schon gesagt, innerhalb der Psychoanalyse in etwa so verbreitet wie die weißen Raben. Ich habe sie in meiner Jahre dauernden psychoanalytischen Ausbildung nur selten kennengelernt, zum Beispiel bei Morgenthaler und Cremerius und eben auch bei Benedetti, in dessen »Psychoanalytischen Kolloquien« die Wahrheit immer nur gesucht, nie aber ein für alle Mal gefunden wurde. Benedettis Sympathie für den Philosophen Karl Jaspers, dem alle festen Gehäuse und Denkschablonen als sicherer Hafen und Heimat prinzipiell suspekt waren, zahlte sich für die Studierenden immer neu aus.

Auf die dogmatische Stimme der Reaktion, auf alle jene Behandler aus dem psychoanalytischen »Establishment«, die eine absolute Wahrheit und »reine Lehre« in Händen halten[6], eine reine Lehre übrigens, die niemand anders als Freud selber in seiner praktischen Arbeit täglich »verunreinigte« (vgl. Teil I, 1. und 2.) ist allerdings dennoch nicht zu verzichten. Der angehende Analytiker benötigt auch Erzieher, die ihn eindämmen, die ihn auf die Gefahren des allzu freien Fließens und Ausagierens seiner Emotionen hinweisen, die ihm, wenn ihn die Experimentierfreude überkommt, mit dem strengen Worte »unanalytisch« entgegentreten und ihn zwingen, sich sehr genau zu überlegen, was er da macht und warum.

Die Freiheit, die man geschenkt bekommt, ist keine Freiheit. Es gilt, sich seinen eigenen Stil in der Auseinandersetzung mit der überlieferten Erfahrung und den althergebrachten Regeln zu erarbeiten. Erst dann ist die gemeinte Freiheit keine Zügellosigkeit. Gäbe es nicht die Sitzungen der Schweizerischen Psychoanalytischen Gesellschaft in Bern, die vom eingeschüchterten Kandidaten oft genug wie Versammlungen der Heiligen Inquisition erlebt werden, gäbe es nicht den mahnenden Zeigefinger der Kontrollanalytiker, der Kandidat würde beliebig tun und lassen, wonach ihn gelüstet. Daß dies äußerst gefährlich wäre, versteht sich von selbst.

Ein strenges Gesetz ist also insofern nützlich, als es den Kandidaten vor einem leichtfertigen Umgang mit seiner Gegenübertragung schützt. Blindlings unterwerfen darf er sich ihm dennoch nicht, sonst wird er ein starrer, unlebendiger Analytiker, der nicht nur sich, sondern auch den Patienten in der einen oder andern Form vergewaltigt. Was Chuang-Tzu, ein alter Chinese, einmal über die Kunst, ein Rad anzufertigen, gesagt hat, gilt genauso für die analytische Technik:

> »Wenn ich ein Rad anfertige und mein Schlag zu langsam ist, so geht er tief, ist aber nicht gleichmäßig; wenn mein Schlag zu schnell ist, so gerät er gleichmäßig, aber nicht tief. Das rechte Maß, das weder zu langsam noch zu schnell ist, gelingt der Hand nicht, wenn es nicht von Herzen kommt. Dies läßt sich nicht in Worte fassen und ist eine Kunst, die ich nicht einmal meinem Sohn erklären kann« (Waley, 1974, S. 28).

Aber es wird allmählich Zeit, genauer zu definieren, was das ominöse Wort »Gegenübertragung«, mit dem die vorliegende Arbeit durchgängig befaßt ist, bedeutet. Ein leichtes Unterfangen ist das nicht, gibt es doch eine beunruhigend große Menge an Definitionen von Gegenübertragung, die die verschiedensten Phänomene abdecken. Wollte man allen Definitionen dieses überfrachteten Begriffs gerecht werden, käme man zu einer monströsen Super-Definition wie etwa der folgenden: Gegenübertragung ist die mehr oder weniger bewußte oder unbewußte, neurotische und/oder adäquate, dem Verständnis für den Patienten äußerst ab- oder zuträgliche, verbalisierte, agierte oder geheimgehaltene, emotional Ganz- oder Teilantwort des Analytikers auf bestimmte Aspekte oder auf die Ganzheit seines Patienten, oder auf bestimmtes oder alles Material seines von ihm korrekt oder verzerrt wahrgenommenen Patienten in der Behandlungssituation, abgesehen von jenen Fällen, bei welchen Gegenübertragung keine Reaktion, sondern das primäre, emotionale Angebot des Analytikers darstellt und zum Motor der Kur wird.

Da kein Mensch mit einem derart widersprüchlichen Gebilde etwas Vernünftiges anfangen kann, sei es hiermit definitiv ad acta gelegt. Faßbarer wird die Sache, wenn man sich unbefangen in psychoanalytischen Seminaren und Kontrollsitzungen umhört und darauf achtet, was die Kollegen meinen, wenn sie ganz selbstverständlich − und ohne sie definieren zu wollen − von der Gegenübertragung reden. Da fällt einem bald einmal auf, daß das Wort einmal als Kompliment, ein anderes Mal als Kritik verwendet wird: »Diese Deutung war zwar etwas taktlos, aber das macht nichts, Sie haben ja eine so starke Gegenübertragung, das spürt der Patient« und »da stimmt etwas nicht mit Ihrer Gegenübertragung«. Diese Äußerungen lassen sich ohne weiteres auf die folgende Formulierung reduzieren: »Ihre *Gefühle* für den Patienten sind dem therapeutischen Prozeß zuträglich, respektive abträglich.« Cremerius hat die moderne, umgangssprachliche Auslegung des Begriffs ganz auf seiner Seite, wenn er 1980 in Zürich in der Diskussion nach einem Vortrag über Kohuts Behandlungstechnik (25. April 1980, Psychoanalytisches Seminar an der Tellstraße, Zürich) bewußt nur noch vom »*Umgang*« mit dem Patienten statt von Gegenübertragung redet. Auch eine Wortschöpfung Reiks, nämlich die »*Antwort des Analytikers*«, scheint mir in diesem Zusammenhang recht brauchbar zu sein. Hören wir Reik selber:

> »An dieser Stelle möchte ich einen neuen Begriff für die Reaktion des Analytikers auf die Mitteilungen, Worte, Gesten, Pausen usw. des Analysanden einführen. Ich nenne die Summe dieser Reaktionen, die alle Arten von Eindrücken enthalten, *Antwort*. Die analytische Antwort ist somit die gefühlsmäßige und intellektuelle Erwiderung auf das Reden, das Verhalten und die Erscheinung des Patienten und schließt das Bewußtsein der inneren Stimmen des Analytikers mit ein. Jeder Deutung, jeder Erklärung und Darstellung des Analytikers geht diese Antwort voraus, und sie determiniert diese in großem Ausmaß. *Die Antwort ist sozusagen die innere Erfahrung dessen, was der Analytiker wahrnimmt, empfindet, fühlt, wenn er den Patienten betrachtet.* Es wird aus den vorhergehenden Abschnitten klar, daß der Hauptteil dieser Antwort seinem Wesen nach unbewußt ist oder, um es anders auszudrücken, daß nur ein kleiner Teil davon bewußt wird. *Die Antwort ist somit der dunkle Boden, in dem unser Verstehen der psychischen Vorgänge seine Wurzeln hat. Aus diesen Wurzeln, die tief in der Erde verborgen sind, taucht unser intellektuelles, logisches Erfassen der Probleme auf. Aus diesen verborgenen Wurzeln wächst der Baum psychoanalytischen Wissens*« (Hervorhebungen von der Verf.) (Reik, 1976, S. 326).

Jetzt heißt es genauer werden und umschriebene Gruppen von Definitionen unter die Lupe zu nehmen, gewissermaßen die verschiedenen Zimmer des so weitläufigen Gegenübertragungs-Gebäudes. Sandler et al. sind der Ansicht, daß man den seit 1910 wuchernden Dschungel von Definitionen am ehesten roden und übersichtlich machen könne, wenn man ihm mit sechs Unterkategorien zu Leibe rückt. Ich fasse zusammen:

1. Gegenübertragung ist ein Widerstand des Analytikers gegen Material, das seine eigenen Konflikte aktiviert.
2. Gegenübertragung ist jener der Behandlung abträgliche Vorgang, bei dem der Analytiker seinen Patienten mit einer Figur aus seiner eigenen Kindheit verwechselt und entsprechend inadäquat auf ihn reagiert.
3. Gegenübertragung ist die Angst des Analytikers in der Behandlung.
4. Gegenübertragung heißen jene Persönlichkeitsmerkmale des Analytikers, die die Behandlung beeinflussen und stören.
5. Gegenübertragung ist die Beeinträchtigung des Analytikers angesichts besonders gearteter Patienten.
6. Gegenübertragung ist die angemessene, normale Gefühlsreaktion des Analytikers und ein wichtiges Instrument für sein Verstehen (Sandler et al., 1973).

Vollständigkeit kann diese Liste von Unterkategorien allerdings keineswegs beanspruchen. Es fehlt meiner Meinung nach vor allem jene siebte Untergruppe, bei der die Gegenübertragung als irgendeine Spielart der Liebe oder Mütterlichkeit des Analytikers verstanden und als Nährboden des therapeutischen Prozesses gewichtet wird.

Little glaubt gar (Little, 1951), daß man dem Chaos mit nur vier Unterkategorien beikommen könne: Es sind die folgenden:

1. Gegenübertragung ist die unbewußte Haltung gegenüber dem Patienten.
2. Gegenübertragung ist das Wirken jener verdrängten Elemente im Analytiker, aufgrund derer er den Patienten wie die eigenen Eltern erlebt.
3. Gegenübertragung ist eine bestimmte Haltung des Analytikers, mit der er auf die Übertragung des Patienten antwortet.
4. Gegenübertragung ist das Gesamtverhalten des Analytikers, das Total seiner unbewußten und bewußten Haltungen.

Little gesteht aber gleich im Anschluß an diesen Klärungsversuch mit sympathischer Offenheit, daß man die Verwirrung mit der Schaffung solch ordnender Schubladen keineswegs aufheben könne. Obwohl sie sich fest vorgenommen habe, ihr Gegenübertragungs-Verständnis einzig auf die zweite der genannten Definitionen zu beschränken, habe es ihr beim Schreiben nicht gelingen wollen, sich immer nur an diese eine Definition zu halten. Nolens volens sei sie zwischen den verschiedenen Auffassungen von Gegenübertragung hin- und hergependelt. Alles Festhaltenwollen an einer einzigen Definition habe sich als unmöglich herausgestellt. Gegenübertragung sei eben etwas sehr Komplexes, definitorisch nur schwer zu Fassendes.

Diese Sätze wirkten wohltuend, weil es mir beim Verfassen meiner Dissertation nicht besser erging. Immer wieder mußte ich Kompromisse machen, den Standort wechseln und meine Vorstellung von Gegenübertragung revidieren. Unablässig suchte ich den archimedischen Punkt, von dem aus es mir endlich gelingen sollte, die ganze Gegenübertragungs-Theorie in den Griff zu bekommen, aber der archimedische Punkt erwies sich regelmäßig als eine Fata morgana, respektive als ein verschwommener, pulsierender Fleck von beträchtlichen Ausmaßen. Es sollte sich als schlechthin unmöglich herausstellen, sich auf eine eng umschriebene Definition von Gegenübertragung festzulegen. Der Preis dafür wäre unweigerlich der gewesen, daß ich dort hätte sprachlos werden müssen, wo andere ganz selbstverständlich noch von Gegenübertragung redeten, obwohl sie etwas völlig anderes meinten als ihre Vorläufer. Verblieb mir nur anzuerkennen, daß ich mich auf einem schwankenden Floß befinde, die Suche nach dem archimedischen Punkt aufzugeben und mich zu einem umfassenden, recht Widersprüchliches enthaltenden Gegenübertragungs-Begriff, etwa im Sinne der Reikschen »Antwort des Analytikers«, zu bekennen. Mit meinem Entscheid, die vorliegende Arbeit mit Blick auf einen sehr weit gefaßten Gegenübertragungs-Begriff zu schreiben, stehe ich nicht alleine da, so stelle ich heute nicht ohne Erleichterung fest. Der allgemeine Trend innerhalb der modernen Psychoanalyse weist nämlich, so Kernberg 1994, ganz klar in diese Richtung:

> »In dieser Hinsicht gibt es eine allmähliche Dominanz des umfassenderen, globalen Konzepts der Gegenübertragung im Gegensatz zu engeren, traditionellen Ansichten darüber« (Kernberg, 1994, S. 499).

Derartige »ganzheitliche« Auffassungen der Gegenübertragung oder der »totalistic approach« (Kernberg, 1978, S. 68) decken also das gesamte Erleben des Analytikers ohne Einschränkung ab. Sie sind zwar in aller Regel ungenau, dafür garantieren sie, daß einem keine wesentliche Dimension der Arzt-Patient-Beziehung entgeht. Die Unterteilungen in bewußt und unbewußt, neurotisch und nicht-neurotisch, dem Analytiker zugehörig und dem Patienten zugehörig, in Gegenwart und Vergangenheit, Wirklichkeit und Fantasie, in reale Person und Übertragungsperson, Arbeitsbündnis, Realbeziehung und Übertragungsbeziehung wirken auf dem Papier zwar immer einleuchtend und überzeugend wissenschaftlich. Hineingerissen in den dynamischen Strudel des zwischenmenschlichen Geschehens aber verlieren diese am Schreibtisch so säuberlich auseinanderdividierten Elemente unweigerlich an Kontur. Alles exakte Begrenzenwollen tut hier der komplexeren Wirklichkeit Gewalt an. Gegenübertragung aber hat immer eminent mit Praxis zu tun, Wirklichkeitsferne kann man sich in der Beschäftigung mit ihr nicht leisten.

Manchen Analytikern ist diese vage, große, totalistische Definition allerdings ein Dorn im Auge. Sie finden, wer so viele verschiedene Phänomene unter ein einziges Dach zwingen wolle, dessen »Wissenschaftlichkeit« lasse zu wünschen übrig. So etwa Michael-Lukas Moeller:

»Wenn Gegenübertragung alles bedeutet, wie in der totalistischen Definition, dann hat man wissenschaftlich nichts gewonnen« (Moeller, 1977, S. 145).

Darauf kann ich nur entgegnen, daß Moellers Bemühen um mehr »Wissenschaftlichkeit« zwar löblich sein mag, aber dem Praktiker nichts bringt. Er schreibt nämlich einige Abschnitte weiter unten, nachdem er seine eigene, eng umschriebene Definition von Gegenübertragung, verstanden als die »*nicht-neurotische* Reaktion des Analytikers auf die Übertragung seines Patienten« (a. a. O., S. 145), vorgestellt hat, ohne weiteres dies:

»In der Praxis bilden *neurotische und normale* Anteile des Arztes eine *unlösbare* psychische Ganzheit [...]« (Hervorhebung von der Verf.) (a. a. O., S. 147).

Ist es sinnvoll, auf dem Papier zu trennen, was man in der Praxis nicht mehr voneinander unterscheiden kann? Und außerdem: Täten wir nicht besser daran, unsere wissenschaftliche Auffassung von Gegenübertragung jenem umfassenden Verständnis von Gegenübertragung anzugleichen, das heute in der Umgangssprache vieler Analytiker den Ton angibt? Auf mich jedenfalls wirkt der reformatorische Rückgriff auf »saubere«, das heißt enggefaßte Definitionen der Gegenübertragung akademisch und forciert.

Kernberg, der mit der messerscharfen Präzision seiner Konzepte imponiert, hielt es nicht erst 1994, sondern bereits im Jahre 1981 für sinnvoller, eine weitgefaßte, totalistische und entsprechend ungenaue Gegenübertragungs-Definition zu vertreten. Zumindest sei dies für jene sinnvoll, die wie er mit Borderline-Fällen arbeiten würden (bei welchem Analytiker haben sie sich noch nicht vorgestellt?!). Kernberg schreibt:

> »Der Begriff *Gegenübertragung* wird heute oft für die gesamte emotionale Reaktion des Therapeuten auf den Patienten benutzt. In den meisten Fällen wird er jedoch noch immer den spezifischen unbewußten Übertragungsreaktionen des Therapeuten auf den Patienten vorbehalten, besonders von jenen Autoren, die von einem ichpsychologischen Ansatz ausgehen. Mit anderen Worten, diese letztgenannte eingeschränkte Definition der Gegenübertragung konzentriert sich auf die enge Beziehung zwischen den allgemeinen affektiven Reaktionen des Therapeuten und seinem spezifischen Gegenübertragungs-Potential. *Aus der Perspektive der Behandlung von Borderline-Patienten ist es ein Vorteil, die gesamte emotionale Reaktion des Therapueten als ein Kontinuum von affektiven Reaktionen anzusehen*« (Hervorhebung von der Verf.) (Kernberg, 1981, S. 186).

Es scheint mir, dies nur nebenbei, bezeichnend zu sein, daß es, wie Kernberg schreibt, allen voran die Ich-Psychologen unter den Psychoanalytikern sind, welche für einen enggefaßten Gegenübertragungs-Begriff einstehen, der nur gerade ein sauber herausseziertes Segment der analytischen Antwort abdeckt. Gerade jene Theoretiker unterliegen, so hat Thomä in einer Kritik an der Ich-Psychologie überzeugend dargelegt, ohnehin andauernd einer Tendenz zum Fragmentieren und Atomisieren von Ganzheiten. Vor lauter Interesse an einzelnen Ich-Funktionen sei ihnen, so Thomä, die Einheit der Person verlorengegangen. Als logische Antwort auf den entstandenen Trümmerhaufen habe sich eine ganzheitlicher denkende Selbst-Psychologie entwickeln müssen (Thomä, 1980).

Das Bewußtsein für die potentiell immer vorhandene Gefährlichkeit unserer Gegenübertragungs-Reaktionen ist heute, nachdem nun Jahrzehnte lang davor gewarnt worden ist, entwickelt genug, daß wir es uns leisten können, zu einem umfassenden, totalistischen Gegenübertragungs-Begriff zu stehen, in dem neurotischen und adäquaten, bewußten und unbewußten, therapeutisch nützlichen wie schädlichen emotionalen Reaktionen des Analytikers die Möglichkeit zur Ko-Existenz geboten wird. Es ist Zeit, daß die affektive Antwort des Therapeuten als jenes »*Kontinuum*« (vgl. das obige Kernberg-Zitat) angesehen wird, das sie im Umgang mit allen Patienten unweigerlich ist.

Wenn die einzelnen Gegenübertragungs-Theoretiker, die ich im Laufe dieser Arbeit Kapitel für Kapitel vorstellen will, »Gegenübertragung« sagen, dann meinen sie allerdings keineswegs immer das ganze Kontinuum, sondern häufig nur den einen oder anderen Ausschnitt aus der Antwort des Analytikers. Einmal stehen seine Übertragungen zur Debatte, ein anderes Mal seine Liebe, einmal geht es um seine Angsterlebnisse und dann wieder um seine unbewußte Haltung. Da mein eigener Gegenübertragungs-Begriff jedoch so weit gefaßt ist, daß er das Gesamt der analytischen Antwort und den Umgang mit dem Patienten meint, hat dies alles problemlos nebeneinander Platz.

Zur Auswahl der Autoren, die ich in meinem historischen Abriß zur Geschichte der Gegenübertragung porträtiert habe, ist zu sagen, daß ich mich notgedrungen beschränken mußte. Jeder psychoanalytische Autor von Format hat sich zu diesem Thema schon geäußert. Ich entschied mich dafür, eine Auswahl nach folgenden fünf Kriterien zu treffen:

a) Autoren, die in der Literatur zur Gegenübertragung wieder und wieder genannt werden, weil sie etwas in Bewegung gebracht haben und typische Exponenten für neue Trends darstellen.
b) Dissidente Autoren, die der Bannfluch der Orthodoxie traf, die aber wichtige Vorarbeit für die Gegenwart leisteten.
c) Autoren aus dem psychoanalytischen »Zentralmassiv« (Balint), die zäh am Althergebrachten festhielten und Neuerungen heftig bekämpften. »Ultrakonservative« also, im Unterschied zu »gemäßigt Konservativen« und »Liberalen« (vgl. Kernberg, 1994, S. 491).
d) Autoren, denen ich Gegenübertragungs-Komplikationen unterstelle, was sich an ihrer Theorie zur Technik ablesen läßt.
e) Autoren, die nicht die Berühmtheit erlangten, die sie im Feld der Gegenübertragungs-Theorie verdient hätten; gründlich Unterschätzte also, wie zum Beispiel Theodor Reik.

Nur wenn man dieses ganze Spektrum von Kriterien berücksichtigt, ist gewährleistet, daß die Farbigkeit, Vielschichtigkeit und innere Zerrissenheit der Literatur zur Gegenübertragung auch noch im Rahmen einer bloßen Auswahl von Autoren durchschimmert. Gerade das aber war mir ein besonderes Anliegen: wenn schon die gesamte Literatur zum Thema im Rahmen einer solchen Arbeit niemals abgehandelt werden kann, so sollte doch wenigstens der Mikrokosmos die wichtigsten Kennzeichen des Makrokosmos noch tragen. Und dieses Hauptkennzeichen aller Gegenübertragungs-Theorie heißt fraglos Konflikthaftigkeit. Außerdem sollte meine Auswahl die wesentlichen Grundzüge der vier Phasen, in die ich die Geschichte der Gegenübertragung eingeteilt habe, verdeutlichen. Diese vier Phasen, denen je ein Teil des vorliegenden Buches gewidmet ist, sollen im folgenden kurz charakterisiert werden.

Die erste Phase, jene der eigentlichen Pionierzeit, wäre im Zeitraum von 1910 (die Geburtsstunde des Begriffs) bis etwa 1930 anzusiedeln. Damals entdeckten die Analytiker zu ihrem gelinden Entsetzen, daß mit ihnen während der Analyse ja etwas geschah, was, wie sie meinten, eigentlich gar nicht hätte geschehen dürfen: sie reagierten nicht nur sachlich und nüchtern »wie ein Chirurg« (Freud) auf ihre Patienten, sie erfuhren sich nicht bloß als objektive Beobachter, die unberührt registrierten und spiegelten, was bei ihrem Gegenüber so alles vor sich ging. Die heftigen Übertragungsgefühle, die ihre Patienten an ihnen abreagierten, das ganze Ausmaß an Wut, Liebe, Traurigkeit und Angst, mit dem sie konfrontiert wurden, erschütterte sie in ihrem inneren Gleichgewicht. In all das wurden sie mitinvolviert. Das mußte mit ihrem positivistischen, ganz an der Naturwissenschaft ausgerichteten Ideal von der keimfreien Laborsituation, in der ein nüchterner Beobachter am Rande eines Beobachtungsfeldes Daten sammelt und ohne alle Einflußnahme organisiert, kollidieren. Sie setzten alles daran, ihre affektive Antwort auf den Patienten durch ständiges Bemühen um Selbstkontrolle in den Griff zu kriegen. Gelang dies nicht, hielten sie sich oder den lieben Kollegen für zu wenig analysiert. Die Gegenübertragung war ein einziger Schandfleck. Das ganze Denken kreiste darum, wie man die Gegenübertragung wieder loswerden könnte. Zwei Abtrünnige jedoch gingen eigene Wege: Sandor Ferenczi und Otto Rank. Sie wagten zu behaupten, daß der Analytiker gar nicht so passiv und abstinent sein sollte, wie Freud dies gefordert hatte. Die Folgen für sie erwiesen sich als katastrophal. Über beiden wurde von der Orthodoxie der Stab gebrochen.

Teil II meines Buchs und damit die zweite Phase in der Geschichte der Gegenübertragung deckt den Zeitraum von etwa 1930 bis 1950 ab. Ich habe sie »die Phase des Dornröschenschlafs« genannt, weil sie vornehmlich dadurch charakterisiert ist, daß in ihr – bedenkt man die enorme Bedeutung des in der Pionierzeit entdeckten Phänomens – das Denken und die Kreativität in der Gegenübertragungs-Theorie weitgehend stagnieren. Eingeschüchtert von Freuds Ermahnungen hält man an der Überzeugung fest, daß Gegenübertragung etwas prinzipiell Verwerfliches sei. Da das Gros der Analytiker in diesen zwei Jahrzehnten nichts wesentlich Neues zur Gegenübertragung zu sagen hat und ein schlafendes Dornröschen nichts hergibt, verdeutliche ich die Denkweise der Mehrheit in dieser Phase mit nur einem einzigen Autor, mit Robert Fliess. Er verlangte, der Analytiker habe nichts weiter zu sein als ein »Kleiderständer«, ein Ding ohne jedes Eigenleben, dazu da, sich die Übertragungsgewänder vom Analysanden überziehen zu lassen. Die zehn anderen Autoren, mit denen ich mich in Teil II befassen werde, stellen allesamt Ausnahmen dar, welche die Regel bestätigen, mutige Menschen also, die es ungeachtet des auf der Gegenübertragung lastenden Tabus wagten, *nicht* zu schlafen, genauer hinzusehen und neue, wichtige Weichenstellungen vorzunehmen. Mit ihrer Furchtlosigkeit und größeren Flexibilität im Hinblick auf ihr Nachdenken über die Gegenübertragung und den Umgang mit dem Patienten bereiteten sie den Boden für die dritte Phase vor, in der es im Feld der Gegenübertragungs-Theorie zur »Umwertung aller Werte« kommen sollte. Sie begannen zu behaupten, daß ein Analytiker Fehler machen dürfe, ein hingebungsvoller Mensch sein sollte, seiner Intuition als unschätzbar wichtigem therapeutischem Instrument stärker vertrauen und nicht mehr länger so forciert chirurgisch und spiegelgleich mit seinen Patienten arbeiten sollte.

Die dritte Phase hebt wie ein Donnerschlag mit dem Jahre 1950 an und sollte die ganzen fünfziger Jahre über dauern. Paula Heimann und mit ihr viele Kleinianer, allen voran Wilfred Bion, macht die Gegenübertragung unvermutet gesellschaftsfähig, indem sie behauptet, Gegenübertragung sei eine emotionale Reaktion im Therapeuten, die der Patient in ihm *provoziert, also letztlich selber kreiert* habe. Die Gegenübertragung ist nun nicht mehr vor allem andern ein Abbild der verbliebenen Rest-Neurose des Analytikers, sondern ein aussagekräftiges Echo auf die Neurose des Patienten. Endlich darf Dornröschen aus seiner Erstarrung erwachen, und die Analytiker können damit beginnen, sich ihrer Gegenübertragung als eines unschätzbar wichtigen Instruments zur Auslotung der unbewußten Regungen ihrer Patienten zu bedienen. Damit einem nur ja nichts von Bedeutung entgeht, sieht man vielfach die gesamte emotionale Reaktion des Analytikers als Gegenübertragung an. Es wird also eine enorme Begriffserweiterung vorgenommen. Großzügig nimmt man dabei in Kauf, daß in dieser »totalen« Gegenübertragung allenfalls noch neurotische Anteile des Analytikers verborgen sein könnten. Sie erschrecken einen nicht mehr, man hat jetzt für das Phänomen eine so große Toleranz entwickelt, daß diese neurotischen Reste und Übertragungs-Tendenzen des Analytikers sogar als etwas für den Fortgang des therapeutischen Prozesses potentiell Fruchtbares angesehen werden: der Patient kann, steht der Analytiker nur offen zu seinen Fehlern und zu seiner Subjektivität, erkennen, daß er es mit einem gewöhnlichen Menschen, nicht aber mit dem Übermenschen der Pionierzeit zu tun hat. Das hilft ihm, so ist zu hören, bei seiner Reifung. Entsprechend großzügiger wird jetzt auch mit dem Mitteilen von Gegenübertragungs-Regungen umgegangen: Manchmal, so glauben einige, wird ein vom Analytiker erlebtes und formuliertes Gefühl zu einem eigentlichen Entwicklungs-Katalysator für den Patienten. Kurz: der objektive Analytiker wird zunehmend subjektiver, das Schemen gewinnt Konturen, die Passivität nimmt allmählich ab, der Beobachter begibt sich mitten ins Beobachtungsfeld, wird ein Teil von ihm und fühlt sich trotz alledem weder schuldig noch ganz und gar inkompetent.

In der vierten Phase, die etwa den Zeitraum vom Beginn der sechziger Jahre bis heute einschließt, wird aus der Gegenübertragung gar der »Motor der Kur«, um es mit Béjarano zu sagen. Unter dem Einfluß der Mutter-Kind-Forschung behaupten jetzt viele Analytiker, daß der Gegenübertragung nicht nur eine eminent wichtige indikatorische Funktion zukomme, sondern daß sie recht eigentlich den Nährboden des therapeutischen Prozesses darstelle und dem früh gestörten Patienten vieles von dem zu bieten habe, was ihm in seiner Kindheit versagt worden sei. Der Reparationsgedanke und Alexanders Lehre von der korrigierenden emotionalen Erfahrung greifen um sich. Psychisches Kranksein wird jetzt vielfach nicht mehr nur als Folge innerer Konflikte verstanden, sondern als Antwort darauf, daß die Mütter versagt haben, zu wenig empathisch waren, sich nicht genügend als Hilfs-Ich verstehen konnten, bei der Loslösung und Individuation zu sehr oder zu wenig vorhanden waren. Diesen Schaden wollen manche Analytiker durch eine anders geartete, bessere Erfahrung wieder wettmachen. Das Mittel der Wahl ist ihre »mütterliche« Gegenübertragung. Vor allem bei der Behandlung regredierter, strukturgeschädigter, ichschwacher und real massiv zu kurz gekommener Patienten wird die Gegenübertragung als tragende und bewegende Kraft so mächtig, daß es ihr sogar zeitweise gelingt, die Deutung, das bisher wichtigste therapeutische Werkzeug des Analytikers, »aus dem Sattel« zu heben. Die Person, die Präsenz und das Fühlen des Analytikers erhalten streckenweise das Übergewicht über seine Worte und die Einsicht, die er vermittelt. Die emotionale Technik gräbt der rationalen Technik das Wasser ab. Die Psychoanalyse spaltet sich jetzt recht eigentlich in zwei Lager. Die einen haben ihr Herz vornehmlich an das Vermitteln von intellektueller Einsicht, die anderen an das Gewähren einer neuen emotionalen Erfahrung verloren (Cremerius, 1979 b).

Dennoch eignet womöglich gerade der Gegenübertragung das Potential, die zerstrittenen Lager wieder zu einen. Dies verdeutlicht das Werk Otto Kernbergs, dem das letzte Kapitel in Teil IV gewidmet ist. Zwar haben wir hier ganz klar einen »paternistischen Verstandestherapeuten« im Sinne von Cremerius vor uns, zwar ist sein Umgang selbst mit früh gestörten Patienten alles andere als erhöht »mütterlich«, symbiosefixiert oder »haltend« zu nennen, aber was ihn mit der »mütterlichen Liebestherapie« in der Tiefe verbindet, scheint die Überzeugung, daß ohne die Arbeit mit der

Gegenübertragung gar nichts mehr geht. Sie ist zur Achse geworden, um die sich der gesamte analytische Prozeß von Anfang bis Ende dreht. In ganz verschiedenen Lagern.

Bevor ich nun damit beginnen kann, ausgewählte Gegenübertragungs-Theoretiker zu porträtieren, will ich noch eine Bemerkung vorausschicken: der Leser wird am Schluß vieler Kapitel eine Liste von möglichen Gegenübertragungs-Komplikationen vorfinden. Diese besonderen Schwierigkeiten habe ich aus den Werken der behandelten Autoren dort extrapoliert, wo ich sie gefunden habe.[7] Ein historischer Abriß, der gleichzeitig ein praktischer Leitfaden zum Umgang mit der Gegenübertragung sein will, muß unbedingt klarstellen, wo der Analytiker in Gefahr steht, aus dem analytischen Prozeß aus- oder zu sehr in diesen einzusteigen. Erst wenn dieser kostbare Erfahrungsschatz vergangener Analytiker-Generationen fest im Kopf des Kandidaten verankert ist, darf er es wagen, auf jene »Stilsuche« zu gehen, von der oben die Rede war. Erst dann kann er sich, ohne allzu große Risiken einzugehen, in der einen oder anderen Richtung profilieren. Man glaube bloß nicht, es gäbe eine »unfehlbare« Technik, einen einzig richtigen Verhaltenskodex. Es eignen sich nämlich – das zeigen meine »Fallen« – sowohl das Lieben und Gewähren wie das Versagen und die Abstinenz und auch die Lehre von der indikatorischen Funktion der Gegenübertragung allesamt zur mißbräuchlichen Verwendung. Das muß man wissen und bedenken, bevor man sich auf seinen eigenen Weg machen kann. *Eine Technik, die den Patienten vor unsauberen Machenschaften seines Analytikers definitiv schützen würde, gibt es nicht.* Wenn es denn sein muß, läßt sich jegliche Theorie zu einem optimalen Umgang mit dem Patienten im Dienste der Bedürfnisbefriedigung oder aber Abwehr des Analytikers verwenden.

Bezeichnenderweise enthält Teil IV meiner Arbeit keine Listen von Fallen mehr. Die Gefährlichkeit der Gegenübertragung interessiert die Autoren der vierten Phase nicht länger, sondern statt dessen in erster Linie ihre Nützlichkeit. Little (1958, S. 138) beispielsweise ist der Auffassung, daß die Fehlerfreiheit des Analytikers, verstanden als perfekt durchgehaltener Abstinenz- und Passivitäts-Umgang, häufig den viel gravierenderen Fehler darstelle als eine gelegentliche, ungesunde Verstrickung mit dem Patienten seitens eines engagierten, lebendigen, eine reale Person verkörpernden Analytikers.

## Anmerkungen

1 Nicht umsonst schreibt Loch über die Gegenübertragung immerhin dies: »Übertragung und Gegenübertragung sind Vorgänge, die in der psychoanalytischen Lehre vom menschlichen Verhalten und Gebaren eine wahrhaft zentrale Stelle einnehmen. Sie sind die entscheidenden Determinanten der psychischen Vorgänge sowohl im Hinblick auf deren Genese wie im Hinblick auf ihre aktuelle Struktur und Dynamik. Ja, man kann noch weiter gehen und sagen, psychisches So-Sein und zwischenmenschliches Verhalten sind gleichsam die manifesten, die beobachtbaren Ausgestaltungen oder Niederschläge einer Felddynamik, deren Kraftlinien vom Spiel der Übertragung und Gegenübertragung gezogen werden. [...] Übertragung und Gegenübertragung sind aber nicht nur Vorentwurf und Grund der Psychoanalyse, wesentlicher Faktor der Strukturanalyse, sondern, indem sie es sind, bilden sie das Kernstück der Therapie« (Loch, 1976, S. 156 und S. 158). Und vor allem verbindet das wachsende Interesse an der Gegenübertragung die verschiedensten psychoanalytischen Richtungen und Schulen miteinander, und insofern eignet diesem Thema ein integrierendes Potential, das die so zerstrittenen Psychoanalytiker einander näher zu bringen vermag. Kernberg schreibt: »Die Gegenübertragung als bedeutsamer Gegenstand für die innere Untersuchung jener Erfahrungen, die der Analytiker mit seinem Patienten macht, als Vorbereitung zur Übertragungsdeutung, und die Berücksichtigung von engen Verbindungen zwischen den Abläufen in der Übertragung und in der Gegenübertragung kennzeichnen die Objektbeziehungstheorien, die Ich-Psychologie, die Selbst-Psychologie und die interpersonale Psychoanalyse« (Kernberg, 1994, S. 499).
2 Einem anderen Neo-Analytiker, Fritz Riemann, verdanken wir einen hochinteressanten Artikel über den Zusammenhang zwischen der Gegenübertragung des Analytikers und seiner spezifischen Neurosen-Struktur (Riemann, 1959/60). In diesem Aufsatz schildert Riemann die besonderen Vor- und Nachteile, die jede der vier Strukturen (die hysterische, die depressive, die zwangsneurotische und die schizoide) für den Umgang mit verschiedenen Patienten mit sich bringt. Gewisse Neigungen und Abneigungen trägt nämlich jeder Therapeut unweigerlich in die tägliche Arbeit mit hinein, selbst wenn er eine noch so lange Lehranalyse hinter sich hat. Darauf gilt es zu achten und dieses Unabänderliche auf konstruktive Weise in die Behandlung miteinzubeziehen.
Der zwanghafte Therapeut beispielsweise neigt, so Riemann, dazu, »sich hinter starren Prinzipien, Regeln, Methoden zu sichern« (a. a. O., S. 153). Es kann dabei leicht zu einer »Vergewaltigung der Eigenart des Patienten« (a. a. O., S. 153) kommen. Die Analyse steht in Gefahr, »zu rational-intellektuell« (a. a. O., S. 153) zu werden. Diese Struktur provoziert mit ihrer Starrheit leicht Widerstände im Patienten. Dafür bringt dieser Typ als Positivum viel verläßliche »Ausdauer, Geduld, Gründlichkeit und Konsequenz« (a. a. O., S. 153) mit in die Behandlung.
3 Karl König weist im Jahre 1993 in seinem Buch »Gegenübertragungsanalyse« auf ähnliche Zusammenhänge wie Riemann hin. Auch er ist der Meinung, daß die Persönlichkeitsmerkmale des Therapeuten seinen Arbeitsstil in mancher

Hinsicht prägen – und zwar unabhängig vom jeweiligen Gegenüber – und daher unbedingt stärker reflektiert werden müßten (König, 1993, S. 48 ff.). Ja, er plädiert sogar dafür, daß ein Analytiker nach Möglichkeit eine »Mischstruktur« (a. a. O., S. 50) mitbringen sollte, damit er nicht zum Störfaktor in der Behandlung werde. Reine Narzißten, Depressive, Zwangscharaktere etc. hätten demzufolge nichts im Analytiker-Beruf zu suchen. Man könnte König hier entgegenhalten, daß diese »reinen« Strukturen vielleicht einfach noch ein wenig mehr Analyse benötigen, bis sie etwas flexibler geworden sind.

4   E. C. M. Frijling-Schreuder beschreibt Ende der siebziger Jahre die wechselnden Standorte des psychoanalytischen Interesses seit Freud kurz so: »In der Psychoanalyse zog zunächst vor allem das Unbewußte das Interesse auf sich, dann war es der Widerstand, überhaupt das Ich; dann kam das erste Lebensjahr und die früheste Entwicklung. Jetzt ist es die Gegenübertragung. Auf die Frage ›Was trägt man dieses Jahr in der Psychotherapie?‹ läßt sich antworten: Katharsis (Agieren) und Gegenübertragung. Das bloße Fühlen ist an sich zum Ziel geworden« (Frijling-Schreuder, 1979, S. 607).

5   Wolfgang Loch weist uns darauf hin, daß auch die jeweilige Subgruppe, der wir angehören, unsere Antwort auf den Patienten und unseren Umgang mit ihm zu prägen vermag. Loch schreibt, daß »[...] wir den Charakter unserer Gegenübertragung womöglich auch mit der Struktur der jeweiligen Subgruppe, der wir angehören, in Beziehung zu bringen haben. Dies ist eine Aufgabe, die uns von der pluralistischen Gesellschaft abverlangt wird, deren gängiges Raumzeitmaß nicht mehr die Wegstunde des Fußgängers, vielmehr die mittlere Reisegeschwindigkeit und durchschnittliche Raumbewältigung eines Mittelklassewagens geworden ist« (Loch, 1976, S. 158). Wie sehr die Zugehörigkeit zur »Subgruppe« die Gegenübertragung tatsächlich prägt, das verdeutlicht uns eindrücklich Wahl (1974), der schichtspezifische Gegenübertragungen bei Analytikern, die Gelegenheit hatten, reiche, berühmte und einflußreiche Menschen zu analysieren, beobachtet hat: Erhält beispielsweise ein ganz gewöhnlicher Mittelstands-Analytiker die Möglichkeit, eine bekannte Filmschauspielerin zu analysieren, so fühlt er sich dadurch gerne geschmeichelt und irgendwie erhöht. Nur allzu rasch läßt er sich dann von den Verführungskünsten der prominenten Frau blenden und vergißt darob seine eigentliche Aufgabe. Im Umgang mit Mächtigen und Reichen ist der Mittelstands-Analytiker häufig nicht weniger befangen. Die Vorurteile, die der hart arbeitende Mittelstand gegen die »Oberen Zehntausend« hegt, schlagen auf die eine oder andere Weise immer wieder einmal durch: Reiche sind doch faul, Ausbeuter, lieben krumme Touren, meinen, alles sei mit Geld zu lösen, betreiben Steuerhinterziehung und so weiter. Auf diese »Tatbestände« (die zwar häufig *reale Tatbestände* sind, wie Cremerius nachgewiesen hat, allerdings *keineswegs immer vorliegen*, wo Reichtum und Macht gegeben sind) reagiert der Analytiker mit Ressentiments, wenn er nicht den umgekehrten Weg einschlägt und den Reichen oder Mächtigen unkritisch idealisiert.

6   Greenson zählt beispielsweise zu ihnen. In seinem weitgehend an der »Spiegel- und Chirurgen-Haltung« orientierten Werk (vgl. Teil I, 1. über die Gegenübertragung bei Freud) mit dem Titel »Technik und Praxis der Psychoanalyse«

tendiert er dazu, viele umwälzende Technik-Neuerungen der Psychoanalyse im Hinblick auf einen veränderten Umgang mit dem Patienten zu ignorieren. Nicht nur, daß er mit ihnen nichts anfangen könnte, nein, er leugnet ganz einfach die Tatsache, *daß* solche *Revolutionen* stattgefunden haben. Es macht bei ihm ganz den Eindruck, als ob die Zeit stehengeblieben wäre, als ob sich seit Freud im weiten Feld der Technik nichts Wesentliches mehr getan habe. Und dies immerhin im Jahre 1967. In der Einführung zum erwähnten Werk schreibt Greenson wörtlich folgendes: »Es ist eine eindrucksvolle Tatsache, daß die Hauptzüge der psychoanalytischen Technik, die Freud vorgelegt hat, noch immer als Basis der psychoanalytischen Technik dienen (Freud, 1912 a, 1912 b, 1913 b, 1914 c, 1915 a). *In der allgemein praktizierten psychoanalytischen Technik haben sich keine anerkannten größeren Veränderungen oder Fortschritte durchgesetzt*« (Hervorhebung von der Verf.) (Greenson, 1973, S. 17).

7 Damit gleich hier schon deutlich wird, was gemeint ist, wenn Gegenübertragungs-Komplikationen zur Debatte stehen, seien zur Einstimmung einige solcher besonderen Schwierigkeiten des Analytikers genannt, welche den analytischen Prozeß gefährden können. Ich zitiere Menninger und Holzman:
»— Unfähigkeit, gewisse Bereiche zu verstehen, die die eigenen persönlichen Probleme des Analytikers berühren.
— Depressive oder andere ungute Gefühle bei bestimmten Patienten während oder nach der Analysenstunde.
— Gleichgültigkeit in bezug auf Vereinbarungen — die Stunde des Patienten wird vergessen, man kommt zu spät, die Stunde des Patienten wird aus keinem ersichtlichen Grund zeitlich überschritten.
— Ständige Schläfrigkeit (seitens des Analytikers) während der Analysenstunde.
— Übertriebene oder untertriebene Emsigkeit bei dem Patienten in finanzieller Hinsicht; man läßt ihn beispielsweise, ohne es zu analysieren, ziemlich stark verschulden oder versucht, ihm bei der Beschaffung eines Darlehens ›behilflich‹ zu sein.
— Häufiges Erleben erotischer oder ähnlicher Gefühle der Zuneigung dem Patienten gegenüber.
— Zulassen oder sogar Ermutigen von Abwehr in Form des acting-out.
— Trachten nach Sicherheit, narzißtische Hilfsmittel wie den Versuch, den Patienten auf verschiedene Arten zu beeindrucken, oder das Imponieren mit der Wichtigkeit des eigenen Patienten bei Kollegen« (Menninger und Holzman, 1977, S. 113).
In allen diesen Fällen ist der Analytiker aufgefordert, seine Antwort auf den Patienten sorgfältig zu untersuchen, weil er in Gefahr steht, den Patienten im Dienste der eigenen Abwehr oder Bedürfnisbefriedigung zu mißbrauchen.

# Teil I

## DIE PIONIERZEIT: AM ANFANG WAR DIE FURCHT

# 1. Die besonderen Charakteristika der Pionierzeit

Die ganz an der Naturwissenschaft ausgerichtete Pionierzeit, zu der ich die ersten zwei Jahrzehnte nach Entdeckung der Gegenübertragung durch Freud 1910 rechne, leidet, ich habe es in der Einleitung bereits erwähnt, an einer ausgeprägten Gegenübertragungs-Phobie: Die Übertragung des Patienten darf doch nicht durch die emotionale Antwort des Analytikers gestört werden, sonst würde der analytische Prozeß ja ganz »unwissenschaftlich« und »subjektiv«, und keiner könnte mehr sagen, was denn nun »wirklich« die Probleme und Eigenarten des Patienten sind, was aber einzig vom Störfaktor Gegenübertragung evoziert wurde. Außerdem verführt die Gegenübertragung, die in der Pionierzeit gerne und nur gerade als das Wiederanspringen des neurotischen Übertragungspotentials eines Analytikers im Umgang mit dem Patienten verstanden wird, den Behandler dazu, den Patienten für eigene Triebbefriedigungen zu mißbrauchen oder aber sich ängstlich vor gewissem Material zu verschließen. Selbstzucht und große innere wie äußere Distanz vom Patienten sind daher das Gebot der Stunde. Freud malt in seiner »Idealisierung der Chirurgie« (Stone, 1973, S. 77) das Bild vom Analytiker als unbeteiligtem Chirurgen und leblosem Spiegel und sollte damit wegweisend wirken. Glover greift es auf und rät dem von seinen Gegenübertragungs-Regungen besudelten Analytiker dringend zu täglicher »analytischer Toilette«. Stern warnt davor, daß wir uns, getrieben von der Gegenübertragung, jemals in eine Rolle und Situation hineinbegeben, in die uns der Patient mitinvolvieren möchte. Das die meisten Analytiker der Frühzeit prägende Ideal der »*Beziehung einer Nichtbeziehung*« (Fürstenau, 1979) ist die Folge von so viel Furcht vor der Gegenübertragung.

In meinem Kapitel über Freud (Teil I, 2.) werde ich allerdings – unter Bezugnahme auf Cremerius – aufzeigen, daß Freuds Beziehungen, die er mit seinen Analysanden unterhielt, alles andere als solche »Nichtbeziehungen« waren, selbst wenn dies viel zu viele seiner Schüler, die seine Behandlungsschriften studiert hatten, fälschlich annehmen und ihren eigenen Umgang entsprechend keimfrei gestalten sollten, was zur Folge hatte, daß sie »päpstlicher wurden als der Papst« selber. Freuds therapeutische Beziehungen strotzten nur so vor subjektiven »Keimen«, die reale Person Freud spielte in ihnen eine entscheidende Rolle. Der Umgang, den Freud mit seinen Patienten pflegte, war extrem persönlich und spontan, das schiere Gegenteil von nüchterner Chirurgie, reiner Abstinenz und Passivität. Aber

Freud, so erfahren wir bei Bräutigam (1983), trennte seine warme, spontane, »subjektive«, ganz persönliche Beziehung zum Analysanden von der eigentlichen therapeutischen Arbeit an der Übertragung ab. Seine Vorschriften zum Umgang mit dem Patienten, wie sie sich in den Aufsätzen zur Behandlungstechnik finden, bezogen sich einzig auf die Handhabung der Übertragung, nicht aber auf das Gesamt der Beziehung. Ich zitiere Bräutigam:

> »*Tatsächlich scheint Freud auch die therapeutischen Arbeiten, was für ihn Erkennen und Deuten von unbewußten und infantilen Übertragungselementen bedeutete, von dem persönlichen Umgang mit seinen Analysanden getrennt zu haben.* P. Sarasin berichtete uns, daß er in den 20er Jahren während seiner Analyse bei Freud die freie Zeit des Aufenthalts in Wien zur Goethe-Lektüre benützte. Das führte dazu, daß beide sich in den Stunden weite Strecken in Gesprächen über Goethes Werk und Persönlichkeit verloren. Freud soll sich dann gelegentlich mit der Bemerkung ›So, jetzt müssen wir wieder arbeiten‹ im Stuhl zurückgelehnt und dann Träume und Assoziationen von seinem Analysanden gefordert haben. [...]
> *Offenbar hat Freud seine negativen Ratschläge im Hinblick auf die positiven Inhalte der therapeutischen Beziehung nicht ergänzt*, weil die soziologischen und anthropologischen Bestimmungen dieser Rolle nicht erarbeitet waren und er in dem subjektiven Faktor, der sich in der Beziehung entfaltet, eben nur Willkür und Mystik fürchtete. *Damit hat Freud aber wesentlich zur Errichtung eines strengen, therapeutischen Über-Ichs beigetragen und das Ideal des unbeteiligten ›spiegelnden‹ Analytikers errichtet, das sich teilweise bis in die Gegenwart erhalten hat und bis heute in einem noch höchst aktuellen Konflikt mit einer patientenzentrierten und flexiblen natürlichen Einstellung gegenüber dem Analysanden steht. Das therapeutische Über-Ich Freuds und der nächsten Analytiker-Generation hat sich an den von ihm vertretenen ›negativen‹ Anweisungen zur Behandlungs-Technik orientiert und nicht an seinem persönlichen Vorbild und seinem tatsächlichen therapeutischen Verhalten*« (Hervorhebungen von der Verf.) (Bräutigam, 1983, S. 124 und 126).

Es stimmt also keineswegs, wenn dissidente Analytiker und Objektbeziehungs-Theoretiker sagen, Freud sei in seinen Analysen nur ein Spiegel, aber noch kein echter Beziehungspartner gewesen. Diese Aussage kann nur gerade für den Freud der Behandlungsschriften Gültigkeit beanspruchen, für den Freud, der die Übertragung bearbeitete: dort war er chirurgisch und sachlich und nüchtern. Dort, aber nur dort. *Daß Freud dies in den Behandlungsschriften nicht deutlich zu machen vermochte, stellt die größte und folgenreichste Unterlassungssünde in der Geschichte der Psychoanalyse dar!*

Dennoch: Obwohl zahllose Epigonen die einmal gesetzte Äußerung vom Analytiker als mitleidslosem Chirurgen und auf Hochglanz poliertem Spiegel zu ihrem unerbittlichen Credo und Motto für das Gesamt der Beziehung zum Patienten machen sollten (manche Analytiker schütteln ihren Analysanden noch nicht einmal die Hand!)[1], gab es schon in der Pionierzeit anders denkende Einzelgänger, die sich von so viel Versagung und Unterkühlung abzusetzen wagten: Sandor Ferenczi und Otto Rank. Aber beginnen wir mit Freud.

## 2. Die Gegenübertragung bei FREUD: Das Spiegel-, Chirurgen- und Indifferenzideal

In Freuds Schriften zur Behandlungstechnik taucht das Wort Gegenübertragung erstaunlicherweise nicht mehr als dreimal auf. Der Sache nach redet Freud allerdings viel häufiger davon, vor allem von den Gefahren narzißtischer Probleme in der Gegenübertragung, worauf ich gegen Schluß dieses Kapitels noch zu sprechen kommen werde.

1910 äußert sich Freud erstmals öffentlich zum neu entdeckten Phänomen der Gegenübertragung. In seiner Schrift »Die zukünftigen Chancen der psychoanalytischen Therapie« stellt er die Gegenübertragung auf eine Weise vor, die einiges an Fragen offenläßt. Da steht folgendes zu lesen:

»Wir sind auf die ›Gegenübertragung‹ aufmerksam geworden, die sich beim Arzt durch den Einfluß des Patienten auf das unbewußte Fühlen des Arztes einstellt, und sind nicht weit davon, die Forderung zu erheben, daß der Arzt diese Gegenübertragung in sich erkennen und bewältigen müsse« (Freud, 1975, S. 126).

Denkt Freud hier an ein Analogon zur Übertragung des Patienten auf Analytikerseite? Die Wahl des Wortes Gegen-Übertragung weist in diese Richtung, aber Freud stellt es nicht klar. Schuldig bleibt er uns auch die Antwort auf die Frage, womit genau Patienten denn Einfluß auf das unbewußte Fühlen des Arztes nehmen: mit ihren Übertragungen, mit ihrer Gesamtperson, mit einzelnen Wesenszügen, mit spezifischem Material? Vergebens zerbrechen wir uns den Kopf, ob diese Gegenübertragung einen Widerstand des Analytikers, ein Anspringen libidinöser Bedürfnisse, eine Verwechslung des Patienten mit Figuren aus der eigenen Kindheit bedeuten soll. Sicher ist nur eines: Die Gegenübertragung scheint den analytischen Prozeß zu stören, denn Freud ist nahe daran, ihre Analyse und Bewältigung zu fordern. Sandler et al. sind aus unerfindlichen Gründen der Meinung, daß die genannten Unklarheiten *keineswegs* existieren. Für sie scheint es klar zu sein, daß Freuds Gegenübertragungs-Begriff zum einen als Parallele zur Patienten-Übertragung, zum andern als Reaktion auf diese Übertragung – die Folge ungelöster Konflikte beim Analytiker – zu verstehen sei. Sie schreiben:

> »Es ist klar, daß Freud mit der Gegenübertragung mehr als nur die Übertragung (in dem von ihm gemeinten Sinne) des Analytikers auf den Patienten verstand. Zweifellos kann ein Patient zur Repräsentanz einer Figur aus der Vergangenheit des Analytikers werden, doch kann sich auch eine Gegenübertragung einfach deswegen einstellen, weil der Analytiker nicht in der Lage ist, mit den Anteilen in Mitteilungen und im Verhalten des Patienten adäquat umzugehen, die eigene innere Probleme anrühren. Wenn beispielsweise ein Analytiker ungelöste Probleme mit Aggressionen hat, dann mag er dazu neigen, den Patienten zu besänftigen, wann immer er beim Patienten aggressive Gefühle oder Gedanken entdeckt. [...] Das ›Gegen-‹ in Gegenübertragung kann somit eine Reaktion im Analytiker kennzeichnen, die sowohl eine Parallele zur Übertragung des Patienten einschließt (wie in ›Gegenstück‹) als auch eine Reaktion darauf (wie in ›Entgegenwirken‹)« (Sandler et al., 1973, S. 59).

Im Aufsatz »Bemerkungen über die Übertragungsliebe« taucht der Terminus das zweite und dritte und damit auch schon das letzte Mal im Gesamt der Behandlungsschriften auf. Freud befaßt sich in dieser Abhandlung aus dem Jahre 1915 mit Schwierigkeiten im Umgang mit der Übertragung des Patienten. Besonders liegt ihm die gefährliche Situation am Herzen, in der die Übertragung einer weiblichen Patientin die Form einer heftigen Verliebtheit in ihren Analytiker annimmt. Hier bedarf es ganz besonderer Vorsicht und Selbstzucht. Nur allzu leicht gelingt es nicht mehr, die Gegenübertragung zu kontrollieren, und man opfert die so notwendige Haltung der Indifferenz der Befriedigung eigener Triebwünsche. Im Originaltext lautet diese Stelle so:

> »Außerdem ist der Versuch, sich in zärtliche Gefühle gegen die Patientin gleiten zu lassen, nicht ganz ungefährlich. Man beherrscht sich nicht so gut, daß man nicht plötzlich einmal weiter gekommen wäre, als man beabsichtigt hatte. Ich meine also, *man darf die Indifferenz, die man sich durch die Niederhaltung der Gegenübertragung erworben hat, nicht verleugnen*« (Hervorhebung von der Verf.) (Freud, 1975, S. 224).

Das dritte und letzte Mal ist etwas weiter oben von Gegenübertragung die Rede, und zwar im Zusammenhang mit einer eindringlichen Warnung Freuds, die Verliebtheit der Patientin persönlich zu nehmen. Der Arzt müsse sich, so Freud, unbedingt vor Augen halten, daß sich seine Patientin bei einem Therapeutenwechsel unweigerlich auch in ihren nächsten Analytiker verlieben werde – und dies solle ihm »eine gute Warnung« vor einem allfälligen Anspringen seiner Gegenübertragung sein:

> »[...] Arzt und Patientin gehen auseinander, nachdem sich die Patientin in den Arzt verliebt hat; die Kur wird aufgegeben. Aber der Zustand macht bald einen zweiten analytischen Versuch bei einem anderen Arzte notwendig; da stellt es sich denn ein, daß sich die Patientin auch in diesen zweiten Arzt verliebt fühlt, und ebenso, wenn sie wieder abbricht und von neuem anfängt, in den dritten, usw. Diese mit Sicherheit eintreffende Tatsache, bekanntlich eine der Grundlagen der psychoanalytischen Theorie, gestattet zwei Verwertungen, eine für den analysierenden Arzt, die andere für die der Analyse bedürftige Patientin. Für den Arzt bedeutet sie eine kostbare Aufklärung und *eine gute Warnung vor einer etwa bei ihm bereitliegenden Gegenübertragung*« (Hervorhebung von der Verf.) (Freud, 1975, S. 220).

Wie die drei angeführten Textstellen zeigen, ist die Gegenübertragung für Freud in jedem Falle etwas, wovor »gewarnt« werden muß. Der Störenfried muß nicht nur sorgfältig geortet und erkannt werden, man muß ihn auch »bewältigen«, ihn »niederhalten«, damit man als Analytiker dem Ideal der »Indifferenz« Patienten gegenüber genügen kann. Die Gegenübertragung stellt für Freud offensichtlich so etwas wie ein Abfallprodukt aus dem psychoanalytischen Prozeß dar, das unweigerlich Schaden stiften wird, wenn man es nicht in erdbebensicheren Salzstöcken tief unter der Erdoberfläche verborgen hält und laufend kontrolliert. Jeglicher nützlicher Charakter wird der Gegenübertragung in diesen Textstellen von Freud gänzlich abgesprochen. Sie ist bloß ein Hindernis, welches das freie Verstehen des Analytikers stört und die Wirksamkeit seines Gespürs sowie seiner Ratio als therapeutische Instrumente beeinträchtigt. Freud sollte diese Einstellung zur Gegenübertragung bis zu seinem Tode beibehalten, obwohl er die Übertragung des Patienten ursprünglich auch nur als Hemmschuh, später aber als unentbehrliches Werkzeug zum Verständnis des Patienten gewertet hatte (vgl. Sandler et al., 1973, S. 58).

Freud hat im Laufe der Jahre eine ganze Reihe von Kontrollmaßnahmen vorgeschlagen, damit die gefürchtete Gegenübertragung möglichst niemals entfesselt werde. 1912, im Aufsatz »Ratschläge für den Arzt bei der psychoanalytischen Behandlung« empfiehlt er dem Analytiker, so nüchtern, so mitleidslos und ausschließlich rational wie ein Chirurg zu arbeiten:

> »Ich kann den Kollegen nicht dringend genug empfehlen, sich während der psychoanalytischen Behandlung den *Chirurgen zum Vorbild zu nehmen, der alle seine Affekte und selbst sein menschliches Mitleid beiseite drängt und seinen geistigen Kräften ein einziges Ziel setzt: die Operation so kunstgerecht als möglich zu vollziehen*« (Hervorhebung von der Verf.) (Freud, 1975, S. 175).

*Wie man sieht, betrachtet Freud hier die affektiven Kräfte – und zwar nicht nur das Mitgefühl, sondern das Fühlen überhaupt – als etwas Störendes, zu Eliminierendes.* Die Gesamtheit der Gefühle des Analytikers hat, so fordert Freud, beiseite gedrängt zu werden. Die »geistigen Kräfte« allein, also der Verstand und das Denken, dürfen die Szene beherrschen. Analyse macht man ausschließlich mit dem Kopf, nicht mit dem Herzen, so jedenfalls muß es dem unvoreingenommenen Leser des Aufsatzes erscheinen.

Die nächste Metapher, deren Freud sich in derselben Schrift bedient, um die anzustrebende Haltung dem Patienten gegenüber zu charakterisieren, wirkt nicht weniger kühl, distanziert und rational: es handelt sich um den Vergleich mit einem Spiegel:

> »Der Arzt soll undurchsichtig für den Analysierten sein und wie eine Spiegelplatte nichts anderes zeigen als was ihm gezeigt wird« (Freud, 1975, S. 178).

Damit dieser Spiegel nur ja ein fleckenloser bleibe, schlägt Freud als weitere Kontrollmaßnahme vor, daß der Analytiker die eigene Selbstanalyse nach beendeter Lehranalyse unbedingt weiterführen solle[2] (vgl. Freud, 1975, S. 176 und 177).

Weil Freud dieser Selbstanalyse anscheinend aber nicht genügend über den Weg traut, setzt er als zusätzlichen Kontrollmechanismus seine berühmte *Abstinenz-Regel*: Größte Zurückhaltung von seiten des Analytikers ist vonnöten, er darf im wesentlichen nur versagen. 1915 schreibt Freud in den »Bemerkungen über die Übertragungsliebe«, daß:

> »[...] die analytische Technik es dem Arzte zu Gebote macht, die verlangte Befriedigung zu versagen. Die Kur muß in der Abstinenz durchgeführt werden; ich meine dabei nicht allein die körperliche Entbehrung, auch nicht die Entbehrung von allem, was man begehrt, denn dies würde vielleicht kein Kranker vertragen. Sondern ich will den Grundsatz aufstellen, daß man Bedürfnis und

Sehnsucht als zur Arbeit und Veränderung treibende Kräfte bei den Kranken bestehen lassen und sich hüten muß, dieselben durch Surrogate zu beschwichtigen« (Freud, 1975, S. 224).

Wer das obige Zitat allerdings genau liest, wird feststellen, daß Freud nicht nur für das Prinzip Versagung und Entbehrung plädiert, sondern beiläufig auch andere Töne angeschlagen hat. Die vom Patienten verlangte Befriedigung soll also doch nicht auf der ganzen Linie versagt werden? Der kühle Spiegel soll manchmal doch etwas geben? Nicht alles, was ein Kranker ersehnt, darf man ihm vorenthalten? Aber wie soll die zu gewährende Befriedigung denn aussehen? Freud bleibt uns die Antwort auf diese zentrale Frage schuldig. Leo Stone vermutet, Freud habe hier nichts als die »Teilnahme und Achtung« des Arztes vorschweben gehabt (Stone, 1973, S. 25 und 26), aber mehr als eine Annahme ist dies nicht. In seiner praktischen Arbeit jedenfalls ging Freud sehr viel weiter, Gratifikationen waren bei ihm keinesfalls auf Teilnahme und Achtung beschränkt. Aber bleiben wir vorerst noch bei der Theorie. Andernorts (»Wege der psychoanalytischen Therapie«, 1926) macht Freud eine ähnlich beiläufige und vage Äußerung, die das Abstinenz- und Chirurgen-Ideal in seiner Absolutheit relativiert. Er schreibt da nämlich folgendes:

»Der Kranke sucht vor allem die Ersatzbefriedigung in der Kur selbst im Übertragungsverhältnis zum Arzt und kann sogar danach streben, sich auf diesem Wege für allen ihm sonst auferlegten Verzicht zu entschädigen. *Einiges muß man ihm ja wohl gewähren, mehr oder weniger, je nach der Natur des Falles und der Eigenart des Kranken. Aber es ist nicht gut, wenn es zuviel wird«* (Hervorhebung von der Verf.) (Freud, 1975, S. 245).

Und wiederum wird der Leser mit seinen Fragen allein gelassen. Was Freud mit seinem lustlos klingenden »einiges muß man ihm ja wohl gewähren« vorschweben hatte, erfährt er nicht. Er merkt bloß, daß Freud es eher widerwillig niedergeschrieben haben muß. Diese Wahrnehmung sieht der Leser bestätigt, wenn er den Schlußsatz des Zitates liest: »Aber es ist nicht gut, wenn es zuviel wird.« Am klügsten wird es wohl sein, so folgert der Leser, wenn er die Finger ganz von solchem Gewähren läßt und sich vollständig auf die wortkarge, affektlose Indifferenz-Haltung zurückzieht. Generationen von Analytikern haben dies jedenfalls getan und manche tun es noch immer.

Die Freudschen Äußerungen zum Umgang mit der Gegenübertragung und mit dem Patienten wurden in späteren Jahrzehnten aber manch einem Analytiker und Nicht-Analytiker zum Stein des Anstoßes. Man befand,

Freud habe den Bogen überspannt, habe allzu kühl und lieblos gearbeitet und den analytischen Prozeß mit seiner Scheu vor den affektiven Abläufen beim Analytiker überintellektualisiert. Ein derart keim- und affektfreier Analytiker, das sei kein menschlicher Analytiker mehr, sondern eine Deutungsmaschine. Das von Freud gesetzte Indifferenz-, Chirurgen- und Spiegel-Ideal kann einen in der Tat zu einer derartigen, kritischen Bewertung seines Umgangs mit Patienten veranlassen. Der Assoziationsraum, der die Chirurgen- wie die Spiegel-Metapher umgibt, ist unheimlich, unnahbar, kalt: Chirurgen schneiden, man liefert sich ihnen aus, ihre Liegestatt ist der Inbegriff einer heimatlosen, ungeborgenen Situation. Mit nichts auf der Welt kann man sie dazu bewegen, nicht zu schneiden. Alleingelassen wird man auch von einem blanken Spiegel. Er spiegelt Leben mit unbestechlichem Auge zurück, ist selber aber unlebendig, vermittelt bloß eine enttäuschende Illusion von Zweisamkeit. An seiner kalten, glatten Fläche muß abrutschen, abprallen, wer das Leben greifen will. Es wäre aufgrund der gewählten Metaphern tatsächlich naheliegend, wollte man Freuds Umgang mit seinen Patienten mit Worten wie Gefühllosigkeit, Beziehungslosigkeit, Lieblosigkeit umschreiben.

Aber dieser erste Eindruck trügt. Der Freud des Spiegel- und Chirurgen-Gleichnisses ist nämlich nicht derselbe Freud, welcher Blanton, Doolittle, Kardiner, Dorsey, Medard Boss, Helene Deutsch, Joan Rivière, den Wolfsmann, Adolph Stern, Grinker, Money-Kyrle, Raymond de Saussure, Strachey, Wortis, Blum und Lampl-de-Groot analysiert hat. Darauf macht uns Cremerius in einer brillanten Untersuchung aufmerksam (Cremerius, 1981). Freud, so ergab sein Studium der Selbstberichte dieser ehemaligen Analysanden Freuds, war in all diesen Behandlungen weder der keimfreie Chirurg noch der personlose Spiegel. Um die geforderte »Beiseitedrängung aller Affekte und selbst des menschlichen Mitleids« bemühte er sich auffallend wenig. Ich fasse zusammen:

Wie der Analysand Blanton Freud erzählt, seine Ehe sei kinderlos geblieben, da entfährt seinem Analytiker ein ganz und gar nicht chirurgischer Ausruf, in dem viel Mitgefühl und Anteilnahme enthalten sind. Wie derselbe Blanton antönt, er habe leider das Geld nicht, sich Freuds Gesamtwerk zu leisten, erhält er die gesammelten Schriften in der nächsten Sitzung prompt geschenkt. Weil Medard Boss am Hungertuch nagt, da die Analyse so viel Geld verschlingt, reduziert Freud, kaum hat er davon Kenntnis bekommen, sein Honorar auf einen symbolischen Betrag. Außerdem steckt er dem armen Boss immer wieder einmal zehn Schilling zu. Heinz Hartmann und Marianne Kris werden gar kostenlos behandelt. Dem hungrigen Rattenmann läßt Freud zu Beginn der Sitzung ein Frühstück servieren. Aber mit solchen Geld- und Nahrungsmittel-Geschenken hat es sich noch nicht. Freuds Patienten erfahren auch, wie sehr er sie mag, wie hoch er sie schätzt. Kardiner läßt er wissen, er halte ihn für eine hochinteressante Persönlichkeit, mit der er gerne arbeiten werde. Den Wolfsmann bezeichnet er im Erstinterview gar als einen »Denker ersten Ranges«. Voll zu ihrem Recht kommt aber auch die Verlobte des Wolfsmanns: Wie dieser Freud seine Zukünftige vorstellt, zeigt sich Freud begeistert und erklärt, ohne ein Blatt vor den Mund zu nehmen, die Dame sehe geradezu »wie eine Zarin« aus.

Spiegel, die »nur zeigen, was ihnen gezeigt wird«, tun derlei, so sollte man meinen, eigentlich nicht. Wenn Hilde Doolittle, zerfressen von ihrem Unterlegenheitsgefühl als Frau, von Freud in einer besonders traurigen Stunde einen Goldorangenzweig überreicht bekommt, so ist das gleichfalls alles andere als eine sachliche Spiegelung ihres Penisneids, sondern eine tröstliche, zärtliche und überaus galante Geste, die der Patientin die Schönheit ihres Frauseins vor Augen führen soll.

Spiegel verurteilen auch nicht, sie geben bestimmt keine Ratschläge, erzählen weder von sich, von der eigenen Familie, von anderen Analysanden, wie Freud dies alles freimütig getan hat (er belastete seine Patienten allerdings niemals mit seinen eigenen Schwierigkeiten). Nach einer mühsamen Sitzung mit Blanton poltert er, die Sitzung sei »absolut unfruchtbar« gewesen; dem Wolfsmann rät er davon ab, Maler zu werden; Dorsey und Blanton lernen während der Sitzungen seine heftige Abneigung gegen Amerika kennen; Grinker weiß statt dessen bald einmal um das enorme Vergnügen, das Freud die samstagabendlichen Skatrunden bereiten. Der Wolfsmann erfährt, daß Freuds Sohn eben ein Bein gebrochen habe, aber daß der Bruch nicht zu Besorgnis Anlaß gebe. Blanton, Kardiner und Grinker hören von seinen Spannungen mit Adler, Jung und Horney. Kurz: Freud war in der täglichen Praxis ein herzlicher, spontaner, oft sogar impulsiver Mensch, der mit Meinungen nicht zurückhielt und sich als Gesamtperson einbrachte. Das knochentrockene, blutleere Unperson-Ideal, das er gesetzt hatte, strafte er täglich Lügen.

Wie ist so etwas möglich? Wie kann man nur andern das schiere Gegenteil von dem abverlangen, was man selber praktiziert? Wie kann man Freud heißen, was ja soviel wie ein Synonym für die Liebe zur Wahrheit geworden ist und seine Linke so gar nicht wissen lassen, was die Rechte tut? Im vorangegangenen, einführenden Kapitel über die besonderen Charakteristika der Pionierzeit habe ich bereits erwähnt, daß Bräutigam (1983) uns diesen krassen Widerspruch dadurch aufzulösen versucht, daß er behauptet, Freud habe strikt zwischen der persönlichen Beziehung zum Analysanden auf der einen Seite und der Übertragungs-Beziehung auf der anderen Seite unterschieden. Mit seiner Chirurgen- und Spiegel-Metapher und mit der Abstinenz-Regel habe er nur das Verhalten des Analytikers angesichts von Übertragungen festlegen wollen. Cremerius kommt in seiner Untersuchung der sechzehn Analysanden-Berichte zu genau demselben Schluß!

Aber Cremerius erklärt uns darüber hinaus auch noch, wieso Freud nicht auf die naheliegende Idee kam, seine warme, spontane, persönliche Beziehung zum Analysanden müsse die Übertragungs-Beziehung unweigerlich beeinflussen — eine Idee, die sich wirklich aufdrängt. Freud, so Cremerius, glaubte noch daran, daß die Übertragung gewissermaßen ein vorgeformtes Klischee im Analysanden darstellt, das völlig unabhängig vom Gegenüber mit naturgesetzlicher Notwendigkeit wieder auftauchen wird, wenn es denn an der Zeit ist. Ob man vorher kühl reagierte oder warmherzig, ob spontan oder unspontan — das Klischee bleibt das Klischee. Ich zitiere Cremerius:

>»Freud konnte sich dieser Zweiteilung überlassen, ohne an die Wirkungen seines Verhaltens auf die unbewußten Übertragungsaspekte zu denken, weil er die eigentliche Übertragung als ›zwangsläufige Übertragungsneigung‹ (1926 e, S. 256) versteht, die autonom und unbeeinflußt vom Verhalten des Analytikers ihren von den Introjekten, den inneren Imagines der Kindheit vorgezeichneten Weg nimmt. Er spricht von einem Klischee. Von dieser Definition der Übertragung als eines vom Analytiker unabhängigen Prozesses her läßt sich auch verstehen, daß Freud seine Tochter Anna analysieren konnte (Freud-Weiss, 1973, S. 91)« (Cremerius, 1981, S. 153).

Mit der einfachen Antwort, Freud habe die persönliche Beziehung zum Analysanden von der Übertragungs-Beziehung ausgesondert und darum einerseits so persönlich arbeiten und andererseits ein so unterkühltes Chirurgen-Ideal setzen können, kann sich Cremerius allerdings nicht zufriedengeben. Würde der Fall so einfach liegen, hätte Freud doch irgendwann und irgendwo antönen müssen, daß die Spiegel- und Chirurgen-Metapher nicht für das Gesamt der Beziehung zum Patienten konzipiert worden war. Gerade dies aber tat er nicht.

Ging es vielleicht darum, das Gesicht zu wahren? Sollte vielleicht die breite Öffentlichkeit, die Freud ja auch las, den Eindruck erhalten, daß es in den Räumlichkeiten und Seelen von Analytikern immer nur ganz temperiert, keimfrei, objektiv und ordentlich zugeht? Der Verdacht, daß Freud hierauf Wert gelegt haben könnte, ist bestimmt nicht von der Hand zu weisen, wenn man sich daran erinnert, welche Tumulte die Psychoanalyse mit ihrer Anstoß erregenden Lehre von der infantilen Sexualität in breiten Kreisen bereits ausgelöst hatte. Cremerius jedenfalls ist der Auffassung, daß Freud seine Spiegel- und Chirurgen-Metapher *aus schierer Furcht* vor dem Disqualifiziertwerden durch andere wissenschaftliche Disziplinen und eine feindliche Umwelt *trotz besseren Wissens* nicht relativiert habe:

»Die ganze Wahrheit wäre ja gewesen, daß er dabei affiziert wird, daß die Vorgänge im Patienten Entsprechendes in ihm auslösen. Freud hätte bekennen müssen, daß der Arzt nicht mehr der außenstehende, objektive, unberührbare Wissenschaftler ist, sondern auch ein Mensch wie sein Patient. Ja, schließlich hätte er auch das letzte Schreckliche sagen müssen, daß nämlich auch er ein Patient ist, d. h. ein Mensch mit denselben Phantasien und demselben schrecklichen Unbewußten wie der, der seine Hilfe sucht. [...] Wahrscheinlich wäre es schlimm ausgegangen und vor den Gerichten geendet, hätte Freud das alles publiziert« (Cremerius, 1981, S. 155).

Die Angst Freuds wird besonders in jenem mahnenden Briefe deutlich, den er im Jahre 1911 an Jung schreibt, nachdem dieser endlich seine drei Jahre dauernde Affäre mit der Patientin C. beendet hat. Das folgende Zitat aus diesem Brief macht deutlich, wie sehr doch Freud um den guten Ruf der Psychoanalyse besorgt war und wieviel ihm daran lag, gewisse unrühmliche Vorkommnisse im Zusammenhang mit der Gegenübertragung im engsten Kreise hinter verschlossenen Türen abzuhandeln:

»Die C – hat mir von Ihnen und Pfister allerlei erzählt, wenn man dies Andeuteln erzählen heißen kann, woraus ich schließe, daß Sie beide noch nicht die nötige Kühle in der Praxis erworben haben, sich noch einsetzen und von der eigenen Person vieles hergeben, um dafür Entgegnung zu verlangen. Darf ich, würdiger, alter Meister mahnen, daß man eher unzugänglich bleiben und auf dem Empfangen bestehen soll? Lassen wir uns nie von den armen Neurotikern verrückt machen. *Der Aufsatz über die Gegenübertragung, der mir notwendig erscheint, dürfte allerdings nicht gedruckt werden, sondern müßte unter uns in Abschriften zirkulieren*« (Hervorhebung von der Verf.) (Freud, zitiert nach Peters, 1977, S. 36).

Vielleicht aber, so vermutet Cremerius weiter, wurde das Spiegel- und Chirurgen-Gleichnis auch deshalb so apodiktisch formuliert, damit es unter den Schülern zu keinem weiteren Herumprobieren und gefährlichen Experimentieren mit neuen Umfangsformen mehr kommen sollte. Stekel, Sadger, Rank und Ferenczi hatten schließlich bereits gewagte Schritte in dieser Richtung unternommen und damit die Lehre »verraten«, was Freud in hohem Maße mißtrauisch gemacht hatte (Cremerius, 1981, S. 154).

Mir selber drängt sich noch eine andere, viel naheliegendere Begründung für Freuds Rigorismus in den Behandlungsschriften auf. Freud verlangte doch zweifellos *den Analysanden zuliebe* eine so minutiöse Kontrolle der Gegenübertragung von kommenden Analytikern. Er hatte schließlich mehr als einmal zusehen und es ohnmächtig miterleben müssen, wie leicht sich die Analyse mißbrauchen läßt, wie rasch die Gegenübertragung außer Rand und Band gerät, wie Behandlungen eben daran scheitern und Patienten deswegen zerbrechen mußten. Jungs Affäre mit Frau C. wurde bereits erwähnt. Aber auch Breuer wäre in diesem Zusammenhang zu nennen. Er, der Mitbegründer der Psychoanalyse, hatte unter dem Druck des Übertragungs-Gegenübertragungs-Geschehens im Umgang mit Anna O. solche Angst vor einer möglichen Affäre mit ihr entwickelt, daß er die Behandlung unvermittelt abbrechen mußte. Unter dem Andrängen der gemeinsamen sexuellen Wünsche war ihm der Boden zu heiß geworden. Die Geister, die er gerufen hatte, wurde er anders als mittels eines vollständigen Rückzugs nicht mehr los. Am Tag nach dem Analyseabbruch flüchtete er mit seiner Frau nach Venedig in die Ferien. Anna O. aber kämpfte, nachdem sie so brutal im Stich gelassen worden war, noch monatelang in einem Sanatorium um ihre Wiederherstellung (vgl. Peters, 1977, S. 25 ff.). Stierlin schildert uns den entstandenen Gordischen Übertragungs-Gegenübertragungs-Knoten zwischen Breuer und Anna O. plastisch so:

»Von Sigmund Freud und anderen erhalten wir die Auskunft, Anna O. habe zärtliche Gefühle für Josef Breuer entwickelt. Hinter der Fassade der beruflichen Beziehung sei es zu einer romantisch getönten Liebesbeziehung gekommen. Breuer konnte nicht verhindern, in diese Beziehung verstrickt zu werden. [...] Aus der Anteilnahme Breuers wurde eine Art Besessenheit. Breuer fühlte sich tiefer und tiefer in diese Beziehung hineinverstrickt. Er schien, erfahren wir von Freud, schließlich außerstande, von etwas anderem zu sprechen. Breuers Beziehung zur eigenen Familie, besonders aber zu seiner Frau wurde gespannt; er fühlte sich von seinen Kollegen entfremdet und in Frage gestellt; seine ärztliche Praxis schien gefährdet.
Mit einer letzten Anstrengung, scheint es, entriß er sich der Beziehung zu Anna O., blieb aber davon gezeichnet. Er hörte auf, Patienten mit psychologischen Problemen zu behandeln. [...] Josef Breuers Beziehung zu Anna O. macht deutlich, welchen Gefahren ein tiefes zwischenmenschliches Verstehen ausgesetzt ist: es können Kräfte entfesselt werden, die wir nicht mehr zu bändigen vermögen. Wir können in eine unlösbar scheinende Verstrickung und damit in einen Strudel der psychischen Entdifferenzierung hineingeraten. Was anfangs ein vertieftes Verständnis des anderen ermöglichte – die warme, positive Beziehung – scheint auf einmal durch haßvolle, gefährliche Gegenströmungen bedroht. Die Intensität dieser Beziehung erschüttert das Ich. Die Ver-

söhnung der verschiedenen Bedürfnisse und Realitätsansprüche gelingt nicht mehr. Damit scheint die Autonomie gefährdet und nur die radikale Lösung der Beziehung verspricht noch Rettung« (Stierlin, 1978, S. 18 und 19).

Ferenczi hat einmal gesagt, daß sich der Umgang mit der Gegenübertragung beim einzelnen Analytiker in drei Phasen gliedern lasse: zuerst schwelge man in Gegenübertragungs-Gefühlen, dann, nachdem man die bösen Auswirkungen erkannt habe, fürchte man sich übermäßig vor allen Gegenübertragungs-Regungen, und endlich wage man es, sich angstfrei seinen Gegenübertragungs-Gefühlen zu überlassen, in der sicheren Gewißheit, daß der »*innere Wächter*«, den man gegen ein Übermaß an Gegenübertragungs-Reaktionen errichtet habe, schon rechtzeitig Alarm schlagen werde (Ferenczi, 1964, S. 49-54). Ich meine, daß sich diese drei Phasen aus der Ontogenese ohne weiteres auch zur Erhellung der Phylogenese verwenden lassen. Die Einstellung der Pioniere zur Gegenübertragung, angeführt von Freud (aber abgesehen natürlich von Ferenczi selber), ließe sich dann der zweiten Phase zuordnen, in welcher man sich, gewitzt durch die Erfahrungen der frühesten Anfänge, übermäßig vor der Gegenübertragung fürchtete, weshalb man damit anfing, dem Rigorismus und dem Indifferenz-Ideal zu huldigen. Die angestrebte Gleichgültigkeit resultierte aber keinesfalls aus mangelndem Engagement für den Patienten, wie Jung es Freud im Jahre 1946 fälschlich vorwerfen sollte, sondern aus der Erkenntnis, daß ein Zuviel an Engagement verheerende Auswirkungen für den Fortgang der Behandlung haben kann.

Bedenkt man, daß die Gefahr, Patienten mit dem eigenen therapeutischen Ehrgeiz zu überfahren, in den Anfangszeiten der Psychoanalyse noch ein ganzes Stück größer war, als sie es heute ist, weil man damals als Psychoanalytiker gewissermaßen auf verlorenem Posten kämpfte und rundherum nur als Scharlatan angesehen wurde, dann wird besagter Rigorismus noch verständlicher. Nicht umsonst schrieb Freud 1912 (»Ratschläge für den Arzt bei der psychoanalytischen Behandlung«) folgendes:

»Für den Psychoanalytiker *wird unter den heute geltenden Umständen eine Affektstrebung am gefährlichsten, der therapeutische Ehrgeiz mit seinem neuen und viel angefochtenen Mittel etwas zu leisten, was überzeugend auf andere wirken kann*« (Hervorhebung von der Verf.) (Freud, 1975, S. 175).

Die ersten Psychoanalytiker waren in den Anfangszeiten der Psychoanalyse von genau derselben Krankheit bedroht, die noch heute manch einem Ausbildungskandidaten auflauert – eine Krankheit, deren Leitsymptome Zweifel an der eigenen Kompetenz und allgemeine Unsicherheit sind, was dann gerne mittels einer kompensatorischen Grandiositäts-Fantasie bekämpft wird — auf dem Rücken des Patienten natürlich. Freud hatte also Grund genug, besagten dicken Riegel vor die Entfesselung der Gegenübertragung zu schieben und die Psychoanalytiker seiner Zeit vor allem andern vor ihr zu warnen.

Übrigens finden auch Gertrude und Rubin Blanck (1980, S. 136 und 137), daß Freud nicht deshalb Mitleidslosigkeit, Indifferenz und chirurgische Sachlichkeit als erstrebenswertes Ziel für angehende Analytiker genannt habe, weil er ein kalter und herzloser Mensch gewesen sei, dem Patienten gleichgültig gewesen wären. Er habe, so schreiben die Blancks, Patienten bloß vor den Auswüchsen allzu undisziplinierten Engagements und übermäßigen therapeutischen Eifers schützen wollen. Wenn nachher »inkompetente Verleumder« — vermutlich ist dies ein Seitenhieb an die Adresse Jungs — das Spiegel- und Chirurgen-Gleichnis aus dem Zusammenhang gerissen hätten, so sei dies mehr als unfair. Freud selber habe niemals sagen wollen, der Analytiker solle ein desinteressierter Zuschauer sein und ein völlig wertfreier Mensch. Er habe es bloß für wichtig befunden, daß man seinem Gegenüber eigene Werte nicht aufzuzwingen versuche. Und bei Ferenczi lesen wir (Ferenczi, 1939, S. 476), er habe »von maßgebender Seite« (es war dies Freud selber!) erfahren, daß die Ratschläge in den Behandlungsschriften nur darum so rigoros ausgefallen seien, weil Freud den *Anfänger* vor den gröbsten Mißgriffen habe bewahren wollen. Aber im Grunde genommen habe er es gar nicht so streng gemeint.

Sandler et al. sind sogar der Ansicht, daß Freud eigentlich (auch wenn er dies nie direkt äußerte) die Gegenübertragung bei allen Warnrufen, die er ausstieß, als eine entscheidende Verständnishilfe für den verborgenen Sinn der Mitteilungen des Patienten angesehen habe. In den Freudschen Äußerungen zur »gleichschwebenden Aufmerksamkeit« (vgl. »Ratschläge für den Arzt bei der psychoanalytischen Behandlung«) sei diese Auffassung implizit enthalten (Sandler et al., 1973, S. 175 und 176). Und in der Tat, wenn man das folgende Zitat genauer liest, wird man zugeben müssen, daß Freud zumindest in dieser Passage keineswegs darauf pocht, die aufkommenden Gefühle »beiseite zu drängen«, sondern im Gegenteil vorgeschlagen hat, sie als wertvolles therapeutisches Instrument zu nutzen. Der Analytiker, so schreibt Freud hier,

> »[...] soll dem gebenden Unbewußten des Kranken sein eigenes Unbewußtes als empfangendes Organ zuwenden, sich auf den Analysierten einstellen wie der Receiver des Telephons zum Teller eingestellt ist. Wie der Receiver die von Schallwellen angeregten elektrischen Schwankungen der Leitung wieder in Schallwellen verwandelt, so ist das Unbewußte des Arztes befähigt, aus den

ihm mitgeteilten Abkömmlingen des Unbewußten dieses Unbewußte, welches die Einfälle des Kranken determiniert hat, wiederherzustellen« (Freud, 1975, S. 175 und 176).

Vielleicht hat es mit eben dieser Textstelle zu tun, daß sogar Paula Heimann — die Frau, welche ja immer als der extreme Gegenpol zu Freud dargestellt wird, weil erst sie die Gegenübertragung als Indikator für die unbewußten Abläufe beim Patienten gewertet habe — die Ansicht vertreten konnte, Freud selber habe die Gegenübertragung als wesentliches therapeutisches Instrument angesehen (Heimann, 1950, S. 83).

Ich meine allerdings, daß dieses Receiver-Gleichnis die anderen Metaphern vom Spiegel und vom Chirurgen nicht einfach aufhebt. Freud hat sowohl das eine wie das andere gesagt und damit eine unauflösbare Paradoxie geschaffen: Arbeitet der Analytiker so affektlos und rein rational wie der Chirurg, so kann sein Receiver eben gerade nicht mehr zum Teller eingestellt sein und Schwankungen nicht wieder in Schallwellen umsetzen, weil er, reduziert auf seine »geistigen Kräfte«, diese Schwankungen gar nicht erst wahrzunehmen vermag. Vor lauter Selbstkontrolle und Affektbeherrschung wird er dann taub für die feineren Regungen seines Gegenübers. Arbeitet er aber so intuitiv und ganz offen für jegliche feinste Schwankung und Schwingung, so ist ihm — zumindest in diesem Prozeß des Datensammelns — die Ratio und die Selbstbeherrschung unweigerlich im Wege. Man kann nicht zugleich geschlossen und offen, fühlend und affektfrei sein. Das Schisma zwischen einer mehr am Erleben und Fühlen orientierten Behandlung und einer weitgehend auf dem Vernünftigen und der Einsicht gründenden Psychoanalyse läßt sich, wie man sieht, bis hin zu Freud zurückverfolgen. Er redete allen beiden das Wort.

Zum Schluß meines Kapitels über Freud will ich noch eine Liste der Gegenübertragungs-Komplikationen bringen, die ich aufgrund von Freuds Behandlungsschriften erstellt habe. Was bei der Lektüre dieser »Fallen«, in die der Behandler so leicht treten kann, sofort ins Auge springt, ist das große Gewicht, das Freud auf allfällige Manifestationen unbearbeiteter narzißtischer Bedürfnisse beim Analytiker gelegt hat: zwölf der siebzehn von mir herausgearbeiteten Fallen stellt dem Analytiker sein Narzißmus! Wieder und wieder weist Freud auf die Gefährlichkeit von Perfektions-Vorstellungen beim Analytiker, von Omnipotenz-Fantasien, erzieherischem und therapeutischem Ergeiz, von Machtmißbrauch und dem Wunsch, den Patienten nach dem eigenen Bilde zu formen, hin. Schuldgefühle in der Gegenübertragung als mögliche Gefahrenquelle und Falle aber tauchen beispielsweise nur zweimal auf, mögliche orale Fixierungen des Analytikers mit den dazugehörigen Komplikationen bloß ein einziges Mal. Weiter fällt bei der Lektüre besagter siebzehn Gegenübertragungs-Fallen auf, daß Freud die Gegenübertragung nur sehr beschränkt als eine Funktion der Übertragung des Patienten angesehen hat. Die meisten der beschriebenen Komplikationen haben ausschließlich mit »blinden Flecken« auf Analytikerseite zu tun und können eigentlich praktisch zu jedem Zeitpunkt in einer Analyse zuschnappen. Mit der spezifischen Übertragung, die einem der Patient jeweils entgegenbringt, sind sie nach Auffassung Freuds, so scheint es, nur locker verknüpft. Erst Stern sollte den Zusammenhang von Übertragung und Gegenübertragung stärker hervorheben, ein Zusammenhang, der heute vielfach als so eng angesehen wird, daß nur noch von einer »Zweieinheit« die Rede ist. Aber sehen wir uns jetzt die von Freud beschriebenen Gegenübertragungs-Fallen an, wie sie sich in seinen Schriften zur Behandlungstechnik zeigen:

1. Wenn mir mein Analysand einen Traum bringt, dann muß ich mich, vor allem wenn ich ein Anfänger bin, davor hüten, mit Perfektions-Vorstellungen ans Werk zu gehen, sonst will ich stur jedes Traumdetail verstehen und deuten, was mich von meinem Patienten ablenkt und außerdem wie einen mächtigen Hellseher erscheinen läßt (Freud, 1975, S. 152-155).
2. In einer laufenden Behandlung sollte ich nie an eine spätere wissenschaftliche Verwertung denken, sonst arbeite ich, da ich meine eigene Theorie bestätigt sehen möchte, nicht mehr genügend absichtslos und unbefangen (Freud, 1975, S. 174).
3. Wenn ich meiner Umwelt beweisen will, wieviel »das neue und viel angefochtene Mittel« mit Namen Psychoanalyse doch zu leisten imstande ist, dann ist mein therapeutischer Ehrgeiz zu groß, und ich liefere mich wehrlos gewissen Widerständen des Patienten aus. Ich muß mir immer klar darüber sein, daß ich nur die Wunden meines Patienten versorgen kann und daß Gott ihn heilen muß (Freud, 1975, S. 175).
4. Wenn ich ein junger und eifriger Anfänger bin, dann kann mich mein therapeutischer Ehrgeiz dazu verführen, distanzlos zu werden, will sagen, dem Analysanden von meinen eigenen Defekten, Konflikten und Schwächen zu erzählen. Meine geheime Hoffnung ist dabei dann die, daß ich auf diese anbiedernde Weise die Widerstände des Patienten rascher unterwandern und ihn »im Schwung über die Schranken seiner engen Persönlichkeit« erheben kann (Freud, 1975, S. 177 und 178).
5. Wenn ich an zuviel Ehrgeiz kranke, dann ist es mir zu wichtig, daß mein Patient zu etwas besonders Vortrefflichem werde. Ich fange dann gerne damit an, seinen Wünschen »hohe Ziele« vorzuschreiben,

unabhängig davon, ob er für diese Ziele geeignet ist oder nicht (Freud, 1975, S. 178 und 179).
6. Wenn ich mir einbilde, eine omnipotente psychoanalytische Autorität zu sein, beginne ich gerne damit, dem Patienten – aufgrund meiner starren und »überlegenen« Konzepte – vorzuschreiben, welche Richtung der psychoanalytische Prozeß einzuschlagen hat und in welcher Reihenfolge die Punkte, die er angreift, bearbeitet werden müssen (Freud, 1975, S. 190).
7. Wenn ich mich außerstande sehe, angemessene Honorarforderungen zu erheben, bekommt das letztlich mein Patient zu spüren, weil ich dann unweigerlich damit anfange, mich im Stillen über seine Rücksichtslosigkeit und sein Ausbeutertum zu grämen. Es kann mir sogar passieren, daß ich damit anfange, laut zu schimpfen (Freud, 1975, S. 191 und 192).
8. Bin ich ein ganz selbstgefälliger Mensch, dann werte ich es als einen »besonderen Triumph«, wenn ich alle Zusammenhänge, die ich errate, meinem Patienten schon gleich bei der ersten Zusammenkunft »ins Gesicht [...] schleudern« kann. Ich sage ihm dann etwa Sachen wie die: Er hänge doch einfach inzestuös an seiner Mutter, er hege im Grunde genommen Todeswünsche gegen seine angeblich geliebte Frau, bei Lichte besehen wolle er nur seinen Chef betrügen (Freud, 1975, S. 199 und 200).
9. Wenn sich eine weibliche Patientin heftig in einen männlichen Analytiker verliebt, so kann er fälschlich damit beginnen, dies den besonderen Vorzügen seiner Person zuzuschreiben und geschmeichelt auf das Angebot einsteigen (Freud, 1975, S. 219 und 220).
10. Wenn bei meiner Patientin plötzlich eine Liebesübertragung auftritt, kann mich das »peinlich verlegen« machen. Ich fange dann entweder damit an, mit sittlichen Forderungen an die Patientin heranzutreten oder aber ihre Zärtlichkeiten zu erwidern. Eins ist so verfehlt wie das andere und bewirkt bestimmt nicht, daß die Patientin wieder vermehrtes Interesse am Mitarbeiten entwickelt (Freud, 1975, S. 222-225).
11. Vor allem wenn ich ein junger und noch unverheirateter Analytiker bin, stehe ich angesichts der Liebesübertragung der Patientin in Gefahr, die Situation für meine eigenen Zwecke zu mißbrauchen (Freud, 1975, S. 229).
12. Wenn es mir schwerfällt, jemanden abzuweisen und jemandem etwas zu versagen, dann wird es mir, auch wenn ich als Analytiker verheiratet bin und keine ungestillten libidinösen Bedürfnisse habe, Mühe

machen, das Liebeswerben meiner Patientin unbeantwortet zu lassen (Freud, 1975, S. 229).
13. Wenn meine narzißtischen Bedürfnisse groß sind, dann tendiere ich dazu, den Patienten zu meinem »Leibgut« zu machen. Ich will dann sein Schicksal für ihn formen, ich will ihm meine Ideale aufdrängen, ich will ihn »im Hochmut des Schöpfers« zu meinem Ebenbilde machen. Auf diese Weise störe ich natürlich den Patienten in seiner Eigenart (Freud, 1975, S. 246).
14. Wenn ich es mit besonders haltlosen und existenzunfähigen Patienten zu tun habe, komme ich manchmal nicht umhin, »als Erzieher und Ratgeber« in Erscheinung zu treten. Hier stehe ich, habe ich unbewußte Bedürfnisse nach Selbsterhöhung, besonders in Gefahr, nicht genügend schonungsvoll vorzugehen. Ich versuche dann, die Patienten zur Ähnlichkeit mit mir selber zu erziehen, statt sie zur »Befreiung und Vollendung« ihres eigenen Wesens hinzuführen (Freud, 1975, S. 246 und 247).
15. Wenn ich es mit einem Patienten zu tun habe, bei dem »der Zweifel die Rolle des hauptsächlichen Widerstandes spielt«, bin ich manchmal in Versuchung, »diesen Zweifel durch Autorität zu überschreien oder ihn mit Argumenten zu erschlagen« (Freud, 1975, S. 265). Ich steige in einen ganz unproduktiven Machtkampf mit dem Analysanden ein.
16. Wenn ich zu sehr darauf aus bin, daß die Analyse glatt und rasch vonstatten gehe, stehe ich immer in Gefahr, Kompromisse zu schließen und den Patienten mit partiellen Befriedigungen ködern zu wollen. Es geschieht dann sehr leicht, daß ich mich in das neurotische Drama wie eine willenlose Marionette verwickeln lasse (Freud, 1975, S. 318).
17. Wenn mein Patient die Phase der Übertragungsneurose erreicht hat, habe ich ebensoviel Macht über ihn wie einst die Eltern. Wenn ich mich nun daran mache, ihm »Nacherziehung« zukommen zu lassen, dann ist, sofern ich an einem Übermaß unbewußter narzißtischer Bedürfnisse kranke, die Gefahr groß, daß ich den Analysanden nach meinem Vorbild schaffen will. Ich erhebe mich zum »Ideal für andere«, respektiere die Eigenart meines Gegenübers nicht mehr genügend und will ihn zu sehr in Abhängigkeit von mir belassen (Freud, 1975, S. 414).

## 3. Adolph STERN:
## Ohne ein gewisses Maß an milder, positiver Gegenübertragung geht es nicht

Adolph Stern ist im Feld der Gegenübertragungs-Theorie in mehr als einer Hinsicht ein echter Pionier gewesen. Ihm kommt das Verdienst zu, manches, was in späteren Jahrzehnten von großer Bedeutung werden sollte, als erster angerissen zu haben. Eine nicht zu unterschätzende Pioniertat dünkt mich allein schon der Umstand zu sein, daß Stern der erste Analytiker überhaupt war (vgl. Orr, 1954), der sich in einem Vortrag, den er 1923 vor der Amerikanischen Psychoanalytischen Gesellschaft hielt, mit nichts anderem als mit Gegenübertragung beschäftigte. Das Phänomen bekam auf diese Weise ein Gewicht und eine Bedeutung zugesprochen, das ihm bei Freud, der es ja noch so stiefmütterlich behandelt hatte, nicht in diesem Maße zugekommen war (vgl. Stern, 1924).

In diesem Vortrag, der ein Jahr später noch gedruckt und damit auch europäischen Analytikern zugänglich gemacht werden sollte, definiert Stern die Gegenübertragung einiges präziser als Freud selber. Er sagt von ihr kurz und bündig, daß sie die Übertragung des Analytikers auf den Patienten verkörpere (Stern, 1924, S. 167). Ob Freud Sterns Definition in dieser enggefaßten Form auch unterschrieben hätte, wissen wir nicht. Bei ihm war nur zu erfahren gewesen, daß sich die Gegenübertragung »durch den Einfluß des Patienten auf das unbewußte Fühlen des Arztes« (Freud, 1975, S. 126) einstelle.

Die Übertragung des Analytikers auf seinen Patienten erwacht, so Stern, dann zum Leben, wenn der Patient selber intensiv mit Übertragen beginnt und alles daran setzt, den Analytiker zum Mitspieler in seinem inneren Drama zu machen. Zur Umschreibung dieser anscheinend zentralen Bedrohung für das störungsfreie Dahingleiten des analytischen Prozesses hat Stern zwei Termini geschaffen, die ich gleichfalls seinen Pionierleistungen zurechne. Alle beide sollten sie nämlich in der Gegenübertragungs-Theorie der Folgezeit wieder aufgegriffen und bedeutsam werden. Bei den zwei Wortschöpfungen, die ich vor Augen habe, handelt es sich um »die Falle« oder »the trap« und um »die Rolle« oder »the role« auf der anderen Seite.

Als »Falle« bezeichnet Stern jede Situation, in welcher der Analytiker vom übertragenden Patienten und dem Andrängen der eigenen Gegenübertragungs-Regungen zum Mitagieren und Mitspielen im neurotischen Drama verführt wird. Wenn ich in der vorliegenden Arbeit immer wieder einmal von Gegenübertragungs-Komplikationen rede, meine ich häufig nichts anderes als dies. Stern schreibt folgendes:

> »For even to the trained analyst the transference of the patient to him brings up problems and situations that are strange and puzzling, and unless his technique is good, *he runs the risk of stepping out of the psychoanalytic situation, falling thereby into a trap that all patients set for the analyst*« (Hervorhebung von der Verf.) (Stern, 1924, S. 168).

Die Falle wird also stringent als das Verlassen, das Aussteigen aus der psychoanalytischen Situation angesichts spezifischer Übertragungsangebote seitens des Patienten definiert. Die Übertragung des Patienten ruft eine bestimmte Gegenübertragung hervor, und diese mag dann so übermächtig werden, daß der Analytiker sie auslebt, die Bedürfnisse der eigenen Person in den Vordergrund stellt und darob seine analytische Funktion als Förderer von Entwicklung beim Gegenüber vernachlässigt. Dann sind im Grunde genommen nicht nur er, sondern auch der Patient und die analytische Situation insgesamt in der Falle gefangen. Kreative Anreize seitens des Analytikers bleiben aus, der Tonarm dreht sich, wie bei einer zerkratzten Schallplatte, in immer derselben Rille, eine Rille, die der Patient aus seiner Kindheit nur zu gut kennt.

Den Sturz in die Falle kann der Analytiker nur vermeiden, wenn er niemals in die ihm vom Patienten zugedachten »Rollen« schlüpft. Mit dieser Ansicht katapultierte Stern sich direkt in die Moderne. 1992 notiert Mertens beispielsweise:

> »Heutzutage gehört die Bemühung, der vom Patienten angesonnenen Rollenerwartung nicht zu entsprechen, zu den grundlegenden Erkenntnissen bei der Handhabung der Übertragung« (Mertens, 1992, S. 77).

Stern bringt dazu das folgende Beispiel: Eine auf den Vater fixierte Patientin will den Analytiker in die Rolle eines guten, liebevollen Vaters drängen, der ihr all das geben soll, was sie früher entbehren mußte. Das ist verführerisch für den Analytiker, denn wer gefiele sich nicht in der Rolle eines liebevollen und idealisierten Vaters. Aber es ist eine Falle. Besonders gefährlich wird sie, wenn der Analytiker umgekehrt unbewußt an seine Mutter fixiert ist und sich nach akzeptierender Liebe durch eine Frau sehnt. Dann schubst ihn seine Gegenübertragung nur zu rasch in die ihm zugedachte Rolle, mit der er sich doch so leicht bei der »Mama« beliebt machen kann. Unter diesen Voraussetzungen muß der analytische Prozeß stagnieren, da die Patientin dann nur noch mit Liebe statt mit Einsicht gefüttert wird.

Stern liegt zwar ganz auf der von Freud gewiesenen Linie, wenn er den Analytiker davor warnt, seiner Gegenübertragung nachzugeben und sie auszuleben. Aber, indem er den Terminus der Rolle einführt, die der übertragende Patient dem Analytiker immer wieder einmal zudenkt und in welche dieser nicht schlüpfen darf, handelt er das Problem unserer Gegenübertragung stärker als Freud unter dem Aspekt der *Beziehung* ab. Und auch damit erweist sich Stern als höchst moderner Autor. Die Beziehungsdimension hat in der heutigen Psychoanalyse eine überragende Bedeutung erhalten. Ich zitiere dazu Wolfgang Mertens:

»In den letzten Jahren hat sich in Publikationen und bei vielen Analytikern ein beziehungsorientiertes Wahrnehmen, Erleben und Konzeptualisieren entwickelt. ›Beziehungsanalyse‹, ›Intersubjektivität‹, ›Analyse im Hier und Jetzt‹, ›analytische Transaktion‹ sind Begrifflichkeiten, die immer häufiger in Veröffentlichungen, Falldiskussionen, Supervisionen und anderswo auftauchen« (Mertens, 1992, S. 15).

Die Gegenübertragungs-Komplikation wird bei Stern ganz direkt als eine Funktion der Übertragung des Patienten verstanden und nicht mehr einfach nur als ein isoliertes Geschehen auf seiten des Analytikers gewertet, das es »niederzuhalten« und zu »bewältigen« gelte. Nicht die Selbstzucht und die Affektlosigkeit ganz allgemein stehen jetzt im Vordergrund, sondern statt dessen ist die Rede von einem Nicht-Mitspielen, Nicht-Einsteigen in Rollen, die ein Gegenüber einem zugedacht hat. Übertragung und Gegenübertragung erscheinen somit viel enger miteinander verknüpft, als dies noch bei Freud der Fall gewesen war. Zwar hatte Freud geschrieben, die Gegenübertragung entstehe durch den Einfluß des Patienten auf das unbewußte Fühlen des Arztes, aber bei vielen der siebzehn von mir genannten Fallen, die ich in den Behandlungsschriften gefunden habe, zeigte es sich doch, daß die Gegenübertragung nichts, aber auch gar nichts mit der spezifischen Übertragung des Patienten zu tun hatte. Indem Stern also die Gegenübertragung eng mit der Übertragung verknüpft, wird er zu einem wichtigen Pionier innerhalb der Gegenübertragungs-Theorie. Ich betrachte ihn als einen Vorläufer der Objektbeziehungs-Theoretiker, denen wir die Einsicht verdanken, daß man den einzelnen nicht in isoliertem Zustand, sondern immer nur in Interaktion mit seiner Umgebung begriffen betrachten darf, auch einen Analysanden und einen Analytiker.

Glover, der im nächsten Kapitel zu Worte kommen wird, sollte diesen neuen Gedanken Sterns von der engen Verquickung zwischen Übertragung und Gegenübertragung aufgreifen und ihn noch ausbauen. Übrigens hat sich Glover, ohne es Stern zu danken, auch Sterns Terminus der »Rolle« zu eigen gemacht, nicht anders, als es manch ein Analytiker der Jetzt-Zeit tut. Allerdings ist heute die Furcht vor einer allfälligen Rollenübernahme kleiner geworden. Man hat eingesehen, daß ein Mitspielen auf Zeit nicht immer zu vermeiden und auch nicht immer schädlich ist, daß eine »Rollenspiel-Bereitschaft« oder »role-responsiveness« (Sandler, 1976, S. 301) manchmal gar ein recht fruchtbares Element innerhalb der Gegenübertragung darstellen kann. In seinem berühmten Artikel mit dem Titel »Gegenübertragung und Bereitschaft zur Rollenübernahme« (Sandler, 1976) stellt Sandler fest, daß unser gelegentliches Mitspielen und unsere »unanalytischen«, irrationalen Reaktionen keinesfalls bloß als blinde Flekken und unser eigenes Problem angesehen werden sollten, sondern als »Kompromißbildung zwischen eigenen Strebungen und *der kontrollierten Übernahme der Rolle, die [...] der Patient aufzwingt*« (a. a. O., S. 302).

Aber kehren wir zu Stern zurück. Seine bedeutendste und mutigste Pioniertat liegt zweifellos darin, daß er als erster Analytiker überhaupt der Gegenübertragung auch eine nützliche Seite abzugewinnen wußte und damit den Bannfluch, der über ihr lag, zumindest ein kleines Stück weit aufzuheben vermochte. Stern riskierte nämlich die Behauptung, daß *ein gewisses Maß von Gegenübertragung in Form einer milden, positiven Übertragung des Analytikers* in jeglicher Behandlung anzutreffen sei, ja, anzutreffen sein *müsse*, wolle der therapeutische Prozeß irgend Aussicht auf Erfolg haben. Nur dank seiner basalen, positiven Gegenübertragung sei es dem Analytiker überhaupt möglich, Analysen auch angesichts langweiliger, monotoner Durststrecken durchzuhalten und weiterzuführen. Der Umstand, daß der Analytiker auch in undankbaren Analysephasen nicht aufgibt, stellt für Stern geradezu einen *Beweis* für das Wirken einer positiven Gegenübertragung im Hintergrund dar:

> »Often enough cases are devoid of interest, and make their treatment a monotonous task for the analyst. The feelings thus aroused are not such as may to any appreciable extent modify the technique of the analyst. They indicate that a certain amount of counter-transference normally exists in the psychoanalytic treatment, and this in a measure can be compared with a corresponding mild positive transference present on the part of the patient [...]« (Stern, 1924, S. 169).

Freud hatte zwar in seinem Aufsatz »Zur Psychotherapie der Hysterie« aus dem Jahre 1895 schon ganz ähnliches geäußert und geschrieben, daß man eine Behandlung niemals ohne »persönliche Teilnahme für den Kranken« (Freud, 1975, S. 59) durchführen könne. Nur, mit Gegenübertragung hatte solches Anteilnehmen in seinen Augen nichts zu tun. Die Gegenübertragung war und blieb der Störenfried. In diese, die Gegenübertragung so sehr diskriminierende Sichtweise, schlug Stern eine entscheidende Bresche.

Kommen wir zum Schluß noch zu den Gegenübertragungs-Fallen, vor denen Stern die Zuhörer in seinem Vortrag eindringlich warnt. Alle drei seien sie, so sagt er, besonders häufig anzutreffen – der Analytiker tue daher gut daran, seine Behandlungen immer wieder daraufhin abzusuchen:

1. Wenn ich die Übertragungsliebe meines Analysanden persönlich nehme, weil ich mir zu viel auf meine Unwiderstehlichkeit einbilde, kommt es in aller Regel dazu, daß ich aus der psychoanalytischen Situation aussteige und mitspiele (Stern, 1924, S. 171).
2. Wenn ich mit meinem Narzißmus noch nicht recht klargekommen bin, erlebe ich den Umschlag von der positiven zur negativen Übertragung unweigerlich als narzißtische Kränkung, auf die ich mit Gegenaggression oder genauso unbrauchbaren Schuldgefühlen antworte (Stern, 1924, S. 172 und 173).
3. Taucht bei meinem Analysanden homoerotische Libido in Form der »femininen Einstellung« auf, dann gelingt es mir manchmal nicht, ihm diese Einstellung bewußt zu machen. Und zwar vor allem dann nicht, wenn ich als männlicher Analytiker Widerstände gegen das Aufkommen meiner eigenen passiv-femininen Wünsche mitbringe (Stern, 1924, S. 173 und 174).

## 4. Edward GLOVER:
### Unsere Gegenübertragung bedarf täglicher analytischer Pflege

Glovers »Lectures on Technique in Psychoanalysis« (Glover, 1927/28) wurden 1927 und 1928 erstmals im International Journal of Psychoanalysis abgedruckt. Das vierte Kapitel dieser Lectures – das übrigens 1955 in fast unveränderter Form in Glovers Technik-Lehrbuch (Glover, 1955) übernommen werden sollte – ist ganz der Gegenübertragung und dem Widerstand gewidmet und soll uns im folgenden beschäftigen.

Ganz wie Freud hält Glover daran fest, daß die Gegenübertragung etwas Negatives und Destruktives sei, wovor der Analytiker dauernd auf der Hut zu sein habe. *Anders als Stern vermag Glover dem Phänomen keinerlei konstruktive Seiten abzugewinnen.* Obwohl Glover nirgends genauer erklärt, was er unter Gegenübertragung exakt versteht (er hält derlei für bloße Zeitverschwendung – man darf also annehmen, daß er seinen Ausführungen Freuds Auffassung von Gegenübertragung zugrundelegt), merkt der Leser bald einmal, daß diesem Autor die Gegenübertragung noch suspekter ist als Freud. Glovers Lecture über Gegenübertragung ist eine einzige Warnung vor der Gegenübertragung, eine Handanweisung gewissermaßem, wie man sie am besten in den Griff bekommen kann.

In dramatischen Worten wird uns da geschildert, wie auch der bestanalysierte Analytiker ständig Gefahr läuft, vom rechten Wege abzukommen und Opfer seiner Gegenübertragungs-Regungen zu werden, da doch sein Ich in der täglichen Arbeit unter einer ungeheuren Belastung stehe. Dieses Ich wird nämlich zum einen vom Analysanden laufend verzerrt gesehen: Häufig werden dem Analytiker von seinem Patienten Dinge in die Schuhe geschoben, die mit seiner realen Person nichts zu tun haben und die seinem Ich-Ideal zutiefst widersprechen. Zum andern wird dieses arme Ich laufend stimuliert und verführt – aber es darf dann nicht zur Abfuhr schreiten:

> »[...] if the analyst's analysis has been successful he will not be *hypersensitized* to products of his patient's unconscious phantasy. Neither will he be in the strict sense of the term *immune*, a state which really implies a defensive familiarity. He will be able to translate these products *without reacting to them*. But listening to a phantasy, or to the description of external happenings in which the analyst is not directly involved, is a different state of affairs from having to see oneself in the patient's mind playing all sorts of *real* and inferior parts in relation to him. This is anyway an attack on one's ego. Now of course in the castration sense one ought to be free from the tendency to take umbrage or to counter-attack, but it seems to me that there is a type of stimulating situation which cannot be avoided in analysis and must be met as a current source of tension. And of course there are many other ways in which a stimulating situation may arise« (a. a. O., S. 506).

Das Ich des Analytikers wird von allen Patienten ständig bedroht. Die in der Lehranalyse neu errichteten Abwehrsysteme werden von Analysanden laufend mit hochselektiven Reizen attackiert und geraten unweigerlich ins Wanken, wenn der Analytiker sie nicht ständig ausbessert. Das Mittel der Wahl bildet für Glover die Selbstanalyse des Analytikers. Auf sie legt er noch größeres Gewicht als Freud selber. Für Glover gilt: Ohne *tägliche* Selbstanalyse und Klärung der Gegenübertragung geht es nicht. Dies hat so selbstverständlich zu werden wie das Zähneputzen und wird darum von Glover auch die »analytische Toilette« oder »analytical toilet« genannt (a. a. O., S. 507). Auf die Abbau-Arbeit, die Patienten am Analytiker vollbringen, muß regelmäßig wieder Aufbau-Arbeit in Form von analytischer Toilette erfolgen. Nur so ist die innere Balance des Analytikers gewährleistet, nur so gerät der analytische Prozeß nicht aus dem Gleichgewicht.

Besonders gründlich muß die analytische Toilette immer dann durchgeführt werden, wenn folgende drei Punkte auf den Analytiker zutreffen: Wenn er erstens stereotyp auf einen Patienten zu reagieren beginnt, wenn er zweitens seine Deutungen wie auch sein Schweigen nicht mehr mit guten analytischen Argumenten belegen kann, und wenn er sich drittens nicht mehr erklären kann, warum sein Patient noch immer in Schwierigkeiten steckt. Die genannten drei Punkte stellen für Glover gewissermaßen *die Alarmlampen und wichtigsten Gefahrensignale* dar, die anzeigen, daß der Analytiker in der Gegenübertragungs-Falle gelandet ist. Wie man sieht, geht Glover mit geradezu detektivischer Gründlichkeit vor. Weil Analytiker es keineswegs immer merken, wenn sie in der Gegenübertragungs-Falle gelandet sind und nur noch im Dienste ihrer eigenen Triebbefriedigung oder Abwehr deuten, muß man ihnen ein Mittel an die Hand geben, wie sie sich dennoch auf die Schliche kommen können – die genannten drei Alarmlampen. Leuchten sie auf, dann heißt es in sich gehen.

Äußerste Hellhörigkeit ist aber keineswegs nur dann geboten, wenn die Zeichen bereits auf Sturm stehen. Der Analytiker sollte sich auf Schritt und Tritt kontrollieren und sein Verhalten immer neu überprüfen. In kleinen und kleinsten Ausschlägen der Stimme, in der Wortwahl, in einem Räuspern kann schon eine ganze Menge verborgen sein. Da Analytiker eine Lehranalyse hinter sich haben, sind ihre neurotischen Regungen abgeschwächt und gut getarnt. Lärmende, massive Reaktionen hat der Analytiker im allgemeinen nicht mehr nötig, will er auf seine Rechnung kommen. Man mache sich selber nichts vor, ein kleines, »harmloses«, fragendes »Ja???« seitens eines Analytikers kann schon genügen, damit sein Sadismus die gewünschte Abfuhr findet. Der Teufel sitzt bei der Gegenübertragung fast immer im Detail. Entsprechend muß die analytische Toilette also mit dem Mikroskop durchgeführt werden, der bloße Augenschein genügt da nicht. Freud hatte übrigens vice versa festgestellt, daß es die leisen und nicht die lärmigen Übertragungsreaktionen unserer Patienten sind, die uns zum Fallstrick werden (Freud, 1975, S. 229). In den »Bemerkungen über die Übertragungsliebe« schreibt er, daß dem Analytiker »die feinen und zielgehemmten Wunschregungen des Weibes« weitaus gefährlicher als ein allfälliges »grobsinnliches Verlangen« werden können. Es liegt auf der Hand: diskrete Kleinigkeiten bei sich oder auch bei einem Gegenüber übersieht man leichter als alle pompöseren Manifestationen eines Verhaltens oder Erlebens.

Aber mit dem Hören erstens auf Gefahrensignale und zweitens mit dem Beachten von Kleinigkeiten im Umgang mit dem Patienten hat es sich noch nicht: die Gegenübertragung vermag ihre zerstörerische Kraft selbst dann noch zu entwickeln. Zu prüfen gilt drittens auch die Theorie, die man als Analytiker bevorzugt. Es kommt nämlich, so Glover, immer wieder einmal vor, daß man sich gerade zu jener Theorie mit Feuereifer bekennt, die sich besonders zur Abwehr spezifischer Konflikte, mit denen man nichts zu schaffen haben möchte, eignet. Mit einem Wort: Mißtrauen sich selber gegenüber ist auf der ganzen Linie geboten, der Teufel hat tausend Gesichter.

Glovers Überwachungs-System findet seine Krönung in der von ihm erstellten Landkarte des analytischen Prozesses, in die er die vierzehn wichtigsten und häufigsten Gegenübertragungs-Fallen eingezeichnet hat. Jede Stufe der Ich- und Libido-Entwicklung, jedes neue Entwicklungsniveau, das der Patient erklimmt, bringe nämlich ganz spezifische Rollen und Fallen für den Analytiker mit sich. Es stellt dies den ersten Versuch im Rahmen der psychoanalytischen Theorie dar, Gegenübertragungs-Komplikationen systematisch bestimmten Übertragungs-Konstellationen auf seiten des Analysanden zuzuordnen und sie damit handhabbarer zu machen. Worauf man innerlich schon eingestellt ist, was man im voraus erwartet, damit kann man eher umgehen, trifft es schließlich wirklich ein, so scheint sich Glover gesagt zu haben. Viele Jahrzehnte später sollte Racker noch einmal ein derartiges Experiment wagen und also Gegenübertragungs-Reaktionen mit sie verursachenden Übertragungs-Einstellungen zu verbinden suchen – ein Versuch, der weiter unten gewürdigt werden wird (vgl. Teil III, 5.).

Die erste der vierzehn Fallen, die ich im folgenden schildern will, wird von Glover noch nicht im Zusammenhang mit einem spezifischen, vom Patienten erreichten Entwicklungsniveau genannt. Sie liegt ihm einfach so am Herzen:

1. Wenn ich als Analytiker die negative Übertragung des Patienten fürchte, rücke ich manchmal die für mich eher ungefährliche Traumanalyse in den Vordergrund (Glover, 1927/28, S. 505).

Die drei folgenden Fallen werden von Glover den *untersten Schichten von Ich-Organisation und Libido-Entwicklung* zugeordnet. Befindet sich der Patient in der Behandlung auf dieser frühen oralen Stufe, dann evoziert er bei seinem Analytiker unter Umständen eine entsprechende orale Problematik. Hat der Analytiker hier Schwachstellen oder blinde Flecke, dann kann er in die Falle der eigenen und fremden Oralität treten:

2. Wenn ich als Analytiker oral fixiert bin, werde ich den gierigen, oralen Impulsen meines Analysanden nicht gewachsen sein. Es gelingt mir angesichts seines maßlosen Hungers nicht mehr, die erforderliche kreative Distanz zum Patienten einzuhalten. Ich beginne ihn beispielsweise mit Deutungen zu überfüttern, weil ich mich selber in dem hungrigen Kind, das der Patient jetzt verkörpert, sehe und dringend Abhilfe schaffen muß (Glover, 1927/28, S. 510).
3. Da das zentrale Charakteristikum der Oralität das sofortige Habenwollen, Habenmüssen ist, kann ich, werden meine eigenen oralen Impulse frustriert (indem mir der Analysand zum Beispiel Assoziationen vorenthält), versucht sein, mit Analyseabbruch zu drohen, sofern ich nicht endlich »gefüttert« werde (Glover, 1927/28, S. 510).
4. Die gierigen, oralen Impulse des Analysanden werden bei mir unter Umständen, bin ich eher anal statt oral fixiert, statt Tendenzen der Überfütterung aber auch eine Haltung des Geizes aktivieren: statt zuviel spende ich dann zuwenig »Milch« (Glover, 1927/28, S. 510).

Wenn Analytiker und Patient sich im lebensgeschichtlichen Zeitabschnitt der *anal-sadistischen Phase* bewegen, wird das Gelände besonders unwegsam und steinig. *Der verdrängte Sadismus des Analytikers stellt für Glover recht eigentlich die Wurzel allen Übels in der Analyse dar.* Schwierigkeiten in der Behandlung gehen fast immer auf sein Konto:

»We might almost say, ›When in difficulty think of your own repressed sadism‹« (Glover, 1927/28, S. 511).

Die folgenden drei Fallen, die von Glover der anal-sadistischen Phase zugeordnet werden, haben allesamt mit diesem Sadismus des Analytikers zu tun:

5. Verwechsle ich auf dieser Stufe meinen Analysanden mit den ehemaligen Objekten meiner sadistischen Impulse, dann werde ich ihm gefährlich: ich »lasse ihn durch die Mangel«, ich verwickle ihn in endlose Argumentationen, ich beginne rechthaberisch und exzessiv zu deuten, um ihn endlich »kleinzukriegen« (Glover, 1927/28, S. 512).
6. Fürchte ich − mit guten Gründen! − meine zu wenig bearbeitete sadistische Aggression, dann werde ich in der Analyse alles, was mich an Quälerei erinnern könnte, sorgfältig vermeiden. Ich bin dann überbesorgt um meinen Patienten, ich schicke ihn mit Glacéhandschuhen in die Regression, ich beruhige ihn schon dort, wo er noch nicht einmal gemerkt hat, daß er aufgeregt ist (Glover, 1927/28, S. 512).

7. Aber nicht nur die Rechthaberei und die Überbesorgtheit sind verdächtig und liefern Hinweise auf meinen zugrundeliegenden Sadismus, sondern genauso sehr die übermäßige Passivität, der anale Geiz: meine eigenen sadistischen Impulse kann ich auch ausleben, indem ich – statt exzessiv zu deuten – zu wenig sage und wichtige Deutungsmomente ungenützt verstreichen lasse. Hier strecke ich meinen Patienten mit meiner passiven Haltung nieder (Glover, 1927/28, S. 512).

Die achte von Glover formulierte Gegenübertragungs-Falle wird, wie schon die erste, wiederum außerhalb des Zusammenhangs mit spezifischen Entwicklungs-Niveaus gebracht. Sie muß, auch wenn sie ziemlich analsadistisch wirkt, nicht unbedingt mit dem Sadismus des Analytikers erklärt werden: Glover hat hier das gegenseitige Sich-Anschweigen von Analytiker und Analysand vor Augen, das nur zu rasch in einen Machtkampf ausartet, auch wenn dies nicht in der Absicht des Analytikers lag:

8. Wenn mein Analysand schweigt, schweige ich stur mit, wenn die Situation auch prompt zu einer Art von stillem Boxkampf ausartet (Glover, 1927/28, S. 513).

Ist in der Analyse *das Stadium des genitalen oder phallischen Primats* etabliert, und ist das Ich also von einem rein narzißtischen Fundament zu wirklichen Objektbeziehungen fortgeschritten, dann kann beim Analytiker mit dem Auftauchen von Schwierigkeiten im Zusammenhang mit dem positiven wie negativen Ödipuskomplex sowie mit wachsender Kastrationsangst gerechnet werden:

9. Werde ich in dieser Phase komplett entwertet, dann kann das meine Kastrationsangst aktivieren, was zur Folge hat, daß ich nicht mehr genügend positives Interesse für das Wohlergehen meines Analysanden aufzubringen vermag. Ein wenig Freundlichkeit von seiten des Analysanden bringt allerdings alles wieder ins Lot. Außer Rand und Band dagegen gerät die Situation, wenn ich unbewußt nach der invertierten Ödipus-Situation verlange: In diesem Falle wird die Entwertung durch meinen Analysanden meine Abwehr massiv mobilisieren (Glover, 1927/28, S. 515 und 516).

In einem noch fortgeschritteneren Stadium der Ich-Differenzierung erreicht der Analysand *die Phase der Auflösung des Ödipus-Komplexes*. Jetzt wird die Über-Ich-Organisation ausgeformt. Das kann folgende Gegenübertragungs-Fallen beim Analytiker zuschnappen lassen:

10. Wenn mein Analysand jetzt zu einer Art Moral-Apostel wird und mich hemmungslos projizierend an den Pranger stellt, dann kann ich das — vor allem, wenn ich noch ungelöste Probleme mit der Kontrolle meines Über-Ichs habe — schlecht ertragen. Ich setze mich zur Wehr, indem ich besagte Projektionen deute, indem ich den Realitätsgehalt dieser Vorwürfe zu genau prüfe, indem ich hektisch oder hitzig reagiere. Noch verdächtiger ist es aber, wenn ich mir jetzt einrede, daß ich »ziemlich ruhig« sei oder wenn ich gar völlig gleichgültig bin (Glover, 1927/28, S. 517).
11. Wird mein Analysand zum projizierenden Moral-Apostel, dann kann es mir auch passieren, daß ich damit beginne, dasselbe wie er zu machen und wie er zu projizieren. Ich will ihn dann unbewußt »bessern« und ihm beispielsweise seine Perversionen endlich austreiben (Glover, 1927/28, S. 518).
12. Mein unbewußtes Interesse an einer »Besserung« des Patienten, für das ich mich zu Recht schuldig fühle, kann bewirken, daß ich den Patienten, tritt Angst bei ihm auf, aus einem schlechten Gewissen heraus übermäßig zu beruhigen oder mit tröstlichen Erklärungen zu versehen beginne (Glover, 1927/28, S. 518).
13. Mein unbewußtes Interesse an einer allfälligen »Besserung« des Patienten (im Sinne einer Projektion meines selbst-reformerischen Bedürfnisses) kann sich aber auf eine noch verstecktere Art ausdrücken, indem ich nämlich Deutungen dort vermeide, wo sie angebracht wären (Glover, 1927/28, S. 518 und 519).
14. Meinen Wunsch, den Patienten zu bessern und zu formen, kann ich umgekehrt auch so ausleben, daß ich damit beginne, meinem Patienten dort lebhaft zuzustimmen, wo er eine Haltung oder Meinung äußert, die ganz auf der Linie des von mir angepeilten Zieles liegt (Glover, 1927/28, S. 519).

## 5. Sandor FERENCZI:
## Warum denn immer so streng und versagend?
## Wo bleibt die Zärtlichkeit?

Hatten die erstgenannten Pioniere allesamt zu größter affektiver Zurückhaltung und Selbstkontrolle, zu Abstinenz und einer sachlich-chirurgischen Haltung im Umgang mit Patienten gemahnt, stieß innerhalb dieses Bezugssystems das von Stern beschworene »gewisse Maß an milder positiver Übertragung« beim Analytiker bereits schon an die Denkgrenzen, so bekommen wir es jetzt, beim späten Sandor Ferenczi, mit einem radikal anderen therapeutischen Klima zu tun. Die besondere Art des Umgangs, den er mit seinen Patienten pflegte, hatte mit Freuds »Beiseitedrängung aller Affekte und selbst des menschlichen Mitleids« so gut wie gar nichts zu tun – die Liebe des Analytikers wird jetzt erstmals zu einem therapeutischen Agens.

Der 1873 geborene Ungar Ferenczi war nämlich der erste Analytiker der nach-hypnotischen Zeit gewesen, der es im Jahre 1929 – im Aufsatz »Relaxationsprinzip und Neokatharsis« – gewagt hatte, das Abstinenzprinzip in seiner absoluten Gültigkeit in Frage zu stellen und parallel zu Freuds Prinzip der Versagung auch ein mehr mütterlich gefärbtes »*Prinzip der Gewährung*« (Ferenczi, 1939 a, S. 476) in die Psychoanalyse einzuführen. Damit legte er den Grundstein zu einem ganzen Gebäude moderner Techniken und Therapieformen, die vor allem für den Umgang mit Patienten, welche an schweren Ich- und Selbst-Defekten leiden, entwickelt wurden. Ich denke hier an Namen wie Rosen, Sechehaye, Benedetti, Balint, Nacht, Winnicott, Kohut, Khan, Béjarano und viele andere mehr. Obwohl sich Ferenczi also ein unschätzbares Verdienst um die Psychoanalyse erworben hatte, wußten ihm seine Zeitgenossen keinerlei Dank dafür. Im Gegenteil.

Ferenczi, einer der engsten Vertrauten Freuds, mit dem ihn eine 26 Jahre dauernde Freundschaft verband, lange Zeit einer der prominentesten Analytiker überhaupt, wurde, nachdem er in seinem Spätwerk die Allgemeingültigkeit des Abstinenzprinzips und der analytischen Passivität angezweifelt und für jede Menge handfeste Bedürfnisbefriedigungen plädiert hatte, von seinen Kollegen nicht länger mehr ernst genommen und gewissermaßen für vogelfrei erklärt. Eine wohltuende Ausnahme bildete hier allerdings Balint, der seine zweite Lehranalyse bei ihm absolviert hatte. Jahrelang kämpfte Balint für eine gerechtere Beurteilung des Spätwerks von Ferenczi. Doch das Gros der Analytiker der damaligen Zeit hatte bestenfalls noch ein mildes, verzeihendes Lächeln für diesen Ausscherer Ferenczi, für dieses »enfant terrible«, wie er selber einmal von sich sagte, übrig. Seinen unverzeihlichen Ausrutscher konnte man sich nur noch mit dem schweren organischen Abbauprozeß erklären, mit dem er in seinen letzten Lebensjahren zu kämpfen hatte. So lesen wir etwa im Freudschen Nachruf auf den ehemaligen Freund:

>»Das Bedürfnis, zu heilen und zu helfen, war in ihm übermächtig geworden. Wahrscheinlich hatte er sich Ziele gesteckt, die mit unseren therapeutischen Mitteln heute überhaupt nicht zu erreichen sind. Aus unversiegten affektiven Quellen floß ihm die Überzeugung, daß man bei den Kranken weit mehr ausrichten könnte, wenn man ihnen genug von der Liebe gäbe, nach der sie sich als Kinder gesehnt hatten. [...] Langsam enthüllten sich bei ihm die Zeichen eines schweren organischen Destruktionsprozesses, der sein Leben wahrscheinlich schon jahrelang beschattet hatte« (Freud, 1933, S. 303).

Und Paul Federn scheute sich nicht, die folgende empörende und diskriminierende Äußerung in seine Trauerrede aufzunehmen:

>»Daß Ferenczi in den letzten Jahren lehrte, mit dem Kinde im erwachsenen Neurotiker linde zu verfahren, gemahnt an einen Krieger, der nach hartem Kampf in sanfterem Tun sich ausruhen will« (Federn, 1933, S. 321).

Ferenczi wird hier unterstellt, er habe sich vor seiner therapeutischen Aufgabe gedrückt. Das hohe Ideal, das er dummerweise verfehlte, war, nimmt man Federn beim Wort, das des Analytikers als Angehörigem einer militärischen Einheit! Heute allerdings sind die Generäle und nüchternen Chirurgen etwas aus der Mode gekommen, und Mertens notiert:

>»Die Implikationen der Entdeckungen von Ferenczi werden erst heute – vielleicht nachdem an die Standardtechnik Eisslerscher Kodifizierung niemand mehr so recht glauben mag – wieder entdeckt und zugelassen, wenngleich auch vieles in den behandlungstechnischen Positionen von Balint in modifizierter Form über die Jahre gerettet worden ist« (Mertens, 1992, S. 73).

Ferenczis Bedeutung wird aber auch heute, nachdem sich ein rigoroses Durchhalten des Abstinenzprinzips bei vielen Patienten als unmöglich erwiesen hat, nachdem man begriffen hat, daß die Technik des Nicht-Reagierens vielfach ganz fehl am Platze ist, noch immer nicht von jedermann genügend gewürdigt. Nach wie vor werden seine eigentlich revolutionären Schriften aus den Jahren 1927 bis 1932 in grundlegenden Werken über den Umgang mit Grenzfall-Strukturen, wie etwa den Schriften der

Blancks, noch nicht einmal im Literaturverzeichnis aufgeführt. Und dies, obwohl man tüchtig von Ferenczis früh schon vorgenommener Weichenstellung profitiert. Bei den Blancks steht zum Beispiel zu lesen:

> »In der Psychotherapie gibt es diagnostische Indikationen zu *maßvoller* Befriedigung in jenen Fällen, wo eine schwerwiegende Deprivation das Ich-Wachstum behindert hat« (Blanck, G. und R., 1981, S. 164).

Letztlich gründen auf Ferenczi aber auch Winnicott mit seinem »Holding«, Kohut mit seinem »Glanz im Auge der Mutter« und Balint, der seinen regredierten Patienten einen Finger zum Halten reicht. Spitz' »mütterlich-diatrophische Hilfs-Ich-Funktion«, Nachts »gratifizierende Präsenz« und Khans »Nicht-Interpretation zugunsten der Existenz-Erfahrung« wurden von Ferenczi schon Ende der zwanziger Jahre intuitiv vorweggenommen (Ergebnisse der Entwicklungspsychologie hatte er noch keine zur Verfügung!). Außerdem haben sich bedeutende Psychosen-Therapeuten sein Prinzip der Gewährung und seine Überzeugung von der Notwendigkeit, gewisse Patienten mit Mutterliebe im nachhinein zu versorgen, zu eigen gemacht: John Rosen, Marguerite Sechehaye und Gaetano Benedetti (wobei letzterer allerdings mehr von einer »brüderlich« gefärbten Liebe als von eigentlicher Mutterliebe hält). Aber der Vater des Gedankens, der als erster den Mut aufgebracht hatte, sich zu einem Prinzip der Gewährung zu bekennen, wird auffallend selten genannt. Zu heftig war der Bannfluch gewesen, der Ferenczi seinerzeit getroffen hatte. Freud soll dermaßen von dieser »Verwilderung der Psychoanalyse« erschüttert gewesen sein, daß er Ferenczi sogar in seinen Analysen diskreditierte. Seinem Analysanden Blanton jedenfalls erklärte er in einer Sitzung, Ferenczi habe als eins von elf Kindern zu wenig Liebe von seiner Mutter erhalten, drum müsse er dauernd so übergütig sein mit seinen Patienten, in der Hoffnung, dafür selber geliebt zu werden (Mertens, 1992, S. 72).

Bei der Lektüre von Ferenczis Spätwerk (die Schriften aus dem Zeitraum von 1927 bis 1933) wird deutlich, daß er mit schwerer gestörten Patienten als Freud arbeitete, welcher seine Technik vor allem an ich-starken Patienten entwickelt hatte (vgl. Balint, 1973). Andauernd ist die Rede von »halluzinatorischen Entrückungen« oder »tranceartigen Zuständen«, wenn Ferenczi von seinen Patienten redet. Mehr als einmal erfahren wir auch von psychotischen Übertragungen in den Behandlungen, von Übertragungen also, die jeglichen »als-ob«-Charakter verloren haben. In den »Kinderanalysen mit Erwachsenen« beispielsweise (Ferenczi, 1939 a) berichtet Ferenczi von einem Patienten, der einen Arm um seinen Hals geschlungen und ihm dazu ins Ohr geflüstert habe: »Du, Großpapa, ich fürchte, ich werde ein kleines Kind bekommen!« (Ferenczi, 1939 a, S. 494). Gleich darauf ist die Rede von einem Patienten, der Ferenczis Hand gefaßt und ihn dringend gebeten habe, ihn doch bitte keinesfalls zu schlagen (Ferenczi, 1939 a, S. 498). Ferenczi sagt es in der genannten Schrift übrigens auch selber, daß er eine besondere Vorliebe für jene Patienten habe, die von anderen Analytikern wegen des Schweregrades ihrer Psychopathologie als hoffnungslose oder versandete Fälle abgeschoben würden:

> »Ich entschließe mich also nur höchst ungern dazu, auch den zähesten Fall aufzugeben, und entwickle mich zu einem Spezialisten besonders schwerer Fälle, mit denen ich mich viele, viele Jahre hindurch befasse. Urteile, wie: der Widerstand des Patienten sei unbezwingbar, oder, der Narzißmus gestatte es nicht, in dem Fall weiter vorzudringen, oder gar die fatalistische Ergebung in die sogenannte Versandung eines Falles, blieben für mich unannehmbar. [...] Ich mußte mir also immer wieder die Frage stellen: ist immer der Widerstand des Patienten die Ursache des Mißerfolges und nicht vielmehr unsere eigene Bequemlichkeit, die es verschmäht, sich den Eigenheiten der Person, auch in der Methodik, anzupassen« (Ferenczi, 1939 a, S. 493)?

Ferenczi wäre nicht Ferenczi gewesen, hätte er diese Frage nicht in letzterem Sinne beantwortet und nicht entsprechende Mittel und Wege gefunden, seine Methodik und Technik seinen so schwer gestörten Patienten anzupassen. Diese Anpassung bestand nun aber vor allem andern darin, daß Ferenczi damit begann, seinen Patienten sehr viel mehr an Befriedigung zu gewähren, als Freud dies jemals für zulässig gehalten hätte. Einzelne Patienten konnten so oft zu einer Sitzung erscheinen, wie sie es nur wünschten – so kam es, daß er manche Fälle zwei oder gar drei Stunden pro Tag sah! – eine bestimmte, besonders bedürftige Patientin nahm er in seine Ferien mit, bei anderen wurden dafür nach Bedarf die einzelnen Analysestunden beliebig verlängert. Wieder andere wurden von Ferenczi, wenn sie tief regrediert waren, gestreichelt und durften ihren Therapeuten auch selber anfassen und Halt bei ihm suchen. Alle diese Übertretungen der Freudschen Abstinenz- und Versagungstechnik nennt Ferenczi kurz seine »*Technik der Verzärtelung*«:

> »Das Verfahren, das ich meinen Analysanden gegenüber anwende, kann man mit Recht eine Verzärtelung nennen. Mit Aufopferung aller Rücksichten auf eigene Bequemlichkeit gibt man den Wünschen und Regungen, soweit als irgend möglich, nach. Man verlängert die Analysenstunde, bis eine Ausgleichung der vom Material angeregten Emotionen erreicht ist; man läßt den Pa-

tienten nicht allein, bevor die unvermeidlichen Konflikte in der analytischen Situation durch Aufklärung der Mißverständnisse und Rückführung auf die infantilen Erlebnisse in versöhnlichem Sinne gelöst sind. Man verfährt also etwa wie eine zärtliche Mutter, die abends nicht schlafen geht, ehe sie alle schwebenden kleinen und großen Sorgen, Ängste, bösen Absichten, Gewissensskrupel mit dem Kinde durchgesprochen und in beruhigendem Sinne erledigt hat« (Ferenczi, 1939 a, S. 503 und 504).

Kurz, Ferenczi bot sich als fast völlig verfügbares Primärobjekt an – und dies über Jahre! Der Analytiker, so sah er es, hatte manchen einst real massiv zu kurz gekommenen Patienten eine reparative Neuerfahrung zu bieten. Cremerius beschreibt uns dieses – Freudscher Technik diametral entgegengesetzte – Verfahren so:

»Die objektpsychologische Theorie der Psychoanalyse hat zu [...] einer anderen Technik geführt. a) Sehen wir uns zunächst Ferenczis Theorie an, von dem diese Behandlungsweise ihren Anfang nimmt. Nach dem Scheitern seiner Experimente mit einer aktiven Therapie versucht er nach 1927 neue Wege, welche Balint als ›Wegweiser zu künftigen Entwicklungen‹ bezeichnet hat (6). Ausgehend von der Vorstellung, daß die Wiederholung traumatischer Kindheitssituationen in der Analyse unerläßlich sei, verhalf er den Patienten dazu, indem er den Regressionsvorgang förderte. Damit stellte sich ihm die Frage, wie man vermeiden kann, daß es zu einer bloßen Wiederholung der Traumata und nicht zu einer Auflösung kommt? Da er glaubte, daß der Patient unter dem Druck der nun einsetzenden Gefühlsregungen von Worten der Erwachsenensprache nicht mehr erreicht werden könne, schlug er vor, ihn am Objekt des Analytikers neue Erfahrungen machen zu lassen. Dies versuchte er auf die Weise zu bewerkstelligen, daß er positiv auf die Wünsche, Begierden und Bedürfnisse des regredierten Patienten einging« (Cremerius, 1969, S. 81).

Da Ferenczi also der Regression gegenüber eine ganz andere Einstellung als Freud einnimmt, muß sich notgedrungen auch sein Umgang mit dem Patienten ändern. Denn, das sah Ferenczi vollkommen richtig, einem tief regredierten Patienten wird man mit der herkömmlichen Technik nicht gerecht. Deutungen, die sich auf der ödipalen Konfliktebene bewährt haben, wirken sich auf einem präödipalen Niveau anders aus. Freuds »Erziehung zur Lebenstüchtigkeit«, die reine Passivität und Abstinenz, stellen eine Überforderung des Patienten in diesen Tiefen dar. Ferenczi ist überzeugt, daß man mit schwerer gestörten Patienten nicht so rüde umspringen kann, sondern sie erst einmal eine Reparationserfahrung mit einer guten Ersatzmutter machen lassen muß. Es gelte, so schreibt er 1929, diese Patienten »erstmalig der Segnungen einer Kinderstube teilhaftig« werden zu lassen (Ferenczi, 1939 a, S. 489). Erst wenn der Patient diese Erfahrung habe machen können, wenn in ihm ein eigentliches Fundament und mehr Struktur gewachsen seien, sei er reif für das Prinzip Versagung, erst dann könne man so mit ihm arbeiten, wie Freud es vorgeschlagen habe.

Zu dieser Aufforderung Ferenczis an die Analytiker, einzelne Patienten förmlich zu »adoptieren« (Ferenczi, 1939 a, S. 489) und sie in elterliche Liebe einzuhüllen, meint Leo Stone allerdings, daß sie sinnlos sei insofern, als Liebesgefühle nichts mit erlernbarer Technik zu tun hätten: entweder sie seien da oder sie seien eben nicht da. Bemühe man sich bewußt darum, derartige Gefühle in sich hervorzurufen, dann ende das letztlich nur in Künstlichkeit und Theaterspielen. Seine Kritik an Ferenczis Technik-Variationen und dessen Glauben an die Bedeutung von Reparation, Gratifikation und Liebe in der Gegenübertragung erschöpft sich damit aber nicht. Fragwürdig wird Stone Ferenczis Lehre auch darum, weil er um die Reinheit und Unverfälschtheit der Übertragungsneurose fürchtet: mit seinem Gratifizieren beeinflusse der Analytiker das therapeutische Geschehen auf eine Weise, daß die Ausgangslage völlig vernebelt werde. Wesentliches Material gehe auf diese Weise unweigerlich verloren. Außerdem hält Stone es für illusorisch, wenn man mit Ferenczi daran glaubt, daß eine gute Erfahrung im Hier und Jetzt die Schrecken von einst wirklich »reparieren« könne. Einst und Jetzt seien zweierlei und nicht einfach untereinander austauschbar (Stone, 1973, S. 67-71).

Ich habe diese Kritik an Ferenczi hier nicht darum angeführt, weil ich sie für besonders stichhaltig ansehe, sondern einzig deshalb, weil Argumente wie die genannten von seiten des »Zentralmassivs« immer wieder einmal laut werden, sowie es darum geht, die »korrigierende emotionale Erfahrung« zu diskreditieren. Ich will daher kurz darauf eingehen.

Zum ersten von Stone genannten Punkt: Stone hat natürlich vollkommen recht, wenn er uns vor aller Theatralik, vor jeglicher Form von gespielter Liebe warnt. Mit diesem Gefühl darf der Analytiker, der vor allem andern der Liebe zur Wahrheit verpflichtet ist, niemals spielen. Niemand wußte das besser als Ferenczi, über den Mertens immerhin schreibt:

> »Die eigentliche Bedeutung Ferenczis liegt darin, daß er zu einer Haltung gefunden hat, die von einem tiefen Respekt für den Patienten zeugt. Wie kein anderer Psychoanalytiker plädierte Ferenczi für die Aufrichtigkeit des Psychoanalytikers gegenüber seinem Patienten, der vielleicht die stärkste heilende Wirkung zukommt« (Mertens, 1992, S. 71).

Aber warum sollen Analytiker denn nicht imstande sein, ihre Patienten *echt* zu lieben? Oder anders noch: Wie kriegen es manche Analytiker überhaupt fertig, ihre Patienten *nicht* zu lieben? Es ist mir schleierhaft, da doch, wie Racker so treffend geschrieben hat, *verstehen so viel wie lieben* heißt. Ich habe diese Erfahrung, daß man sich nämlich dem Lieben nicht mehr entziehen kann, sobald man nur erst verstanden hat, das erste Mal als Mitglied einer therapeutischen Gruppe gemacht. War da am Anfang nichts als ein bunt zusammengewürfelter Haufen, in dem ich höchstens eine oder zwei Personen wirklich mochte, so wurde das Gefühl der »kritiklosen« Liebe im Laufe des therapeutischen Prozesses immer stärker. Je mehr ich verstanden hatte, desto näher kam ich den anderen, desto stärker wurden die Liebesgefühle. Zu guter Letzt waren zu meinem eigenen Erstaunen meine Feinde meine Freunde geworden. Überrascht konnte ich zusehen, wie die Liebe das Moment des Exklusiven verlor. Ich lernte begreifen, wie sehr unser Nicht-Lieben doch immer wieder aus Angst, Vorurteilen und Mangel an Information geboren wird.

Zum zweiten Einwand Stones, der dahingehend lautete, daß alles Gratifizieren die wahre Natur der Übertragungsneurose verzerre, ist zu sagen: ums Verzerren kommen wir ohnehin nicht herum. Eine rigoros durchgehaltene Abstinenzhaltung färbt das Übertragungsangebot des Patienten auf ihre Art genauso ein wie eine mehr gewährende Haltung. Aber etwas derartiges steht hier ohnehin nicht zur Debatte, weil nämlich Ferenczi seine Technik-Neuerungen für schwer gestörte Patienten, nicht aber für eigentliche Übertragungsneurotiker entwickelt hatte. Die große Mehrzahl seiner Patienten brachte alles andere als ein starkes Ich, Objektkonstanz und stabile Übertragungsmuster wie die Neurotiker in seine Analysen mit ein. Ferenczis Patienten waren kränker und bedürftiger als die ichstarke Klientel Freuds – der klassisch-abstinente Umgang hatte sich bei ihnen gerade nicht bewährt. Sie waren als »versandete« Fälle abgeschoben worden. Wenn also Stone angesichts von Ferenczis Prinzip der Gewährung um die Lauterkeit der Übertragungsneurose fürchtet, dann macht er sich überflüssige Sorgen.

Auch das dritte Argument Stones, mit dem er Ferenczis Neuerungen endgültig als unhaltbar herausstreichen möchte, trägt, in der apodiktischen Form, in der es dasteht, nicht: Eine gute Erfahrung im Jetzt, so behauptet Stone, könne die Schrecken von einst nicht »reparieren«. Diese Annahme stellt ein eigentliches Axiom vieler Analytiker dar, an dessen Richtigkeit ich aber große Zweifel hege. Natürlich können wir nie so »reparieren«, daß dadurch das Einst als Faktum aus der Welt geschafft werden könnte. Aber wir sorgen doch mit unserem so hochgradig einfühlsamen Umgang mit dem Analysanden dafür, daß er grundlegend Neues erleben kann. Diese Erfahrung, die in einer erfolgreichen Behandlung jeder Patient mit seinem Analytiker macht, bedeutet aber nichts anderes als eine tiefgreifende Korrektur des bisherigen Weltbildes, als eine »korrigierende, emotionale Erfahrung«. Gratifikationen, Reparationen und entscheidende Neu-Erfahrungen sind, davon bin ich überzeugt, auch in der sogenannten »Standard-Analyse« anzutreffen. Allein schon der Umstand, daß einem ein Mensch über Jahre hinweg gleichbleibend wohlwollend und interessiert zuhört, daß er nie die eigenen Bedürfnisse in den Vordergrund stellt, daß er auf jegliche Form von Rachsucht oder Mißbrauch verzichtet, daß er nie verurteilt und sich andauernd um Einfühlung um einen bemüht und einen mit Deutungen »verwöhnt«, die von so viel exaktem Interesse zeugen, ist doch in jedem Falle eine »Verzärtelung« sui generis. So schöne Dinge hat das Leben sonst nicht zu bieten – noch nicht einmal in einer authentischen Liebesbeziehung. Gäbe es diese Form von »Verzärtelung« und »Reparation« nicht in den Behandlungen, es wäre auch keine Entwicklung möglich. Fazit: Die korrigierende emotionale Erfahrung vermag eben doch alte Wunden zu reparieren und macht neue Weichenstellungen möglich. Man sollte nicht länger wie Stone und viele andere darauf herumreiten, *daß* Ferenczi etwas von Gratifikationen hielt, sondern, wie Balint, die Diskussion endlich auf die bedeutsamere Ebene nach dem *Wie* solcher Gratifikationen verschieben. Hier machte Balint eine ganz wichtige Unterscheidung, die Ferenczi so noch nicht getroffen hatte: Balint sagte, es gehe nicht an, primäre Liebe zu »geben«, aber es komme bei regredierten Patienten entscheidend darauf an, sich wie eine gute Mutter als primäres Objekt »benutzen« zu lassen.

Was dieses *Wie* angeht, so hat Ferenczi manchmal in der Tat gewaltig über die Stränge geschlagen. Dort hätte Stone sinnvollerweise einhaken sollen, nicht aber beim Prinzip Gratifikation überhaupt. Kurz vor seinem Tode mußte Ferenczi selber einsehen, daß das Ausmaß, in dem er seine Patienten bemuttert hatte, wirklich zu groß gewesen war. Zu Balint meinte er jedenfalls, daß jene Patientin, welche er mehrere Stunden täglich und manchmal sogar in der Nacht gesehen und die er außerdem in die Ferien mitgenommen hatte, nicht richtig behandelt worden sei. Dieses, sein wohl radikalstes Experiment, hielt er selber für mißglückt. Er meinte aber, daß er viel dabei gelernt habe und hoffe, auch andere würden aus seinen Fehlern lernen (Balint, 1973, S. 136).

Ferenczi machte seine Patienten recht eigentlich süchtig auf Bemutterung, verstärkte mit seinem übermäßigen Gewähren die infantilen Fixierungen und förderte die Entwicklung von malignen Regressions-Spiralen. Wahrscheinlich liegt es an diesem Zuviel an Gratifikationen, zu dem Ferenczi sich hinreißen ließ, daß der Vater des Gedankens vielfach von Autoren, die selbst an das Prinzip Gewährung glauben, mit keinem Wort erwähnt wird. Man möchte sich, obwohl man an die Notwendigkeit »gewisser« Befriedigungen glaubt und das Abstinenzprinzip nicht durchgängig hochhalten mag, nicht mit Ferenczi in einem Atemzug nennen lassen, weil man sonst allzu rasch in den Geruch kritikloser, gefährlicher Bemutterungstendenzen geriete. Vielleicht distanzieren sich deshalb Leute wie beispielsweise die Blancks von Ferenczi und legen so großen Wert auf das Wort »maßvoll«, sowie sie sich mit allfälligen Gratifikationen beschäftigen. »Maßvoll« meint dann soviel wie dies:

> »Die Befriedigung darf aber niemals so weit gehen, daß eine Fixierung an die Therapie selbst die Folge ist. Sie muß stets symbolischer Art sein, d. h. normalerweise durch Worte, nicht aber durch Berührung oder andere reale Handlungen erfolgen, die den Patienten an seiner Weiterentwicklung hindern. Die einzige Ausnahme sind psychotische Patienten, die nicht ambulant behandelt werden können [...]« (Blanck, G. und R., 1981, S. 164).

Ferenczi hatte fälschlich geglaubt, die einmal in Gang gebrachte Regression werde sich schon nicht zu einer irreversiblen auswachsen, da er doch nicht bereit sei, alles zu gewähren, sondern bloß dem Kinde im Patienten gerecht werden wolle. Irrtümlicherweise hatte er angenommen, daß seine Technik der »Relaxation«, das heißt des entspannenden Gewährens, ganz von alleine dafür sorgen werde, daß »die Bäume nicht in den Himmel wachsen«:

> »Meine Antwort ist die, daß ja auch in der analytischen Relaxation wie in der Kinderanalyse dafür gesorgt ist, daß die Bäume nicht in den Himmel wachsen. Die tätlich aggressiven und auch die sexuellen Wünsche und viele der sonstigen übertriebenen Ansprüche werden ja auch in der noch so relaxierten Analyse nicht zur Befriedigung zugelassen, was gewiß vielfach Gelegenheit zur Erlernung von Verzicht und Anpassung bietet. Unsere freundlich-wohlwollende Haltung mag ja den zärtlichkeitshungrigen kindlichen Anteil der Persönlichkeit befriedigen, nicht aber jenen, dem es gelungen ist, der Entwicklungshemmung zu entgehen und erwachsen zu werden« (Ferenczi, 1939 a, S. 487).

Aber seine Äußerungen kurz vor seinem Tode deuteten dann darauf hin, daß die Bäume eben doch in den Himmel gewachsen waren, da er seine Patienten zu sehr von sich abhängig gemacht hatte. Das zeigte sich übrigens auch daran, daß seine Analysanden, nachdem er jeweils beschlossen hatte, die Phase exzessiver Bemutterung habe nun lange genug gedauert und das Prinzip der Gewährung abrupt mit jenem der Versagung zu vertauschen begann, unbeschreiblich depressiv wurden. Nach anfänglicher hilfloser Wut und einem darauffolgenden Gefühl der Lähmung reagierten sie auf diesen plötzlichen Entzug des Übermaßes an Bemutterung häufig mit dem Erlebnis, sterben zu müssen. Sie machten ohnmachtsähnliche Zustände durch und fühlten unfaßbaren Schmerz.

Daß Ferenczi an der Intensität dieses Schmerzes und dieser Verlassenheits-Depression mitschuldig war, das konnte er nicht einsehen. Für ihn handelte es sich ganz einfach um »spontan sich ergebende Reaktionen«, die man zu respektieren hatte:

> »Ich bin hier auf die Einwendung gefaßt, ob es denn notwendig sei, den Patienten zuerst durch Verzärtelung in den Wahn grenzenloser Sicherheit einzuwiegen, um ihn dann ein um so schmerzlicheres Trauma erleben zu lassen. Meine Entschuldigung ist die, daß ich diesen Vorgang nicht absichtlich herbeigeführt habe, er entwickelte sich also als Folge des meines Erachtens legitimen Versuchs, die Freiheit der Assoziationen zu verstärken; ich habe eine gewisse Achtung vor solchen sich spontan ergebenden Reaktionen, lasse sie also ungestört eintreten und vermute, daß sie Reproduktionstendenzen manifestieren« (Ferenczi, 1939 a, S. 505 und 506).

Als ihr Analytiker dann gestorben war, begann für viele seiner Patienten der Fall ins Bodenlose.

Und dennoch, bei allen Vorbehalten: Ferenczi hatte es gewagt, eine grundsätzlich neue Weichenstellung vorzunehmen. Er hatte postuliert, daß manche Patienten einer tiefen Regression bis auf die Ebene der Symbiose mit ihrem Analytiker – und damit eines völlig anderen Umgangs – bedürfen und er hatte dies mutig in die Tat umgesetzt. Außerdem hatte er die Bedeutung des Erlebens hervorgehoben und es gewagt, an der alleinseligmachenden Bedeutung kognitiver Einsichten, als da sind Deutungen, zu rütteln. Damit wurde er zum Vorläufer derjenigen Autoren, mit denen ich mich in Teil IV meiner Arbeit befassen will (mit Ausnahme von Kernberg, der die Welt der »Väter« repräsentiert), der »mütterlichen Liebestherapeuten« nämlich, um es mit einer Wortschöpfung von Cremerius (1979 b) zu sagen. War Freud als Therapeut mehr der Vater gewesen, der auf die Realitäten des Lebens, auf die Erziehung zur Lebenstüchtigkeit, auf das Hervorbringen von Leistungen seitens des Patienten Wert gelegt hatte, so führte Ferenczi (sowie Otto Rank, Teil I, 6.) die Mütterlichkeit in die Psychoanalyse ein. Zu Hilde Doolittle sagte Freud es 1933 selber, wie sehr ihn die Mutterrolle doch irritierte:

> »Und – ich muß Ihnen sagen (Sie waren offen zu mir, und ich will offen mit Ihnen sein), ich bin nicht gerne die Mutter in der Übertragung – es überrascht

und schockiert mich immer ein wenig. Ich fühle mich so sehr als Mann« (Freud, bei Cremerius, 1981, S. 129).

Kardiner ließ er gar wissen, daß er sein Beharren auf der Vaterrolle und seine Unfähigkeit zur Übernahme mütterlicher Funktionen als ein Handicap betrachte, das ihm den Weg zum großen Analytiker versperre:

>»Ich habe einige ›handicaps‹, die es mir unmöglich machen, ein großer Analytiker zu sein. Eines davon ist, daß ich zu sehr der Vater bin« (Freud, bei Cremerius, 1981, S. 128).

Das Handicap, mit dem Ferenczi sich herumschlagen mußte, war sozusagen spiegelbildlich verkehrt: er war zu sehr die Mutter, er hüllte die Patienten zu sehr in seine verwöhnende Liebe ein, das Ausmaß von Zärtlichkeit, Wärme und Geborgenheit, das er spendete, war zu groß. Ferenczi legte zwar großen Wert darauf, daß eine gute Analytiker-Mutter in jedem Falle eine un-omnipotente, bescheidene Mutter zu sein habe, die ihr Kind nach Möglichkeit zu eigener Aktivität anregt. Er warnte davor, Patienten mit klugen Deutungen zu überhäufen und empfahl – nicht anders als es die Blancks heute für den Umgang mit Grenzfall-Strukturen immer wieder raten – Patienten möglichst nur mit knappen Fragen zu eigenem Arbeiten zu ermuntern (Ferenczi, 1939 a, S. 499 und 500), aber er blieb in all seiner spendenden Liebe und Güte eben doch viel zu mächtig und mutete seine Patienten, so scheint es, wie die alleinige Quelle alles Guten in der Welt an. Dadurch gerieten sie unweigerlich in eine katastrophal abhängige Position (vgl. dazu mein Kapitel über Balint, Teil IV, 4.).

Bevor ich mein Kapitel über diesen großen Pionier abschließen will, sei noch kurz die Frage aufgeworfen, was Ferenczi denn selber unter Gegenübertragung verstand. Die liebevolle Zuwendung, sein zärtlicher Umgang mit dem Patienten, seine intensiven, mütterlich gefärbten Liebesgefühle und -handlungen, die er für die Analysanden empfand und ihnen schenkte, hatten für ihn selber nämlich nichts mit Gegenübertragung zu tun, obwohl heute viele Autoren mit einem weiter gefaßten Verständnis von Gegenübertragung all dies selbstverständlich auch darunter subsumieren würden. Ich habe nirgendwo in Ferenczis Gesamtwerk einen Versuch zur präzisen Definition des Phänomens gefunden und bin daher zu der Auffassung gelangt, daß Ferenczi in seinem Begriffs-Verständnis auf der von Freud gewiesenen Linie liegt, wenn er von Gegenübertragung spricht. Wenn man es nicht für notwendig hält, überlieferte Definitionen neu zu formulieren, dann ist man, so dachte ich bei mir, vermutlich mit dem Althergebrachten einverstanden. An einigen Stellen redet Ferenczi übrigens genau wie Freud davon, daß es die Gegenübertragung zu bewältigen gelte – dies gilt auch für die Spätschriften, mit denen ich mich in diesem Kapitel befaßt habe. Die Gegenübertragung war also auch für ihn der Schadstoff, der den therapeutischen Prozeß behindert und stört. Der Umstand, daß er seine Patienten umfassend und höchst aktiv bemutterte, hatte aus seiner Sicht mit diesem Schadstoff nichts zu tun, da er, wie Ferenczi betonte, nicht aus unbewußten libidinösen Bedürfnissen erwachsen war. Ausdrücklich warnt er vor dieser zusätzlichen möglichen Gegenübertragungs-Komplikation, die gerne auf den Plan gerufen wird, sowie man das Prinzip der Gewährung in die Behandlung einführt – eine Komplikation, die ihm, wie wir gehört haben, Freud in absentia ohne weiteres unterstellte:

1. Wenn ich darauf bestehe, Patienten enorme Quantitäten an Zärtlichkeiten zukommen zu lassen, dann kann dies sehr wohl einfach daran liegen, daß ich auf die Befriedigung eigener unbewußter, libidinöser Strebungen aus bin, auch wenn ich rationalisierend behaupte, daß es mir nur um das Wohl des Patienten zu tun sei (Ferenczi, 1939 a, S. 488).

Das Prinzip der Versagung ist, so weiß Ferenczi, auf seine Weise aber genauso fallenträchtig:

2. Wenn ich immer wieder die Notwendigkeit des Prinzips der Versagung betone, dann kann dies ohne weiteres auch darauf zurückzuführen sein, daß ich meinen uneingestandenen, sadistischen Neigungen frönen will (Ferenczi, 1939 a, S. 488).

Eine Retourkutsche an Freud und all die anderen, die ihn so gnadenlos – und manchmal tatsächlich sadistisch – verteufelt hatten?


### 6. Otto RANK:
### Das wichtigste Ingrediens der optimalen Gegenübertragung heißt Bescheidenheit.
### Der Analytiker wird zum Hilfs-Ich und Teilobjekt

Otto Rank, ein weiterer Mann, dem innerhalb der Psychoanalyse ein schweres Los beschieden war, nachdem er es gewagt hatte, eigene Wege zu gehen, dessen Lehren oft belächelt und mehr als einmal als abstrus angesehen wurden, verdient es, nicht anders als Ferenczi mit seinem Spätwerk, daß er im Rahmen der Gegenübertragungs-Theorie in aller Form rehabilitiert wird. Gemeinsam veröffentlichten die beiden eigenständigen Rebellen 1924 eine Schrift, »Entwicklungsziele der Psychoanalyse«, in der sie den Psychoanalytikern *Kopflastigkeit* und *Deutungs-Fanatismus* vorwarfen, was das tatsächliche Wieder*erleben* alter Konflikte nur störe. Das war natürlich gezielt und gekonnt provoziert, und die Folgen für die beiden blieben nicht aus. Doch sie waren stark genug, sie zu tragen.

Ranks berühmt-berüchtigtes Werk »Das Trauma der Geburt«, erschienen im selben Jahre (Rank, 1924), stellt, meine ich, bei allen unhaltbaren Passagen einen Meilenstein in der Geschichte der Psychoanalyse dar, den man gar nicht groß genug einschätzen kann: Rank war der erste Analytiker überhaupt, der sich von der klassischen Dreipersonen-Psychologie von Freud abwandte und statt dessen eine reine *Zweipersonen-Psychologie* ins Zentrum der Aufmerksamkeit rückte. Den Ödipus-Komplex ließ er links liegen, die Behandlung war einzig mit der *Ablösung von der Mutter* (Rank, 1924, S. 206), mit der Individuation im nachhinein und mit der eigentlichen »Menschwerdung« (Rank, 1924, S. 1) befaßt. Und insoweit sehe ich Rank als direkten und wichtigsten Vorläufer der modernen prägenitalen Psychologie mitsamt vieler ihrer technischen Neuerungen an. Grunberger, Mahler, Masterson, die Blancks, Rohde-Dachser – sie alle bauen auf Rank auf, wenn sie sich dessen auch keineswegs immer bewußt waren. All diese Autoren befassen sich nämlich, nicht anders als Rank es schon in den zwanziger Jahren getan hatte, mit dem an Hindernissen und Gefahren so reichen Weg, den der kleine Mensch von der Geburt bis zum Erreichen von Objektkonstanz zu gehen oder später in der Behandlung nachzuholen hat, will er ein autonomes, von der Mutter klar unterschiedenes Wesen werden und dabei seine zweite, die »psychische Geburt« (Mahler) erleben.

Ranks so ganz eigener Zugang zum »Neurosen«-Problem hatte – nicht anders als dies schon bei Ferenczi der Fall gewesen war – seine entsprechenden Auswirkungen auf den Umgang mit dem Patienten und auf den Stellenwert, der bestimmten Gegenübertragungs-Einstellungen zugemessen wurde. Bevor ich diesen veränderten Umgang und die spezifische Rolle, die Rank dem Analytiker in der Behandlung zuweist, näher erörtern kann, will ich kurz versuchen, Ranks Grundgedanken zum Phänomen Neurose – vom Jahre 1924 an – darzustellen:

Das »Trauma der Geburt« ist zwar Freud gewidmet und gründet ganz zentral auf seiner alten Angsttheorie, die besagte, daß aller Angstaffekt auf die Geburtsangst (genaugenommen auf die bei der Geburt erlebte Atemnot) zurückgeführt werden könne, aber Freud konnte mit dem so umstürzlerischen Werk dennoch nichts anfangen und kritisierte es auf eine Weise, daß Rank sich tief gekränkt zurückzog, 1924 den endgültigen Bruch mit Freud einleitete und sich von der Psychoanalyse insgesamt abzuwenden begann. Janus ist im Jahre 1987 aufgefallen, daß nicht nur Freud, sondern auch spätere Analytiker-Generationen die Thematik der Geburtsangst auffallend stark verdrängt haben. Bei Freud scheint das daran gelegen zu haben, daß er seine Angst- und Wutgefühle gegenüber der frühen, omnipotenten Mutter nicht ausreichend bearbeitet, sondern hinter einem Idealisierungs-Schleier verborgen gehalten hatte (Janus, 1987).

1929 gründete Rank seine eigene »Willenspsychologie« und »Willenstherapie«, auch »dynamische Therapie« genannt. Sie stellt für mich die logische Fortsetzung des im »Trauma der Geburt« vertretenen Grundgedankens dar. Der aber lautet so: Weil der spätere »Neurotiker« während des Geburtsvorganges auf allzu traumatische Weise von der Mutter getrennt wurde, so plötzlich, daß sein schwaches Ich den Schock nicht verkraften konnte, bleibt er an seine Mutter fixiert und vermag er sich nicht zu einem eigenständigen, unabhängigen, von ihr wirklich unterschiedenen Wesen zu entwickeln. Er leidet wegen dieses ersten Traumas immer weiter an Trennungsangst (sprich: Geburtsangst) und ersehnt vor allem die Rückkehr des intrauterinen Glückszustandes (vgl. die Theorie von Béla Grunberger), in dem er noch eins war mit der Mutter. In der Behandlung muß es daher vor allem darum gehen, diese Mutterfixierung aufzulösen. Ich zitiere aus dem »Trauma der Geburt«:

> »Wir bemerken dabei, daß der Patient letzten Endes nichts anderes zu machen hat, als ein Stück versäumter oder fehlerhafter Entwicklung nachzutragen [...]. Und zwar jenes Stück der sozialen und Menschheitsentwicklung, welches durch das Geburtstrauma einerseits notwendig gemacht, andererseits so sehr erschwert wird: nämlich die Loslösung von der Mutterfixierung durch Libidoübertragung auf den Vater [...], d. h. analytisch gesprochen die Phase *vor* der Entwicklung des Ödipuskomplexes« (Rank, 1924, S. 206).

In seinen willenspsychologischen Schriften nimmt Rank ab 1929 nun eine Ausweitung dieser Theorie vor: Hier stellt er fest, daß die Geburt eigentlich nur für die erste angsterzeugende Trennungserfahrung im Zusammenhang mit der Loslösung von der Mutter stehe. Die Geburt ist nicht mehr das einzige Trauma anschließend an jene Ursituation, in der das Kind »noch einer größeren Ganzheit untrennbar verbunden« war (Rank, 1931, S. 54). Sie schrumpft in Ranks späteren Schriften zum bloßen »Beginn eines Entwicklungsprozesses, der durch verschiedene Phasen hindurchgeht« (Rank, 1931, S. 53 und 54) zusammen. Auch viele andere, kindlicher Entwicklung inhärente Loslösungsschritte können sich jetzt zu traumatischen Trennungserfahrungen auswachsen und die Entstehung einer »Neurose« verursachen. Nicht mehr nur die Geburt, nein, auch die Entwöhnung beispielsweise oder das Gehenlernen können für den Verlust der Einheit mit der Mutter stehen:

> »[...] alle weiteren Schritte auf dem Wege zur Selbständigkeit, wie die Entwöhnung, das Gehen und besonders die Entwicklung des eigenen Willens-Ich, der Individualität (können – die Verf.) als fortgesetzte Trennungen aufgefaßt werden, bei denen das Individuum – wie noch in der letzten Trennung, dem Tode – Entwicklungsphasen seines eigenen Ich verlassen, aufgeben muß« (Rank, 1929 a, S. 93).

Wie schon bei der Geburt können diese Trennungserfahrungen, sind sie traumatisch, für »den Verlust der Mutter im Sinne einer Einbuße der eigenen Individualität« (Rank, 1931, S. 40) stehen. Geht aber dieses Erleben einer eigenen Individualität verloren, dann wird der Mensch nach Rank zum »Neurotiker«: Er verpaßt seine Selbstwerdung, jeglicher autonome Schritt, alles eigene Wollen wird als gefährlich und verboten erlebt und wo immer möglich vermieden. Rank faßt seine Auffassung des Phänomens der Neurose in folgenden Worten zusammen:

> *»Im Sinne dieser Auffassung ist das Neurosenproblem selbst ein Trennungsproblem* und als solches ein Scheitern am menschlichen Lebensprinzipe selbst, das in der bewußten Fähigkeit zur ständigen Lösung und Trennung besteht [...]« (Hervorhebung von der Verf.) (Rank, 1929 a, S. 94).

Es sei mir an dieser Stelle gestattet, einen vergleichenden Schwenker in die Gegenwart zu machen und kurz auf die Borderline-Theorie des Amerikaners James Masterson einzutreten, die der Rankschen Neurosentheorie so frappierend ähnlich ist. Ranks Bedeutung als Pionier wird bei diesem Vergleich besonders deutlich. Mastersons Theorie geht davon aus, daß der Borderline-Patient Loslösung nicht als normale Entwicklung erfährt, sondern als ein Erlebnis, das so intensive Verlassenheitsgefühle hervorruft, daß es »als wirkliche Begegnung mit dem Tode« (Masterson, 1980) erlebt wird. Zur Abwehr dieser Todesangst klammert sich der Borderline-Patient über die normalen Phasen von Separation/Individuation hinaus an die Mutterfigur an, und so mißlingt ihm die Entwicklung hin zu einer autonomen Persönlichkeit:

»Der Borderline-Patient leidet an einem Entwicklungsstillstand, der in der Separations/Individuationsphase auftritt. Infolge der Separations- und Individuationsbemühungen des Kindes entzieht ihm die Mutter ihre Liebe, denn die Individuation des Kindes bedroht ihre der Abwehr dienenden eigenen Bedürfnisse, sich an das Kind zu klammern. Der Entzug der mütterlichen Liebe löst beim Kind eine Verlassenheitsdepression aus – er wird als *Verlust eines Teiles des Selbst* empfunden. *Um sich vor diesen Gefühlen zu schützen, verleugnet es die Trennung und klammert sich an die Mutterfigur, was zur Folge hat, daß es die normalen, zur Autonomie führenden Entwicklungsphasen der Separation/ Individuation nicht durchläuft*« (Hervorhebungen von der Verf.) (Masterson, 1980, S. 304).

Der Borderline-Therapeut muß daher, so folgert Masterson, alles daran setzen, die verkümmerten autonomen Bestrebungen seines Patienten wieder zum Keimen zu bringen. Wir werden sehen, daß Rank das identische Programm zur Behandlung der »Neurotiker«, das heißt der Menschen, die mit dem Trennungs-Problem nicht fertig geworden sind, vorschlägt!

War es Ferenczi vornehmlich darum zu tun, seinen Patienten all die Liebe und Fürsorge, die sie in einer traumatischen Kindheit hatten entbehren müssen, im nachhinein doch noch zukommen zu lassen, hatte er sich die »Verzärtelung« ganz groß auf sein Banner geschrieben, so zielen Ranks therapeutische Vorstellungen in eine ganz andere Richtung. Statt seinen Patienten eine reparierende Symbiose im nachhinein noch anzubieten, will er sie gerade aus dem Zustand symbiotischen Verstricktseins mit einer Mutterfigur lösen. Rank sieht sich, anders als Ferenczi, keinesfalls in der Rolle einer allesspendenden Mutter, sondern gerade umgekehrt in der Rolle jener Mutter, die ihr Kind sanft von sich wegschubst und zu eigener Aktivität ermuntert, damit es endlich Autonomie erlange. Bei Rank kommt dem Analytiker als Mutter vor allem eine reine »Hilfs-Ich«-Funktion zu (Rank, 1931, S. 102). Bescheidenheit und Zurückhaltung seitens des Analytikers sind daher das Gebot der Stunde. Der Analytiker hat auf Zeit jenem verkümmerten Ich-Anteil des Patienten das Rückgrat zu stärken, dem es um das Selbermachen-Wollen zu tun ist. Dem Analytiker kommt im Verständnis Ranks einzig die Funktion eines »Katalysators« von Entwicklungsprozessen in Richtung von mehr Autonomie und Individuation zu (Rank, 1931, S. 14).

Die Rolle des »Hilfs-Ich« ist nun für Rank aber keinesfalls gleichbedeutend mit der von Freud beschriebenen Passivität des Analytikers. In der Psychoanalyse nach Freud sei der Analytiker, so urteilt Rank, ungeachtet des Gewichts, das verbal auf die Sache mit der Passivität gelegt werde, alles andere als wirklich passiv und ein bloßer Katalysator. In ihr steht nach Auffassung Ranks die Person des Analytikers noch viel zu sehr im

Vordergrund, was sich zum Beispiel daran zeige, daß der Analytiker die Reaktionen seines Patienten dauernd auf seine eigene Person beziehe (Rank, 1929 a, S. 11). Vor allem aber ist für Rank der Freudsche Widerstands-Begriff aus der »narzißtischen Mittelpunktstellung des Analytikers abgeleitet« (Rank, 1931, S. 14). Begehrt etwa ein Patient gegen die Analyse auf, so kann, sagt Rank, Freud darin immer nur einen Widerstand im Sinne einer Trotzreaktion sehen, die es zu überwinden, beseitigen oder gar zu brechen gilt. Viel zu selten wird ein solches Aufbegehren als Ausdruck der Tatsache, »daß der Patient um seine innere Freiheit kämpft«, verstanden:

> »Die Auflehnung gegen die Analyse kann nur als ›Widerstand‹ interpretiert werden, unter der stillschweigenden Voraussetzung, daß das Individuum gegen den Analytiker oder die von ihm vertretene Ideologie (Autorität) protestiert, eine Auffassung, die ja durch die analytische Deutung des Widerstandes als gegen den Vater gerichtet tatsächlich impliziert ist. Weiß man aber, daß *der Patient damit um seine innere Freiheit kämpft*, so wird diese Art Widerstand gegen die Fortsetzung der Analyse in einem bestimmten Moment zum ersten und wichtigsten Genesungskriterium: der Patient hat dann bereits vom Therapeuten genügend Stärke bekommen, um ihn selbst anzugreifen [...]« (Hervorhebung von der Verf.) (Rank, 1931, S. 118).

Rank formuliert diese eminent bedeutsame Erkenntnis auch noch anders so:

> »*Was in einem Fall ein Widerstand ist, bedeutet in einem anderen Fall Fortschritt*; was sich z. B. als Widerstand gegen eine Änderung manifestiert, kann als Akzeptierung des eigenen Selbst konstruktive Bedeutung haben [...]« (Hervorhebung von der Verf.) (Rank, 1931, S. 19).

Häufig bedeutet der Widerstand des Patienten für Rank also nichts anderes als die Fähigkeit, »ja« zu sich selber und »nein« zu einem Gegenüber zu sagen, von dem er sich vorher kaum abzugrenzen und zu unterscheiden vermochte. Der Widerstand wird zum Anzeichen dafür, daß der Patient der Symbiose ein Stück weit zu entrinnen vermochte und autonomer geworden ist. Mit dieser Feststellung hat Rank voll ins Schwarze getroffen – und dies zu einer Zeit, als die Ich-Psychologie noch in der Wiege lag.

In einem seiner Seminarien diskutiert Lacan zusammen mit seinen Ausbildungskandidaten genau die hier angerissene Frage, ob nämlich Freuds Herrscherwillen nicht etwa doch zu ausgeprägt gewesen sei. Ein gewisser Herr Z. vertritt in dieser Diskussion jedenfalls exakt diese Meinung und begründet sie damit, daß es schließlich niemand anders als Freud selber gewesen sei – weder Breuer noch Charcot noch die anderen – der den Widerstand entdeckt habe. Also müsse er sich auch besonders daran gestört haben. Lacan selber ist allerdings anderer Meinung als jener Diskussionsteilnehmer und meint, gerade der Umstand, daß Freud die Hypnose aufgegeben habe, beweise, daß Freud alles andere als autoritär und machtgierig gewesen sei – in der Hypnose sei einem ein Patient nämlich ganz besonders ausgeliefert. In vielen modernen Techniken werde das Subjekt stärker durch Eingriffe des Analytikers zu etwas genötigt, als dies bei Freud der Fall gewesen sei:

»Und ich glaube nicht, daß die theoretische Entwicklung des Begriffs vom Widerstand als Vorwand dafür dienen kann, im Hinblick auf Freud diese Anklage zu formulieren, die radikal gegen den Strich der befreienden Wirkung seines Werks und seines therapeutischen Handelns geht« (Lacan, 1978, S. 40).

Natürlich darf niemand Freud den Vorwurf machen, seine Absicht sei nicht vor allem dahin gegangen, Menschen befreien zu wollen. Und doch: Ganz so unrecht scheint mir dieser Herr Z. nicht zu haben. Was seine Äußerungen rund um den Widerstand angeht, wirkt Freud tatsächlich oft auffallend kämpferisch und irritiert, worauf allein schon die Wahl des terminus technicus hindeutet. Wenn man gewisse Stellen in Freuds Behandlungsschriften zum Thema Widerstand liest, dann muß man Rank recht geben, der gesagt hat, der Widerstand sei von Freud nicht anders als eine Art *Trotz* gegenüber seiner Person behandelt worden. So wie Freud mit seinen Schülern umging – ich denke hier nicht zuletzt an Rank – wenn sie sich erlaubten, eigene Wege zu gehen, so ging er manchmal auch mit seinen Patienten um, wenn sie ihm einen Widerstand entgegensetzten. Freud warnt zwar immer wieder davor, den Widerstand »mit Argumenten zu erschlagen« (Freud, 1975, S. 265), aber seine Wortwahl ist, dort wo der Widerstand zur Debatte steht, häufig auffallend aggressiv, wenn nicht militärisch zu nennen. Ein Beispiel:

»Auf einer Strecke, die man in Friedenszeiten in ein paar Eisenbahnstunden durchfliegt, kann eine Armee wochenlang aufgehalten sein, wenn sie dort den Widerstand des Feindes zu überwinden hat. Solche Kämpfe verbrauchen Zeit, auch im seelischen Leben« (Freud, 1975, S. 315).

Der Patient als Feind und der Analytiker als Armee, ich meine, das spricht eine deutliche Sprache. Andere Formulierungen im Zusammenhang mit dem Widerstand weisen in eine ähnliche Richtung. Im Aufsatz »Zur Psychotherapie der Hysterie« beispielsweise sagt Freud, daß das Nichtwissen der Hysterischen doch eigentlich ein »Nichtwissenwollen« sei und daß es daher gelte, diese Kranken zu »drängen« und »psychischen Zwang« anzuwenden (Freud, 1975, S. 62-64). Ein paar Seiten weiter unten empfiehlt Freud, sich angesichts des Widerstandes »unfehlbar« zu geben, damit der Patient es auf keinen Fall wagen könne, Material zurückzuhalten (Freud, 1975, S. 72). Außerdem ist die Rede davon, daß man des Kranken Geheimnis erraten müsse und es ihm »ins Gesicht zusagen« müsse, ja, es ihm »aufzudrängen« habe (Freud, 1975, S. 74 und 75). Aber auch in späteren Schriften zur Technik sind solche aggressiven Untertöne im Zusammenhang mit dem Widerstand bei Freud immer wieder anzutreffen, und er erinnert dann öfters einmal an einen Raubtierjäger oder aber an einen General – die Gegenübertragung ist in den genannten Fällen jedenfalls alles andere als chirurgisch-steril oder affektfrei zu nennen.

Der Wille oder »Gegenwille« des Patienten, so sagt Rank, wird bei Freud ganz allgemein viel zu sehr als »böse, schlecht, verwerflich, unerwünscht« (Rank, 1929 b, S. 16) taxiert, und insofern eignet der Psychoanalyse für Rank durchaus »moralpädagogischer Charakter« (Rank, 1929 b, S. 17). Von dieser Art des erzieherischen Umgangs sei nun endlich, so fordert Rank, gänzlich abzusehen. Die Gegenübertragung hat weniger aggressiv und um einiges bescheidener zu werden. Statt »Nacherziehung« zu betreiben, täten wir, so Rank, besser daran, die *»Selbstentwicklung«* (Rank, 1929 b, S. 24) des Patienten zu fördern, das Ich oder das Selbst (Rank verwendet die beiden Termini synonym) zu stärken und es keinesfalls mehr – wie Freud – verächtlich bloß als Kriegsschauplatz der Großmächte Es und Über-Ich anzusehen. Das Ich ist nämlich mehr, es ist das Zentrum des Wollens. Und genau dieses Wollen gilt es in der Behandlung endlich zum Keimen zu bringen, indem man darauf verzichtet, die ersten schüchternen Ansätze dazu mittels der eigenen Theorie, mit der man den Patienten selbstherrlich überfährt, zu erschlagen.

Das aber kann nur gelingen, wenn der Analytiker jegliche »Ideologie« und alle starren Technik-Vorschriften über Bord zu werfen bereit ist, wenn er es außerdem ertragen kann, daß er nicht mehr »als Hauptakteur die Szene beherrscht« (Rank, 1931, S. 16). Ganz ohne alle vorgefaßte Meinungen hat der Analytiker jedem Patienten als einem einmaligen Individuum gerecht zu werden. Eher soll er sich etwas von ihm suggerieren lassen, als daß er ihm selber etwas suggeriere. Das Heilmittel in der Behandlung ist weder die Ideologie noch die Technik und auch nicht die Technik verbunden mit der »Gegenübertragung« – hier taucht unser Begriff das erste und einzige Mal in den willenspsychologischen Schriften auf (Rank, 1931, S. 3) – es ist allein der »Psychotherapeut [...], an dem der positive Willen des Patienten erstarkt« (Rank, 1929 a, S. 31). *Das therapeutische Agens bildet nach Rank also eine ganz spezifische Haltung des Analytikers, eine Einstellung oder Gegenübertragung, die so geartet ist, daß sie jeglichem Autonomie-Schritt des Patienten nicht nur Toleranz, sondern sogar Wohlwollen und Unterstützung entgegenbringt!*

Dies stellt, zumindest was den Umgang mit ich-schwachen Patienten, die ihre »psychische Geburt« noch nicht erleben konnten, angeht, eine Erkenntnis von enormer Tragweite dar, die heute für viele Analytiker genauso gültig ist wie vor fünfzig Jahren, als Rank sie formulierte. Diese Patienten bedürfen – so sehen es beispielsweise Blanck und Blanck – tatsächlich eines anderen Analytiker-Typus, als Freud ihn verkörperte. Freud war fordernd, aktiv und bedrängend, ein Bollwerk, an dem ich-starke Patienten sich messen und wachsen konnten. Patienten mit Autonomie-Konflikten aber, Grenzfall-Strukturen mit Loslösungs-Defiziten können soviel Kämpfertum seitens ihres Analytikers nicht unbedingt aushalten, in ihnen muß zuerst Struktur wachsen, was eher möglich wird, wenn der Analytiker jene von Rank beschriebenen Rollen des »Hilfs-Ich« und »Katalysators« übernimmt. Hier muß die Gegenübertragung der Haltung des Gärtners gleichen, der geduldig zusieht, wie das Pflänzchen langsam keimt, der es unterstützt, wo immer es möglich ist, indem er ihm den bestmöglichen Lebensraum zur Verfügung stellt, der aber vor allem im Hintergrund warten kann und Wachstumsprozesse nicht dauernd mit seinen Übergriffen stört. Kernberg allerdings scheint es nicht mit diesen Thesen zu halten (vgl. Teil IV, 8.).

Liest man die Schriften der Blancks, dann staunt man, wieviel sie doch der Pionierzeit verdanken, ohne daß sie es für nötig halten würden, auch nur mit einem Worte darauf einzugehen. Was diese Autoren über den Umgang mit ichschwachen Patienten und Grenzfall-Strukturen schreiben, könnte häufig wörtlich der Feder Ranks entstammen. Rank aber bleibt – nicht anders als vordem Ferenczi – in der Versenkung; in der Literaturliste der Blanckschen »Ich-Psychologie II« folgt auf Rangell allzu rasch gleich Rapaport. Undank ist der Welten Lohn, kann man da nur sagen. Damit Rank zumindest hier ein wenig rehabilitiert werde, will ich im folgenden einige Passagen aus den Schriften der Blancks zitieren und dem Leser die Entscheidung überlassen, ob sie so neu denn wirklich sind, wie die Blancks meinen:

»In der psychoanalytischen Tradition ist die Rolle des Therapeuten als eines Deuters so tief verwurzelt, daß sie nicht nur die eigentliche Psychoanalyse beeinflußt, sondern auch die psychoanalytisch orientierten Psychotherapien [...].

Wenn wir in Betracht ziehen, daß wahrscheinlich alle Organisationsstufen, einschließlich der Neurose, infolge einer nicht adäquaten Subphaseninteraktion bis zu einem gewissen Grade Fehlbildungen aufweisen, *beginnen wir zu fragen, ob die Deutung allein das Wesentliche der therapeutischen Aktivität ausmacht.* [...] *Daher ist es an der Zeit, daran zu denken, daß in vielen Fällen die Deutung, wenngleich ihr nach wie vor eine wichtige, ja sogar entscheidende Funktion im technischen Repertoire zukommt, der Rolle des Katalysators der Organisation untergeordnet ist.*
Wir beschreiben die Rolle des Katalysators als die einer Präsenz, die an der Aktion nicht teilnimmt. [...] *Der Analytiker oder Therapeut als Katalysator der Organisation lenkt die Neugestaltung dieser Organisation, wo es nötig ist, verringert aber die Einzigartigkeit seiner Person auf ein Minimum«* (Hervorhebungen von der Verf.) (Blanck, G. und R., 1980, S. 247 und 248).
»Negative oder feindselige Übertragungsmanifestationen verlangen auch Flexibilität in der Gegenübertragung. Es liegt klar auf der Hand, daß sich in ihnen ohne weiteres Feindseligkeit gegenüber dem gleichgeschlechtlichen Elternteil in der positiven ödipalen Position ausdrücken kann. *Sie können aber auch Aggression im Dienste der Fortbewegung vom mütterlichen Objekt während der Subphasenentwicklung darstellen*« (Hervorhebung von der Verf.) (Blanck, G. und R., 1980, S. 141).
»Widerstand wird traditionsgemäß als Ausdruck der Abwehr definiert, die unbewußt entsteht und gegen die aus dem Konflikt erwachsende Angst eingesetzt wird. [...] Diese Definition, die sich ja auf die Triebtheorie und den intersystemischen Konflikt stützt, kann *nach dem heutigen Stand unseres Wissens von der Strukturierung nicht länger gelten. Entwicklung, wie wir sie jetzt verstehen, entsteht nicht ausschließlich aus dem Konflikt. Opposition, Negativismus, so oft ausschließlich als Widerstand*, der sich auf die Abwehr der Reaktionsbildung stützt, *angesehen, können auch einen Kampf zur Aufrichtung und Aufrechterhaltung der Identität darstellen.* Sicher mag das auch eine Abwehr ausdrücken, in diesem Fall gegen symbiotische Wünsche. Anderseits kann es auch als *ein normaler Schritt auf die Trennung und Individuation hin* angesehen werden« (Hervorhebungen von der Verf.) (Blanck, G. und R., 1981, S. 240 und 241).

Zum Schluß will ich noch die Gegenübertragungs-Komplikationen aufzählen, die ich in den willenspsychologischen Schriften gefunden habe:

1. Wenn meine narzißtischen Bedürfnisse und meine Machtansprüche groß sind, dann kann ich mich nicht mit der bescheidenen Rolle des Katalysators begnügen, sondern muß alle Autonomie- und Individuationsbestrebungen immer als Widerstand, das heißt als Ausdruck der Opposition gegen mich deuten (Rank, 1931, S. 14 und 15).
2. Wenn meine narzißtischen Bedürfnisse groß sind, dann lasse ich mir von meinem Patienten, der ja so gerne nur passiv und abhängig sein

möchte, die Rolle des »göttlichen« Willens zuschreiben, was natürlich die Reifung des Patienten hin zu einem autonomen Wesen verunmöglicht (Rank, 1929 a, S. 27).
3. Wenn meine Bedürfnisse zu helfen und zu heilen groß sind, dann vergesse ich, den Patienten an seine Selbstverantwortung zu erinnern, und ich verpasse es, ihm die Sache mit dem Gesundheitswillen als Projektion zurückzugeben (Rank, 1929 a, S. 28).
4. Wenn der Patient mich in der Endphase der Analyse nicht mehr länger als Hilfs-Ich benötigt, weil er nun selber ein starkes Ich erworben hat, dann sieht er in mir das Symbol seines destruktiven, neurotischen Ichs, das zerstört werden muß. Kann ich infolge eigener Selbstbehauptungstendenzen diese Situation nicht ertragen, dann setze ich wieder meine Ideologie als Waffe ein, und ich mache aus der Ablösung des Patienten »Infantilismen sadistischer oder masochistischer Natur [...], die eine Verlängerung der Behandlung nötig erscheinen lassen« (Rank, 1931, S. 105).

Ich will mein Kapitel über Rank mit dem Zitat eines Adlerianers beenden, das ich einem von Battegay und Trenkel herausgegebenen Buch entnommen habe, welches sich mit der therapeutischen Beziehung unter dem Aspekt verschiedener psychotherapeutischer Schulen befaßt. Diese Passage zeigt auf, daß Ranks Plädoyer für mehr Toleranz und Flexibilität in der Gegenübertragung im Umgang mit den Widerständen, vor allem bei frühgestörten Patienten, von schulübergreifender Bedeutung ist. Man hat es sich bei den Adlerianern genauso zu eigen gemacht wie bei den psychoanalytischen Ich-Psychologen! Ich zitiere:

*»Auch den Widerständen muß also seitens des Psychotherapeuten mit emotionaler Anteilnahme begegnet werden. Es ist dann jedesmal ein Erlebnis festzustellen, wie rasch die gegen den Therapeuten gerichteten Aggressionen zusammenbrechen, wenn man statt Gegnerschaft die partnerschaftliche Tuchfühlung den Patienten erleben läßt, in der Rolle des Mitstreiters, der ebenso daran interessiert ist, mit den Beziehungsschwierigkeiten des Patienten fertig zu werden. Die Promptheit oder Langwierigkeit, mit welcher der Patient erlebt, daß der Psychotherapeut nicht wie die Beziehungsperson Kampfgegner, sondern ein zur Seite stehender Verbündeter mit Blickrichtung auf die gemeinsame Problematik ist, ergibt ein Maß für die Beziehungsfähigkeit zwischen beiden. Ist dies auch für den Patienten zu einem Erlebnis geworden, dann wird der point of no return für ihn bald erreicht sein, das frühere Beziehungsmodell wird nach und nach für ihn unbrauchbar werden«* (Hervorhebungen von der Verf.) (Louis, bei Battegay/Trenkel, 1978, S. 52).

# Anmerkungen

1 Zu welchen Auswüchsen die blinde Gläubigkeit an Freuds Chirurgen-Äußerung schon geführt hat, berichtet uns Heimann anhand eines denkwürdigen Beispiels aus einer Supervision: »Dr. G. war ein erfahrener Psychiater, ein begabter psychoanalytischer Ausbildungskandidat, gescheit und warmherzig. Er berichtete, wie sein Patient zur analytischen Stunde ankam: pünktlich, aber durchnäßt und blaugefroren. Es war an einem Abend, als besonders eisiger Regen die Straßen peitschte. [...]
Dr. G. beschrieb den Verlauf der Stunde, und ich hörte zu. Seine Deutungen waren sozusagen ganz richtig, schlossen auch einen Hinweis auf die Angst und Hemmung des Patienten ein. Aber Dr. G. fühlte sich nicht gut bei seinem Vorgehen und hatte den Verdacht, daß ich nicht einverstanden war. So fragte ich ihn, was er denn fühlte, als er seinen Patienten sah, völlig durchnäßt und blau um die Lippen. Sei ihm nicht der Gedanke gekommen, ihm etwas Heißes zu trinken zu geben? Der Student bestätigte sofort, dies wäre in der Tat sein erster Impuls gewesen. Mit einem Patienten in seiner psychiatrischen Praxis hätte er es auch getan. Aber mit einem Patienten innerhalb der psychoanalytischen Ausbildung hätte er gedacht, dürfe er nur Deutungen geben« (Heimann, 1978, S. 218).

2 Helmut Thomä und Leo Stone sind übereinstimmend zu dem Schluß gekommen, daß es in Tat und Wahrheit nicht möglich sei, der Spiegel-Forderung durchgängig nachzukommen, da sonst der therapeutische Prozeß gänzlich zum Erliegen komme. Ich zitiere Thomä zur Spiegelanalogie: »In ihr kommt aber auch das Wissenschaftsideal des experimentierenden Forschers zum Ausdruck, der seine Methode von seiner Person völlig unabhängig machen möchte. [...] Freud möchte die psychoanalytische Methode von allen unerwünschten Zutaten reinigen, genaugenommen von allen persönlichen Zutaten. Es ist klar, daß diese Aufforderung nie wörtlich befolgt werden konnte. Würde der Psychoanalytiker sich nur wie ein Spiegel verhalten und dem Gezeigten nichts hinzufügen, könnte der psychoanalytische Prozeß gar nicht erst in Gang kommen. Stone hat dies in seinem Buch über die psychoanalytische Situation (1961) besonders klar ausgesprochen: würde man nämlich diese Empfehlung, wie sie in der Spiegelanalogie enthalten ist, in prinzipieller und wörtlicher Weise anwenden, geriete man in einen unauflösbaren Widerspruch hinein, weil das wörtliche Verständnis mit dem Wesen der Psychoanalyse unvereinbar ist (Stone, 1961)« (Thomä, 1981 a, S. 395).

# Teil II

## Die zweite Phase:
## Der Dornröschenschlaf bis zum Beginn der fünfziger Jahre

## 1. Vom langen Schlaf zwischen 1930 und 1950. Und von einigen bemerkenswerten Ausnahmen

Nachdem sich die Pioniere im Zeitraum von 1910 bis 1930 erstmals mit ihrer neuen, temperamentvollen Bekanntschaft, der Gegenübertragung, auseinandergesetzt hatten, erlahmte das Interesse für sie zusehends und eine sehr verdächtige Windstille begann sich auszubreiten, eine Windstille, die immerhin bis zum Jahre 1950 anhalten sollte, also grad noch einmal zwanzig Jahre lang. Die Gegenübertragung geriet als Thema mehr und mehr ins Abseits. Zwar gab es auch in dieser Zwischenperiode noch ein gutes Dutzend Autoren, die Wichtiges zur Gegenübertragung zu sagen hatten und sich über die damit zusammenhängenden Probleme den Kopf zerbrachen. Aber, gemessen an der Bedeutung des Phänomens für den Ablauf des gesamten analytischen Prozesses, so wie wir ihn heute sehen, war die Zahl der Interessierten geradezu sträflich gering, der Widerstand und das Nicht-wissen-wollen immens.

Der Mehrheit der Analytiker fehlte es an Inspiration, an Neugier, am Wunsch, mehr über sich selber als Mitspieler in der analytischen Situation zu erfahren. Man mußte offensichtlich erst »reculer pour mieux sauter«, sich eine lange Zeit des Moratoriums gönnen – wenn man nicht schlichtweg in einen Totstellreflex verfiel –, bevor man sich der in der Pionierzeit als so gefährlich erachteten Gegenübertragung auf eine neue Weise zuwenden konnte. Bedenkt man, welche Flut von Schriften zur Gegenübertragung sich von 1950 an über den psychoanalytisch interessierten Leser zu ergießen begann, wieviel Kreativität da auf einmal aufzubrechen vermochte, dann ist es nicht übertrieben, wenn man die Zwischenperiode von 1930 bis 1950 mit einer Art *Dornröschenschlaf* vergleicht.

Heinrich Racker, der Mann, der in den fünfziger Jahren in Argentinien die Gegenübertragung ins Zentrum seines wissenschaftlichen Interesses stellte, wundert sich in seinem Buch »Übertragung und Gegenübertragung« mehrfach darüber, daß die Psychoanalytiker so lange so passiv gewesen seien, was die Untersuchung des Phänomens Gegenübertragung angeht. 1948 lesen wir bei ihm:

»Vor allem ist wenig über dieses Thema geschrieben und gesprochen worden. [...] Es scheint, als ob die Gegenübertragung unter den analytischen Themen ein wenig so behandelt wird wie ein Kind, dessen sich die Eltern schämen« (Racker, 1978, S. 126 und 127).

Fünf Jahre später, 1953, schreibt er:

»Wie stellte sich die Psychoanalyse im Laufe ihrer Geschichte zur Problematik der Gegenübertragung ein? Wir stoßen da auf eine seltsame Tatsache und eine erstaunliche Gegensätzlichkeit. Die Entdeckung der Gegenübertragung und ihrer großen Bedeutung für die analytische Arbeit durch Freud (1910) führte zur Einsetzung der Lehranalyse als Grundlage und Mittelpunkt der psychoanalytischen Ausbildung. *Die wissenschaftliche Bearbeitung der Gegenübertragung wurde jedoch in den 40 auf die Entdeckung folgenden Jahren außerordentlich vernachlässigt.* Erst in den letzten drei oder vier Jahren hat sich die Lage der Dinge schlagartig verändert« (Hervorhebung von der Verf.) (Racker, 1978, S. 153).

Auch anderen Autoren, so etwa Lucia Tower (1956), ist aufgefallen, wie ausnehmend stiefmütterlich die Psychoanalyse ein so natürliches und unausweichliches Phänomen wie die Gegenübertragung »for forty-five years« doch behandelt habe. Wie Racker selber, so sieht auch Tower den Grund für diese alarmierende Passivität der Psychoanalytiker beim Untersuchen von Gegenübertragungs-Phänomenen vor allem in ihren massiven Widerständen gegen das Aufdecken allfälliger, trotz Lehranalyse verbliebener, neurotischer Anteile in ihnen selber. Die Angst, dem eigenen »Schatten« ins Gesicht sehen zu müssen, davon beschämt und womöglich zutiefst beunruhigt zu werden, ist für beide Autoren der wichtigste Grund dafür, daß Dornröschen Jahrzehnte lang partout nicht aus seinem Schlaf erwachen wollte. Racker schreibt 1953:

»Wenn die Gegenübertragung ein nur so kärglich bearbeitetes Thema ist, so muß das natürlich auf die Einstellung der Analytiker zu ihren eigenen Gegenübertragungen, nämlich darauf, daß sie die Überreste ungelöster, alter Triebkonflikte und die eigene Neurose abwehren, zurückzuführen sein« (Racker, 1978, S. 153).

Warum allerdings von 1950 an die Selbstkonfrontation mit der eigenen Restneurose plötzlich möglich wurde, das erklärt uns Racker genausowenig wie Tower. Ich verstehe diese Wende so: dank Paula Heimann, die 1950 die These vertrat, daß die Gegenübertragung des Analytikers ein »Produkt« des Patienten und von ihm zutiefst geprägt sei, wurde den Analytikern eine übergroße Last von den Schultern genommen. Mehr Offenheit wurde dadurch möglich. Sie mußten nicht mehr für all die vielfältigen und zum Teil sehr heftigen Gefühlsregungen geradestehen, die sie bei der Arbeit bewegten. Der Patient half die Verantwortung für die Gegenübertragung jetzt nicht nur mittragen, nein, sie wurde ihm sogar von vielen Analytikern vollständig aufgehalst. Damit vermochten die von ihrer schweren Bürde mit Namen Indifferenz- und Chirugenideal befreiten Analytiker endlich aufzuatmen. Sie konnten damit beginnen, sich ernsthafter zu überlegen, was sie denn nun wirklich fühlten, wie ihre Antwort auf den Patienten eigentlich und ohne alle Beschönigungen aussah. Paula Heimann half mit einem Wort, das archaische Über-Ich der unterdrückten Analytikerschaft zu entlasten.

Aber auch Heimann und ihre umstürzlerische These wurde natürlich nicht einfach im luftleeren Raum geboren. Es brauchte die Phase des Dornröschenschlafs und ihre paar mutigen Vorkämpfer, damit wesentliche Vorarbeit für diese grundsätzlich neue Auffassung der Gegenübertragung geleistet werden konnte. Entscheidende Weichenstellungen sollten in diesen zwei Jahrzehnten von 1930 bis 1950 vorgenommen werden. Neue Entwicklungen mußten erst vorbereitet und in Gang gebracht werden, damit die Gegenübertragungs-Theorie endlich in ihre besten Jahre kommen konnte. Ich denke da vor allem an die Ausformung der *Lehre von den Objektbeziehungen*, mit der sich die Psychoanalyse von den dreißiger Jahren an zunehmend zu befassen begann. Diese Lehre brachte es mit sich, daß der einzelne nicht mehr in isoliertem Zustand, sondern als unablässig in Interaktion mit seiner Umgebung begriffen gesehen wurde. Von diesem neuen Ansatz her begann man die psychoanalytische Situation stärker als ein wechselseitiges Geschehen zwischen zwei Personen anzusehen, die einander beide beeinflussen und in jedem Fall zusammen in eine Beziehung verstrickt sind. Von dieser Warte aus gesehen hatten die den Analytiker bewegenden Gefühle, Gedanken und Impulse sowie seine Handlungen einiges mehr als bisher mit dem Patienten zu tun. Sie waren nicht länger mehr unbedingt zu dem Schattendasein verurteilt, das sie in der Pionierzeit noch hatten fristen müssen. Dadurch wiederum erhielt der Analytiker, zuvor nur ein Schemen, aufs Mal exaktere Konturen. Man begann, als man erst einmal erkannt hatte, daß eine »Beziehung der Nichtbeziehung« (Fürstenau) ein Ding der Unmöglichkeit ist, um die jede Analyse prägende Bedeutung der real vorhandenen, nicht zu leugnenden Analytikerpersönlichkeit zu ahnen.

Weiter wurde es gegen Ende der Phase des Dornröschenschlafs sogar möglich, ein spezifisches *emotionales Klima*, das der Analytiker in seinem Therapiezimmer kreiert, als therapeutisches Agens von ausschlaggebender Bedeutung anzuerkennen (vgl. mein Kapitel über Leo Berman, Teil II, 11.). Ferenczi und Rank hatten Jahre zuvor zwar auch schon derartiges zu äußern versucht, aber die Zeit war dafür noch nicht reif gewesen, und so wurden sie alle beide radikal dämonisiert und ausgegrenzt, was den Vorteil hatte, daß man sich nicht weiter mit ihnen auseinandersetzen mußte. Diesem Gedanken von der Bedeutung des Klimas sollte vor allem in den siebziger Jahren wachsende Bedeutung zukommen. Bibring war übrigens der erste Analytiker gewesen, der nach Ferenczi und Rank, in der Phase des Dornröschenschlafs, die Ansicht vertreten hatte, daß nicht nur die Deutungen des Analytikers, sondern auch die von ihm geschaffene Atmosphäre therapeutisch wirksam seien. Auf dem Marienbader Symposium im Jahre 1937 sagte Bibring wörtlich dies:

> »Wenn auch diese Ängste nachher eine analytische Auflösung erfahren, so möchte ich dennoch glauben, daß *das Erlebnis der Gewißheit von der Unverlierbarkeit der Zuwendung des Analytikers eine unmittelbare Festigung des Gefühls der Sicherheit bewirkt,* dessen Erwerbung oder Befestigung in der Kindheit vielleicht aus Mangel an solchem Erlebnis nicht gelang. Allerdings ist eine solche unmittelbare Festigung nur im Zusammenhang des analytischen Verfahrens von dauerndem Wert, wenn sie auch selbst außerhalb der analytischen Therapie liegt« (Hervorhebung von der Verf.) (Bibring, bei Thomä, 1981 b, S. 54)

Wie der Nachsatz bei Bibring zeigt, anerkannte man 1937 zwar schon die Bedeutung des Klimas für den Fortschritt der Behandlung, aber das Moment der emotionalen Sicherheit, das der Analytiker zu bieten vermag, wurde verschämt als dem analytischen Verfahren nicht eigentlich zugehörig angesehen. Das sollte sich bis gegen Ende der vierziger Jahre, zum Beispiel bei dem schon erwähnten Leo Berman, gründlich ändern. Bibring dagegen stand anscheinend noch stark unter dem Einfluß von Freuds technischen Schriften, wo schließlich gelehrt worden war, daß eine Analyse eine sterile Operation zu sein habe, bei der es keinerlei emotionalen Keime auf seiten des Analytikers als eines kühlen Chirurgen und reinen Spiegels geben dürfe.

Daß allmählich ein Mehr an Toleranz für die Realität von Atmosphären und damit von Gegenübertragungs-Regungen zu keimen begann, liegt aber nicht nur an der Lehre von den Objektbeziehungen, die allmählich das Interesse der Analytiker zu wecken vermochte. Auch die neuen und wichtigen Denkschritte, die von Mitte der dreißiger Jahre an im Felde der *Ich-Psychologie* gemacht wurden, hinterließen ihre Spuren bei den mit Gegenübertragung befaßten Autoren und ermöglichten ein Aufgeben festgefahrener, verhärteter Auffassungen, wie jener, daß die Existenz von Gegenübertragung den therapeutischen Fortschritt automatisch erschwere, wenn nicht gar sabotiere. Bei den Blancks steht zu lesen, daß die Ich-Psychologie ganz wesentlich mit dazu beigetragen habe, den Analytikern eine angstfreie Einstellung zur eigenen Gefühlsseite und Gegenübertragung zu vermitteln. Sie schreiben:

»Als Hartmann 1937 seine Vorlesung ›Ich-Psychologie und Anpassungsproblem‹ hielt, *nahm er so manche Last von uns, indem er versicherte, daß der Mensch kein reines Vernunftwesen sein kann und auch nicht sein muß. Während unbewußte Vorgänge mit ihren Verzerrungen in der Tat zu Konflikten und Leiden beitragen, sind sie als Quellen einiger unserer am höchsten geschätzten Ideale – Liebe, einschließlich der Überbewertung des Objekts, Loyalität, u. ä. – doch anpassungsfähig.* Hartmann behauptet, daß der Fortschritt nicht in gerader Linie verläuft, sondern auch auf Umwegen [...] stattfindet, die für unsere menschlichen Qualitäten unerläßlich sind. Patienten erwecken Gefühle beim Therapeuten und Analytiker« (Hervorhebung von der Verf.) (Blanck, G. und R., 1980, S. 136).

Im nun folgenden Teil II meiner Arbeit werde ich mich mit Vergnügen jenen Autoren zuwenden, die den Ausdruck »Phase des Dornröschenschlafs« Lügen straften, weil sie die Gegenübertragung trotz allem nicht »wie ein Kind, dessen sich die Eltern schämen« (Racker, 1978) behandelt haben. Diesen mutigen Psychoanalytiker-Persönlichkeiten ist es mit zu danken, daß wir heute angstfrei mit unserer Gegenübertragung arbeiten können. Es sind dies: Alexander und French, Ella Sharpe, Donald Woods Winnicott; C. G. Jung, Alice und Michael Balint, Otto Fenichel, Leo Berman und Theodor Reik. Es kommen noch drei weitere Autoren hinzu, die ich allerdings keineswegs als rührige Wegbereiter für die Jetzt-Zeit ansehe, was ihre Einstellung und ihre Äußerungen zur Gegenübertragung angeht: Karen Horney, Wilhelm Reich und Robert Fliess. Horney und Reich erschienen mir aber für den vorliegenden Kontext insofern sehr interessant zu sein, als ihre Theorie und ihr Behandlungsstil starke Gegenübertragungs-Komplikationen reflektieren. Glovers provokante These, daß wir besonders gerne jener Theorie und Technik anhängen, in der wir es uns mit unserer Neurose gemütlich machen können, findet hier womöglich ihre Bestätigung. Robert Fliess schien mir mehr als Vertreter der Orthodoxie von Bedeutung zu sein. Es sollte mit ihm verdeutlicht werden, daß die Phase des Dornröschenschlafs ihren Namen eben doch völlig zu Recht erhalten hat: das Gros der Analytiker aus jener Zeit zwischen 1930 und 1950 hielt, wie gesagt, eisern und linientreu am überlieferten Gedankengut aus der Pionierzeit fest, am Bild vom Analytiker als einer bloßen Puppe oder eines »Kleiderständers« (Fliess), ohne alles Eigenleben, an der Vorstellung von der Analyse als einer Situation, in der nur eine Person wirklich Gefühle entwickeln darf, ohne sich dafür schämen zu müssen. – Vielleicht sollte ich zum Schluß noch mit einem Wort begründen, wieso ich auch C. G. Jung, den von 1913 an doch Abtrünnigen, in diesen historischen Abriß aufgenommen habe. Die Antwort lautet so: weil Jung 1946 mit seinem »Infektions-Ideal« einen Standpunkt hinsichtlich des Umgangs mit dem Patienten eingenommen hatte, der demjenigen Freuds diametral entgegengesetzt war, einen Standpunkt auch, der seit Bion (vgl. Teil III, 6.) in der Psychoanalyse der Gegenwart sehr ernst genommen wird, Vorbehalte gegenüber Jung hin oder her.

## 2. ALEXANDER und FRENCH:
### Deine Gegenübertragung sei umgekehrt proportional zur einstigen Haltung der Eltern des Patienten

Im Jahre 1930 begann der große Exodus von deutschen Psychoanalytikern in die USA. Unter anderem wurde der Berliner Lehranalytiker Franz Alexander an die Universität von Chicago berufen, wo er – Freud hatte es vorausgesagt – als Psychoanalytiker einen schweren Stand haben sollte. Schon der Empfang, den die medizinische Fakultät diesem Vertreter einer verfemten Disziplin bot, war mehr als unfreundlich, was sich zusammen mit anderen Vorkommnissen dieser Art nachhaltig auf die von Alexander und seinen Mitarbeitern geschaffene Therapieform auswirken sollte. Als Kostprobe für die damalige Stimmung diene die folgende Vignette aus Alexanders Autobiographie mit dem Titel »The Western Mind in Transition«: Nachdem Alexander seinen Einführungsvortrag in Chicago gehalten hatte, stand ein junger Physiologe auf und fragte provozierend, ob die Psychoanalyse eine experimentelle Wissenschaft sei. Weil Alexander wie erwartet verneinte, erklärte der Physiologe prompt, in diesem Falle werde er keinen von Alexanders Vorträgen mehr besuchen kommen. Dicit und verließ zusammen mit einem großen Teil der Zuhörerschaft ostentativ den Vortragssaal (vgl. Alexander, 1960, S. 102). Der Umgangston erinnerte verdächtig an aktuelle Schmährufe, die sich die Psychoanalyse neuerlich aus dem positivistischen Lager gefallen lassen muß (vgl. Mertens, 1994).

Solche und ähnliche Erlebnisse mit Amerikas Ärzteschaft mußten unweigerlich einen zermürbenden Effekt auf Alexander haben. Er begann sich zu fragen, wie das klassische Verfahren modifiziert werden könnte, um der Psychoanalyse in den USA endlich zur Anerkennung zu verhelfen. Als er 1931 zum Direktor des Chicagoer Psychoanalytischen Instituts ernannt wurde, versuchte er, neue Wege zu gehen. Da eines der Hauptargumente der Kritiker immer wieder auf die Langwierigkeit und Kostspieligkeit und folglich den »elitären« Charakter der Psychoanalyse anspielte, fing Alexander damit an, mit einem abgekürzten psychoanalytischen Verfahren zu experimentieren. In sieben Jahren harter Arbeit entwickelte er zusammen mit seinen Mitarbeitern French, Grotjahn, Grinker, Edoardo Weiss und Therese Benedek eine der heutigen Kurztherapie nahestehende Variante der Psychoanalyse, mit welcher er in Amerika weniger Gefahr lief, als weltfremder Sonderling und versnobter Behandler einer durchgängig gut situierten Klientel angesehen zu werden.

Daß diese neue Therapieform weniger Zeit in Anspruch nahm, war nur eines ihrer Kennzeichen. Für unseren Kontext bedeutsamer ist die ausschlaggebende Bedeutung, welche hier der Gegenübertragung zugesprochen wird. An ihr hängt letztlich alles, sie ist das wichtigste therapeutische Werkzeug, das dem Therapeuten bei dieser neuen Behandlungsform zur Verfügung steht. Weil Alexander – genau wie Radó – seine Technik-Variationen auf einer gänzlich neuen Konzeption der psychoanalytischen Theorie, nämlich auf der Theorie der Objektbeziehungen, gründet, erhält bei ihm die Gegenübertragung ein alles überragendes Gewicht. Sie wird nach Cremerius zum »kardinalen Medium der Therapie«:

»Wenden wir uns nun zwei weiteren Autoren zu, Radó und Alexander. Wenn auch beide von anderen theoretischen Grundvoraussetzungen ausgehen als Ferenczi und Balint, so gehören sie doch in diesem Sinne hier hin, als *ihre Arbeit auf der Theorie der Objektbeziehungen basiert.* Für beide *ist die Dynamik von Übertragung und Gegenübertragung das kardinale Medium der Therapie*« (Hervorhebungen von der Verf.) (Cremerius, 1969, S. 84 und 85).

Wie schon Ferenczi und Rank zwanzig Jahre zuvor, die vor einer »Theoretisierung des analytischen Erlebnisses« und der »therapeutischen Unfruchtbarkeit des ›Nurwissens‹« (Ferenczi und Rank, 1924, S. 41 und 42) gewarnt hatten, ist auch die Gruppe in Chicago der Auffassung, daß die intellektuelle Einsicht in der Psychoanalyse über- und das *Erleben* unterbewertet worden sei. Fortschritte in einer Analyse könne man niemals allein aufgrund der Deutungen eines schemenhaften, steril wirkenden Analytikers als eigentlicher Un-Person erwarten. Entwickle sich der Patient, so gehe das immer auch und vor allem auf das Konto der spezifischen neuen und anderen emotionalen Erfahrungen, die er an seinem Analytiker machen könne.[1] Der Analytiker solle daher weniger auf das Formulieren kluger Deutungen achten, die letztlich doch nur den Intellekt des Patienten erreichen würden. Im Zentrum habe statt dessen die Frage zu stehen, ob und wie es gelingen könne, dem Patienten eine *grundlegend neue Gefühlserfahrung* zu vermitteln. Die vordringlichste Aufgabe des Analytikers ist jetzt die, dem Patienten eine »*corrective emotional ex-*

*perience*«, eine korrigierende emotionale Erfahrung also (Alexander et al., 1946), zu vermitteln. Und eben dazu benötigt der Analytiker vor allem andern seine Gegenübertragung. Deutungen reichen nicht aus, es braucht auch und vor allem ein ganz spezifisches *Klima*, für das der Analytiker verantwortlich zeichnet.

Wie macht nun der Analytiker eine derartige korrigierende emotionale Erfahrung möglich? Wie sollte ein Therapeut idealerweise reagieren, wie seine Gegenübertragung beschaffen sein, damit eine solche Korrektur des neurotischen Verhaltens seitens des Patienten möglich wird? Anders als bei Freud, Stern, Ferenczi oder Rank finden wir in Chicago keinerlei Präferenz für spezifische Haltungen oder Gefühle in der Gegenübertragung, die als optimal für die Entwicklung des Patienten beschrieben würde. Weder wertet man Freuds keimfreie Objektivität noch Ferenczis mütterlich-zärtliche Einstellung, Sterns »milde, positive Gegenübertragung« und auch nicht Ranks Aufruf zu Bescheidenheit und wohlwollender Toleranz gegenüber Autonomie-Regungen, als anderen Haltungen prinzipiell überlegen, obwohl man zugibt, daß jede dieser Einstellungen im gegebenen Falle nützlich sein kann. Die Schule von Chicago unterscheidet sich radikal von allen ihren Vorläufern, indem sie gerade darauf verzichtet, die optimale Form des Umgangs mit dem Patienten ein für alle Mal inhaltlich festzulegen! *Es gibt ihrer Auffassung nach keine an sich richtige Haltung und emotionale Einstellung.* Beim einen Patienten bewährt sich dies, beim andern das Gegenteil. Optimal ist für Alexander et al. nichts im voraus Bestimmtes, sondern einzig jene Haltung, die dem Patienten das zu vermitteln vermag, was er in seiner Kindheit vermissen mußte. Die ideale Gegenübertragungs-Haltung vermittelt also das, was der Patient zuletzt erwartet, weil er diese Haltung als Kind nicht erfahren durfte. Kurz: sie ist das Gegenteil des Umgangs, den die Eltern mit dem Kinde pflegten. Damit gerät der Therapeut also in die Rolle von »Umkehr-Eltern«.

Alexander ist der Ansicht, daß auch die von Freud geforderte Haltung der unterstützenden Objektivität in aller Regel bereits eine korrigierende emotionale Erfahrung für den Patienten bedeute, da sie normalerweise in zwischenmenschlichen Beziehungen nicht existiere:

> »Die objektive und unterstützende Haltung des Therapeuten gibt es sonst in keiner anderen menschlichen Beziehung; sie stellt zweifellos den wichtigsten Faktor in einer Analyse dar. Eltern, Freunde oder Verwandte [...] sind immer emotionell beteiligt. Ihre Haltung kann freundlich sein, aber sie ist niemals objektiv und niemals primär verstehend. Das Kennenlernen einer solchen bisher unbekannten Möglichkeit zwischenmenschlicher Beziehung ist von

ungeheurer therapeutischer Bedeutung und kann gar nicht überschätzt werden« (Alexander, 1950, S. 405).

Aber, so fügt er gleich bei, viele Analysen würden weniger lange dauern, wenn der Analytiker nicht immer nur objektiv und emotional neutral wäre, sondern eine Haltung einnehmen könnte, die das genaue Gegenteil der jeweils pathogen wirkenden elterlichen Haltung von einst verkörpern würde. Erst dadurch erweist sich nach Auffassung der Gruppe um Alexander die korrigierende emotionale Erfahrung gewissermaßen als maßgeschneidert und wirklich effizient. Das kann im einen Falle bedeuten, daß der Analytiker besonders weich und liebevoll reagieren muß (dann, wenn die Eltern hart und lieblos waren), im andern Falle kann es umgekehrt heißen, daß der Analytiker radikal versagend und ganz und gar nicht mütterlich-verwöhnend reagieren sollte (dann beispielsweise, wenn die Eltern überverwöhnend und einengend waren).

Die Bedeutung dieser »*Umkehr-Haltung*« sieht man in Chicago vor allem darin, daß sie dem Patienten gewissermaßen einen heilsamen Schock und Denkanstoß versetzt, sein bisheriges Weltbild auf den Kopf stellt und ihm vor Augen führt, daß seine neurotischen Verhaltensweisen in der Gegenwart nicht länger mehr angebracht, sondern gänzlich deplaziert sind. Der Patient lernt dank dieser völlig unerwarteten Reaktion seines Analytikers, daß zwischen Einst und Jetzt ein tiefgreifender Unterschied besteht, daß die Welt nicht aus lauter Kopien der Eltern besteht, auf die man in stereotyper Weise immer gleich reagieren muß. Dank dieser Erfahrung kommt es bei ihm zu einer Korrektur seiner überholten Anpassung an die Charaktere der Eltern. Forderten Freud, Glover und Stern nur, daß es der Analytiker vermeiden müsse, die Erwartungen des Patienten zu erfüllen und in die ihm zugedachten Rollen einzusteigen, so geht man in Chicago noch einen gewichtigen Schritt weiter. Man verlangt jetzt neu, *daß der Analytiker gewissermaßen die umgekehrte Rolle zu spielen habe, die der Patient von ihm erwartet.* Erst dadurch wird der »Schock« so richtig wirksam. Lesen wir Alexander und Mitarbeiter im Originaltext:

»This is frequently the therapist's best choice – *to be unlike the forbidding, the punitive, the indifferent, or the too much permissive parent*, in order to let the patient see how much of his reaction is determined by the character of old relationships« (Hervorhebung von der Verf.) (Alexander et al., 1946, S. 53).

Ich will zur Verdeutlichung des Prinzips der korrigierenden emotionalen Erfahrung zwei Beispiele anführen, die, so Alexander, jedes für sich eine ganz spezifische und anders geartete Gegenübertragungs-Einstellung seitens des Therapeuten verlangten, obwohl in beiden Fällen ein Konflikt mit dem Vater im Vordergrund stand:

Ein zweiundvierzig Jahre alter Patient leidet unter einer schweren Charakterneurose, die hysterische Anfälle und Impotenz zur Folge hat und seine Ehe ernsthaft bedroht, weil er zu allem hin noch extrem irritierbar, anmaßend und intolerant ist. Der Analytiker versteht bald einmal, daß das Hauptproblem dieses Menschen ein arroganter, tyrannischer Vater war, der das Selbstvertrauen seines Sohnes untergraben hatte. Zur Kompensation seines Defizits an Selbstsicherheit muß sich der Patient nun selber wie dieser Vater benehmen, was vor allem sein Sohn zu spüren bekommt. Angesichts dieser Ausgangslage setzt der Analytiker alles daran, in der Behandlung ein emotionales Klima zu schaffen, das in nichts an den Vater erinnert, im Gegenteil. War der Vater übermäßig kritisch, so zeigt der Analytiker jetzt offene Bewunderung für die rasche Auffassungsgabe, die Spitzfindigkeit und die körperliche Geschicklichkeit. Hatte der Vater auf dem Einhalten rigoroser Regeln bestanden, so läßt der Analytiker seinen Patienten jetzt frei bestimmen, wann und wie oft er zur Behandlung kommen, ob er während der Sitzung liegen, sitzen oder frei herumspazieren möchte. Auch gegen das Rauchen hat der Analytiker nicht das geringste einzuwenden. Wie der Patient allmählich mit dem Analytiker zu rivalisieren beginnt, an seinen Deutungen herummäkelt, dann aber plötzlich bedrückt meint, er selber wäre für den Analytikerberuf wohl ganz ungeeignet, da einfach nicht intelligent genug, da bekommt er zu hören, daß er vielleicht, hätte er diesen Beruf ergriffen, der bessere Analytiker als sein Gegenüber geworden wäre. All diese unerwarteten Reaktionen seines Gegenübers beginnnen den Patienten zu verwirren und er fängt an zu erkennen, daß seine rivalisierende Haltung dem Analytiker gegenüber eigentlich unangebracht ist. Da kann ihm der Analytiker zeigen, daß sein aggressives Rivalitäts-Verhalten dazu dient, sich sicherer und stärker zu fühlen. Nach nur 26 Behandlungsstunden, die sich über zehn Wochen erstrecken, verschwinden die hysterischen Anfälle und die Impotenz, die arrogante Einstellung dem Sohn gegenüber und ein Großteil der Eheschwierigkeiten. Die Frau sieht jedenfalls von der geplanten Scheidung ab. Vier Jahre nach Abschluß der Behandlung sind diese Ergebnisse noch immer konstant. Dazu der Kommentar der Gruppe um Alexander:

> »This case is an apt illustration of the value of corrective experience, which the therapeutic relationship makes possible. The patient had to experience a new father–son relationship before he could release the old. This cannot be

done as an intellectual exercise; it had to be lived through, i. e. felt, by the patient and thus become an integral part of his emotional life. Only then can he change his attitudes« (Alexander et al., 1946, S. 63).

Beim zweiten Beispiel handelt es sich um einen jungen Studenten, der sich nicht auf sein Studium konzentrieren konnte, herumfaulenzte, übermäßig onanierte und keinerlei vernünftige soziale Beziehungen, auch nicht zu Frauen, anzuknüpfen vermochte. Er besuchte häufig Spielkasinos und war wegen seines sinnlosen Lebensstils ziemlich unglücklich. Er behauptete, nie irgendetwas Gutes von seinem Vater erhalten zu haben, aber ein Traum, den er früh in die Behandlung einbrachte, strafte diese Behauptung Lügen. In diesem Traum wollte er seinen Brillantring verkaufen, aber der Juwelier nahm ihn nicht an, mit der Behauptung, daß er unecht sei. In den Assoziationen zu dem Traum stellte sich heraus, daß der Ring in Wirklichkeit echt war und außerdem ein Geschenk des Vaters an den Sohn darstellte! Dem Analytiker wurde klar, daß die Faulheit seines Patienten Ausdruck einer latenten Zwangsneurose war. Aus Schuldgefühlen heraus, weil der Vater übermäßig nachsichtig und verwöhnend gewesen war, durfte der Patient nicht erfolgreich sein. Hier war nach Auffassung Alexanders väterliche Strenge und Zucht in der Gegenübertragung am Platz. Dies wurde vom Analytiker in einer dramatischen Sitzung folgendermaßen inszeniert:

»Dieser Patient setzte alles daran, sich unbeliebt zu machen. Er kam gewöhnlich ungewaschen, kaute seine Nägel, murmelte die Worte kaum verstehbar, kritisierte alles und zahlte ein sehr niedriges Honorar. Wenn ich ihn eine Minute warten ließ, beschuldigte er mich sofort, ich täte es, weil er weniger als die anderen bezahle. Eines Tages geschah es, daß ich ihm in ziemlich ungeduldigem Ton antwortete. Da sprang er von der Couch auf und rief ›Sie sind genau wie Ihr Kollege. Wollen Sie bestreiten, daß Sie mich nicht mögen? Nennen Sie das eine Analyse, ungeduldig mit Ihrem Patienten zu sein?‹ *Ich gab zu, daß ich besser getan hätte, ihm meine Abneigung zuzugeben.* Der Patient wurde durch mein Zugeständnis in höchstem Maße verwirrt. Ich erklärte ihm jedoch gleichzeitig, daß sein Verhalten unbewußt beabsichtigt sei, um sich selbst unbeliebt zu machen und daß der Analytiker in seiner menschlichen Unzulänglichkeit auch spontane Reaktionen habe. Er wolle den Beweis haben, daß der Analytiker ihn ablehne, geradeso wie sein Vater ihn vermutlich nicht leiden könne. Ich erinnerte ihn an den ersten Traum über den Brillantring. Diese Stunde wurde ein dramatischer Wendepunkt der Analyse, die vorher wie ein Patt auszugehen schien. Seitdem änderte sich sein Verhalten wie auch sein Äußeres erheblich. [...]
Als der Patient während der dramatischen Sitzung meine Aversion gegen ihn erkannte, wurde es ihm plötzlich deutlich, daß die Beziehung zu seinem Vater nicht wiederholbar, daß sie für ihn einmalig war und daß ihn niemand außer

seinem nachsichtigen Vater trotz all seiner Provokationen lieben würde. Er verstand, daß er sich liebenswert machen müsse, um geliebt zu werden. Mehr noch, seine Schuldgefühle, entstanden aus der väterlichen Verwöhnung, ließen nach, als der Analytiker offen seine Abneigung gegen den Patienten zugegeben hatte« (Hervorhebung von der Verf.) (Alexander, 1950, S. 408 und 409).

Anders als im ersten Fallbeispiel war hier die dem Patienten gezeigte emotionale Gegenübertragungs-Reaktion nicht Ausdruck reiflichen Überlegens und Planens, sondern die Pferde gingen sozusagen mit dem Analytiker durch. Der Patient bekam die spontane, ungefilterte Gegenübertragung als Antipathie direkt zu spüren. Erst im nachhinein wurde dem Analytiker klar, daß diese direkte Reaktion eines mit dem Sohn klar unzufriedenen Vaters durchaus angebracht gewesen war.

Wenn man wie in obigem Beispiel Glück hat, kann, so Alexander, eine derartige Spontan-Antwort auf den Patienten ins Schwarze treffen. Genausogut kann sie aber auch danebengehen. Alexander möchte daher keinesfalls ungefiltertem Zeigen und Aussprechen von Gegenübertragungs-Reaktionen das Wort als der Weisheit letzter Schluß geredet haben. Im Gegenteil, je stärker der Analytiker von der Freudschen Haltung wohlwollender Neutralität abweicht, je mehr er sich und seine Gegenübertragung mit in die Behandlung einbringt, desto genauer muß er sich überlegen, warum und mit welcher therapeutischer Absicht er dies tut. *Nur allzu oft braucht der Patient nämlich eine Haltung, die der spontan im Analytiker auftauchenden Gegenübertragungs-Antwort diametral entgegengesetzt ist, stellt doch die spontane Gegenübertragungs-Antwort häufig nichts anderes als die einstige Antwort der Eltern auf ihr Kind dar, die der Patient im Analytiker zu provozieren vermochte.*[2] Dazu Alexander:

> »Der Analytiker ist wie die Eltern geneigt, auf die Schmeicheleien des Patienten mit positiven Gefühlen, auf dessen Leiden hilfreich und mit Sympathie und auf dessen herausforderndes Verhalten mit Ressentiment zu reagieren; genau so also, wie es die Eltern taten. [...] *Entscheidend ist, daß im Rahmen der objektiven Atmosphäre der psychoanalytischen Situation genügend Möglichkeiten vorhanden sind, um die spontanen Reaktionen der Gegenübertragung gegen wohldefinierte und geplante Haltungen zu vertauschen, die die emotionelle Neuorientierung des Patienten erheblich erleichtern*« (Hervorhebung von der Verf.) (Alexander, 1950, S. 410).

Wie schätzte die Psychoanalyse diese neue Auffassung und Lehre ein? Was hielt man von dem Gedanken, daß der Therapeut vor allem anderen danach trachten müsse, ein Gegenbild der Eltern (zumindest ihrer pathogenen Züge) zu verkörpern, damit der Patient an ihm grundlegend neue

Erfahrung machen könne? Es kann und soll nicht verhehlt werden, daß das Zentralmassiv einmal mehr ein neues, sehr gründlich erarbeitetes Therapie-Konzept sofort in Grund und Boden verdammen mußte, weil darin althergebrachte Glaubensinhalte in Frage gestellt wurden. Ferenczi und Rank war es nicht besser ergangen. Kaum zu fassen, wie unnachgiebig und wie ideologiegebunden die Psychoanalytiker gerade mit den kreativsten unter ihren Mitgliedern verfuhren und immer noch verfahren! Es gibt in unserer Wissenschaft ominöse Worte und Namen, die auszusprechen sich nicht schickt, will man sich nicht als dumm blamieren oder als Nicht-Initiierter ausweisen. Zu diesen peinlichen Wörtern gehörte in den fünfziger Jahren (bei vielen auch noch heute) die »korrigierende emotionale Erfahrung«.

Die Blancks meinen, die Gruppe um Alexander habe es sich zumindest zu einem Teil selber zuzuschreiben, wenn ihre Theorie derart in Verruf geraten sei, da sie die Übertragungsbeziehung auch gar zu hemmungslos manipuliert hätten. So scheute man sich beispielsweise nicht, eine Analyse ohne weiteres für achtzehn Monate zu unterbrechen, wenn man den Eindruck hatte, ein Patient regrediere zu sehr und werde zu stark abhängig. In anderen Fällen wurde einfach die Stundenfrequenz reduziert, damit dem Patienten seine Abhängigkeit vom Analytiker endlich bewußt werden sollte. Vor lauter Stirnrunzeln über diese ja wirklich fragwürdigen Eingriffe, über diese »Manipulationen bedauerlichen Ausmaßes« (Blanck und Blanck, 1980, S. 117), habe man dann leider das Kind gleich mit dem Bade ausgeschüttet und über der »corrective« emotional experience« als ganzer den Stab gebrochen, obwohl sie ein besseres Los verdient hätte. Außerdem sei, so fahren die Blancks fort, in den fünfziger Jahren die Zeit für diesen neuen Gedanken einfach noch nicht reif gewesen:

»Dieser Punkt wurde 1946 von Alexander und French stärker betont, die erklärten, daß der Analytiker eine korrigierende emotionale Erfahrung bieten müsse. Das war ein Gedanke, dessen Zeit noch nicht gekommen war. Alexander und French verfügten noch nicht über die verfeinerte psychoanalytische Entwicklungspsychologie und konnten ihr Vorgehen daher nicht auf eine logische Grundlage stellen. Sie konnten nur eine interpersonelle Beziehung vorschlagen, die Manipulationen bedauerlichen Ausmaßes einschloß. Dieser Vorschlag mußte von Analytikern zurückgewiesen werden, die an der herrschenden Meinung festhielten, daß das intrapsychische Arrangement interpersonellen Eingriffen nicht zugänglich ist. So erwarb die korrigierende emotionelle Erfahrung als Terminus und Begriff einen schlechten Ruf. Das ereignete sich jedoch in einer anderen Zeit. Heute hingegen, wo wir mit einem Wissen ausgestattet sind, das damals nicht zur Verfügung stand, wird die Vorstellung des Analytikers als eines realen Objekts vielerorts überprüft.
Loewald (1960) beispielsweise glaubt nicht, daß die psychische Struktur für interpersonelle Erfahrungen undurchlässig sei. Er glaubt, daß ein Strukturwan-

del von der Beziehung zum Analytiker abhängt. So wird der Begriff einer korrigierenden oder reparierenden Erfahrung in einem neuen theoretischen Rahmen ernsthaft erörtert [...]« (Blanck und Blanck, 1980, S. 117 und 118).

Entsprechend hält auch Mertens fest, daß Alexanders starke Akzentuierung des gefühlsmäßigen Durchlebens einer grundsätzlich neuen Beziehungserfahrung »aus der modernen Psychoanalyse nicht mehr wegzudenken« sei (Mertens, 1992, S. 77). Von englischen Objektbeziehungs-Theoretikern wie Balint oder Winnicott beispielsweise sei das wieder aufgegriffen worden.

Und doch: Noch immer haftet der korrigierenden emotionalen Erfahrung für viele Analytiker der Geruch des Ominösen, »Unanalytischen« an, noch immer wird der Ausdruck gerne zur Diskreditierung eines psychoanalytischen Kollegen verwendet. Vielfach wird der Vorwurf erhoben, Alexander und Mitarbeiter hätten sich mit ihrem bewußten Einsatz spezifischer Gegenübertragungs-Haltungen zu einem gefährlichen, unechten Theaterspielen verleiten lassen. Stone beispielsweise, der denselben Vorwurf schon Ferenczi gegenüber erhoben hatte, zielt in diese Richtung. Mit einigen Sätzen von Alexander selber läßt sich dieses Argument ohne weiteres entkräften:

*»Man sollte in diesem Zusammenhang daran denken, daß die objektive, unbeteiligte Haltung des Psychoanalytikers selbst eine absichtlich eingenommene, einstudierte Haltung und nicht eine spontane Reaktion auf das Material des Patienten darstellt.* Es ist für den Analytiker nicht schwieriger, ein bestimmtes emotionelles Klima zu schaffen, zum Beispiel konstante Nachgiebigkeit oder eine strenge Haltung, je nach der erforderlichen dynamischen Situation« (Hervorhebung von der Verf.) (Alexander, 1950, S. 410).

Vor allem wurde Alexander übelgenommen, daß er die emotionale Erfahrung auf Kosten der Einsicht betonte und an der alleinseligmachenden Macht der Deutung zu zweifeln begann. Das erschütterte die psychoanalytische Identität der Orthodoxie in ihren Grundfesten so sehr, daß einmal mehr, nicht anders als dies schon Ferenczi und Rank erfahren mußten, Ausgrenzung und Bannnfluch die einzig mögliche Antwort schienen. Nichts gegen lebhafte, wissenschaftliche Auseinandersetzungen und prägnante Stellungnahmen, aber warum eigentlich besitzen ausgerechnet Psychoanalytiker so wenig an reifer Konfliktfähigkeit und Toleranz für Ambivalenz im Rahmen ihrer wissenschaftlichen Diskussionen, so fragt sich der Leser betroffen einmal mehr. Ein kleiner Trost: Heute kann die Psychoanalyse es sich nicht länger leisten, im alten, intoleranten Stil weiterzumachen. Der gemeinsame Grund ist zu bedroht und Integrationsleistungen werden zur Überlebensfrage. Jetzt heißt es zusammenstehn:

»Sehen manche Kritiker in der psychoanalytischen Bewegung eine scholastische Zunft von paramilitärischer Geschlossenheit, so sprechen die Tatsachen eher dafür, daß sich die Psychoanalyse [...] zu einem weitverzweigten Theoriengebäude entwickelt hat, so daß die Suche nach ihrem gemeinsamen Grund heutzutage auf ihren internationalen Kongressen zu einem zentralen Anliegen geworden ist« (Mertens, 1994, S. 95).

## 3. Karen HORNEY:
### Ihr Umgang mit den Patienten – ein Spiegel ihrer unbewußten Konflikte?

In der Einleitung zu ihrem 1939 erschienenen Buch »New Ways in Psychoanalysis« (Horney, 1939. Deutsche Fassung: Horney, 1977), einem Werk, das sie über Nacht weltbekannt machen sollte, schreibt die *Neoanalytikerin* Karen Horney, daß sie nun 15 Jahre lang ganz linientreu die Freudsche Psychoanalyse praktiziert habe und sich daher berechtigt glaube, Kritik an Freuds Konzepten zur Theorie und Technik zu üben. Im folgenden wird dann von Horney auch recht gründlich Bildersturm betrieben: *Die Libido-Theorie wird über Bord geworfen, der Ödipus-Komplex, der Wiederholungszwang, der primäre Penisneid. Der angeborene Zerstörungstrieb, die Übertragung, soweit sie auf dem Wiederholungszwang fußt.* Angesichts dieses Scherbenhaufens meinte Otto Fenichel, der Horneys Buch in der »Zeitschrift« besprach, daß das doch überhaupt keine Psychoanalyse mehr sei, was Horney da praktiziere (Rubins, 1980, S. 230).

Ein bestimmter in diesem Buch auftauchender Gedanke Horneys, der mit Gegenübertragung zu tun hat, soll hier – trotz Fenichels Behauptung, daß wir es gar nicht mehr mit eigentlicher Psychoanalyse zu tun hätten –, kurz referiert werden. Horney ist, mangelnde Linientreue hin oder her, im Feld der Gegenübertragungs-Forschung auf etwas wirklich Bedeutsames gestoßen. Sie war, wenn wir einmal von Freuds Receiver-Gleichnis absehen, die erste Analytikerin, welche den heuristischen Wert der Gegenübertragung ernstzunehmen begann. Horney fragte sich mit anderen Worten, ob unsere Gegenübertragung nicht vielleicht auch ein höchst aufschlußreicher Seismograph für Prozesse, die im Patienten ablaufen, sein könnte. Horney baute diesen neuen Gedanken zu ihrem eigenen Schaden zwar nicht weiter aus und beschränkte sich auf einen einzigen bedeutungsschweren Satz zum Thema. Aber sie tat diese für die Gegenübertragungs-Theorie fundamental wichtige Äußerung immerhin schon 1939, also ganze elf Jahre vor Paula Heimann, die ja gemeinhin als die eigentliche Entdeckerin des heuristischen Wertes der Gegenübertragung gefeiert wird. Und eben darum hat dieser eine Satz ein großes Gewicht für uns.

Besagte Textstelle, die ich im folgenden wörtlich zitieren will, steht im Kontext einer Attacke zu lesen, die Horney gegen das Freudsche Spiegel-Ideal reitet. Dieses Ideal sei, so schreibt sie, darum gründlich zu verwerfen, weil es die Analytiker zu »gespreiztem, uninteressiertem und herrischem Betragen« (Horney, 1977, S. 135) verführe, und weil es außerdem schuld daran sei, daß die Analytiker eine phobische Einstellung gegenüber ihrer Gegenübertragung entwickelt hätten (ein Vorwurf, der auch später in der Gegenübertragungs-Theorie, nicht zuletzt bei Heimann, wieder auftauchen sollte). Die Vorstellung, sie hätten ein reiner Spiegel zu sein, habe bei vielen Analytikern dazu geführt, daß sie ihre gefühlshaften Reaktionen auf Patienten verleugnet hätten. Viel sinnvoller wäre es doch, würde man solche emotionalen Abläufe beim Analytiker daraufhin untersuchen, ob sie nicht vom Patienten provoziert und insofern äußerst aufschlußreich für den therapeutischen Prozeß sein könnten:

> »Auf die Wünsche eines Patienten, ihn um Geld zu betrügen, seine Bemühungen zunichte zu machen, ihn zu demütigen und herauszufordern, wird er wahrscheinlich durchaus reagieren, besonders, solange diese Neigungen des Patienten in verkleideter Form auftreten und nicht klar erkennbar sind. *Es wäre für den Analytiker besser, sich einzugestehen, daß er darauf reagiert, und wenn er diese Reaktionen in zweifacher Weise ausnützte, indem er sich fragt, ob seine Reaktionen nicht genau das sind, was der Patient erreichen wollte – wodurch sich manche Anhaltspunkte für den in Gang befindlichen Prozeß ergeben –,* und indem er sie als Mahnung auffaßt, sich über sich selbst klarer zu werden« (Hervorhebung von der Verf.) (Horney, 1977, S. 135).

Horneys übrige Äußerungen zum Umgang mit dem Patienten muten allerdings eher befremdend an, und ich werde nicht deshalb darauf eingehen, weil sie die Gegenübertragungs-Theorie weitergebracht hätten, sondern weil sie, so meine These, zeigen, wie ungelöste, unbewußte Konflikte bei einem Analytiker seine Gegenübertragung und damit auch seine Theorie und seinen gesamten Behandlungsstil prägen können. Mir scheint, daß Horney vielfach große Schwierigkeiten hatte, ein Gegenüber nicht so rasch wie möglich »auf den rechten Weg« geleiten zu müssen. Hinter dieser »erzieherischen« Gegenübertragung, um sie einmal so zu nennen, könnte sich immerhin einiges an unbewältigten Schwierigkeiten seitens der Analytikerin verbergen, so sagte ich mir mehr als einmal, während ich Horney las. Dieser Spur ging ich nach.

Welche Gegenübertragungs-Einstellungen, welche Art des Umgangs mit dem Patienten hält Horney für optimal? Als besonders wichtig sieht sie zum einen eine Grundhaltung *aktiv leitender Führung* beim Analytiker an. Damit schwört sie ausdrücklich der von Freud vorgeschlagenen Passivität ab. Sei man als Therapeut so passiv, wie Freud dies verlangt habe, verliere man viel zu viel Zeit, weil der Patient dann nämlich jeden möglichen und unmöglichen Weg einschlagen könne, nicht anders als ein steuerloses Schiff. Da gilt es nach Meinung dieser Autorin Abhilfe zu schaffen. Man steuere also die Assoziationen eines Patienten ganz ohne falsche Scheu und rate bedenkenlos zu einem anderen Weg, sollte er sich in eine Sackgasse hineinverirrt haben (Horney, 1977, S. 235). Den vor solch direktivem und bevormundendem Gebaren zurückschreckenden Analytiker glaubt Horney damit beruhigen zu können, daß sie ihm sagt, er gewinne auf jeden Fall Zeit, selbst wenn er den Patienten einmal in eine falsche Richtung gedrängt haben sollte. Lasse man Patienten ihren Weg selber finden, sei der Zeitverlust ungleich größer. Bereits hier erweist sich Horney als sehr ungeduldige und omnipotente Frau, die dem Analysanden erschreckend wenig an Respekt entgegenbringt, indem sie ihm jegliche Kompetenz abspricht und ihn gewissermaßen zum »dummen Schüler« macht. Aber damit hat es sich noch nicht.

Als zweites Ingrediens einer optimalen Gegenübertragung benötigt der Analytiker bei Horney *eine rechte Portion Freude an moralpädagogischem Drängen und Druckausüben.* Er muß sich zum Beispiel offen dazu bekennen, daß ihm sehr daran liegt, daß sich sein Patient wandle (Horney, 1977, S. 239). Er sollte keinerlei Hemmungen an den Tag legen, wenn es darum geht, dem Patienten eigene, für gut und richtig empfundene Werte aufzupfropfen. Als Analytiker weiß man es in diesem Universum offensichtlich einiges besser als das inferiore Wesen mit Namen Neurotiker, das zwar, wie Horney einräumt, nichts dafür kann, daß es so »träge, verlogen, habsüchtig und eingebildet« ist wie es ist (Horney, 1977, S. 247), bei dem sich aber dennoch das Vorhandensein »ungünstiger Tendenzen« (Horney, 1977, S. 248) nachweisen läßt. So viel moralische Haltlosigkeit muß auf kristallklare Wertvorstellungen treffen, soll sie sich wandeln können.

Ich meine, daß meine anfängliche These von Horneys ungelösten, unbewußten Konflikten, die ihre Theorie und ihren Behandlungsstil immer wieder prägten, spätestens hier belegt ist: *Wenn ein Analytiker seine Patienten in toto als träge, verlogen, habsüchtig und eingebildet bezeichnet und ihnen dauernd die eigene moralische Überlegenheit demonstrieren muß, dann stimmt etwas bei diesem Analytiker nicht. Das ist die Sprache von Richtern, die Sprache der Nicht-Identifiziertheit und des Über-Ich, aber niemals die Sprache der Einfühlung, des Verstehens, der Empathie.* Wenn wir verstehen, dann bezeichnen wir ein Gegenüber nicht als »eingebildet«, so eingebildet es auch wirken mag. Wenn wir verstehen, dann sehen wir die Ursachen oder zumindest *auch die Ursachen* und nicht bloß das Störende an einem Verhalten. Horney aber gefällt sich auffallend darin, Patienten als Menschengruppe insgesamt zu diffamieren, sich selber aber als Vorbild anzupreisen. Lesen wir weiter, was Horney denn sonst noch so vom Neurotiker weiß.

Neurotiker zeichnen sich aus durch eine Vorliebe für »moralische Vorwände, schmarotzerhafte Wünsche, Machtgelüste etc.« (Horney, 1977, S. 245). Als Analytiker sollte man sich daher nicht scheuen, diesen verlogenen, machthungrigen Schmarotzern im Behandlungszimmer klar zu machen, daß man solche »Haltungen als Negativwerte« (Horney, 1977, S. 245) ansieht. Des Analytikers Wissen um die Ursache seelischer Leiden darf ihn nie vergessen lassen, daß Neurosen »moralische Probleme in sich bergen« (Horney, 1977, S. 247) – und die Moral gehört nun mal mit zu der Geschicht'. Der Neurotiker ist »unaufrichtig, anmaßend, feige, egozentrisch« (Horney, 1977, S. 247) und außerdem »ein aufgeblasener Ballon, eine Marionette, ein Erfolgsjäger, ein blinder Passagier« (Horney, 1977, S. 248) –, und man darf ihm das Wissen nicht ersparen, daß er so eine Mißgeburt ist.

Freud, der 1905 geschrieben hatte, »Ich stehe auf dem Standpunkt, daß die Neurose ihren Träger keineswegs zum *dégénéré* stempelt [...] (Freud, 1975, S. 115), sagte über Horney kurz und bündig dies: »*Sie ist fähig, aber böswillig-gemein*« (Freud, bei Cremerius, 1981, S. 127). Nach Lektüre der obigen Textstellen verwundert dieses harte Urteil nicht. Der Eindruck einer manchmal schockierenden Lieblosigkeit Horneys im Umgang mit ihren Patienten, von ständiger Arroganz und chronischem Dominieren-Müssen, bestätigt sich einem auch, wenn man Jack Rubins' Horney-Biographie gelesen hat.[3] Unter den 300 Bekannten, Kollegen, Patienten und Verwandten Horneys, die Rubins interviewt hat, finden sich auffallend viele kritische Stimmen. Da lesen wir, wie sich Franz Alexander *über den »polemischen Eifer«* (Rubins, 1980, S. 181), Blitzsten über Horneys »Bedürfnis zu dominieren« (Rubins, 1980, S. 184 und 185), wie sich ein dritter Kollege über ihr enormes Bedürfnis nach »Führerschaft, Domination und Prestige« und ihr ganzes Gehabe ähnlich einer »Brunhilde« (Rubins, 1980, S. 188) ärgerten. Immer eckt sie an und bekommt sie Streit, so rechthaberisch ist sie. Das geht so weit – angenommen, die folgende Passage bei Rubins stimmt wirklich –, daß sie vor einem Patienten (einem Ausbildungskandidaten) gar zu lügen anfängt, damit sie ja nicht klein beigeben muß:

> »Ein ehemaliger Student erinnert sich daran, daß er einmal um acht Uhr morgens vor ihrer Tür stand. Er versuchte mehrmals, sie zu öffnen; sie war verschlossen. Er läutete mehrere Male und hörte, während er wartete, daß leise der Riegel zurückgeschoben wurde. Augenblicke später öffnete sich schließlich die Tür. Sie beschuldigte ihn zornig, geklingelt zu haben, obwohl die Tür offen war. Sie arbeitete mehrere Stunden an seiner Zaghaftigkeit und Hemmung. Seine Beteuerungen, daß die Tür wirklich verschlossen war, wurden beiseite geschoben. Dies war ein Beispiel für ihre Schwierigkeit, sich vorzustellen, geschweige denn zuzugeben – daß sie im Unrecht sein könnte, zumindest vor einem analytischen Patienten« (Rubins, 1980, S. 278).

Selbst wenn sich der Student getäuscht haben sollte, die Tür also wirklich offen war und vielleicht nur ein wenig klemmte und das Geräusch vom zurückgeschobenen Riegel irgendein anderes Geräusch war, ist es noch mehr als merkwürdig, daß Horney ihn zornig anfuhr, bloß weil er geklingelt hatte. An der »Brunhilde« scheint was dran zu sein.

Ein anderes Beispiel für Horneys Stil, mit anderen umzugehen: Wenn ihre jüngste Tochter auf einem anstrengenden Spaziergang nicht mehr weiter kann und zu weinen beginnt, weil ihre kurzen Beine nicht mehr mittun, reicht es nicht, daß die älteren Schwestern das Kind mit einem Spottgesang verhöhnen, nein, dann muß auch noch Mutter Horney kommen und das verzweifelte Weinen des Kindes ins Lächerliche ziehen, indem sie es imitiert:

> »Während des Sommers 1921 machte die Familie zum erstenmal Ferien in den Bergen, und zwar in Berchtesgaden. Hier fand Karen den höchsten Ausdruck ihrer Liebe zu Natur und Freiheit. [...] Die Kinder erinnern sich an lange Märsche durch die Felder, die Berge hinauf und entlang den Felsen, auch wenn die kleine Renate nicht Schritt halten konnte und gezogen werden mußte. Einmal, als sie eine weinerliche Periode hatte, sangen Biggi und Jane ein Lied, um sie aufzuziehen:
> 
> ›Das Märzschaf mät
> Die Naci schreit
> Wir sind voll Lust
> und Heiterkeit.‹
> 
> Aber der Spott machte alles nur noch schlimmer. Das Weinen hörte schließlich auf, als Karen – und dann der Rest der Familie – sie laut imitierte und ihr deutlich machte, wie albern es klang« (Rubins, 1980, S. 94).

»Selbstmitleid« wurde solche Verzweiflung verächtlich von dieser Mutter genannt und entsprechend mit einem Bannfluch belegt. »Unabhängigkeit« dagegen rangierte ganz oben auf der Liste der »günstigen Tendenzen«, genauso wie »Furchtlosigkeit« und »Zähigkeit« (vgl. Rubins; 1980, S. 94).

Nach der Lektüre von Rubins' Buch habe ich mir alle jene Stellen, die ich mit einem Ausrufezeichen versehen hatte und bei denen ich mich über Horneys Mangel an Feinfühligkeit gewundert hatte, noch einmal angesehen und versucht, sie nach möglichen unbewußten Konfliktherden zu gliedern. Ich bin mir natürlich über die Fragwürdigkeit einer solchen Diagnose in absentia völlig im klaren, gebe gerne zu, daß ich mich ganz auf spekulativem Glatteis bewege, aber ich will es dennoch versuchen, auf die Gefahr hin, daß man auch mich anmaßend finden wird.

Ich meine, daß die eigene Neurose, oder zumindest Relikte davon, Horney in dreierlei Hinsicht zur Falle geworden sind, daß es da drei recht brisante, anscheinend nicht besonders bewußte Konfliktherde gab, die Horneys Theorie wie auch ihren Umgang mit anderen, mit Kollegen, Kindern und Patienten, immer wieder färbten. Diese drei Bereiche waren bei Horney: ihr Neid auf den Bruder, ihre panische Angst vor Abhängigkeit und drittens das zu wenig bearbeitete, starre, lieblose Über-Ich, dem sie zu entkommen suchte, indem sie andere »in die Zange« nahm.

Zumindest was den ersten von mir vermuteten Konfliktherd, den Neid auf den Bruder, angeht, wird man mir kaum diagnostische Scharlatanerie vorwerfen können, denn auch Freud fiel er anscheinend auf, wenn er auch den Terminus des »Penisneids« vorzog. Karen Horney, deren Schriften stark darum bemüht sind, gewisse Aspekte des Penisneids zu widerlegen, galt es, so jedenfalls vermutet ihr Biograph Rubins, wenn Freud 1938 folgendes schrieb:

> »So wird man sich nicht wundern, wenn eine Analytikerin, die von der Intensität ihres eigenen Peniswunsches nicht genügend überzeugt worden ist, dies Moment auch bei ihren Patienten nicht genügend würdigt« (Freud, bei Rubins, 1980, S. 144).

Ob man nun zu den Anhängern oder Gegnern des Konzeptes vom Penisneid zählt, außer Zweifel steht, daß Horney ihren Bruder glühend beneidete und die eigene Weiblichkeit mißachtete. Horney konnte keine Freude daran haben, daß sie eine Frau war. Sie fühlte sich als Kind nie hübsch, was sich auch in ihrem Erwachsenenleben nicht ändern sollte. Sie zeigte sich nur in unmodischen, schmucklosen, handgewebten Kleidern, die ihren voll entwickelten Frauenkörper verbargen. Die ganze Kindheit über hatte sie mit dem jüngeren Bruder Bernd rivalisiert, weil sie den Eindruck hatte, die Mutter ziehe ihn ihr vor. Dieser tiefe Neid auf den Bruder wurde in Horneys zwei Analysen offensichtlich nicht genügend durchgearbeitet. Das Rivalisieren mit den Männern durchzieht Horneys Leben wie ein roter Faden. Sie versucht zwar ständig gegenzusteuern, indem sie sich vordergründig als besonders friedliebende Person ausgibt, aber der unbewußte Neid und die abgewehrte Wut schlagen immer wieder durch. Alexander, als dessen Assistentin Horney von 1932 bis 1934 am Chicagoer Institut arbeitet, muß sich besonders über ihre Unfähigkeit, sich mit einer untergeordneten Stellung zu begnügen, ärgern: Gewissermaßen aus Prinzip stellt sie sich allen seinen Vorschlägen entgegen. Es verwundert nicht, daß auch Horneys Ehe scheitern mußte, was dann 1927 von Horney in einer Schrift mit dem Titel »Psychische Eignung und Nichteignung zur Ehe« als zeittypisches Phänomen rationalisiert wurde:

»Wie viele zivilisierte Menschen sind geeignet für die Ehe? [...] *Der Männlichkeitskomplex bei Frauen* und die entsprechende Unsicherheit bei Männern sind sicherlich *typische Manifestationen der Kultur*, zumindest in den Kreisen der gebildeten Schichten. *Der Schluß kann nicht zurückgewiesen werden, daß der zivilisierte Mensch von heute nur eine bedingte Eignung für die Ehe besitzt.* Der tatsächliche Verlauf der meisten Ehen läßt den Schluß richtig erscheinen. Wir müssen auch an die Schwierigkeiten denken, die aus der Unabhängigkeit der Frauen in der heutigen Ehe erwachsen sind. Selbst bei Einschränkungen der Fähigkeit zu lieben, ist noch eine Partnerschaft möglich, wenn der Partner sich an diese Einschränkungen anpaßt. Doch diese Möglichkeit, die früher, als die Frau noch abhängig war, stärker gegeben war, nimmt in wachsendem Maß ab, *da die Frau jetzt ebenfalls ihre Wünsche und Forderungen anmeldet«* (Hervorhebungen von der Verf.) (Horney, bei Rubins, 1980, S. 98).

Wir dürfen mit Sicherheit annehmen, daß ein so massiver unbewußter Konfliktherd, wie Horneys Neid auf Bernd es war, tiefe Spuren in der Gegenübertragung der Analytikerin Horney hinterlassen hat, zumal er so plump als rein kulturgeschichtliches Phänomen abgewehrt wurde. Die Entwertungstendenzen im Hinblick auf den »aufgeblasenen Ballon« Neurotiker könnten damit zusammenhängen. Leider steht mir nicht genügend Material aus Horneys praktischer Arbeit zur Verfügung, daß ich diese Behauptung exakter belegen könnte. Aber wenn sich diese ganze Problematik rund um den Neid auf Bernd in Horneys Schriften zur Theorie so deutlich abbilden konnte, wieso soll die Infektion nicht auch auf die praktische Arbeit übergegriffen haben? Horney, die voll Haß und Neid auf ihren Bruder war, machte immerhin eine *tiefe Depression mit anschließendem Suizidversuch* durch (Rubins, 1980, S. 95), nachdem Bernd gestorben war. Es kann gar nicht anders gewesen sein, als daß diese zu wenig verstandene Problematik auch auf Horneys Analysen abfärbte.

Der zweite von mir ausgemachte Konfliktherd, Horneys Angst vor Abhängigkeit, findet seinen Niederschlag in Szenen wie der oben geschilderten, vom Spaziergang mit der kleinen Renate. Gemäß der von mir vermuteten Furcht Horneys vor Autonomieverlust und Sturz in den zutiefst gefürchteten Zustand von Abhängigkeit, Passivität, Hilflosigkeit und Traurigkeit ist es ihr auch unerträglich, wenn andere in diesen Zustand geraten und so hilflos und verzweifelt weinen, wie beispielsweise die kleine Tochter auf dem Spaziergang. Horneys unruhiger, den Patienten drängender Therapiestil weist in dieselbe Richtung, nicht anders als die Ideale, die sie ihren Patienten so forciert zu vermitteln suchte: Furchtlosigkeit, Zähigkeit, Abwesenheit von Selbstmitleid und Unabhängigkeit (es gibt bekanntlich auch ein neurotisches Unabhängigkeits-Ideal!). Man kann sich schlecht vorstellen, daß es in Horneys Behandlungen die Möglichkeit zu regressivem Anlehnen, zu ausgiebigem Trauern, zum Aussprechen tiefer Angst- und Hilflosigkeitsgefühle gab. Sie bestimmte, welches die richtige Richtung, was aber eine therapeutische »Sackgasse« war. Wie nur soll man bei einem Therapeuten, dessen Angst, Zeit zu verlieren und die Kontrolle aus der Hand zu geben, so ausgeprägt ist, in Ruhe regredieren können? Die Angst vor Zeitverlust scheint mir geradezu das Symptom oder der Ausdruck dafür zu sein, daß jemand das passive Geschehenlassen wie den Leibhaftigen fürchtet.

Einen weiteren Hinweis auf ein mögliches Vorhandensein eines Autonomie-Konflikts bei Horney erhalten wir in ihrem Aufsatz aus dem Jahre 1929 mit dem Titel »Das Mißtrauen zwischen den Geschlechtern«. Hier wird genau jene Furcht vor Selbst- und Grenzverlust beschrieben, welche ich Horney selber unterstelle. Bei Rubins lesen wir, daß Horney besagtes »Mißtrauen zwischen den Geschlechtern« folgendermaßen begründet habe:

> »Eine Ursache war ihrer Meinung nach die Intensität von undeutlich gefühlten Emotionen, die *Leidenschaft und Ekstase, in die die liebende Person verfällt. Da diese Gefühle mit ihren Implikationen von Grenzenlosigkeit und Selbstverlust so erschreckend sind, wird die Person vorsichtig und reserviert*« (Hervorhebung von der Verf.) (Rubins, 1980, S. 164).

Genau solche *defensive Reserviertheit* wird nun aber Horney selber von zahllosen Kollegen, Bekannten und Patienten im Rubins-Buch immer wieder attestiert. Eine Schwierigkeit, sich gehen zu lassen, muß bei Horney sehr ausgeprägt gewesen sein. Außerdem beklagen Freunde reihenweise, daß sie sie plötzlich habe fallen lassen, was man ohne weiteres mit Horneys Angst, eine enge, als verschlingend erlebte Beziehung einzugehen, erklären kann (vgl. Rubins, 1980, S. 10, 142, 172, 194, 252, 265, 311). In dieselbe Richtung weist auch der Umstand, daß Horney sich jedesmal heftig und beinahe beleidigt wehrte, wenn sie auf ihre sanfteren, weicheren Seiten hin angesprochen wurde (Rubins, 1980, S. 315). Es ist nicht von der Hand zu weisen: Hingabe war für Horney mit großer Wahrscheinlichkeit gleichbedeutend mit dem Verlust aller Abgrenzungsmöglichkeiten. Dazu paßt, daß Abraham berichtet, Horney habe in ihrer ersten Analyse bei ihm (die zweite absolvierte sie bei Hanns Sachs) vor allem anderen um Ablösung von einer als übermächtig erlebten Mutterfigur gekämpft (vgl. Rubins, 1980).

Ich möchte nicht, daß hier der Eindruck entsteht, Analytiker hätten meiner Auffassung nach kein Recht auf eigene Konflikte. Nichts steht mir ferner, als das überholte Perfektions-Ideal, das Bild vom Analytiker als neurosefreiem Übermenschen wieder aus der Mottenkiste hervorzuholen. *Mit Ella Sharpe* (Teil II, 4.) *bin ich überzeugt, daß die Fähigkeit des Analytikers zu leiden und innerlich um neue Lösungen zu ringen, ihn erst zum guten Analytiker macht*, weil er sich dann mit seinem Patienten auf ein- und derselben Ebene befindet und weiß, wovon er spricht. Aber – und diese Minimalvoraussetzung sehe ich bei Horney nicht erfüllt –, der Analytiker sollte sich über seine noch immer schwärenden Konfliktherde einigermaßen im klaren sein und sie sollten nach Möglichkeit seine eigene Angelegenheit bleiben. Horney dagegen mißbrauchte – ohne jedes Gespür für ihre dauernden Übergriffe – ihre Patienten dazu, sich von ihren eigenen Konflikten zu entlasten, so scheint es; weil sie Angst hatte vor Abhängigkeit, verlangte sie ihren Patienten dauernd Zähigkeit, Furchtlosigkeit und Unabhängigkeit ab; weil sie schlecht weinen konnte, wertete sie Tränen abschätzig als »Selbstmitleid«; weil sie sich selber nicht anlehnen konnte, wurde Patienten »Schmarotzertum« unterstellt. Das ist es, wogegen ich mich wende.

Der dritte von mir bei Horney vermutete Problembereich, der ihre Fähigkeit, Patienten wirklich »zuzuhören«[4], immer wieder trübte, waren die übermäßig rigiden Moralvorstellungen dieser Frau, die sie wiederum dauernd in ihre Behandlungen einfließen ließ. Mit der stark religiös gefärbten Erziehung bei einem fanatisch protestantischen, ständig die Bibel zitierenden Vater und mit dem Besuch der Klosterschule allein (vgl. Rubins, 1980) kann ich mir diese Freude am Bekehren und »Bessern« von Patienten nicht erklären. Andere, gleichfalls religiös erzogene Analytiker waren später in ihrem Beruf dennoch zu mehr Zurückhaltung und Wertfreiheit imstande. Wie also kam Horney zu ihrem »heiligen Feuer«?

Ella Sharpe, mit der ich mich im folgenden Kapitel befassen will, hält in einer Arbeit aus dem Jahre 1947 eine Antwort auf diese Frage bereit, wenn sie damit auch nicht Horney selber meint. Nach Sharpe kommt es in der Gegenübertragung des Analytikers dann zu einem so ausgeprägten Bedürfnis, seine Patienten zu bessern, wenn er in ihnen eigentlich sein eigenes als schlecht und reformbedürftig gewertetes Selbst sieht. In diesem Falle sei der Analytiker aber einfach nicht genügend gut analysiert. Sharpe berichtet uns zur Veranschaulichung des Gesagten von einem jungen Arzt, der als sturer, einzig an Disziplin interessierter Prinzipienreiter bekannt war und von seinen Patienten als von einem »Haufen ungezogener Kinder« redete, der die Hälfte der Zeit über nicht wisse, wie man sich zu benehmen habe und dem man dies erst beibringen müsse. Dieser Arzt, so erklärt Sharpe, hatte im Grunde genommen große Angst vor seiner eigenen infantilen Aggression und sah in seinen Patienten gewissermaßen Stellvertreter für sein eigenes inneres »ungezogenes Kind«. Außerdem sollte dem unbewußten Groll gegen die Mutterfigur ein Ventil geschaffen werden, und entsprechend kam es dann zu diesem gestrengen, aggressiven »Erziehen« von Patienten als wehrlosen Schwächeren (Sharpe, 1947, S. 4). Paßt das nicht alles auch auf Horney? Ich jedenfalls werde den Verdacht nicht los.

Wen wundert es, daß es gerade Karen Horney war, eine Frau, die noch so manchen schweren und stark abgewehrten Konflikt aus ihrer Kindheit mit sich schleppte, der wir den Vorschlag verdanken, man solle die Konzepte von Übertragung und Gegenübertragung »von dem theoretischen Beiwerk des Wiederholungszwanges« (Horney, 1977, S. 137) befreien und damit also ahistorisch denken? *Das Hier und Jetzt allein*, nicht mehr seine durchgängige Abhängigkeit vom Einst – bloß darauf komme es an, so steht bei Horney zu lesen. Ein untauglicher Versuch, sich von alten Ketten zu befreien, sollte man meinen!

### 4. Ella SHARPE:
### Dem Analytiker als immer nur ausgeglichenem Übermenschen wird der Garaus gemacht. Wichtig ist einzig der Grad seiner Bewußtheit

Wie eine Antwort auf Horney lesen sich die Schriften der Ella Sharpe: In ihnen weht die Luft der Freiheit, der Menschlichkeit und der Toleranz. Hier findet sich keine einzige Textstelle, bei der man den Respekt vor dem

Patienten vermissen würde, es wird im Gegenteil immer wieder dazu aufgerufen, den Patienten, seine Freiheit und Autonomie so weit wie nur irgend möglich zu achten. Hielt Horney viel vom Führen, so glaubt Sharpe an den Wert des Geschehenlassens, mußte Horney ihren Patienten dauernd ihre Wertvorstellungen aufdrängen, so warnt Sharpe gerade davor, daß wir Patienten auf diese Weise vergewaltigen. Niemals dürfen wir uns feste Ziele für eine Behandlung vornehmen und den Patienten »normal« machen wollen. Unsere Aufgabe ist einzig die, die Angst des Patienten zu lindern, so daß er in die Lage versetzt wird, den Weg, der wirklich zu ihm paßt, zu gehen. Zur Veranschaulichung dieser – verglichen mit Horney – so ganz anderen Denkweise, dieses so viel liberaleren, von mehr Respekt geprägten Umgangs mit dem Patienten sei mit dem folgenden Zitat von Sharpe der Anfang gemacht:

»Der Mensch auf der Couch hat seine eigenen Probleme, und es steht uns nicht zu, uns irgendein Resultat der Analyse vorzustellen, das unseren Wert- und Wunschvorstellungen entspricht. Ich würde hier das Gewissen des Analytikers hinsichtlich des Gebrauchs des Wortes ›normal‹ erforschen. Hoffen wir, daß unser Patient als ›normaler‹ Mensch aus der Analyse hervorgeht, oder hoffen wir, daß der Patient durch die Analyse der Widerstände zum Zweck der Beseitigung seiner Angst in die Lage versetzt wird, seine Möglichkeiten selbst zu entfalten? [...] Erst wenn wir das Unbekannte ertragen können und nicht auf ›Sicherheiten‹ pochen, werden wir den Patienten sich selbst überlassen können« (Sharpe, bei Blanck und Blanck, 1981, S. 203 und 204).

Es mag auf den ersten Blick paradox wirken, wenn man nun hört, daß bei Sharpe nicht nur der Patient, sondern genauso der Analytiker ein Mehr an Freiheit und Bewegungsraum zugestanden erhält. Respekt vor des Patienten Autonomie verlangte bis dahin extreme Selbstkontrolle und die »Niederhaltung der Gegenübertragung« (vgl. Freud, 1975) beim Analytiker. Genau dieses Axiom wird nun aber von Sharpe in Frage gestellt. Man kann, so lehrt sie, als Analytiker sehr wohl lebhaft fühlen, sogar neurotisch sein, Konflikte haben, auf den Patienten Übertragungen vornehmen und dennoch ein guter Analytiker sein. Die Autonomie des Patienten kann trotz alledem gewahrt bleiben, der therapeutische Prozeß muß durch das Menschlich-Allzumenschliche seitens des Analytikers keineswegs gestört werden. Mit diesen Behauptungen, die ich im folgenden näher ausführen will, hat Sharpe ganz wesentlich zu einer angstfreieren Einstellung zur Gegenübertragung beigetragen. Originellen, liebesfähigen und emanzipierten Analytikern wie ihr ist es zu verdanken, daß die Revolution zu Beginn der fünfziger Jahre möglich wurde.

Nach Ansicht von Sharpe ist Gegenübertragung ein allgegenwärtiges Phänomen, dem man, eben weil es ständig und überall in Behandlungen da ist, nicht einfach mit dem Prinzip »Niederhaltung« begegnen kann. Wer glaubt, es sei ihm gelungen, frei von Gegenübertragung zu sein, der macht sich etwas vor. In einem Aufsatz aus dem Jahre 1947 lesen wir bei Sharpe dies:

»We deceive ourselves if we think we have no countertransference. It is nature that matters« (Sharpe, 1950, S. 117).

Nicht das möglichst geringe Ausmaß von Gegenübertragungs-Emotionen, das ein Analytiker erlebt, sagt daher etwas über seine Qualität als Behandler aus, sondern einzig der Grad der Bewußtheit, den er dem unablässigen Anbranden seiner Gegenübertragungs-Wogen gegenüber zu erreichen vermag. Nicht mehr die »Perfektheit«, sprich Affektlosigkeit und Konfliktfreiheit sind das Ziel, sondern nur noch die minutiöse Kenntnis des eigenen Affektlebens und der eigenen Konflikte.

Damit schlägt Sharpe ganz andere Töne an, als wir sie von den Pionieren her gewohnt sind. Der Ferenczi der Frühzeit (der noch nicht für vogelfrei erklärte also) äußerte 1918 beispielsweise ängstlich und angepaßt und meilenweit entfernt von seinen späteren Auffassungen, daß sich ein Analytiker nicht einmal im geheimen seinen Affekten voll hingeben dürfe, denn, wer beherrscht sei von Affekten, der leiste automatisch schlechte analytische Arbeit (Ferenczi, 1964, S. 50). *Freud verlangte entsprechend, daß ein Analytiker ein »höheres Maß von seelischer Normalität und Korrektheit« als üblich besitzen müsse, daß er »eine gewisse Überlegenheit« benötige, um als »Vorbild« und »Lehrer« wirken zu können* (Freud, 1975, S. 387). Äußerungen wie die eben zitierten und auch die andern vom Analytiker als einem affektfreien Chirurgen waren die unselige Ursache dafür gewesen, daß viel zu viele Analytiker eine eigentlich phobische Einstellung zu ihren Gegenübertragungs-Reaktionen entwickelt hatten. Damit aber verloren sie definitiv den Zugang zu einem der wesentlichsten therapeutischen Instrumente. Man hatte »normaler« als der Durchschnitt zu sein, folglich also auch milder, ausgeglichener, abgeklärter in seiner Antwort auf den Patienten.[5] Das aber war der Anfang des Selbstbetrugs und damit der tauben Ohren für das, was wirklich lief zwischen dem Patienten und seinem Analytiker.

Mit solchen insgeheim eingeschmuggelten Perfektions- und Allmachtsvorstellungen räumt Sharpe gründlich auf. 1930 lesen wir in einer von sieben Vorlesungen zur Technik bei Sharpe, daß der Analytiker ein

Mensch wie jeder andere sei, der sich nicht zu fürchten brauche, wenn er in einer Behandlung dann und wann von Affekten überfallen werde. Wichtig und unerläßlich sei es für den Analytiker nur, sich Klarheit über all das zu verschaffen, was er da fühle. Durch das Gewahrwerden eines in uns ablaufenden Gefühls und durch das Wissen darüber, warum wir gerade so erleben müssen, sind wir nach Sharpe automatisch vor einem Ausagieren eben dieses Gefühls gefeit. *Das bewußte Wahrnehmen und gleichzeitige Verstehen unserer Gegenübertragung bedeutet also für Sharpe im selben Atemzug auch schon das Beherrschen dieser Antwort auf den Patienten.* Ich zitiere aus der oben erwähnten Vorlesung:

»A patient whose life-long reactions have been obstinacy, querulousness, hostilitiy, will not respond for a long time with any other type of affect. *We are human. If we know we are acting, if we are fully conscious of the reasons why one or another type of reaction a patient displays causes us discomfort, then we are saved from any kind of actual response by this very awareness*« (Hervorhebung von der Verf.) (Sharpe, 1950, S. 58).

Mit diesem neuen Gedanken wird die Gegenübertragung aus der Zwangsjacke befreit, in die sie die Pioniere gesteckt hatten. Bewußtes Bemühen um Selbstkontrolle und Affektfreiheit ist dort tatsächlich gar nicht mehr notwendig, wo wir begriffen, bewußt erkannt und verstanden haben: gewissermaßen automatisch kommt dann jener »innere Wächter« zum Zug, von dem Ferenczi geschrieben hatte. Das verstehende Ich hat die galoppierenden Pferde unter Kontrolle gebracht! Das blinde Ausagieren gestattet dem Analytiker sein Ich nur dann, wenn er seine Rechte nicht wissen läßt, was seine Linke tut!

So viel Sharpe dem Ich des Therapeuten zutraut, wenn es der Gegenübertragung Auge in Auge gegenübersteht, so wenig traut sie ihm allerdings umgekehrt zu, wenn der Gegner im Dunkel auf sein Opfer, den Patienten, lauert. *Vor jeder Form von unbewußter Gegenübertragung, selbst vor einer positiv gefärbten, warnt sie daher inständig.* Hat man es also als Analytiker mit einer emotionalen Situation zu tun, in der keine Klarheit herrscht, die man geistig nicht restlos durchdrungen hat, kann man sich keineswegs mehr auf das Wirken seines inneren Wächters verlassen. Dann gibt es nur eins: man muß äußerste Vorsicht walten lassen und dem Patienten so zurückhaltend wie nur möglich begegnen. *Das bewußte Bemühen um die Rolle des sachlichen Chirurgen ist angesichts einer konfusen Situation die einzig richtige Haltung*! Hat man zum Beispiel von seinem Patienten geträumt, ohne den Traum bis ins letzte Detail verstanden zu haben, dann ist die distanziert vorsichtige tatsächlich die einzig richtige Haltung im Umgang mit den eigenen Emotionen und dem Patienten. Am besten enthält man sich dann so lange aller Deutungen, bis man ganz genau verstanden hat, welche Wünsche und Konflikte einen im Zusammenhang mit dem Patienten beherrschen (Sharpe, 1950, S. 58). Erst dann darf der Analytiker wieder damit beginnen, sich frei und unbefangen zu benehmen. Aber abgesehen von diesen doch eher seltenen Situationen, in denen der Analytiker massive Schwierigkeiten mit dem Verstehen hat, braucht er sich nach Sharpe nicht mehr länger besonders um Selbstbeherrschung oder äußerste Zurückhaltung zu bemühen: ist er sich der eigenen emotionalen Abläufe bewußt, dann kommt automatisch ein selbstregulierender Mechanismus zum Tragen.

1947 geht Sharpe mit ihrer Toleranz für den Analytiker noch weiter. In diesem Jahre erwirbt er gar *das Recht auf eine eigene Psychopathologie.* Es wird von ihm nicht mehr erwartet, daß er alles Neurotische, Kranke weit hinter sich gelassen haben sollte, es wird jetzt sogar angenommen, daß ihn *gerade die eigene Nähe zum seelischen Abgrund zum besseren Analytiker macht.* Sharpe erinnert daran, daß einige der größten menschlichen Leistungen auf dem Boden schwerer seelischer Störungen und Nöte gewachsen seien – ein kurzer Blick in die Gefilde der Kunst und der Philosophie beweise dies zur Genüge. Wieso, so fragt sie, sollte dieser Zusammenhang zwischen großem eigenem Leiden und beruflicher Höchstleistung nicht auch für die Psychoanalyse Geltung beanspruchen können? Wollen wir uns bis in die letzten Winkel seelischer Abgründe bei unseren Patienten einfühlen können, dann müssen wir diese Abgründe selber kennen und sie selber immer wieder einmal durchqueren. Es ist nicht gut, wenn seelisches Leiden bei einem Analytiker ein für alle Mal der Vergangenheit angehört. Er ist dann nicht mehr offen und durchlässig genug, wenn der Patient sich in diesen Tiefen befindet. Innere Kämpfe, immer neu aufflackernde Konflikte, intensive, ganz und gar nicht abgeklärte Emotionen adeln den Analytiker nur. Er darf sogar Symptome haben oder zumindest Reste davon, die sich in Krisenzeiten wieder zu Wort melden. All dies wird ihm nur helfen, seine Patienten besser zu verstehen, ihnen innerlich näher zu ein. *Ein selber labiler Mensch kann also ein brillanter Analytiker sein. Seine Einsicht kommt aus Tiefen der Persönlichkeit, die einer robusten und geschützten Seele ganz und gar unzugänglich wären.* Wer angesichts solcher Leistungen noch von »unanalysiert« oder »nur halb analysiert« reden wollte, wäre nach Auffassung Sharpes kein bißchen klüger als irgendein »spießbürgerlicher Teeparty-Schwätzer«:

»It is possible for a psycho-analyst, just as much as for a member of any other calling, to make a brilliant contribution to the science through his own gifts of insight and, at the same time, to be an unstable personality. As with many a painter, poet or great scientist, his very brilliance is inseparable from his deep malaise, his insight coming from depths of the personality inaccessible to the more robust and protected psyche. We accept with gratitude what the children of genius give to the world. ›Not analysed‹, ›not half analysed‹, in reference to such personalities is a comment equivalent to the gossip at a parochial tea-party« (Sharpe, 1950, S. 115).

Nicht anders als Faust ergeht es also dem Analytiker, wenn er Sharpe liest. Er fühlt: »Hier bin ich Mensch, hier darf ich's sein«! Voraussetzung ist allerdings, daß den Analytiker sein Verstand nicht verläßt. Wie sehr er selber auch von Konflikten durchrüttelt werden mag, er muß wissen, wie ihm geschieht und wie dieses Erleben mit seiner Lebensgeschichte zusammenhängt. Wenn er sich darüber hundertprozentig im klaren ist, dann wird sogar seine Psychopathologie zu einem Katalysator in der Behandlung. Die Einsicht in die Geschichte der noch vorhandenen Achillesfersen und Schwachstellen der Persönlichkeit garantiert, daß sie nicht auf dem Rücken des Patienten ausgelebt werden. Horney hingegen machte ihre Defizite leider zum Maß aller Dinge.

Nicht der Analytiker also, der noch Konflikte und Symptome hat, sondern vielmehr jener andere, der glaubt, dank seiner Lehranalyse nichts derartiges mehr zu kennen, ist Sharpe verdächtig.[6] *Für diese Autorin hört der Analytiker genau dort auf, ein guter Analytiker zu sein, wo er annimmt, kein menschliches Wesen mit vielen Fehlern mehr zu sein.* Diese Ansicht mußte erst einmal ausgesprochen werden! Heutzutage, wo wir weniger strenge Maßstäbe an uns anlegen müssen, wird ja öfters einmal die »Patientenseite« des Analytikers, seine »narzißtische Störung« beispielsweise hervorgehoben, aber 1947 war dieser Gedanke noch echt revolutionär und es benötigte außerordentlich viel Mut und Vertrauen in den eigenen Standort, ihn in aller Öffentlichkeit auszusprechen. Schließlich hatte Freud nur zehn Jahre zuvor noch verlangt, daß der Analytiker normaler als der Durchschnitt zu sein habe! Daß diese mutige und eigenständige Tat, verbunden mit soviel reifer Menschlichkeit, aufs Konto einer Frau geht, freut die Autorin ganz besonders.

Zur von Sharpe ganz ohne Bedauern festgestellten Beschränktheit und Begrenztheit des Analytikers gehört übrigens auch der Umstand, daß er das Übertragen trotz absolvierter Lehranalyse nicht lassen kann. Uns allen wird, so Sharpe, der Patient immer wieder einmal zu Vater, Mutter, Bruder, Es oder Über-Ich. Auch hier ist Sharpe keineswegs bereit, gemeinsame Sache mit den Pionieren zu machen und solche Übertragungen des Analytikers in Bausch und Bogen als Teufelswerk und unwägbare Gefahr für die Analyse zu verurteilen. Sharpe sagt statt dessen (und zwar schon 1930!): es macht nichts, wenn ein Analytiker seine Patienten gelegentlich wie Figuren aus der eigenen Kindheit oder wie Teile der eigenen Person erlebt. Wichtig ist hier wiederum einzig, daß solche Übertragungen »gesund« sind, das heißt, daß sie des Patienten Wachstum nicht behindern:

> »No analyst does this without establishing a transference to the patient. We must recognize that the test should be the nature of the gratification we enjoy and desire. If every bit of analysis, every step towards the patient's ultimate freedom and power of using his gifts and leading a full life brings us satisfaction, and if failure does not depress us, then our transference is healthy. If we are caught up with discomfort, or find personal satisfaction in the patient's affects, then all is not well« (Sharpe, 1950, S. 57 und 58).

Wichtig ist es natürlich außerdem einmal mehr, daß sich der Analytiker voll im klaren darüber ist, daß und was er überträgt. Erlaubt ist, was gefällt und was gefühlt wird. Nur eines ist verboten: das Nicht-Fühlen infolge unbewußter Angst, dem Erzfeind jeder Analyse!

Wundern muß ich mich angesichts von soviel Bodenständigkeit und Mut zur Anerkennung der wahren Verhältnisse im Denken Sharpes[7] nur, daß sie den Bereich der sexuellen Sensationen in der Gegenübertragung so kleinmütig und puritanisch abgehandelt hat. Diese plötzliche Ängstlichkeit und Voreingenommenheit paßt nicht zu Sharpes sonstigen Äußerungen und wirkt in ihren Schriften wie ein Fremdkörper. Und dennoch: 1947 schreibt Sharpe, daß ein Analytiker alles spüren dürfe (sofern es nur bewußt sei), außer einem, nämlich sexueller Erregung, erotisch gefärbter Wünsche und Stimmungen. Wer derlei in seiner Gegenübertragung wahrnehmen muß, der entläßt nach Sharpe seinen Patienten am besten sofort aus seiner inkompetenten Behandlung und meldet sich statt dessen selber noch einmal zur Analyse an. Ein solcher Analytiker gehört deshalb ein weiteres Mal auf die Couch, weil er Tendenzen hat, seinen Patienten, in dem er doch nur das bedürftige Kind sehen dürfte, als erwachsenen Liebespartner zu mißbrauchen. Hier trägt Sharpe Scheuklappen, die ihrer nicht würdig sind. Es sei jedoch gerechterweise gesagt, daß Sharpe mit dieser Ansicht keineswegs alleine dasteht. Zahllose andere Analytiker haben dieses viktorianische Pionierzeit-Relikt übernommen, ohne es in Frage zu stellen[8] – ein Umstand, der mich immer sehr gewundert hat, da es doch gerade die Psychoanalyse war, die Macht der Sexualität im menschlichen Leben hervorzukehren. Sollten Psychoanalytiker tatsächlich als einzige Menschengruppe imstande sein, sich den Zwängen dieser Macht zu entziehen? Behauptet wurde und wird es jedenfalls immer wieder. Da haben wir ihn wieder, den Übermenschen, den Menschen außerhalb der herkömmlichen Kategorien, die Dame und den Herrn ohne Unterleib. Ob den Analysanden aber mit solchen »idealen«, erotisch unansprechbaren Analytikern gedient ist, sei immerhin gefragt. Sharpe lehrt uns mit guten Gründen, daß es nicht das Wegsehen, sondern das genaue Hinsehen ist, welches unsere Patienten vor unserem Zugriff schützt. Unsere Sexualität darf davon nicht ausgenommen werden.

Ist die Angst so groß, daß sich sexuelle Erregung in der Analyse zu einem unkontrollierbaren Wirbelsturm auswachsen könnte? Aber wieso eigentlich sollte diese spezifische Art von Erregung weniger handhabbar sein als beispielsweise eine aggressive Regung oder ein intensiver Wunsch, mit dem Patienten zusammen zu weinen? Wenn wir uns ängstlich weigern, uns einzugestehen, daß Patienten uns auch sexuell erregen können, geht der Analyse unter Umständen wichtiges Material verloren. Überall dort, wo wir selber Scheuklappen tragen müssen, sind wir nicht mehr hellhörig genug für das, was uns der Patient anbietet. Verhält er sich beispielsweise unterschwellig verführerisch, so kann es leicht vorkommen, daß wir derlei nicht registrieren, wenn unsere sexuelle Antwort, unser eigenes Stimuliertwerden mit einem Tabu belegt ist. Auch sexuelle Erregung kann nach Racker ein wichtiger Indikator sein:

> »In ähnlicher Weise kann eine sexuelle Erregung des Analytikers ein heimlich verführerisches Verhalten der Patientin anzeigen und auf ihre unbewußten erotomanischen Phantasien, sowie auch auf die ihnen zugrundeliegenden Situationen hinweisen« (Racker, 1978, S. 175).

Aber kommen wir zurück zu Sharpe. Abgesehen von der erwähnten Ausnahme, nämlich der Verteufelung sexueller Regungen in der Gegenübertragung, gibt es im Sharpeschen Werk nichts, keine Gefühlsregung, keinen Impuls, der in Ketten gelegt und als »unanalytisch« verurteilt würde. Es wird nicht das Bild des Analytikers gezeichnet, wie er sein sollte, es wird einfach der Analytiker akzeptiert, wie er ist. Abverlangt wird ihm immer nur eins: er muß wissen, was er fühlt und warum.

Es paßt zu dieser neuen Toleranz und diesem sympathischen Bekenntnis zu einem ganz und gar lebendigen Analytiker, daß bei Sharpe auch der blinde Glaube an alle vorgefertigten, starren Technik-Regeln verurteilt wird. Je weniger der Analytiker seine Gegenübertragung fürchtet, desto weniger hält er im allgemeinen von Dogmen und ein für alle Mal gültigen Gesetzen für die Behandlung überhaupt – diesen Zusammenhang habe ich immer wieder beobachten können, bei Morgenthaler, bei Cremerius, bei Balint, Benedetti, Reik und Margaret Little. Wer selber leben darf, kann es zulassen, daß sich auch seine Beziehung zum Patienten individuell nach eigenen Gesetzmäßigkeiten entwickelt. Nur ganz wenige Grundregeln müssen dann noch beachtet werden: Balint etwa verlangt, daß die wie auch immer geartete Technik des Analytikers imstande sein müsse, dem Patienten ein vollständiges Bild seiner selbst zurückzuspiegeln, Benedetti legt den Akzent darauf, daß wir dem Patienten in jedem noch so entsetzlichen Abgrund vollkommen treu bleiben und in seiner Sprache sprechen. Sharpe verlangt absolute Bewußtheit und weiter, daß wir nie das Wachstum des Patienten aus den Augen verlieren. Im übrigen aber geht sie mit Morgenthaler einig, wenn er schreibt:

»Man gerät ins Uferlose, wenn man zu klären und zu fixieren versucht, was in einer Situation innerhalb des analytischen Prozesses, in den sich ein bestimmter Analytiker mit einem bestimmten Analysanden begeben hat, gedeutet oder nicht gedeutet werden soll, gedeutet werden darf, vermieden werden muß, was korrekt, was orthodox, was richtig oder falsch ist, kurz, was weiterführt. Weil das, was im Analytiker vorgeht, wenn er einen Analysanden vor sich hat, von Mensch zu Mensch verschieden ist, wird sich jeder in einer solchen Situation so verhalten, wie es zu ihm paßt« (Morgenthaler, 1978, S. 12).

Sofern er den Mut zur Freiheit aufbringt – möchte man beifügen. Sharpe jedenfalls hat ihn aufgebracht. Psychoanalyse ist für sie zuerst einmal eine Kunst und erst danach eine Wissenschaft. Selbst wenn einer ein ganzes »Lagerhaus« voll Wissen über psychoanalytische Technik besitze, garantiere dies noch keineswegs, daß er ein guter Techniker sei. Das Auswendiglernen von Formeln bedeute nicht, daß einer diese Formeln auch gekonnt anzuwenden verstehe:

»The main one can be best illustrated by *the difference between the man who can really paint a picture and the man who has an encyclopaedic knowledge of theories of art,* between the critic of letters and a man who creates a book. One man may, of course excel in both of these activities, but not of necessity. Similarly, *a storehouse of psycho-analytical knowledge does not of necessity guarantee that the possessor will be a good technician.* The good technician must have psycho-analytical knowledge, but it is not his knowledge of scientific results that enables him to traverse again the path by which they were obtained. *The science of psycho-analysis has arisen through an art. Art precedes science.* The science has been formulated out of that which art has evoked. We can learn the formulas, but we shall not be technicians if, having learned the formulas, we then proceed to apply them to the subject of our experimentation. *Psycho-analysis ceases to be a living science when technique ceases to be an art. [...]* The great technicians will possess the touch of genius that all great artists possess« (Hervorhebungen von der Verf.) (Sharpe, 1950, S. 10 und 11).

Zum Abschluß seien noch die Gegenübertragungs-Komplikationen genannt, die ich in Sharpes Aufsätzen habe finden können:

1. Manchmal bewirkt ein blinder Fleck bei mir, daß ich nur die Feindseligkeit eines Patienten, nicht aber seine kompensierenden Reaktionen wie Kummer oder Wiedergutmachung sehen kann. Weil meine Gegenübertragung mir nicht restlos bewußt ist, nehme ich die Übertragung nur unvollständig wahr (Sharpe, 1950, S. 57).
2. Ganz ähnlich kann ein blinder Fleck auch bewirken, daß ich nur die Liebesgefühle, nicht aber den Haß meines Patienten wahrzunehmen vermag (Sharpe, 1950, S. 57).
3. Ein blinder Fleck in meiner Seelenlandschaft kann zur Folge haben, daß ich zwar die Mutter- und Schwester-Projektionen meines Patienten auf mich registrieren kann, nicht aber seine Vater- und Bruder-Projektionen – oder umgekehrt. Als ausgesprochen männlicher Analytiker sehe ich mich manchmal außerstande, die starke Mutterfixierung einer Patientin wahrzunehmen. Als weibliche Analytikerin mit ausgeprägt masochistischen Zügen habe ich unter Umständen Schwierigkeiten, männliche Rollen, die mir zugeteilt werden, zu entdecken und zu tolerieren (Sharpe, 1950, S. 57).
4. Wenn unbewußte Angst bei mir den Ton angibt, neige ich dazu, die Gangart des Patienten zu verlassen: ich rede, wo ich schweigen, ich schweige, wo ich reden sollte (Sharpe, 1950, S. 114).
5. Werde ich von unbewußter Angst beherrscht, so bin ich unter Umständen andauernd auf Beweise dafür aus, daß mein Patient Fortschritte macht. Meine Haltung ist nicht mehr psychoanalytisch (Sharpe, 1950, S. 114).
6. Fürchte ich mich vor meiner eigenen infantilen Aggression, kann es dazu kommen, daß ich zu einem sturen Prinzipienreiter werde, dem Disziplin über alles geht. Ich bekämpfe dann im Patienten genau das, was ich bei mir selber ablehnen muß (Sharpe, 1950, S. 117).
7. Unbewußte orale Bedürftigkeit auf meiner Seite kann mich ungeduldig oder übergängstlich reagieren lassen, dort, wo mein Patient nicht kommunizieren will (Sharpe, 1950, S. 118).
8. Fürchte ich mein unbewußtes, orales Verlangen, dann reagiere ich ganz irrational entzückt, wenn mein Patient viel Material bringt. Mein orales Verlangen läßt er mich nämlich auf diese Weise angenehm vergessen (Sharpe, 1950, S. 118).
9. Bin ich mir meiner oralen Aggression nicht ausreichend bewußt, bearbeite ich die Gier des Patienten übermäßig. Ich beginne damit,

selektiv wahrzunehmen und vernachlässige dadurch vieles andere, was auch wichtig wäre (Sharpe, 1950, S. 118).

10. Habe ich meine infantilen libidinösen Wünsche hinsichtlich der Eltern oder auch nur eines Elternteils nicht gründlich genug bearbeitet, kann mein unbewußtes Streben nach sexueller Befriedigung plötzlich zum bewußten Wunsch werden. Hier stecke ich so tief in der Falle, daß ich den Patienten wegschicken und selber noch einmal in Analyse gehen muß (Sharpe, 1950, S. 119).

11. Behandle ich als Anfänger erst einen oder zwei Patienten, dann bin ich finanziell und was berufliche Befriedigung angeht zu sehr von meinem Gegenüber abhängig. Das heißt aber unweigerlich, daß ich damit beginnen werde, den Patienten für meine eigene Bedürfnisbefriedigung zu mißbrauchen. Damit das nicht geschehe, nehme ich sicherheitshalber besser noch irgendeine Halbtagsstelle an (Sharpe, 1950, S. 121).

## 5. Wilhelm REICH:
## Die wilde Jagd nach der negativen Übertragung als Ausdruck einer paranoid gefärbten Gegenübertragung?

Daß das Kunstwerk häufig ein getreues Abbild, eine Landkarte gewissermaßen der seelischen Leiden und Schwierigkeiten seines Schöpfers, des Künstlers, darstellt, das hat uns Benedetti in einem mit den Zusammenhängen zwischen Kunst und Psychiatrie befaßten Buch überzeugend dargelegt (Benedetti, 1975): Strindbergs »Inferno« ist eine künstlerische Verdichtung der paranoiden Schizophrenie seines Schöpfers, genauso wie Nervals Roman »Aurelia« auf schizophrene Eigenerfahrungen dieses Autors schließen läßt. Maupassants »Horla« entstammt der Feder eines Paralytikers und spiegelt dementsprechend die schrecklichen Verfolgungs- und Spaltungserlebnisse, welche diese Krankheit mit sich bringt.

Betritt man das Reich psychoanalytischer Theorien und psychotherapeutischer Techniken, spielen, so scheint es, ähnliche Gesetzmäßigkeiten in die Entstehung eines Werkes mit hinein: auch hier gibt es Psychopathologie nicht nur als Gegenstand des wissenschaftlichen Interesses, sondern genauso in der Persönlichkeit des Forschers selber. Auch hier schlägt das Element seelischen Krankseins manchmal unweigerlich durch. Zumindest führen die Vorlieben und Abneigungen eines Autors seine Feder und ist die entstandene Schrift in jedem Falle ein Stück weit ein Spiegel der Persönlichkeit des Autors. Balint ist zwar der Ansicht, daß dies gerade für die Psychoanalyse nicht zutreffe und höchstens im Bereich der Charakterologie Geltung beanspruchen könne. Er schreibt:

> »Man weiß, daß es so viele Charakterologien wie Autoren auf diesem Gebiet gibt. Jeder hat ein eigenes Klassifizierungssystem eingeführt, neue Grundcharaktere oder Temperamente beschrieben. Die Hauptursache für dieses Durcheinander ist die ›unsterile‹ Forschungsmethode. Die verschiedenen Autoren haben ihre Vorlieben und Abneigungen, ihren eigenen Charakter, ihr eigenes Temperament in das Material hineingetragen und die Erscheinungen beobachtet und beschrieben, die sie durch die Brille ihrer eigenen Übertragung erblickten. Das Ergebnis ist natürlich eine Psychologie oder eine Charakterologie des Psychologen selbst.
> Die Psychoanalyse hat einen anderen Weg eingeschlagen. Statt damit zu beginnen, irgendwelche Grundtypen zu postulieren, untersucht sie die Charakterzüge des reifen Menschen, indem sie sie in der analytischen Situation beobachtet« (Balint, 1969, S. 184).

Ich meine jedoch, daß Temperament und Charakter, Vorlieben und Ängste je spezifische Übertragungsneigungen und die eigene Psychopathologie auch die Wahrnehmungen und vorgeschlagenen Techniken eines Psychoanalytikers färben. Wir bleiben trotz Lehranalyse subjektiv. Was ich bei einem Patienten wahrzunehmen vermag und was einer anderen Persönlichkeit bei demselben Patienten auffallen wird, ist durchaus nicht immer dasselbe. Auch die Psychoanalyse ist alles andere als eine »sterile Forschungsmethode« im Sinne Balints: Eine Kollegin sagte mir einmal, sie, die so große Mühe gehabt habe, sich aus einer ungesunden Verstrickung mit ihrer Mutter zu lösen, habe im Gespräch mit einer anderen Therapeutin plötzlich realisieren müssen, daß ihre Therapien auffallend stark damit befaßt waren, Patienten zu helfen, sich von übermächtigen Mutterfiguren zu lösen. Der anderen Therapeutin sei dafür in eben demselben Gespräch klar geworden, daß bei ihr, die sich lange Zeit schwer mit der eigenen Sexualität getan habe, die sexuellen Probleme ihrer Patienten ein ganz besonderes Gewicht erhalten hätten. Anscheinend hatten beide ein geschärftes Auge und besonderes Interesse für bestimmte Aspekte von Problemen von Patienten, unter denen sie selber gelitten hatten. Dies wäre ein Beispiel dafür, wie sich Vorlieben in die vermeintlich so objektive Arbeit des Analytikers einschleichen können. Ein Beispiel für ein ziemlich neurotisch anmutendes Mitwirken von Abneigungen haben wir bereits kennengelernt: Horneys Attacken auf die »schmarotzerhaften«, »trägen«, »eingebildeten« Verhaltensweisen von Neurotikern, ihre Furchtlosigkeits- und Zähigkeits-Ideologie, ihr Verteufelnmüssen von »Selbstmitleid«.

Bei Wilhelm Reich, um den es in diesem Kapitel gehen soll, werde ich den Verdacht nicht los, daß auch er – ohne sich dessen bewußt zu sein – seine Psychopathologie in seine tägliche Arbeit hat mit einfließen lassen, und zwar in beträchtlichem Ausmaß. Gegenübertragungs-Komplikationen haben bei ihm, ähnlich wie bei Horney, dazu geführt, daß die proklamierte Theorie und der Therapiestil der Wahl zu einem nur schlecht und recht verhüllten Abbild seiner unbewußten Schwierigkeiten geworden sind, soweit wenigstens meine These.

Daß Wilhem Reich an einer paranoiden Schizophrenie erkrankte, ist bekannt. Als frühestes Datum für den Ausbruch der Krankheit wird das Jahr 1934 angegeben, wobei einzelne Autoren, wie zum Beispiel der Reichianer Boadella, der Auffassung sind, daß die Psychose erst 1950/51 ausgebrochen sei, als Reich nur noch mit einer Schußwaffe in der Hand auf die Straße ging, glaubte, fliegende Untertassen aus dem All würden die Luft vergiften und eine »Raumkanone« zur Abwehr tödlich wirkender Lebensenergie aus dem Kosmos konstruierte (Boadella, 1981). Wie dem auch sei, Reichianer wie Psychoanalytiker unterscheiden jedenfalls streng zwischen einer »gesunden« und einer »kranken« Periode im Leben Reichs (manchmal ist etwas dezenter die Rede von der »europäischen« und der »amerikanischen« Periode) und entsprechend werden seine Schriften bewertet: von Psychoanalytikern als relevant, ja als bedeutsam eingestuft, werden in der Regel nur die Werke aus der »gesunden«, europäischen Phase bis hin zum Jahre 1934, dem Jahr des Ausschlusses Reichs aus der Internationalen Psychoanalytischen Vereinigung.

Obwohl Reich in der ersten Fassung seines Buches »Die Funktion des Orgasmus« (Ersterscheinungsjahr 1927) Auffassungen vertrat, die eigentlich nicht mehr viel mit Psychoanalyse zu tun hatten[9], wurde und wird er doch wegen eines anderen Werkes aus der sogenannten gesunden Periode, wegen des 1933 erschienen Buches »Charakteranalyse« (Reich, 1933), von vielen Analytikern als ein bedeutender Autor angesehen, der ungeachtet aller sonstigen abstrusen Theorien Wichtiges zutage gefördert hat. Grunberger und Chasseguet-Smirgel haben von Reichs gesunder Phase immerhin geschrieben, daß sie »für die Mehrzahl der Psychoanalytiker noch immer eine Fundgrube darstellt« (Grunberger, 1979, S. 119), und Dieter Wyss ist der Ansicht, daß Reichs Methode der Charakteranalyse, welche uns im folgenden beschäftigen soll, »wesentlich zur Bereicherung der psychoanalytischen Therapie beigetragen« habe (Wyss, 1977, S. 156).

Daran mag einiges ja wahr sein. Ich werde aber den Gedanken nicht los, daß die in der Charakteranalyse vorgeschlagene Technik in erster Linie eine Folge von Reichs Paranoia war, ob sie nun im Jahre 1933 schon manifest oder noch latent war. Seine Methode kann als ziemlich unverhüllter Ausdruck seiner Psychopathologie angesehen werden. Sie wurde, so will mir scheinen, vor allem im Dienste der Abwehr entwickelt – und nur vordergründig im Dienste der Vervollkommnung der psychoanalytischen Methode. Massive Ängste in der Gegenübertragung führten – so jedenfalls mein persönlicher Eindruck – Reichs Feder, als er die Charakteranalyse verfaßte.

Das wiederum soll mir nun aber keinesfalls dahingehend ausgelegt werden, daß ich behauptet hätte, all die Beobachtungen und Techniken, die Reich in seinem Werk beschreibt, seien allein schon deshalb irrelevant, weil sie vermutlich für Reich eine angstbannende Funktion gehabt haben. Mit der, paranoiden Persönlichkeiten eigenen, hervorragenden Beobachtungsgabe und dem entwickelten Spürsinn für unterschwellige Regungen, die im Gegenüber ablaufen, vermochte Reich manches zu entdecken, was heute noch Bestand hat.

Worum geht es in der »Charakteranalyse«? Es handelt sich dabei gewissermaßen um ein Handbuch für psychoanalytische Waidmänner, wobei *das Wild, das erlegt werden soll, die geheime Wut, Verachtung und der verborgene Haß des Patienten, die er für seinen Analytiker hegt, darstellt.* Bei dieser Jagd auf die verborgene negative Übertragung sei man, so rät Reich, besser zu mißtrauisch als zu leichtgläubig und man mache es sich zu seinem wichtigsten Grundsatz, daß einem Patienten niemals über den Weg zu trauen sei, ganz besonders aber nicht zu Beginn einer Analyse. *Patienten sind nämlich in dieser Sicht der Dinge durchs Band weg Wölfe im Schafspelz, an deren positive Übertragung zu Beginn einer Behandlung man prinzipiell nicht glauben sollte, weil sie ganz einfach unecht ist:*

>»Gewiß, Zeichen, die wie eine positive Übertragung *aussehen*, sind im Beginn reichlich vorhanden. Aber was bildet den unbewußten Hintergrund dieser Übertragungszeichen? Sind sie echt oder unecht? Gerade die bösen Erfahrungen, die mit der Auffassung gemacht wurden, daß es sich dabei um *echte* objektlibidinöse Erosstrebungen handelt, nötigen zur Aufrollung dieser Frage. [...] Das genauere Studium dieser ersten Zeichen der sogenannten positiven Übertragung [...] zeigte, daß es sich, bis auf einen gewissen Rest, der dem Durchschimmern rudimentärer Teile echter Liebe entspricht, um dreierlei handelt, was mit objektlibinöser Strebung wenig zu tun hat:
>1. Um ›*reaktive positive Übertragung*‹, das heißt, der Patient kompensiert seinen übertragenen Haß in Form von Liebe [...].

2. Um eine *Hingegebenheit* an den Analytiker, die einem Schuldgefühl entspringt oder einem moralischen Masochismus, hinter dem wieder nichts anderes als verdrängter und kompensierter Haß steht.
3. Um *Übertragung narzißtischer Wünsche*, um die narzißtische Hoffnung, daß der Analytiker den Patienten lieben, trösten oder bewundern werde. Keine Art der Übertragung bricht rascher zusammen als diese, keine verwandelt sich leichter in bittere Enttäuschung und haßerfüllte narzißtische Kränkung« (Reich, 1933, S. 140 und 141).

Die herkömmliche Widerstandsanalyse reicht, sagt Reich, nicht aus, will man sicher gehen, daß sich das gesuchte Wild – der Haß – nicht doch im Unterholz oder im Gebüsch versteckt. *Man beäuge daher ganz besonders mißtrauisch auch noch den Charakter des Patienten, der zusätzlich noch Widerstände produziert, und zwar solche formaler Natur*[10] – *die sogenannten »Charakterwiderstände«, die in ihrer Gesamtheit zur »Charakterpanzerung« werden.* Ein Patient lächelt zum Beispiel immer ein wenig oder er ist stets affektlos und gleichgültig oder aber immer auffallend freundlich, oder er zweifelt prinzipiell an allem, was der Analytiker jeweils zu ihm sagt:

»Zu den bekannten Widerständen, die gegen jedes neue Stück unbewußten Materials mobilisiert werden, gesellt sich ein konstanter Faktor *formaler* Art hinzu, der vom Charakter des Patienten ausgeht. Wegen dieser Herkunft nennen wir den konstanten formalen Widerstandsfaktor ›Charakterwiderstand‹.
Fassen wir auf Grund des bisherigen die wichtigsten Eigenschaften des Charakterwiderstandes zusammen:
Der Charakterwiderstand äußert sich nicht inhaltlich, sondern formal in typischer, gleichbleibender Weise im allgemeinen Gehaben, in Sprechart, Gang, Mimik und besonderen Verhaltensweisen (Lächeln, Höhnen, geordnet oder verworren Sprechen, *Art* der Höflichkeit, *Art* der Aggressivität usw.).
Für den Charakterwiderstand ist bezeichnend, nicht was der Patient sagt und tut, sondern *wie* er spricht und handelt, nicht was er im Traume verrät, sondern *wie* er zensuriert, entstellt, verdichtet usw.« (Reich, 1933, S. 65).

Auf diese Charakterwiderstände hat sich der Analytiker vor allem anderen zu spezialisieren. Hinter solchen Fassaden ist im allgemeinen genau das verborgen, worauf der psychoanalytische Jäger aus ist: die negative Übertragung in irgendeiner ihrer Spielarten. *Man muß in den ersten Analysemonaten nur genügend lange und intensiv rütteln an dieser Fassade, den überfreundlichen oder gleichgültigen Panzer des Patienten nur systematisch bombardieren – und plötzlich bricht der Damm und das dahinter gestaute aggressive Potential kommt mit Macht hervor. Der Wolf ist gefangen, der Wald endlich gefahrlos begehbar.* Ist es einmal so weit, war die wilde Treibjagd der »Charakteranalyse« erfolgreich, dann, erst dann kann der Analytiker mit der eigentlichen Analyse beginnen und damit anfangen, sich den Inhalten des vom Patienten Erzählten zuzuwenden:

> »Der Kranke empört sich schließlich gegen die nunmehr von der Analyse drohende Gefahr, die Schutzinstitution der seelischen Panzerung zu verlieren und seinen Trieben, insbesondere seiner Aggressivität, ausgeliefert zu sein; aber indem er sich gegen die ›Schikane‹ empört, erwacht auch seine Aggressivität, und es dauert dann nicht lange, bis der erste Affektausbruch im Sinne einer negativen Übertragung, in Form eines Haßanfalles erfolgt. Ist es einmal soweit, ist das Spiel gewonnen. Sind die aggressiven Impulse zum Vorschein gekommen, so ist die Affektsperre durchbrochen und der Patient wird analysierbar« (Reich, 1933, S. 93).

»Operation gelungen, Patient gestorben« – möchte man angesichts dieser brutalen Technik schockiert anmerken. Und in der Tat: Reich brachte seine Patienten wenn auch nicht direkt ins Grab, so doch an den Rand des Wahnsinns. Er schreibt wörtlich dies:

> »Denn man muß sich darüber klar sein, daß speziell bei Fällen mit relativ guter charakterlicher Kompensation, wenn die Charakteranalyse die Kompensation zerstört, vorübergehend ein Zustand geschaffen wird, der einem *Zusammenbruch des Ichs* gleichkommt. Ja in manchen extremen Fällen ist ein solcher Zusammenbruch unvermeidlich [...]« (Hervorhebung von der Verf.) (Reich, 1933, S. 95).

Und:

> »Die Auflockerung, ja Auflösung der charakterlichen Schutzmechanismen, die notwendig ist, damit das mögliche Höchstmaß an Libido zur neuen Verfügung frei wird, bringt es mit sich, daß das Ich vorübergehend in eine völlig hilflose Situation gerät. [...] Das alles zusammengenommen bringt es mit sich, daß *sich diese Übergangsphasen gelegentlich sehr kritisch gestalten, Selbstmordneigungen auftreten, Arbeitsunfähigkeit sich einstellt; ja man sieht sogar manchmal autistische Regressionen, wenn es sich um schizoide Charaktere handelt* [...]« (Hervorhebung von der Verf.) (Reich, 1933, S. 149).

*Diese Methode, die es hinnimmt, daß ein Patient nach nur wenigen Monaten Analyse suizidal wird oder einen Zusammenbruch seines Ich erlebt, nur damit die Karten endlich offen auf dem Tisch liegen und Haßgefühle gegenüber dem Analytiker »gestanden« werden, mutet extrem paranoid an.* So kann nur jemand mit seinen Patienten umgehen, der eine geradezu mörderische Angst vor geheimer Verfolgung an den Tag legt. In ihrer Rücksichtslosigkeit hat mich diese Technik an diejenige zweier anderer

Autoren erinnert, an Szondi mit seiner »Hammerschlag-Schock-Therapie«[11] sowie an John Rosen, der seine Patienten konkret mit Zwangsjakken, Handschellen, Seilen und Hilfs-Assistenten während der Sitzungen bedrohte (vgl. Teil IV, 6.), um sie »in den Griff« zu kriegen. Wobei zu sagen ist, daß Szondi sein Augenmerk keineswegs bloß auf allfällige Manifestationen der negativen Übertragung richtete – und insofern ist seine Methode nur einfach extrem ungeduldig, nicht aber eigentlich paranoid wie diejenige Reichs zu nennen.

Reich dagegen sah sich infolge eines Übermaßes an Verfolgungsangst in der Gegenübertragung völlig außerstande, mit einem Patienten überhaupt in die Analyse einzusteigen, bevor er ihn nicht einige Monate lang gründlich auf Schußwaffen hin abgesucht und gewissermaßen unschädlich gemacht hatte. *Er konnte die Ambivalenz von Patienten nicht ertragen und glaubte irrigerweise, er könne sie ein für alle Mal aus der Welt schaffen, wenn Patienten zu Beginn der Behandlung nur gründlich genug Gelegenheit gegeben werde, ihren Haß auszusprechen.* Er versuchte mit allen Mitteln eine therapeutische Situation herzustellen, in der er sich endlich angstfrei auf Liebe verlassen konnte. Das folgende Zitat belegt es deutlich genug:

> »Gerade *das Bestreben, eine intensive positive Übertragung zu erzielen, war eines der Motive, daß ich der negativen so große Aufmerksamkeit schenkte: das frühe und restlose Bewußtmachen der negativen*, kritischen, herabsetzenden usw. *Einstellungen zum Analytiker* stärkt nicht die negative Übertragung, sondern *hebt sie auf* und kristallisiert die positive reiner heraus« (Hervorhebungen von der Verf.) (Reich, 1933, S. 141 und 142).

So wie Horney ihr aggressives Erziehen und »Bessernwollen« von Patienten als therapeutische Notwendigkeit getarnt hatte, genauso ist auch Reich bemüht, mit fadenscheinigen Begründungen von der wahren Ursache für seinen aggressiven Umgang mit Patienten abzulenken: es gehe ihm, so erklärt er dem Leser, mit seiner neuen Technik einzig und allein darum, den so häufig zu beobachtenden Therapieabbrüchen infolge zu wenig beachteter negativer Übertragung zuvorzukommen. Aber der geneigte Leser glaubt ihm nicht, zu deutlich spricht die Angst aus vielen seiner Zeilen, zu offensichtlich ist er auf den Patienten als möglichen Verfolger konzentriert. Auf die Idee, daß es auch einmal so etwas wie eine geheime positive Übertragung geben könnte, kommt er nicht.

Ich meine daher, daß man die bei Reich zu beobachtende Fixierung auf den Charakterwiderstand als unmittelbares Abbild seiner auch 1933 schon vorhandenen Psychopathologie, nämlich eben seiner paranoiden Struktur, lesen kann. Die Persönlichkeit und spezifische Gegenübertragung des Schöpfers ist, nicht anders als bei Strindberg oder Nerval, direkt in das kreierte Werk miteingeflossen. Reichs Sehnsucht – *»die schließlich von allen Schlacken, wie Haß, Narzißmus, Trotz, Enttäuschungsbereitschaft usw. befreite Objektlibido«* (Reich, 1933, S. 154) *– ist ein direkter Wegweiser hin zu Reichs Verfolgungsangst.* Fürchtete er 1950 das Eindringen tödlich wirkender Lebensenergie aus dem Kosmos, so zitterte er 1933 vor versteckter Ablehnung durch Patienten.

Daß mit der Gegenübertragung dieses Analytikers etwas ganz grundsätzlich nicht gestimmt hat, das ist nicht nur mir, sondern auch anderen Leuten aufgegangen, die sich mit Reich beschäftigt haben. So schreibt Reik 1948 über Reich:

»Wir müssen, so sagt er, unsere Aufmerksamkeit besonders auf den ›latenten Widerstand richten‹. ›Ich pflege solche latenten Widerstände anzugehen.‹ Reich bringt mehrere interessante Beispiele von solchem ›Angehen‹, die zeigen, daß *seine Methode eher den Namen ›aggressive‹ als ›aktive Technik‹ verdient. Manchmal werden wir an die Vorschrift erinnert, auf die sich Jaroslav Hasek bezog: ›Mehr Strenge gegen die Armen!‹ Eine militante Psychologie kann eine Frage des Geschmacks sein* [...]« (Hervorhebung von der Verf.) (Reik, 1976, S. 491 und 492).

Und:

»Reich behauptet: ›Während wir uns, wenn die Deutungsarbeit unsystematisch ist, eher auf plötzliche Vorstöße, Suche, Raten beschränken müssen als auf Schlüsse, geht der analytische Prozeß, wenn wir vorher am Widerstand in der Charakteranalyse gearbeitet haben, automatisch vorwärts.‹ *Er geht so glatt vorwärts, daß jeder, der wirklich mit der Psychologie vertraut ist, außerordentlichen Verdacht hegen muß. Analysen, wie Reich sie sich vorstellt, gibt es nicht. In seinen Analysen herrscht nicht die Determiniertheit der Gedanken vor, sondern eine militärische Gedankendisziplin, sozusagen ein analytisch vorgeschriebener Gedankenverkehr. Die Gedanken treten nicht ungeordnet oder chaotisch auf. Sie stehen in einer Reihe, und einer nach dem andern wird zugelassen.* [...] *Die Ordnung, die man uns aufzwingen will, entspricht den Anstrengungen so vieler Bediensteten, die in der Tat Ordnung auf unseren Schreibtischen machen und rücksichtslos aller Unordnung ein Ende setzen* [...]« (Hervorhebung von der Verf.) (Reik, 1976, S. 494 und 497).

Ganz ähnlich vertrat auch Richard Sterba, der zusammen mit Anna Freud Reichs bekannte Seminarien zum Thema Widerstand besucht hatte, die Ansicht, Reich sei übermäßig mißtrauisch und sein Umgang mit Patienten zu aggressiv gewesen. Sterba vergleicht Reichs Arbeit am Widerstand mit Anna Freuds Interesse an der Ich-Abwehr und findet dafür die folgende großartige Metapher: lese man, so schreibt Sterba, im Anschluß an Reich Schriften der Anna Freud, so habe man das Gefühl, »*nach durchrüttelnder Fahrt über Stromschnellen in stille, breite Gewässer zu gleiten, wo die Berge weit in den Hintergrund zurücktreten*« (Sterba, in Boadella, 1981, S. 60). Die Stromschnellen stehen in diesem Bild wohl für die unruhige Atmosphäre, die Reich mit seinem paranoischen Bombardieren des »Charakterpanzers« schuf, die noch nicht in den Hintergrund zurückgetretenen Berge für die Stimmung von Ausweglosigkeit, Umzingeltsein, Verlust aller Freiheitsmöglichkeiten und Geborgenheitsgefühle, die sich bei einem Analytiker, wie Reich es war, im Patienten einstellen müssen.

Aber Reik und Sterba sind nicht die einzigen, die Reichs Scharfschützen-Technik hat frieren machen. Kritische Töne finden sich auch bei Otto Fenichel, der gleichfalls der Auffassung ist, daß Reichs Deutungs-Attacken auf die Charakterpanzerung von Patienten zu aggressiv ausgefallen seien und besser hätten dosiert werden müssen. Außerdem meint Fenichel, daß man dort, wo die Aggression des Patienten durch einen aggressiven Akt des Analytikers mobilisiert worden sei, nicht mehr mit Fug und Recht vom Hervorkommen der negativen Übertragung, reden könne (vgl. Fenichel, 1941, S. 105). Wir haben dann, wenn ich Fenichels Gedanken zu Ende denken darf, keine negative Übertragung, sondern gewissermaßen eine »self-fulfilling prophecy« vor uns. Wie heißt es doch: Die Analytiker finden die Eier, die sie selber versteckt haben. Wenn es nicht alle Analytiker sind, so gilt der Satz jedenfalls ohne allen Zweifel für Reich. *Seine Überzeugung von der grundlegenden Lieblosigkeit, Destruktivität, Bösartigkeit in anderen Menschen war so stark, daß er tatsächlich rundherum Haßanfälle evozierte*. Winnicott erklärt uns, wie das kam: Es ist, so schreibt er einmal, für ein Kind mindestens so schlimm, nicht geliebt zu werden, wie erleben zu müssen, daß seine Liebe nicht akzeptiert wird. Patienten-»Kindern« ergeht es schätzungsweise nicht anders.

Ich will mein Kapitel über Reich mit einem Zitat von Heinrich Racker abschließen. Es handelt sich um eine Textstelle, die sich mit den Auswirkungen von paranoider Angst in der Gegenübertragung für den Fortgang einer Behandlung befaßt:

»Masochismus und paranoide Angst wirken, als ob wir eine Brille mit dunklen Gläsern trügen, wodurch es uns schwer wird, das Gute im Analysanden und seine Liebe wahrzunehmen. Das führt zu einer weiteren Verstärkung der negativen Übertragung. Unser Verstehen wird einseitig; während wir die jeweilige negative Übertragung mit aller Schärfe wahrnehmen, kommt es leicht dazu, daß wir die bereitliegende und mögliche positive Übertragung nicht bemerken« (Racker, 1978, S. 206).

Es verwundert nicht, daß genau diese von Racker formulierte Gegenübertragungs-Komplikation in der nun folgenden Liste von Fallen, vor denen Reich warnt, fehlt. Die Falle, in der er selber bis über beide Ohren steckte, wurde ihm – leider – nicht bewußt:

1. Wenn ich angestrengt über die anzuwendende Strategie bei einem neuen Fall nachdenke, so kann dies daran liegen, daß sich mein Unbewußtes gegen das dargebotene Material sperrt (Reich, 1933, S. 158).
2. Wenn ich ein psychoanalytischer Anfänger bin, stehe ich in Gefahr, mein Wissen zu schnell an den Mann bringen zu wollen (Reich, 1933, S. 158).
3. Wenn mein Analysand nie eine affektgeladene negative Übertragung zustande bringt, dann ist manchmal nicht so sehr seine als vielmehr meine eigene Sperre daran schuld: weil ich selber meine Aggressivität noch nicht aus der Verdrängung befreit habe, neige ich dazu, aggressive Neigungen beim Patienten zu übersehen, ihre Entfaltung zu behindern und/oder übertrieben freundlich zu sein (Reich, 1933, S. 159).
4. Bin ich als Analytiker in sexueller Hinsicht gehemmt und zu sehr in der Defensive oder habe ich zu wenig sexuelle Erfahrungen gesammelt, so habe ich Mühe, die positive Übertragung des Patienten mit allen ihren sexuellen Äußerungen zu ertragen. Ich lasse dann unter Umständen »leicht die Herstellung des genitalen Primats beim Patienten nicht zu« (Reich, 1933, S. 159).
5. Wenn ich meine narzißtischen Bedürfnisse nicht genügend bearbeitet habe, neige ich dazu, jede aktuelle Verliebtheit des Patienten als Zeichen einer Liebesbeziehung zu mir zu deuten (Reich, 1933, S. 160).
6. Meine unzureichend bearbeitete narzißtische Problematik kann auch zur Folge haben, daß kritische Gedanken und Mißtrauen, das mir vom Patienten entgegengebracht wird, nicht voll zum Vorschein kommen (Reich, 1933, S. 160).
7. Habe ich als Analytiker meinen eigenen Sadismus nicht genügend unter Kontrolle, verfalle ich leicht in das berühmt-berüchtigte analytische Schweigen, auch wo dies nicht nötig wäre. Der Patient wird mir dann zum Feind, »der nicht gesund werden will«. Gerne greife ich auch zu Druckmitteln wie z.B. der Drohung, die Analyse abzubrechen, oder ich entschließe mich zu unnötigen Terminsetzungen (Reich, 1933, S. 160).

## 6. Donald Woods WINNICOTT:
## Haß in der Gegenübertragung ist manchmal ganz normal und soll dem Patienten sogar vermittelt werden

Die Idee, daß unsere Gegenübertragung in toto oder zumindest in Teilen von unseren Patienten provoziert sein könnte, daß ihr also reaktiver Charakter und damit eine enorme Aussagekraft im Hinblick auf unsere Analysanden zukommen könnte, diese Idee taucht, wie ich schon verschiedentlich angedeutet habe, in der psychoanalytischen Literatur zum Thema erstaunlich spät auf, gegen Ende der vierziger, Anfang der fünfziger Jahre. Die Pioniere hatten gewissermaßen noch die volle Verantwortung für alle ihre Gegenübertragungs-Regungen zu tragen, jegliches Gefühl, das im Laufe der Behandlung in ihnen auftauchte, war doch vor allem anderen einmal *ihr* Problem, ihre persönliche Schwäche. Der wirklich gute Analytiker stand über allem – das war das hohe Ideal, an dem man sich mehrheitlich ausrichtete. Wen wundert es, daß die Pioniere, bis auf wenige Ausnahmen, danach trachteten, möglichst wenig Worte über ihre Gegenübertragung – diesen Schandfleck – zu verlieren.

Je mehr man aber unter dem Einfluß der Lehre von den Objektbeziehungen damit begann, die Situation zwischen Analytiker und Analysand als eine wechselseitige *Beziehung* anzusehen, in der beide Teile aufeinander bezogen und voneinander beeinflußt erscheinen, desto mehr wagte man es, die Möglichkeit ins Auge zu fassen, daß zumindest Teile der Gegenübertragung eine angemessene Reaktion auf das Verhalten und Erleben des Analysanden sein könnten. Karen Horney war, so habe ich gezeigt, die erste Vertreterin dieser Idee von der reaktiven Gegenübertragung: 1939 sagte sie, wenn auch nur mit einem Satz, daß uns unsere Gegenübertragung wertvolle Anhaltspunkte für die Absichten und Regungen des Analysanden vermitteln könne, daß die Gegenübertragung einen bedeutenden Seismographen für das, was im Patienten abläuft, darzustellen vermöge und keinesfalls nur einfach als Problem des Analytikers angesehen werden sollte. Derartige vereinzelte Sätze, die bereits in die 1950 dann von Heimann eingeschlagene Richtung weisen (Heimann sah die Gegenübertragung als »Schöpfung« des Patienten an), finden sich gegen Ende des Dornröschenschlafs auch noch bei anderen Autoren. So etwa bei Sandor Lorand, der 1946 äußerte, daß es für den Analytiker entscheidend wichtig sei, seine Gegenübertragungs-Reaktionen genau unter die Lupe zu nehmen, da sie auf ein wichtiges Thema verweisen könnten, das mit dem Analysanden durchgearbeitet werden müsse (vgl. Racker, 1978, S. 150 und 151).

Als einen der wichtigsten Vorläufer Paula Heimanns und ihrer These von der reaktiven Gegenübertragung werte ich jedoch weder Horney noch Lorand, sondern Donald Woods Winnicott (1896 - 1971) aus England[12], den ebenso feinfühligen wie originellen und kreativen Pädiater und Kinderanalytiker, der übrigens, genau wie Heimann selber, stark von Melanie Klein und ihrer Lehre beeinflußt war.

Winnicott beschränkte sich, anders als Horney und Lorand, nicht darauf, in einem einzigen Satz anzudeuten, daß die Gegenübertragung auch etwas mit dem Patienten zu tun haben könnte, er ging bedeutend weiter. 1947 stellte er alle beobachtbaren und ihm bekannten Gegenübertragungs-Phänomene zusammen und teilte sie anschließend in drei Kategorien ein. Eine dieser drei Kategorien setzte sich seiner Auffassung nach ausschließlich aus reaktiven, und insofern also »objektiven«, für das Verstehen des Patienten also höchst aussagekräftigen Reaktionen und Gefühlsregungen zusammen. Er nannte diese Kategorie die *»objektive Gegenübertragung«*. Diese Art von Gegenübertragung sei imstande, objektive Aussagen über den Standort und die Befindlichkeit des Patienten zu machen, sie entstehe unabhängig von der persönlichen Problematik des Analytikers und stelle keine subjektive Verzerrung der Wahrheit dar. Damit hat Winnicott zumindest einen Teilbereich unserer Gegenübertragung enorm aufgewertet und ihn vom Odium des Neurotischen und »Unanalytischen« befreit. Sehen wir uns Winnicotts Einteilung der Gegenübertragungs-Phänomene in besagte drei Kategorien im Originaltext an:

»1. Abnorme Gegenübertragungs-Gefühle und verfestigte Beziehungen und Identifizierungen, die der Analytiker bei sich selber verdrängt hat. Dazu ist zu sagen, daß der Analytiker mehr Analyse braucht [...].
2. Die Identifizierung und Tendenzen, die zu den persönlichen Erfahrungen und zur persönlichen Entwicklung des Analytikers gehören und den positiven Rahmen für seine analytische Arbeit liefern und zur Folge haben, daß seine Arbeit von anderer Qualität ist als die eines anderen Analytikers.
3. *Von diesen beiden unterscheide ich die wirklich objektive Gegenübertragung oder - wenn das zu schwierig ist - die Liebe und den Haß des Analytikers, mit denen er auf die wirkliche Persönlichkeit und das wirkliche Verhalten des Patienten reagiert, wie sie sich ihm bei objektiver Betrachtung darstellen«* (Hervorhebung von der Verf.) (Winnicott, 1976, S. 76).

*Ein Analytiker kann nach Winnicott seinen Patienten also hassen, ohne daß er sich dafür mehr im geringsten zu schämen bräuchte, sein Haß kann eine völlig angemessene Antwort auf die Realität seines Patienten sein und muß nicht als Ausfluß von Neurose auf seiten des Analytikers verstanden werden. Es kann ihn zwar geben, diesen neurotischen Haß eines Analyti-*

kers, aber nicht jedes Haßgefühl im Analytiker ist deswegen neurotisch! Mit solchen gewagten Äußerungen katapultierte sich Winnicott in eine neue Zeit, in die Zeit der Revolutionäre aus den fünfziger Jahren. Sharpe hatte zwar schon damit begonnen, dem Analytiker angstfrei das Recht auf jegliches in ihm aufkommendes Gefühl (abgesehen von sexueller Erregung) zuzugestehen, und sie hatte damit schon mächtig an überlieferten Tabus gerüttelt – aber so unverblümt vom ganz normalen, adäquaten Haß in der Gegenübertragung des Analytikers zu reden, das wäre ihr dann doch nicht in den Sinn gekommen.

Winnicott dagegen ist der erste mir bekannte Autor, der keinerlei Furcht vor einer massiven negativen Gegenübertragung an den Tag legt und sie in vielen Fällen für durchaus angebracht hält. Offen und ganz ohne Schuldgefühle berichtet er uns davon, wie ihn manchmal heftige Haßgefühle und intensive Angst geradezu überschwemmen, wenn er mit Patienten arbeitet. Ohne alle Bedenken geht er sogar so weit, einen Vortrag, den er im Jahre 1947 hält, mit dem Titel »*Haß in der Gegenübertragung*« zu überschreiben. Man stelle sich etwas derartiges in der Pionierzeit vor!

Winnicott hat sich nie ängstlich überlieferten Konventionen und Vorurteilen gebeugt, sein ganzes Werk zeigt uns, daß er das Gegenteil eines braven, angepaßten Duckmäusers war. Winnicott riskierte beispielsweise *Körperkontakt* mit einzelnen Patienten, ob sich das nun in den Augen orthodoxer Analytiker schickte oder nicht. Sein Schüler Khan beschreibt ihn als einen Menschen, der durchgängig zu sich selber stehen konnte, dem alles blinde Mitläufertum fremd war. Winnicott war mit Autoren, die er für wichtig hielt, immer nur selektiv identifiziert. Niemals übernahm er kritiklos das Ganze einer Theorie. In seiner Einführung in das Werk Winnicotts schreibt Jochen Stork über ihn dies:

»Winnicotts Werk steht in enger Beziehung zum Werk Melanie Kleins. J. Strachey, Winnicotts erster Analytiker, hatte ihn auf sie aufmerksam gemacht und er war in den frühen Jahren ein begeisterter Schüler von M. Klein. In seinem Plädoyer für ihr Werk (1962b) – ›Das einzig Wichtige ist, daß der fest auf Freud gegründeten Psychoanalyse ›der Beitrag von Melanie Klein nicht verlorengeht‹ – schreibt er ausführlich darüber und fügt ein wenig nachdenklich hinzu: ›[...] auf jeden Fall stelle ich fest, daß *sie mich nicht zu den Kleinianern rechnete. Das machte mir nichts aus, denn ich bin nie fähig gewesen, irgend jemandem nachzufolgen, nicht einmal Freud.*‹ Dieser Satz charakterisiert gut *die Person und die Besonderheit des Werkes von Winnicott. Steht er der englischen Schule nahe und hat er viele Gedanken M. Kleins aufgenommen und weiterentwickelt, so zeichnet sich sein Denken vor allem durch schöpferische Originalität und Spontaneität aus*« (Hervorhebung von der Verf.) (Stork, bei Winnicott, 1976, S. 10).

Wieso sollte ein Mensch, wie er es war, ein Blatt vor den Mund nehmen, wenn er doch bei seiner Arbeit immer wieder Haß verspürte und zugleich wußte, daß dieser Haß nichts mit neurotischen Problemen auf seiner Seite zu tun hatte? Wieso sollte er es im selben Atemzug nicht auch noch wagen, eine der Heiligsten Kühe in unserer Kultur vom Sockel zu stürzen, nämlich die These von der Existenz bedingungsloser, selbstloser, absolut gütiger Mutterliebe, von der Alice Miller noch im Jahre 1979 schreibt:

> »Ein Tabu, das alle Entmystifizierungstendenzen unserer Zeit überdauert hat, ist die Idealisierung der Mutterliebe« (Miller, 1979, S. 17).

*Winnicott hat auch vor diesem Tabu nicht haltgemacht: genauso wie der Analytiker einzelne Patienten immer wieder einmal haßt, so haßt, schreibt Winnicott, auch jede Mutter ihr Baby immer wieder einmal.* Das ist ganz normal, deswegen ist sie noch lange keine Rabenmutter, genauso wenig wie der hassende Analytiker automatisch ein Monstrum sein muß:

> »Die Mutter jedoch haßt ihren Säugling von Anfang an. Ich glaube, Freud hielt es für möglich, daß eine Mutter unter bestimmten Umständen für ihren männlichen Säugling nur Liebe empfinden könne; aber wir dürfen dies bezweifeln. Wir kennen die Mutterliebe und wir schätzen ihr Vorhandensein und ihre Macht. Ich möchte einige der Gründe nennen, warum eine Mutter ihr Baby haßt, selbst wenn es ein Junge ist:
> Das Baby ist nicht ihres eigenen Geistes Kind. [...]
> Das Baby bedeutete während der Schwangerschaft und bei der Geburt eine Gefahr für ihren Körper. [...]
> Das Baby ist eine Störung ihres Privatlebens; sie kann sich um nichts anderes mehr kümmern. [...]
> Selbst beim Saugen, das zunächst eine Kaubewegung ist, tut das Baby ihren Brustwarzen weh.
> Es ist erbarmungslos, behandelt sie wie Dreck, wie eine unbezahlte Magd, eine Sklavin. [...]
> Es zeigt Enttäuschung über sie.
> Seine erregte Liebe ist unaufrichtig und gewinnsüchtig, so daß es, wenn es bekommen hat, was es wollte, sie wegwirft wie eine Bananenschale« (Winnicott, 1976, S. 85).

*Stärker noch als Sharpe nimmt Winnicott die Realität, wie sie ist, nicht aber, wie sie nach Auffassung eines strengen therapeutischen Über-Ich sein sollte. Der hassende Analytiker hat daher Platz in dieser Wirklichkeit.*
Winnicotts durchgängige Eigenständigkeit als Theoretiker und Praktiker allein hätte ihn trotz seiner Zivilcourage aber vermutlich nicht so freimütig vom manchmal ganz angemessenen Haß im Analytiker reden lassen, zu

groß war der Anspruch an die Analytiker, daß sie prinzipiell wohlwollend zu sein hatten. Die Kraft zum Überwinden des Ideals vom Analytiker als gütigem und gelassenem Übermenschen schöpfte Winnicott zusätzlich aus seiner Arbeit mit Psychotikern, die in einem Therapeuten viel heftigere und chaotischere Gefühle wachrufen als ein Neurotiker. Je tiefer und umfassender eine Störung bei einem Patienten ist, desto mehr wächst auch die Wahrscheinlichkeit, daß dem Analytiker die »Niederhaltung« (Freud) seiner Affekte nicht mehr gelingen will. Es ist daher bestimmt kein Zufall, daß unser gesteigertes Interesse an der Gegenübertragung und die gegenüber der Pionierzeit vergrößerte Toleranz für die Antwort des Analytikers in allen ihren Schattierungen parallel zu dem Umstand gekommen ist, daß sich die Psychoanalyse immer schwereren Krankheitsbildern zugewandt hat. In der Borderline- und in der Psychosentherapie läßt sich die Gegenübertragung beim besten Willen nicht mehr wie in der Pionierzeit in eine Ecke verbannen – sie ist einfach da, häufig mit der Kraft einer Naturgewalt. *Die Gegenübertragungs-Wechselbäder, in die uns beispielsweise die Arbeit mit Borderline-Patienten stürzt, werden heute von vielen Autoren sogar als ausschlaggebendes diagnostisches Kriterium angesehen* (vgl. Kernberg, 1978 und Rohde-Dachser, 1979).

Winnicott sagt es in seinem Aufsatz über den Haß in der Gegenübertragung selber: in der Neurosentherapie wird uns der Haß auf einen Patienten kaum je zum unlösbar scheinenden Problem, weil dort alles gemäßigter verläuft. In der Psychosentherapie dagegen schlagen die emotionalen Wellen unweigerlich höher und man kommt – auch weil die Verstrickung mit dem Patienten größer ist – nicht umhin, immer wieder intensiven Haß und tiefe Furcht vor Desintegration bei sich wahrzunehmen.

Was schlägt uns Winnicott nun aber zum Umgang mit den erwähnten Naturgewalten vor? Was macht der Analytiker, wenn er bei sich entdecken muß, daß in ihm ein zwar angemessener, aber starker Haß auf seinen Patienten brodelt? Nun, wenn der Analytiker das gemerkt hat, dann ist das erste und wichtigste Ziel schon erreicht. Wie Sharpe, so sieht auch Winnicott den entscheidenden Rettungsanker im bewußten Wahrnehmen und Realisieren eines Affekts: *nicht auf Bewältigung der Gegenübertragung und auf Selbstkontrolle muß der Analytiker achten, sondern einzig darauf, daß er jegliche Facette seines Ggegenübertragungs-Hasses genauestens ausleuchtet und wahrnimmt.* Absolute Bewußtheit allein macht es möglich, daß wir darauf verzichten können, starke Haßgefühle oder intensive Furcht vor Desintegration automatisch auszuagieren. Wie es scheint, glaubt also auch Winnicott an die Existenz eines selbstregulierenden Mechanismus, den ich im Ich als dem Anwalt des Über-Ich angesiedelt sehen möchte:

was dieses Ich bei voller Beleuchtung sieht, das hat es automatisch auch schon im Griff. 1947 schreibt Winnicott dies:

> »Bei der Analyse von Psychotikern fällt es dem Analytiker schwerer, seinen Haß latent zu halten, und er kann das nur dadurch zustandebringen, daß er sich seines Hasses deutlich bewußt ist« (Winnicott, 1976, S. 82).

Da Winnicott von der Voraussetzung ausgeht, daß es einen objektiven und angemessenen Haß des Analytikers gibt, geht er noch einen Schritt über Sharpe hinaus: er vermittelt ihn dem Patienten. Was objektiv ist, also nicht von der persönlichen Problematik des Analytikers ins Leben gerufen, sondern eine Kreation des Patienten im Analytiker, geht den Patienten schließlich etwas an, ist es doch gewissermaßen ein Teil von ihm. Winnicott verlangt also, daß dem Patienten Mitteilung von diesem objektiven Haß gemacht werde, damit der Patient genauer erfahre, was er macht und wie er ankommt bei seinem Gegenüber. Eine derartige Mitteilung ist darum wichtig, weil sie den Realitätsbezug des Patienten verbessert und sein Selbstbild präziser werden läßt.

*Winnicott schlägt uns also vor, daß wir einem psychotischen Patienten bei Gelegenheit eine Deutung geben sollen, in die unser eigener Haß mitverpackt ist.* Das hat aber mit sehr viel Fingerspitzengefühl zu geschehen, und wir dürfen niemals deswegen von unserem eigenen Haß reden, um uns selber Erleichterung zu verschaffen oder um den Patienten in die Schranken zu weisen. Ich meine, man könnte das auf die folgende Kurzformel bringen: *im Moment, wo wir hassen, dürfen wir niemals von unserem eigenen Haß reden, nur immer im nachhinein, wenn wir wieder gefaßter sind.* Nur dann wird es uns gelingen, unaggressiv zu deuten. Das aber ist genauso wichtig wie jener erste Aspekt, daß nämlich der Patient erfährt, was er mit einem gemacht hat:

> »Wenn man mir bis hierher gefolgt ist, bleibt noch die Frage zu erörtern, wie man den Haß des Analytikers dem Patienten deuten soll. Das ist natürlich eine gefährliche Angelegenheit, und man muß den Zeitpunkt dafür äußerst sorgfältig wählen. Aber ich glaube, eine Analyse ist unvollständig, wenn es selbst kurz vor ihrer Beendigung dem Analytiker nicht möglich wird, dem Patienten zu sagen, was er, der Analytiker, für den Patienten getan hat, ohne daß dieser es wußte, und zwar in den Anfangsstadien der Analyse, als der Patient noch sehr krank war. Solange diese Deutung noch nicht erfolgt ist, wird der Patient in gewissem Maß in der Position des Kindes belassen – dessen, der nicht verstehen kann, was er seiner Mutter verdankt« (Winnicott, 1976, S. 87).

Winnicott nennt uns noch einen weiteren Grund, der es unumgänglich macht, daß wir den Patienten von unserem einmal verspürten Haß in

Kenntnis setzen: Der Psychotiker, so Winnicott, wird sich nur an die Entdeckung des eigenen Hasses machen, wenn er merken kann, daß auch sein Therapeut die Möglichkeit zu hassen hat und also kein besserer oder höherer Mensch ist als er selber. Kommt ihm immer nur Liebe entgegen, so wird ihn dieses Zuviel nur lähmen und zerstören. Genauso wie ein Kind den Haß der Eltern braucht, soll es selber hassen können, benötigt der Psychotiker den Haß seines Analytikers auf dem Weg hin zur Entdeckung des eigenen Hasses:

> »Sentimentalität können die Eltern nicht gebrauchen, da sie eine Verleugnung des Hasses enthält, und Sentimentalität der Mutter ist vom Standpunkt des Säuglings aus zu nichts gut.
> Es erscheint mir zweifelhaft, ob ein sich entwickelndes Kind fähig ist, in einer sentimentalen Umgebung das ganze Ausmaß seines eigenen Hasses ertragen zu lernen. Es braucht Haß, um zu hassen.
> Wenn das zutrifft, kann man von einem psychotischen Patienten in der Analyse nicht erwarten, daß er seinen Haß auf den Analytiker ertragen kann, es sei denn, der Analytiker kann ihn hassen« (Winnicott, 1976, S. 87).

Mit dieser Aufforderung an den Analytiker, den Patienten vom erlebten Haß in Kenntnis zu setzen, ist Winnicott seiner Zeit noch einmal um ein paar Jahre voraus. Erst die fünfziger Jahre, die Jahre nach der durch Heimann in Gang gebrachten Revolution im Feld der Gegegenübertragung, sollten damit beginnen, an die Bedeutung der offen dargelegten Gegenübertragungs-Reaktionen zu glauben. Was Winnicott für den Umgang mit Psychotikern vorgeschlagen hatte, wurde in dieser Phase auch auf die Arbeit mit leichteren Fällen ausgeweitet: manche Autoren traten dafür ein, daß man auch Neurotikern ab und zu von einer Gegenübertragung Mitteilung machen solle, weil sich das als Katalysator für die Entwicklung der Patienten herausstellen könne. So weit geht Winnicott 1947 allerdings nicht, und übrigens auch nicht 1959, wie er einen weiteren, mit Gegenübertragung befaßten Vortrag hält. Wo er es mit bloßen Übertragungsneurosen zu tun hat, da denkt er, was das Aussprechen der Gegenübertragung angeht, selbst 1959 nicht anders als Freud und seine Zeitgenossen. Im Umgang mit Neurotikern plädiert also auch er dafür, daß zwischen Arzt und Patient unbedingt die notwendige Distanz aufrechterhalten bleiben sollte. Winnicott verlangt zwar nicht, daß keinerlei Gefühle des Analytikers am ganzen Geschehen beteiligt sein sollten, aber er besteht darauf, daß diese Gefühle – anders als in der Psychosentherapie – *nicht* ausformuliert werden. 1959 steht bei ihm zu lesen:

> »Einerseits mag ich Magenschmerzen haben, aber das beeinflußt gewöhnlich meine Deutungen nicht; andererseits mag ich vielleicht durch eine vom Patien-

ten geäußerte Vorstellung etwas erotisch oder aggressiv angeregt worden sein, aber auch dieser Umstand berührt gewöhnlich meine Deutungsarbeit nicht, was ich sage, wie ich es sage oder wann ich es sage« (Winnicott, 1947 a, S. 212).

*Worauf es im Umgang mit Übertragungsneurotikern nach Auffassung Winnicotts ankommt, das ist die Aufrechterhaltung der »ärztlichen Haltung« durch den Analytiker. Diese ärztliche Haltung setzt aber voraus, daß es da eine »Distanz zwischen Analytiker und Patient« (Winnicott, 1974 a, S. 211) gibt. Zum Aufgeben eben dieser Distanz rät uns Winnicott einzig bei jenem Patienten, »der eine Regression braucht« (Winnicott, 1974 a, S. 213), das aber ist für ihn identisch mit der Diagnose Schizophrenie oder Borderline-Struktur.* Hier wird die offen gezeigte Gegenübertragung tatsächlich zum Katalysator und therapeutischen Agens, und zwar keineswegs nur, was die Haßgefühle des Analytikers betrifft, sondern viel stärker noch, was seine Liebe und seine Gefühle der Mütterlichkeit gegenüber dem Patienten angeht. Bei Psychotikern ist dieses atmosphärische Moment, ist diese liebevolle, mütterliche Wärme des Analytikers wichtiger als alles Deuten:

»Aber diese Bereitstellung und Aufrechterhaltung einer normalen Umwelt kann bei der Analyse eines Psychotikers in sich schon eine lebenswichtige Sache sein, sie kann manchmal tatsächlich *noch wichtiger sein als die verbalen Deutungen, die auch gegeben werden müssen.* Für den Neurotiker können die Couch, die Wärme und die Behaglichkeit *symbolisch* für die Liebe der Mutter stehen; beim Psychotiker wäre es angemessener zu sagen, diese Dinge *seien* physischer Ausdruck der Liebe des Analytikers. *Die Couch ist der Schoß oder der Mutterleib des Analytikers, und die Wärme ist die lebendige Körperwärme des Analytikers«* (Hervorhebungen von der Verf.) (Winnicott, 1976, S. 82).

Auf diesen anderen Winnicott aber, dessen Interesse sich auf die Handhabung regressiver Prozesse in der Behandlung konzentrieren sollte, der so fundamental wichtige Begriffe wie das »Holding«, das »Management der Regression« und die »Good-enough mother« kreieren sollte, ist hier noch nicht der Ort einzugehen. Das wäre zu weit vorgegriffen. In Teil IV meiner Arbeit, der mit der Mütterlichkeit, der liebenden Gegenübertragung und der Hilfs-Ich-Funktion des Analytikers befaßt ist, werde ich näher darauf eingehen, und zwar in Teil IV, 3., in einem Kapitel, das mit der körperlichen Präsenz des Analytikers, wie sie sich durch die Gegenübertragung vermittelt, befaßt ist. Winnicott wird dort, im Verbund mit seinem Schüler Khan, neuerlich zu Worte kommen.

## 7. Carl Gustav JUNG:
## Freuds Indifferenzideal ist unmenschlich und feige.
## Analytiker sollten sich vom Patienten infizieren lassen

Wenn Ferenczi und Winnicott ihre Plädoyers für die Liebe und die Mütterlichkeit in der Gegenübertragung des Analytikers halten, dann stellen sie bereits einen extremen Gegenpol zum so sehr auf Sachlichkeit und Abwesenheit von Verwöhnung bedachten Freud der Behandlungsschriften dar. Wenn aber C. G. Jung zu allem hin noch verlangt, daß der sachlich-distanzierte Status des Chirurgen soweit aufgegeben werden sollte, daß der Analytiker selber zum Patienten wird – damit sich sein Gegenüber nicht mehr so alleingelassen fühlen muß und einem echten Weg- und Leidensgenossen begegnen kann –, dann ist zweifellos die radikalste Alternative zu Freuds Standpunkt im Hinblick auf den Umgang mit der Gegenübertragung und dem Patienten erreicht. Noch weiter kann man sich vom Freudschen Indifferenz-Ideal nicht wegentfernen! *Jungs »Infektions-Ideal«, um es einmal so zu nennen, stellt das genaue Gegenteil des Ideales der Keimfreiheit und Affektlosigkeit dar.* Analytiker und Patient kämpfen jetzt mit denselben »Keimen«.

Jung setzt sich 1946 mit Freuds Gedanken zur Gegenübertragung und der von ihm empfohlenen Art des Umgangs mit dem Patienten auseinander. In seinem Werk »Die Psychologie der Übertragung. Erläutert anhand einer alchemistischen Bilderserie« (Jung, 1958) stört er sich ungemein daran, daß Freud für den Analytiker einzig die papierene, unengagierte Rolle einer Projektionsleinwand zum Auffangen von Übertragungsprojektionen von Patienten vorgesehen und sich gegen die Übernahme aller anderen Rollen gewendet habe. In der Rolle einer Projektionsleinwand sei doch, meint Jung, kein echtes Mitgehen möglich, der realen Begegnung mit dem anderen, dem wahren Engagement weiche man daher aus in der Psychoanalyse. Das zeigt sich für Jung beispielsweise daran, daß der Analytiker in der Psychoanalyse *hinter den Patienten* zu sitzen kommt und auf diese Weise jeglichen Nähe stiftenden Blickkontakt vermeiden kann. Ins selbe Kapitel der Drückebergerei, des Ausweichens vor Selbstgefährdung gehört es, findet er, auch, wenn Freud und die Freudianer sich niemals bereit erklären können, die Zügel und die Kontrolle über die Situation aus der Hand zu geben und das Anwachsen der Übertragungsneurose beim Patienten also immer nur als ein Produkt ihrer analytischen Technik ansehen können. Kurz: In der Psychoanalyse ist der Analytiker viel zu sehr darauf aus, die eigene Haut zu retten, und eben darum wird so viel von Sachlichkeit und notwendiger Distanz zum Patienten geredet. Es könne aber, meint Jung, niemals ausreichen, wenn man sich als Therapeut nur mit seinem Verstand oder nur mit seinem Mitgefühl einbringen wolle, in der Psychotherapie werde unweigerlich der ganze Mensch gefordert.

Auf den ersten Blick – wenn man nur Freuds schriftliche Äußerungen zur Gegenübertragung und dem Umgang mit dem Patienten, wie sie sich in den Behandlungsschriften finden, kennt – mag es tatsächlich den Anschein machen, wie wenn Freud ein unengagierter, kühler und sehr mechanisch arbeitender Therapeut gewesen wäre. Wenn Freud in der Chirurgen-Metapher sagt, der Arzt müsse alle seine Affekte und selbst sein menschliches Mitleid beiseite drängen, oder wenn er schreibt, daß die vom Arzt geforderte Gefühlskälte die notwendige *Schonung* seines Affektlebens garantiere, dann könnte man tatsächlich an Drückebergerei denken:

»Die Rechtfertigung dieser vom Analytiker zu fordernden *Gefühlskälte* liegt darin, daß sie *für beide Teile die vorteilhaftesten Bedingungen schafft, für den Arzt die wünschenswerte Schonung seines eigenen Affektlebens*, für den Kranken das größte Ausmaß von Hilfeleistung, das uns heute möglich ist« (Hervorhebungen von der Verf.) (Freud, 1975, S. 175).

Einem kritischen Leser verdächtig vorkommen muß auch Freuds offizielle Begründung dafür, daß er es vorzog, sich *hinter* seine Patienten zu setzen: er hielt es anscheinend schlicht nicht aus, acht Stunden am Tag »angestarrt« zu werden. Befremdlich hat sich für Jung vermutlich auch Freuds offenes Bekenntnis zum Geldverdienen angehört. Freud schrieb, daß er kein Bedürfnis verspürt habe, leidenden Menschen zu helfen, sondern einzig aus materieller Not Psychoanalytiker geworden sei:

»Aus frühen Jahren *ist mir nichts von einem Bedürfnis, leidenden Menschen zu helfen, bekannt* [...] In den Jugendjahren wurde das Bedürfnis, etwas von den Rätseln dieser Welt zu verstehen und vielleicht selbst etwas zu ihrer Lösung beizutragen, übermächtig. [...] Ich hatte dann bereits alle medizinischen Prüfungen abgelegt, ohne mich für etwas Ärztliches zu interessieren, bis *ein Mahnwort des verehrten Lehrers mir sagte, daß ich in meiner armseligen materiellen Situation eine theoretische Laufbahn vermeiden müßte. So kam ich [...] zur Bemühung um die Neurosen. Ich meine aber, mein Mangel an der richtigen ärztlichen Disposition hat meinen Patienten nicht sehr geschadet. Denn der Kranke hat nicht viel davon, wenn das therapeutische Interesse beim Arzt affektiv überbetont ist. Für ihn ist es am besten, wenn der Arzt kühl und mög-*

*lichst korrekt arbeitet«* (Hervorhebungen von der Verf.) (Freud, 1975, S. 344 und 345).

Wenn man derartige Stellen bei Freud liest, dann versteht man Jung. Wenn Freud schreibt, wichtig sei ihm die »Schonung des eigenen Affektlebens«, es sei ihm unangenehm, »angestarrt« zu werden, der Wunsch zu helfen sei ganz überflüssig, es brauche bloß eine »kühle« und »korrekte« Arbeitsweise, dann fröstelt einen tatsächlich bald einmal.

Und dennoch ist zu sagen, daß Jungs Kritik an Freud als Analytiker danebengeht, weil Freud in Tat und Wahrheit alles andere als der gefühllose, objektive Wissenschaftler war, als den er sich so gerne sah und darstellte. Wenn er schrieb, dann paßte sein strenges, an der Naturwissenschaft ausgerichtetes Über-Ich viel genauer auf, als wenn er in die therapeutische Situation involviert war: dort gingen die Pferde immer wieder einmal mit ihm durch, dort war er warmherzig, engagiert und »ganz Mensch«, wie Cremerius und Bräutigam überzeugend deutlich zu machen vermochten (vgl. Teil I, 1. und 2.). Jung hat also Freud zu sehr beim Wort genommen, er hat in seiner Kritik zu wenig berücksichtigt, daß Freud sich zum einen als korrekter Naturwissenschaftler legitimieren wollte, daß er zum anderen aber, durch Erfahrung gewitzt, seine Schüler vor den Auswüchsen allzu hemmungslosen Engagements warnen wollte. Jung selber hatte es zur Genüge bewiesen, wohin die »Liebe« und »Sorge« für Patienten führen kann: zu einer Affäre nämlich!

Soviel zur Jungschen Kritik an Freud. Wie aber sieht die Alternative aus, die Jung uns vorgeschlagen hat? Was genau hat Jung vorgeschwebt, wenn er vom Analytiker verlangt, er müsse mit dem Patienten zusammen ein Leidender, ein Kranker werden? Jungs Antwort: Er muß sich so intensiv mit seinem Patienten identifizieren, die Warte des Gesunden und des Wissenden so radikal verlassen, daß er gerade, wie vor Zeiten ein Alchemist, nicht mehr sicher angeben kann, ob nun eigentlich er es ist, der die metallische Arkansubstanz im Tiegel zum Schmelzen bringt oder ob er selber jene Substanz ist, die im Feuer glüht (Jung, 1958, S. 211). Auch Freud war zwar der Auffassung, daß wir die Motive des Handelns und Erlebens unserer Patienten nur dann verstehen können, wenn wir uns mit ihnen identifizieren, wenn wir mit anderen Worten auf Zeit in die Haut unserer Patienten schlüpfen, aber von einer so totalen Identifikation, wie Jung sie uns da vorschlägt, hielt er nichts. Der Therapeut hatte neben seiner Fähigkeit zur Identifizierung übernormal, gesunder und stabiler als der Durchschnitt und alles andere als selber ein Patient zu sein. Nur kurzfristig und gewissermaßen probeweise konnte es darum gehen, in das

Erleben des Patienten einzusteigen. Ferenczi, der späte Ferenczi, in dem wir ja gleichfalls einen Kritiker des Freudschen Indifferenz-Ideals erkannt haben, hat Jung da schon eher vorweggenommen, wenn er 1928 schreibt:

»Ich fürchte, Sie werden mich nicht ohne Besorgnis fragen: soll denn der zukünftige Psychoanalytiker ein Neurotiker, ein Verrückter, ein Krimineller oder ein Kind werden, um Neurotiker, Irrsinnige, Verbrecher und Kinder zu verstehen und behandeln zu können? Leider muß ich darauf mit einem Ja antworten [...]« (Ferenczi, 1939 a, S. 425).

Freud dagegen hatte in einem Brief an Jung 1911 ausdrücklich geschrieben, daß man als Therapeut die notwendige Reserve niemals aufgeben und sich »von den armen Neurotikern nie verrückt machen lassen« (Freud, zitiert bei Peters, 1977, S. 36) solle.

Bei Jung aber heißt es, Seite an Seite mit dem Patienten durch die Unterwelt gehen. Gemeinsam sollen dieselben Schrecken, dieselben Schmerzen erlitten werden. *Es gehe nicht an, daß der Therapeut, wie bei den Freudianern üblich, seine Deutungen gewissermaßen von der Warte des Sicheren, Durchanalysierten, Gesunden in die Tiefe hinunterrufe, weil der Patient dann letztlich verlassen, verraten und seinem Schicksal überlassen bleibe, weil dann der therapeutischen Beziehung echte Wechselseitigkeit, Gegenseitigkeit und Symmetrie fehle.* Wollen wir einem Patienten wirklich helfen, dann kommen wir nicht darum herum, uns von seiner Krankheit »affizieren« zu lassen, dann müssen uns dieselben intensiven Ängste, Schmerzen und Nöte, die auch den Patienten bewegen, »wie die Fangarme eines Octopus« (Jung, 1958, S. 191) umschlingen. Therapeut wie Patient liefern sich dann gemeinsam dem »Dämonischen« aus:

»Aber durch die Übertragung *verändert sich die seelische Gestalt des Arztes, ihm selber zunächst unbemerkt: er wird affiziert* und kann sich gleich dem Patienten nur schwer von dem, was ihn in Besitz hält, unterscheiden. Dadurch *entsteht eine beiderseitige, unmittelbare Konfrontation mit der das Dämonische bergenden Dunkelheit«* (Hervorhebungen von der Verf.) (Jung, 1958, S. 194).

Nur wenn wir das Leiden des Patienten übernehmen und mit ihm teilen, nur wenn wir uns selber in Gefahr begeben und uns vom Kranken beeinflussen lassen, so wie er sich von uns beeinflussen läßt, verstehen und erreichen wir ihn ganz. Alles andere muß nach Auffassung Jungs Stückwerk bleiben. Der Jungianer Adolf Guggenbühl führt in einem Aufsatz über die therapeutische Beziehung, wie man sie in seiner Schule versteht, folgendes aus: In einer derartigen Beziehung lebt immer *jeder der beteilig-*

ten Partner alle möglichen Rollen, die Polarität der Beziehungs-Archetypen darf niemals vollständig zwischen den beiden Beteiligten aufgeteilt werden. Und zwar darum, weil wechselseitige Flexibilität in der Übernahme von Rollen jegliche gesunde, lebendige Beziehung überhaupt charakterisiert. Der Patient sollte daher immer wieder einmal auch die Arztseite leben können, der Arzt dagegen darf die Übernahme der Patientenseite nicht scheuen.[13] Das heißt für Guggenbühl vor allem dies, daß der Therapeut seelisches Kranksein nicht hinter sich gelassen und ad acta gelegt haben sollte, sondern daß es ihn nach wie vor persönlich etwas angeht:

»Es geht nicht etwa darum, daß sich der Psychotherapeut auf sentimentale Art und Weise mit dem Patienten identifiziert. Es geht darum, daß er das Bild, das Erlebnis der Krankheit und des Leidens auch in sich trägt. In dem Sinne ist der Heiler jemand, bei dem der Archetypus des Heiler/Kranken, also auch der Krankheit, nicht etwas Fernes, sondern etwas innerlich sehr Nahes ist« (Guggenbühl, bei Battegay und Trenkel, 1978, S. 28).

Eine eigentliche Erfindung der Jungianer ist dieser Grundgedanke und diese Forderung jedoch nicht. Freud hatte zwar verlangt, daß ein guter Analytiker seelisches Kranksein hinter sich gelassen haben sollte, aber andere Analytiker hinterfragten kurz nach ihm – wie Jung 1946 – die Richtigkeit dieser Überzeugung. Ferenczi verlangte – lange vor Jung – ziemlich viel an »Verrücktheit« vom Analytiker, von Sharpe haben wir ferner gehört, daß sie der Auffassung war, ein Analytiker, der sich als »durchanalysiert« und nicht mehr labil ansehe, sei ein schlechter Analytiker, nichts sonst. Bei Winnicott findet sich – allerdings erst im Jahre 1959 – eine ganz ähnliche Stelle. Er schreibt:

»Der Psychotherapeut (Analytiker oder analytische Psychologe) *muß verletzlich bleiben* und dennoch in seiner Arbeitszeit seine ärztliche Rolle beibehalten. Ich nehme an, *daß es leichter ist, einen wohlerzogenen Analytiker zu finden als einen, der (während er sich wohlerzogen benimmt) die Verletzlichkeit noch hat, die zu einer flexiblen Organisation der Abwehr gehört*« (Hervorhebungen von der Verf.) (Winnicott, 1974, S. 210).

Wie der Schlußsatz aus dem Zitat von Winnicott uns zeigt, sind solche der Krankheit nahen und noch verletzlichen Analytiker allerdings eine Rarität. *Das analytische Setting, das Sitzen hinter dem Patienten, die geforderte Zurückhaltung des Analytikers dienen der Abwehr jenen, die sich eben nicht mit Haut und Haar einlassen wollen, die Kranksein als das Problem der anderen anzusehen belieben. Die Vorschriften, an die sich ein Analytiker zu halten hat, lassen sich leicht im Dienste des Selbstschutzes miß-*

*brauchen. Jung hat das richtig gesehen.* Auch Cremerius, der 1994 die organisierte Analytikerschaft als »Normopathen« beschimpfte, würde Jung da recht geben (Cremerius, 1994, S. 45).

Die verlangte Identifizierung, der Aufruf zu innerem Aufgerütteltwerden und zu Betroffenheit ist bei Jung also viel ausgeprägter als bei Freud. Wenn Freud zurückhaltend schreibt, das analytische Verfahren setze »doch auch persönliche Teilnahme für den Kranken« (Freud, 1975, S. 59) voraus, tönt es bei Jung anders so: der Therapeut muß »gefährdet« sein und soll das Leiden des Patienten übernehmen:

> »Eine gewisse Beeinflussung des Arztes ist unvermeidlich und ebenso eine gewisse Störung bzw. *Schädigung seiner nervösen Gesundheit*. Er ›übernimmt‹ ja recht eigentlich das Leiden des Patienten und teilt es mit ihm. Darum ist er prinzipiell gefährdet und muß es sein« (Hervorhebung von der Verf.) (Jung, 1958, S. 183).

Manchmal, so schreibt Jung, muß sich der Psychotherapeut sogar eine noch schwerere Last aufhalsen als jene, die der Patient zu tragen hat. Phasenweise wird er so zum kränkeren Patienten als es sein Gegenüber ist. Jung berichtet uns in diesem Zusammenhang von einem Fall »induzierter Paranoia« bei einem Arzt, der eine Patientin mit ursprünglich latentem Verfolgungswahn analytisch behandelte. Er war es also, an dem die Krankheit, die in der Patientin nur geschlummert hatte, dann wirklich ausbrach – und das war gut so. Da er stabiler war, konnte er eher damit umgehen als die Patientin. Gerade bei der Behandlung schizophrener Grenzzustände muß der Arzt, so Jung, immer wieder einmal selber psychotische Episoden durchmachen und auf diese Weise das in Auflösung begriffene Ich des Patienten stützen helfen (vgl. Jung, 1958).

Jungs Aufruf an die Therapeuten, daß sie selber stärker zu Patienten werden sollten, hat sich vor allem im Umgang mit schizophrenen Patienten bewährt und ist zu einem der wesentlichsten Leitsätze vieler Psychosentherapeuten geworden! Bei Winnicott beispielsweise findet sich ein anschauliches Beispiel für das beschriebene Übernehmen einer psychotischen Episode durch den Therapeuten, für sein »Affiziertwerden« und die »Schädigung seiner nervösen Gesundheit« (Jung, 1958): Eine psychotische Patientin, die bestritt, einen Körper zu haben und das Vorhandensein eines Körpers auch bei ihrem Therapeuten, Winnicott, leugnete, brachte bei diesem einen psychotischen Typus von heftiger Desintegrations-Angst hervor, was sich unter anderem in einem Traum des Therapeuten ausdrückte, in welchem er keine rechte Körperhälfte mehr besaß (Winnicott, 1976, S. 79 ff.).

Auch Benedetti (1976) schreibt, daß man einem Psychotiker niemals so distanziert wie einem Neurotiker gegenübertreten dürfe, daß es vielmehr darauf ankomme, das Leiden des Psychotikers mit ihm zu teilen, es zu »dualisieren«. Ludwig Binswanger hat für dasselbe Erfordernis den bildhaften Ausdruck der »Tragung« geprägt. Beim Psychosentherapeuten Harold Searles steht zu lesen, daß der Therapeut in der Phase der ambivalenten Symbiose mit dem Patienten überzeugt sein müsse, selber der Patient zu sein – sonst stimme etwas nicht in dieser Behandlung. Und in der folgenden, der dritten Therapiephase, brauche der zum Patienten gewordene Therapeut gar dringend Integrationshilfe von seinem Gegenüber – so krank sei er geworden, so krank müsse er geworden sein (Searles, 1964/65). Rosenfeld verlangt, daß der Analytiker seine eigenen psychotischen Anteile bis hin zum Erleben des Identitätsverlustes entdecken gehen müsse (Rosenfeld, bei Cremerius, 1979b). All dies geht auf Jung zurück! Er war der eigentliche Vater eines ganz grundlegend veränderten Umgangs mit psychotischen Patienten.

Jung hat mit seinem »Infektionsideal« aber auch entscheidend wichtige und für die Weiterentwicklung der Psychoanalyse wegweisende Grundgedanken der Kleinianer vorweggenommen. Wenn dort so viel die Rede vom Therapeuten ist, der ein »*Container*« (Bion) zu sein hat, in welchen der Patient mit einer »Grundstörung« (Balint) via die projektive Identifizierung seine heftigen Affekte deponieren kann (so wie das Baby seinen inneren Aufruhr in eine gute Mutter hineingeben kann, damit sie das Chaos mittragen und klären hilft), dann ist das wiederum nichts anderes als Jungsches »Affiziertwerden« und »Übernahme des Leidens«. Der Preis ist für den Therapeuten unweigerlich der, daß seine Gegenübertragung außer Rand und Band gerät, da sie das Chaos des Patienten abbildet. Natürlich gibt er dieses Chaos nicht ungefiltert zurück, sondern sein stärkeres Ich bringt Ordnung und Struktur in den Aufruhr, den er übernommen hat – das ist ja gerade die wesentliche Funktion des Containers oder der guten Mutter. Aber wesentlich für unseren Zusammenhang bleibt, daß der Therapeut nicht mehr gemäßigt fühlen und distanziert bleiben kann, sondern daß er in Panik gerät, den Haß eines Babys in sich verspürt, oder manchmal so sehr leidet, daß es kaum mehr auszuhalten ist.

Wie aber steht es mit Jungs Bedeutung für die Behandlung »gewöhnlicher« Übertragungsneurotiker, klassischer Analysefälle also? Hat sein Aufruf zu mehr Symmetrie in der Behandlung auch in diesem Bereich eine Lawine ins Rollen gebracht? Soll die Gegenübertragung auch bei diesen Krankheitsbildern aus den Fugen geraten? Die Antwort lautet ganz klar: nein. Es gibt zwar einige Autoren, die ein Krankwerden, Zum-Patienten-werden des Therapeuten auch bei der Behandlung von weniger schwer gestörten Patienten für wesentlich halten, aber sie sind alles andere als Legion. Lucia Tower zum Beispiel gehört zu diesen wenigen, die ganz unverhüllt für die Entwicklung einer *Gegenübertragungs-Neurose* beim Therapeuten eintreten, mit der Begründung, daß derlei unweigerlich als Katalysator im analytischen Prozeß wirken werde. Anni Reich kann über einen derartigen Vorschlag allerdings nur indigniert den Kopf schütteln (Reich, 1960). Sie hält es lieber mit einer Auffassung, wie Elisabeth Zetzel sie formuliert hat:

> »Das Ziel einer therapeutischen Einzelanalyse betrifft in erster Linie die Weiterentwicklung des einen Partners in der analytischen Situation, nämlich des Patienten. Der erfolgreiche Analytiker mag zwar auch profitieren, aber er verändert sich während einer Analyse nicht wesentlich im Hinblick auf seine eigene seelische Struktur oder Funktionsweise [...]« (Zetzel, 1974).

Das Patient-Sein hat der »erfolgreiche Analytiker« mit anderen Worten hinter sich. Er ist normal, gesund, stabil, durchanalysiert, nichts sonst.

Racker wiederum steht auf der anderen Seite und geht in gewissem Sinne sogar noch weiter als Tower, wenn er sagt: wir Analytiker sind ohnehin schon alle Patienten, wir müssen uns gar nicht erst Mühe geben, auf einen Patienten-Status zu regredieren. Hören wir doch endlich damit auf uns vorzumachen, daß die analytische Situation eine Beziehung zwischen einem Gesunden und einem Kranken sei:

> »In Wahrheit ist sie eine Angelegenheit zwischen zwei Persönlichkeiten, deren Ich unter dem Druck vom Es, vom Über-Ich und von der Außenwelt steht; jeder der beiden lebt mit seinen inneren Abhängigkeiten und äußeren Ängsten und pathologischen Abwehrmechanismen und ist noch ein Kind mit seinen inneren Eltern. Mit seiner ganzen Persönlichkeit antwortet sowohl der Analysand als auch der Analytiker auf alles, was in der analytischen Situation geschieht« (Racker, 1978, S. 156).

Aber diese Denkweise ist innerhalb der Psychoanalyse wie gesagt doch eher die Ausnahme und es ist im allgemeinen unter Analytikern um so mehr von Affektlosigkeit, Distanz zum Patienten und »ärztlicher Haltung« in der Gegenübertragung die Rede, je eher sie einen Übertragungsneurotiker vor sich haben. Winnicotts Auffassung deckt sich mit derjenigen der Mehrheit: der Jungsche Symmetrie-Gedanke ist nur in der Arbeit mit Schizophrenen, Borderline-Fällen und Antisozialen brauchbar. Dem klassischen Analysepatienten und Übertragungsneurotiker aber sollte der Analytiker keinesfalls zum »Retter« und »Verbündeten« werden. Bei solchen Diagnosen empfiehlt sich nach wie vor die klassische Distanz zwischen Arzt und Patient. Eine primitive Symbiose wie zwischen Mutter und Kind, in der wirklich beide Teile »affiziert« erscheinen, wäre hier nur fehl am Platz, die Übertragung würde bloß verzerrt (Winnicott, 1974, S. 212).

Zusammenfassend kann man also sagen, daß *es Jungs Verdienst ist, uns eine neue, für uns selber nicht ungefährliche Art des Umgangs und therapeutischen Engagements im Zusammensein mit schwer und früh gestörten Patienten nahegelegt zu haben.* Bei allem Respekt vor dieser engagierten und mutigen Haltung Jungs, wie sie sich 1946 im Werk »Die Psychologie der Übertragung« zeigt, soll hier jedoch nicht verhehlt werden, daß seine sonstigen Schriften und sein Leben als praktizierender Therapeut keineswegs von seinem Symmetrie- oder Infektionsgedanken geprägt waren. Worte und Taten wollten nicht ganz zusammenpassen. Im Gegenteil, Jung schien ihn in der täglichen Praxis geradezu zu fliehen, diesen tiefen, »affizierten« Dialog zwischen zwei Menschen, in dem die »Fangarme des Octopus« und die »das Dämonische bergende Dunkelheit« alle beide gleichermaßen verschlingen. Erst im Alter von 70 Jahren ging Jung nämlich die Bedeutung solchen »Affiziertwerdens« auf, erst zu diesem Zeitpunkt wurde das Werk veröffentlicht, auf das ich mich in diesem Kapitel bezogen habe.

Hans Trüb, selber jahrzehntelang Jungianer, wandte sich eben deshalb enttäuscht von der Analytischen Psychologie Jungs ab. Er war der Meinung, Jungs Interesse an der Arzt-Patient-Beziehung sei viel zu gering gewesen. Für Trüb, der dann eine eigene, stärker am Dialog ausgerichtete, vor allem von Martin Buber beeinflußte »Anthropologische Psychologie« begründete, gilt,

> »[...] daß *Jungs Totalauffassung vom Menschen zuletzt auf das Verhältnis des Menschen zu sich selbst eingeschränkt ist* und so im Grunde nur zum psychologischen Selbstbezug hinführen kann. *Alle Beziehungen von Mensch zu Mensch, so auch die von Arzt zu Patient, bleiben der vollen Belichtung entzogen*« (Hervorhebungen von der Verf.) (Trüb, 1951, S. 48).

Für Trüb ist die Jungsche Psychologie nicht eigentlich »dialogisch«, sondern bloß »dialektisch« zu nennen.

Daß Jung an einem engagierten Dialog mit Menschen aus Fleisch und Blut lange Zeit nicht besonders interessiert war, zeigt sich an einem denkwürdigen Ausspruch, den er im Alter von 60 Jahren in einem Gespräch mit Trüb getan und der diesen endgültig zur Ausformulierung einer eigenen Position veranlaßte. Trüb notiert:

»Ausschlaggebend wurde dann schließlich Jungs Geständnis, das er als Sechzigjähriger vor mir abgelegte: ›*Das Persönliche ist für mich etwas derart Irrationales und Zufälliges, daß ich damit einfach nichts anfangen kann – da kann ich mir nicht anders helfen: ich rücke es mir aus den Augen*‹« (Unterstreichung von der Verf.) (Jung, bei Trüb, 1951, S. 40).

Nicht eben begierig, wirklich »affiziert« zu werden, sondern ausgesprochen daran interessiert, die eigene Haut zu retten, schrieb Jung zehn Jahre später – im selben Jahr, in dem er Freud Drückebergerei und mangelndes Engagement vorwerfen sollte –, daß er es vorziehe, wenn die Übertragung nur milde verlaufe, weil einen das *viel weniger persönlich in Anspruch nehme*:

»Ich persönlich bin jedesmal froh darüber, wenn die Übertragung milde verläuft oder sich praktisch nicht bemerkbar macht. Man ist dann viel weniger persönlich in Anspruch genommen [...]« (Jung, 1958, S. 184).

Aber nicht nur Hans Trüb, auch dem Jung-Biographen Gerhard Wehr ist es aufgefallen, daß *Jung erst ganz gegen Ende seines Lebens für eine wirklich dialogische Beziehung zwischen Arzt und Patient einzutreten begann*. Wehr schreibt:

»*In seinen letzten Lebensjahren* scheint Jung immer deutlicher die Wichtigkeit des Dialogischen, das Gegenübersein von Arzt und Patient anerkannt zu haben« (Hervorhebung von der Verf.) (Wehr, 1969, S. 129).

Obwohl Jung also selber das Symmetrie- und Infektionsideal in der Praxis kaum verwirklicht hat und manche seiner Äußerungen nicht eben risikofreudig wirken, bleibt sein Aufruf zu einer neuen Weise des Mitseins mit bestimmten Patienten gültig. Er wirkt bis in die heutige Zeit fort.

## 8. Robert FLIESS:
### Zuviel Engagement und Identifikation ist des Teufels. Analytiker sollen sich mit ihren Patienten nur so weit identifizieren wie Tee-Tester mit einem Schluck Tee

Jung verlangt vom Analytiker, daß er zum begleitenden Mitpatienten seines Kranken werde, dasselbe zu erleiden bereit sei wie sein Gegenüber. Sein Zeitgenosse Robert Fliess dagegen hält soviel Gleichmacherei für grundsätzlich verfehlt. *Die Sache mit dem »Affiziertwerden« und mit der »Übernahme des Leidens« wertet er von seiner Warte aus als ein bloßes Steckenbleiben in der Identifizierung, als den Verlust der kreativen Distanz zum Patienten.* Wer sich derart hautnah mit seinem Patienten einlasse, könne den Patienten nicht mehr verstehen, weil er die Übersicht in solcher Nähe verlieren müsse. Soweit zumindest Fliess, der Mann, der wie so viele andere Analytiker seiner Zeit noch ganz dem Freudschen Indifferenz-Ideal verpflichtet ist.

Seine Denkweise ist für den Fortgang der Geschichte der Gegenübertragung eigentlich nicht weiter von Interesse, weil sie nichts Neues bringt, sondern vor allem den Standpunkt der Tradition verteidigt. Dennoch will ich kurz auf Fliess eingehen. *Schließlich klatschte die Mehrheit der Analytiker Beifall, als Fliess den Analytiker mit einem Tee-Tester und einem Kleiderständer verglich.* Die Reaktion des Zentralmassivs zeigte es deutlich: Die Phase des Dornröschenschlafs war keine Zeit der großen Wende und Umkehr, auch wenn in ihr Jung wirkten und Sharpe, Berman und Alexander.

Die Metaphern vom Tee-Tester und Kleiderständer finden sich in einem 1942 veröffentlichten Artikel von Fliess (1942), der schon gleich im ersten Abschnitt deutlich macht, wes Geistes Kind der Autor ist: Mit der Objektbeziehungstheorie hat Fliess bestimmt nichts zu schaffen. Der Patient, so der Eröffnungszug, entwickelt sich im Laufe des analytischen Prozesses immer stärker hin zu einem Individuum, der Analytiker hingegen bleibt von Anfang bis Ende eine bloße Kategorie, ein reiner Typus von Person, »a categorical person« (Fliess, 1942, S. 211). Er ist mit anderen Worten das Gegenteil einer Person, ein Mann ohne Eigenschaften, bar aller individuellen Wesenszüge, jener von Freud geforderte vollkommen weiße Projektionsschirm, auf dem der Patient das Drama seiner Kindheit abbilden kann. Der Analytiker hat sich nach Auffassung von Fliess in ein ideales Übertragungsobjekt zu verwandeln, was der radikalen Reduktion von Person auf die Funktion eines Kleiderständers oder einer Strohpuppe, »a transference dummy« (Fliess, 1942, S. 215), gleichkommt, die der Patient dann zum Aufhängen der Übertragungskleider benützen kann. Analytiker als ebenso reale, fühlende, engagierte Menschen, an denen der Patient eine neue emotionale Erfahrung machen kann, sind in diesem Denken nicht gefragt, *weil der analytische Prozeß als eine ganz einseitige Angelegenheit verstanden wird, bei der einer etwas macht (der Patient) und mit dem anderen (mit dem Analytiker) etwas gemacht wird. Daß das analytische Nicht-Tun, Nicht-Sein auch eine Form von Tun und Sein darstellt, im Patienten unweigerlich ein bestimmtes Bild seines Gegenübers entstehen läßt und folglich auch die Übertragung »verzerrt«, das konnte Fliess nicht sehen.* Und dies, obwohl die Balints, auf die ich im folgenden Kapitel eingehen will, schon drei Jahre zuvor überzeugend deutlich gemacht hatten, daß unser Bemühen um Keimfeiheit nicht funktioniert, weil ein Mensch nicht *kein* Mensch sein kann und wenn er sich noch so sehr darum bemüht. Er wirkt dann einfach als versagender, unengagierter oder gestrenger und lebloser Mensch – aber trotz allem nicht als leere Leinwand.

Ebenso ungetrübt von allen affektiven Regungen wie die Strohpuppe ist natürlich auch der Tee-Tester, das zweite Bild, das Fliess beschwört, um Analytikern den korrekten, »objektiven« Umgang mit Patienten näher zu bringen. Tee-Tester machen folgendes: sie trinken den Tee, den sie beurteilen sollen, nicht, sie schlürfen bloß einen kleinen Schluck davon, wälzen ihn kurz im Munde herum und spucken ihn dann wieder aus. Wollten sie ihn gleich tassenweise trinken, dann wüßten sie letztlich gar nichts über den Geschmack des Tees, ihr Urteil würde zum Fehlurteil. Genauso haben nach Fliess Analytiker zu verfahren. *Nicht das gierige Introjizieren in großen Schlucken, wie Jung es uns vorgeschlagen hat, ist vonnöten, sondern ein sachliches, kurzzeitiges Testen und Schmecken und anschließendes Wiederausspucken der Probe.* Nur eine von Fliess sogenannte »Probe-Identifikation« oder »trial identification« (Fliess, 1942, S. 214) seitens des Analytikers kann dem Patienten helfen. Bei allem stärkeren und länger dauernden »Hereinnehmen« von Tee oder Patienten geht die kreative Distanz zum Gegenstand der Untersuchung verloren.

*Bei Fliess läßt sich, wie man sieht, eine ausgeprägte Gefühlsscheu beobachten, und zwar keineswegs nur, was die neurotischen Anteile in der Gegenübertragung angeht*[14]*, sondern was das innere Angesprochenwerden des Analytikers überhaupt betrifft. Bloß nicht zu sehr in Schwingung geraten, bloß die Situation nicht in eine Objektbeziehung »verkehren«* (vgl. Fliess, 1942, S. 216), Indifferenz ist alles – so lautet das Motto. *Mit seinem Widerwillen gegen alles Involviertwerden und »sonner plein«, wie Sacha Nacht es einmal so schön formuliert hat, geht Fliess im Grunde weit über Freud hinaus* und wirkt er päpstlicher als der Papst. Freud fürchtete die Gegenübertragung bekanntlich bloß darum so sehr, weil er das neuerliche Aufleben und vor allem Ausleben der Neurose des Analytikers um jeden Preis vermeiden wollte. Fliess aber wendet sich gegen das Fühlen ganz allgemein. Nur zaghaft und für Sekunden soll der Analytiker seinen Zeh ins kalte Wasser halten, sonst könnte sein Kreislauf in Unordnung geraten.

Wenn man solche Bilder wie das vom Tee-Tester vorgeführt bekommt, dann wird man froh und dankbar sein, daß es einen Mann wie Jung gegeben hat und eine Frau wie Ella Sharpe, die dem Mißbrauch Freudscher Regeln durch einige seiner Epigonen radikal und mutig entgegengetreten sind. Wo immer man als Therapeut stehen mag, ob man eher dem Lager der »paternistischen Vernunfttherapeuten« (Cremerius) zuneigt und also vor allem vom therapeutischen Wert des Vermittelns von intellektueller Einsicht überzeugt ist, oder ob man es eher mit dem unbedingten Glauben an das Erleben, die gelebte Beziehung zwischen Analytiker und Patient und an die Bedeutung der Gegenübertragung als Agens hält, zu solchen Geschmacklosigkeiten wie Fliess mit seinem Bild vom Tee-Tester darf man sich nicht hinreißen lassen, weil sie den Patienten und die Beziehung, die man zu ihm eingeht, auf inhumane Art verdinglichen. Ein Patient ist doch keine Ware, kein Getränk und schon gar kein Getränk, das man nach Belieben testen und wieder ausspucken kann. Freud wählte zwar gleichfalls ein Bild, das Anstoß erregt hatte: den sachlichen Chirurgen. Der Chirurg hat jedoch aller Sachlichkeit und Affektfreiheit zum Trotz immerhin noch einen Menschen vor sich liegen und es geht ihm darum, diesen Menschen von seinem Leiden zu befreien. Ein Tee-Tester dagegen, der den Tee wieder ausspuckt, kaum hat er ihn gekostet – das ist ein Bild der Gleichgültigkeit und Nicht-Betroffenheit, das schaudern läßt.

Bei Lichte besehen ist der Umgang, zu dem Fliess uns rät, klassisch neurotischen Vorstellungen verdächtig ähnlich: *Die Angst, alle Kontrolle wie Übersicht über eine Situation zu verlieren, sowie nur erst die Gefühle mit ins Spiel kommen, kennen wir beispielsweise nur zu gut vom Zwangsneurotiker* her. Darum ist der Umgang mit ihm so entleert und langweilig. Winnicott hat übrigens einmal solches Langweiligsein zum Hauptmerkmal eines psychisch kranken Menschen erklärt – eine so knappe wie originelle Charakterisierung –, und zwar darum, weil uns jemand dann langweilt, wenn wesentliche Bereiche seiner Emotionalität verschüttet sind und nicht leben dürfen. Zu einer Gruppe junger anglikanischer Priester, die wissen wollten, wie sie unterscheiden lernen könnten, ob jemand, der ihre Hilfe suche, wirklich psychisch krank sei und psychiatrischer Behandlung bedürfe oder nicht, sagte Winnicott:

> »Wenn jemand kommt und mit Ihnen spricht und Sie haben beim Zuhören das Gefühl, daß er Sie *langweilt*, dann ist er krank und braucht psychiatrische Behandlung. Wenn er aber Ihr Interesse wachhält, dann können Sie ihm ausreichend helfen, gleichgültig, wie schwer sein Kummer oder sein Konflikt sein mögen« (Winnicott, 1982, S. 5).

Dieses Langeweile erzeugende Abspalten bedeutsamer emotionaler Bereiche, der Emotionalität überhaupt, findet sich auch bei Fliess. Wenn es nichts mit psychischer Störung beim Autor zu tun hat, dann kann ich es nur als Ausdruck von falsch verstandener Linien- und Freud-Treue werten. So wie Fliess seine Ratschläge auffaßte, hat Freud sie bestimmt nicht gemeint, sachliche Chirurgie hin oder her! Das folgende Zitat aus einem Brief Freuds an Pfister, den er diesem 1927 schrieb, belegt dies deutlich genug:

> »*Sie wissen, welche Neigung die Menschen haben, Vorschriften wörtlich zu nehmen oder zu übertreiben.* Dies tun, wie ich sehr wohl weiß, einige meiner Schüler mit der analytischen Passivität. Speziell von H. glaube ich gern, daß er *die Wirkung der Analyse durch eine gewisse verdrossene Indifferenz verdirbt* und es dann versäumt, die Widerstände aufzudecken, die er dadurch beim Patienten geweckt hat. Man sollte aus diesem Fall nicht den Schluß ziehen, daß es nach der Analyse einer Synthese bedarf, vielmehr ist eine gründliche Analyse besonders der Übertragungssituation von Nöten. Was dann von der Übertragung erübrigt, darf, ja *soll den Charakter einer herzlichen menschlichen Beziehung haben* [...]« (Hervorhebungen von der Verf.) (Freud, bei Thomä, 1981 b, S. 2).

Zum Schluß will ich noch die obligate Liste von Gegenübertragungs-Komplikationen anführen, die ich aus dem Artikel von Fliess, der eben diskutiert wurde, habe extrapolieren können:

1. Ist meine Beziehung zu meinem Patienten stark libidinös gefärbt, gerät dies in Konflikt mit meiner Rolle als ideales Übertragungs-Objekt und ideale Übertragungs-Puppe. Meine intellektuellen Funktionen geraten dann außer Rand und Band. Vor lauter freudiger Gestimmtheit beispielsweise vergesse ich, den Patienten scharf zu beobachten (Fliess, 1942, S. 217).
2. Ist meine Beziehung zum meinem Patienten stark libidinös gefärbt, reagiere ich gern masochistisch oder mit ungutem Märtyrertum, wenn mein Patient aggressiv gestimmt ist (Fliess, 1942, S. 217).
3. Ist meine Beziehung zu meinem Patienten stark narzißtisch gefärbt, so werde ich depressiv oder körperlich krank, wenn mein Patient aggressiv wird (Fliess, 1942, S. 217).
4. Wenn ich die verschiedenen Restriktionen, die mir mein Beruf auferlegt, nicht ertragen kann, wenn der mir abverlangte Triebverzicht zu groß für meine Kräfte ist, dann kann mich dies dazu verleiten, technische Neuerungen einzuführen, die es mir ermöglichen, meine Bedürfnisse nach Triebbefriedigung über die Hintertreppe hereinzuschmuggeln (Fliess, 1942, S. 222).

## 9. Alice und Michael BALINT:
## Keimfreiheit und Neutralität gibt es nicht.
## Schon die Anordnung der Kissen auf der Couch spricht Bände

Noch ganz unter dem Eindruck der Fliess'schen Ratschläge zum einzig wahren Umgang mit Patienten stehend, bemüht sich der immer noch die »richtige« Gegenübertragung suchende Ausbildungskandidat jetzt also darum, seine Person nur noch wie einen »Typus von Person« wirken zu lassen, seine Lebendigkeit in die Eigenschafts- und Fühllosigkeit einer Strohpuppe zu verwandeln. Er hat begriffen: sie besteht aus Stroh und damit basta. Will er sich nun noch etwas weiterbilden, weil Stroh doch nicht alles sein kann, und macht er sich also an die Lektüre beispielsweise der Balints, so muß er erkennen, daß es schon wieder nichts war mit der absoluten Wahrheit. Bei diesen Autoren erfährt er nämlich prompt, daß das gar nicht funktioniert, worum er sich eben noch so sehr bemüht hat. Eigenschaftslosigkeit gibt es nicht, zumindest nicht bei atmenden Menschen. Alles Bemühen um Reduktion von Person ist eitel. Selbst der zurückhaltendste Analytiker verrät sich laufend. Da kann man das Strohpuppe-Spielen geradesogut bleiben lassen – so heißt es 1939 bei Alice und Michael Balint (1969, S. 223 ff.). Der Kandidat ist erleichtert, er war etwas einsam ohne seine Gefühle. Ganz zu schweigen von der Einsamkeit seiner Patienten. Wirklich, er freut sich über die Existenz dieser Balints.

Sechs Jahre vorher hatte Michael Balint allerdings noch ganz linientreu verlangt, daß der Analytiker ein völlig keimfreies Wesen in durchsterilisierter Umgebung zu sein habe. Zu diesem Zeitpunkt tönte es bei ihm noch so:

> »Die psychoanalytische Behandlung erfordert so etwas wie die Sterilität des Chirurgen oder Bakteriologen; und ebenso wie die Keimfreiheit nicht aus Büchern gelernt werden kann, sondern nur aus der Praxis, läßt sich auch die analytische Keimfreiheit nur auf einem Wege erlernen: durch die Lehr- oder Trainingsanalyse« (Balint, 1969, S. 182).

Und ein weiteres Zitat aus demselben Aufsatz, das wie das erste von Freud persönlich stammen könnte:

> »Es ist unmöglich, eine klare verständliche Situation zu bekommen, wenn das Objekt der Übertragung ein zweites menschliches Wesen ist, weil a) der andere auf die übertragenen Gefühle reagiert und b) weil er seine eigenen unabgeführten Gefühle auf den ersten überträgt. Es gibt nur einen Weg, hier zur Klarheit

zu kommen, nämlich das, was ich die ›keimfreie‹ Arbeit nannte: die elastische, taktvoll passive Haltung des Analytikers, der seine eigene Übertragung vollkommen beherrscht« (Balint, 1969, S. 190).

Aber das war, wie gesagt, 1933. Sechs Jahre später vollzieht Balint zusammen mit seiner Frau Alice Balint den Bruch mit der Denkweise der Pionierzeit. Eine Analyse wird jetzt vorstellbar, selbst wenn der Analytiker ein Keimträger ist, der die Praxisräumlichkeiten verseucht, wenn er mit anderen Worten sehr persönliche Züge aufweist und seine Übertragung nicht vollkommen beherrscht.[15] Ja, man begreift, daß es sich in Tat und Wahrheit immer so verhält, daß es auf dieser Welt noch nicht einen einzigen echten Strohpuppen-Analytiker gegeben hat, alles Bemühen um Entpersönlichung hin oder her. Die Keimfreiheit entpuppt sich für die Balints als falscher Götze, den anzubeten sich nicht länger lohnt. Analytiker können sich tarnen, kontrollieren, zurückhalten, um Gefühlsniederhaltung bemühen, die Indifferenten spielen, soviel sie wollen, ihre Analysanden erkennen sie aller Versteckspiele zum Trotz.

Tausend Kleinigkeiten sind es, die den Analysanden verraten, mit wem sie es wirklich zu tun haben, vielsagende, enthüllende Details, die im Rahmen der Diskussion der Übertragung respektive der Gegenübertragung – für die Balints ist das ein- und dasselbe – ein Schattendasein fristen mußten. Nun aber werden sie Stück für Stück ans Licht gezogen und es wird nachgewiesen, daß sie allesamt Bedeutungsträger sind, die unser Bemühen um das Inkognito sabotieren.

So ist etwa der Umgang des Analytikers mit dem harmlosen, kleinen Kopfkissen auf der Couch durchaus als Abbild und Spiegel seiner Gegenübertragung anzusehen. Mit so einem Kissen stellt einer ganz verschiedene Dinge an, je nach der Einstellung zum Problem der Reinlichkeit, die er im Laufe seiner Entwicklung gefunden hat respektive finden mußte. Mit komisch anmutender Gründlichkeit zählen die Balints hier folgende mögliche Varianten auf:

»Ein typisches Problem ist das ›Kissen‹. Es gibt dafür mehrere Lösungen: a) jeder Patient bekommt dasselbe Kissen, aber es wird eine Papierserviette darübergelegt und am Ende der Stunde in den Papierkorb geworfen; b) das Kissen ist dasselbe, aber jeder Patient hat seinen eigenen Bezug, der sich von den anderen durch Farbe und Muster unterscheidet, und das Kissen wird vor jeder Stunde neu bezogen; jeder Patient hat sein eigenes Kissen und darf nur dieses benutzen. Es ist nur ein Kissen oder es sind nur einige wenige Kissen vorhanden, und es ist dem Patienten überlassen wie er sie benutzen will, usw. Diese Möglichkeiten lassen sich noch um den Faktor drei multiplizieren, weil es noch darauf ankommt, ob der Analytiker, der Patient oder eine Angestellte das Kissen vorbereiten« (Balint, A. und M., 1969, S. 215).

Der Patient wird es natürlich registrieren, wenn das Kissen unsauber ist oder jedesmal mit einem reinlichen Papiertuch bedeckt wird. Wer nun glaubt, das leidige, da so verräterische Problem dadurch lösen zu können, daß er das Kissen wegläßt, gibt sich Illusionen hin. Mit der Strohpuppe ist es wieder nichts. Der Analytiker verrät sich auch in der noch so asketisch eingerichteten Praxis. Zur spezifischen Übertragung oder Gegenübertragung des Analytikers zählt nämlich auch die Art, in der er seine Sitzungen beendet. Ob er vom Stuhl aufsteht oder stereotyp immer die gleichen Worte bei Stundenende anwendet, ob er sich bemüht, jedes Mal eine neue Formulierung zu finden, ob er, statt etwas zu sagen, ostentativ auf seinem Sessel hin- und herrutscht, ob er eine Weckeruhr verwendet oder gar eine große Küchenuhr an die Wand gehängt hat, damit der Patient es selber merke, wann die Zeit abgelaufen ist – all das ist kein Zufall, sondern untrennbar mit der Gegenübertragung des Analytikers verbunden und Ausdruck seiner in der Kindheit erworbenen Ängste oder Fähigkeiten. Der wißbegierige Patient – und dazu gehören sie alle – wird diese Signale unweigerlich registrieren und entschlüsseln. Hinweise auf des Analytikers Wesen vermittelt auch die Couch, die er in seinem Zimmer stehen hat: Natürlich ist es kein Zufall, ob er eine niedrige oder hohe, eine breite oder schmale, eine bequeme oder pritschenähnliche gewählt hat. Die getroffene Wahl ist vielmehr in jedem Fall ganz bezeichnend. Dasselbe gilt für den Stuhl des Analytikers und für die Beleuchtung, die es ihm angetan hat. Mag er es lieber gemütlich oder eher wie bei einem Polizeiverhör? Der Patient wird es in Sekundenschnelle registrieren. Aber nicht nur die Gestaltung der Umgebung ist für die Balints Ausdruck der unbeabsichtigt mitgeteilten Gegenübertragung des Analytikers, auch seine Art zu deuten gehört dazu. Es gibt Analytiker, die sparsam deuten und Einsichten erst formulieren, wenn sie auch noch den letzten Zweifel ausgeräumt haben, andere dagegen deuten ohne solchen Perfektionsdruck und nehmen dabei das Risiko in Kauf, daß sie auch einmal einen unrichtigen Sinnzusammenhang an den Mann bringen. Auch was das Timing der Deutungen angeht, spielt »ein persönliches Element eine Rolle« (Balint, A. und M, 1969, S. 217). Dasselbe läßt sich von all den feinen Schattierungen beim Formulieren von Deutungen und anderen Interventionen sagen. Und natürlich enthüllt auch der Tonfall, in welchem er redet, so manches von der persönlichen Wahrheit des Analytikers. All dies zu kontrollieren und von jeder persönlichen Beimengung reinzuhalten, ist schlicht ein Ding der Unmöglichkeit.

Wir können uns, so meinen die Balints, noch sosehr Mühe geben, keimfrei, neutral und strohpuppenhaft zu erscheinen, unser So-Sein und unsere emtionale Antwort auf den Patienten schlagen auf jeden Fall durch. Was diesen grundlegend neuen Gedanken angeht, der sämtliche Anweisungen in Richtung von »Niederhaltung« und zur Schau getragener Indifferenz und analytischem Inkognito fragwürdig werden läßt, *so könnte man, meine ich, die Balints geradezu in den Rang von Eltern der modernen Kommunikationsforschung erheben:* Dreißig Jahre später schreiben beispielsweise Watzlawick, Beavin und Jackson, ihres Zeichens Kommunikationstheoretiker, daß das Bemühen um Tarnung und Inkognito im zwischenmenschlichen Kontakt ein Ding der Unmöglichkeit sei. *Auch der, der nicht handle, danach trachte, sich nicht zu verhalten, teile sich seinem Gegenüber mit* – Kommunikation sei in jedem Fall mit von der Partie:

»Man kann sich nicht *nicht* verhalten. Wenn man also akzeptiert, daß alles Verhalten in einer zwischenpersönlichen Situation Mitteilungscharakter hat, d. h. Kommunikation ist, so folgt daraus, daß man, wie immer man es auch versuchen mag, nicht *nicht* kommunizieren kann. Handeln oder Nichthandeln, Worte oder Schweigen haben alle Mitteilungscharakter: Sie beeinflussen andere, und diese anderen können ihrerseits nicht *nicht* auf diese Kommunikationen reagieren und kommunizieren damit selbst« (Watzlawick, Beavin und Jackson, 1974, S. 51).

Mauern die Analytiker ihre verbalen Kanäle im Dienste der analytischen Passivität und Abstinenz weitgehend zu, so verraten sie sich einfach auf nonverbalem Weg – eine Ebene, der wir ohnehin alle viel mehr Wahrheitsgehalt zumessen als bloßen Worten. Wenn der Analytiker mit den Füßen scharrt, nervös hüstelt, unruhig atmet, beim Händeschütteln eine Sekunde zögert, den Patienten im Wartezimmer kühl oder liebevoll anschaut, dann ist er alles andere als passiv und neutral, so wenig er in der Stunde auch reden mag, so karg seine Praxis auch eingerichtet sein mag.

Unter dem Einfluß dieser neuen, von den Balints gefundenen und später von den Kommunikationstheoretikern bekräftigten Einsichten, werden heute im Zusammenhang mit der Abstinenz andere Aspekte hervorgehoben als noch zu Zeiten der Pioniere. Es ist deutlicher geworden, daß *Abstinenz keineswegs durch ein paar einfache Kniffe oder Verhaltensregeln – wie das Nicht-Beantworten von Fragen, das Nicht-Schütteln von Händen, das Schweigen über persönliche Angelegenheiten – garantiert werden kann. Wenn es dem Analytiker nicht gelingt, echte Abstinenz in der Gegenübertragung zu erreichen, wird sich das dem Patienten mitteilen.* Es kommt heute also einiges stärker auf die Natur und den wahren Gehalt der

Gegenübertragung des Analytikers als auf irgendwelches bewußtes Sichtarnen an. Der Inhalt ist wichtiger als die Form geworden – der Analytiker, der nie etwas sagt und in einer mönchisch eingerichteten Praxis haust, damit man ihn nicht erkenne, hat, wenn wir einmal von den Comics absehen, als Ideal an Bedeutung verloren. Wichtig ist weniger die Tarnung, als daß die Gegenübertragung stimmt.

Thea Bauriedl gehört zu diesen modernen Neu-Interpretinnen des Abstinenz-Ideals. Sie hat es von allem formalen Ballast befreit, weil die Gegenübertragung sich häufig verrät, wie sehr einer sich auch zu verbergen sucht, und weil außerdem Abstinenz, verstanden als gewisse stereotype Verhaltensweisen und Tarnmanöver eines Analytikers, von diesem nur allzu leicht im Dienste des Selbstschutzes und »Ausweichens vor Selbstgefährdung« (Jung) mißbraucht werden kann. Wenn der Analytiker z. B. Abstinenz als »Schutzmechanismus gegen die Infragestellung seiner Person« verwendet, dann wird sie sofort zum »Machtmittel«. Und der Analytiker kann sich dabei erst noch vormachen, daß er die geforderten Abstinenzregeln doch ganz exakt einhält – das macht das Machtmittel doppelt fragwürdig und gefährlich. *Für Bauriedl heißt Abstinenz daher nicht mehr und nicht weniger als »Trennung und Eigenständigkeit«* (Bauriedl, 1980, S. 56), *als »Sich-nicht-verwenden-lassen-und-den-anderen-nicht-verwenden«* (Bauriedl, 1980, S. 52), *als Verzicht auf alles Manipulieren und die Fähigkeit, allen Manipulationen zu widerstehen*, kurz, Abstinenz hat eine Menge mit Autonomie zu tun:

»In einer relativ unreflektierten Sicht des psychoanalytischen Prozesses und der psychoanalytischen Haltung wird die Abstinenz oft als Schutzmechanismus des Analytikers gegen die Infragestellung seiner Person verstanden und gebraucht. Entsprechend den konventionellen Beziehungsregeln, die die Gefahr der Veränderung einschränken, definiert man auch Verhaltensregeln für Psychoanalytiker: er gibt keine Antwort auf Fragen des Patienten, er spricht nicht von seinen eigenen Problemen und persönlichen Beziehungen, er ›deutet‹ möglichst wenig, oder – je nach Überzeugung – möglichst viel usw. Diese Verhaltensweisen entsprechen wohl häufig der Beziehung des ›Sich-nicht-verwenden-lassen-und-den-anderen-nicht-verwenden‹. Sie können diese aber in keiner Weise kennzeichnen, da *alle auf der Verhaltensebene definierten Aktionen die Gefahr von Rezepten in sich tragen, die denjenigen, der sie anwendet, der aktuellen Verantwortung für sein Handeln in der Beziehung entziehen. Er manipuliert sich selbst durch solches Rollenverhalten und wird im gleichen Maße seine Analysanden manipulieren*: eine von ihm ›als Analytiker‹ eingebrachte stereotype Verhaltensweise – die der ›Abstinenz‹ – dient ihm als Schutz gegen den Analysanden; *die Methode ist zum Selbstzweck und damit auch zum Machtmittel geworden*. [...] Je mehr eigene Objektabhängigkeiten beim Analytiker noch wirksam sind, desto schwerer fällt ihm die Abstinenz. *Trotz exakter Einhaltung der äußeren Abstinenzregeln kann es dann vorkommen, daß er zwar eifrig ›therapiert‹, d. h. versteht oder meint zu verstehen und auch interpretiert, daß dabei aber keinerlei kreative Spannung zwischen ihm und dem Analysanden entsteht, weil entweder sein System oder das des Analysanden absolutgesetzt bleibt. Es kann keine Relativierung mehr stattfinden, weil die beiden Beziehungspartner sich gegenseitig zum Ausbalancieren ihres eigenen Gleichgewichtes verwenden und sich dabei vermeiden. Der Analytiker ist zwar tätig, aber er greift nicht ein. [...] Bei fehlender Abstinenz einigen sich die beiden Beziehungspartner z. B. auf die gemeinsame Spielregel, daß ›den-anderen-verstehen‹ gleichgesetzt werden soll mit ›tun-was-der-andere-will‹. Die Ungeschiedenheit und Unfreiheit der beiden Partner wird hier deutlich«* (Hervorhebungen von der Verf.) (Bauriedl, 1980, S. 51-53).

Aber kehren wir zurück zu den Balints ins Jahr 1939, als das analytische Inkognito erstmals als falsches Ideal entlarvt wurde. Die Übertragung oder Gegenübertragung des Analytikers teilt sich, so erkannten die Balints, dem Analysanden unwillkürlich und über weite Strecken mit. Keiner ist ein blank geputzter Spiegel, jeder verrät dem Analysanden eine Menge über seine Person, auch wenn er sich noch so sehr bemüht, eine Tarnkappe anzuziehen. Wo aber bleibt denn da die Wissenschaft, wo die Objektivität? Verzerren, so wird man sich hier fragen, die deutlich zur Schau getragenen eigenen Persönlichkeitszüge und Übertragungen des Analytikers jene des Patienten nicht so sehr, daß zu guter Letzt kein Mensch mehr angeben kann, welches Gesicht die Übertragung des Patienten denn nun »wirklich« trägt? Nach Auffassung der Balints schaden derartige subjektive Keime eines Analytikers, wie sie sich beispielsweise in der Einrichtung seines Zimmers, in seiner Art zu deuten, im Tonfall seiner Stimme kundtun, keineswegs. Den meisten Patienten sei es ohne weiteres möglich, diese Keime, sofern sie den Patienten in seinem So-Sein nur nicht einengen, links liegen zu lassen:

»Von wenigen Ausnahmen abgesehen, sind unsere Patienten imstande, sich diesen verschiedenen individuellen Atmosphären weitgehend anzupassen und sich fast ungestört von der Gegenübertragung des Analytikers der Übertragung zu überlassen« (Balint, A. und M., 1969, S. 219).

Dabei sollte es jedoch nicht bleiben. Zehn Jahre später, 1949 also, verhält es sich für Michael Balint keineswegs mehr so, daß die individuelle Gegenübertragung den Patienten völlig kalt läßt und praktisch überhaupt nicht beeinflußt. *Jetzt hat Balint den entscheidenden Schritt hin zu der Erkenntnis getan, daß die analytische Beziehung eine Objektbeziehung darstellt* und darstellen muß, daß Wechselseitigkeit in dieser Beziehung nicht nur nolens volens da ist, sondern sogar ganz dringend da sein muß. Nun heißt es nicht mehr bloß, daß die Subjektivität und die individuelle Person des Analytikers nichts schade, jetzt geht ohne diese Subjektivität nichts mehr. Natürlich, so wird Balint 1949 deutlich, beeinflußt der Analytiker seinen Patienten laufend mittels seiner eigenen »Keime«, wie könnte es in einer echten zwischenmenschlichen Beziehung auch anders sein. Entscheidend ist nur, daß der Analytiker ein Bewußtsein dafür entwickelt, daß er keinesfalls als neutraler Beobachter außerhalb des Beobachtungsfeldes situiert ist, sondern in seiner ganzen Subjektivität mittendrin steht und es prägt – genauso, wie der Patient es formt. *Eine unverzerrte Übertragung des Patienten gibt es nicht, kann es niemals geben, muß es aber auch gar nicht geben – das ist die Quintessenz der neuen Denkweise. Von Bedeutung ist einzig, daß der Analytiker ein ausgeprägtes Gespür für den eigenen Beitrag an das Beziehungs-Geschehen mitbringt.*

1949, in seinem Aufsatz »Wandlungen der therapeutischen Ziele und Techniken in der Psychoanalyse«, schreibt Balint, daß das Schweigen des Patienten nicht mehr als ein vom Analytiker unabhängig verlaufendes Phänomen angesehen werden dürfe, sondern aus einem Wechselspiel der Analytiker-Analysand-Übertragungen resultiere:

»Wenn es so formuliert wird, ergibt es sich, daß *das Schweigen nicht durch die Übertragung des Patienten oder die Gegenübertragung des Analytikers verschuldet ist, sondern durch ein Wechselspiel von Übertragung und Gegenübertragung, d. h. eine Objektbeziehung*« (Hervorhebung von der Verf.) (Balint, 1969, S. 234).

Glover hatte zwar schon 1927 gesehen, daß und wie die Übertragung des Patienten die Gegenübertragung des Analytikers färbt und prägt, aber erst viele Jahre später konnte auch das Gegenteil bedacht werden, daß nämlich die Gegenübertragung die Übertragung des Patienten formt und formen darf. Übertragung und Gegenübertragung wurden als *Zweieinheit* erkannt, in der zwei Individuen immer in einer »Wechselbeziehung« (Balint, 1969, S. 235) zueinander stehen. *Freud und die Mehrheit der Pioniere hatten sich noch vorgestellt, daß sich der Analytiker – wenn seine Selbstkontrolle nur groß genug war – aus dem analytischen Prozeß völlig heraushalten könne, daß sich die Übertragung des Patienten quasi wie ein Automatismus einstellen werde, greife man nur niemals störend mit eigenen Keimen ein.* Balint denkt da nicht so eingleisig: Wenn ein Patient schweigt, hat das häufig auch mit seinem Analytiker zu tun, mit dessen Art des Umgangs mit dem Patienten. Daß sich der Analytiker passiv verhalten hat, will gar nichts besagen – vielleicht war gerade die übertriebene Passivität seines Analytikers der Grund dafür, daß sich der Patient nicht öffnen konnte.

In dem erwähnten umstürzlerischen Aufsatz aus dem Jahre 1949 heißt es nicht mehr nur – wie zehn Jahre zuvor noch –, daß auch der Analytiker ein menschliches Wesen sei, mit der Eigenart, seine Lebensäußerungen unbewußt immer wieder einmal auf die eine oder andere Weise kundzutun, jetzt ist von etwas die Rede, wovon noch nie zuvor die Rede war: *der Analytiker, so steht da doch tatsächlich zu lesen, unterhalte eine libidinöse Beziehung zu seinem Patienten und entsprechend benötige er, nicht anders als der Patient, ein gewisses Maß von Abfuhr und Befriedigung*:

»*Auch die Beziehung des Patienten zu seinem Analytiker, die wir [...] Übertragung nennen, ist libidinös; aber die Beziehung des Analytikers zum Patienten ist genauso libidinös*, auch wenn wir sie ›Gegenübertragung‹ oder ›korrektes analytisches Verhalten‹ oder ›Eingehen auf die Übertragung‹ oder ›objektives, freundliches Verstehen und wohlberechnetes Deuten‹ nennen; auch diese Beziehung ist libidinös. *Für den Patienten gilt ebenso wie für den Analytiker, daß kein Mensch auf die Dauer eine Beziehung ertragen kann, die nur Versagung, d. h. eine dauernd wachsende Spannung zwischen ihm und seinem Objekt ist. Früher oder später muß die Spannung durch bewußte oder unbewußte Maßnahmen zur Entladung kommen. Es handelt sich also nicht um wohlwollende Objektivität plus korrekter Deutung [...] sondern darum, wieviel und welche Befriedigung einerseits vom Patienten, anderseits vom Analytiker benötigt wird, um die Spannung in der psychoanalytischen Situation so optimal wie möglich zu halten*« (Hervorhebungen von der Verf.) (Balint, 1969, S. 231 und 232).

Mit diesem Bekenntnis zu den libidinösen Bedürfnissen des Analytikers und seinem Recht auf Befriedigung und Entspannung von Überdruck hat Balint ein Zeichen gesetzt und der modernen Psychoanalyse ein Mehr an Liberalität ermöglicht. Als eine Vorläuferin Balints könnte man in diesem Zusammenhang nur noch Sharpe ansehen, die die Behauptung gewagt hatte, Analytiker dürften durchaus auch Übertragungen auf ihre Patienten vornehmen (das heißt aber auch, libidinöse Bedürfnisse ihnen gegenüber entwickeln), sofern diese Übertragungen nur »gesund« seien (vgl. Sharpe, 1950, S. 57 und 58). In die Fußstapfen Balints sind dann beispielsweise Morgenthaler und Cremerius getreten. Bei ersterem steht zu lesen, daß der Analytiker »sich wohlfühlen« müsse in der Behandlung und daß es für ihn darauf ankomme, das auszusprechen, was unumgänglich sei, damit er seine »Funktion spannungsfrei ausüben« könne (Morgenthaler, 1978, S. 47). Bei letzterem hingegen wird festgehalten, daß Freuds Forderungen zum Umgang mit dem Patienten seinem strengen Über-Ich entsprungen seien und eine Überforderung des Ichs darstellen würden:

> »Forderungen wie die, täglich viele Stunden über Jahrzehnte für die Patienten eine Spiegelfunktion zu übernehmen, schweigend zuzuhören und ›wie ein Chirurg mit Gefühlskälte‹ zu arbeiten (Freud, 1912, S. 381), übersteigen bei weitem die Leistungsfähigkeit des Ichs – sie entstammen der Welt des Über-ichs« (Cremerius, 1977 b, S. 882).

War bis hin zu Sharpe und Balint immer nur von Versagungen und Befriedigungen im Hinblick auf die Patienten die Rede gewesen, so geht es jetzt neu um »Wünsche, Forderungen, bewußte und unbewußte Befriedigungen *beider* Beteiligter« (Balint, 1969, S. 232). *Der Analytiker ist als lebendiger Teilnehmer und Mitbetroffener in die analytische Situation eingetreten und entsprechend wird jetzt sein eigenes Lebendigsein und damit auch seine Bedürftigkeit gleichfalls in Rechnung gestellt.* Er erhält von Balint nicht nur ein Recht auf seine Gegenübertragung und seine Gefühle zugestanden, er darf jetzt bis zu einem gewissen Ausmaß sogar Befriedigung und Entspannung von Triebdruck suchen gehen. Einiges an Befriedigung steckt nach Balint beispielsweise in der spezifischen Sprache, die jeder Analytiker benutzt: die Widerstände, einen vom eigenen Bezugsrahmen und der eigenen Sprache abweichenden Standpunkt zu verstehen, sind jedenfalls auffallend groß. Balint erklärt das so: die vertrauten Termini sind eben hoch besetzt, ganz im Gegensatz zu jenen aus dem gegnerischen Lager (Balint, 1969, S. 232).

Die Lektüre von Balints Schriften ermöglicht uns das Nachvollziehen einer einmaligen Entwicklung, eines Weges, der vom passiven, völlig personlos und keimfrei gesehenen Analytiker bis hin zum Analytiker als aktiver, sich unweigerlich enthüllender und mitteilender Person mit eigenen libidinösen Bedürfnissen und Rechten führt. Dieser Weg, beschritten in der Privatheit der Balintschen Ontogenese, sollte in den folgenden Jahrzehnten auch für die analytische Phylogenese bestimmend werden. Hans Thomä zum Beispiel, einst ein radikaler Anhänger von Passivität und psychoanalytischem Inkognito, dem Pionierzeit-Denken verpflichtet wie kein Zweiter, wurde vom Saulus zum Paulus, nachdem er Balint persönlich kennengelernt und dessen Schriften gelesen hatte. In seinem Werk mit dem vielsagenden Titel »Vom spiegelnden zum aktiven Psychoanalytiker« heißt es in der Einleitung:

> »Am nachhaltigsten hat sich auf mein psychoanalytisches Denken die Begegnung mit M. Balint in London ausgewirkt. Seine Rezeption der Psychoanalyse

hat mich dazu motiviert, sowohl klinisch als auch wissenschaftlich, die psychoanalytische Situation und den therapeutischen Prozeß besonders auf den Anteil des Analytikers hin zu untersuchen. [...] Von M. Balint beeinflußt, steht im Mittelpunkt meines klinischen und wissenschaftlichen Denkens etwa seit 1965 die Frage, was der Psychoanalytiker in therapeutischen Situationen mit Kranken unterschiedlicher diagnostischer Klassifikation in therapeutischer Absicht tut, welche Faktoren für einen erfolgreichen oder erfolglosen therapeutischen Prozeß verantwortlich gemacht werden können und in welcher Beziehung der therapeutische Prozeß zur psychoanalytischen Theorie steht. Diese Hinwendung zum therapeutischen Handeln des Psychoanalytikers führt keineswegs zur Vernachlässigung dessen, was der Patient mitteilt« (Thomä, 1981 a, S. 10 und 11).

1933 konnte Balint – nicht anders als Thomä in seinen an der Indifferenz ausgerichteten Jahren vor 1965 – noch schreiben, daß nur eine gegenübertragungsfreie analytische Situation der Selbsterkenntnis des Patienten dienlich sein könne:

»Indem er die analytische Situation von seiner Gegenübertragung frei hält, kann er dem Patienten zeigen, wie seine, des Patienten Automatismen arbeiten, von denen dieser oft keine Ahnung hat« (Balint, 1969, S. 185).

1939 und erst recht 1949 hätte er diesen Satz bestimmt nicht mehr unterschrieben. Jetzt ist der Psychoanalytiker nicht anders als der Patient im Netz seiner libidinösen Bedürfnisse gefangen und die analytische Situation wird von ihm genauso mitgeprägt wie vom Patienten.

Wo aber bleibt bei solchen Verhältnissen denn der Unterschied zwischen der analytischen Beziehung und den anderen zwischenmenschlichen Beziehungen des Patienten? Wieso sollen sich Patienten überhaupt in unsere Behandlung begeben, wenn auch wir so gewöhnlich menschlich sind wie jedermann, wenn man uns an unserer Einrichtung, am Klang der Stimme, an der Art zu deuten erkennt, wenn es Neutralität ungeachtet aller Bemühungen nicht gibt, weil auch wir Befriedigungen brauchen und Versagungen nur bis zu einem gewissen Grad ertragen? *Der gute Analytiker ist – so lautet die schöne und überzeugende Antwort Balints – allen menschlichen Regungen und Beschränkungen zum Trotz, infolge seiner Lehranalyse und sonstigen Schulung imstande, seinen Patienten als ganzen zu spiegeln. Genau das aber unterscheidet die analytische Antwort von jenen anderen Antworten, die der Patient in seinen sonstigen zwischenmenschlichen Beziehungen erhält.* Wie der Analytiker seinem Patienten dieses unverzerrte Spiegelbild seiner selbst übermittelt, ob mit mehr Aktivität oder Passivität, ob mit vielen oder wenigen Deutungen, ob streng oder geduldig, das ist für Balint nicht von Interesse. Ihn beschäftigt am analytischen Umgang vorrangig die Frage, ob der Analytiker es fertigbringt, seinen Patienten auf irgendeine Weise wissen zu lassen, wer er selber (der Patient) wirklich ist:

>»Je klarer sich der Patient in dem Spiegelbild sehen kann, um so besser ist unsere Technik; und wenn das erreicht ist, kommt es nicht darauf an, wieviel von der Persönlichkeit des Analytikers sich durch seine relative Aktivität oder Passivität, seine Strenge und Langmut, seine Deutungsmethoden usw. enthüllt« (Hervorhebung von der Verf.) (Balint, 1969, S. 220).

Mit dieser von allem formalen Ballast befreiten Beschreibung des optimalen Umgangs mit Patienten *hat Balint Grünlicht für die Entwicklung individueller analytischer Stile gegeben und alles dogmatisch-ängstliche Festhalten an ein für alle Mal gültigen Technik-Regeln für überflüssig erklärt.* Denn: unser Patient kann sich natürlich um so besser in unserem Spiegelbild sehen, je eher wir für uns selber eine Technik gefunden haben, die unsere ärgsten Spannungen abführen hilft. Stehen wir zu sehr unter Druck, so steigt automatisch das Risiko, daß der Patient verzerrt gesehen und unkorrekt gespiegelt wird.

Viele Wege führen also nach Rom. Für die einen mag dies der Weg weitgehender Passivität sein, für die anderen wird sich ein anderer Weg besser eignen. Eine absolut gültige Technik, einen einzig richtigen Umgang mit dem Patienten, ein allgemein verbindliches Wissen über den optimalen Einsatz der Gegenübertragung gibt es nicht. Wichtig ist einzig, daß wir den Patienten ganz und unverzerrt zurückspiegeln, auf daß er sein Unbewußtes möglichst genau kennenlerne.[16] Wenn das kein Fortschritt in Toleranz ist! Vierzig Jahre später hat übrigens Cremerius dieses bahnbrechend geniale Denken Balints wieder aufgegriffen und folgendes geschrieben:

>»So würde der Analytiker in der Ausbildung sehen, daß Technik nicht einfach Anwendung der Theorie der Psychoanalyse ist, sondern etwas, das sich jeder Analytiker in einem Prozeß, der dazu dient, *die für ihn richtige Technik* zu finden, erwerben muß« (Cremerius, 1979 a, S. 563).

Hatte Balint im Jahre 1949 alle Technik-Regeln auf eine einzige Formel reduziert und geäußert, daß jene Technik optimal sei, der es gelinge, den Patienten als Ganzes und unverzerrt zu spiegeln, so erweist sich ihm dieses Programm auf die Dauer allerdings doch als zu rudimentär. *Seine Beschäftigung mit regredierten oder »grundgestörten« Patienten machte ihm nämlich deutlich, daß es ungeachtet aller Fragwürdigkeit absolut gesetzter Technik-Regeln Sachen gibt, die der Analytiker tun muß oder auf keinen Fall tun darf. Zum Beispiel darf er im Umgang mit solchen Menschen nicht zu versagend sein. Genausosehr ist es ihm aber auch untersagt, dort etwas zu gewähren, wo ein regredierter Patient dringend auf der Erfüllung seiner Wünsche besteht.* Mit dieser Weiterentwicklung des Balintschen Denkens werde ich mich weiter unten beschäftigen (vgl. Teil IV, 4.).

## 10. Otto FENICHEL:
### Übertrieben kühles Spiegel-Gehabe ist genauso schlimm wie das Suchen nach Triebbefriedigung

In der Phase des Dornröschenschlafs *nicht geschlafen* haben aber außer den bisher genannten Autoren auch noch ein paar wenige andere Analytiker. Einer unter ihnen, um den es hier gehen soll, ist *Otto Fenichel, der, wie eben noch Balint, gleichfalls die Keimfreiheit und Spiegelgleichheit des Analytikers aufs Korn nimmt. Allerdings geht er weniger radikal vor, das Ideal der Keimfreiheit wird von ihm nicht prinzipiell, sondern nur in seinen Auswüchsen in Frage gestellt.* Auch für diese Stimme, die der Welle blinder Gläubigkeit an einmal von Freud Gesetztes entgegengetreten ist, wird man dankbar sein – zu viele Patienten wurden von zu wenig eigenständigen Schülern Freuds in das Prokrustesbett einer dogmatisch gehandhabten Methode gespannt und manchmal mit dem analytischen Inkognito recht eigentlich terrorisiert.

In seinem 1941 veröffentlichten Buch über analytische Technik (Fenichel, 1941) geht Fenichel mit Balint völlig einig, wenn dieser die Auffassung vertritt, daß die Analytiker-Persönlichkeit die Übertragung des Patienten in jedem Fall beeinflußte, auch wenn man sich noch so sehr um Neutralität, Abstinenz, Inkognito und Passivität bemühe. Grete Bibring-Lehner, die 1936 schreibt, bei manchen Patienten spiele beispielsweise das Geschlecht, dem ein Analytiker angehöre, eine prägende Rolle bei der Ausgestaltung ihrer Übertragung, hat gleichfalls seine Zustimmung. Das Geschlecht des Analytikers *muß* zwar die Übertragung nicht prägen, aber es *kann* bei einzelnen Patienten durchaus einen Einfluß auf die Ausbildung ihrer Übertragung haben:

»The statement that the analyst is only a ›mirror‹ has been misunderstood. It has been correctly emphasized that the personality of the analyst influences the transference. Different analysts act differently and these differences influence the behavior of patients. Thus, as is well known, the sex of the analyst plays a role decisive for the character of the transference reactions of many patients. It is remarkable that with other patients the sex of the analyst appears to be quite a matter of indifference. They can react with both father and mother transferences to analysts of both sexes in quite the same way« (Fenichel, 1941, S. 72).

Wesentlich mehr aber als durch das Geschlecht oder sonstige Merkmale des Therapeuten werde die Übertragung, so Fenichel, durch allzu forciertes Spiegel- und Chirurgen-Benehmen geprägt und verzerrt. Um solche vom Analytiker in die Behandlung eingebrachten Chirurgen-»Keime« gelte es sich viel mehr Sorgen zu machen als um gewisse Realitätsaspekte des Analytikers. Übergroße Ängstlichkeit (im Hinblick auf unerwünschte Gegenübertragungs-Reaktionen von Analytikern) habe bei vielen Therapeuten dazu geführt, daß sie nun jegliche menschliche Freiheit im Umgang mit ihren Analysanden vermissen lassen würden. Freuds Warnungen, die letztlich nur darauf hinausgelaufen seien, daß es gefährlich sei, im neurotischen Spiel mitzuspielen (das heißt: sich manipulieren zu lassen oder selbst zu manipulieren, vgl. Bauriedl, 1980), seien dahingehend mißverstanden worden, daß in einer Analyse jegliches natürliche, normalmenschliche Verhalten eines Analytikers fehl am Platz sei. Gerade der Analytiker aber dürfe doch vor seiner Menschlichkeit und seinem gesamten Gefühlsleben nicht so große Angst haben, daß er im Umgang mit Patienten wie ein erstarrter Automat wirke. Auf die Menschlichkeit ihres Analytikers sollten sich Patienten immer verlassen können. Als Therapeut dürfe man die Analyse so wenig vom sonstigen Leben trennen, wie dies Patienten erlaubt sein könne:

»There is another danger connected with countertransference: fear of the countertransference may lead an analyst to the suppression of all human freedom in his own reactions to patients. One analyst wished to forbid analysts to smoke in order that they might be *exclusively* a ›mirror‹. *I have often been surprised at the frequency with which I hear from patients who had previously been in analysis with another analyst, that they were astonished at my ›freedom‹ and ›naturalness‹ in the analysis. They had believed that an analyst is a special creation and is not permitted to be human! Just the opposite impression should prevail.* The patient should always be able to rely upon the ›humanness‹ of the analyst. *The analyst is no more to be permitted to isolate analysis from life than is a patient who misuses lying on a analytic couch for that same purpose of isolation*« (Hervorhebungen von der Verf.) (Fenichel, 1941, S. 74).

Genau dasselbe lesen wir vierzig Jahre später bei Thomä, wenn er auf der Einheit von Person und Analytikerrolle besteht:

> »Klar hervorheben möchte ich, daß ich die Person des Psychoanalytikers nicht neben seine professionelle Rolle stellen möchte, so als ob sozusagen nach getaner Arbeit Menschlichkeit als deus ex machina die Therapie kröne« (Thomä, 1981 a, S. 400).

Wenn Thomä es noch im Jahre 1981 für notwendig hält darauf hinzuweisen, daß eine blutleere, entpersönlichte, von Menschlichkeit befreite Analytiker-Rolle keinesfalls das anzustrebende Ideal sein dürfe, dann gibt es, so muß man folgern, anscheinend noch immer Analytiker, die das nicht wissen. Heutzutage erscheint dies einiges unverzeihlicher als in der Phase des Dornröschenschlafs, wo man vielfach noch ganz unreflektiert unter dem Eindruck des Gleichnisses vom blanken Spiegel und mitleidslosen Chirurgen stand! Thomä meint zwar andernorts, daß es das ins Groteske verzerrte psychoanalytische Inkognito in der Gegenwart nur noch in der Karikatur anzutreffen gebe, weil sich die Zeiten geändert hätten. Es fällt aber auf, daß auch Heimann beispielsweise sich vor noch nicht allzu langer Zeit, nämlich 1978, bemüßigt fühlte, einen Aufruf und Aufsatz mit dem Titel »*Über die Notwendigkeit für den Analytiker mit seinem Patienten natürlich zu sein*« zu veröffentlichen (Heimann, 1978). So endgültig ad acta gelegt haben die Psychoanalytiker die »Strohpuppe« (Fliess) anscheinend noch nicht. Angst vor der Natürlichkeit, Lebendigkeit und Menschlichkeit des Analytikers und entsprechend gekünstelte Analysen und Therapien gibt es anscheinend noch immer.

Die Geister, die Freud mit der Spiegel- und Chirurgen-Metapher rief, wird die Psychoanalyse aus unerfindlichen Gründen anscheinend kaum mehr los. Daß Paula Heimann 1978 noch immer vor dem Analytiker als unlebendigem »Neutrum« warnen muß, macht nachdenklich und erweckt Besorgnis:

> »[...] Freuds Entdeckung der Übertragung, seine Selbstanalyse, seine Krankengeschichten und viele seiner theoretischen Formulierungen zeigen, daß er das Erlebnis der Analyse als eine Befreiung zur Natürlichkeit und Ehrlichkeit ansah. Seine kürzeste und intensivste Formulierung des Ziels der Analyse ist die Wiederherstellung der Fähigkeit zum Genuß und zur Arbeit. Dies kann aber nicht erreicht werden, wenn wir Analytiker unnatürlich sind, unser eigenes Fühlen, z. B. unsere Gegenübertragung, unterdrücken oder uns vormachen, daß wir ›neutral‹ sind. Vom neutralen Analytiker bis zum Neutrum ist, meine ich, nur eine sehr kurze Distanz« (Heimann, 1978, S. 217).

## 11. Leo BERMAN:
## Restlose Hingabe des Analytikers als Gegenübertragung
## ist das wichtigste therapeutische Agens

Das Jahr 1949, in welchem Balint die analytische Beziehung ausdrücklich als eine von Wechselseitigkeit geprägte Objektbeziehung anzusehen begann, ist für den Fortgang der Geschichte der Gegenübertragung noch in anderer Hinsicht bedeutsam. Jetzt tritt auch Leo Berman auf den Plan, der Mann, der dieser Objektbeziehung alle Attribute des Engagements und der Leidenschaft vorzuschreiben beginnt. In seiner Sicht ist das optimale Klima in der analytischen Beziehung ein Treibhausklima.

Berman beginnt seine Ausführungen zur Notwendigkeit tropischer Verhältnisse in der psychoanalytischen Beziehung mit einer ebenso treffenden wie originellen Beobachtung. *Es sei ihm, so schreibt er* (Berman; 1949), *aufgefallen, daß Analytiker sich regelmäßig eigenartig vage und verschwommen äußern würden, wenn es darum gehe, offen darzulegen, was Patienten an Gefühlen entgegengebracht werde*. Freud notiere, »einiges muß man ihnen ja wohl gewähren« und Stern, daß Analysen »ein gewisses Maß von Gegenübertragung in Form einer milden, positiven Übertragung« auf den Patienten benötigen würden. Bei anderen sei nicht weniger verschämt von »der Menschlichkeit« des Analytikers in der Behandlung die Rede, aber weiter hinaus aufs Glatteis der eingestandenen Liebe für den Patienten wage sich keiner. *Es mache ihm insgesamt den Eindruck, wie wenn die Analytiker sich schämen würden zuzugeben, daß die analytische Situation sie persönlich eine Menge angehe, daß also Analyse wie Patient oft hoch besetzt seien*:

> »It seems to be disturbing to realize and face fully how cathected, and sometimes highly cathected, the patient and his analysis may be for the analyst« (Berman, 1949, S. 160).

Aber warum denn schämen, so fragt Berman den Leser. *Es kann doch beides Geltung beanspruchen und seinen ihm gebührenden Platz in der Analyse einnehmen: die Haltung sachlicher Distanz und die andere starken Betroffenseins und emotionalen Engagements*. Diese Synthese scheint Berman nicht nur möglich, sondern sogar unerläßlich zu sein. Seiner besonderen Einstellung entsprechend nimmt er kein Blatt vor den Mund, wenn es darum geht, dieses tropisch-therapeutische Engagement genauer zu charakterisieren: *Er scheut sich nicht, einen Begriff aus dem Wortschatz der Liebenden für das, was Analytiker Patienten gegenüber empfinden sollten, zu wählen, nämlich »the dedication«, »Hingabe« also.* Mit solcher Hingabe des Analytikers an seine Patienten meint Berman ein intensives Engagement und tiefes Interesse des Analytikers für das Wohlergehen seiner Patienten. Es sollte sich in nichts von der Haltung liebender Eltern unterscheiden, deren Geduld einfach unbeschränkt ist und die ihre Kinder prinzipiell gernhaben, was auch immer geschehen möge. Ich zitiere Berman im Originaltext:

> »Actually most analysts' positive feelings for their patients involve a wider range of feeling whose totality we shall describe as *dedication*. It is dedication in this wider sense and in the sense of the dedication of the good leader and good parent that makes an analyst's attitudes of kindly acceptance, patience, and so on, genuine and effective« (Berman, 1949, S. 161).

*Berman hält das Vorhandensein solcher Hingabe in einer Analyse für wesentlicher als alle Technik und für bedeutsamer selbst als jahrelange Berufserfahrung.* Die überragende Bedeutung dieser von Hingabe geprägten Gegenübertragung zeigt sich ihm daran, daß manche engagierten Anfänger im Beruf trotz aller technischer Fehler, die ihnen unterlaufen, und trotz ihres Mangels an Erfahrung manchmal bedeutendere Erfolge aufzuweisen haben als alte, ausgebrannte Routiniers. Alle Patienten, sagt Berman, spüren es, wenn ihr Therapeut wirklich engagiert ist und darum wirken sich gelegentlich vorkommende Fehler auch nicht gravierend aus. *Die Gewißheit, durch und durch, in allen seinen Aspekten vom Analytiker geliebt zu werden, ist der fruchtbarste Humus für des Patienten Entwicklung. Und zwar gilt dies für alle Patienten, unabhängig von der Diagnose.*[17]

Wenn dem Analytiker das Aufrechterhalten dieses optimalen Klimas nicht ununterbrochen gelingen will, dann ist das nicht weiter tragisch, meint Berman. Wichtig ist einzig, daß er sich durch alle analytischen Stürme hindurch wieder zur Grundhaltung der Hingabe an den Patienten durchzuringen vermag. Auch die liebevollsten Eltern ärgern sich schließlich dann und wann über ihre Kinder. Dennoch kann Ärger an ihrer Liebe nichts wirklich ändern. Genauso sollte es sich mit der basalen Gegenübertragung von Analytikern verhalten.

Die liebevolle Hingabe in der Gegenübertragung wird von Berman also in den Rang des wichtigsten therapeutischen Werkzeugs erhoben – sie scheint ihm immerhin bedeutsamer als alle Technik und jahrelange Berufserfahrung zu sein. *So viel Bedeutung wurde der Liebe in der Gegenübertragung noch niemals beigemessen. Einzelne Analytiker hatten zwar zuvor schon auf die Bedeutung solcher Liebe hingewiesen, aber immer nur auf den Umgang mit spezifischen Patienten-Typen bezogen.* Ich erinnere in diesem Zusammenhang an Ferenczi, der jene besonders »zähen Fälle« bemutterte, die von anderen Analytikern als »Hoffnungslose« abgeschoben worden waren. Aber auch Winnicott wäre hier zu nennen, der die mütterlich gefärbte Liebe und Wärme des Analytikers in der Behandlung von Borderline-Fällen und Schizophrenen als dringend notwendig erachtet hatte. Als dritter zählt zu diesen Autoren Franz Alexander, der die Liebe des Analytikers bei jenen Patienten für bedeutsam hielt, deren Kindheit von einem Zuwenig an solcher Liebe geprägt war. Aber sie alle gingen nicht so weit wie Berman, der die Liebe und die bedingungslose Hingabe des Analytikers ganz pauschal als *das* therapeutische Agens überhaupt ansah, für jegliche Diagnose, jeglichen Patienten-Typus.

Daß Berman diese therapeutisch als so wirksam erachtete Analytiker-Liebe oder -Hingabe nicht unter den Terminus »Gegenübertragung« subsumieren mochte, ändert nichts an seiner Bedeutung für die Kontroverse um die analytische Antwort. Berman selber verstand unter Gegenübertragung ganz im Geiste der Tradition nur jene Reaktionen des Analytikers auf seinen Patienten, bei welchen er so erlebt und sich so verhält, wie wenn das Gegenüber eine wichtige Figur aus der eigenen Kindheit wäre (Berman, 1949, S. 159). Für alle übrigen emotionalen Analytiker-Reaktionen – darunter fällt auch die therapeutische Liebe oder Hingabe – prägte er den Terminus der »attitudes« oder »Haltungen«:

»By ›attitudes‹ I mean the emotional reactions of the analyst as a person during the treatment hour, including his reasonable and appropriate emotional responses and his characteristic defenses« (Berman, 1949, S. 159).

Ob man diese unersetzlichen Gefühle der Hingabe an den Patienten nun Gegenübertragung oder hingebungsvolle Haltung zu nennen beliebt, ist reine Geschmacksache und letztlich im Rahmen der Diskussion unseres Themas ohne Bedeutung. Das Entscheidende, worauf es hier ankommt, ist doch, daß dem Analytiker als distanziertem Beobachter von Berman endgültig der Laufpaß gegeben wird, daß aus der von Freud beschworenen Sachlichkeit, Mitleidslosigkeit und Nüchternheit ein leidenschaftliches Bekenntnis zur therapeutischen Liebe geworden ist. Mit dieser Grundhaltung hat Berman alle jene Autoren der Moderne vorweggenommen, mit denen ich mich in Teil IV meiner Arbeit befassen will, der mit den verschiedenen Spielarten der Liebe und der mütterlichen Einstellung des Analytikers befaßt ist. Mit Berman beginnt sich die Kluft zwischen den

Analytikern noch weiter zu vergrößern, jene Spaltung in zwei Lager, die Cremerius so treffend als die Teilung der Psychoanalyse in eine »paternistische Einsichtstherapie« auf der einen Seite und in eine »mütterliche Liebestherapie« auf der anderen Seite beschrieben hat (vgl. Cremerius; 1979 b). Ferenczi hatte es als erster gewagt, das Postulat von der Notwendigkeit chirurgischer Affektfreiheit ernsthaft in Frage zu stellen und die Macht der Deutung als alleiniges Agens anzuzweifeln, aber ihn konnte man noch aus der Psychoanalyse ausschließen, zum Kranken degradieren und für vogelfrei erklären. Allmählich will das den »Paternistischen« nicht mehr so gut gelingen. Unter dem Vormarsch von Leuten wie Berman beginnt man sich innerhalb der Psychoanalyse ernsthaft mit der fundamentalen Bedeutung der Liebe des Analytikers auseinanderzusetzen.

## 12. Theodor REIK:
Analytiker arbeiten zu kopflastig.
Man höre mehr auf seine Gegenübertragung,
dann hat man schon alles begriffen

Den ganz auf Affektlosigkeit und die »geistigen Kräfte« fixierten »paternistischen Vernunfttherapeuten« wird gegen Ende des Dornröschenschlafs gerade noch ein weiterer Schlag versetzt. *Jetzt muß man sich auch noch über einen Theodor Reik ärgern, der ohne weiteres behauptet, die Psychoanalyse kranke an einer Überschätzung der intellektuellen Funktionen und vernachlässige darob unschätzbar wichtige Signale, die in der Emotionalität des Analytikers verborgen seien. Die Gegenübertragung, verstanden als das Gesamt der im Analytiker auftauchenden emotionalen Anwort auf den Patienten, wird bei Reik gar zur sine qua non des Verstehens überhaupt.*

In dem 520 Seiten starken Werk »Hören mit dem dritten Ohr« aus dem Jahre 1948 taucht der Terminus »Gegenübertragung« zwar nicht ein einziges Mal auf, dennoch ist das Buch auf einer Unmenge von Seiten mit nichts anderem befaßt. Reik liegen als einem extrem theorie- und technikfeindlichen Autor diese Begriffe einer »Zettelkastenwissenschaft« (Reik, 1979, S. 507) einfach nicht, und darum hat er auch das Wort Gegenübertragung aus seinem Vokabular verbannt. Der Sache nach aber redet Reik mit Vorliebe von nichts anderem als von der emotionalen Anwort des Analytikers, von ihrer Vielfalt und ihrer Bedeutung für das Verständnis des Patienten. Genaue empirische Deskription und farbige Phänomenologie scheinen Reik besser zu entsprechen als das Denken in trockenen oder jedenfalls eng umschriebenen Begriffen.

Reik scheint mir einen Beitrag zur Gegenübertragungs-Theorie geleistet zu haben, der von immenser Bedeutung ist, und – hätte Reik bloß mit einem etwas wissenschaftlicher klingenden Vokabular gearbeitet – eben jene Revolution im psychoanalytischen Denken hätte auslösen können, die zwei Jahre später dann von Paula Heimann in Gang gebracht wurde. Hätte Reik darauf verzichten können, seine schwungvollen Seitenhiebe an die Adresse der seiner Auffassung nach viel zu sehr »vernünftelnden« Analytikerschaft zu verteilen und ihr Bemühen um wissenschaftliche Genauigkeit nicht so offen verlacht, hätte er vermutlich mehr Respekt und Beachtung gefunden. Weil er oft ausfällig wurde, ließ man ihn links liegen. Und dies, obwohl *Reik, genau wie später Heimann, die emotionale Antwort des Analytikers insofern in den Adelsstand erhoben hatte, als er in ihr den Schlüssel zum Verstehen der unbewußten Vorgänge beim Patienten gesehen hatte!*

Alle beide, Heimann wie Reik, vertreten die Ansicht, daß die Analyse an einer viel zu ausgeprägten Scheu vor des Analytikers Gefühlen leide, mit dem Effekt, daß das Horchen auf die emotionalen Schwingungen im eigenen Innern vernachlässigt werde und die logischen, vernünftigen Prozesse überschätzt würden. *Von Heimann wie von Reik wird daher unserer spontanen Intuition und Empathie ein innerhalb der Psychoanalyse nie zuvor in diesem Ausmaß gekanntes Gewicht zugemessen.* Hüben wie drüben ist man der Ansicht, daß aufgrund dieser Empathie rascher mitten in die aktuelle Befindlichkeit und den Kern des unbewußten Geschehens beim Patienten vorgestoßen werden könne, als über das Mittel komplizierter intellektueller Schlußfolgerungen. Bei Reik lesen wir:

> »Mehr als theoretischem Wissen sollte der Analytiker seinen Empfindungen vertrauen, dem was ihm seine Sinne sagen, um die Sprache des Unbewußten zu verstehen« (Reik, 1976, S. 326 und 327).

Und:

> »Auf der Suche nach unbewußten Geheimnissen nützen uns Intelligenz und bewußtes Wissen nur wenig [...] Es bleibt uns als Führer bei unserer Suche nur die Intuition [...] Die Intuition führt uns wie ein Blindenhund« (Reik, 1976, S. 329).

Und:

> »Ich habe die Studenten schon gewarnt vor jenen falschen Lehrern, die den Gebrauch der ›Intelligenz‹ bei der Annäherung an das Unbewußte empfehlen. Was aus den Tiefen auftaucht, kann nur mit etwas erfaßt werden, was seinen Ursprung in den Tiefen hat« (Reik, 1976, S. 327 und 328).

Heimann hält die spontan auftauchende emotionale Antwort des Analytikers auf seinen Patienten für genauso wichtig, aber sie begeht nicht wie Reik den Fehler, sich zur Behauptung zu versteigen, daß Intelligenz und bewußtes Wissen bei unserem Verstehen von Patienten ziemlich überflüssig seien. Darum sind die von der Macht des Logos so tief überzeugten »Paternistischen« bereit, ihr zuzuhören – Reik dagegen eckt nur an mit seinen »gefühligen« Theorien. Wieder einmal erhält da einer Kerkerhaft. Heimann läßt sich nicht so weit auf die Äste hinaus, daß sie schreiben würde, die Gegenübertragung sei wichtiger als der Logos. Bei ihr heißt es bloß, die emotionale Antwort des Analytikers sei äußerst wichtig, eines seiner wichtigsten Werkzeuge in der Behandlung überhaupt:

> »My thesis is that the analyst's *emotional response* to his patient within the analytic situation represents one of the most important tools for his work« (Heimann, 1950, S. 81).

Aber der Parallelen zwischen diesen beiden Autoren sind noch mehr: *sowohl Reik wie Heimann gehen von der grundlegenden Annahme aus, daß Verstehen letztlich nur deshalb möglich ist, weil das Unbewußte des Patienten etwas im Unbewußten des Analytikers indiziert, wobei dann dieses Etwas in Form von Gefühlen in der emotionalen Antwort des Analytikers abgebildet erscheint.* Bei Reik steht in diesem Zusammenhang zu lesen:

> »Der beobachtende Analytiker wird sicher nicht als erstes den Sinn oder die Widersprüchlichkeit von Worten, Gesten und unbewußten Zeichen, die auf verborgene Impulse und Ideen hindeuten, verstehen. Eher lösen diese Zeichen als erstes in ihm selbst unbewußte Impulse und Ideen mit ähnlicher Tendenz aus. Die unbewußte Aufnahme der Zeichen wird *nicht zuerst zu ihrer Deutung führen, sondern zur Induktion der verborgenen Impulse und Gefühle, die ihnen zugrunde liegen* [...] Wir können jetzt die instinktive Basis psychologischen Verständnisses erkennen. Einfach ausgedrückt, die unbewußten und verdrängten Impulse, die sich selbst durch diese Zeichen verraten, fungieren als Reize und Verlockungen, die auf den Analytiker bestimmte Wirkungen ähnlicher Art ausüben« (Reik, 1976, S. 429).

In nur wenig veränderten Worten sagt Heimann zwei Jahre später dasselbe, nämlich dies:

> »Our basic assumption is that the analyst's unconscious understands that of his patient. This rapport on the deep level comes to the surface in the form of feelings which the analyst notices in response to his patient, in his ›countertransference‹« (Heimann, 1950, S. 82).

Man darf also mit Fug und Recht behaupten, daß Reik nicht einfach nur der wichtigste Vorläufer und Wegbereiter Heimanns gewesen ist, sondern recht eigentlich der *zuerst dagewesene* Doppelgänger, zumindest was seine Auffassungen zur Herkunft der emotionalen Antwort des Analytikers angeht. Aber nirgends in der Literatur wird Reik jener Lorbeerkranz gewunden, den er verdient hätte. Den Grund dafür nannte ich: Reik verwendete das falsche Vokabular und verstieg sich zu unüberlegten Äußerungen, mit denen er sich die Feindschaft, oder schlimmer noch, die milde Verachtung der Analytikerschaft zuzog. Hochmut kommt in der Psychoanalyse vor dem Fall – selbst dann, wenn man allen Grund zu solchem Hochmut hat.

Und so kam es also, daß Heimann den süßen Rahm des Ruhms abschöpfen konnte, Reik aber, der »unwissenschaftliche« Polemiker, verschwand in der Versenkung. Den Systematikern unter den Analytikern war Reiks theoriefeindliches, so schwungvoll-emotional hingeschriebenes Werk zutiefst suspekt – ein Schicksal, das die Reikschen Schriften mit denjenigen eines ähnlich veranlagten Groddeck teilen sollten. Erst wie Heimann mit etwas »psychoanalytischeren« Termini und mit weniger Affekt von der fundamental wichtigen indikatorischen Funktion der Gegenübertragung zu reden begann, horchte man auf und wurde der »neue« Gedanke begierig aufgegriffen. In Tat und Wahrheit aber müssen wir Reik als den eigentlichen Weichensteller ansehen, nicht nur weil er vor Heimann von der indikatorischen Funktion der Gegenübertragung schrieb, sondern weil er darüber mehr als sie schrieb. Heimann begnügte sich mit ganzen drei Seiten zum Thema!

Immerhin attestieren Balint und Tacharow Reik, daß er mit seinen Auffassungen einen neuen Trend der Psychoanalyse ins Leben gerufen habe und weiter, daß dank seiner die psychoanalytische Technik in eine prinzipiell andere Phase eingetreten sei (Balint und Tacharow, 1950, S. 237 und S. 240). Aber die kritischen Stimmen sind weit zahlreicher. So hatte Fenichel am Reikschen Werk zu beanstanden, daß die Vernunft in ihm zu stiefmütterlich behandelt werde, daß Reiksche Deutungen einzig auf vage Gefühltem statt auf intellektueller Arbeit gründen würden. Reik arbeite gänzlich unwissenschaftlich und reduziere die Analyse auf das Niveau des »Mannes von der Straße«. Im Grunde genommen könne man hier gar nicht mehr zu recht von eigentlicher Psychoanalyse reden. Reik sei viel zu systemfeindlich und verpasse das erste Ziel der Psychoanalyse, nämlich daß jegliches Resultat, jegliche Erkenntnis unter Schirmherrschaft der Vernunft gestellt werde (Fenichel, 1934). Ganz ähnlich tönt es 1981 bei Thomä, der feststellt, daß Reik eine Teilfunktion des Wahrnehmungs-

und Erkenntnisprozesses massiv überschätzt habe, nämlich die Intuition des Analytikers oder, um es mit Reik zu sagen, »das dritte Ohr«, das anderes hört als gewöhnliche Ohren. Es sei, so heißt es bei Thomä im Originaltext,

> »[...] undenkbar, daß irgendeine Teilfunktion allein zu einer verläßlichen Wahrnehmung führen kann. Reiks ›drittes Ohr‹ bedarf deshalb erheblicher Korrekturen [...]« (Thomä, 1981 b, S. 32).

Also auch hier die Auffassung, daß Reik die Sache mit dem Intellekt, dem Denken und der Logik allgemein bedenklich vernachlässigt habe und allem in Gegenwart von Patienten spontan Gefühlten kritiklos als der Weisheit letztem Schluß vertraut habe. In diesem Punkt muß man Fenichel, Thomä und all den zahllosen anderen Kritikern Reiks ein Stück weit recht geben. Unsere Gegenübertragung ist schließlich – potentieller Erkenntniswert hin oder her – ein unzuverlässiger Boden, reich an Stolperstellen und Wurzeln, über die sich so leicht und ausgiebig stolpern läßt; wer sie vorschnell zum Maß aller Dinge macht, handelt verantwortungslos. Nicht umsonst haben viele der bisher besprochenen Autoren ganze Listen von möglichen Gegenübertragungs-Komplikationen beim Analytiker erstellt und uns immer wieder eindringlich vor allen möglichen Versuchungen und Scheuklappen gewarnt. Die im Analytiker während der Sitzungen auftauchenden Gefühle allein können keineswegs mit letzter Sicherheit garantieren, daß es sich dabei immer um aufschlußreiche Signale für unbewußte Prozesse auf seiten des Patienten handelt – es kann sich dabei sehr wohl um den Balken im Analytikerauge handeln. Erst die sorgfältige Sichtung und Prüfung des Gefühlten mit Hilfe des Intellekts läßt die Gegenübertragung zu einem unermeßlich wertvollen therapeutischen Instrument werden.

Aber, trotz solcher berechtigter Kritik an Reik darf man darob nicht vergessen, daß Reik mit seiner Einseitigkeit gegen eine andere Form von Einseitigkeit ins Feld gezogen war: die Überschätzung der Ratio. Andere Autoren vor ihm hatten der Psychoanalyse auch schon übermäßige Kopflastigkeit vorgeworfen. Ferenczi und Rank wie auch Alexander und Mitarbeiter waren allesamt der Auffassung gewesen, daß die Psychoanalyse sich viel zu sehr an der Ratio und zu wenig am Erleben orientiere. Hatten die genannten Autoren mit dieser Kritik vor allem auf die besondere Situation des Patienten in der Behandlung angespielt, so nimmt Reik mit seinem Lob des dritten Ohrs vor allem die Analytiker selber aufs Korn: nicht nur die Patienten, so lehrt Reik, sondern auch die Analytiker erleben und fühlen im psychoanalytischen Prozeß zu wenig, respektive nehmen ihre Gefühsregungen nicht ernst genug. Fazit: Die Psychoanalyse entartet zur intellektuellen Trockenübung, die Patienten werden nicht in ihrem Kern verstanden. Werden sie es dennoch, kostet das jede Menge Umwege, da der Intellekt niemals geradewegs mitten in das unbewußte Geschehen beim Patienten vorzustoßen vermag, weil das, was »aus den Tiefen auftaucht«, nur mit etwas erfaßt werden kann, »was seinen Ursprung in den Tiefen hat« (Reik, 1976, S. 327 und 328).

Wenn Reik sich also 1948 gegen diese Form von intellektueller Einseitigkeit mit seiner Idealisierung der Intuition zur Wehr setzt, dann hat er auf seine Weise genauso recht wie Fenichel und Thomä, wenn sie Reik Einseitigkeit in Sachen Emotion und Intuition vorwerfen. Übrigens ist sich Reik selber, anders als umgekehrt viele der Kritiker, seiner einseitigen Beschränkung – hier auf das Emotionale und die Gegenübertragung – bewußt. Ausdrücklich schreibt er, daß er sich nur deshalb so ausgiebig mit den unbewußten Prozessen und der fühlenden Seite des Analytikers befaßt habe, weil diese Seite, verglichen mit den bewußten, intellektuellen Aspekten des Analytikers, in der Literatur vor ihm massiv zu kurz gekommen sei. Womit er völlig recht hat (vgl. Reik, 1976, S. 458). Reik weiß durchaus, daß es bei allem Hören mit dem dritten Ohr auch noch den Filter der Vernunft beim Analytiker braucht, will man dem Patienten wirklich gerecht werden. Die folgenden zwei Zitate belegen dies zur Genüge:

»Der Unterschied zwischen Vermuten und Verstehen in der Psychoanalyse läßt sich somit mit dem Finden eines Gegenstandes und dessen Untersuchung im Labor vergleichen. Der Analytiker ist ein Mann mit der Wünschelrute, aber er verfügt auch über geologische und chemische Ausrüstungen. In der Phase des Vermutens ist er zu allen Höhenflügen der Phantasie bereit. Beim Versuch, zu verstehen, ist er ein Forscher, der auf Logik und Vernunft besteht« (Reik, 1976, S. 467).

Und:

»Ich habe schon einmal die Erforschung unbewußter Vorgänge mit einer Entdeckungsreise verglichen. Aber diese Reise soll keine reine Piratenfahrt sein, sondern eine wissenschaftliche Expedition, unternommen mit aller Vorsicht und Umsicht, allem Verantwortungsbewußtsein, das für eine solche Reise notwendig ist, und jeden Augenblick bereit, einen Rechenschaftsbericht über die fremden Länder zu geben, die man besucht hat. Es ist in der Tat eine Reise in ein fast unbekanntes Land, aber keine bloße Fahrt ins Blaue« (Reik, 1976, S. 499).

Zwar ist es richtig, daß Reik erstarrte Theorien und Systeme ausgesprochen unsympathisch, daß ihm alle vorgeformten intellektuellen Gehäuse prinzipiell suspekt waren, aber daß er Deutungen einzig nach dem Gefühl gegeben hätte, das kann man in dieser apodiktischen Form nicht behaupten. Sein Anliegen war es, die Psychoanalyse stärker an die Emotionalität des Analytikers – und damit an die des Patienten – anzubinden, um sie so zu bereichern, zu vertiefen und effizienter werden zu lassen. Nach Cremerius hat die heutige Psychoanalyse dieses Ende der vierziger Jahre von Reik formulierte Programm wieder dringend nötig, da sie – Cremerius formulierte dies 1976 – einmal mehr im Begriff steht, rein rationalen Techniken den Vorzug zu geben. In seinem Vorwort zum Werk »Hören mit dem dritten Ohr« schreibt Cremerius warnend und voller Hochachtung für Reik dies:

»Jeder, der heute psychoanalytisch arbeitet und der nicht wie Reik Theorie und Technik zu Feinden des psychoanalytischen Prozesses erklären muß, *wird über die Lebendigkeit, Farbigkeit und Fülle dieser Welt erstaunt sein und mit Einsichten aus ihr auftauchen, die heute bereits wieder gegen eine neue Einseitigkeit (die Überbetonung rationaler Techniken) verteidigt werden müssen*« (Hervorhebung von der Verf.) (Cremerius, bei Reik, 1976, S. 12 und 13).

## Anmerkungen

1 Was diese Bevorzugung des Erlebens gegenüber dem intellektuellen Begreifen angeht, scheint Alexander im Zeitabschnitt zwischen 1925 und 1946 (dem Erscheinungsjahr des Werkes, das seine neue Therapieform vorstellt) eine tiefgreifende innere Wandlung als Analytiker durchgemacht zu haben. Thomä jedenfalls notiert folgendes: »Es entbehrt nicht der Delikatesse, daß F. Alexander (1925), der in jungen Jahren in der Besprechung des Buches von Ferenczi und Rank ›Die Entwicklungsziele der Psychoanalyse‹ die Betonung der emotionalen Erlebnisse des Patienten im Hier und Jetzt der Analyse durch die Autoren kritisiert hatte, zwanzig Jahre später, zusammen mit French (1946) über neue Modifikationen und Variationen der Technik in Richtung auf eine größere Aktivität des Analytikers berichtete und nun selbst in die Reihe der unorthodoxen Analytiker geriet« (Thomä, 1981 b, S. 11).

2 Michael-Lukas Moeller hat (wie vor ihm schon Racker) klar und überzeugend beschrieben, was sich in unserer Gegenübertragung auf den Patienten abbildet (wenn wir einmal von allfälligen neurotischen Überresten beim Analytiker absehen): zum einen vermittelt sie uns, *wie der Patient erlebt*, zum anderen, *wie seine Eltern reagierten*. Ich zitiere: »Der Patient teilt offensichtlich über sehr schnell ablaufende, meist präverbale und unbewußte Signale *die doppelte Botschaft der Übertragung mit: sein zunächst unbewußtes, regressives Selbst und das verdrängte infantile Objekt. [...] Wichtig ist: dem Analytiker werden Selbstrepräsentanz (Subjektaspekte) und Objektrepräsentanz (Objektaspekte) vermittelt*. Das geschieht natürlich – wie immer – in einer Wechselbeziehung

zwischen Arzt und Patient. Der Arzt muß eine komplementäre Fähigkeit entwickeln, dieses Übertragungsangebot aufzunehmen. Daraus resultiert die Gegenübertragung« (Hervorhebung von der Verf.) (Moeller, 1977, S. 155).

3  Man kann mir hier natürlich entgegnen, daß ich mit Horney genauso streng ins Gericht gehe, wie sie es mit ihren Patienten getan hat. Der kleine Unterschied: anders als ihre Patienten saß Horney im Zentrum der Macht. Daß sie diese Macht mißbraucht hat, kann ich ihr nicht verzeihen.

4  Wenn ich »zuhören« sage, dann meine ich das in jenem ganz bestimmten Sinn, den Fromm-Reichmann formuliert hat: Zuhören als Offensein, nichts abwehren, von keinem eigenen Anliegen gestört werden: »Was sind also die grundlegenden Erfordernisse für die Persönlichkeit und die professionellen Fähigkeiten eines Psychotherapeuten? Wenn man mich bitten würde, diese Frage in einem Satz zu beantworten, würde ich sagen: ›Der Psychotherapeut muß imstande sein, zuzuhören‹. Dies scheint keine besonders überraschende Feststellung zu sein, ist aber gerade als solche gemeint. Imstande zu sein, zuzuhören und von einer anderen Person Mitteilungen entgegenzunehmen ohne Ansehung der eigenen Probleme und der Erfahrungen, an die man vielleicht in störender Weise erinnert wird, zu reagieren, ist eine Kunst des zwischenmenschlichen Austausches, die nur sehr wenige Menschen ohne besondere Ausbildung beherrschen« (Fromm-Reichmann, 1978, S. 85 und 86).

5  Wenn Paula Heimann (1950) Freud vor diesem Vorwurf in Schutz zu nehmen sucht und behauptet, Freud sei ganz einfach von vielen Analytikern falsch gelesen und interpretiert worden, er habe niemals verlangt, daß man als Analytiker nur ein gleichbleibendes, mildes Wohlwollen verspüren solle, dann nimmt sie Freud zu Unrecht in Schutz (vermutlich aus dem häufig zu beobachtenden Bedürfnis heraus, die neue, eigene Theorie mit Äußerungen des Übervaters abzusichern). Freud sagte, wie obige Zitate zeigen, ausdrücklich, daß der Analytiker ein Übermensch zu sein habe, ein Wesen, dazu imstande, besonders »normal« zu fühlen, ein korrektes, überlegenes Vorbild!

6  Schon Glover war in den zwanziger Jahren (Glover, 1927/1928) dem Perfektions-Ideal zu Leibe gerückt. Er meinte, der voll Durchanalysierte, »this somewhat heroic person«, sei ein Fantom und ein neurotisches Ideal, nichts weiter. Aber, bei Glover geschieht diese Klarstellung auf eine weniger erfrischende Weise als bei Sharpe. Glover hätte jedenfalls niemals wie Sharpe gerade die eigene Nähe zum seelischen Abgrund, die eigene Konflikthaftigkeit und Labilität zur conditio sine qua non eines guten Analytikers gemacht. Er stand noch viel zu sehr unter dem Eindruck des Freudschen Perfektions-Ideals, seine Furcht vor der Gegenübertragung war noch viel zu groß.

7  Ernest Jones war übrigens gleichfalls der Meinung, daß es sich bei Sharpe um eine ganz besonders originelle und kreative Analytikerin gehandelt habe. Im Vorwort zu ihren »Collected Papers« schreibt er über sie und ihren Lehranalytiker Hanns Sachs folgendes:
»He and she belonged to the galaxy of brilliant lay analysts who demonstrated that, however desirable a medical qualification may be, it is possible for exceptional persons from other callings not only to master the theory and technique of psycho-analysis but to make important contributions to our knowledge of it« (Jones, bei Sharpe, 1950, S. V).

Nachhaltig beeindruckt hat Sharpe auch die Blancks. So schreiben sie von ihr, daß sie »die Ich-Psychologie um ein Jahrzehnt« vorweggenommen habe (Blanck und Blanck, 1981, S. 203) und in idealer Weise auf die Bedürfnisse von Patienten reagiert habe:
»Nirgendwo in der Literatur findet man die richtige Einstellung zu den Bedürfnissen des Patienten klarer dargestellt als in den Schriften von Ella Freeman Sharpe« (Blanck und Blanck, 1981, S. 203).

8 Über die in der Literatur so auffallend häufig anzutreffenden Verurteilungen jeglicher sexueller oder erotischer Komponenten in der Gegenübertragung wundert sich 1956 auch Lucia Tower. Ihre amüsante Erklärung des merkwürdigen Phänomens: es handelt sich um eine Reaktionsbildung. Weil Analytiker so oft von sexuellen Wünschen und Gefühlen »heimgesucht« werden, müssen sie so lautstark dagegen wettern:
»Virtually every writer on the subject of countertransference, for example, states unequivocally that no form of erotic reaction to a patient is to be tolerated. This would indicate that temptations in this area are great, and perhaps ubiquitous. This is the one subject about which almost every author is very certain to state his position. Other ›countertransference‹ manifestations are not routinely condemned. Therefore, *I assume that erotic responses to some extent trouble nearly every analyst*. This is an interesting phenomenon and one that calls for investigation. In my experience, *virtually all physicians, when they gain enough confidence in their analysts, report erotic feelings and impulses toward their patients, but usually do so with a good deal of fear and conflict*« (Hervorhebungen von der Verf.) (Tower, 1956, S. 230).

9 Reich reduzierte in diesem Werk sämtliche Neurosen auf eine einzige Ursache: samt und sonders wurden sie mit dem Vorliegen eines sexuellen Energiestaus erklärt. Reich dehnte damit Freuds Prinzip der »Aktualneurose« simplifizierend auf alle Neurosen aus (Grunberger, 1979).

10 Daß der Form neben dem Inhalt eine enorme Bedeutung zukommt, hat die Psychoanalyse schon lange vor Reich gewußt, auch wenn er seine Charakterwiderstände als große Neuentdeckung feiert. So schreibt Reik im Hinblick auf Reich:
»Als wesentliches Mittel für die neue systematische Technik betrachtet Reich die Form der Mitteilung. [...] Das erstaunt den professionellen Analytiker und der Laie wundert sich. Wo werden wir einen Analytiker finden, der dem Verhalten des Patienten nicht volle Bedeutung zugemessen hat, seiner individuellen Art, seine Geschichte zu erzählen, einen, der nicht große Aufmerksamkeit auf die Form der Mitteilung seiner Eindrücke verwendet? ›Was Sie nicht sagen‹, könnte die unaufhörliche Antwort lauten. Reich proklamiert mit großem Aufwand die Eroberung eines Landes, das uns schon immer gehört hat« (Reich, 1976, S. 494 und 495).
Neu war weniger die Entdeckung formaler Widerstände als vielmehr das nur noch paranoid zu nennende Mißtrauen, das Reich solchen formalen Widerständen entgegengebracht hat!

11 Szondi beschreibt diese Methode folgendermaßen:
»Das Hammerschlag-Assoziationsverfahren modifiziert die ältere Breuer-Freudsche kathartische Methode des Drängens in zwei Richtungen.

Die erste Modifikation besteht darin, daß der Analytiker bestimmte Worte oder Sätze des Traumtextes, im besonderen aber das Einfallsmaterial – die seiner Ahnung nach mit dem verdrängten Komplex zusammenhängen – so oft als Reizwort wieder und wieder exponiert, bis der Analysand den Widerstand aufgibt und den Komplex oder das krankmachende Erlebnis oder das Symptom selbst oder bestimmte Symptome einer latenten Erbkrankheit – wie die Epilepsie, Paranoia, Katatonie usw. – auf der Couch vor dem Analytiker reproduziert.

Die zweite Modifikation besteht darin, daß der Analytiker ein jedes Wort der fortlaufenden Einfallskette schlagartig mit einer unheimlichen Geschwindigkeit wiederholt und auf diese rigorose Art den Widerstand bricht« (Szondi, in Pongratz, 1973, S. 424).

12 Heimann über weite Strecken vorweggenommen hat neben Winnicott auch Theodor Reik (vgl. Teil II, 12.). Die Parallelen zwischen seinen Gedanken und denjenigen Heimanns sind im Hinblick auf die Einschätzung der Gegenübertragung so auffallend, daß man bei Reik recht eigentlich von einem Doppelgänger Heimanns reden müßte. Dummerweise hat er es verfehlt, seine grundlegend neuen Einsichten unter dem Stichwort »Gegenübertragung« abzuhandeln. Das hatte zur Folge, daß Reik nur bedingt beachtet werden sollte. Es blieb Heimann vorbehalten, die Lawine auszulösen.

13 Wenn Jung und Guggenbühl eine lebendige, gesunde Beziehung mit einer symmetrischen gleichsetzen, in der die Rollen nicht ein für alle Mal verteilt sind, sondern in welcher Flexibilität in der Übernahme von Rollen besteht, deckt sich das mit dem Denken des Ehetherapeuten Jürg Willi. Kranke Ehen, so hält er fest, leiden häufig daran, daß die Rollen starr verteilt sind, daß der eine beispielsweise immer nur der Pflegling ist, der andere aber der Pfleger, der eine der aktive Führer, der andere der passiv Geführte, usw. Eine Möglichkeit zur Rollenumkehr gibt es in derartigen Ehen nicht. Und gerade an dieser mangelnden Elastizität zerbrechen sie. Willi verwendet für diese Situation der starren Rollenverteilung in einer Ehe den Terminus der »Kollusion«. Über die Kollusion schreibt er folgendes:

»Der gemeinsame unbewältigte Grundkonflikt wird in verschiedenen Rollen ausgetragen, was den Eindruck entstehen läßt, der eine Partner sei geradezu das Gegenteil des anderen. Es handelt sich dabei aber lediglich um polarisierte Varianten des gleichen. [...] Im längeren Zusammenleben scheitert der kollusive Selbstheilungsversuch wegen der Wiederkehr des Verdrängten bei beiden Partnern. Die auf den Partner verlegten (delegierten oder externalisierten) Anteile kommen im eigenen Selbst wieder hoch« (Willi, 1975, S. 59 und 60).

14 Fliess selber versteht unter Gegenübertragung die Situation, in welcher der Analytiker als Objekt der Strebungen seines Patienten zu einer triebhaften Antwort stimuliert wird, und zwar zu einer triebhaften Antwort, die eine Wiederholung einer infantilen Antwort aus der Kindheit des Analytikers darstellt:

»In the first phase, in which he is the object of the striving of his patient, an instinctual response will be stimulated in the analyst. This is called ›countertransference‹, but it deserves this name only in the case of the further complication that such response repeats an infantile one and uses the patient as a substitute for its infantile object« (Fliess, 1942, S. 215).

*Aber wie uns Fliess' Ratschläge in Richtung Kleiderständer und Tee-Tester zeigen, ist ihm keineswegs nur diese eng gefaßte Gegenübertragung ein Dorn im Auge, sondern das Gesamt der emotionalen Antwort überhaupt. Schon eine freudige Gestimmtheit beim Analytiker trübt, so steht bei Fliess zu lesen, seinen Scharfblick (Fliess, 1942, S. 217). Fazit: Richtig denken kann nur, wer nicht fühlt. Was für ein armes Denken!*

15 Thomä notiert, daß Alice Balint die allererste Psychoanalytikerin überhaupt gewesen sei, die *die Analyse als einen interaktionellen Prozeß begriffen* habe, und zwar schon 1936, zu einer Zeit, als ihr Ehemann noch voll dem Ideal der Keimfreiheit verpflichtet war (vgl. Thomä, 1981 b, S. 13). Ihrer Zeit um mehr als eine Nasenlänge voraus war sie aber auch, als sie im selben Artikel aus dem Jahre 1936 verlangte, daß es gut und richtig sei, den Patienten unter bestimmten Bedingungen von seinen Gefühlen in Kenntnis zu setzen. Nach Thomä zeigt sich hier deutlich der Einfluß des wichtigsten Querschlägers unter den Pionieren: des späten Ferenczi (vgl. Thomä, 1981 b, S. 27).

16 Im Grunde genommen kommt Balint mit seiner Formel für die optimale Technik zu gar nicht so anderen Resultaten als Bauriedl, wenn sie schreibt, daß derjenige optimal arbeite, der nicht manipuliere und sich nicht manipulieren lasse. Wollen wir – wie Balint verlangt – Patienten unverzerrt spiegeln, dann wird uns dies nämlich nur dann gelingen, wenn wir auf alle Manipulationen verzichten und allem Manipuliertwerden entgegentreten können. Schaffen wir das nicht, dann sehen wir den Patienten unweigerlich durch eine Zerrbrille. Wir sehen ihn nicht mehr als den, der er ist, sondern als den, zu dem wir ihn gemacht haben, oder so, wie er uns zwingt, ihn zu sehen. Die optimale Technik hat also ganz eminent mit der Freiheit des Analytikers zu tun!

17 Mit Berman völlig einig geht Malan in seinem Werk »Psychoanalytische Kurztherapie« (Malan, 1972). Er vertritt darin gleichfalls die Meinung, daß eine von Enthusiasmus geprägte Gegenübertragung ganz wesentlich zum Gelingen einer Therapie beitrage und womöglich bedeutsamer sei als alle Technik. Malan schreibt:
»Es ist auch *möglich, daß die Technik an sich gar nicht so wichtig ist, und daß* so unspezifische Faktoren, wie *die bedingungslose Akzeptierung des Patienten, wichtiger sind*, als bisher geglaubt wird [...]« (Hervorhebungen von der Verf.) (Malan, 1972, S. 353).

# Teil III

## DIE DRITTE PHASE:
## DIE GEGENÜBERTRAGUNG WIRD DER SCHLÜSSEL ZUM UNBEWUSSTEN DES PATIENTEN

## 1. Der umwälzende, neue Gedanke und der Beitrag der Briten zu dieser Revolution

Die wichtige Vorarbeit, die in der Phase des Dornröschenschlafs für einen neuen, toleranteren Umgang mit der Gegenübertragung geleistet worden war, sollte sich im folgenden Jahrzehnt auszahlen. *Von 1950 an wurde es schlagartig möglich, den Begriff Gegenübertragung definitorisch massiv auszuweiten und das Gesamt der emotionalen Antwort des Analytikers als unermeßlich wertvolles Werkzeug zum besseren Verständnis des Patienten anzuerkennnen und zu nutzen.* Paula Heimann brachte die Revolution in Gang. Margaret Little, Heinrich Racker, Bion, Werner Kemper und Money-Kyrle, um nur einige der wichtigsten unter den neuen Autoren zu nennen, bauten den neuen Gedanken weiter aus. Sie alle ließen nicht mehr von der Überzeugung, daß die Gegenübertragung die Via regia ins Unbewußte des Patienten darzustellen vermag, wenn man ihr nur mit dem entsprechenden Respekt und mit Furchtlosigkeit begegnet. Schon Winnicott und Reik waren diesen Weg gegangen, allerdings noch nicht mit solcher Entschlossenheit: Winnicott, der selber vieles von Klein übernommen hatte, erachtete bloß Teile der Gegenübertragung – die »objektive Gegenübertragung« – als Wegweiser ins Unbewußte des Patienten. Reik ging zwar sehr viel weiter, verzichtete aber leider gänzlich darauf, seine Entdeckungen unter dem Stichwort »Gegenübertragung« abzuhandeln. Darum habe ich diese zwei Autoren auch nur unter die Wegbereiter für die Revolution, nicht aber unter die Revolutionäre selber subsumiert.

Etliche unter ihnen (Heimann, Money-Kyrle, Bion, Rosenfeld, Racker, Cohen u. a.) entstammen der Gruppe um Melanie Klein. Unter dem Einfluß dieser Analytikerin bildete sich der für die Kleinianer typische tiefe Respekt vor Empathie und Intuition – die mit der Gegenübertragung gleichgesetzt werden – heraus. Diese Empathie oder Gegenübertragung wird jetzt zum A und O des Erkennens in der Analyse (vgl. Thomä, 1981b, S. 39). Da die Kleinianer von der Voraussetzung ausgehen, daß wir, seien wir nun »gesund« oder »krank«, Analytiker oder Patient, in unserer Entwicklung identischen Grundmustern – z. B. der »paranoid-schizoiden« und der »depressiven Position« – unterliegen[1] und uns die Triebpolarität zwischen Lebens- und Todestrieb angeboren ist, verwischen sich die Unterschiede zwischen Analysand und Behandler. Die individuelle Erfahrung und jeweilige Lebensgeschichte verlieren an Gewicht und Bedeutung gegenüber den Grundmustern der »Positionen«. So wie bei Jung die einmalige Geschichte des Individuums hinter die Grundmuster der

Archetypen, die allen Unbewußten eingeprägt sein sollen, zurückzutreten hat, so scheinen den Kleinianern ihre »Positionen« wichtiger als reale Objekte zu sein:

>»Die Kleinianische Objektbeziehungstheorie schreibt den realen Personen der Umgebung höchstens eine sekundäre Bedeutung gegenüber den das ›Objekt‹ nach Form und Inhalt konstituierenden Phantasien als Triebabkömmlingen zu. [...] Die allgemeine und spezielle Psychopathologie wird aus der paranoiden und depressiven Angst und ihren Folgen als Abkömmlingen des Todestriebes erklärt« (Hervorhebung von der Verf.) (Thomä, 1981b, S. 42 und 43).

Sacha Nacht kommt zu genau demselben Befund, wenn er schreibt, daß die Realität des Außenwelt-Einflusses in den Konzepten der Kleinianer nur wenig beachtet werde:

>»*Cette réalité de l'influence du monde extérieur est peu sensible dans les conceptions kleiniennes*; *les objets externes n'y paraissent guère comme des émanations pures et simples de pulsions; l'objet kleinien est ›un support, sans plus, puisque tout ce qui le constitue et l'active est tiré du sujet*« (pour reprendre les termes de la critique de Pasche et Renard, 1956)« (Hervorhebung von der Verf.) (Nacht, 1963, S.131).

So kommt es, daß Analytiker mit kleinianischem Hintergrund ihre Patienten mit ihrer Einfühlung viel treffsicherer und unfehlbarer erreichen zu können glauben als ihre Kollegen aus anderen analytischen Schulen: Im letzten oralen Urgrund hatten wir alle das identische Schicksal. Der Analytiker und sein Patient sind sich aufgrund der Kleinschen Lehre sehr viel ähnlicher als noch zu Zeiten Freuds geworden. Der Analytiker muß in seiner Lehranalyse nur einen sehr tiefen Einblick in seine Grundmuster erreicht haben, dann sagt ihm später seine Empathie mit erstaunlicher Treffsicherheit, was sich im Unbewußten seines Patienten gerade tut. Wenn der Patient projektiv etwas in den Analytiker »hineingetan« hat, so braucht dieser nur seine Gegenübertragung genau anzusehen, und schon weiß er, was mit dem Patienten wirklich los ist. So kommt es, daß Heimann die Auffassung vertreten konnte, die Gegenübertragung sei die »Schöpfung des Patienten«. Kurz: Die Gegenübertragungs-Reaktionen werden nun von den Revolutionären als mehr oder weniger direktes Abbild der Grundmuster, der Triebansprüche und Abwehrmechanismen des Patienten angesehen.

Daß diese Auffassung beträchtliche Gefahren in sich birgt, werde ich in meiner Kritik an Heimann noch ausführen (vgl. Teil III, 2.), daß wir ihr aber auch eine grundsätzliche Weichenstellung und Öffnung des Denkens in der Psychoanalyse verdanken, steht außer Zweifel. Auf die Kleinianer geht es zurück, wenn wir heute unsere Gegenübertragung als einen hochempfindlichen Seismographen für das, was unbewußt in unseren Patienten abläuft, zu nutzen wagen.

Neue Wege sind die Briten auch gegangen, was die Handhabung dieser als Indikator für im Patienten ablaufende Prozesse verstandenen Gegenübertragung angeht: ihr wird plötzlich das Recht zugestanden, sich in Worten auszudrücken. Unter gewissen Umständen wird ihr jetzt gestattet, sich dem Patienten zu enthüllen. Der Patient erfährt nun gelegentlich, daß sein Analytiker ihn liebt oder manchmal auch haßt, daß er sich ernsthaft langweilt mit ihm. Winnicott hatte schon 1947 vorgeschlagen, psychotische Patienten darüber aufzuklären, daß sie Haßgefühle in ihrem Analytiker auszulösen vermochten. Allerdings, so warnte Winnicott, habe dies mit viel Fingerspitzengefühl zu geschehen. Andere englische Autoren wie Money-Kyrle und Little vertreten nun in den kommenden Jahren ähnliche Auffassungen, auch im Hinblick auf andere Affekte. Was diese Autoren miteinander verbindet, ist, abgesehen von ihrem Interesse an Introjektion und Projektion, dies: sie arbeiten in erster Linie mit schwer gestörten Patienten, mit Psychotikern, Borderline-Fällen und schweren Charakterstörungen. Bei solchen Patienten, die an massiven Verzerrungen der Realität leiden, sei es, so wird argumentiert, unumgänglich, in der Therapie Realität zu stiften, indem das therapeutische Inkognito gelüftet und der Analytiker vom anonymen Spiegel zu einer realen Person mit lebendigen Gefühlen werde. Little fügt als weiteres Argument hinzu, daß die Mitteilung von Gegenübertragungs-Gefühlen dem an undichten Grenzen krankenden Patienten ein wesentliches Separations-Erlebnis liefern könne, das ichstärkend wirke.

Auch mit dieser Neuerung, daß wir nämlich als Analytiker unsere Gefühle manchmal aussprechen dürfen, ja sollen, haben die Engländer anregend gewirkt. Sie haben nicht nur die Schizophrenie-Therapeuten der folgenden Generationen befruchtet, sondern auch viele Analytiker, die mit weniger schweren Fällen arbeiten. So lesen wir zum Beispiel 1977 bei Kohut, daß der Analytiker im Umgang mit narzißtisch gestörten Patienten starke narzißtische Widerstände durch *das offene Zeigen und Aussprechen seiner Gefühle von Ohnmacht und Hilflosigkeit besiegen könne*.[2]

Zahlreich sind allerdings auch die kritischen Stimmen, die vor solchem Aussprechen von Gegenübertragungs-Gefühlen gerade warnen, weil der Patient damit allzusehr belastet werde. Anni Reich, der ich im folgenden ein eigenes Kapitel widmen will (vgl. Teil III, 7.), weil sie die Revolutionäre und ihre Neuerungen heftig kritisiert, gehört dazu. Beide Anliegen unter Dach und Fach bekommt man mit einem Rat, den mir eine meiner Kontroll-Analytikerinnen vor Zeiten in der Ausbildung gegeben hat: *In der Tavistock-Klinik, so sagte sie mir, sei gelehrt worden, die Gegenübertragung immer nur indirekt mitzuteilen, weil allein dies garantiere, daß der Patient nicht zu sehr belastet werde und auch nicht zu viele Gratifikationen erhalte.* Statt also zu erklären: »Ich fühle mich jetzt traurig und einsam«, sage man dem Patienten »Sie möchten jetzt, daß ich mich so traurig und einsam fühle, wie Sie sich als Kind gefühlt haben, wenn Sie als Kind abgelehnt wurden«. Ein geschickter Kompromiß zwischen Verschweigen von Gefühlen und erdrückendem Ehrlichsein!

Zum Schluß noch ein Wort über das ganzheitliche oder totale Gegenübertragungs-Verständnis, das sich einige Revolutionäre zu eigen gemacht haben: Gegenübertragung ist jetzt sehr viel mehr als nur die Übertragung des Analytikers, als die Noxe oder der Schadstoff, als den die Pioniere sie angesehen hatten. *Gegenübertragung wird jetzt zum Gesamt der emotionalen Antwort des Analytikers.* Die Gründe dafür sind, nach Kernberg, die folgenden: eine enggefaßte Definition der Gegenübertragung verdunkelt die wirkliche Bedeutung des Phänomens, indem sie impliziert, daß Gegenübertragung etwas »Falsches« oder »Schädliches« sei, was einer phobischen Vermeidungshaltung im Umgang mit den eigenen Gefühlen Vorschub leistet. Klammert man zweitens ein Gutteil der emotionalen Analytiker-Reaktionen aus seiner Gegenübertragungs-Definition aus, dann geht eine Fülle wichtiger Informationen über die nonverbale Kommunikation zwischen Patient und Analytiker verloren. Drittens: Faßt man die Definition der Gegenübertragung so eng wie die »Klassiker« oder die Pioniere es getan haben, dann verliert man vor allem bei der Therapie von Patienten mit schweren Charakterstörungen, von Borderline-Fällen oder Psychotikern wertvollen Boden. Der abrupt wechselnde Charakter der Übertragung bei diesen Patienten ruft nämlich im Therapeuten intensive Gefühls-Wechselbäder hervor, die sehr aussagekräftig sind, was die unbewußten Prozesse beim Patienten angeht (Kernberg, 1978, S. 70). Heimann hat dieser Liste noch ein weiteres Argument hinzuzufügen: die Definition der Gegenübertragung muß darum *alle* Gefühle des Analytikers umfassen, weil eine saubere Trennung dieser Gefühle in Übertragungs-Reaktionen und Nicht-Übertragungs-Reaktionen in der Praxis ein Ding der Unmöglichkeit darstellt. Auch Racker beruft sich auf die in Wirklichkeit gegebene Konfusion, wenn er schreibt:

> »Gerade das Verschmelzen von Gegenwart und Vergangenheit, das ständige Vermengen von Wirklichkeit und Phantasie, von innen und außen, bewußt und

unbewußt macht einen die gesamte psychische Antwort des Analytikers umfassenden Begriff notwendig und läßt es gleichzeitig ratsam erscheinen, den schon geläufigen Begriff ›Gegenübertragung‹ in diesem Sinne beizubehalten. Wo es zur Klarstellung zweckmäßig erscheinen sollte, könnte man von ›totaler Gegenübertragung‹ sprechen, in deren Rahmen man dann einzelne Gesichtspunkte unterscheiden und abgrenzen kann« (Racker, 1978, S. 158).

Da die fusionäre Bewegung, das gegenseitige Durchdrungensein, die Vermischung von Wirklichkeit und Phantasie, von innen und außen, in der Behandlung von schwer gestörten Patienten, die sich als nicht wirklich getrennt vom Analytiker erleben können, sehr viel größer ist als im Umgang mit anderen Patienten, leuchtet es ein, daß es zuerst einmal die Borderline- und Psychosentherapeuten waren, welche eine ausgeprägte Vorliebe für einen totalen Gegenübertragungs-Begriff an den Tag legten. Dies gilt allerdings nicht für alle unter diesen Analytikern. Little zum Beispiel macht hier eine Ausnahme, was sie nicht daran hindert, so dissident und unorthodox wir nur irgend möglich vorzugehen, wo es um das Aussprechen von Gegenübertragung vor dem Patienten geht. Ihre Vorstellungen zum Thema sollen – wie auch jene anderer Revolutionäre – im folgenden dargelegt werden, wobei zu sagen ist, daß ich bei meinen Ausführungen keinesfalls allen Umstürzlern gerecht werden konnte, weil leider der Platz dafür fehlte. Aber ich meine doch, daß die Grundzüge der neuen Denkweise deutlich gemacht werden können: das neue, totale Gegenübertragungs-Verständnis; die Tendenz zum Mitteilen der Gegenübertragung; der Glaube daran, daß der Patient die gesunde Analytiker-Persönlichkeit durch Identifizierung übernehmen müsse; vor allem aber die Überzeugung von der indikatorischen Funktion der Gegenübertragung.


## 2. Paula HEIMANN:
### Die Gegenübertragung ist eine Schöpfung des Patienten

Sehen wir uns nun also endlich die schon so oft beschworene, in der Literatur als denkwürdiger Wendepunkt gewertete Arbeit Paula Heimanns aus dem Jahre 1950 an. Sie trägt den schlichten Titel »On Countertransference« und ist ungeachtet aller Berühmtheit nicht mehr als dreieinhalb Seiten lang. Die von Heimann darin vertretene Auffassung ist daher rasch berichtet:

Heimann wendet sich in ihrem Aufsatz gegen das weit verbreitete Ideal des gefühllosen, immer nur gleichbleibendes, mildes Wohlwollen verspürenden Analytikers. *Ein Analytiker müsse sogar ausgesprochen gefühlshaft reagieren können, neben der von Freud geforderten »gleichschwebenden Aufmerksamkeit« auch eine »freely roused emotional sensibility« (Heimann, 1950, S. 82), eine leicht ansprechbare emotionale Sensibilität mitbringen. Diese Gefühle des Analytikers, von Heimann in ihrer Gesamtheit Gegenübertragung genannt, seien eines seiner wichtigsten therapeutischen Werkzeuge in der Behandlung überhaupt.* Ein Fühlender ist also nicht nur der Analysand, sondern ebensosehr auch sein Analytiker, wobei letzterer durch die Lehranalyse fähig geworden ist, seine Emotionalität dem analytischen Ziel unterzuordnen, statt sie beliebig auszuleben.

Wieso sind diese Analytiker-Gefühle so bedeutsam? Heimann geht von der zentralen Annahme aus, daß das Unbewußte des Analytikers mit demjenigen des Patienten eine Beziehung auf einer sehr tiefen Ebene eingeht. Dieser unterschwellige Rapport der zwei Unbewußten drückt sich an der Oberfläche in der Form von Gefühlen aus, etwa so, wie das tiefe Meer zuoberst von Wellen gekräuselt erscheint. Diese Gefühle – oder eben die Gegenübertragung – sind gewissermaßen die untrüglichen Signale für das, was in der Tiefe beim Gegenüber abläuft. Und so kommt es, daß die Gegenübertragung zum entscheidenden Werkzeug wird, will man das Unbewußte des Patienten erforschen. Wir müssen nur auf die Gefühle achten, die der unbewußte Rapport mit dem Patienten in uns auslöst und schon wissen wir, wie es unserem Patienten wirklich zumute ist, was ihn in seinem Innersten bewegt. Anders als reine Kleinianer wendet sich die Ex-Kleinianerin Heimann allerdings gegen ein offenes Aussprechen der erlebten Gefühle vor dem Patienten: man würde ihm, so glaubt sie, nur eine überflüssige Last aufbürden, wollte man all das aussprechen, was einen im Zusammenhang mit dem Analysanden emotional gerade bewegt.

Heimann verdeutlicht uns ihre neue Überzeugung von der indikatorischen Potenz unserer Gegenübertragung an einem Fallbeispiel, das ich hier kurz zusammenfassen möchte. Ein Patient beschließt nach nur drei Analysewochen plötzlich, ein »defektes Objekt« zu heiraten. Der Intellekt der Analytikerin sagt ihr, daß hier ein recht alltäglicher Widerstand gegen ein Sich-Einlassen in die Analyse vorliegt. Das Gefühl aber spricht eine andere Sprache: die Analytikerin empfindet Angst und Sorge in der Gegenübertragung. Der Stundenverlauf zeigt, daß das Gefühl recht gehabt hat, daß es hier um mehr als einen alltäglichen Widerstand ging. Es stellt sich nämlich heraus, daß der Patient sadistische Phantasien über die Analytikerin als »defektes Objekt« gehegt hatte und – aus einem Konflikt zwischen

Zerstörungswünschen und Schuldgefühlen heraus – Hals über Kopf beschlossen hatte, ein »defektes Objekt« als Akt der Wiedergutmachung zu heiraten. Es zeigte sich also, daß der unbewußte Rapport mit dem von Zerstörungswünschen erfüllten Patienten in der Analytikerin Angst (dieselbe Angst, die den Analysanden angesichts seiner Destruktivität erfüllt hatte) an der Oberfläche auszulösen vermocht hatte und insofern kann man, so glaubt Heimann, sagen, daß der Patient der eigentliche Schöpfer dieses Angst-Affekts in der Gegenübertragung gewesen sei. Heimann formuliert das pauschal so: *die Gegenübertragung ist eine Schöpfung des Patienten*:

»[...] the analyst's counter-transference is not only part and parcel of the analytic relationship, but it *is the patient's creation, it is a part of the patient's personality*« (Hervorhebung von der Verf.) (Heimann, 1950, S. 83).

Soweit also in Kürze das neue, revolutionäre Programm mit seinem – verglichen mit früher – so grundsätzlich veränderten Verständnis von Gegenübertragung. Es verwundert nicht, daß dieser Artikel von Heimann eine Lawine ins Rollen gebracht hat: die Gegenübertragung als Teil der Persönlichkeit des Patienten – das war so noch nicht dagewesen! *Was ehemals Ausdruck der Neurose des Analytikers gewesen war, ist nun zu einer Manifestation der Neurose des Analysanden geworden. Die Kehrtwende ist total.*

Daß dieses Verständnis von Gegenübertragung als einer Schöpfung des Patienten beträchtliche Gefahren und Möglichkeiten zum Mißbrauch in sich birgt, war sogar einer Revolutionärin selber aufgefallen, nämlich Margaret Little. In einem Vortrag von 1950 setzte sie sich kritisch mit den Schlußfolgerungen, die Heimann aus ihrem Fallbeispiel von dem Patienten mit der Vorliebe für das defekte Objekt gezogen hatte, auseinander. Little meint, Heimann habe eine andere wichtige Möglichkeit, die Angst in der Gegenübertragung zu erklären, völlig unter den Tisch fallen lassen, jene nämlich, daß es sich um die Angst der Analytikerin selber, im Sinne ihres eigenes Problems, hätte handeln können. Ganz im Geiste der Tradition erinnert Little also daran, daß die Gefühle des Analytikers genausogut auch Ausdruck seiner eigenen Schwierigkeiten sein können und keineswegs immer nur diejenigen des Patienten reflektieren müssen. Little hält fest, daß nicht nur der Patient, sondern auch der Analytiker die Analyse zu Abwehrzwecken mißbrauchen könne und daß es bei beiden vorkomme, daß eigene Probleme der inneren Entlastung zuliebe auf das Gegenüber projiziert würden. In der Sprache von Little heißt das etwas komplizierter so: der Analytiker gibt im Falle eigener subjektiver Angst nur allzu gern seine introjektive Identifizierung mit dem Patienten zugunsten einer projektiven Identifizierung auf. Bleibt eine derartige Situation aber unerkannt, dann hat das, nach Little, verheerende Folgen für den Fortgang der Behandlung: verfrühter Analyse-Abbruch oder unnötige Verlängerung, auf jeden Fall aber Wieder-Verdrängung und Verstärkung der Widerstände beim Patienten (vgl. Little, 1951, S. 39).

Wenn Heimann 1950 in einem Nebensatz leichthin schrieb, daß die Gegenübertragung keinesfalls Ausdruck allfälliger Unzulänglichkeiten beim Analytiker selber sein könne, da dieser doch gründlich analysiert worden sei und einen guten Kontakt zu seinem eigenen Unbewußten besitze, dann formuliert sie tatsächlich einen gefährlichen und ziemlich omnipotent klingenden Satz. Der Analytiker wird hier als schlechthin unfehlbares, da analysiertes Wesen gesehen. Little hat ganz recht: jetzt wird das Gesamt der Gegenübertragung zu unkritisch dem Patienten aufgebürdet. Zieht Heimann gegen das falsche Ideal des gefühllosen, immer nur pures Wohlwollen verspürenden Analytikers in den Kampf, so ist ihr vorzuwerfen, daß sie einem vielleicht noch gefährlicheren, falschen Götzen huldigt, nämlich dem Ideal des perfekt durchanalysierten Analytikers ohne irgendwelche blinde Flecken – ein Popanz, dem schon im Jahre 1927 von Glover der Garaus gemacht worden war.

Wen wundert es, daß die in Heimanns Artikel gegebene Möglichkeit zum Mißbrauch des Patienten tatsächlich rege benutzt wurde? Viele Analytiker – und zwar keinesweges nur Ausbildungskandidaten – begannen nämlich nach dem Erscheinen ihres Aufsatzes aus dem Jahre 1950 Deutungen »einzig nach dem Gefühl« zu geben, wodurch die »wilde Analyse« in Griffnähe rückte. Heimann hatte schließlich geschrieben, daß des Analytikers Gefühle ein Teil der Persönlichkeit des Patienten und seine Schöpfung seien. Also wußte man doch unweigerlich die Wahrheit über den Patienten, was immer man auch fühlen mochte.

Heimann, die es anscheinend doch nicht ganz so radikal gemeint hatte, sah sich zehn Jahre später, 1960, gezwungen, einen weiteren Artikel zu veröffentlichen, um das hemmungslose Drauflosdeuten ihrer Anhängerschaft einzudämmen (Heimann, 1964). Heimann beklagt sich in diesem Aufsatz darüber, daß man ihren ersten Artikel gründlich mißverstanden habe. Ihr sei unterstellt worden, sie habe es für richtig erachtet, Deutungen einzig nach dem Gefühl zu geben. Derlei habe sie aber niemals behauptet. Wer sich die Mühe nehme, könne in ihrem Aufsatz von 1950 nachlesen, daß sie ausdrücklich geschrieben habe, Deutungen seien an den tatsächlichen Ereignissen in der analytischen Situation auf ihre Richtigkeit hin zu überprüfen und nicht einfach aus dem Ärmel zu schütteln.

Heimann hat diesen einen Satz in ihrem ersten Aufsatz tatsächlich formuliert und dort verlangt, daß der Analytiker die auftauchenden Gefühle mit den Assoziationen des Patienten und mit seinem Verhalten vergleichen müsse, um so die Richtigkeit seines intuitiven Verständnisses zu überprüfen. Schon 1950 stand da zu lesen:

> »In the comparison of feelings roused in himself with his patient's associations and behaviour, the analyst possesses a most valuable means of checking whether he has understood or failed to understand his patient« (Heimann, 1950, S. 82).

Auf der anderen Seite stammt aber auch der Satz, daß die Gegenübertragung ein Teil der Persönlichkeit des Patienten sei, von Paula Heimann, ein Satz, der unterstellt, daß unser Verstehen sich *nicht* irren kann, da unsere Gefühle *immer* Aspekten des Patienten entsprechen. Heimann hat es sich daher selber zuzuschreiben, wenn sie von so vielen begeisterten Anhängern, die sie mit einem Schlag von soviel Selbstzweifeln befreit hatte, mißverstanden wurde. Sie hat sich tatsächlich äußerst widersprüchlich ausgedrückt! Thomä ist zum selben Schluß gekommen:

> »Zwar hatte die Autorin ihr Hauptanliegen erreicht, ›das Gespenst des gefühllosen, inhumanen Analytikers zu bannen und die Verwendbarkeit der Gegenübertragung zu zeigen‹ [...]. *Aber die keineswegs nur auf Ausbildungskandidaten beschränkten Mißverständnisse* lassen sich im Rückblick darauf zurückführen, daß durch das neue Verständnis der Gegenübertragung grundlegende Probleme der psychoanalytischen Technik berührt wurden, die in der Folge zu unterschiedlichen Lösungsversuchen geführt haben: Es handelt sich um nichts weniger als um den Erkenntnisprozeß im Analytiker selbst, also um den Entstehungs- und Begründungszusammenhang seines therapeutischen Handelns und insbesondere seines speziellen Interpretierens. *Beruft man sich nämlich auf die nach dem Gefühl gegebenen Deutungen im oben angeführten Sinn, ohne sich um die Überprüfung in der analytischen Situation und an den tatsächlichen Ereignissen zu kümmern, wird impliziert, daß bei der Entstehung der Deutung eo ipso auch schon die Begründung, d. h. also ihre Gültigkeit, gegeben sei. Dieses Mißverständnis wurde durch die sehr weitreichende These nahegelegt, daß* ›*die Gegenübertragung des Analytikers nicht nur das A und O der analytischen Beziehung ist, sondern sie ist die Schöpfung (creation) des Patienten. Sie ist ein Teil der Persönlichkeit des Patienten*‹ [...]« (Hervorhebungen von der Verf.) (Thomä, 1981 b, S. 28 und 29).

In ihrem 1960 erschienen zweiten Artikel zum Thema relativiert Heimann noch eine weitere gewagte Behauptung von vor zehn Jahren, jene nämlich, daß die Gegenübertragung keinesfalls Ausdruck der Unzulänglichkeiten des Analytikers selber sein könne, da dieser schließlich eine Lehranalyse hinter sich und einen guten Kontakt zu seinem Unbewußten habe. Nun heißt es um einiges realistischer so:

> »Wir alle wissen, daß kein Analytiker jemals endgültig und vollkommen analysiert ist, und daß er immer neurotische Reste zurückbehält« (Heimann, 1964, S. 492).

Fazit: Es ist nun leider gar nicht mehr so sicher, ob und inwieweit die Gegenübertragung eine Schöpfung des Patienten ist. Es gibt diese Möglichkeit jetzt nur *auch*. Das ist das Neue, das Bleibende. Womit wir auf die ursprüngliche Situation des immerwährenden Zweifels an der Berechtigung unserer emotionalen Antwort und Richtigkeit unserer Deutungen zurückgeworfen wären.

Um ihre These von der Gegenübertragung als einer Schöpfung des Patienten retten zu können, sah Heimann sich gezwungen, sich ein probates Mittel auszudenken, mit dem unvollkommen analysierte Analytiker ihre neurotischen Reste in der Gegenübertragung zuverlässig dingfest machen konnten. Sie suchte es, fand es und verdichtete es zu folgender – gleichfalls im Aufsatz von 1960 anzutreffender – Formulierung: *größtes Mißtrauen, so Heimann, hinsichtlich uns selber und unserer Gegenübertragung ist dann geboten, wenn wir »die Neigung fühlen, von der analytischen Situation weg zu gewöhnlichen zwischenmenschlichen Beziehungen überzugehen«* (Heimann, 1964, S. 492). In diesem Fall trügt unsere Gegenübertragung als Verständnishilfe. Heimann führt nicht näher aus, was sie vor Augen hat, wenn sie von »gewöhnlichen zwischenmenschlichen Beziehungen« redet, aber ich gehe wohl nicht fehl in der Annahme, daß sie an die *»Vorherrschaft der eigenen Bedürfnisse«* gedacht hat. Gewöhnliche zwischenmenschliche Beziehungen sind dadurch charakterisiert, daß jeder auf seine Rechnung kommen will, daß beide Beteiligten fast laufend daran interessiert sind, auch die eigenen Bedürfnisse zu befriedigen. In der analytischen Situation aber, so scheint Heimann hervorheben zu wollen, kommt der Patient zuerst. Sein Wachstum und seine Entwicklung zu fördern, das hat des Analytikers einziges Bedürfnis zu sein. Wo er bei sich spürt, daß er dieses hohe Ideal verfehlt, da ist, wie gesagt, größtes Mißtrauen gegenüber der analytischen Antwort als eines zuverlässigen Indikators für unbewußte Abläufe beim Patienten gegeben! Leider ist mir keine Schrift von Heimann bekannt, in der sie sich mit Balints umstürzlerischer These auseinandergesetzt hätte, die besagte, daß Analytiker durchaus auch solche verpönten »gewöhnlichen zwischenmenschlichen Beziehungen« zu ihren Analysanden unterhalten, in denen es immer wieder einmal vorkommt, daß sie eigene libidinöse Bedürfnisse an ihren Patienten befriedigen, ohne daß dies immer und automatisch eine analytische Todsünde wäre, nota bene. Was Heimann wohl darauf geantwortet hätte? Wäre sie mit Balint einverstanden gewesen, dann hätte sie präzisere Kriterien benennen müssen, um die nicht-neurotische oder adäquate von der neurotischen oder inadäquaten Gegenübertragung zu unterscheiden. Andere Autoren haben solche Formeln herausgearbeitet, mittels derer wir eine potentiell gefährliche Gegenübertragung dingfest machen können. So hat Glover (vgl. Orr, 1954, S. 659) empfohlen, *stereotype Reaktionen* des Analytikers im Umgang mit seinem Patienten als ein Warnsignal zu nehmen. Racker hat hervorgehoben, daß Deutungen, die aus einer neurotischen Gegenübertragung heraus geboren wurden, mit einer gewissen *»Zwanghaftigkeit«* zur Mitteilung drängen und der Analytiker dann übermäßig *starr, kalt, gehemmt oder blockiert* erscheine (Racker, 1978, S. 42, 132, 211). Entsprechend liest man bei Kohut, daß Gegenübertragungs-Widerstände gegen eine idealisierende Übertragung seitens der Patienten sich an einer *»Starrheit«* der Analytiker-Reaktionen zeigen (Kohut, 1973, S. 299 und 302). Und Cremerius befand, Kohuts erste Analyse des Falles Z., die, wie auch die zweite Analyse, im Buch »Die Heilung des Selbst« (Kohut, 1979) beschrieben wird, sei an seiner negativen Gegenübertragung gescheitert, was sich an seinem *starren, rigorosen* Pochen auf die sogenannte »klassische Technik« im Umgang mit diesem Patienten gezeigt habe. Ich zitiere Cremerius:

»Daß Kohut wirklich ernsthafte Gegenübertragungsprobleme hatte (und nicht, wie er sagte, eine insuffiziente Technik benutzt habe), verrät vor allem ein Vergleich der Sprache und des Darstellungsstils der beiden Analysen. Während die Darstellung der ersten Analyse objektivistisch ist, herrscht in der zweiten eine teilnehmend-mitfühlende Darstellung vor – während in der ersten Analyse die Sprache der psychoanalytischen Wissenschaft benutzt wird, fallen in der zweiten die vielen Worte aus der allgemeinen Umgangssprache und aus der Sprache menschlicher Kommunikationen auf: ›Gefühl der Lebendigkeit‹, ›Glücksgefühl‹, ›Schimmer von Glück‹, ›Sich-Sorgen-Machen‹, ›Wachstum‹ etc.« (Cremerius, 1981 b, S. 93).

*Alle diese Autoren kommen also einhellig zum Schluß, daß es die mangelnde Flexibilität des Analytikers im Umgang mit seinem Patienten ist, welche uns das wichtigste Verdachtsmoment im Hinblick auf eine neurotische Gegenübertragung liefert!*

Nur wenn wir als Analytiker ein feines Gespür und offenes Ohr für das Auftreten derartiger starrer, drängender, rigoroser Verhaltensweisen bei uns selber haben, kann, wie Heimann es angeregt hat, der Gegenübertragung als *dem* Werkzeug zum Verstehen des Patienten wirklich gefahrlos vertraut werden. Andernfalls ist die neue Lehre gefährlich, insofern als sie uns förmlich dazu einlädt, unsere eigenen Schwierigkeiten unseren Patienten in die Schuhe zu schieben.

### 3. Margaret LITTLE: Die ganz subjektive Gegenübertragung öffnet den Weg ins Unbewußte des Patienten. Man sollte daher unbedingt zu ihr stehen

Eine wie große Rolle die Gegenübertragung Anfang der fünfziger Jahre in der Psychoanalyse spielt, zeigt sich schon am Titel des ersten der drei von Little verfaßten Artikel zum Thema, mit denen ich mich im folgenden befassen will: Es ist in dieser Überschrift die Rede von der *Antwort des Patienten auf die Gegenübertragung* des Analytikers: »Counter-Transference and the Patient's Response to it« (Little, 1951). Interessierte sich Glover 1927 noch vornehmlich für die *Gegenübertragung als Antwort auf die Übertragung des Patienten* (vgl. Teil I, 4.), so unternimmt man jetzt, wie obiger Titel zeigt, das Gegenteil und untersucht die Auswirkungen der Gegenübertragung auf die Übertragung. Der Beitrag, den die Person des Analytikers, den seine Gefühle und sein Verhalten an das Fortschreiten des analytischen Prozesses leisten, ist damit von der Peripherie ins Zentrum des Interesses gerückt.

Genau wie ein Jahr zuvor schon Paula Heimann, tritt nun auch Little dafür ein, daß die Gegenübertragung in den Rang eines äußerst wertvollen, analytischen Instruments erhoben werden sollte. Ich zitiere:

>»[...] if we can make the right use of counter-transference may we not find that we have yet another extremly valuable, if not indispensable tool?« (Little, 1951, S. 33).

Aufhorchen lassen wird einen in diesem Zusammenhang allerdings die Definition von Gegenübertragung, für welche sich Little entschieden hat:

Gegenübertragung bedeutet für sie nämlich traditionsgemäß nichts anderes als die Übertragung des Analytikers. Um es mit Little zu sagen:

»Repressed elements, hitherto unanalysed, in the analyst himself which attach to the patient in the same way as the patient ›transfers‹ to the analyst affects, etc., belonging to his parents or to the objects of his childhood: i. e. the analyst regards the patient (temporarily and varingly) as he regarded his own parents« (Little, 1951, S. 32).

Wie, so fragt man sich hier verwirrt, soll das denn nun aber zu der oben genannten Aussage Littles passen, die Gegenübertragung sei ein äußerst wertvolles Werkzeug zum Verstehen des Patienten, *das* Mittel der Wahl, die Tiefen seines Unbewußten zu erschließen? Anders als Heimann schildert uns Little die Gegenübertragung schließlich nicht als Teil der Persönlichkeit des Patienten, sondern bloß als unbewußte Übertragungsneigung des Analytikers selber. Gerade diese von Freud so sehr gefürchteten »blinden Flecken« in der Seelenlandschaft des Analytikers sollen also den analytischen Prozeß voranbringen und uns einen besseren Zugang zum Patienten verschaffen? Das wäre doch, wie wenn man sagen wollte: Dort, wo der Handwerker mit kaputtem Werkzeug arbeitet, leistet er die beste Arbeit!

Little löst uns diesen tückischen Widerspruch mit folgender Überlegung auf: *die subjektive und neurotische Gegenübertragung des Analytikers, jene also, die den Patienten bis zu einem gewissen Grade verzerrt sieht, weil Übertragungen des Analytikers eine adäquate Wahrnehmung des Patienten verhindern, ist darum ein wertvolles therapeutisches Werkzeug, weil sie den Analytiker in den Augen des Patienten zu einem gewöhnlichen, fehlerhaften, auch übertragenden Menschen macht, kein bißchen »besser« als der Patient selber.* Das aber ist letztlich eine sehr entlastende Entdeckung (wenn sie dem Patienten anfangs auch manchmal wie eine Belastung vorkommen mag), eine Einsicht, die es dem Analysanden ermöglicht, endlich das überhöhte Bild von Autoritäten, wie etwa den Eltern, in Frage zu stellen und neue, bisher unbewußte Gefühle ihnen und dem Analytiker gegenüber aufzuspüren. Auch sich selber wagt er angesichts dieses menschlichen, ganz und gar nicht unfehlbaren Analytikers genauer anzusehen und es gelingt ihm, unerwartete Entdeckungen zur eigenen Person zu machen: Alles nur, weil er sich endlich nicht mehr allein weiß in all seiner Konflikthaftigkeit und Unvollkommenheit. Die Tatsache, daß selbst der Analytiker sich mit blinden Flecken herumschlagen muß, erlaubt es dem Patienten, sich ohne Schamgefühle eigenen

Schwierigkeiten zuzuwenden. Ferner wird er erleichtert realisieren, daß vermutlich auch seine Eltern blinde Flecken aufzuweisen hatten und daß es nicht darum oft so schwierig war mit ihnen, nicht weil ein Makel an ihm gewesen wäre, der es unmöglich gemacht hätte, ihn zu lieben, sondern weil sie Übertragungen auf ihn vornehmen mußten.

Voraussetzung für dieses fruchtbare Geschehen ist allerdings, daß der Analytiker ohne Vorbehalte zu seiner neurotischen Gegenübertragung stehen kann, sie den Patienten entdecken läßt, oder, ist dieser zu scheu dazu, selber zur Tat schreitet und sich dem Patienten enthüllt. Bleibt diese neurotische Gegenübertragung allerdings unbemerkt und unbesprochen, dann wird sie auch für Little, ganz im Sinn der Pioniere, zum Gegenteil eines Katalysators im analytischen Prozeß. Dann wird aus ihr ein Hemmschuh und Störenfried in der Behandlung.

Wenn Little neu auch der Restneurose des Analytiker einen therapeutischen Wert abgewinnen kann, so erinnert dies an Sharpe (vgl. Teil II, 4.), die schon 1947 geschrieben hatte, daß gerade das Menschlich-Allzumenschliche die conditio sine qua non eines guten Analytikers ausmache: höre ein Analytiker auf, ein menschliches Wesen mit Fehlern und Begrenzungen zu sein, dann höre er gleichzeitig auch auf, ein guter Behandler zu sein. Und wie Little, so verlangte auch Sharpe vom Analytiker einzig, daß er *wissen müsse* um diese neurotischen Beschränktheiten der eigenen Person. Verhalte sich dies so, könne kein Schaden daraus entstehen, im Gegenteil, selbst wenn die Konflikte des Analytikers keineswegs alle gelöst und seine Übertragungen nicht in toto aufgelöst seien.

Aber Little geht vier Jahre später noch einen bedeutenden Schritt über Sharpe hinaus, indem sie nämlich nicht nur die Notwendigkeit eines Bewußtseins eigener Begrenztheit und Beschränktheit beim Analytiker akzentuiert, sondern im gleichen Atemzug noch verlangt, daß der Patient darüber informiert werde. Solch offenes Zeigen und Bekennen begangener Fehler und ihrer neurotischen Ursachen bezeichnete Little dann als »*Gegenübertragungs-Deutungen*« (Little, 1951, S. 37). Hat der Analytiker beispielsweise eine unrichtige Deutung oder eine falsch getimte Deutung gegeben oder ist ihm eine Fehlleistung unterlaufen, so hat er anschließend an das Vorkommnis nicht nur die korrekte Deutung nachzuliefern, sondern er sollte dem Patienten auch erklären, daß er diesen Fehler infolge des Mitspielens seiner so oder so gearteten unbewußten Gegenübertragung begehen mußte. Dem Patienten ist mit einem Wort die Ursache für die neurotische, subjektive Gegenübertragung offen darzulegen. Das machte den Analytiker für den Analysanden menschlicher und führte ihm außerdem die Universalität des Phänomens Übertragung beispielhaft vor Augen. Ich zitiere Little:

> »Not only should the mistake be admitted (and the patient is entitled not only to express his won anger but also to some expression of regret from the analyst for its occurrence, quite as much as for the occurrence of a mistake in the amount of his account or the time of his appointment), but its origin in unconscious counter-transference may be explained, unless there is some definite contra-indication for so doing, in which case it should be postponed until a suitable time comes, as it surely will. Such explanation may be essential for the further progress of the analysis, and it will have only beneficial results, increasing the patient's confidence in the honesty and good-will of the analyst, showing him to be human enough to make mistakes, and making clear the universality of the phenomenon of transference and the way in which it can arise in any relationship« (Little, 1951, S. 37).

Natürlich darf man, so Little, derartige Gegenübertragungs-Deutungen nicht zu oft bringen und seine Patienten nicht dauernd mit eigentlichen »Geständnissen« belästigen, es sollte nur einfach dann und wann, wenn der Zeitpunkt dafür geeignet erscheint, deutlich demonstriert werden, daß auch des Analytikers Reaktionen ganz *subjektiv* sein können. Offen mit dem Patienten besprochen wird also keineswegs nur die »objektive« oder reaktive Gegenübertragung im Sinne Winnicotts, sondern auch jene, die dem Patienten nicht gerecht wird, insofern als sie auf Übertragungen des Analytikers gründet. Diese Subjektivität der Analytiker-Gefühle sollte, so verlangt Little, dem Patienten in den späteren Stadien jeglicher Analyse verdeutlicht werde. Bei Fehlern, die der Analytiker schon am Anfang begeht, genügt es durchaus, allgemein auf das Wirken einer unbewußten Gegenübertragung im Behandler selber hinzuweisen. Präzisere Erklärungen sind nicht vonnöten und Zurückhaltung vorläufig angebracht, da der Patient in diesem frühen Stadium der Behandlung ein Zuviel an Offenheit seitens des Analytikers nicht angstfrei ertragen könnte.

Ich fasse zusammen: Halten Heimann und Winnicott alle nicht-neurotischen und »objektiven« Analytiker-Gefühle für bedeutsam (was eine Vertiefung des Zugangs zum Unbewußten des Patienten angeht), so legt Little den Akzent auf die »subjektiven« und nicht-reaktiven Gegenübertragungs-Reaktionen (wobei zu sagen ist, daß natürlich auch eine neurotische oder subjektive Gegenübertragung auf etwas im Patienten »reagiert«; dennoch kann sie nicht objektiv genannt werden, weil sie den Nagel bestenfalls cum grano salis auf den Kopf trifft). *Auch diese »blinden Flecken« helfen uns, das Unbewußte des Patienten besser zu verstehen. Wir können zwar an unseren subjektiven Gegenübertragungs-Reaktionen nicht ablesen, wie es dem Patienten zumute ist, wohl aber mit dem offenen Bekennen der Gründe dafür erreichen, daß sich die Widerstände des Patienten gegen das Erkennen unbewußter Bereiche lockern.* Daher gilt auch in der Theorie von Little der Satz: die Gegenübertragung ist die Via regia zum Unbewußten des Patienten – ein Satz, an den alle Revolutionäre leidenschaftlich glauben sollten. Littles Gedanke ist auf seine Weise genauso neu wie derjenige von Heimann und scheint mir noch stärker als letzterer zu zeigen, wie grundsätzlich sich jetzt die Einstellung zur Gegenübertragung geändert hat.

In einem zweiten mit Gegenübertragung befaßten Artikel aus dem Jahre 1957 (Little, 1957) knüpft Little direkt an ihr 1951 formuliertes Bekenntnis zur Subjektivität des Analytikers an. Allerdings weitet sie das Thema jetzt auf eine Weise aus, daß es genaugenommen in Teil IV meiner Arbeit behandelt werden müßte, der sich mit der Gegenübertragung als bewegender Kraft und Motor der Kur beschäftigt. Damit der Zusammenhang mit dem Aufsatz von 1951 nicht zerrissen wird, will ich mich dennoch schon hier mit Littles neuen, wegweisenden Gedanken zur Gegenübertragung befassen. 1957 legt Little den Hauptakzent wiederum auf die Notwendigkeit der Subjektivität, Menschlichkeit und Lebendigkeit beim Analytiker; allerdings interessiert sie sich jetzt einiges weniger für die Gegenübertragung als Ausdruck der verdrängten Elemente im Analytiker: jetzt steht statt dessen sein Fühlen ganz allgemein im Vordergrund. *Diesem Fühlen – mit dem Patienten, über den Patienten und oft stellvertretend für den Patienten – wird von Little eine den Patienten aktivierende Funktion zugeschrieben; es wird zum Katalysator des therapeutischen Prozesses mit schwer gestörten Patienten, zum eigentlichen therapeutischen Agens und Movens.*[3] Da diese schwer gestörten Patienten manchmal ganz unfähig seien, wichtige Gefühle auch nur andeutungsweise bei sich selber zu registrieren, da sie sich außerdem außerstande sähen, mit Übertragungsdeutungen auch nur das Geringste anzufangen, gelte es, so Little, ihnen die lebendige Realität eines fühlenden Menschen beizugesellen. Solche Gefühle des Analytikers, die er offen auszudrücken hat, werden von Little zwar nicht als Substitut für Deutungen angesehen, wohl aber als Wegbereiter dazu. Ob diese Gefühle nun »objektiv« oder »subjektiv«, ob sie Ausdruck einer unbewußten Gegenübertragung sind oder nicht, spielt für Little nicht die entscheidende Rolle. Wichtig ist für sie, daß der Analytiker durch die Präsenz seiner Gefühle in jedem Moment ganz real und authentisch wirkt. Oft habe sie, schreibt Little, erlebt, daß der Punkt in einer Analyse, an welchem dem Patienten erlaubt worden sei, des Analytikers Gegenübertragung zu entdecken (jener Augenblick, in dem der Analytiker ehrlich zu dieser Gegenübertragung gestanden sei) zum Anfang einer eigentlichen Wende in der Behandlung geworden sei. Und zwar darum: der Moment, in welchem der Analytiker keine Geheimnisse mehr vor dem Patienten hat, erweist sich gleichzeitig als der Moment, in welchem der Patient eine Ganzheit, eine Person, ein lebendiges, authentisches, menschliches Wesen in sein Inneres »hineinnehmen« kann.

Das aber sei, so Little, dem Ich-Aufbau des Patienten förderlich.[4] Verzichte der Analytiker darauf, das anonyme Inkognito-Spiel zu spielen, so erkenne der Patient, daß er eine Person vor sich habe, die Verantwortung auf sich nehmen könne, sich zu engagieren vermöge, die spontan fühlen, Gefühle ausdrücken und Spannung ertragen könne, die imstande sei, eigene Fehler und Beschränkungen, aber auch Befriedigung und Erfolg auszuhalten. Die Verinnerlichung einer solchen Person bringe dem Patienten unendlich viel mehr als jene des Prinzips »Strohpuppe« (vgl. das Kapitel über Fliess, Teil II, 8.). So sieht es Little:

»I have often found such a recognition to be a turning-point in an analysis. By means of them a human being is discovered, taken in, imaginatively eaten, digested and absorbed, and built up into the ego (not magically introjected); a person who can take responsibility, commit himself, feel and express feeling spontaneously, who can bear tension, limitation, failure, or satisfaction and success« (Little, 1957, S. 246).

Damit sind wir auf ein weiteres, neues Argument gestoßen, mit dem offenes Zeigen und Aussprechen von Gegenübertragung verteidigt wird. Es macht den Analytiker nicht nur menschlicher und lockert die Widerstände beim Patienten, es hilft Patienten mit schwachen Ich-Grenzen nicht nur besser spüren, daß sie ein anderer sind als der Analytiker, der seine eigenen Gefühle hat und zeigt, sondern, so heißt es jetzt zusätzlich, offen ausgedrückte und nicht länger geheim gehaltene Gegenübertragung läßt den Analytiker zum geeigneten Identifikationsmodell werden. Um dieses letzte Argument ist jedoch innerhalb der Psychoanalyse ein heftiger Streit ausgebrochen: Anni Reich beispielsweise, deren harter Krtik an den Revolutionären ich in Teil III ein eigenes Kapitel widmen werde, wendet sich strikt dagegen. Ihrem Empfinden nach hat derlei nichts mehr mit Analyse zu tun, sind Gegenübertragungs-Deutungen im Sinne Littles, welche das »Essen, Verdauen und Absorbieren« (Little) des Analytikers erleichtern sollen, bloßes »Agieren« des Analytikers (Anni Reich, 1960, S. 191). Zwar komme es in Analysen häufig vor, daß Patienten sich mit ihren Analytikern identifizieren würden, aber eine derartige Situation gelte es keinesfalls zu fördern, ihr müsse im Gegenteil mittels Deutungen Einhalt geboten werden. Das Ziel der Analyse bestehe nicht darin, zeitweilige Identifizierungen in dauerhafte Strukturen zu verwandeln. Winnicott dagegen und mit ihm viele andere Analytiker sind der Auffassung, daß die Identifizierung mit den gesunden Seiten des Analytikers eine bedeutsame Chance für den Patienten darstellt. Zum Beispiel kann er von ihm lernen, was Einfühlung ist, indem er die empathischen Seiten seines Analytikers nach und nach introjiziert. Vor allem Patienten mit gestörter Einfühlungsfähigkeit können davon nach Winnicott enorm profitieren:

> »Es erhebt sich die Frage, wie diese Veränderungen sich im Patienten vollziehen. Gewiß kann die Antwort *nicht* heißen, daß Veränderungen auf direkte Einwirkung von Deutungen auf die Funktion der seelischen Mechanismen zurückgehen. [...] Ich halte die Annahme für gerechtfertigt, daß die Fähigkeit des Analytikers, projektive Mechanismen einzusetzen (vielleicht die wichtigste Voraussetzung für die psychoanalytische Arbeit überhaupt), nach und nach introjiziert wird« (Winnicott, 1973, S. 154).

Doch kommen wir zurück zu Little und ihrer These, daß es oft erst der Gefühlsausdruck und die verbalisierte Gegenübertragung des Analytikers seien, die den schwerer gestörten Patienten zu erreichen vermögen. Zur Veranschaulichung des von ihr Gemeinten bringt Little in ihrem Aufsatz aus dem Jahre 1957 ein Fallbeispiel, das sich leider nicht zusammenfassen läßt, dessen Lektüre aber für den Leser ungemein bereichernd ist. Ich bedaure es sehr, diesen eindrücklichen Behandlungsverlauf bei einer Borderline-Patientin namens »Frieda«, die erst sieben Jahre lang auf die klassisch-zurückhaltende und nur-deutende und anschließend auf die neue, stärker mit der Gegenübertragung operierende Art analysiert worden war, aus Platzgründen hier nicht in seiner ganzen Länge bringen zu können. Besser als alle Theorien vermag einen diese bewegende Fallgeschichte, deren Lektüre im Originaltext man sich nicht entgehen lassen sollte, von der Nützlichkeit der verbalisierten Gegenübertragung zu überzeugen. Während der Lektüre erfährt man mit Staunen, wie die Analyse dieser schwer gestörten Frau nach sieben mageren Jahren der »Klassik« endlich in Bewegung gerät, und zwar genau in jenem Moment, in welchem die Analytikerin die Realität in Form ihrer eigenen Person und eigenen Gefühle stärker in den analytischen Prozeß einbringt, wo sie von ihrer Betroffenheit, ihrem Mitgefühl, aber auch von ihrer Ungeduld und ihrem Ärger zu reden beginnt. Erstmals nach vielen fruchtlosen Jahren erhalten jetzt die Übertragungsdeutungen der Analytikerin einen Sinn, erstmals wird Trauer möglich, Abgrenzung von der Mutter und den Kindern der Patientin, erstmals kann Abhängigkeit von der Analytikerin erlebt werden (Little, 1957, S. 246-251).

Daß diese neue, sämtliche Vorstellungen über die Notwendigkeit des analytischen Inkognitos weit hinter sich lassende Technik nicht nur beeindruckende Erfolge vorzuweisen hat, sondern auch ihre Tücken haben kann, wird sogar von Little selber hervorgehoben. Es liegt auf der Hand: *wenn vom Analytiker nicht länger mehr erwartet wird, daß er seine Gegenübertragung wie ein gefährliches Geheimnis hüte, dann muß er ein Mehr an innerer Reife mitbringen, sonst wird aus Freiheit Anarchie* und der Patient wird beliebig belastet, mißbraucht oder sonstwie an seiner Entwicklung gehindert. Zwei Grundvoraussetzungen müssen nach Little erfüllt sein, soll die offen gezeigte Emotionalität des Analytikers sich als fruchtbar[5], nicht aber als furchtbar erweisen: der Analytiker muß einerseits mit den Patienten identifiziert sein und er muß andererseits dennoch und gleichzeitig getrennt von ihm sein und einen Abstand wahren können. In diesem Falle wird er niemals zu wenig, aber auch nicht zu viel geben oder verlangen, sondern immer so viel, wie die Situation es erfordert[6] (Little, 1957).

Ein Jahr später, 1958, meint Little, daß es in der Arbeit mit schwer gestörten Patienten um einiges weniger schlimm sei, wenn wir infolge tiefer Verstrickung mit dem Patienten oder aus großem emotionalem Engagement und persönlichem Betroffensein heraus Fehler machen, als wenn wir uns hinter dem analytischen Inkognito verschanzen. *Die Unzugänglichkeit des Analytikers erscheint ihr im Umgang mit diesen Patienten der größte Fehler überhaupt zu sein.* Wie Berman, so sieht es also auch Little: das Wichtigste ist das therapeutische Engagement, die Hingabe des Analytikers. Alles andere kommt nachher:

»It is a point at which he must be able to commit himself, even sometimes risking making a mistake, but remembering that the biggest mistake of all at this point may be *not* doing just this« (Little, 1958, S. 138).

Wichtiger als alles Spiegel- und Chirurgen-Benehmen, als alle bemüht naturwissenschaftlich-objektive Distanz ist die Subjektivität des Analytikers, die Realität des Behandlers als einer engagierten, authentischen, fühlenden Person. Die Subjektivität wird jetzt zur Via regia ins Unbewußte des Patienten. Vergessen wir aber nicht: Diese Aussage machte Little, wie schon erwähnt, vor allem im Hinblick auf den Umgang mit Borderline-Patienten, für Menschen mit schweren Charakterstörungen und Psychopathen. Doch es scheint ihr durchaus vorstellbar, daß auch der gesündere Neurotiker und klassische Analysefall, der ein Mehr an Struktur mitbringt, von dieser neuen Art des Umgangs profitieren können sollte.

Mit ihren neuen Thesen geht Little also weit über das hinaus, was die Revolutionäre der fünfziger Jahre vor allem kennzeichnet: der unbedingte Glaube an die indikatorische Funktion der Gegenübertragung. Little hat sich zusätzlich die Überzeugung von der den Patienten erweckenden, tragenden, Nähe und Vertrauen stiftenden Macht der Gegenübertragung und den Glauben an die Bedeutung des authentischen, fühlenden, Gefühle zeigenden Analytikers als eines geeigneten Identifikations-Objekts aufs Banner geschrieben. Die Gegenübertragung ist bei ihr zur eigentlichen Achse des analytischen Prozesses geworden.

*Das neue Verhältnis zur Gegenübertragung als eines fundamental wichtigen therapeutischen Agens und Movens, das die sechziger, siebziger und achtziger Jahre finden sollten, wird von Little schon in den fünfziger Jahren in bahnbrechender Weise vorgezeichnet.* Leute wie Balint, der gleichfalls zum Schluß kommt, daß man früh gestörten Patienten (»Grundstörungen«) nicht mit der herkömmlichen, nur-deutenden, versagenden und ausgeprägt rationalen Technik, bei der die Gegenübertragung nur eine dienende Rolle spielt, gerecht werden kann, sollten an Little anschließen. Aber letztlich gehen sie alle – auch Little selber – zurück auf den einst so verpönten, verlachten und mit einem Bannfluch belegten Ferenczi. Cremerius charakterisiert diese »Schneepflug«-Funktion Ferenczis folgendermaßen:

»Von der klinischen Beobachtung ausgehend, daß eine positive Gefühlseinstellung dem Patienten hilft, Unlust und Schmerz besser zu ertragen – Freuds Fundamentalsatz für die psychoanalytische Technik schlechthin –, kam er zu der Überlegung, daß er bei diesen Patienten die positive Gefühlsbeziehung fördern, daß er ihnen helfen müsse, die rechte Art und den rechten Betrag derselben zu entwickeln. Dies glaubte er auf zwei Wegen tun zu können. *Einmal durch Offenlegung seiner Gefühlseinstellung zum Patienten. Er hatte festgestellt, daß die Patienten aufgrund ihrer primärprozeßhaften Wahrnehmung jede Unaufrichtigkeit im Analytiker erfühlen und darauf mit Spannungssteigerung reagieren. Den Grund für diese Reaktion erkannte er darin, daß die Unaufrichtigkeit des Analytikers die Unaufrichtigkeit der Erwachsenen, die das Kind traumatisiert hatte, wiederhole.* Die Spannung könne, so folgerte er, dadurch vermindert werden, daß der Analytiker im Gegensatz zu den traumatisierenden Erwachsenen *dem Patienten seine wahren Gedanken und Gefühle* mitteile. Das würde zu einer Erhöhung der positiven Gefühleinstellung und des Vertrauens führen. Beide geben dem Patienten Mut, sich der notwendigen Regression zu überlassen.
*Zum anderen glaubte er, die positive Gefühlsbeziehung dadurch fördern zu können, daß er die nur deutende, streng abstinente Haltung aufgäbe und die Haltung ›mütterlicher Freundlichkeit‹ einnähme. Er begründete sein aktives Vorgehen einleuchtend damit, daß ein derart tief regredierter, schwer gestörter*

*Patient von den Worten eines Analytikers, der aus der neutralen, objektiven Distanz der Anonymität seine Deutungen gäbe, nicht mehr erreicht werden könne.* Das Wesen der Deutungen in der ›klassischen Technik‹ sei, daß sie sich an den Intellekt, an die Einsichtsfähigkeit wende. Gerade diese aber sei in den regressiven Zuständen reduziert oder gar aufgehoben. Die Konsequenz davon sei u. a. auch die, daß in dieser Phase der Analyse das von Freud geforderte Durcharbeiten unmöglich sei. *Einsicht wie Durcharbeiten müßten durch das Erleben, durch emotionale Erfahrungen ersetzt werden«* (Hervorhebungen von der Verf.) (Cremerius, 1983, S. 995 und 996).

Abschließend seien noch sieben Gegenübertragungs-Komplikationen genannt, vor denen Little den Leser warnt (Little, 1951):

1. Wenn ich als Analytiker Neidgefühle meinem Patienten gegenüber verspüre, dann kann es vorkommen, daß ich diesen Neid aus unbewußten Schuldgefühlen heraus nicht mehr als zu mir gehörig erlebe, sondern ihn hinausprojiziere und als ein Problem meines Patienten deute (Little, 1951, S. 32).
2. Wenn meine Reparations-Impulse unter die Herrschaft des Wiederholungszwanges geraten, verspüre ich unter Umständen das unabweisbare Bedürfnis, meinem Patienten immer nur weiter Gutes zu tun. Das heißt aber, daß ich ihn nicht gesund werden lassen kann, weil er mich als Gesunder nicht mehr benötigen würde (Little, 1951, S. 34).
3. Wenn ich von meinem Patienten fordere, daß er nichts in außeranalytischen Beziehungen »ausagieren« dürfe, dann kann das wiederum daran liegen, daß ich ihn nicht gesund werden lassen möchte und daß ich die einzige Ursache dafür bleiben möchte, daß es dem Kranken gut geht (Little, 1951, S. 34).
4. Wenn sich eine meiner Analysen zu einer unendlichen auswächst, so kann das an meinem primären Narzißmus liegen, der es nicht erträgt, daß der Analysand ohne mich existieren kann. Die negative therapeutische Reaktion meines Analysanden kann in diesem Falle sehr wohl eine gesunde Reaktion auf meinen Gegenwiderstand sein (Little, 1951, S. 34 und 35).
5. Wenn ich heftig Therapieformen bekämpfe, in denen der Patient stark abhängig gemacht wird, dann liegt das unter Umständen daran, daß ich starke unbewußte Schuldgefühle habe, weil ich selber meinen Patienten nicht gesund werden lassen möchte (Little, 1951, S. 36).
6. Wenn ich meinen Gegenübertragungs-Regungen gegenüber eine paranoide oder phobische Haltung an den Tag lege, dann führt das zu Vermeidung oder Verleugnung von Gefühlen bei mir und später ebenso

beim Patienten. Das ist die schlimmste Komplikation überhaupt (Little, 1951, S. 38).
7. Wenn ich – wie Heimann – ein aufkommendes Angstgefühl als Abbild unbewußter Angst im Patienten selber werte, dann kann das die Tatsache verhüllen, daß ich selber noch ungelöste archaische Ängste in mir herumtrage. Ich verwende die Analyse zu Abwehrzwecken (Little, 1951, S. 39).


4. Maxwell GITELSON:
Die Gegenübertragungs-Komplikation
wird zum Wachstumspunkt für den Patienten,
vorausgesetzt, man ist offen und ehrlich


Anders als das Gros der Revolutionäre nicht in England arbeitend – er wirkte in Chicago –, kommt Gitelson nur ein Jahr später zu erstaunlich ähnlichen Befunden wie Little 1951. Wie sie *ist auch er der Auffassung, daß gelegentliche, durch eine neurotische Gegenübertragung bedingte »Fehltritte« des Analytikers in der Behandlung sehr fruchtbare Folgen haben können, werden derartige Vorkommnisse nur sorgfältig genug mit dem Analysanden aufgearbeitet.* Wie Little, so glaubt auch Gitelson, daß das offene Besprechen von »Ausrutschern« des Analytikers beim Patienten eine Menge in Bewegung bringen kann und bisher verborgen gebliebene unbewußte Bereiche in ihm zu erschließen vermag. *Die Furcht vor der neurotischen Gegenübertragung scheint zu Beginn der fünfziger Jahre auch in Amerika im Schwinden begriffen zu sein der Dornröschenschlaf ist zu Ende.*

Die Art, in welcher derartige »Eröffnungen« vom Analytiker unternommen werden, geschieht bei Gitelson jedoch vorsichtiger und zurückhaltender als bei Little (Gitelson, 1952). Verlangte sie, daß man bloß zu Beginn einer Analyse ausführliche Gegenübertragungs-Deutungen vermeiden sollte, so ist Gitelson der Auffassung, daß derartige Selbst-Enthüllungen des Analytikers immer und in jedem Fall nur ganz dosiert vorgenommen werden dürfen. Das absolute Minimum ist das Optimum. Der Analytiker darf und soll nur gerade so viel von sich zeigen als unerläßlich ist, um dem Patienten die Möglichkeit zu geben, die *Realität* der Arzt-Patient-Beziehung zu entdecken. Aber der Grundgedanke ist bei Little und Gitelson derselbe: *gerade dort, wo der Analytiker alles andere als jenes von*

*Freud verlangte »höhere Maß von seelischer Normalität und Korrektheit« (Freud, 1975, S. 387) besitzt, liegt eine Chance für den Analysanden verborgen,* oder um es mit einem schönen Ausdruck Littles zu sagen ein »Wachstumspunkt« (vgl. Little, 1957), sofern der Analytiker nur ehrlich zu seinem Fehler steht und ihn dem Analysanden sorgfältig erklärt.

Ich wurde bei diesem wichtigen, neuen Gedanken, den man nun sowohl in England wie in den USA zu denken begann, an Kohuts Lehre von den »phasengerechten Frustrationen« erinnert, die seiner Auffassung nach gleichfalls ganz wichtige Chancen zur Ankurbelung von Entwicklung darstellen. Ein Kind, so schildert uns Kohut überzeugend (Kohut, 1973, S. 85 und 86), kann keine perfekten Super-Eltern brauchen, weil es sonst niemals lernt, seinen infantilen Glauben an die absolute Vollkommenheit seiner Erzieher zu modifizieren. Das Kind benötigt Eltern, die immer wieder einmal Fehler machen (allerdings keine allzu massiven, denn diese wirken traumatisch!). Solche dosierten Fehler, die auf der Seite des Kindes dosierte narzißtische Enttäuschungen an den Eltern zur Folge haben, sind nützlich, weil sie das Wachstum der psychischen Struktur im Kinde anregen helfen. Little und Gitelson hätten diese Ansicht schätzungsweise mitunterschrieben.

Gitelson verdeutlicht uns die Nützlichkeit dosierter Gegenübertragungs-Deutungen anhand einiger farbiger Vignetten aus seinen Analysen, von denen ich hier zur Veranschaulichung eine anführen will: Zu Beginn einer Sitzung stellt ein Analysand fest, daß sein Analytiker müde aussehe. Gegen Ende derselben Sitzung fragt er Gitelson, ob es wohl möglich wäre, einige der kommenden Stunden zu verschieben, da er in einem Seminar ein Referat halten müsse. Obwohl sich der Analytiker einverstanden erklärt, zieht der Analysand seine Bitte nun aber sofort mit der Begründung zurück, daß derartige Änderungen im Stundenplan dem Analytiker ungelegen kommen könnten. Der Analytiker seinerseits besteht als Antwort auf der erbetenen Verschiebung der Termine. Die Begründung dafür, so argumentiert er, sei schließlich völlig einleuchtend. In der folgenden Sitzung erklärt der Patient, daß er seine Bitte deshalb zurückgezogen habe, weil es ihm so vorgekommen sei, wie wenn Gitelson erst ein wenig gezögert habe, leicht irritiert gewesen sei. Kaum hat der Analysand diese Beobachtung ausgesprochen, realisiert der Analytiker, daß sie korrekt war und daß er eine Sekunde lang tatsächlich ein Gefühl des Ärgers verspürt hatte. Jetzt wird ihm auch der Grund für den Ärger deutlich: am Morgen hatte er eine geringfügige narzißtische Kränkung erlitten – seine Studenten waren nicht rechtzeitig in sein Kontroll-Seminar gekommen. Wie er ihn nun etwas später sein Analysand erklärte, daß er demnächst nicht zur gewohnten Zeit kommen werde, erweckte das den heruntergeschluckten Ärger aus einer anderen Situation wieder zum Leben. Der Affekt wurde auf den Analysanden verschoben – es kam zu dem irritierten Zögern, das der Patient sofort registriert hatte.

Soweit die Ausgangslage, eine Situation also, in der eine inadäquate Gegenübertragung dem Analytiker und dem Analysanden ein Schnippchen schlug. Was macht nun Gitelson mit dieser Situation? Er streitet nicht ab, daß er irritiert gewesen war das wäre eine blanke Lüge und würde wohl von niemandem als Mittel der Wahl empfohlen. Er gibt statt dessen offen zu, daß es ein Zögern auf seiner Seite gab. Aber damit hat es sich noch nicht. Er fragt den Patienten nun nicht in klassisch-analytischer Manier nach seinen Phantasien im Hinblick auf des Analytikers Zögern, nein, er legt die Karten offen auf den Tisch und berichtet dem Patienten von der narzißtischen Kränkung, die an ihm genagt hatte und wieder in ihm hochgekommen war. Er gibt unumwunden zu, daß er *deshalb* inadäquat reagiert habe. Punktum.

Es sollte sich für den weiteren Verlauf der Behandlung auszahlen, daß der Analytiker so ehrlich gewesen war. Die Offenheit des Analytikers wurde zu einem »Wachstumspunkt« für den Patienten. Zum einen vertiefte sich das Vertrauen des mißtrauischen Analysanden, dessen Mutter ihn so häufig angelogen hatte, zum andern wurde es ihm jetzt erstmals möglich, in den folgenden Sitzungen das beschämende Thema seiner eigenen narzißtischen Probleme aufzugreifen. Gitelson ist überzeugt, daß dieser Durchbruch nicht zustandegekommen wäre, hätte er nicht zuvor seine Patienten die erlittene Kränkung und die Reaktion darauf ganz ohne alle Beschönigungen sehen lassen:

> »I think it might not have been possible for me to develop the analysis of this important theme had I not become aware of how my own reaction to a narcissistic injury had eventuated in a transference injury to him. And I think that my acknowledgement of his ›recognition‹ of me was of assistance to him in realization of the extent of his own narcissistic problem« (Gitelson, 1952, S. 8).

Man wird hier als um absolute Keimfreiheit und naturwissenschaftliche Objektivität bemühter Analytiker, der die Entwicklung der Übertragung niemals stören will, so argumentieren: durch die offen gezeigte und besprochene, inadäquate Gegenübertragung kam man zwar dem Narzißmus des Analysanden auf die Spur, dafür aber ging der Analyse wichtiges Übertragungsmaterial verloren. Hätte der Analytiker sein Zögern und seine Irritation zwar zugegeben, aber dann darauf verzichtet, den Grund dafür zu erklären, dann wäre in der Übertragung womöglich das tiefe Mißtrauen gegenüber der Mutter, der man nicht über den Weg trauen kann, weil sie nie Klartext redet, aufgetaucht. Das hätte recht unangenehm für den Analytiker werden können, aber dadurch hätten wichtigere, vom Analytiker weniger stark mitbeeinflußte, genuinere Fortschritte in der Behandlung erzielt werden können: mit seinem Inkognito wäre der Analytiker zum »Wachstumspunkt« geworden.

Auf Argumente wie diese könnte man antworten: erstens wäre durch dieses Inkognito-Benehmen nichts wesentlich Neues unter der Sonne geschehen – das Mißtrauen des Analysanden lag nämlich bereits deutlich auf dem Tisch. Zweitens aber hat es etwas Unanständiges an sich, wenn man infolge einer Gegenübertragungs-Komplikation im Patienten erst die Angst auslöst, lästig zu sein, ohne die Situation anschließend restlos zu klären. Man kann das »Analytischsein« auch auf die Spitze treiben. Was soll Bedeutsames in einer Analyse geschehen, in der es keine Gewißheit gibt, daß Verlaß ist auf den anderen? Drittens könnte man einwenden, daß der Verzicht des Analytikers auf eine Erklärung in einer Situation wie der geschilderten eine Verunreinigung des Beobachtungsfeldes darstellt. Bringt der Analytiker die Sache dagegen wieder in Ordnung, indem er sein Inkognito für kurze Zeit lüftet, dann, aber nur dann ist das von ihm verunreinigte Feld wieder sauber.

Doch kommen wir zurück zu Gitelson. Ich habe bisher vor allem auf die Parallele zwischen diesem Autor und Margaret Little hingewiesen, was die Überzeugung von der Bedeutung einer offen dargelegten »subjektiven« Gegenübertragung angeht. Aber es gibt auch Unterschiede. Sie betreffen die Auffassung darüber, was Gegenübertragung eigentlich sei. Meint Little mit Gegenübertragung im wesentlichen die Übertragungen, die der Analytiker auf seinen Patienten vornimmt, so sondert Gitelson diese Übertragungen gerade aus der eigentlichen Gegenübertragung aus. Seiner Meinung nach tauchen wirkliche Übertragungen auf seiten des Analytikers nämlich nur ganz zu Beginn der Behandlung auf – die Gegenübertragung meldet sich erst später im Verlauf der Behandlung zu Wort. In der allererster Phase der Analyse ist die Sicht, die der Analytiker von seinem Analysanden hat, noch relativ undifferenziert und pauschal – Übertragungen melden sich daher vermehrt zu Wort. Später dann, wenn der Analytiker seinen Patienten genauer wahrzunehmen beginnt, tritt die Gegenübertragung auf den Plan. Sie stellt immer nur eine exakte Antwort auf Aspekte, nicht mehr aber eine diffuse Reaktion auf die Ganzheit des Patienten dar. Mit seiner Gegenübertragung antwortet der Analytiker nach Gitelson entweder auf die jeweilige Übertragung des Patienten oder auf das Material des

Patienten, oder drittens auf den spezifischen Umgang, den der Patient mit ihm gerade pflegt (vgl. Gitelson, 1952).

Dieser reichlich artifiziell und akademisch anmutende Versuch, das Auftreten der analytischen Antwort in Phasen oder spezifische Abläufe zu gliedern, ein Versuch, welcher der komplexeren Wirklichkeit Gewalt antut, wurde sowohl von Heimann (1964) wie von Mabel Cohen (1952) kritisiert. Heimann findet ihn deshalb fragwürdig, weil auch bei der Gegenübertragung neurotische Züge des Analytikers mit von der Partie sein können (Gitelson gibt das an einigen Stellen in seinem Artikel selber zu), was macht, daß der von Gitelson postulierte »qualitative« Unterschied zwischen Übertragung und Gegenübertragung hinfällig wird. Es kann sich bestenfalls um einen quantitativen Unterschied handeln. Abgesehen von ihrer Pseudo-Genauigkeit scheint Heimann diese Unterscheidung aber auch deshalb überflüssig zu sein, weil es ihrer Auffassung nach für den Patienten *nicht darauf ankommt, aus welcher Quelle ein Gefühl des Analytikers stammt, sondern einzig darauf, ob der Analytiker imstande ist, darauf zu verzichten, Abwehrmechanismen gegen dieses Gefühl einzusetzen, welche seine Wahrnehmungsfähigkeit beeinträchtigen.* Ein interessanter Einwand, der einmal mehr die neu gewonnene Liberalität im Umgang mit der Gegenübertragung anzeigt: nicht das Freisein von Neurose ist für den Analytiker mehr das Entscheidende, sondern die Art, wie er mit seiner Neurose umgeht. Wenn er imstande ist, sich seine neurotische Gegenübertragung jeweils wieder bewußt zu machen und sie voll wahrzunehmen (und damit in den »Griff« zu bekommen), braucht das Ausmaß seiner noch vorhandenen Psychopathologie nicht länger mehr zu interessieren. Die neurotische Gegenübertragung wird dann keinen bleibenden Schaden anrichten. Denselben Gedanken hatten 1947 schon Sharpe (1950) und Winnicott (1976, S. 82) geäußert: Psychopathologie beim Analytiker erscheint dort entschärft, wo der Behandler sie registriert, genau um sie weiß. Gitelson, obwohl fortschrittlich und liberal, was den Glauben an die Wichtigkeit einer ab und an offen mit dem Analysanden diskutierten Gegenübertragungs-Komplikation angeht, hinkt mit seiner forcierten Gliederung der analytischen Antwort in erstens neurotische Übertragung und zweitens nicht-neurotische Gegenübertragung seiner Zeit hinterher.

Aber man würde Gitelsons Beitrag zur Theorie der Gegenübertragung nicht gerecht werden, wollte man das Kapitel über ihn mit dieser kritischen Bemerkung schließen, hat er uns doch mit wachem Verstand vor gewissen Haltungen gegenüber Patienten gewarnt, die zwar in besonders »menschlich-mitfühlendem« Gewande auftreten, aber manchmal gar nicht so unschuldig und gefahrlos sind, wie sie sich gerne geben. Da Gitelson diese Warnungen vor dem Wolf im Schafspelz gerade in einer Zeit ausgesprochen hat, in der man mehr und mehr damit begann, sich vom Analytiker als anonymem, versagendem Spiegel abzuwenden und (wie etwa Berman und Little) damit anfing, den mitfühlenden, hingegebenen, liebevollen Analytiker jenseits des Inkognitos aufs Podest zu stellen – ein Trend, der in den folgenden Jahrzehnten immer stärker werden sollte –, sind sie besonders bedeutsam. *Gitelson zeigte nämlich anders als die meisten anderen Autoren nicht die Gefahren der »negativen«, sondern jene der »positiven« Gegenübertragung auf.* Ihn interessierten die möglichen unlauteren Motivationen hinter unseren »Resonanzgefühlen« für Patienten, hinter unserem Enthusiasmus und unserer »mütterlich«-liebevoll gefärbten Gegenübertragung.

Gitelson gesteht zwar zu, daß es genuin mütterlich oder väterlich eingestellte Therapeuten gibt, die ihre Patienten wirklich lieben, aber daneben existieren manch andere Analytiker, deren »Mütterlichkeit« oder »Väterlichkeit« rein neurotischen Ursprungs sei. Derartige Gegenübertragungs-Haltungen können in einzelnen Fällen sehr wohl Ausdruck einer chronischen Charakterabwehr des Analytikers sein. Übertriebene therapeutische Freundlichkeit, die sich etwa darin äußert, daß wir einem Patienten seine Selbstzweifel auszureden suchen, ist manchmal ein Indiz dafür, daß der Analytiker noch eine ganze Menge unbewältigter sado-masochistischer Impulse in sich hat, die er mittels besagter Überfreundlichkeit abzuwehren sucht. Mißtrauen empfiehlt sich nach Gitelson auch gegenüber jenen Ausbildungskandidaten, die enthusiastisch darüber reden, wie gut sie einen neu übernommenen Fall mögen, wie gern sie ihn haben, wie intensiv die Resonanzgefühle sind, die er in ihnen auslöst. Vielfach ist nämlich auch eine rein narzißtische Betörung, bei welcher der Analysand nur einfach als Selbst-Objekt wahrgenommen wird, imstande, solche »Resonanzgefühle« auszulösen. Und last but not least: eine besonders »positive«, enthusiastische Gegenübertragung kann manchmal auch das Pendant zu einer abgewehrten, erotischen Übertragung beim Patienten sein – eine Situation, die dann vom Analysanden gern zum Erlangen seines unbewußten Ziels mißbraucht wird.

So wertvoll diese Warnungen Gitelsons sein mögen, so dogmatisch-festgefahren und stur mutet es andererseits an, wenn er sich daraufhin zu der Behauptung versteigt, daß die Präsenz von Mütterlichkeit in der Gegenübertragung während einer Analyse in jedem Fall einen groben Störfaktor in der Behandlung darstelle, und zwar selbst dann, wenn solche Mütterlichkeit *nicht neurotisch* motiviert sei. So etwas wie Mütterlichkeit könne bestenfalls in einigen nicht-analytischen Situationen von Nutzen sein, so heißt es weiter. Die Weiterentwicklung der Psychoanalyse in den folgenden Jahrzehnten – und übrigens auch schon in der Zeit vorher, man denke an Winnicott – sollte dazu führen, daß apodiktische Behauptungen wie diese recht fragwürdig anmuten. Teil IV meiner Arbeit – aber auch schon das Kapitel über Bion (vgl. Teil III, 6.) – wird sie so nicht gelten lassen. Die Argumente von Ferenczi, Beman und Little zum Thema kennen wir bereits. Aber auch Balint, Khan, Winnicott und viele andere Autoren vermochten überzeugend zu zeigen, daß prägenitale Störungen häufig ganz dringend einer neuen, anderen Form des Umgangs mit dem Patienten bedürfen und daß es ohne die mütterliche Funktion des Analytikers manchmal nicht geht. Freudsche Antipathie gegen die Übernahme der Mutterrolle hin oder her.

Damit man mich recht versteht: wenn ich von »Mütterlichkeit« rede, zugegebenermaßen ein ziemlich unklarer Begriff, etwa so vage wie der noch häufiger verwendete der »positiven Gegenübertragung«, dann meine ich natürlich nichts derartiges wie Überprotektivität und sentimentale Nächstenliebe, die sich dauernd unkontrolliert über den Patienten ergießt. All das, was Werner Kemper 1953 als die gefährlichen Schwachstellen der wohlwollenden Helfereinstellung aufgelistet hat (Kemper, 1954), gehört *nicht* zu meinen Vorstellungen einer therapeutisch fruchtbaren Mütterlichkeit: weder aktives Beraten des Patienten noch Versuche, das Leid des Patienten abzukürzen und auch nicht der tröstende Zuspruch. Ich denke auch nicht an jene Mütter, die ihr Kind »lange über die Erfordernisse seines wirklichen Alters und über seinen wirklichen Reifezustand nicht freigeben können« (Kemper, 1954, S. 607) und noch einmal nicht an Mütter, die aus Angst vor eigener Nachgiebigkeit und Weichheit spartanische Härte an den Tag legen müssen, genausowenig wie die Art der überweichen, übergütigen oder jene der ideologiegebundenen Mutter, die ihr Kind andauernd dirigiert und so kraft ihrer Mutterrolle beherrscht, unser Ideal sein kann. Es muß, wenn Mütterlichkeit zur Diskussion steht, die Rede sein von Winnicotts »good-enough«-Mutter, aber auch von jener beispielsweise von Balint (1972, S. 99) geschilderten mütterlichen Gegenübertragung, die sich wie Wasser oder Sand oder Luft verhält. Ist sie so fügsam, arglos, formbar, unaufdringlich, unzerstörbar, anspruchslos und absolut verfügbar wie der Sand, mit dem ein Kind seine Sandburg baut, dann, nur dann, erweist sich Mütterlichkeit in der Behandlung regredierter Patienten als außerordentlich wertvolles therapeutisches Agens. Gitelson aber schien an den Wert dieser neuen emotionalen Erfahrung und an die Macht der Mütter nicht zu glauben. Obwohl in mancher Hinsicht wirklich revolutionär und eigenständig denkend, war er in anderen Belangen noch ganz dem

Pionierzeit-Geist verpflichtet. Entsprechend mußte die Gegenübertragung von Mütterlichkeit frei gehalten und auf die unterkühlte, karge Nüchternheit, wie sie sich für einen naturwissenschaftlichen Beobachter und richtigen Mann gehörte, zurückgestutzt werden. Alles andere konnte mit Analyse unmöglich mehr etwas zu tun haben.

In der nun folgenden Liste von Gegenübertragungs-Komplikationen, vor denen Gitelson uns warnt, kann ich es mir ersparen, diejenigen im Zusammenhang mit »Mütterlichkeit«, »Enthusiasmus« und »Resonanzgefühlen« noch einmal aufzuzählen. Es verbleiben die folgenden vier:

1. Wenn ich einen Patienten, der sich davor fürchtet, öffentlich einen Vortrag halten zu müssen, ermuntere, dies doch zu tun, statt die Furcht des Patienten zu analysieren, dann kann das daran liegen, daß meine eigenen narzißtischen Bedürfnisse anläßlich des kommenden Auftritts meines Patienten geweckt worden sind (Gitelson, 1952, S. 6).
2. Wenn ich einen Behandlungsverlauf außerhalb des Therapiezimmers wissenschaftlich zu verwerten gedenke, dann verliere ich unter Umständen den Kontakt zu meinem Patienten, weil ich unter solchen Voraussetzungen dazu tendiere, ihn nur noch als interessanten »Fall« zu sehen, nicht mehr aber als lebendiges Gegenüber (Gitelson, 1952, S. 8).
3. Wenn meine Patientin gleich zu Beginn der Analyse übermäßig mit sexuellen Phantasien beschäftigt erscheint und Träume sexuellen Inhalts berichtet, in denen ich als reale Person vorkomme, dann kann die Ursache dafür in meinem noch nicht ausreichend aufgelösten Ödipus-Komplex liegen. Die Patientin bringt ihre sexuellen Phantasien in einem solchen Falle vor allem darum vor, weil sie spürt, wie sehr ich darauf anspreche (Gitelson, 1952, S. 9).
4. Wenn ich für umstürzlerische »aktive« Interventionen oder sonstige Technik-Variationen hinsichtlich der Handhabung der prägenitalen Übertragung plädiere, dann kann das daran liegen, daß etwas in mir mich zwingt, meine Gegenübertragung zu agieren. So manches, was im Gewande eines technischen Fortschritts daherkommt, ist Ausdruck von Neurose (Gitelson, 1952, S. 9).

## 5. Heinrich RACKER:
### Selbst in der allerneurotischsten Gegenübertragung liegt noch ein Körnchen Wahrheit über den Patienten verborgen

Heinrich Racker hat eines der interessantesten und bereicherndsten Werke zur Gegenübertragung verfaßt. Man kann es nur bedauern, daß die in seinem Buch »Übertragung und Gegenübertragung« (Racker, 1978) zusammengefaßten Aufsätze und Vorträge aus den vierziger und fünfziger Jahren dem deutschsprachigen Leser erst 1978 zugänglich gemacht worden sind – aus unerfindlichen Gründen wurden die auf Argentinisch verfaßten Schriften des emigrierten Polen nicht früher übersetzt. Rackers Buch stellt eine Fundgrube für den an Gegenübertragung interessierten Leser dar; man kann das Buch wieder und wieder lesen und wird jedesmal auf Neues stoßen.

Er ist zwar keiner jener Autoren, der sich das Programm »Mütterlichkeit« oder »Väterlichkeit« ganz groß auf sein Banner geschrieben hätte. Zu Fortschritten führt ihn einzig die Deutung. Dennoch ist er ganz offensichtlich ein Analytiker, der seine Patienten liebt und die von Berman beschworene »dedication« wirklich besitzt, allerdings ohne viele Worte darüber zu verlieren. Man spürt es seinem Buch einfach an. Ausdruck dieser prinzipiell liebevollen Grundhaltung Rackers scheint es mir beispielsweise zu sein, wenn er uns daran erinnert, daß hinter dem Haß des Patienten letztlich immer dessen enttäuschte Liebe stehe. Aber auch wenn er schreibt, daß Verstehen dasselbe wie Lieben sei, verrät er sich. Karen Horney wäre ein solcher Satz vermutlich nicht eingefallen. Die Beispiele für Rackers liebevolle Grundhaltung ließen sich beliebig vermehren. Leider heißt es sich beschränken und zu fragen, inwiefern Racker zu den »Revolutionären« zu zählen ist.

Nicht anders als Heimann erscheint Racker stark von Kleinschen Lehren geprägt. Deshalb plädiert auch er für die indikatorische Funktion unserer Gegenübertragung und nimmt auch er eine enorme Begriffserweiterung vor. Racker schlägt vor, »die gesamte psychische Antwort des Analytikers« (Racker, 1978, S. 158) als Gegenübertragung zu bezeichnen. Im übrigen aber ist Racker im Jahre 1950 noch um einiges vorsichtiger als Heimann. Er versteigt sich nicht zu einer Behauptung wie jener, daß die Gegenübertragung eine »Schöpfung« des Patienten sei, sondern schreibt einiges gemäßigter und überzeugender: *die Gegenübertragung hat immer auch mit den unbewußten Abläufen im Patienten zu tun. Sie ist für Racker ein Mischprodukt aus Anteilen, die dem Analytiker, und Anteilen, die dem*

*Analysanden zugehören. Selbst in der allerneurotischsten Gegenübertragungs-Reaktion ist damit für Racker also ein Körnchen Wahrheit über den Patienten versteckt.* 1953 schreibt Racker dies:

> »Was auch immer im Analytiker vorgehen mag, es steht *immer in Beziehung zum Erleben des Analysanden. Selbst die allerneurotischsten Gegenübertragungsvorstellungen tauchen nur angesichts bestimmter Patienten auf, und auch nur dann, wenn sie sich in ganz bestimmten Situationen befinden, und deshalb können sie auch etwas über die Patienten aussagen*« (Hervorhebung von der Verf.) (Racker, 1978, S. 200).

Irgendwie und irgendwo trifft unsere Gegenübertragung nach Rackers Auffassung also immer ins Schwarze, wenn die wirklichen Verhältnisse auch manchmal arg verzerrt erscheinen mögen. Die Gegenübertragung ist – weil sich in ihr auch die Neurose des Analytikers abbilden kann – ein zwar manchmal holpriger, an Schlaglöchern und Steinen reicher Weg ins Unbewußte des Patienten, aber ein Weg dorthin ist sie allemal.

Man kann sich im nachhinein nur wundern, daß die Analytiker nicht früher darauf gekommen waren, daß die Gefühle des Behandlers immer in irgendeiner Form mit jenen des Patienten verknüpft sind und immer etwas an Wahrheit über den Patienten enthalten, wieviele eigene Anteile der Analytiker auch beisteuern mag. Seit eh und je wußte man nämlich, daß in jeder Projektion – und Übertragungen sind schließlich immer Projektionen – ein Quentchen Wahrheit über das Gegenüber steckt. Aber den Schritt bis hin zur Einsicht, daß die Übertragungs-Projektionen von Analytikern demselben Gesetz unterliegen, schaffte man bis ins Jahr 1953 nicht. Zu stark war die »paranoide« Haltung gegenüber sämtlichen Äußerungen der Gegenübertragung.

So bedeutsam die neue Überzeugung von der indikatorischen Funktion der Gegenübertragung auch ist, so große Gefahren und Möglichkeiten zum Mißbrauch bringt die veränderte Denkweise mit sich. Die Lehre von der Gegenübertragung als einem Persönlichkeits-Anteil des Patienten birgt die gefährliche Verlockung in sich, eigene neurotische Anteile auf Patienten zu projizieren. Ich habe das in meiner Kritik an der Denkweise von Paula Heimann bereits ausführlich dargelegt. Meine Vorbehalte Racker gegenüber sehen nicht anders aus, obwohl Racker nicht so weit wie Heimann im Jahre 1950 gegangen ist und die Gegenübertragung als reine Kreation des Patienten angesehen hätte.

Racker hat zwar völlig recht, wenn er uns daran erinnert, daß in jeder Projektion ein Körnchen Wahrheit stecke, also auch in der Übertragungs-Projektion des Analytikers, selbst wenn dabei aus Mücken manchmal

Elefanten werden, weil die Neurose des Analytikers mit von der Partie ist. Aber man muß sich – um im Bilde zu bleiben – doch fragen, ob wir noch Nützliches über den Flug der Mücken erfahren können, wenn wir die Gangart von Elefanten studieren. Sind die Aussagen, die wir dann machen, nicht Aussagen, die einiges mehr mit Elefanten als mit Mücken zu tun haben, mit der Neurose des Analytikers also, statt mit der Neurose des Patienten? *Verführt uns das Wissen um das Körnchen Wahrheit, das in allen unseren Reaktionen verborgen liegt, nicht dazu, das Körnchen mit der ganzen Wahrheit zu verwechseln?* Gerade Racker sollte sich diese Frage doch eigentlich aufdrängen, da er dem analytischen Perfektionsideal sehr weitgehend abgeschworen hat und die analytische Situation keineswegs als Beziehung zwischen einem Gesunden und Kranken mehr ansieht:

>»In Wahrheit ist sie eine Angelegenheit zwischen zwei Persönlichkeiten, deren Ich unter dem Druck vom Es, vom Über-Ich und von der Außenwelt steht; jeder der beiden lebt mit seinen inneren Abhängigkeiten und äußeren Ängsten und pathologischen Abwehrmechanismen und ist noch ein Kind mit seinen inneren Eltern« (Racker, 1978, S. 156).

Eine rechte Dosis Mißtrauen den korrekten Wahrnehmungen von Analytikern gegenüber wäre also geboten. *Die Frage nach der Zuverlässigkeit des Indikators Gegenübertragung sollte angesichts solcher Verhältnisse zur Gretchenfrage werden.* Merkwürdigerweise macht Racker sie aber nicht dazu. Viel zu rasch tut er das brennende Problem mit folgender simpler Antwort ab: der Analytiker muß »nur« die neurotischen Anteile aus seiner psychischen Antwort auf den Patienten herausfiltern, dann sagt ihm die Gegenübertragung die volle Wahrheit über das Gegenüber. Ist das vollbracht, so ist die Art, in der er auf seinen Patienten reagiert, in jedem Fall identisch mit der Art, in der die Eltern des Patienten auf diesen reagiert hatten – die ursprüngliche Reaktionsweise der inneren Objekte des Analysanden könne so, ohne daß ein Irrtum noch möglich wäre, dingfest gemacht werden. Mit dem raschen Herausfiltern der eigenen neurotischen Anteile aus der Gegenübertragung ist es aber bekanntlich so eine Sache, und es wäre in der Literatur bestimmt nicht so viel vor Komplikationen der Gegenübertragung und vor allen möglichen Fallen, in die der Analytiker treten kann, gewarnt worden, wenn das immer so problemlos vonstatten ginge. Vielfach gelingt das Herausfiltern eben gerade nicht so ohne weiteres und dann wird der Analytiker gerne den von Heimann und Racker gewiesenen Weg benützen und eigene Schwierigkeiten zu solchen des Patienten machen, mit der Begründung, daß seine Gegenübertragung in jedem Falle zumindest *auch* die Wahrheit über das Gegenüber beinhalte, also ein schlechthin untrüglicher Indikator sei.

Sogar wenn wir annehmen, daß der Analytiker so gründlich analysiert ist und sich laufend selber so sorgfältig zu überprüfen vermag, daß es ihm tatsächlich immer gelingt, die eigenen neurotischen Anteile vom Gesamt der Gegenübertragungs-Summe gewissermaßen zu subtrahieren, wer vermöchte zu beweisen, daß die »gereinigte« Gegenübertragung tatsächlich immer ein Analogon zur einstigen Antwort der Eltern des Patienten darstellt? Schließlich könnte das infantile Objekt doch auch einmal anders gefühlt und reagiert haben als der Analytiker, der doch ein Individuum sui generis ist und vielleicht eine ganz andere Struktur und ein ganz anderes Temperament mitbringt als die Mutter oder der Vater des Patienten. Aber, wenn wir diese Möglichkeit ins Auge fassen, dann denken wir zwar logisch, aber nicht kleinianisch. Für die Kleinianer gilt (wie in Teil III, 1. schon ausgeführt): Objektbeziehungen laufen mit universaler, man möchte fast sagen naturgesetzlicher Uniformität ab, je nachdem, ob die paranoid-schizoide oder die depressive Position sie bestimmend prägen (vgl. Thomä, 1981, S. 40). Die Realität der handelnden Personen des frühen Dramas (und entsprechend auch diejenige des Individuums Analytiker) interessiert nur bedingt, die individuellen Unterschiede verschwimmen, das Überpersönliche siegt. Denkt man also systemimmanent kleinianisch, dann ist die Gegenübertragung – werden nur die neurotischen Anteile des Analytikers vorher herausgefiltert – tatsächlich in jedem Fall das Sprachrohr der inneren Objekte des Patienten. Mag man die Vielfalt menschlicher Reaktionsweisen aber nicht in dieses enge, inhaltlich bestimmte Korsett zwingen, dann wird man auch der These, daß die Gegenübertragung *in jedem Falle* die Stimme der inneren Objekte des Gegenübers verkörpert, mit gewissen Vorbehalten gegenüberstehen.

Bei allem Respekt vor dem wirklich neuen und revolutionären Beitrag der Kleinianer zur Theorie der Gegenübertragung verbleibt doch nach der Lektüre einiger dieser Autoren ein Unbehagen. Und zwar darum, weil den Kleinianern ein fragwürdiger Hang zum Schematisieren und Generalisieren eignet. *So glaubt Racker etwa daran, daß die verbliebenen neurotischen Anteile des Analytikers sich zu einer eigentlichen »Gegenübertragungs-Neurose« formieren, die wiederum nach genau vorgegebenen Gesetzmäßigkeiten abläuft.* Das Gesetz, dem sich die Gegenübertragungs-Neurose zu beugen hat, heißt »Ödipus-Komplex«, was zur Folge hat, daß nach Racker jeder männliche Patient dem Analytiker zum Vater und jede Patientin zur Mutter wird – mit den entsprechenden uniformen Konsequenzen für die Gegenübertragung. Die Gesamtheit der Gefühle und Impulse, die der Analytiker als kleiner Junge während der Phase des negativen und des positiven Ödipuskomplexes in bezug auf seine Eltern verspürt hatte, tauchen also in der analytischen Situation im Analytiker ein zweites Mal auf, und zwar erscheinen sie jetzt um den Patienten zentriert (Racker, 1978, S. 124-149).

*Der Wirklichkeit Zwang anzutun scheint mir aber auch Rackers generalisierende These, daß Gegenübertragungs-Reaktionen immer gemäß dem Talions-Gesetz verlaufen.* Auf jede positive Übertragung antwortet der Analytiker mit anderen Worten mit einer positiven Gegenübertragung, auf jede negative Übertragung mit einer negativen Gegenübertragung – Auge um Auge, Zahn um Zahn. Auch wenn der Analytiker diese Reaktionen natürlich nicht samt und sonders auslebt, sieht zumindest die spontan andrängende Reaktionsweise nach Racker so aus (Racker, 1978, S. 162). Es steht außer Zweifel, daß wir tatsächlich häufig gemäß diesem geschilderten Muster zu reagieren versucht sind. Mich stört nur einmal mehr das Wörtchen »immer«. Man kann sich doch ohne weiteres vorstellen, daß ein Analytiker, der sich vor Abhängigkeit fürchtet, nicht mit Liebe auf die erklärte Liebe und Abhängigkeit des Patienten reagieren wird, sondern mit einem Versuch zur Distanzierung, genauso wie ein spezifisch veranlagter Analytiker auf Aggressionen mit Schuldgefühlen statt mit erlebter Gegenaggression antworten könnte. Man kann auf des Patienten Widerstand und Negativismus hin auch mit freudiger Gestimmtheit reagieren, wenn man darin ein Anzeichen für beginnende Individuation erkennt. Otto Rank hat es so gehalten (vgl. Teil I, 6.). Ganz und gar nicht dem Talions-Gesetz verpflichtet war aber auch die Gegenübertragung eines Wilhelm Reich (vgl. Teil II, 5.): seine Reaktion auf jegliche positive Übertragung zu Beginn der Behandlung war alles andere als Gegenliebe. Er antwortete auf solche emotionalen Angebote in aller Regel mit Mißtrauen und Provokationen. Ich meine übrigens ganz allgemein, daß wir als Psychoanalytiker gut daran täten, das Wörtchen »immer« aus unserem Vokabular zu streichen. Es wurde damit bestimmt schon mehr Unfug angerichtet, als daß es solchen verhindert hätte. Wer »immmer« sagt, scheint überzeugt, ein absolut gültiges und unumstößliches Wissen in Händen zu halten – und dieser Aberglaube hat in aller Regel schon mehr geschadet als genützt. Zumindest in den Wissenschaften vom Menschen.

Sehen wir aber einmal von den genannten Versuchen Rackers ab, den ganzen Reichtum an möglichen Gegenübertragungs-Antworten dann und wann übermäßig zu schematisieren, und behaften wir ihn nicht auf seiner Tendenz, die Gegenübertragung als untrüglichen Indikator zu überschätzen, verbleibt ein wissenschaftlicher Beitrag zu unserem Verständnis von

Gegenübertragung, der anregend wie kaum ein zweiter ist. Bei Racker findet sich die wohl kompletteste Übersicht über die Handhabung und Bedeutung der Gegenübertragung in der gesamten Literatur. Seine stark von Klein geprägten Ausführungen über den Neid, die Verfolgungsangst und die depressive Angst in der Gegenübertragung scheinen mir auch für Nicht-Kleinianer von größtem Interesse zu sein. Dasselbe gilt für seine originellen Thesen zur »indirekten Gegenübertragung« (die Haltung gegenüber Drittpersonen wie dem Kontrollanalytiker oder Kollegen, wenn man von einem bestimmten Patienten berichtet) und zum »Gegenübertragungs-Einfall« vor oder nach der Sitzung mit einem Analysanden, der oft erhellend wirkt. Das alles aber ist so dicht und reichhaltig und lebt durchs Band weg vom Detail, daß man Racker nicht gerecht werden würde, wollte man versuchen, sein Werk hier zusammenzufassen. Der Versuch wäre sinnlos, lebt doch das Rackersche Oeuvre gerade aus seiner Fülle, Liebe zum Detail und aus seiner Lebensnähe.

Ich möchte jedoch noch kurz auf Rackers Einstellung zur Frage nach dem offenen Zeigen und Verbalisieren von Gegenübertragung vor Patienten eingehen, weil dieses Problem die Revolutionäre der fünfziger Jahre in besonderem Maße beschäftigt hat. Seine Haltung in dieser Angelegenheit ist rasch berichtet, handelt er diese Frage doch auf weniger als einer ganzen Seite ab. Seiner Auffassung nach läßt sich der gute Zweck, den die Befürworter der ausformulierten Gegenübertragung verfolgen, besser mit den herkömmlichen, »rein psychoanalytischen Mitteln« (Racker, 1978, S. 200 und 201) verfolgen, indem man also beharrlich die Phantasie des Analysanden zur Gegenübertragung seines Analytikers bearbeitet. Racker gesteht allerdings zu, daß es einige wenige Situationen gebe, in denen sich eine offen und ehrlich ausgesprochene Gegenübertragung als sinnvoll für den weiteren Verlauf der Behandlung erweisen könne – allerdings befinde man sich hier vorläufig auf noch recht schwankendem Boden. Erst gelte es mehr Erfahrung und gesicherte Forschungsergebnisse in Händen zu haben.

Kommen wir zu den Gegenübertragungs-Komplikationen, die ich aus dem Werk von Racker habe extrahieren können:

1. Wenn ich als männlicher Analytiker meine Patientin immer dort ablehne oder hasse, wo sie sich gegen die Entwicklung einer positiven Übertragung wehrt, bin ich im Netz meiner Gegenübertragungs-Neurose gefangen. Der positive Ödipuskomplex gibt dann in meiner Gegenübertragung den Ton an, der nicht genügend bearbeitete Wunsch also, die Mutter erotisch an mich zu binden (Racker, 1978, S. 129).

2. Der ödipale Wunsch, die Mutter an mich zu binden, kann auch der wahre Grund dafür sein, daß ich es meiner Patientin untersage, außerhalb der Übertragung neue Liebesbeziehungen einzugehen. »Agieren« nenne ich das dann, aber dies ist nichts als eine Rationalisierung und bei Lichte besehen bin ich es, der agiert (Racker, 1978, S. 129).
3. Fühle ich mich andererseits besonders gehemmt, die Befolgung der Abstinenzregel anzuraten, oder habe ich Hemmungen, das außeranalytische Agieren meiner Patientin zu deuten, so kann dies eine Reaktionsbildung gegen meinen ödipalen Wunsch, die Patientin an mich zu binden, darstellen (Racker, 1978, S. 129).
4. Bitte ich meine Patientin, besonders ausführlich über ein sexuelles Erlebnis zu berichten, bei dem sie an mich denken mußte, so kann das daran liegen, daß ich den Sieg über den ödipalen Rivalen bis zum letzten Tropfen auskosten möchte (Racker, 1978, S. 130).
5. Ödipales Schuldgefühl und Kastrationsangst können andererseits schuld daran sein, daß ich besonders gehemmt erscheine, wenn mir meine Patientin von einem sexuellen Erlebnis berichtet, bei dem sie an mich denken mußte (Racker, 1978, S. 130).
6. Reagiere ich mit Ärger auf eine Patientin, deren geschlechtliche Beziehungen zum Ehemann sich im Laufe der Analyse verbessert und intensiviert haben, habe ich außerdem Minderwertigkeitsgefühle gegenüber diesem Ehemann, so ist wiederum das erneute Aufflackern meiner ödipalen Situation der wahre Grund dafür. Ich fühle mich – wie früher – ausgeschlossen vom Vergnügen der Eltern im Schlafzimmer und komme mir erneut wie ein dummer, kleiner Junge vor, dessen Penis kürzer als derjenige des Vaters ist (Racker, 1978, S. 130).
7. Wenn ich als männlicher Analytiker Neid- und Haßgefühle gegenüber einem Patienten erlebe, der einem andern die Frau weggeschnappt hat, so kann dies darauf zurückzuführen sein, daß mein Patient ödipale Tendenzen auslebt, die ich mir selber versagen mußte. Aus solchem Neid heraus kann Schadenfreude bei mir aufkommen, wenn ich von meinem Patienten erfahre, wie sehr er doch in anderen Lebensbereichen gehemmt ist (Racker, 1978, S. 133).
8. Verspüre ich als männlicher Analytiker den Wunsch, mein Patient – gleichfalls ein Mann – möge mich lieben, so ist das Ausdruck meines negativen Ödipuskomplexes. Im Grunde genommen bin ich der kleine Junge, der vom Vater geliebt werden will. Haßgefühle in der Gegenübertragung könnnen sich einstellen, wenn es meinem Patienten nicht in den Sinn kommt, mich wirklich zu lieben (Racker, 1978, S. 134).

9. Lehne ich als männlicher Analytiker die mit mir rivalisierende Ehefrau meines Patienten stark ab, so ist das wiederum ein Ausdruck meines negativen Ödipuskomplexes: das Bild der Ehefrau des Patienten verschmilzt dann mit jenem der Mutter, die den Vater für sich haben wollte (Racker, 1978, S. 135).
10. Wenn ich aus Kastrationsangst heraus meinem Kontrollanalytiker gefallen will, kann es vorkommen, daß ich das Kranksein eines von ihm überwiesenen Patienten sehr schlecht ertrage, weil es mir – und dem Kontrollanalytiker – mein Versagen deutlich vor Augen führt. So kann es kommen, daß ich mich dem Patienten gegenüber übermäßig spendend – bis hin zur Selbstaufgabe – verhalte. Das wäre dann eine Folge meiner »indirekten Gegenübertragung« auf den Kontrollanalytiker (Racker, 1978, S. 137 und 138).
11. Wenn mein Patient meine Deutungen immer wieder zurückweist und mir so meine Ohnmacht vor Augen führt, so kann das Haß in mir auslösen und bewirken, daß ich anfange, ihn zu beschuldigen. Die Situation wird sich dann für den Patienten besonders unangenehm gestalten, wenn ich mein strenges Über-Ich auf den Kontrollanalytiker oder ein Fallseminar projiziere und von dorther Entwertung oder Verfolgung befürchte. Das läßt mich noch stärker zu einem Objekt werden, das den Patienten verfolgen muß (Racker, 1978, S. 138).
12. Habe ich eine Patientin gehaßt, weil sie mir immer wieder meine Ohnmacht vor Augen geführt hat, so werde ich mit starken Schuldgefühlen reagieren, wenn diese Patientin einen Suizidversuch begeht. Das magisch denkende Unbewußte glaubt, ich sei schuld an dem Unglück. Als »Sühne« kann ich daraufhin versucht sein, mich von der Patientin »fressen« zu lassen und ihr beispielsweise jegliche freie Stunde und selbst noch die Wochenenden zur Verfügung stellen (Racker, 1978, S. 139).
13. Bin ich als Analytiker besonders darauf angewiesen, daß mich meine Patienten lieben, so kann das an meinem unbewußten oralen Sadismus liegen. Dieser hat nämlich Schuldgefühle im Schlepptau, die das Bedürfnis, geliebt zu werden, in der Regel steigern. Wird dieses Bedürfnis frustriert, so wird mir der Patient zur »bösen Brust«, zum »Vampir« oder »bösen Schurken« – mit allen Konsequenzen für meinen Umgang mit ihm (Racker, 1978, S. 142).
14. Wenn ich auf den Widerstand meines Patienten mit Haß reagiere, kann es vorkommen, daß mich dieser Widerstand der Verfolgung durch mein strenges Über-Ich ausliefert. Indem ich dann mein böses

Über-Ich auf den Patienten projiziere, versuche ich, das Schlimmste zu verhindern (Racker, 1978, S. 143 und 144).
15. Wenn ich gewisse Eigenarten und Verhaltensweisen meines Patienten als besonders unangenehm erleben muß, so kann das daran liegen, daß sie mein verdrängtes Selbstbild wiedergeben. – Ertrage ich beispielsweise gespielte Unterwürfigkeit bei anderen sehr schlecht, so bin ich vielleicht selber ein solcher Wolf im Schafspelz (Racker, 1978, S. 143 und 144).
16. Eigener Neid, wie auch ödipaler und oraler Haß auf einen Patienten, können mich dazu verführen, mich dem oralen oder analen Geiz meines Patienten bedingungslos zu unterwerfen. Meine Schuldgefühle verlangen nämlich gebieterisch eine Strafe (Racker, 1978, S. 146).
17. Bin ich ungenügend analysiert, so kann es vorkommen, daß ich in meinem Patienten meine eigene Neurose induziere. Als jemand, der noch keine echte Unabhängigkeit erlangt hat, werde ich unter Umständen meinem Patienten mein neurotisches Unabhängigkeits-Ideal aufpfropfen und ihn mehr oder weniger direkt immer wieder zu unabhängigem Handeln ermuntern. Das wird aber nur zu scheinbaren Veränderungen bei meinem Gegenüber führen, auch wenn der Patient unter meiner Ägide einen betont unabhängigen Lebenswandel führt (Racker, 1978, S. 148).
18. Wenn ich angesichts des stark masochistischen Verhaltens eines Analysanden Angst und Ärger verspüre, so liegt das häufig daran, daß ich selber an meine alten Kindheitsverbrechen erinnert werde. Alte paranoide und depressive Ängste und Schuldgefühle tauchen auf, weil alle Wiedergutmachungs-Versuche an meinem masochistischen Patienten scheitern müssen. Ich stehe erneut vor der Katastrophe des »zerstörten Objekts«, was meine negative Gefühlsübertragung auf den Plan ruft (Racker, 1978, S. 170).
19. Langweile ich mich häufig in einer Analyse oder schlafe ich gar ein, so ist dies meine unbewußte Talions-Antwort darauf, daß sich der Analysand zurückgezogen und gefühlmäßig von mir entfernt hat. Bedingung für das Aufkommen solcher Langeweile ist allerdings, daß der Analysand »sich entfernt, ohne wegzugehen, daß er den Analytiker gefühlsmäßig verläßt, aber dennoch bei ihm bleibt«. Nicht Schweigen, sondern Intellektualisieren, Gefühlsblockierung, verstärkte Kontrolle und Monotonie der Sprechweise geben dann beim Patienten den Ton an (Racker, 1978, S. 197).
20. Eine besonders gravierende Gegenübertragungs-Komplikation ist mein unbewußter Masochismus, hat er es doch darauf abgesehen, mich bei

meiner Arbeit scheitern zu lassen. Bedeutet meine berufliche Tätigkeit für mich beispielsweise, daß ich meinen Vater zerstöre, so kann sich dieses ödipale Schuldgefühl in moralischem Masochismus ausdrücken. Ich muß dann alle Fortschritte, die ich bei meinen Patienten erziele, wieder zunichte machen – gewissermaßen ein Analogon seitens des Analytikers zur »negativen therapeutischen Reaktion« von Patienten (Racker, 1978, S. 205).

21. Arbeite ich unbewußt darauf hin, gewisse Übertragungs-Situationen in den Vordergrund zu rücken oder in die Länge zu ziehen, kann das daran liegen, daß mich meine masochistische Tendenz dazu verführt, bestimmte Kindheits-Situationen mit den Eltern zu reinszenieren oder umzukehren, »wobei jeweils einer das Opfer des anderen ist«. Ich will nun schuldbewußt genau das erleiden, was ich in meiner Phantasie den Eltern angetan habe (Racker, 1978, S. 206).

22. Wird mein Verstehen einseitig und nehme ich vor allem die negative Übertragung meiner Patienten wahr, so kann dies Ausdruck der Tatsache sein, daß ich mich infolge meines Masochismus in der Rolle des Verfolgten sehen muß. Entsprechend werde ich dann jegliche negative Übertragung als direkt gegen meine Person gerichtet erleben. Masochismus geht nämlich mit paranoidem Erleben Hand in Hand (Racker, 1978, S. 206).

23. Entdecke ich bei meinen Analysanden dauernd Widerstände, die ich bevorzugt als Aggression gegen mich erlebe, so kann dies wiederum Ausdruck meines Masochismus sein, der mir meine Analysanden in Verfolger verwandelt (Racker, 1978, S. 206). Die klassische Regel, daß der Analytiker sein Augenmerk vor allem auf die Widerstände richten soll, bietet sich mir dann ohne weiteres als Rationalisierung an (Racker, 1978, S. 206).

24. Unterwerfe ich mich meinem Analysanden und besonders seinen Widerständen, lasse ich den Patienten mit seinen Einfällen also einfach frei laufen, so kann dies gleichfalls Ausdruck meines unbewußten Masochismus sein, der mir gebietet, mich meinem Analysanden fast sklavisch zu unterziehen (Racker, 1978, S. 207).

25. Rücke ich gefühlsmäßig von meinem Analysanden und seinen Mitteilungen ab, befolge ich gewisse Regeln sklavisch und wirke ich starr, so kann dies wiederum Ausdruck meines unbewußten Masochismus sein, der es mir verbietet, die »übermäßigen Befriedigungen« von »Nahesein, Einswerden und Wiedergutmachen« auszukosten (Racker, 1978, S. 207).

26. Bin ich in der Analyse auffallend passiv, nehme ich negative Reaktionen des Analysanden auf Deutungen wortlos hin oder reagiere darauf mit Ängstlichkeit und Ärger statt mit Deutungsarbeit, so kann wiederum mein Masochismus die Ursache dafür sein. Ich sehe mich außerstande, meinem Analysanden irgendwelche Versagungen zuzumuten und muß deshalb die Leitung der Analyse weitgehend ihm überlassen (Racker, 1978, S. 207).

## 6. Wilfred R. BION:
## Der stumme Schrei. Die Gegenübertragung als
## Abbild des Überwältigenden

### 1. Die Person Bion und ihre Biographie.
### Eine schmerzliche Geschichte

Wilfred R. Bion (1897-1979) gilt als der wohl bedeutendste Vertreter der zweiten Generation kleinianischer Analytiker, die sich kurz nach dem Zweiten Weltkrieg in London bildete. Zu dieser zweiten Generation zählen wir eine ganze Reihe illustrer Namen: Hanna Segal, Rosenfeld, Money-Kyrle und Donald Meltzer. Zur ersten Generation rechnen wir Glover, Ernest Jones sowie Kleins Tochter Melitta Schmideberg, Analytiker, die Klein allerdings nach einiger Zeit die Gefolgschaft wieder aufkündigten. Nicht so die zweite Generation und mit ihr Bion (Hinshelwood, 1993, S. 470 und 471). Obwohl ein treuer Anhänger Kleins, wird Bion jedoch von einigen Kleinianern der Jetzt-Zeit, so etwa von Meltzer oder Harris, mit seinem gut vierzehn Bände und zahllose Aufsätze umfassenden Werk als derart bedeutend und originell taxiert, daß sie schreiben, er habe Klein im Grunde genommen weit überstiegen und mit seiner Denkweise eine neue und eigene psychoanalytische Schule begründet (Hinshelwood, 1993, S. 345).

Im Rahmen der Entwicklung des kleinianischen Gegenübertragungs-Konzepts erwies sich Bion mit seinem Interesse am Phänomen der projektiven Identifizierung als äußerst fruchtbarer und bedeutsamer Autor. Aufgrund seiner Arbeiten über Gruppenprozesse, die Entstehung des Denkens und die Behandlung von Psychotikern, vor allem aber auch aufgrund seiner Ausführungen zur projektiven Identifizierung (einer nonverbalen und nicht-symbolischen, also stummen Kommunikationsform unter Menschen) und der damit verknüpften »container«-Funktion der Mütter und der Analytiker, erlangte er weltweit Berühmtheit. Selbst die amerikanische Ich-Psychologie befaßte und befaßt sich – wenn auch durchaus kritisch – eingehend mit Bions Thesen.

Man kann mit Recht sagen, Bion habe Heimanns revolutionäre, aber in ihrer Pauschalität auch fragwürdige und oft mißverstandene These von der Gegenübertragung als einer »Schöpfung« des Patienten auf einen solideren Grund gestellt und wissenschaftlich haltbarer gemacht, indem er diese »Schöpfung« mit dem Mechanismus der projektiven Identifizierung zu erklären suchte. Hinshelwood teilt die Entwicklung des Gegenübertragungs-Konzepts bei den Kleinianern in fünf Etappen ein, und auf Stufe zwei, gleich anschließend an Heimann, finden wir Bion und seine Ausführungen zur projektiven Identifizierung wieder (Hinshelwood, 1993, S. 403 ff.)

Er zeigte auf, daß Patienten unsere Gegenübertragung manchmal ganz stark mit Beschlag belegen und auf die eine oder andere Weise einfärben, weil sie nämlich eigene Anteile, mit denen sie nicht fertigwerden, die sie als überwältigend erleben, ohne Worte in uns wie in psychischen Behältnissen (»container«) deponieren, so daß wir plötzlich erregt sind, haßerfüllt oder verzweifelt. Das sei derselbe oder ein vergleichbarer Mechanismus, so Bion, wie wenn der Säugling seinen Affektsturm, ohne sich über das Medium der Sprache mitteilen zu können, in seine Mutter verlege, die dann an ihrem eigenen emotionalen Zustand ablesen könne, was jeweils mit dem Baby los sei. Die Mutter oder der Analytiker haben dann gewissermaßen die Funktion eines haltenden, begrenzenden Gefäßes für diesen Sturm – und zugleich die einer Kläranlage. Sie müssen das gefährliche »Gift« (die überwältigenden, chaotischen Affekte) entschärfen, indem sie merken, woraus es sich zusammensetzt. Haben sie verstanden, geht es darum, den gefürchteten Anteil »ent-giftet« (sozusagen im Verbund mit einem Gegengift, nämlich mit ihrem Verständnis, mit Trost oder einer entlastenden Handlung, wie etwa dem Stillen) wieder zurückzugeben. So werden aus »Beta-Elementen« entwicklungsfördernde »Alpha-Elemente« (Bion).

Vor allem gilt dies für schwer und früh gestörte Patienten, die »pathologischen Organisationen«. Sie bedürfen des Analytikers als »container« in ganz besondererem Maße, wie auch Khan, Winnicott, Balint und andere (vgl. Teil IV des vorliegenden Buches) im Anschluß an Bion in vergleichbaren Formulierungen festgestellt haben. So hat etwa Khan großen Wert auf die »Hilfs-Ich-« und »Reizschutz-Funktion« der Mutter gelegt und betont, daß Entwicklungsstörungen und Psychopathologie die häufige Folge seien, wo eine Mutter sich als Hilfs-Ich nicht eigne und überstarke

Reize aus der Außenwelt wie aus der Innenwelt des Babys nicht zu entschärfen imstande sei (Khan, 1977, S. 50-70).

Obwohl Bion als Theoretiker im Feld der Gegenübertragung sehr bedeutend ist, entwickeln gar nicht so wenige Leute negative Gegenübertragungs-Reaktionen bei der Lektüre von Bion, so stelle ich in Gesprächen mit Kollegen immer wieder fest, wobei er andererseits zum eigentlichen »Mode«-Autor avanciert ist, wie es scheint. Bion hatte schon zu seinen Lebzeiten (1897-1979) ebenso viele Feinde wie Anhänger, so notiert seine Frau einmal. Unter den vielen Feindseligkeiten, mit denen er sich lebenslang herumschlagen mußte, habe er sehr gelitten (Francesca Bion, in: Bion, 1982, S. 7). Aber, so fügt die Gattin gleich bei, so ergehe es eben allen originellen Köpfen.

Ich frage mich aber, ob es da nicht noch andere Gründe geben könnte, zum Beispiel den, daß Bion sich als der lebendige und empfindsame Mensch, der er war, in manchen seiner Schriften hinter dicken Stellwänden, gewissermaßen einem unnahbaren Panzer aus möglichst unpersönlich und abstrakt naturwissenschaftlich klingender Terminologie gründlich verbergen mußte. Was viele Leser an Bion irritiert, ist diese oft ganz unsinnliche, formelhafte Sprache, eine Art algebraisches Kalkül, mit dem er versucht, zwischenmenschliches und intrapsychisches Geschehen verständlicher zu machen. Mir erging es nicht anders. Die Sprache hielt mich auf Distanz, ganz zu schweigen davon, daß ich Bion immer wieder einmal schlicht nicht verstand, weil einzelne seiner Texte in einer eigentlichen »Privat-Sprache« abgefaßt schienen. Mangel an Verständlichkeit ist natürlich immer problematisch, bei Psychoanalytikern aber unverzeihlich, legt dies doch einen gravierenden Mangel an Empathie des Autors mit seinem Leser nahe, so sagte ich mir. Aber nicht nur die Sprache, auch manche der Konzepte Bions irritierten mich gründlich.

So erfand er beispielsweise ein Raster mit zwei Koordinaten, das es erlauben sollte, sämtliche Kommunikationsformen darauf einzuordnen (das Raster mit seinen 34 Kategorien findet sich auf dem Deckblatt in folgendem Buch abgebildet: Bion, W. R., Lernen durch Erfahrung, (Suhrkamp, Frankfurt am Main, 1990). Dieses Raster hatte den Zweck, Mißverständnisse unter Psychoanalytikern, die manchmal recht verschiedene Sprachen sprechen, zu beheben – ein reichlich versponnen und weltfremd anmutendes Unterfangen, wie ich fand und übrigens immer noch finde. Hinshelwood notiert, Bion habe mit diesem Raster versucht, »der Kommunikation über die Psychoanalyse [...] Exaktheit und Schärfe zu verleihen« (Hinshelwood, 1993, S. 343).

Was an Exaktheit und Schärfe gewonnen ist, wenn wir in einem Dialog eine Kommunikation mit einer Nummer belegen oder auf zwei Koordinaten einordnen können, will mir nicht in den Kopf und auch nicht, wie das dabei helfen soll, sich befehdende Analytiker zu mehr Harmonie und Eintracht zu verhelfen. »Mißverständnisse« unter Psychoanalytikern haben meiner bescheidenen Lebenserfahrung nach einiges mehr mit dem Narzißmus der verschiedenen analytischen Schulen zu tun als mit fehlenden Koordinaten. Und was sollten alle diese anderen Formeln und Kürzel, die Bion so sehr zu schätzen schien? Eine psychoanalytische Sitzung war doch keine Rechenstunde. Nein, damit wollte ich nichts zu schaffen haben, das brachte mir nichts. Und wie so viele andere legte ich Bion vor ein paar Jahren wieder aus der Hand. Erika Krejci, die das Vorwort zur deutschen Suhrkamp-Ausgabe von Bions Buch »Lernen durch Erfahrung« verfaßt hat, würde mich hier wohl schlicht der Flüchtigkeit, des Mangels an Sorgfalt und der fehlenden wissenschaftlichen Hingabe bezichtigen, notiert sie doch zur verbreiteten »Sprachverwirrung« zwischen Bion und seinen Lesern andächtig dies:

»Bion schreibt mit unerhörter Konzentration und Konsequenz. Das macht ihn schwer verständlich. Durch seine Methode des Schreibens verweigert er sich jeder schnellen Aneignung« (Krejci, in: Bion, 1990, S. 10).

Verehrung in Ehren, doch kann ich beim besten Willen nicht einsehen, was »unerhörte Konzentration und Konsequenz« mit einem Schreibstil zu tun haben sollen, der sich über weite Strecken jedem Verständnis entzieht. Die Frage drängt sich auf, ob Bion nicht gerade infolge des Stils, dem man kaum folgen kann, von vielen idealisiert und zu einer Art Denkmal hochstilisiert worden ist. Hinshelwood zum Beispiel vermutet einen derartigen Zusammenhang:

»Seine Schriften wirken gnomisch, irritierend und ungemein anregend, und dieser Stil war dafür verantwortlich, daß man ihn zumeist zwar nicht wirklich verstand, aber für unantastbar erklärte« (Hinshelwood, 1993, S. 339).

Mittlerweile komme ich eher mit Bions Sprache zurecht, weil ich mir einbilde, begriffen zu haben, was denn hinter dieser Sprache stecken könnte, die den Leser am liebsten draußen vor der Tür läßt. Und deshalb schiebe ich neun Jahre nach Abschluß meiner Dissertation gerne noch ein Bion-Kapitel nach. Und vor allem hat Bion ja auch andere Texte geschrieben und uns eindrückliche Momentaufnahmen aus Behandlungen hinterlassen, die von seiner Verbundenheit mit seinen Analysanden und von seiner hervorragenden Beobachtungsgabe zeugen. Auch noch auf die kleinsten nonverbalen Details legte er Wert, oft viel mehr Wert als auf die Inhalte der Behandlungen. Dies bezeugen Analytiker, die Bion persönlich gekannt und erlebt haben, so etwa die Züricher Psychoanalytikerin Martha Eicke. In ihren Memoiren schreibt sie über Bion, dessen Londoner Seminarien sie seinerzeit besucht hatte, dies:

>»D. Winnicott und W. Bion prägten ihre Seminarien durch ihre herausragende Persönlichkeit. Sie bleiben mir unvergeßlich, weil sie uns ihre eigene Art, Psychoanalyse zu verstehen und Psychoanalytiker zu sein so nahe brachten, als säßen wir neben ihnen während ihrer analytischen Arbeit. [...]
> Manche Kandidaten waren enttäuscht, daß er (Bion, Anm. d. A.) so viel Zeit dafür verwendete, die Praxiseinrichtung, die Distanz zwischen Analytiker und Patient, die Umstände der Begrüßung und anderes mehr zu erörtern. Er zeigte auf, wie sich unreflektierte Gegenübertragungsreaktionen gerade in solchen scheinbar zufälligen Arrangements ausdrücken können.
> Für mich waren diese Ausführungen sehr wichtig. Sie [...] waren mir später im Umgang mit schwer traumatisierten, von psychotischen Zusammenbrüchen bedrohten Patienten von großem Nutzen. [...]
> Ich denke, daß wir als Analytiker gut daran tun, uns neben dem Hören aufs Wort auch im Beobachten nonverbaler Mitteilungen zu üben und sie in unseren Theorien zu berücksichtigen« (Eicke, 1994, S. 169 und 170).

Im Gespräch mit Kolleginnen lernte ich zwei interessante Überlegungen kennen, mit denen versucht wurde, dem Ärgernis des Bionschen Stils auf die Schliche zu kommen. Eine Kollegin vermutete, womöglich sei der Theoretiker Bion in seinen Schriften darum so gerne ins nüchterne Gewand des Mathematikers geschlüpft, weil er aufgrund seiner Arbeit mit schwer und früh gestörten Patienten eigentlich dauernd von der Gefahr der Verschmelzung bedroht gewesen sei. Wenigstens das Nachdenken über die Praxis, das Bilden von Konzepten und Modellen sollte radikal frei sein von jeder Emotion, allem Fließenden, nicht messerscharf Abgegrenzten. Dies nannte ich für mich die »Fusions-Hypothese«.

Eine zweite Kollegin, die sich für Unterschiede zwischen männlichen und weiblichen Denkstilen interessiert, hatte den anderen, ebenso originellen Einfall, daß der so stark weiblich identifizierte Bion (mit seinem »container«-Modell macht er den Analytiker ja recht eigentlich zum »psychischen Uterus«) sich mit seiner zwanghaft und insofern ausgesprochen »männlich« wirkenden Wissenschafts-Sprache (größtmögliche Kontrolle, Freisein von Emotion und formelhafte Sachlichkeit gilt in unserer Kultur bekanntlich als »männlich«) sich dauernd habe als »männlich« profilieren müssen, um sich seiner Identität zu vergewissern. Dazu paßt auch bestens

Bions fulminante Militär-Karriere (siehe weiter unten). Diese zweite These nannte ich bei mir die »Weiblichkeits-Hypothese« (mündl. Mitteilung Dr. Barbara Saegesser, Basel).

Mittlerweile hat sich eine eigene, dritte These in mir herangebildet, die »Beschämungs-Hypothese«. Mir drängt sich heute der Gedanke auf, daß der manchmal so unverständliche Stil, den Bion schreibt, schlicht aus Furcht vor Beschämung entstanden sein könnte. Ich vermute, daß die formelhafte, devitalisierte Sprache im Dienste des Selbstschutzes und ersehnter Unverwundbarkeit stand. Zu oft war Bion als Kind verwundet, verlacht, nicht ernstgenommen worden, seinen Schriften sollte das nicht noch einmal passieren. Diese Erklärung hat sich mir während der Lektüre von Bions Autobiographie aufgedrängt.

Allen drei Thesen gemeinsam ist, so stelle ich fest, der Eindruck, daß hier einer etwas in Schach halten und chronisch abwehren muß, sei es Fusion, Weiblichkeit oder Beschämung. Alle drei Thesen gehen also davon aus, daß hinter dieser abweisenden Sprache die Angst sitzt. Im folgenden möchte ich meinen eigenen Einfall näher begründen. Bions Beitrag zur Theorie der Gegenübertragung wird weiter unten gewürdigt werden.

Vor einiger Zeit lernte ich diesen Autor von einer Seite kennen, mit der ich nicht gerechnet hatte, die mir schlagartig deutlich werden ließ, daß es hinter der leblosen Formelsprache noch einen anderen Bion zu entdecken gab, der mir als der wahre erschien: Eines Tages stieß ich auf Bions Autobiographie »The Long Weekend, 1897-1919. Part of a Life«, ein Buch, in dem er seine ersten zwanzig Lebensjahre beschreibt. Nach wenigen Sätzen schon war ich gefesselt und zu meiner grenzenlosen Überraschung fühlte ich mich jetzt im Innersten von Bion »berührt«. Ich konnte es drehen und wenden wie ich wollte, Bion hatte mich erwischt. Ich hatte einen begnadeten Autor vor mir, der an Sprachgewalt, Leidenschaftlichkeit, Kreativität, Empfindsamkeit und feinem englischen Humor nichts zu wünschen übrig ließ. Begierig und mit Genuß stürzte ich mich in die Lektüre. Ab sofort interessierte er mich.

So manche der Bionschen Konzepte, Formeln und Interessensschwerpunkte erschienen mir beim Lesen seiner Autobiographie in einem neuen Licht, da ich sie in einen Zusammenhang mit Bions Kindheit zu bringen vermochte. Aus dem unverständlichen und »unantastbaren« Bion war mir ein Mensch geworden, dessen ganzes analytisches Trachten darauf abzielte, die Wunden, die die Kindheit ihm zugefügt hatte, in ein theoretisches System zu bringen und sich Mittel zu ihrer Überwindung zu erschreiben. Diese Wunden habe ich für mich die Wunde des Verlachtwerdens und die Wunde des Unverstandenseins oder der Einsamkeit genannt.

Die Einsamkeitswunde hatte, wie ich behaupten möchte, Bions lebenslanges Interesse am Wesen der Kommunikation und an allem, was irgendwie mit Verbindungen zwischen Menschen, aber auch mit Angriffen auf diese Verbindungen zu tun hatte, zur Folge (vgl. zum Beispiel den Aufsatz »Angriffe auf Verbindungen« aus dem Jahre 1959, in: Bott Spillius, 1990, S. 110-129). Seine Eltern waren nämlich äußerst »unkommunikativ«, wie er in seiner Autobiographie (Bion, 1982, S. 15) schreibt. Bion schildert sich als kleinen Jungen, der diese Eltern ununterbrochen mit Fragen bombardiert habe, vermutlich in der Hoffnung, mit diesen so verschlossenen, unzugänglichen und wortkargen Elternfiguren irgendwie doch noch in Kontakt kommen zu können. Doch vergebens. Wieder und wieder handelte er sich mit seiner bohrenden Fragerei nichts als Abfuhren oder frustrierende Antworten ein und blieb ohne Echo, das ihn befriedigt hätte. Ich zitiere aus dem Originaltext:

> »Ich ging gründlich an diese Frage heran und auch an andere wie die ›Ist goldener Sirup wirklich aus Gold?‹, erst bei der Mutter und später beim Vater, aber beide vermochten sie mich nicht zu befriedigen. Daraus schloß ich, daß meine Mutter es nicht wirklich wußte; obwohl sie sich sehr bemühte, wirkte sie genauso verwirrt wie ich. Komplizierter war es beim Vater; wenn ich seine Erklärung nicht verstand, wurde er schnell müde. Wenn ich meine Frage über den goldenen Sirup, ›zum hundersten Mal‹ stellte, kam es zur Klimax. Er war sehr wütend« (Bion, 1982, S. 9 und 10) (Übersetzung v. d. A.).

Wenn der Vater explodierte, reagierte er doch wenigstens auf seinen Sohn, was vermutlich der Grund dafür war, daß Bion ihn wieder und wieder dasselbe fragte und eine echte Landplage war. Verbundenheit und Austausch gab es eigentlich nicht in dieser Familie. Bion wurde weder verstanden noch ernstgenommen, noch mit seinen Gefühlen und in seiner Lebendigkeit angenommen. Dazu kam die Trennung von den Eltern im Alter von acht Jahren, als er von Indien, wo er seine ersten Lebensjahre verbracht hatte, nach London in eine public school gegeben wurde, eine Trennung, die ihn, den ohnehin schon Einsamen, unerträglich schmerzte. Ein Leben lang sehnte er sich nach Indien zurück, ja nach Heimat überhaupt, doch sein Verlangen sollte nicht gestillt werden. Obwohl er Indien innig liebte und in schönen, ergreifenden Worten darüber zu schreiben verstand, schaffte er es zeit seines Lebens nicht, in das Gelobte Land zurückzukehren. Zu groß waren der Schmerz und die Ambivalenz, so scheint es. In den siebziger Jahren brach er zwar nach Kalifornien auf und kehrte Großbritannien für mehrere Jahre den Rücken, da ihn der Westen der USA an die Weite des offenen Landes der frühen Jahre in Indien erinnerte. Doch auch unter der kalifornischen Sonne und im blühenden Orangenhain konnte er nicht finden, was er eigentlich suchte. 1979 kehrte er nach England zurück, wo er wenige Monate später starb, zwei Monate, bevor er seinen Plan, nach Bombay zu fahren, realisieren konnte.

Bion wurde 1897 in Indien als Sohn stark eingeengter, strenger und rigider Puritaner geboren, wo er die ersten acht Jahre seines Lebens verbrachte. Man lebte in einer Art psychischem Korsett, das sämtliche Lebensäußerungen wie Lust, Neugier, Freude oder Schmerz unmöglich werden ließ. Das galt für die Eltern, aber auch für deren Vorfahren, die seit Generationen schon in Indien als Missionare und in der indischen Polizei gedient hatten. Und auch Kinder hatten sich in dieses System nahtlos einzufügen.

Der Vater war ein schwer zugänglicher und reizbarer Mann, vor dem sich der kleine Bion fürchtete, nach dessen Anerkennung er ebenso glühend wie vergeblich hungerte. Vaters Lieblingsbeschäftigung war es anscheinend, seinen Sprößling auszulachen und als »dumm« zu titulieren, sofern er ihn nicht gerade verprügelte. Das taktlose, herablassende Gelächter der Erwachsenen, vor allem aber dieses Vaters, das Mitgefühl und Bewunderung für den Sohn immer wieder vermissen ließ, verfolgte den Jungen bis in seine Träume hinein und führte dazu, daß er sich seinen persönlichen Verfolger mit Namen »Arf Arfer« (»arf arf«, so klang das väterliche Gelächter) erfand, eine Figur, deren Attacken er dauernd befürchtete. Deshalb habe ich eingangs von Bions »Wunde des Verlachtwerdens« gesprochen, die vermutlich mit dazu führte, daß Bion seine »unantastbare« Formel-Sprache entwickelte. Über Formeln läßt sich bekanntlich streiten, aber schlecht lachen. Sie geben sich keine Blöße.

Angesichts dieser Vater-Erfahrung in Bions Leben verwundert es nicht, daß der so weich aussehende Bion, an dessen Kompetenz vom Vater ununterbrochen gezweifelt wurde, sich in jungen Jahren während des Ersten Weltkriegs als Freiwilliger meldete, um nicht als Feigling ausgelacht und geschmäht zu werden. Im Krieg wollte er es der Welt und vermutlich auch seinem Vater endlich ein für alle Mal »beweisen«, daß er schon »richtig im Kopf« war, kein kleiner, lächerlicher Junge mehr. In kürzester Zeit wurde er, kaum erwachsen geworden, zum Panzer-Kommandanten befördert und mit der höchsten militärischen Ehrung, die England überhaupt zu vergeben hat, mit dem »Victory Cross«, dekoriert. Außerdem wurde er mit dem Abzeichen der französischen Ehrenlegion ausgezeichnet. Nach dem Krieg, als er Medizin studierte, holte er sich zur Abwechslung rasch noch eine Goldmedaille in Chirurgie. All dies hatte mit an Sicherheit grenzender Wahrscheinlichkeit die Funktion, Arf Arfer im eigenen Inneren und in der

Außenwelt zu entmachten, nicht anders als die Formelsprache jenseits alles Gewöhnlichen, die Bion entwickelte.

Gelungen scheint dies – wie so viele Abwehrversuche hienieden – nicht wirklich, denn gerade aufgrund seines so defensiv und abstrus anmutenden Stils erwarb sich Bion eine stolze Reihe von Gegnern. Die Geister, die er hatte bannen wollen, rief er mit seiner Abwehr gerade auf den Plan. Wenn man aber verstanden hat, wieviel Angst hinter Abwehrmanövern wie diesen stecken kann, verspürt man Anteilnahme und Neugier statt Desinteresse und Befremden. Die Gegenübertragung wandelt sich unverhofft, wenn man genügend über ein Gegenüber weiß.

Dauernd mußte befürchtet werden, es könnten wieder Mißverständnisse entstehen, der Vater könnte neuerlich wütend, verständnislos oder mit hämischem Gelächter reagieren, wenn der Junge seine Anerkennung suchte. Was lag da näher, als später als Analytiker ein Raster zu kreieren, das wenigstens unter Kollegen alle »Mißverständnisse« vertreiben und die ersehnte Harmonie herstellen sollte? Begreift man, mit wieviel Furcht vor Beschämung Bion sich als Junge herumzuschlagen hatte, wird man sich über eine noch so seltsam anmutende Erfindung wie dieses Raster nicht länger wundern, genausowenig wie darüber, daß Bion mit seiner Sehnsucht nach Verständnis und Gehaltensein auch ganz andere, nützlichere Dinge erfunden hat, zum Beispiel den analytischen »container«, auch er etwas, was es in Bions Kindheit nicht oder viel zu wenig gegeben hatte.

Nehmen wir zur Verdeutlichung der dauernden »Mißverständnisse« zwischen Vater und Sohn folgende kleine Szene, die ich im Originaltext, allerdings übersetzt, zitieren will:

»In einem sonnigen Zimmer zeigte ich meinem Vater eine Vase mit einigen gelben Blumen drin, damit er mich dafür bewundern sollte, wie geschickt ich sie doch eingestellt hatte.
›Ja‹, sagte er, ›sehr gut.‹
›Aber schau' doch Vater.‹
›Ich schaue. Es ist hübsch.‹ Ich war immer noch nicht befriedigt.
›Es ist sehr hübsch, nicht wahr?‹
›Ja‹, sagte er.
›Ich lüge nicht, Daddy, ich habe das alles selbstgemacht.‹
Das stoppte ihn auf seiner Schiene.
›Ich habe nie erwartet, daß du lügen würdest.‹
›Gut, ich habe auch nicht gelogen‹, antwortete ich, voller Angst, daß Arf Arfer jetzt auftauchen könnte«
(Bion, 1982, S. 12) (Übersetzg. v. d. A.).

Und so war es eigentlich immer zwischen Vater und Sohn, ein unstillbarer Hunger, eine glühende Sehnsucht auf der einen Seite und einer, der nichts merkt, nichts spürt, es sei denn, daß er wieder mal gestört wird, auf der andern Seite.

Bei der Mutter war es nicht viel besser, obwohl sie sich wesentlich mehr Mühe gab. Leider lassen sich Empathie und Intuition mit bloßem Pflichtbewußtsein und Mühegeben aber nicht herstellen, gute Absichten hin oder her. Der »container« bleibt verschlossen, wo ein Mensch seine eigenen Affekte so sehr fürchten muß wie Bions Mutter. Bereits auf dem Buchumschlag zur Autobiographie steht zu lesen, Bion habe schon als kleiner Junge von acht Jahren gelernt, ganz still und tonlos, verborgen unter einem Kopfkissen, zu weinen und seinen Schmerz vor der Welt zu verbergen. So sei er seiner Mutter, die er weder jemals lachen noch weinen gesehen habe, doch wenigstens etwas näher gewesen. Wen wundert es, daß Bion später das »container«-Konzept erfand? Sozusagen ein Gegenprogramm zu einer undurchdringlichen Mutterfigur, die eigene und fremde Affekte so sehr abwehren muß, daß sie weder jemals lachen noch weinen darf? Und wen wundert es, daß Bion gleichzeitig ein Leben lang das Nicht-Verstandenwerden inszenierte, indem er sich über weite Strecken so ausdrückte, daß man ihn schlicht nicht verstehen und erreichen konnte? Was zur Folge hatte, daß Bions Werk noch immer nur bruchstückhaft ernstgenommen und beachtet wird. Er sehnte sich nach Verstandenwerden und im selben Atemzug sabotierte er es. Aus schierer Angst vor Nähe und neuerlicher Zurückweisung.

Und wie gut paßt es andererseits zu einer Kindheitsgeschichte wie dieser, daß Bion später im Leben in seinen Schriften und Seminarien auf das Offensein, die Unvoreingenommenheit und damit die emotionale Empfänglichkeit und Zugänglichkeit des Analytikers größten Wert legte, so etwa in seinem berühmten Aufsatz »Anmerkungen zu Erinnerung und Wunsch« aus dem Jahre 1967 (Bott Spillius, 1991, S. 22-28). Über diesen Aufsatz, in welchem Bion den Analytikern rät, sich während der Sitzung ganz frei von allen Wünschen im Hinblick auf den Patienten, frei auch von allen Erinnerungen an vorherige Sitzungen zu machen, um den Analysanden ohne alle Vorurteile und Vorbehalte annehmen und verstehen zu können, schreiben drei Bion-Kenner, daß er ihnen dabei geholfen habe, Kreativität und Intuition zu steigern (Grinberg et al., 1993, S. 14). Genau das war es aber, worauf Bion abzielte: lebenslang ging es ihm darum, dem verschlossenen, abweisenden »container« der Kindheit, unter dessen Unempfänglichkeit er so sehr gelitten hatte, endlich auf die Sprünge zu helfen, ein »container«, der randvoll mit puritanisch-christlicher Ideologie war, so voll, daß nichts anderes mehr darin Platz hatte, zum Beispiel die Nöte eines Kindes.

Immer und immer wieder brach die Verbindung zur Mutter ab, denn sie mußte ihren Sohn in all seiner Lebendigkeit ungeachtet ihres hohen Pflichtbewußtseins dauernd zurückweisen. Und auch hier, so scheint es, nicht anders als beim Vater, trug Bion das Seine dazu bei, die Kommunikation aktiv immer wieder zu sabotieren, um sich von dieser unberechenbaren Mutter bloß nicht abhängig zu machen. Die unsichere Heimstatt auf Mutters Schoß schildert Bion uns so:

> »Meine Mutter war ein wenig erschreckend. [...] Andererseits war meine Mutter merkwürdig. Wenn sie mich auf ihren Schoß nahm, fühlte sich das seltsam an, warm, sicher und gemütlich. Dann plötzlich kalt und erschreckend, wie damals am Ende des Schulgottesdienstes, wenn die Tore weit geöffnet wurden und ein Zug der kalten Nachtluft in der warm geheizten Kapelle zu seufzen schien« (Bion, 1982, S. 9) (Übersetzung v. d. A.).

Dann hieß es wieder einmal, sie sei »busy«, beschäftigt, obwohl sie eigentlich, so spürte Bion ganz genau, »puzzled«, also verwirrt war und Angst vor der prallen Lebendigkeit ihres so ganz und gar unpuritanischen Kindes hatte. Nicht nur der Vater, auch die Mutter konnte ihr Kind nicht verstehen, weil beide den Zugang zu sich selbst nicht gefunden hatten. Von daher drängte sich die Formulierung von der »Wunde des Unverstandenseins« in Bions Kindheit auf, eine Wunde, die so sehr brannte, daß Bion später die Funktion des Analytikers als klärender »container« für die überwältigenden Gefühle des Analysanden (the contained) als zentral wichtig ansehen lernte.

Ein Fallbeispiel, das Bion im Zusammenhang mit der Erläuterung der »container«-Funktion des Analytikers bringt, hat mich – nach Lektüre von Bions Autobiographie – vermuten lassen, daß Bion in diesem Analysanden gewissermaßen seinen Zwilling sah und ihn gerade deshalb so einfühlsam verstehen konnte. Alle beide hatten sie nämlich pflichtbewußte, aber undurchdringliche Mütter gehabt, alle beide waren sie mächtig zu kurz gekommen, was den mütterlichen »container« angeht. Beide waren sie depriviert, was das Hineinlegenkönnen eigener Nöte in ein größeres, verständigeres, stabileres menschliches Wesen angeht. Hören wir doch Bion selber zu:

> »Ich bekam den Eindruck, daß der Patient in seiner frühen Kindheit eine Mutter erlebt hatte, die pflichtbewußt auf die emotionalen Äußerungen des Babys reagierte. Die pflichtbewußte Reaktion hatte etwas von einem ungeduldigen ›Ich weiß nicht, was mit dem Kind los ist‹, an sich« (Bion, in: Bott Spillius, 1990, S. 122).

Diese Mutter seines Analysanden, so schreibt Bion weiter, habe es nicht ertragen können, sich auf Gefühle wie zum Beispiel die starke Todesangst ihres Babys einzulassen. Sie habe ihnen den Zugang zu ihrem Inneren schlicht verweigert. Introjizierte sie solche Gefühle doch einmal, dann wurde sie selber von Angst förmlich überschwemmt, statt die Angst für das Kind zu klären, zu entschärfen oder zu »entgiften«, wie Bion es gerne formuliert. Diese Mutter war also nicht »gut genug«, um es mit Winnicott zu sagen. Bion schreibt dazu folgendes:

»Eine verständnisvolle Mutter ist in der Lage, das Gefühl der Furcht, mit dem dieses Baby mit Hilfe projektiver Identifizierung fertigzuwerden versuchte, selbst zu erleben und dennoch eine ausgeglichene Haltung zu bewahren« (Bion, in: Bott Spillius, 1990, S. 123).

Sie bearbeitet jene Anteile, die das Baby als etwas die eigene, unstrukturierte Psyche Überwältigendes in ihr deponiert hat und gibt das Gefürchtete in erträglicher, abgemilderter Form wieder zurück, so daß das Baby jene Anteile nun wirklich integrieren kann, sind sie doch jetzt mit Mutters größerer Ich-Stärke und ihrer Fähigkeit, zu verstehen und zu trösten, legiert.

Auch Bions eigene Mutter, so hörten wir, reagierte dauernd »puzzled«, also verwirrt, wenn das Kind sie als Kläranlage und »container« für seine Affekte verwenden wollte. Pflichtbewußt bemühte sie sich jeweils eine Weile lang darum, das aufgeregte Kind zu verstehen, aber prompt kriegte sie es wieder mit der Angst zu tun. Dann fing sie damit an, sich zu distanzieren, und das Kind wurde mit der Bemerkung, sie sei »busy«, neuerlich auf Abstand gehalten. Keine Zeit also, doch in Tat und Wahrheit Angst, Berge von Angst. Nicht anders war die Lage der Dinge bei der Mutter von Bions Analysand, die dauernd ungeduldig zu vermitteln schien: »Ich weiß nicht, was mit dem Kind los ist.«

Bion schildert uns in seiner Autobiographie eine kleine, aber aussagekräftige Vignette, in der die ganze Schwierigkeit seiner Mutter, im richtigen Moment – und vor allem in Gelassenheit – das Richtige zu sagen und zu merken, deutlich wird. Ihre Furcht vor starken Gefühlen und ihr damit verbundenes Problem, ihr Kind nicht adäquat trösten und verstehen zu können, scheint in wenigen Sätzen auf. Bevor ich die kleine Szene im Originalton zitieren kann, muß vorausgeschickt werden, daß der Junge damals stark betroffen und aufgewühlt war, war doch drei Tage zuvor von den Leuten im indischen Camp, in dem er sich aufhielt, ein Tiger geschossen worden. Das Tiger-Weibchen hatte das Camp daraufhin drei Nächte lang belagert, Stunden um Stunden auf den Verlorenen gewartet und dazu ununterbrochen geheult und gebrüllt, eine Szene, die den kleinen Bion im Innersten aufwühlte. Der Junge lag in diesen drei Nächten immer wieder einmal wach und bekam die ganze Erregung der Tigerin mit, eine Not, Sehnsucht und Einsamkeit, die vermutlich seiner eigenen inneren Situation aufs Haar glich. Dann, nach drei Nächten, gab die Tigerin die Hoffnung, das Warten und das Brüllen auf und trollte sich, um im Dunkel der Nacht zu verschwinden. Im Anschluß an dieses dramatische Ereignis erfolgte jetzt die erwähnte Szene zwischen Mutter und Sohn, die ich hier zitieren möchte:

»Ein paar Nächte später fragte ich meine Mutter, ob sie glaube, daß Jesus die Tigerin liebe. Sie wirkte erst überrascht, aber nachdem sie ein wenig nachgedacht hatte, sagte sie, sie sei sicher, daß dem so sei. Ich war froh darüber, weil ich nicht wollte, daß die Tigerin einsam sein sollte.
›Wo ist sie jetzt?‹
›Oh, ich weiß nicht Kind, weit, weit weg denke ich. Warum fragst du?‹
›Gedenke auch der niedrigen Kreatur‹, sagt das Kriegsdenkmal von Edinburgh. Weit, weit weg, wo Heilige in ihrem Ruhm stehen, hell wie der Tag. Wie sollte bloß der Tiger dorthin kommen?
›Was macht er jetzt?‹
›Wer?‹ Meine Mutter hatte den Faden verloren.
›Herrgott, ich meine den Tiger‹, plötzlich wurde ich wütend, wahrscheinlich hätte ich nach dem Lamm fragen müssen. [...]
›Komm Kind‹, sagte meine Mutter und gab mir einen Kuß, ›ich kann nicht hier stehen und den ganzen Tag nur schwatzen. Ich bin beschäftigt.‹« (Bion, 1982, S. 18) (Übersetzung v. d. A.).

Vordergründig mag das ja alles harmlos wirken, schließlich gibt die Mama sich Mühe und zum Schluß gibt sie ihm gar einen Kuß und doch ist sie, was die ganze Aufregung ihres Kindes angeht, unzugänglich wie eine Wand. Schon die allererste Frage, ob Jesus die Tigerin liebe, kann sie keineswegs spontan und aus der Fülle ihrer Anteilnahme beantworten, nein, sie muß erst eine Weile nachdenken, bevor sie das Kind beruhigen kann. Nach diesem ersten zögernden Sich-Einlassen ist es aber auch schon genug, und der »container« geht vollständig zu, die Mutter will ab sofort nichts mehr wissen von dieser ganzen Tiger-Geschichte. Mitgefühl mit der »niedrigen Kreatur«, seien es Tiere oder Kinder, wird nicht gewährt. Sie gewährt es sich ja auch selber nicht, weint nie. Auf die ängstliche Frage, wo die Tigerin denn jetzt wohl stecken möge, weiß sie keine tröstliche Antwort, nein, sie rückt sich das Problem gründlich aus den Augen, »weit, weit weg«. Aber das will der Junge nicht hören. Ohne jede Empathie fragt sie, warum der Junge sich für die Tigerin interessiere. Und dies, obwohl das Tier drei Nächte lang wie am Spieß gebrüllt hat. Der Junge bräuchte eine Versicherung, daß es der Tigerin, die so plötzlich verschwunden ist, gut geht, daß sie nicht blind vor Schmerz durch den Wald irrt. Er will hören, daß die Tigerin auf einem weichen Bett aus Blättern im Wald liegt und schläft, um sich vom Brüllen zu erholen. Vielleicht will er auch hören, daß es rundherum Tiere gibt, die ihren Schlaf bewachen und ihr Geschenke bringen, wenn sie wieder aufwacht, damit sie nicht mehr so traurig und allein sein muß. Oder er will hören, daß sie den Tiger im Himmel besuchen geht, um zu sehen, daß er es sehr gut hat bei den Engeln. Eine bunte Palette an Erklärungen bietet sich hier an. Irgendetwas in der Art will er jedenfalls hören, denn das wäre tröstlich. Was er aber ganz bestimmt nicht hören will, ist der entmutigende Satz, daß die Tigerin, die so sehr gelitten hat, jetzt »weit, weit weg« sei. Diese Mutter ist also offensichtlich nicht imstande, ihr Kind adäquat zu trösten und zu beruhigen. Als »container« ist sie nicht zu gebrauchen. Wie Bion sich gar nach dem toten Tiger erkundigt, da hat sie den Faden endgültig verloren und sie mag ihn auch nicht mehr suchen, denn sie ist wieder mal »busy« und die Kommunikation bricht ab. Das Kind bleibt ungetröstet, wütend, traurig und verwirrt zurück.

Wen wundert es nach Lektüre solcher Passagen, daß Bion über seinen Patienten in obigem Fallbeispiel schreibt, er sei um echte Anteilnahme betrogen worden:

»Während der gesamten Analyse griff der Patient mit einer Beharrlichkeit auf projektive Identifizierungen zurück, die vermuten ließ, daß es sich um einen Mechanismus handelte, von dem er nie hinreichend hatte Gebrauch machen können. Die Analyse bot ihm Gelegenheit, einen Mechanismus auszuprobieren, um den er betrogen worden war« (Bion, in: Bott Spillius, 1990, S. 121).

Soviel zur Vorgeschichte und Bionschen Autobiographie, deren Lektüre ich jedem Bion-Freund und Bion-Feind als Einstiegshilfe wärmstens empfehlen kann. Befassen wir uns jetzt aber mit dem Konzept der projektiven Identifizierung und mit dem »container«-Modell, Bions bedeutendem Beitrag zum Gegenübertragungs-Konzept.

## 2. Das Konzept der projektiven Identifizierung und des »containers« bei Bion. Sein Einfluß auf die Theorie und Handhabung der Gegenübertragung

Zu einem ganz ähnlichen Zeitpunkt, zu dem die Gegenübertragung dank Heimann aus ihrem Dornröschenschlaf erwachte (1950), erblickte auch das Konzept der projektiven Identifizierung das Licht der Welt (1946), welches Theorie und Handhabung der Gegenübertragung kurze Zeit später so ungemein befruchten sollte.

Zwar kann man nicht behaupten, Bion habe das Konzept der projektiven Identifizierung recht eigentlich erfunden, dieses Verdienst kommt seiner Lehranalytikerin Melanie Klein zu. Aber Bion hat Kleins ursprünglichen Gedanken aus dem Jahre 1946 auf eine Weise aufgegriffen, angereichert und damit aufgewertet, daß man ohne weiteres sagen kann: hätte es Bions Arbeiten zum Thema projektive Identifizierung aus den Jahren 1959 und 1962 nicht gegeben (vgl. Bott Spillius, 1990), die Geschichte der Gegenübertragung hätte niemals jenen Verlauf genommen, den sie letztendlich genommen hat. Es ist dies eine Geschichte, die von massiver Unterdrückung bis hin zu strahlender Entfaltung führt, von einer Haltung der Mißachtung hin zu umfassender Wertschätzung. Bions Beitrag zu dieser Umwertung aller Werte ist erheblich. Doch beginnen wir mit Klein.

In ihrer klassischen Darstellung »Bemerkungen über einige schizoide Mechanismen« aus dem Jahre 1946 (Klein, 1962) malt Klein ein recht einseitiges und vor allem auch gewalttätiges Bild des Mechanismus der projektiven Identifizierung, das den Eindruck nahelegt, vor so etwas gelte es sich vor allem zu schützen und als Analytiker bloß nicht mitzuspielen, sollte der Patient es wagen, den Mechanismus ins Spiel zu bringen und als omnipotentes Abwehrmanöver in der Analyse einzusetzen. Hinshelwood faßt uns das Kleinsche Konzept der projektiven Identifizierung folgendermaßen zusammen:

> »Projektive Identifizierung wurde von Klein 1946 als Prototyp der aggressiven Objektbeziehung definiert; sie ist ein analer Angriff auf ein Objekt, durch den Teile des Ichs mit dem Ziel in das Objekt hineingezwungen werden, seine Inhalte in Besitz zu nehmen oder es zu kontrollieren; sie ist in der paranoid-schizoiden Position von Geburt an wirksam« (Hinshelwood, 1993, S. 263).

Diese von Klein beschriebene Form der projektiven Identifizierung schädigt nicht nur das Objekt und die Beziehung zu ihm, insofern als es hier zu einer Art von psychischer »Vergewaltigung« eines anderen Menschen kommt, diese Form schädigt auch das Selbst- und das Identitätsgefühl des Subjekts insofern, als das genannte Prozedere zu einer Entleerung des psychischen Raums führt, was letztlich gar im Erlebnis der Depersonalisierung enden kann. Das Ich – heute würden wir sagen »das Selbst« – erscheint bei Klein verarmt, sobald dieser Mechanismus zum Tragen kommt, da Anteile des Subjekts dem Objekt gewaltsam aufgehalst werden, mit denen das Subjekt nichts zu schaffen haben mag. 1957, in ihrem Aufsatz »Neid und Dankbarkeit«, fügte Klein hinzu, daß es sehr oft an einem starken, angeborenen Neid im Subjekt liege, wenn es sich zu solchen psychischen Vergewaltigungen anderer mit Namen projektive Identifizierung hinreißen lasse (Klein, 1957, S. 176-235). Eigentlich habe es das Subjekt aus Neid darauf abgesehen, alles Gute, die vermuteten Schätze im Inneren des Objekts mit dieser analen Attacke zu vernichten. Kurz: Klein beschreibt uns eine eigentliche Form der Piraterie, wenn sie von projektiver Identifizierung spricht. Das Subjekt ist der Pirat, die projektive Identifizierung der Enterhaken, das Objekt wäre das stolze, reichbeladene Frachtschiff und das Ziel des ganzen Manövers heißt: Ausrauben, Wegnehmen der Schätze und anschließendes Versenken des Schiffs.

Diese Form der projektiven Identifizierung kennt und beschreibt auch Bion. Das Kleinsche Ursprungskonzept wird von ihrem Schüler also nicht in Frage gestellt. Sein genuiner Beitrag sieht so aus, daß er über Klein hinaus noch eine andere, zweite Form der projektiven Identifizierung beschreibt, die in etwa das genaue Gegenteil der Kleinschen Form darstellt. Er nennt sie die »normale« Form der projektiven Identifizierung, im Unterschied zur pathologischen oder »anormalen« Form, welche Klein beschäftigt hat.

Die normale projektive Identifizierung ist ein universeller Mechanismus, den wir alle in der Kindheit verwendet haben, sofern uns überhaupt die Chance gegeben wurde, diesen Mechanismus des Hineinverlagerns eigener Anteile in ein verständigeres Wesen anzuwenden. Bion selber hatte diese Chance nur bedingt erhalten, wie wir erfahren haben. Die normale Form der projektiven Identifizierung dient dem Selbst, statt ihm zu schaden, dank ihr wird es bereichert, statt sukzessive ausgedünnt, sie verbessert die Kommunikation mit dem Objekt, statt sie zu sabotieren, sie fördert Entwicklung, statt sie zu hemmen, sie ist ein Segen, statt ein Fluch.

Gäbe es normale projektive Identifizierung nicht, wir könnten gar nicht richtig denken und uns außerdem nicht selber besänftigen, beruhigen und trösten, so überaus wichtig ist, so scheint es, dieser Mechanismus bei der Bildung und Ausformung unserer Psyche. Der Adressat einer normalen projektiven Identifizierung, sei dies nun die Mutter eines Babys oder der Analytiker eines Analysanden (dessen Mutter als »container« nicht ausreichend zur Verfügung stehen konnte) bearbeitet nämlich – im Idealfall – jenen Aspekt des Subjekts, der in das Objekt hineinverlegt und also weggegeben wurde. Anschließend wird der – vor der Bearbeitung – noch so unerträgliche und überwältigende Teil zusammen mit dem Verständnis des Objekts reprojiziert. Damit kann das Baby oder der Analysand jetzt auch den verständnisfähigen Anteil seiner Mutter oder des Analytikers introjizieren. Die Klugheit, Gelassenheit und Übersicht der Mutter oder des Analytikers wird also auf diese Weise vom Subjekt in seine eigene, noch wenig strukturierte Psyche hineingenommen und erweist sich als Aufbau- und Stärkungsmittel erster Güte sowohl für Denkprozesse wie für die Fähigkeit, sich zu trösten, sich zu beruhigen etc. Hinshelwood spricht in diesem Zusammenhang davon, daß das introjizierte Verständnis der Mutter oder des Analytikers auf diese Weise »für den Patienten zu einer *inneren Hilfsquelle* werden kann, um sich selbst zu verstehen« (Hinshelwood, 1993, S. 284).

Da sich dies aber so verhält, liegt es auf der Hand, daß normale projektive Identifizierung einen völlig anderen Umgang seitens des Analytikers mit seinem Analysanden als ihre anormale Schwester erfordert. Stehen pathologische oder anormale Formen der projektiven Identifizierung zur Debatte, werden wir diese allmächtigen, grenzverwischenden Manöver als Ausdruck von zugrundeliegendem Neid und Haß deuten. Gefühle der Abhängigkeit, der Eifersucht, des Neides etc. werden abgewehrt, indem der andere mit diesem omnipotenten Mechanismus kontrolliert und gekapert wird. Hier geht es um ein *Vermeiden von psychischer Wahrheit* auf Kosten eines anderen, der als Deponie mißbraucht wird. Da darf der Analytiker keinesfalls mitspielen, sonst verrät er seinen emanzipatorischen Auftrag. Bemerkt er bei sich, daß er das Opfer einer anormalen projektiven Identifizierung geworden ist, wird er dies so rasch wie möglich aussprechen, damit der Analysand sich auf eine neue, authentischere Weise mit sich und seinem Analytiker auseinandersetzen lernt und wirklich die Verantwortung für seinen Neid, seine Eifersucht, seine Abhängigkeit etc. übernimmt. Wie alle Abwehrmechansimen muß auch die anormale projektive Identifizierung als Abwehr von etwas anderem, Dahinterliegendem gedeutet werden.

Normale projektive Identifizierung aber ist kein Abwehrmechanismus im eigentlichen Sinne und auch keine omnipotente Bemächtigungsmethode im Hinblick auf ein Objekt, obwohl es auch hier ohne den andern nicht geht und etwas mit Macht in ihn hineinverlegt wird, mit dem jemand alleine nicht zurechtkommt. Doch die Absicht ist eine grundsätzlich andere. Hinter normaler projektiver Identifizierung steht letztlich die tiefe Sehnsucht, einen anderen zu erreichen, etwas ganz Wesentliches mit ihm zu teilen, um es endlich integrieren zu können. Letztlich steht also sowohl ein kommunikatives wie auch ein wachstumsorientiertes Anliegen statt einer defensiven Absicht bei normaler projektiver Identifizierung im Zentrum. Und darum ist sie auch viel weniger omnipotent und gewalttätig als ihre normale Variante. Mit vorrangigen Bedürfnissen, einen anderen zu kontrollieren, hat sie nichts zu schaffen.

Im Falle normaler projektiver Identifizierung ist der Analytiker deshalb aufgefordert, seine Gegenübertragung in einem Ausmaß wie nie sonst ernstzunehmen und als Kreation des Patienten restlos zu respektieren. Denn: was der Analytiker jetzt gerade fühlt und erlebt, das fühlt und erlebt recht eigentlich und im Grunde seines Herzens der sprachlose Patient, der sich an diesem Punkt nicht anders als via projektive Identifizierung auszudrücken vermag. Die Gegenübertragung wird hier zum Abbild, um nicht zu sagen zum Röntgenbild des Patienten-Inneren. Wird sie nur genügend ernstgenommen, läßt sich dank ihr Neues über den Patienten lernen, erscheint sie doch als durch und durch geprägt und eingefärbt von einer Mitteilung ohne Worte, abgesandt vom Patienten an die Adresse des Analytikers, eines Patienten, der sich anders nicht zu helfen weiß, der jetzt gerade ohne »container« und klärende Auffangstation für seinen Affekt oder eine ihn überwältigende und erschreckende Phantasie nicht weiterkommt.

Hinter jeder normalen projektiven Identifizierung steckt der Wunsch, sich auszutauschen über etwas, was bisher noch niemals die Chance erhielt, bis auf die Ebene der Worte hochzukommen und in die Welt der Symbole einzutreten. Es ist, wie wenn sich etwas Immaterielles aus den Abgründen der Patienten-Psyche in der Welt der Dinge und Symbole – über das einzig mögliche nonverbale Medium der projektiven Identifizierung – seinen Platz verschaffen und sein Lebensrecht erobern möchte. Und es scheint, daß es dazu unbedingt eines anderen bedarf, der Ohren hat, zu hören oder genauer noch Antennen, das Unsichtbare, Unhörbare zu empfangen, zu modifizieren, um es anschließend verändert gemacht, erträglich gemacht, wieder zurückzugeben.

Die Aufgabe des Analytikers angesichts normaler projektiver Identifizierung läßt sich mit der Aufgabe des Dichters, wie Hölderlin sie formuliert hat, vergleichen. Die wesentliche Aufgabe des Dichters besteht nach Hölderlin darin, daß er noch nicht Verwirklichtes zur Verwirklichung bringt, daß er »Leben evoziert, daß er belebt« (Constantine, 1992, S. 68).

Es geht darum, die Transzendenz zur Immanenz zu bringen, sagt Hölderlin. Entsprechend muß der Analytiker Affekte und Phantasien des Patienten, die diesen überwältigen, über die er unmöglich reden kann, erst in sich aufnehmen und umgestalten und modifizieren, kurz, sich bemühen, etwas »zur Welt zu bringen«, was noch nie verstanden und benannt worden ist und damit noch nicht wirklich »da«, noch kein bewußter Besitz und Erlebnisinhalt des Analysanden. Ist der Dichter nach Hölderlin das Gefäß, in das das Ungreifbare einströmt, worauf es im Prozeß des Dichtens fühlbar, nacherlebbar wird, so ist der Analytiker nach Bion der »container« oder der Resonanzkörper, der auch und vor allem jene Vibrationen und Schwingungen aufnimmt, umwandelt und erklingen läßt, welche für die Ohren des Analysanden bisher noch nicht hörbar waren, da sie zu schrill wirkten, zu verstörend oder zu gewaltig.

Es ist also nicht nur eine eminent künstlerische, sondern auch eine ausgeprägt mütterliche Aufgabe, die dem Analytiker hier von Bion zugewiesen wird. So wie die Mutter den Leib ihres Kindes heranbilden hilft, indem sie ihm – über Uterus und Nabelschnur – einen geschützten Körperraum und Nährstoffe für sein körperliches Wachstum zur Verfügung stellt, so leiht sie ihm, wenn sie »gut genug« ist, auch ihren psychischen Raum – ihren seelischen »container« – und psychische Nährstoffe, als da sind ihre Hellhörigkeit, die Bion ihre Fähigkeit zur »rêverie«, zur träumerischen Einfühlung nennt, ihre Bereitschaft mitzuschwingen, stellvertretend zu fühlen, ihre Gelassenheit, ihre Fähigkeit, gefährliche Inhalte (»Beta-Elemente«) zu transformieren und zu klären:

»Die Entwicklung hängt von zwei Menschen ab, die in einer lebendigen, gegenseitigen Beziehung zueinander stehen, vom Säugling und seiner Mutter. Die Mutter nimmt für das Wachstum der psychischen Fähigkeiten des Kindes einen ebenso zentralen Platz ein wie für seine körperliche Entwicklung. Die Entwicklung des kindlichen Denkens ist auf die Empfänglichkeit der Mutter angewiesen, und diese hängt von ihrer Fähigkeit zur Träumerei (rêverie), zu träumerischer Einfühlung ab« (Bion, 1990, S. 17 und 18).

Auch dieser Raum, auch diese Form der Ernährung ist unumgänglich, soll das Kind sich befriedigend entwickeln können. Fehlte dies, ist später im Leben der Analytiker gefordert, die Funktion als hellhöriger und umwandelnder »container« für die normalen projektiven Identifizierungen seines Analysanden zu übernehmen, soll dieser wirklich lebendig werden und fähig, sich irgendwann selber zu halten und zu bemuttern.

Bion verdanken die Analytiker nicht nur die Erlaubnis, sondern geradezu die Aufforderung, sich von manchen früh gestörten Patienten gemäß deren fusionären Bedürfnissen sehr weitgehend als Mitspieler verwenden zu lassen, und zwar so weitgehend, daß nicht einmal mehr die Gegenübertragung zum Privatbesitz des Analytikers gehört. Das war das grundsätzlich Neue, vergleicht man die Zeit nach Bion mit der Zeit vor Bion. Von der Notwendigkeit größerer Hingabe, Offenheit und Ehrlichkeit hatten zwar, wie ich gezeigt habe, schon einige Analytiker vor Bion geschrieben, aber einzig Jung, der Nicht-mehr-Psychoanalytiker, hatte es gewagt, das Indifferenz-Ideal auf eine ähnliche Weise in Frage zu stellen wie später Bion. Nur er hatte in der Zeit vor Bion postuliert, daß das »Infiziertwerden« des Analytikers durch den Analysanden, das Übernehmen von Anteilen des andern das A und O der Arbeit mit früh und schwer gestörten Patienten sein könnte. Diesen Grundgedanken finden wir – in ausgefeilterer Form – 1959 bei Bion wieder. Wie man sieht, erweist sich der Bionsche Ansatz – zumindest innerhalb des strikt psychoanalytischen Nachdenkens über Gegenübertragung – tatsächlich als umwälzend, um nicht zu sagen revolutionär.

Hatte Heimann 1950 den Stein nur ins Rollen gebracht, so hat dieser rollende Stein dank Bions Überlegungen zur normalen, projektiven Identifizierung noch beachtlich viel Tempo zugelegt. Hinshelwood notiert immerhin – gleich nachdem er Bions Unterscheidung zwischen normaler und pathologischer projektiver Identifizierung aus dem Jahre 1959 als entscheidendes Novum im Gegenübertragungs-Konzept der Kleinianer bezeichnet hat – dies:

»Das Bemühen um ein genaueres Verständnis der projektiven Identifizierung hat sich in den folgenden Jahren zum wichtigsten Arbeitsgebiet der Kleinianer entwickelt« (Hinshelwood, 1993, S. 263).

Auch Money-Kyrle befaßte sich auf sehr anregende Weise mit dem Konzept, Betty Joseph, Jacques und Brenman Pick, um nur einige prominente Kleinianer in diesem Zusammenhang zu nennen (vgl. Bott Spillius, 1990 und 1991).

Hatte Heimann die Gegenübertragung bloß vom Ruch des Sündhaften, »vom Odium der unzüchtigen Annäherung oder der Verzerrung der Einfälle des Patienten« befreit (Hamburger, in: Mertens, 1933a, S. 325), so hatte Bion die emotionale Antwort des Analytikers – zumindest in gewissen Situationen und bei gewissen deprivierten Patienten – in den Rang eines Entwicklungs-Katalysators sine qua non erhoben, welcher die Fähigkeit des Analysanden, sich selbst zu verstehen, ja, sich selbst überhaupt zu erfahren, manchmal erst begründet, dort, wo dieser keine Worte findet für das, was in ihm ist, wozu er keinen Zugang hat, da er davon schlicht und einfach überwältigt werden würde.

Wenn sich der Analytiker normalen projektiven Identifizierungen gegenüber verschließt, da ihm die »Niederhaltung« der Gegenübertragung (Freud) heilig ist, wenn er vor allem andern »unangetastet« oder »unbeeinflußt« zu analysieren versucht, nicht gern »die Mutter in der Übertragung« (Freud) ist, kann das, so zeigte Bion, schädlich sein und ebenso schwerwiegende Auswirkungen haben, wie Mangel an emotionaler Verfügbarkeit bei einer Mutter, die die Affekte und Phantasien ihres Babys nicht in sich aufnehmen kann, sich davon nicht »infizieren« lassen mag. Das Baby sieht sich dann mit etwas Überwältigendem, mit dem es nicht klarkommen kann, alleingelassen und entwickelt ohne fremde Hilfe keine Mittel und zu wenig an Struktur, um das Überwältigende benennen und integrieren zu können. Verbleibt nur noch das Abspalten der gefürchteten Teile und damit ein gravierender Realitäts- und Selbstverlust, die Fehlwahrnehmung der eigenen Person und anderer. Im Extremfall, wenn neben dem Umweltfaktor »unzugängliche Mutter« auch noch der Faktor »angeborene starke Aggression und Neid« vorliegen, kann dies zur Psychose führen. Soweit Bion, bezogen auf die Dramen der frühen Kindheit.

In der Behandlung wird der unzugängliche und abgeschottete Analytiker, der sich am keimfreien Ideal orientiert – und wie etwa Gitelson behaupten muß, die Präsenz von »Mütterlichkeit« in einer Analyse sei immer ein Störfaktor – es mit seiner Unzugänglichkeit unter Umständen zu verantworten haben, daß die Behandlung stagniert und sich zur unendlichen Analyse auswächst oder aber es kommt dazu, daß der Patient mit Hilfe immer heftigerer, gewalttätiger, projektiver Identifizierungen versucht, doch noch ans Ziel seiner Wünsche zu kommen (Bion, in: Bott Spillius, 1990, S. 110-129). So oder so wird der fusionsscheue Analytiker dem früh gestörten Patienten in entscheidenden Belangen nicht behilflich sein können.

Wie aber erkennt man in der praktischen Arbeit überhaupt, ob der Mechanismus der projektiven Identifizierung gerade wieder einmal spielt? Gibt es vielleicht irgendwelche Hinweise, die uns verraten, wann die Gegenübertragung unsere eigene Schöpfung ist, wann aber projektive Identifizierungen seitens der Patienten am Werk sind und unsere Gegenübertragung gewissermaßen Lehm in ihren Händen? Wie läßt sich »mein« und »dein« noch unterscheiden, wo so tief fusionäre Prozesse – und projektive Identifizierung ist ein eminent fusionärer Prozeß – in Gang kommen? Und wie ist es möglich, in der analytischen Sitzung zu erkennen, ob eine normale, also entwicklungsfördernde projektive Identifizierung am Werk ist oder aber eine anormale, Entwicklung und Beziehung sabotierende? Die eines anderen technischen Umgangs bedarf?

Das sind Fragen, die sorgfältiger Prüfung bedürfen. Bion hat diese Fragen für uns auf sehr eigenwillige und originelle Weise beantwortet. Einzelne seiner Antworten mögen im ersten Moment befremdend und ungewohnt anmuten, in Tat und Wahrheit aber fußen sie auf einem reichen Fundus an praktischer, analytischer Erfahrung und sie erweisen sich deshalb im Behandlungszimmer als höchst brauchbar, wie sich gleich zeigen wird.

Beginnen wir mit der eigentlichen Gretchenfrage, wie und woran sich überhaupt ablesen läßt, ob unsere Gefühle in der therapeutischen Situation unsere eigenen, also gewissermaßen »hausgemacht« sind, oder aber »aus fremden Töpfen« stammen, ob mit anderen Worten projektive Identifizierung am Werk ist oder nicht. In seinem Buch »Erfahrungen in Gruppen und andere Schriften« erklärt Bion ausdrücklich, daß niemand anders als unsere Gegenübertragung uns die Antwort auf diese verzwickte Frage geben könne. Bion beschreibt eine ganze Reihe von spezifischen Kriterien und Verdachtsmomenten, die, vor allem natürlich, wenn sie im Verbund auftreten, ein unmißverständliches Anzeichen dafür bilden, daß die Gegenübertragung jetzt gerade zur »Schöpfung« des Patienten geworden ist und also Ausdruck projektiver Identifizierung, daß sie, mit anderen Worten, dessen Affekte oder Phantasien nicht mehr aber jene des Analytikers abbildet.

Projektive Identifizierung ist nach Bion dann am Werk, wenn:

1. der Analytiker das Gefühl hat, so manipuliert zu werden, daß er in der Phantasie seines Patienten jetzt gerade eine ganz bestimmte (manchmal sehr schwer zu erkennende) Rolle spielt,
2. der Analytiker plötzlich ganz starke Empfindungen verspürt, die er sich aber nicht recht erklären kann,
3. der Analytiker plötzlich ganz starke Empfindungen verspürt, deren Ursache er merkwürdigerweise weder herausfinden noch verstehen können will,
4. der Analytiker jetzt gerade überzeugt ist, bestimmt keine richtige Deutung gegeben zu haben,
5. der Analytiker sich als ganz besondere Person in einer ganz besonderen emotionalen Situation erlebt (Bion, 1974, S. 108 und 109).

Wie man sieht, gibt es dort, wo projektive Identifizierung am Werk ist, zwar noch eine Ahnung, daß wir manipuliert und in eine ganz bestimmte

Rolle gedrängt worden sind, zugleich aber stehen wir bereits derart im Bann des »Hypnotiseurs«, daß wir nicht mehr richtig verstehen können und wollen, wie und was uns geschieht. Etwas ist plötzlich ganz anders geworden, soviel registrieren wir noch, wir können uns eine heftige Emotion, von der wir erfüllt sind, die uns beherrscht, nicht mehr richtig erklären. Doch seltsamerweise interessieren uns die Hintergründe dieses merkwürdigen und beunruhigenden Geschehens im Fall einer projektiven Identifizierung schlicht nicht mehr. Wir sind anscheinend als Analytiker außer Gefecht gesetzt, wir können und wollen nicht mehr reflektieren über das, was hier mit uns abläuft.

Man könnte meinen, der Analytiker stünde plötzlich unter dem Einfluß einer Droge oder eines okkulten Phänomens. Schon Helene Deutsch, die ich übrigens als die früheste Vorläuferin des Kleinschen und Bionschen Konzepts der projektiven Identifizierung anzusehen geneigt bin, schildert uns in einem Aufsatz aus den zwanziger Jahren, daß es zwischen Analytiker und Patient manchmal so etwas wie »telepathische Phänomene« (Deutsch, 1926, S. 419) zu beobachten gäbe. Bion redet zwar nicht von Telepathie, aber von einem Narkotikum, vom »betäubten« Analytiker, schreibt er doch, das Wichtigste im Falle einer projektiven Identifizierung sei für den Analytiker dies, »das betäubende Gefühl der Realität von sich abzuschütteln« (Bion, 1974, S. 109). Solange wir unter dem Einfluß »okkulter« Phänomene stehen, solange wir »betäubt« sind, sind wir nicht Herr im eigenen Haus. Auf Zeit ist das im Falle der normalen projektiven Identifizierung angebracht und vonnöten, wie Bion gezeigt hat, doch eben nur auf Zeit, sonst verlieren wir das Vertrauen in unsere analytische Kompetenz, da wir uns selber verloren haben. Zu projektiven Identifizierungen gehört auf Analytikerseite nach Bion immerhin der plötzliche Zweifel an der Richtigkeit unserer Deutung.

Daß hier eine Situation vorliegt, die den analytischen Prozeß im Prinzip lahmlegen kann, wenn der Analytiker nicht doch noch Mittel und Wege findet, sich am eigenen Schopf wieder aus dem Sumpf der Fusion zu ziehen, liegt auf der Hand. Nichts gegen Fusion und nichts gegen normale projektive Identifizierung als Katalysator der Entwicklung, aber das verstehende Ich des Analytikers darf natürlich nicht zu lange auf der Strecke bleiben, sonst ist der Analytiker seinem Patienten keine Hilfe mehr, ihm nicht mehr jene »kleine Strecke voraus«, die Benedetti (vgl. das Kapitel über Benedetti in Teil IV, 7.) dem Analytiker bei allem Plädieren für »Reziprozität« und »Dualisierung« des Leidens abverlangt, soll er emanzipatorisch wirken.

Fest steht jedoch, daß Bion uns mit seiner phänomenologisch so exakten Beschreibung dessen, was im Analytiker vorgeht, wenn er wieder einmal »hypnotisiert« worden ist, ein großartiges Mittel an die Hand gegeben hat, immer wieder zu uns heimzufinden und damit auch zurück zu unserer Aufgabe: Vermehrung von Verständnis und Ankurbeln von Wachstum, statt blindes Mitagieren.

Im folgenden möchte ich noch kurz auf die andere, vorher aufgeworfene Frage eingehen, woran wir denn erkennen können, ob eine pathologische oder aber eine entwicklungsfördernde, normale Form der projektiven Identifizierung am Werk ist, denn, so hat sich gezeigt, der erforderliche therapeutische Umgang ist ein recht anderer, ob omnipotente Abwehr von Kommunikation und Beziehung zur Debatte steht oder ein sehnsüchtiges, nonverbales Flehen um Kommunikation. Ich meine, daß Bion auch hier wieder die Gegenübertragung als Maß aller Dinge in den Vordergrund stellt, wenn er dies auch nur implizit getan hat. Bion hat den Unterschied zwischen der anormalen und der normalen Form der projektiven Identifizierung vor allem in der größeren Gewaltsamkeit und Omnipotenz des Prozederes bei der pathologischen Form gesehen. Das aber werden wir in der Gegenübertragung zu spüren bekommen. Auf große Gewaltsamkeit und Omnipotenz werden wir, gelinde gesagt, mit großem Unbehagen reagieren. Und so ist es ja auch, wie jeder Analytiker aus der Praxis weiß. Es gibt tatsächlich projektive Identifizierungen, die sich wie Fremdkörper, Projektile oder bösartige Wucherungen in der eigenen Psyche drin anfühlen, bei denen wir ungeachtet aller »betäubenden Realität« des Erlebnisses parallel dazu ein Wissen bewahren, daß wir jetzt mißbraucht werden, daß uns jemand kontrollieren statt mit uns kommunizieren will.

Ich habe die verschiedenen Formen der projektiven Identifizierung und meine so grundsätzlich andere emotionale Antwort darauf erstmals in einer schwierigen und sehr belastenden Behandlung mit einem Alkoholiker in einem harten Lernprozeß auseinanderdividieren gelernt, eine Lektion, die ich so schnell nicht mehr vergessen werde. Ich meine, daß sich das Erlebte zur Verdeutlichung und Veranschaulichung des von Bion Gemeinten recht gut eignet und erlaube mir deshalb, meine eigenen Erfahrungen in dieser Behandlung als Abschluß meiner Ausführungen kurz zusammenfassen:

In der ersten Phase der Behandlung kam vor allem die *normale Form der projektiven Identifizierung* zum Tragen. Der Patient hatte nämlich eine Mutter gehabt, die, wie Bion dies so einprägsam für uns geschildert hat, undurchlässig, unempfänglich, unzugänglich war, ein reichlich zugeknöpfter »container«. Das Trinken hing mit einem chronischen Überwältigtwerden durch archaische, frühkindliche Affekte zusammen, denen der Patient nicht gewachsen war, mit denen er nicht umgehen konnte, da es die innere Hilfsquelle einer verständnisvollen und beruhigenden Mutter nicht in ihm gab. In dieser ersten Phase der Behandlung stopfte er sein ganzes affektives Chaos in mich hinein, wenn er sich nicht gerade übergab. In dieser Phase wurde er trocken, der analytische »container« aber war drauf und dran, in Stücke zu gehen, weil er soviel archaisches Material in sich aufzunehmen hatte. Ununterbrochen, vor den Stunden, in den Stunden, nach den Stunden, wurde die Analytikerin von unbeschreiblich archaischen Gier-Attacken oder Haß, der nur noch zerstückeln, schlagen, zerkratzen will, gepeinigt. Es handelte sich um psychische Schwerarbeit, diese Affekte, um nicht zu sagen »Ursuppe«, in mir zu ertragen, sie zu klären, zu entgiften und dann als etwas, was man verstehen, womit man umgehen, was man integrieren kann, Stück für Stück wieder zurückzugeben. Dennoch war die Arbeit ausgesprochen beglückend und ich spürte, wie wichtig und sinnvoll es war, daß ich mir all dies aufhalsen ließ. Ich war tief symbiotisch mit meinem Patienten verstrickt, wie eine Mutter mit einem sprachlosen Säugling.

In einer zweiten Phase wurde die Analytikerin für all die Mühsal reich belohnt. Der Patient begann jetzt nämlich, jene psychische Arbeit zu übernehmen, die er vorher noch nicht hatte leisten können, die darum stellvertretend ich für ihn hatte erbringen müssen. Er begann damit, seine Gier und seinen archaischen Haß als etwas zu ihm Gehöriges zu spüren und durchzuarbeiten. Beispielsweise begann er – zwischen den Stunden –, »Blut-Bilder« zu malen: zu diesem Zwecke goß er kübelweise rote Farbe auf Packpapier aus. Ein alter Besen diente als Pinsel, weil so viele heftige Emotionen nur mit Riesen-Gerätschaften ausgedrückt werden konnten. Und zwar handelte es sich hierbei keineswegs darum, daß der Analysand nur einfach jene Eier gefunden hatte, die die Analytikerin versteckt hatte. Die Regression mit ihren Ausdrucksbewegungen wie Kratzen und Schlagen auf die Couch hatte eine so archaische Wucht, daß der Analytikerin manchmal Hören und Sehen verging und sie sicher sein konnte, durch die vorherige Übernahme dieser gefährlichen Anteile, die sie kannte, »vorgekostet« und vorverdaut hatte, an der Befreiung des Patienten mitgewirkt zu haben. Winnicott sagt nicht grundlos, das wahre Selbst des Säuglings zeige sich gerade in solchen ungesteuerten Ausdrucksbewegungen (Winnicott, 1974 a, S. 188).

In Phase drei jedoch war es bald einmal vorbei mit meinem Seelenfrieden und mit meiner Freude, denn der Patient wollte es, obwohl er zunehmend gesunder wurde, partout nicht zulassen, daß ich mich langsam aus der Symbiose zu stehlen begann und allmählich, ganz allmählich damit anfing, mich der Rolle des »containers« zu verweigern. Er tolerierte es nicht, daß ich ihn psychisch »abzustillen« begann, da ich seine Fortschritte in der Behandlung mitbekommen hatte und davon ausgehen konnte, daß er nun »Manns genug« war, selber zu fühlen und selber die Verantwortung für seine Affekte und Phantasien zu übernehmen. Jetzt begann ein Kampf, fast anstrengender noch als Phase eins der Behandlung, jetzt setzte mein Gegenüber die *pathologische Form der projektiven Identifizierung* als Technik ein. Stunde um Stunde versuchte der Patient mich psychisch zu »vergewaltigen«, in Erregungszustände zu versetzen, mich von ihm abhängig zu machen und vollständig zu kontrollieren. Ich benutzte jetzt das, was er in mir deponiert und ausgelöst hatte, nicht länger als Ausgangsmaterial für meine Deutungen, ich sagte nur noch »Warum machen Sie es wieder?« oder »Sie wollen es wieder nicht wahrhaben, daß wir getrennte Wesen sind und Sie jetzt für Ihre Gefühle selber verantwortlich sind«. Ich deutete den zugrundeliegenden Neid, den Haß auf meine Unabhängigkeit, den erbitterten Versuch, Sehnsucht nach mir, Abhängigkeit von mir und letztlich Trennung von mir zu negieren. Doch er ließ nicht locker, und die Stunden fühlten sich an wie ein endloser Ringkampf. Immer wieder wähnte ich mich wie von einem Polypen umgarnt, der mir was antun, über mich verfügen, mich als Unabhängige mit seiner Person ersticken wollte. So groß waren der Neid, das Verleugnenwollen von Abhängigkeit und das Negieren von Trennung. Hier durfte und wollte ich nicht mehr mitspielen. Jetzt sagte ich »nein«, vorher hatte ich »ja« gesagt. Mit guten Gründen.

Meine Gegenübertragung in ein- und derselben Behandlung war angesichts dieser beiden Formen der projektiven Identifizierung eine grundsätzlich andere gewesen, obwohl der analytische Prozeß sowohl in Phase eins wie in Phase drei mich mit Haut und Haar gefordert hatte. Einmal hatten wir uns auf der oralen Ebene bewegt, später dann auf der analen. Bei der pathologischen Form der projektiven Identifizierung spürte ich – ganz anders als bei der normalen Form, die ich als für beide Seiten bereichernd empfand – nicht nur die chaotischen Affekte des Patienten in mir, sondern immer auch ganz stark meine eigene, manchmal ohnmächtige Wut auf ihn respektive auf seine omnipotenten Bemächtigungsmanöver meiner Person. Meine Wut war mein Rettungsanker, Ausdruck meines *eigenen* Selbst, mein einziger Halt – abgesehen von meinem Supervisor, Dr. Peter Dreyfus in Basel, dem ich noch heute dafür dankbar bin, daß er mich während dieser Behandlung so zuverlässig begleitet und gestützt hat und seinerseits ein offener »container« für das Chaos war, das mich nach den Stunden mit meinem Patienten jeweils wieder erfüllte, das ich irgendwie, irgendwo wieder loswerden mußte, koste es, was es wolle. Ohne diesen so hochgradig empathischen Dritten im Bunde und sein tiefes Verständnis hätte ich aus dem Strudel der Fusion mit diesem Patienten nicht wieder heil herausgefunden, ohne ihn hätte ich nicht gelernt zu unterscheiden, *wann man sich schützen muß und wann man sich nicht schützen darf*, eine Unterscheidung, die mir der Supervisor in der Praxis nahebrachte – und Jahre später Bion in der Theorie – eine Unterscheidung, von der so ziemlich alles abhängt, wenn man bei pathologischen Organisationen mit Haut und Haar gefordert ist.

Die Gegenübertragung respektive ihre ununterbrochene Analyse in der Supervision – nichts sonst – war es also gewesen, an der ich die ganze Behandlung über ablesen konnte, ob ich gebraucht oder mißbraucht wurde, ob ich Entwicklung förderte oder gründlich sabotierte.

## 7. Werner KEMPER:
## Unsere Gegenübertragung sagt immer die Wahrheit.
## Allerdings nur in qualitativer, niemals in quantitativer Hinsicht

Der Deutsche Werner Kemper kommt im selben Jahr wie Racker, 1953 nämlich, zu einer frappierend ähnlichen Einschätzung der Gegenübertragung wie sein argentinischer Kollege. Das folgende Zitat könnte direkt der Feder Rackers entsprungen sein, stammt aber von Kemper:

»Sehen wir uns einmal die projektiven Übertragungsäußerungen des Analytikers auf seinen Patienten an. Grundsätzlich kann von dem, was jemand im und am anderen wahrnimmt, 99% oder mehr der objektiven Realität entsprechen. Es braucht also nahezu keine projektive Verzeichnung vorzuliegen. Im umgekehrten Extremfall könnte theoretisch aber auch nur 1% objektiv zutreffen und 99% würden Folge einer projektiven Übertragungsverzeichnung sein. *Aber selbst dann bliebe immer noch ein kleiner Prozentsatz an objektiv richtig Erfaßtem. Denn man überträgt (projiziert) niemals völlig ins Leere, sondern stets auf einen dazu irgendwie geeigneten zutreffenden Kern*« (Hervorhebung von der Verf.) (Kemper, 1954, S. 619).

Also auch hier die Auffassung, daß an der Gegenübertragung als Indikator immer »etwas dran« ist! Praktisch identisch mit derjenigen Rackers ist auch die Definition von Gegenübertragung, für die Kemper sich entschieden hat, nämlich »die Gesamtheit der psychischen Abläufe in bezug auf den Patienten bzw. auf die analytische Situation« (Kemper, 1954, S. 615).

Es drängt sich die Frage auf, ob Kemper die neue Sichtweise von der immer irgendwie richtig liegenden Gegenübertragung von Racker übernommen hat. Die Beziehungen zwischen den beiden scheinen jedenfalls alles andere als oberflächlich gewesen zu sein. Im Vorwort zur deutschen Racker-Ausgabe erfahren wir, daß es Kempers großes Verdienst gewesen sei, den Reinhardt-Verlag gedrängt zu haben, Rackers bahnbrechendes Standardwerk endlich zu übersetzen. Kemper schätzte Racker also über alles. Er kannte ihn überdies persönlich, da er in Brasilien gearbeitet und gelebt hatte. Oder hat sich umgekehrt Racker von Kemper inspirieren lassen? Wer der eigentliche Vater des Gedankens war, das ist im nachhinein nicht mehr auszumachen ist. Alle beide veröffentlichen jedenfalls im Jahre 1953 einen Aufsatz, in dem selbst der neurotischen Gegenübertragung der Wert als Indikator nicht abgesprochen wird. Vielleicht befruchtete man sich auch einfach gegenseitig, wie es bei Freud und Ferenczi der Fall gewesen war, so daß der Urheber gewisser Gedanken nicht mehr mit Sicherheit auszumachen ist. *Wie auch immer, der Trend der Zeit wird gerade durch diese Parallele Racker – Kemper besonders offenbar: Die Gegenübertragung ist immer wahr und aussagekräftig, oder zumindest immer irgendwie wahr, in welchem Gewande sie auch auftreten mag.* Die Gegenübertragung als Indikator *kann gar nicht versagen*, weil selbst die wildesten Projektionen auf korrekte Wahrnehmungen hin erfolgen. Alles, was ein Analytiker während der Analyse fühlt und erlebt, sagt in irgendeiner Form eben doch etwas über den Patienten aus!

Genauso wie nach Auffassung Kempers selbst die gröbsten Übertragungsverfälschungen von Patienten letztlich immer ein Körnchen Wahrheit über den Analytiker enthalten, genauso gibt auch der Zerrspiegel des neurotischen Analytikers zumindest in entstellter Form den Patienten wieder. Kemper gesteht zwar zu, daß diese Verzerrung in Form von »tausendfach mikroskopischer Vergrößerung« (Kemper, 1954, S. 620) erfolgen könne, aber selbst wenn die Größenverhältnisse arg verzerrt erscheinen, hat doch die Wahrnehmung immer noch mit dem ursprünglichen Gegenstand der Beobachtung zu tun. Für jede dieser »emotionalen Wahrnehmungen« des Analytikers gilt daher nach Kemper dies:

»Trotz selbst grotesker perspektivischer Verzeichnung war sie vom Standpunkt der *psychischen* Realität ›richtig‹« (Kemper, 1954, S. 620).

Kemper bestreitet zwar keineswegs, daß die verbliebenen Übertragungsneigungen des Analytikers durchaus einen »Beweis menschlicher Unzulänglichkeit« (Kemper, 1954, S. 620) darstellen, aber er schickt sie deswegen trotzdem nicht – wie einst die Pioniere – in die Verbannung, will sagen in die von Freud geforderte »Niederhaltung«. Der Preis dafür wäre viel zu hoch, da dabei jenes Körnchen Wahrheit über den Patienten auch mitverbannt würde, das nach Auffassung Kempers in jeglicher Übertragung und Projektion des Analytikers verborgen ist. Die phobische oder paranoide Haltung im Hinblick auf die Gegenübertragung muß ein für alle Mal aufgegeben werden, da sie die Analytiker zum Skotomisieren verführt. Wie alle anderen Revolutionäre auch findet es Kemper entscheidend wichtig, daß der Analytiker seinen Gefühlen, Wünschen, Impulsen tolerant und angstfrei ins Gesicht zu blicken vermag, weil sie *allesamt mit dem Patienten verknüpft* erscheinen.

Besser als allen andern unter den Revolutionären ist es Kemper gelungen, das Vertrauen in die Richtigkeit unserer Gegenübertragungs-Reaktionen mit dem gebotenen Mißtrauen zu paaren, indem er nämlich folgende Formel fand: *Die besondere Färbung, die unserer emotionalen Antwort eignet, ist immer aussagekräftig, die Stoßkraft aber, mit der diese Antwort zum Durchbruch drängt, ist es nicht. Die Qualität der Gegenübertragung ist immer adäquat, der quantitative Aspekt ist mit Vorsicht zu genießen.* Letzterer mag zwar auch adäquat sein, aber es kann sich genausogut um eine Verzerrung handeln. Mit dieser schlichten und eingängigen Formel läßt sich in der Praxis einiges mehr anfangen als mit Rackers ebenso schlichtem, aber wenig überzeugendem Ratschlag, der dahingehend lautet, daß wir die Gegenübertragung »nur« von neurotischen Beimengungen zu säubern hätten, um schon die Wahrheit über den Patienten in Händen zu halten. Das Problem dabei ist, wie schon erwähnt, »nur« dies, daß der Analytiker leider keineswegs immer mit Sicherheit weiß, wann seine Neurose die Finger mit im Spiele hat. Kempers Formel hingegen verleiht einiges mehr an Sicherheit, obwohl sie es nicht nötig hat, wie Heimann noch im Jahre 1950, ins Omnipotente abzugleiten (Heimann behauptete damals, für die Gegenübertragung zeichne einzig der Patient verantwortlich). Kemper sagt dem Analytiker nämlich nichts anderes als dies: *Im Prinzip hast Du recht, aber mag sein, daß Du gewaltig übertreibst!* Das hört der ständig von Zweifeln geplagte Analytiker gern und läßt ihn gelassener werden, ohne daß er darob unkritisch sich selber gegenüber werden müßte. Im Prinzip irrt er sich nicht, selbst wenn er noch etwas neurotisch ist. Es ist ganz gut und richtig, was er fühlt, bloß daß er mit seiner Reaktion vielleicht übers Ziel hinausschießt. Wenn ihm derlei von Kemper gesagt wird, dann *erhöht sich seine Bereitschaft zur Selbstkritik, weil er sich im Prinzip mit seinen Gefühlen als angenommen erleben kann, statt verurteilt vorkommen muß.* Kempers Formel lautet im Originaltext so:

»Voraussetzung dafür ist allerdings, daß *der Analytiker sich jederzeit bewußt ist, selbst einer subjektiven Reaktion zu unterliegen, die ihm zwar auf Grund ihrer Art einen Einblick in das Qualitative dessen, was im Patienten im Augenblick geschah, vermitteln kann, die aber nichts über die Quantität aussagt.* Das muß eine etwa darauf basierende Deutung stets berücksichtigen, selbst wenn es naheliegend ist anzunehmen, daß im allgemeinen auch eine quantitative Entsprechung vorhanden sein wird. Deshalb darf der Analytiker sich dabei auch niemals von seinem Patienten in die Position drängen lassen, zu beweisen, daß er mit seiner (projektiven) Wahrnehmung recht hatte, da der Patient ja mit gleichem Recht zumindest die projektiv übersteigerte Intensität der vom Analytiker gemachten Wahrnehmungen spürt [...]. *Es ist unwichtig, wer objektiv ›recht‹ hat. Und mag der Patient auch noch so sehr gerade auf diesem Gesichtspunkt beharren. Wichtig allein ist, daß selbst in projektiver Verzeichnung und Übertreibung der Kern von etwas Richtigem wahrgenommen wurde«* (Hervorhebungen von der Verf.) (Kemper, 1954, S. 622).

Befolgen wir diese neue Regel und ist dadurch unsere Einstellung der eigenen emotionalen Antwort gegenüber die einer sicheren Gewißheit und *gleichzeitig* die des immerwährenden Sich-in-Frage-Stellens und fruchtbaren Zweifelns, so können wir es wagen, unsere Gegenübertragung als bedeutendsten Wegweiser ins Unbewußte unserer Patienten anzusehen. *Kemper ist es gelungen, eine Synthese zwischen der allzu phobischen Haltung der Pioniere und der übermäßig großzügigen Einstellung mancher Revolutionäre zu finden.*

Sehen wir uns zum Schluß die reichhaltige Sammlung möglicher Gegenübertragungs-Komplikationen an, vor denen Kemper warnt:

1. Kann ich meine mütterlich-warmherzige Hilfsbereitschaft nicht zügeln, so mache ich leicht folgende Fehler: Ich gebe meinem Analysanden Ratschläge, ich deute in qualvollen Situationen zu früh (bevor noch alles Material auf dem Tisch liegt), ich greife mit tröstendem Zuspruch ein. Häufig bin ich vor allem deshalb so überprotektiv, weil ich meinen Patienten so abhängig wie ein kleines Kind sehen möchte, was meine Allmachtsgefühle und mein ungestilltes, affektives Kontaktverlangen befriedigt. Vor allem dann, wenn mir mein Privatleben zu wenig an libidinösen wie auch narzißtischen Befriedigungen bietet, wenn meine eigene Lebenssituation sexuell und affektiv ungenügend gesättigt ist, stehe ich in Gefahr, meinen Patienten auf die geschilderte Weise zu mißbrauchen und mir bei ihm das zu holen, was ich sonst so bitter entbehren muß (Kemper, 1954, S. 605).

Eine kurze Zwischenbemerkung sei mir hier gestattet: Mit dieser ersten Falle bringt Kemper einen völlig neuen, aber eminent wichtigen Aspekt in die Diskussion von Gegenübertragungs-Komplikationen mit ein, der – merkwürdig genug – von allen bisherigen Autoren radikal vernachlässigt wurde: *die aktuelle Lebenssituation des Analytikers nämlich*! Wurden bisher ausschließlich *neurotische Beweggründe* an der Wurzel von Gegenübertragungs-Komplikationen gesehen, so legt Kemper sein Augenmerk auch auf eine möglicherweise unbefriedigende Gegenwart im Leben des Analytikers, etwas, was keineswegs immer die Folge von Neurose sein muß. Der Analytiker, dessen Zärtlichkeitswünsche, sexuellen Bedürfnisse und Bedürfnisse nach Geborgenheit zu wenig Befriedigung erfahren, etwa weil er alleinstehend oder verwitwet ist, steht in erhöhter Gefahr, sich das Fehlende bei seinen Patienten zu holen, selbst wenn er einigermaßen frei von Neurose ist. Eine ähnliche Berücksichtigung der aktuellen Lebenssituation des Analytikers als mögliche Gefahrenquelle für die Behandlung und prägender Faktor der analytischen Antwort habe ich nur noch bei Fromm-Reichmann gefunden:

»Wenn es richtig ist, daß der Therapeut vermeiden muß, auf den Patienten im Sinne seines eigenen Lebens zu reagieren, so bedeutet das, daß *er genügend Quellen der Befriedigung und der Sicherheit in seinem Privatleben hat, um auf die Versuchung zu verzichten, seine Patienten für die Zwecke seiner persönlichen Befriedigung und Sicherheit zu gebrauchen*. Wenn es ihm nicht gelungen ist, in seinem eigenen Leben die persönliche Erfüllung, die er haben möchte und brauchte, zu erlangen, so sollte er sich das klarmachen. [...]
Wenn ich von ›Befriedigung‹ und von ›Sicherheit‹ als den beiden Erfüllungszielen des Menschen spreche, so folge ich Sullivans Definition. Er meint, *›Befriedigung‹ sei das Ergebnis der Erfüllung im Bereiche dessen, was mit dem Körpersystem zu tun hat*, mit der Drüsentätigkeit, *also die Stillung des Hungers, der sexuellen Bedürfnisse, des Schlafbedürfnisses sowie das Vermeiden von physischer Einsamkeit.* ›Sicherheit‹ bezieht sich auf die Erfüllung dessen, was mit der kulturellen Ausstattung zu tun hat, wobei das Wort ›kulturell‹ sich auf all das bezieht, was vom Menschen selbst ausgeht. *Sicherheit bedeutet also die Erfüllung der Wünsche nach Prestige und die Fähigkeit, seine Kräfte, seine Fertigkeiten und Anlagen erfolgreich für zwischenmenschliche Ziele innerhalb der Reichweite seiner Interessen einzusetzen*« (Hervorhebungen von der Verf.) (Fromm-Reichmann, 1978, S. 86 und 87).

Aber kommen wir nach diesem kurzen Abstecher zurück zu den weiteren Gegenübertragungs-Komplikationen, die sich bei Kemper beschrieben finden:

2. Ist mein Umgang mit dem Analysanden unpersönlich, durch Sachlichkeit, Strenge, übermäßige Distanz und spartanische Härte gekenn-

zeichnet, so kann dies Ausdruck meiner Furcht vor meiner allzu großen Weichheit, Nachgiebigkeit und Güte sein (Kemper, 1954, S. 608).
3. Bin ich als Analytiker überweich und übergütig, so kann dies Ausdruck meiner Abwehr gegen eigene aggressiv-gewalttätige Impulse sein. Es kann dies aber auch eine Abwehr gegen entsprechende Impulse bei meinem Analysanden bedeuten, die ich mit dieser »sanften Tour« im Keim zu ersticken versuche (Kemper, 1954, S. 608).
4. Bin ich als Analytiker Anhänger irgendeiner Ideologie (dazu gehören auch spezielle analytische Lehren, denen ich kritiklos-gläubig anhänge), so werde ich sehr wahrscheinlich der Impulswelt meines Analysanden nicht unvoreingenommen begegnen können, sondern wertend auswählen. Ich glaube zwar, autonom zu analysieren, in Tat und Wahrheit aber dirigiere ich indirekt (Kemper, 1954, S. 608).
5. Als analytischer Anfänger stehe ich häufig in Gefahr, meine Macht über den Patienten zu mißbrauchen, weil ich meinen Lehr- oder Kontrollanalytiker übertrumpfen möchte. Ich bin dann zu ungeduldig, dränge den Patienten, deute zu frühzeitig, lasse Suggestionen in die analytische Arbeit einfließen, oder ich mache Konzessionen, damit der Analysand williger mitarbeitet. All dies wirkt sich natürlich schädigend auf den analytischen Prozeß aus (Kemper, 1954, S. 609).
6. Vor allem, wenn ich als Anfänger um meine wirtschaftliche Existenz bangen muß, neige ich dazu, Konzessionen bei meinen Analysanden zu machen: Ich bin also etwa zu freundlich, deute zu früh oder ängstlich, glaube ein fehlerloser, allwissender Fachmann sein zu müssen, damit der Patient nur ja den Therapeuten nicht wechsle. Ich wecke Erwartungen, die ich niemals erfüllen kann (Kemper, 1954, S. 609 und 610).
7. Wenn meine jugendliche Begeisterung für die Psychoanalyse und meine eigene Überzeugung, mit dieser Methode die Welt aus den Angeln heben zu können, in meinen ersten Analysen frustriert wird, stehe ich als Anfänger in Gefahr, dies meiner eigenen Unzulänglichkeit zuzuschreiben, oder − schlimmer noch − unbewußt meinen Patienten für das »Fiasko« verantwortlich zu machen, welcher Vorwurf sich mit Sicherheit in meinen Deutungen niederschlagen wird (Kemper, 1954, S. 610).
8. Eignet mir eine »heilandartige übersteigerte Helferbereitschaft«, so ist die Art meiner Identifizierungen mit dem Patienten gern zu dauerhaft oder intensiv, was zur Folge hat, daß ich die immer wieder notwendige Distanzierung nicht rechtzeitig oder vollständig genug vorzunehmen vermag, was sich unweigerlich auf die Qualität meiner Deutungen auswirken wird (Kemper, 1954, S. 610).

9. Bleibe ich allzu ausgiebig in der Identifizierung stecken, dann kann das aber auch daran liegen, daß zwischen meinem Analysanden und mir eine *Strukturentsprechung* vorliegt, welche mich dazu verführt, meine eigenen Probleme im Patienten auszuleben. Aber auch wenn die Struktur des Patienten eine »ideale« Ergänzung zu meiner eigenen darstellt, so kann dies zur Folge haben, daß ich in der Identifizierung steckenbleibe, und zwar darum: Die identifikatorische Begegnung mit dem ergänzenden anderen wird als stark befriedigend erlebt. Nicht umsonst lehrt das Sprichwort, daß Gegensätze sich anziehen! Ein Beispiel: Ein männlicher Analytiker mit latent passiven Tendenzen stößt auf eine Patientin mit phallischer Struktur. Dies kann seinen eigenen passiven Wünschen so sehr gelegen kommen, daß er keinerlei Interesse daran zeigt, die phallische Struktur der Patientin deutend zu hinterfragen (Kemper, 1954, S. 611 und 613).
10. Steht mir meine eigene latente Impulswelt nur beschränkt zur Verfügung, weil ich bei mir unkontrollierte Durchbrüche zu befürchten habe, dann scheue ich das Wagnis einer Identifizierung mit dem Patienten. Ich lasse mich nur sehr bedingt ein. Meine Interpretationen geraten zu abstrakt und wirken blaß, die Analyse entartet zu einem »theoretischen Vermitteln von Wissensstoff« (Kemper, 1954, S. 611).
11. Skotomisiere oder überakzentuiere ich gewisse Probleme bei meinem Analysanden, so ist der Grund für diese nur partielle Identifizierung in latenten oder manifesten Schwierigkeiten bei mir zu suchen, die aufs Konto meiner (trotz Lehranalyse verbliebenen) strukturellen Eigenart gehen (Kemper, 1954, S. 611).
12. Ist mein Selbstgefühl nicht fest gefügt, herrsche ich nicht so souverän über meine Impulswelt, daß ich locker mit allen Impulsen umzugehen vermag, dann bin ich nicht imstande, das Hervorbrechen der Aggressionen meines Analysanden in der Übertragung ruhig hinzunehmen. Ich weiche ihnen statt dessen via allzu große Nachgiebigkeit aus oder ich beginne mit Richtigstellungen und Rechtfertigungen (Kemper, 1954, S. 612).
13. Mangelnde Lockerheit oder aber ungenügende Beherrschung meiner Impulswelt haben aber auch ihre Auswirkungen auf meinen Umgang mit den libidinösen Impulsen, die der Patient auf mich richtet. Ich weise das sich Entfaltende dann ungewollt zurück oder schüre es künstlich (Kemper, 1954, S. 613).
14. Entspricht der Analysand partiell meinem Idealbild eines Freundes oder eines Lebensgefährten, ohne daß ich mir dieses Tatbestandes bewußt würde, besteht die Gefahr, daß ich meine analytische Arbeit

vernachlässige, weil ich insgeheim eine private Beziehung anstrebe. Ich nehme dann unbemerkt analytisch unangebrachte Rücksichten (Kemper, 1954, S. 615 und 616).
15. Entsprechen einzelne Merkmale meines Patienten (Tonfall, Aussehen, spezifische Gesten, Mimik, spezifische Art, auf bestimmte Situationen zu reagieren) solchen von aktuellen Bezugspersonen aus meinem eigenen Leben, so stehe ich in Gefahr, meinen Patienten mit diesen Bezugspersonen zu verwechseln. Das reale Bild des Patienten wird dadurch unter Umständen erheblich verzeichnet. Er »erbt« außerdem Gefühle, die ich an meinen Bezugspersonen festmachen müßte (Kemper, 1954, S. 616).
16. Übertragen kann ich aber nicht nur auf die Person des einzelnen Patienten, sondern ebensogut auch auf spezielle Situationen innerhalb der Analyse. Das läßt sich besonders gut in Kontrollanalysen beobachten:
»Beispielsweise dann, wenn ein bisher gefügiger Patient seinen ersten aggressiven Durchbruch hat. Oder wenn umgekehrt ein bisher mit abweisender Charakterhaltung sich absperrender Patient so weit aufgelockert wurde, daß er seine ersten scheuen Kontaktversuche dem Analytiker gegenüber äußert. Oder wenn sich auf einmal eine bis dahin durch die ›positive Übertragung‹ verdeckte Reaktionsart zeigt, z. B. eine obstinate Rechthaberei analen oder phallischen Charakters. Oder der Kollege reagiert mit einer analytisch gänzlich unangebrachten Empfindlichkeit, Verletztheit oder Aggression, wenn ein Patient ›unaufrichtig‹ oder ›undankbar‹ ist, wenn er Überforderungen stellt, endlos über seine Beschwerden lamentiert, sich über mangelnden Erfolg beklagt, unpünktlich kommt, sich mit wohlbegründeten Argumenten um die Bezahlung drückt usw. Offensichtlich liegen hier beim Analytiker an persönlichen Erfahrungen erworbene Empfindlichkeiten vor, die er dann an der betreffenden Stelle in die analytische Situation überträgt, wodurch er sie nicht mehr meistern kann, da er unkontrolliert ins affektive Kräftespiel seines Patienten eingefangen wurde« (Kemper, 1954, S. 617).
17. Da mir mein Beruf neben einem Gefühl tiefer Befriedigung auch eine ganze Menge unangenehmer Verzichtsleistungen auferlegt (ich darf nie meine eigenen Bedürfnisse befriedigen, obwohl ich laufend dazu »angestachelt« werde, obwohl meine Gefühle laufend in Schwingung geraten), stellt besonders die Situation, in der ich statt Dank und Anerkennung nur Undank und Schmähungen ernte, eine beträchtliche Gefahr für den analytischen Prozeß dar. An diesem Punkt gerate ich nur allzu leicht in Versuchung, meinem angestauten Unwillen auf die eine oder andere Weise Luft zu machen. Dies gilt ganz besonders dann, wenn ich meinen Unwillen nicht voll bewußt erlebe, sondern verdränge. In diesem Fall neige ich dazu, streng, starr und mit einer

unsachlich affektiven Tönung zu reagieren (Vorwurfscharakter, Gereiztheit). Häufig schafft sich der unbewußte Unwille auch via »Müdigkeit« oder gar »Schläfrigkeit« des Analytikers ein Ventil (Kemper, 1954, S. 619).


8. Anni REICH:
Die Revolution ist ein Ding des Teufels.
Die Neuerer mißverstehen die Psychoanalyse in ihrer Essenz.
Jetzt heißt es zusammenhalten!


Auf die wesentlichen Axiome und Positionen der Revolutionäre und auch auf einige Postulate von lebendigen Köpfen aus der Zeit des Dornröschenschlafs hin erfolgte harte Kritik aus dem Lager der Reaktion. Anni Reich beispielsweise, eine Analytikerin mit scharf umrissenen »klassischen« Ansichten (Ansichten, die in mehr als einer Hinsicht orthodoxer waren als jene des »Ur-Klassikers« Freud, der sich viele technische Freiheiten herausnahm), vertrat den Standpunkt der Tradition in besonders dezidierten Worten. Ihren temperamentvollen Rundumschlag gegen die »unanalytischen« Abweichler führte sie im Jahre 1959 auf dem 21. Psychoanalytischen Kongreß in Kopenhagen (Reich, A., 1960). In ihrem dort gehaltenen Vortrag ritt sie eine Attacke nicht nur gegen alle revolutionären Ideen hinsichtlich einer allfälligen Verbalisierung von Gegenübertragung in Anwesenheit des Patienten, sondern auch gegen den neuen, totalen Gegenübertragungs-Begriff, gegen die Auffassung von Gegenübertragung als eines Indikators, gegen die Annahme, daß der Analytiker als Identifikationsmodell irgend von Bedeutung sei, gegen das Postulat, daß der Analytiker parallel zur Übertragungsneurose des Patienten eine Gegenübertragungs-Neurose entwickle, gegen den Glauben an die Wichtigkeit von korrigierenden, emotionalen Erfahrungen und gegen die Vernachlässigung des Prinzips Deutung bei den Freunden der Gegenübertragung überhaupt. Dieser Frontalangriff auf die Neuerer soll uns im folgenden beschäftigen. Wir werden sehen, ob sie ihm gewachsen sind.

Anni Reich beginnt ihre Ausführungen damit, daß sie erklärt, die psychoanalytische Lehre erscheine seit einigen Jahren arg verwässert. Schuld daran sei die Ausweitung der Psychoanalyse auf neue Psychopathologien, das verstärkte Interesse für zwischenmenschliche Beziehungen überhaupt, sowie die vermehrte Anwendung der Psychoanalyse in Psychiatrie, Sozialarbeit und Erziehung. *Das Leitsymptom der genannten Verwässerung ist nach Anni Reich vor allem im Umstand zu suchen, daß die Gegenübertragung als wesentlicher katalytischer Faktor statt als Störenfried gewertet wird.* Ein Trend, der nach Auffassung dieser Autorin zu größter Besorgnis Anlaß gibt.

Bereits ist es soweit, so fährt sie fort, daß das Fundament der Gegenübertragungs-Theorie aufgeweicht worden ist: Die Definition von Gegenübertragung nämlich. Reich sieht sich deshalb genötigt, stützende Pfähle in den Sumpf zu rammen und klarzustellen, was Gegenübertragung »wirklich« sei. Es gehe, so sagt sie streng, nicht länger mehr an, daß jedermann sich erlaube, unter Gegenübertragung nur einfach das zu verstehen, was ihm gerade so passe, weil Gegenübertragung in Tat und Wahrheit einzig das folgende sei:

»Unter dem Begriff der Gegenübertragung versteht man die Wirkungen, welche die unbewußten Triebansprüche und Konflikte des Analytikers auf sein Verständnis und seine Technik haben. Im Fall einer Gegenübertragung wird der Patient zum Objekt, zu welchem der Analytiker Gefühle und Wünsche aus seiner Vergangenheit erlebt. Es mag etwas in der Persönlichkeit des Patienten sein, was diese Gefühle und Wünsche hervorruft: es kann sich um eine besondere Form der Übertragung oder auch um eine spezifische analytische Situation handeln« (Reich, A., 1960, S. 184).

*Wer angesichts dieser Sachlage noch zu behaupten wagt, Gegenübertragung sei mehr als das und umfasse alle Gefühle des Analytikers, der unterliegt nach Reich einem »der geläufigsten Irrtümer«* (Reich, A., 1960, S. 184). Er hat vergessen, daß der Patient keineswegs nur ein Übertragungs-, sondern auch ein Realitätsobjekt für den Analytiker verkörpert.

Wenn Reich hier »klarstellt«, daß der Patient für den Analytiker keineswegs nur ein Übertragungsobjekt sei, sondern immer auch ein reales Objekt verkörpere, so führt sie einen Kampf gegen Windmühlen. Das haben die Revolutionäre und Anhänger eines totalen Gegenübertragungs-Begriffs natürlich auch gewußt. Heimann beispielsweise oder Racker bekennen sich ausdrücklich zu diesem Unterschied. Sie befanden jedoch, daß sich in der Praxis die von Anni Reich geforderte messerscharfe Trennung zwischen Gefühlen für den Patienten als Übertragungsobjekt und Gefühlen für ihn als Realitätsobjekt nicht so ohne weiteres bewerkstelligen lasse und daß es daher weiser und den tatsächlichen Verhältnissen angemessener sei, wenn die Definition der Gegenübertragung eben doch *alle* unsere Gefühle für den Patienten mitberücksichtige.

Anni Reich stört sich als nächstes daran, daß die Revolutionäre allgemein für einen »menschlicheren« Analytiker-Typus plädieren, der es wagt, sich freier und natürlicher als einst zu geben und das analytische Inkognito sowie die distanzierte Grundhaltung analytischer Neutralität eher kritisch ansieht. Wenn man, so Reich, wie diese Autoren annimmt, daß analytische Neutralität gleichbedeutend sei mit dem überheblichen Benehmen eines gottähnlichen, höheren Wesens, dann hat man ganz einfach den Terminus falsch verstanden und interpretiert. Die Zurückhaltung, das Inkognito und die Neutralität des Analytikers seien niemals deshalb gefordert worden, damit sich der Analytiker den Schein von Vollkommenheit und Unfehlbarkeit geben könne, sondern einzig deswegen, weil man der Übertragung des Patienten möglichst ungestörte Entfaltungsmöglichkeiten habe verschaffen wollen. Weil sie dies nicht gesehen hätten, wird den Neuerern von Anni Reich ein »fundamentaler Mangel an Verständnis [...] für das Wesen der psychoanalytischen Therapie« zur Last gelegt (Reich, A., 1960, S. 185).

Das ist ein harter Vorwurf. Ein Glück für die Revolutionäre, daß er aber nicht nur hart, sondern auch unhaltbar ist. Mehr Menschlichkeit, mehr Natürlichkeit wurde von den Revolutionären niemals deshalb gefordert, weil sie das Prinzip Übertragung geistig nicht wirklich durchdrungen hatten, sondern einzig darum, weil der blinde Glaube an das analytische Inkognito und die Neutralität tatsächlich zu unmenschlichen Auswüchsen geführt hatte, insofern als viele Analytiker, die sich als besonders lupenreine Freud-Anhänger auszugeben trachteten, das Spiegel- und Chirurgen-Gleichnis derart buchstabengetreu, um nicht zu sagen sklavisch, befolgt hatten, daß sie tatsächlich wie gottähnliche, übermenschliche Wesen oder gefühllose Automaten wirken mußten. Nicht umsonst hatte sich Fenichel bemüßigt gefühlt, gegen dieses gefährliche, blinde Mitläufertum ins Feld zu ziehen: Warnend hob er hervor, daß Übertreibungen in dieser Richtung die Übertragung viel stärker beeinflussen als gewisse Realitätsaspekte des Analytikers – und Fenichel selber war im übrigen alles andere als ein Revolutionär, was den Umgang mit der Gegenübertragung betrifft (vgl. mein Kapitel über Fenichel, Teil II, 10.). Vor diesen Tatsachen verschließt Anni Reich aus unerfindlichen Gründen die Augen. Auch die Balints und ihre revolutionären Thesen werden ohne weiteres links liegen gelassen, obwohl sie überzeugend zu verdeutlichen vermochten, daß der keimfreie Inkognito-Analytiker ein Wesen darstellt, das es in Wirklichkeit niemals geben kann, nie gegeben hat und nie geben wird, wie reserviert sich der Behandler auch benehmen, wie sehr er sich auch Mühe geben mag, seine Gefühle vor dem Patienten zu verbergen und die Rolle der leeren Projektionsleinwand zu spielen. Gerade auf diesem neuen Konzept von der analytischen Beziehung als einer Objektbeziehung, in der unweigerlich beide Beteiligten miteinander in Wechselwirkung stehen, fußen aber doch die Revolutionäre. Ein Angriff, der dieses veränderte Fundament nicht miteinbezieht, zielt unweigerlich ins Leere – wie jener der Anni Reich. Übrigens: Nach Thomä gibt es das Analytiker-Bild, das Anni Reich 1959 noch vorschwebt, heutzutage nur noch in der Karikatur. Die Weiterentwicklung der Psychoanalyse hat also den Revolutionären und ihrem liberaleren Umgang mit Patienten Recht gegeben:

»So groß die Unterschiede im einzelnen auch sein mögen, in welcher Form Psychoanalytiker ihre Gegenübertragung in den Deutungsprozeß einbringen, eine Gemeinsamkeit dürfte bestehen: *an den Mythos des unpersönlichen Analytikers [...] glauben wohl nur noch wenige.* Es gibt ihn noch in der Karikatur als eine anonyme Gestalt, die ihre persönlichen Merkmale vollkommen konstant hält und die Behandlung im leeren, zu Projektionen einladenden Raum durchführt. Indem das sogenannte psychoanalytische Inkognito in der Karikatur ad absurdum geführt wird, enthüllt sich ein Stück Wahrheit über seinen Mißbrauch« (Hervorhebung von der Verf.) (Thomä, 1981 b, S. 50 und 51).

Es liegt auf der Hand, daß Anni Reich, die so großen Wert auf Keimfreiheit und analytische Neutralität legt, auch alle Ideen, die in Richtung Mitteilen von Gegenübertragung zielen, verdammen muß. In ihren Augen ist derlei für den Patienten nicht nur »irrelevant«, sondern es handelt sich dabei um eine Störung des analytischen Materials durch »fremdes Material«, das nichts mit der eigentlichen Analyse zu tun hat (Reich, A., 1960, S. 185). Anni Reich gesteht zwar zu, daß es einige wenige Ausnahmefälle geben möge, in welchen man nicht umhin könne, sich dem Patienten ein Stück weit zu enthüllen, dann beispielsweise, wenn dem Analytiker eine Fehlleistung unterlaufen sei, aber diese Ausnahmen bestätigen ihrer Ansicht nach nur die Regel, welche da lautet, daß es in der wahren Analyse unkorrekt sei, Analysanden mit den »persönlichen Sorgen des Analytikers zu belasten« (Reich, A., 1960, S. 185).

Diesen Satz hätten – und haben – natürlich auch jene Revolutionäre, die tatsächlich für das gelegentliche Aussprechen von Gegenübertragung eingetreten sind, voll unterschrieben. Little, die am stärksten für die Notwendigkeit von Gegenübertragungs-Deutungen plädiert, warnt ausdrücklich davor, daß wir unsere Patienten mit »Geständnissen« belästigen und meint außerdem, daß Gegenübertragungs-Deutungen nicht zu oft gebracht werden dürften, damit der Patient nicht zu sehr geängstigt werde (Little, 1951). Gitelson schreibt dementsprechend, daß eine allfällige Selbst-Enthüllung des Analytikers nur sehr dosiert vorgenommen werden solle und betont, daß man dem Patienten immer nur gerade so viel von sich zeigen dürfe, wie absolut notwendig sei, um die Entdeckung der Realität der Arzt-Patient-Beziehung zu fördern (Gitelson, 1952). Darum, sich »von persönlichen Sorgen zu entlasten«, ging es weder Little noch Gitelson. Man muß Anni Reich allerdings zugestehen, daß sie hier in der Tat auf einen potentiell recht gefährlichen Punkt in der Lehre der Neuerer aufmerksam gemacht hat: Wird Analytikern die Erlaubnis erteilt, ihre Gefühle freier als bisher auszudrücken, so ist automatisch auch die Möglichkeit zum Mißbrauch des Patienten gegeben, denn jede Befreiung von Triebdruck kann nun ohne weiteres als therapeutische Notwendigkeit rationalisiert werden. Das haben aber sowohl Gitelson wie Little *auch* gesehen. Nicht umsonst schreibt Little (1951), daß die *Anforderungen an den Analytiker höher* würden, wenn er damit beginne, mit Gegenübertragungs-Deutungen zu arbeiten. Und Gitelson hebt nachdrücklich hervor, daß der Analytiker alles, was er selber in die analytische Situation einbringe, *den Bedürfnissen des Patienten unterzuordnen* habe (Gitelson, 1952). Dennoch, selbst wenn dies geschieht, können Gegenübertragungs-Deutungen manchen Patienten immer noch eine übergroße Last oder aber Gratifikation bedeuten, und deshalb haben sich auch einige der Revolutionäre selber – wie Anni Reich – *gegen* diese technische Neuerung gewandt. Vergessen wir aber nicht, daß Little nicht mit »klassischen« Analysefällen gearbeitet hat, deren Übertragung durch solche Gegenübertragungs-Deutungen allzu sehr gestört worden wäre. Ihre Erfahrungen sammelte sie im wesentlichen mit Patienten, deren Ich für Übertragungsdeutungen noch gar nicht reif war, deren wahnhafte Übertragungen erst einmal durchbrochen werden mußten, indem ihnen die Realität der Analytiker-Persönlichkeit entgegengehalten wurde.

Der vierte Vorwurf, den Anni Reich den analytischen »Umstürzlern« macht, betrifft deren Überzeugung von der indikatorischen Funktion der Gegenübertragung. Man nehme fälschlich an, daß die Gegenübertragung den wesentlichen Triebansprüchen und Abwehrmechanismen entspreche, die gerade im Patienten vorherrschen würden. Allzu einseitig werde der analytische Prozeß als einzig von den Mechanismen der Introjektion und der Projektion her bestimmt gesehen, damit aber werde alles, was der Analytiker fühle, kritiklos immer nur als etwas, was vom Patienten in ihn »hineingetan« oder auf ihn projiziert worden sei, gewertet.

Auf diesen Punkt bin ich bereits selber zu sprechen gekommen und auch auf die tatsächlich vorhandene Versuchung für den neurotischen Analytiker, die in dieser Lehre der Neuerer verborgen liegt. Bei Heimann, wie bei Racker und Money-Kyrle, scheint mir die Bedeutung der emotionalen Antwort des Analytikers manchmal wirklich überschätzt worden zu sein. Aber ich denke, daß gerade der zuletzt besprochene Kemper diese Gefahr mit Erfolg aus dem Weg zu räumen vermochte, indem er uns davor warnte, jemals der *Intensität* unserer Gefühle zu trauen, und empfahl, einzig die *Qualität* unserer Antwort als aussagekräftigen Indikator zu nehmen. Vermutlich hat Anni Reich diese überzeugende, wichtige Arbeit nicht gekannt, sie erwähnt sie jedenfalls weder im laufenden Text noch in ihrer recht ausführlichen Bibliographie zum Thema. Dies ist bedauerlich, denn gerade bei Kemper finden sich wichtige Argumente, die Anni Reichs Kritik an den Revolutionären entkräften. Ihre Behauptung etwa, daß die Gegenübertragung des Analytikers unweigerlich »fremdes Material« in die Analyse einbringe, das der »Psyche des Analytikers« zugehöre und sein »objektives Begreifen« beeinträchtige (Reich, A., 1960, S. 188), ist in dieser Form nicht mehr haltbar, wenn man Kempers Ausführungen gelesen hat. Vollkommen fremd, so lehrt uns Kemper, kann das Fühlen des Analytikers niemals sein, da selbst seine neurotischen Übertragungs-Projektionen im Kern etwas Richtiges wahrgenommen haben. Einfach ins Leere hinaus projizieren kann man nämlich gar nicht. Unschätzbar wichtiges Material geht der Analyse unweigerlich verloren, wenn man, wie Anni Reich, die Gegenübertragung als Agens mit einem dogmatischen Bannfluch belegt. Zumindest Teile dieser Gegenübertragung sind nämlich in jedem Fall wahr und objektiv richtig.

Ihren nächsten Einwand macht Anni Reich dort, wo die Revolutionäre behaupten, der Analytiker sei nicht nur als Vermittler von Deutungen wichtig, sondern auch als Identifikationsmodell für den Patienten. Sicher komme es, so Anni Reich, in Analysen immer wieder vor, daß sich Patienten mit ihren Analytikern identifizieren würden, aber diese Situation gelte es keineswegs noch zu fördern, sondern sofort mit Deutungen aufzulösen:

»Daß solche Identifizierungen während der Analyse häufig auftreten, kann nicht bestritten werden. Identifizierungen mit dem Analytiker stellen Material dar, das analysiert werden sollte, da es sich oft als vorübergehende Übertragungswiederholung von infantilen Identifizierungen zeigt. Das Ziel der Analyse besteht nicht darin, diese zeitweiligen Identifizierungen in dauerhafte Strukturen zu verwandeln. Dies gilt auch für Überich-Identifizierungen. Solche Identifizierungen entstehen spontan in der analytischen Situation und brauchen nicht durch ›Agieren‹ des Analytikers gefördert zu werden [...]« (Reich, A., 1960, S. 190 und 191).

*Anni Reich gesteht zwar zu, daß bei manchen schwer gestörten Patienten die Identifizierung mit dem Analytiker wirklich die erste stabile Identifizie-*

*rung überhaupt darstellen könne* und weiß auch, daß in solchen Fällen »tatsächlich jeder therapeutische Fortschritt von der Pflege dieser Beziehung« (Reich, A., 1960, S. 191) abhängt, *aber sie stellt im gleichen Atemzug fest, daß derlei »nicht identisch ist mit psychoanalytischer Therapie als solcher«* (Reich, A., 1960, S. 191), genausowenig wie dies von korrigierenden, emotionalen Erfahrungen behauptet werden könne. Die wahre psychoanalytische Therapie, so wie Anni Reich sie sieht, kennt nur ein einziges therapeutisches Agens, nämlich die Deutung seitens eines als Person sui generis nicht vorhandenen Analytikers.

*Dieses Problem, was nämlich noch mit Fug und Recht unter den Nenner »psychoanalytische Therapie«, was aber nicht mehr darunter subsumiert werden könne, hat die fünfziger Jahre in ganz besonderem Maße beschäftigt, genauso wie die andere Unterscheidung zwischen eigentlicher, klassischer Psychoanalyse oder Standardanalyse und ihren Modifikationen, genannt psychoanalytische Therapie.* Behauptet wurde im Rahmen dieser Diskussion zwar viel und mit Verve (der dogmatische Tonfall der Anni Reich ist in diesem Zusammenhang beispielhaft), aber *zu einem Konsens vermochte man dennoch nicht zu gelangen. Auch die folgenden Jahrzehnte sollten hier kein Mehr an Klarheit bringen, im Gegenteil.* Nicht umsonst redet Cremerius, was das angeht, von einer »chaotischen Situation« in der Psychoanalyse:

»Auf dem Gebiet der Theorie und Praxis der Behandlungsverfahren wird der fehlende Konsensus erst recht sichtbar. Hier haben die Meinungsverschiedenheiten zu einer chaotischen Situation geführt. Exemplarisch hat sie Lipton 1977 offengelegt, als er berichtete, daß *es in der Beurteilung der Technik, die Freud bei der Rattenmann-Analyse angewandt hat, viele gegensätzliche Meinungen gäbe: Analytiker, die sie für den Prototypus der psychoanalytischen Technik hielten, und solche, die sie für ›unanalytisch‹ erklärten* (Lipton, 1977). Das muß uns nicht verwundern, wenn wir uns erinnern, daß *die Diskussion darüber, ›was Psychoanalyse, psychoanalytische Psychotherapie und Übergangsformen‹ (Cremerius, 1981 a) seien, seit 1952 in Kommissionen, Kongressen und Arbeitsgruppen ergebnislos geführt wird.* Die Antwort, die Sandler auf der letzten diesem Thema gewidmeten Konferenz in London 1978 gab, ist verblüffend einfach. Sie wird aber nicht jeden überzeugen. Sie lautet: *Psychoanalyse ist das, was von einem Psychoanalytiker praktiziert wird, auch wenn er z. B. einen Patienten nur einmal oder zweimal in der Woche sieht, weil der Analytiker für sich beanspruchen kann, die psychoanalytische Haltung internalisiert zu haben* [...]« (Hervorhebungen von der Verf.) (Cremerius, 1982, S. 488 und 489).[7]

Es ist daher, so meine ich, angesichts dieser Sachlage zwecklos und das schlechteste Argument überhaupt, wenn man sich wie Anni Reich damit begnügt, technische Modifikationen, die einem zuwider sind, mit dem Sätzchen »nicht identisch mit psychoanalytischer Therapie als solcher« zu diskreditieren. Spaltet man die Welt psychotherapeutischer Techniken in Gut, das heißt »analytisch«, und in Böse, das heißt »unanalytisch«, dann fühlt man sich vielleicht in seiner eigenen Identität sicherer, nur, das eigentliche Nachdenken über und die Auseinandersetzung mit dem Neuen hat man gründlich vermieden.

Anni Reich erweist sich als eine Gralshüterin der Psychoanalyse, die Freud mit ihrem dogmatischen Wissen darum, was Analyse sei, was aber nicht, auf eine Weise rezipiert hat, die ihm wenig gefallen hätte, so steht zu vermuten. Cremerius schrieb über die Freudsche Arbeitsweise immerhin folgendes:

»Wenn nötig, ließ er sich allerlei einfallen, um eine Situation, die anders nicht lösbar erschien, doch noch zum besten des Patienten zu klären: Provokation, Manipulation, symbolische Wunscherfüllung, symbolische Reparationsleistung, Tröstung usw. – vor allem aber etwas, was in seinen offiziellen technischen Schriften gänzlich fehlt, nämlich die Umkehrung des Heilungsvorganges. Anstatt den Weg über Deutung, Einsicht, Durcharbeiten, Veränderung zu nehmen, nimmt er gelegentlich den über Veränderung, Durcharbeiten, Deuten, Einsicht. Die Gründe für diese Spaltung in eine offizielle Verlautbarung über Technik und einen privaten Gebrauch derselben, liegen in seinen Zweifeln begründet, ob die Analytiker in diesem freien, durch wissenschaftliche Kriterien noch schlecht abgesicherten Feld bestehen können. Wo kommen die hin, fragt er, die ein ›uferloses Experimentieren‹ (1933, S. 165) betreiben« (Cremerius, 1981 a, S. 47)?

Ich bin hier allerdings versucht, umgekehrt zu fragen: Wo kommen die hin, die *kein* »uferloses Experimentieren« betreiben, die die Wahrheit ein für alle Mal gepachtet haben? Sie landen unweigerlich dort, wo Anni Reich ihre Zelte aufgeschlagen hat: im unfruchtbaren Land der Dogmatik mit seiner unflexiblen, Kollegen und Analysanden wie Untertanen terrorisierenden Gesetzgebung, in dem die Verhältnisse nicht auf den Menschen zugeschnitten werden, sondern der Mensch auf die Verhältnisse. Man könnte solche Analytiker um ihre zweifelsfreie Gewißheit, das einzig Richtige zu tun, beneiden. Woher sie sie nur nehmen?

## Anmerkungen

1 Die zwei wichtigsten dieser Grundmuster sind zweifellos die von Melanie Klein beschriebene »paranoid-schizoide Position« sowie die »depressive Posi-

tion«. Es handelt sich dabei um Unterteilungen der Oralphase. Es wäre jedoch unrichtig, das Phänomen der Position bloß als vorübergehende, die Frühzeit betreffende Phase anzusehen. Hanna Segal, eine der bedeutendsten Vertreterinnen der Kleinschen Schule, sagt vom Positionsbegriff nämlich, daß er auch »[...] einen bestimmten Zusammenhang von Objektbeziehungen, Ängsten und Abwehrhaltungen, *die das ganze Leben hindurch andauern*« (Hervorhebung von der Verf.) (Segal, 1974, S. 13), einschließt.
Die Hauptcharakteristika der paranoid-schizoiden Position, welche in den ersten drei oder vier Lebensmonaten zu ihrer ersten Ausprägung kommt, sind nach Klein die folgenden: jede Entbehrung (sei es nun Hunger, Schmerz, Angst oder Müdigkeit) weckt im Säugling heftige destruktive Impulse (infolge des angeborenen Todestriebs), die er prompt als vitale Bedrohung seiner selbst in Form von Vernichtungsängsten erlebt. Zur Entlastung beginnt er damit, seine destruktiven Impulse auf das Teilobjekt Brust hinauszuprojizieren. Fazit: Die Brust wird jetzt einerseits als Schrecken erregender Verfolger erlebt, von dem der Säugling fürchten muß, ausgesaugt, ausgeraubt oder verschlungen zu werden. Andererseits gibt es da aber auch eine, von der bösen getrennte, gute Brust, weil der Säugling auch gute Teile seines Selbst in die Mutter projiziert. Diese gute und die andere, die böse Brust, sind vollständig voneinander abgespalten. Daher der Terminus »schizoid« im Ausdruck »paranoid-schizoide Position«. Neben dem Mechanismus der Projektion ist jener der Introjektion in dieser Phase bedeutsam: introjiziert wird die gute Brust, weil das der Angst-Entlastung dient. In der Phase der »depressiven Position«, die an die erste anschließt, hat die Schwarz-Weiß-Malerei ein Ende. Die Mutter ist nun nicht länger in eine gute und in eine böse Brust gespalten, sondern es wird unter Schmerzen (der Preis ist Depression) erkannt, daß es nur eine einzige Mutter mit guten wie bösen Seiten gibt. Heftige Schuldgefühle und die Angst, das Objekt zerstört zu haben, sind die Folge, nachdem jetzt die Spaltung aufgegeben wird.

2   Zu den Begründern der Idee von der offen ausgesprochenen Gegenübertragung gehört die Schule Ferenczis. Hier legt man Wert darauf, daß der Analytiker eine Vielzahl der Gefühle, die er seinem Patienten gegenüber empfindet, gelegentlich ausdrücken solle. Alice Balint redete schon 1936 von der Notwendigkeit der Offenheit und Ehrlichkeit des Analytikers und befand, daß das Mitteilen von Gegenübertragung dem der Analyse inhärenten Respekt vor der Wahrheit gemäßer sei.

3   Little macht in diesem Aufsatz deutlich, daß die meisten der Patienten, die sie analysiert habe, zur Kategorie der »Psychopathen« und »Charakterstörungen« zu zählen seien. Einige von ihnen seien sehr krank und stark gestört gewesen und hätten ein großes Maß an psychotischer Angst aufgewiesen. Die meisten würden wir heute als Borderline-Fälle bezeichnen. Little hält fest, daß fast alles, was sie zu sagen habe, speziell für diese Patienten erarbeitet worden sei, allerdings sei nicht einzusehen, warum ihre neuen Thesen nur bei diesen schwer gestörten Patienten Anwendung finden sollten. Auch im Umgang mit psychotischen und nur-neurotischen Patienten hätten sie sich bewährt (Little, 1957, S. 240).

4   Einmal mehr erscheint die Psychoanalyse in der Beantwortung einer fundamental wichtigen Frage in zwei gegensätzliche Lager gespalten. Auf der einen Seite – die hier exemplarisch von Little verkörpert wird – glaubt man, daß es keineswegs nur die Deutungen sind, welche das schwache Rückgrat eines kranken Ich aufrichten helfen, sondern auch und vor allem die Anreicherung mit einer ganzen, gesünderen Person durch Identifikation. Den »Paternistischen« stehen angesichts derartiger Behauptungen die Haare zu Berge. Sie finden, daß es die Deutung und nichts als die Deutung sei, welcher das Potential eigne, *bleibende Veränderungen* in einem Patienten zu bewirken. Alles andere lasse den Patienten auf immer vom Analytiker abhängig bleiben. Behauptung steht gegen Behauptung.

5   Wem ob dieser Technik die Haare zu Berge stehen, sei in Erinnerung gerufen, daß auch die Alternative zum offenen Zeigen und Verbalisieren von Gegenübertragung – das therapeutische Inkognito – durchaus nicht immer so harmlos ist, wie sie sich gerne gibt. Das ist mehr als einem Autor aufgefallen. Benedek sagte beispielsweise 1949 an einem Symposium der Psychoanalytischen Gesellschaft in Chicago, daß das therapeutische Inkognito sehr leicht im Dienste der Abwehr des Analytikers mißbraucht werden könne (vgl. Benedek, bei Gitelson, 1952).

6   Mir scheint, Little habe hier letztlich ähnliche Kriterien für den optimal arbeitenden Analytiker gefunden, wie wir sie schon bei Bauriedl kennengelernt haben (vgl. Teil II, 9.). Heißt es bei Little, der Analytiker müsse mit dem Patienten identifiziert bleiben, so schreibt Bauriedl, er dürfe den Patienten nicht manipulieren. Steht bei Little weiter zu lesen, der Analytiker müsse aber auch getrennt vom Patienten sein, so verlangt Bauriedl, daß er sich nicht manipulieren lasse. Sind diese zwei Kriterien erfüllt, verhält sich der Analytiker nach Bauriedl ganz automatisch abstinent.

7   Auf dem von Cremerius erwähnten Symposium im Jahre 1952 gab es zur Frage nach dem Unterschied zwischen Psychoanalyse und Modifikationen derselben folgende Meinungen zu hören: Edith Weigert meinte, daß man das Unterscheiden am besten gleich ganz bleiben lassen solle, da es sich um eine rein akademische Fragestellung handle. Auch Alexander befand, die genannte Unterscheidung sei nicht weiter von Interesse, die von ihm vorgeschlagenen massiven Technik-Modifikationen hätten durchaus im Rahmen eines modernen Psychoanalyse-Verständnisses Platz. Grete Bibring auf der andern Seite sagte, genaue Ab- und Eingrenzungen seien im Hinblick auf die Ausbildung von größter Bedeutung. Gerade in einer Zeit, wo es der Analytiker mehr und mehr mit schweren Charakterstörungen und Borderline-Zuständen zu tun bekomme, sei auch Klarheit der Konzepte dringend vonnöten. Diese Feststellung fand zwar allgemein große Zustimmung, aber gleich anschließend entfachte sich ein ergebnisloser Streit darüber, ob der Borderline-Therapeut noch eigentliche Psychoanalyse praktiziere oder aber nicht mehr.

# Teil IV

## UND HEUTE:
## DIE GEGENÜBERTRAGUNG ALS MOTOR DER KUR, ALS FUNDAMENT DER DEUTUNG UND MANCHMAL GAR ALS KONKURRENZ ZU IHR

## 1. Die Gegenübertragung als bloße Re-aktion wird zur primären Aktion

Hatte sich die Gegenübertragung während der dritten von mir beschriebenen Phase zu einem hochinteressanten und salonfähigen Phänomen gemausert, dessen Gegenwart in der Behandlung die Analytiker – wenn man einmal absieht von erzkonservativen Geistern – nicht mehr länger zu beunruhigen brauchte, sondern faszinierte, weil es so vieles über den Patienten auszusagen vermochte, so macht sie in der Folgezeit noch weiter Karriere. In der vierten Phase ihrer Geschichte wird sie für viele Analytiker zur eigentlichen Königin in der Behandlung von prägenital gestörten Patienten, zur tragenden und bewegenden Kraft und zum »Motor der Kur«, wie Béjarano es 1977 formuliert hat. Manch einer erachtet sie nun nicht mehr bloß als ebenso wichtig wie die Deutung, sondern *sogar für bedeutsamer. Sie ist so etwas wie ein Nährboden für den Patienten geworden, der in der einen oder anderen Form unbedingt vorhanden sein muß, damit eine Deutung überhaupt erst ankommen und wirksam werden kann. Gewisse Phasen der Behandlung, vor allem bei stark regredierten und strukturschwachen Patienten, hat sie nun gar alleine durchzustehen, Worte würden jetzt nur stören. Einzig auf die besondere nonverbale Präsenz und die Gefühlslage des Analytikers kommt es an,* soll der Patient sich verstanden und begleitet fühlen. In der Psychotherapie muß, so Little, die Gegenübertragung sogar die gesamte Arbeit, »the whole of the work« (Little, 1951, S. 36) leisten.

Das Interesse, welches die Psychoanalyse in den vergangenen Jahrzehnten dem Studium der frühen Mutter-Kind-Beziehung und der Entwicklung der Objektbeziehungen entgegengebracht hatte, war die Ursache dafür gewesen, daß es zu diesem *Umschlag von der Passivität zur Aktivität* hatte kommen können, was die neue Wertschätzung der Gegenübertragung als eines therapeutischen Agens anging. *Gegenübertragung ist nun nicht länger mehr vor allem die Antwort auf etwas, was mit einem gemacht wird, Gegenübertragung wird zu etwas, was der Analytiker aktiv leistet und anbietet. Die Gegenübertragung als bloße Re-aktion wird zur primären Aktion des Analytikers.* War sie bisher nur die Antwort auf den Patienten, so wird sie jetzt zum emotionalen Angebot des Analytikers. Hiermit fällt dem Analytiker eine ganz neue Mitverantwortung für die Gestaltung der Zweierbeziehung in der Behandlung zu, die weit über das hinausgeht, was bisher von ihm erwartet wurde. Es reicht nicht mehr aus, die Gegenübertragung so zu kontrollieren, daß kein Mißbrauch mit dem Patienten getrieben werden kann, es ist auch nicht mehr damit getan, daß man seine emotionale Antwort auf den Patienten als Indikator ernst nimmt, es gilt jetzt neu, die Gegenübertragung so zu konstellieren und einzubringen, daß der Patient von ihr als einer ihn unterstützenden Kraft profitieren kann. Die Gegenübertragung muß damit beginnen, ihrem Namen wirklich gerecht zu werden und anfangen, gewisse Patienten zu *tragen*.

Daß sie aktiv geworden ist und nicht mehr bloß als Reaktion auf die Person und das Material des Patienten verstanden wird, zeigt sich deutlich etwa daran, daß Béjarano jetzt (1977) schreiben kann, die Gegenübertragung gehe der Übertragung voraus. Für diese – in der Psychosentherapie ganz besonders wichtige – a priori schon vorhandene Gegenübertragung hat Benedetti gar einen neuen Terminus geschaffen, der deutlich machen soll, daß jetzt kein sekundäres, reaktives, sondern ein primäres, vom Analytiker angebotenes Gefühl für den Patienten erforderlich ist: die »Gegenidentifizierung« (Benedetti, 1976, S. 33). Erst durch den Umstand, daß sich der Analytiker mit dem Leiden des Schizophrenen »gegenidentifiziert«, daß er mit anderen Worten einspringt in dessen psychotisches Dilemma, wird es diesem möglich, sich wiederum mit dem Analytiker zu identifizieren und überhaupt eine Beziehung mit ihm einzugehen. Die Gegenübertragung ist also als erste da, auch dann schon, wenn der Patient innerlich noch weit weg ist und monatelang nur schweigt und den Analytiker mit aller Macht zu ignorieren versucht. Wenn diese »Gegenidentifizierung« stark und engagiert genug ist, gelingt es ihr, den psychotischen Patienten aus seiner radikalen Einsamkeit zu locken und ihn zu einer Beziehung zu verführen.

*Wen wundert es, daß die als optimal beschriebene Gegenübertragung in der Literatur der siebziger Jahre häufig stark mütterlich geprägt erscheint, da doch die Resultate der Mutter-Kind-Forschung den Anstoß gaben zu besagtem Umschlag von der Passivität zur Aktivität?* Seit die Mütter in der Psychoanalyse an Bedeutung gewonnen haben und eine Verschiebung des Interesses vom Ödipuskomplex hin zur prägenitalen Zwei-Personen-Psychologie erfolgt ist, seit nachgewiesen ist, daß die Empathie, die Zärtlichkeit, die Hilfs-Ich-Funktion, die psycho-physische Präsenz, das liebevolle Echo, die Zuverlässigkeit fundamental wichtige Eigenschaften der Mütter sind, sollen ihre Kinder später einmal Struktur und innere Stärke erlangen, seither verstehen sich auch viele Analytiker als hilfreiche, unterstützende Mütter im nachhinein. Und entsprechend häufig fallen im Zusammenhang mit der Gegenübertragung jetzt Worte wie »nähren«, »tragen«, »gratifizieren«, »lieben«, »beschützen«, »stillen«, »holding«, »handling«, »object-presenting« und »Mütterlichkeit«.[1]

Dieser neue Trend erscheint in den siebziger Jahren so ausgeprägt, daß Cremerius von einer eigentlichen Spaltung der Psychoanalyse in zwei Lager spricht. Auf der einen Seite siedelt er diejenigen Analytiker an, welche die Deutung nach wie vor für wichtiger als die Gegenübertragung erachten, welche sich als passive Resonanzkörper verstehen, die nur dann verhalten anklingen, wenn der Patient sie anschlägt. Hier handle es sich um die Vertreter der »*klassischen Einsichtstherapie oder paternistischen Vernunfttechnik*« (Cremerius, 1979 b, S. 577). Auf der anderen Seite stehen diejenigen Analytiker, welche für einen aktiveren Einsatz der Gegenübertragung plädieren und überzeugt sind, daß die emotionale Erfahrung, die der früh gestörte Patient an seinem ihn tragenden, liebevollen, mütterliche Funktionen anbietenden Therapeuten macht, mindestens so wichtig und häufig sogar wichtiger sei als die Deutungen, die er erhält. Es ist dies für Cremerius die »*mütterliche Liebestherapie*« (Cremerius, 1979 b, S. 595) oder die »*Therapie der emotionalen Erfahrung*« (Cremerius, 1979 b, S. 580).

In Teil IV will ich den »mütterlichen Liebestherapeuten«, mit einigen ihrer Eckpfeiler gerecht zu werden versuchen. *Allesamt erachten diese Autoren die mehr oder weniger deutlich gezeigte Hilfs-Ich-Funktion und spürbare Liebe des Therapeuten als ein fundamental wichtiges therapeutisches Agens. Sie sind daher – zumindest was die Einschätzung und den Einsatz dieser mütterlichen Gegenübertragung angeht – nicht Söhne Freuds, sondern direkte Nachfahren Ferenczis.* Der Hauptakzent wird jetzt auf die *exogenen* Ursachen bei der Entstehung psychischer Krankheit gelegt, vor allem auf das Versagen der Mütter in der Erfüllung spezifischer Aufgaben, und entsprechend fällt dem Analytiker die Funktion zu, das, was an Einfühlung, Unterstützung und Zuverlässigkeit gefehlt hat, im nachhinein noch nachzuliefern. Ferenczis »mütterliche Zärtlichkeit« gelangt in abgeschwächter Form zu neuen Ehren. Die folgenden, von Cremerius zusammengestellten Termini aus dem Umfeld der »mütterlichen Liebestherapie« lassen sich allesamt auf Ferenczi zurückführen:

»Ferenczis ›mütterliche Freundlichkeit‹, von Balint als ›primary love‹ theoretisch eingeholt, taucht bei Winnicott in vielen, fast ähnlichen Begriffen wieder auf: Er spricht von der ›ausreichend guten Umwelt‹ (1941), von ›primärer Mütterlichkeit‹ (1956) und von der ›Tragefunktion der Mutter‹ (1960). Ihm schließen sich Mahler mit dem Begriff der ›extrauterinen Matrix‹ (1952), Margaret Little mit ›basic unity‹ (1960), Masud Khan mit ›Schutzschild‹ (1963) an. Bion stellt den Begriff des ›containers‹ dem ›contained‹ gegenüber (1962; 1963). René Spitz fordert, daß die Antwort des Analytikers auf die

anaklitische Haltung des Patienten wie die der Mutter sein müsse, die dem Kind eine diatrophische und eine Hilfs-Ich-Funktion anbiete (1962). Zum Schluß zitiere ich noch Sascha Nachts Begriff der ›liebevollen Präsenz‹. Die Patienten, so sagt er, würden nur gesund, wenn sie diese Präsenz fühlen würden (1960; 1962).
Es ist nicht verwunderlich, daß wir bei diesen Vertretern einer neuen Technik auch die anderen Forderungen Ferenczis wiederfinden, so z. B. die nach einer aktiven Einflußnahme auf den analytischen Prozeß. In diesem Sinne fordert Winnicott, es sei Aufgabe des Analytikers, den Patienten ›to keep alive‹, ›to keep well‹, ›to keep awake‹ (1962, S. 166); Kohut fordert, der Analytiker müsse den Patienten die Empathie zur Verfügung stellen, die das mütterliche ›Selbst-Objekt‹ der Kindheit nicht gewährt habe (1977); Nacht fordert, die Beziehung zwischen Patient und Analytiker müsse ein Austausch konvergierender und komplementärer Impulse sein (1960), und Fürstenau spricht davon, daß der Analytiker in den sich isolierenden, sich abschirmenden Patienten libidinös eindringen müsse (1977).
Das diesen Autoren Gemeinsame ist die selbstverständliche Aufhebung der Spiegel-Passivitäts-Abstinenz-Haltung, die bis zu Ferenczis Pioniertat als offizielle Lehrmeinung galt und heute noch vielerorts gilt« (Cremerius, 1983, S. 1004 und 1005).

Pionierbedeutung für die Entwicklung der »mütterlichen Liebestherapie« mit ihrem so ganz anderen Ansatz, was die Beurteilung der Gegenübertragung angeht, kommt allerdings nicht nur Ferenczi, sondern auch Leuten wie Gertrud Schwing, John Rosen und Marguerite Sechehaye zu. Von diesen nicht nur von der Psychoanalyse her kommenden Vorläufern einer modernen Psychosentherapie (etwa derjenigen Benedettis) war bisher noch nicht die Rede gewesen, obwohl sie allesamt bereits in den vierziger Jahren völlig neue Wege gegangen waren und Bahnbrechendes geleistet hatten. Der enge Zusammenhang, der zwischen Benedettis Werk und den Arbeiten der genannten Autoren besteht, sollte auf keinen Fall zerrissen werden – zu viele hochinteressante Parallelen wären sonst verlorengegangen. Das Versäumnis soll im folgenden aber nachgeholt werden, und zwischen meinen Kapiteln über modernere Autoren aus dem Umfeld der »Liebestherapie« wie Nacht, Khan, Winnicott und Balint werden sich auch ein Porträt von Rosen und ein anderes von Sechehaye finden, direkt vor demjenigen Benedettis, dessen Ansatz eng mit ihrem Werk verbunden ist.

Man mag sich wundern, daß hier auch noch ausgiebig von Psychosentherapie die Rede sein soll – die »mütterliche Liebestherapie« wundert sich darüber nicht. Gerade ihr ist es ja zu verdanken, daß das Feld psychoanalytischer Technik enorm erweitert worden ist. Über diese »andere Gruppe« der Liebestherapeuten lesen wir bei Cremerius dies:

»Die andere Gruppe zeichnet sich dadurch aus, daß sie das Feld der psychoanalytischen Technik voller Elan erweitert: Sie bezieht den Bereich des Präverbalen in die Technik mit ein und vergrößert das Indikationsgebiet auf Psychosen, Borderline-Fälle, Suchten und Perversionen. Das hat zur Folge, daß neue Umgangsformen mit dem Kranken notwendig werden [...]« (Cremerius, 1979 b, S. 578).

## 2. Sacha NACHT:
## Auf der Suche nach einem neuen Standort
## zwischen Abstinenz und gratifizierender »Präsenz«

Eine der Lieblingsäußerungen des französischen Analytikers Sacha Nacht lautet so:

»Je pense souvent ce qui importe dans une psychanalyse ce n'est pas tant ce que l'analyste *dit* mais ce qu'il *est*« (Nacht, 1963, S. 174).

Dieser eine Satz, der sich in fast allen Büchern, Vorträgen und Aufsätzen Nachts in nur leicht variierter Form auffinden läßt, stellt gewissermaßen das psychoanalytische Credo dieses Autors dar und läßt tief blicken. Er verrät dem aufmerksamen Leser sogleich, daß er es hier keinesfalls mit einem linientreuen Orthodoxen aus dem Zentralmassiv zu tun haben kann. Wer die Worte und damit die Deutungen eines Analytikers so geringschätzt und das Sein, die Person und die Gegenübertragung für bedeutsamer hält, der ist ganz klar ein »Abweichler«.[2] Anni Reich beispielsweise hätte sich nie und nimmer zu einer derartigen Formulierung verstiegen, sieht sie doch allein in den Deutungen des Analytikers das eigentliche Movens einer Behandlung, die mit Fug und Recht den Namen Psychoanalyse tragen darf. Alles andere ist »nicht identisch mit psychoanalytischer Therapie als solcher«. Anni Reich hätte wohl genau umgekehrt geschrieben: Was der Analytiker deutet, ist wichtiger, als was er im Geheimen fühlt, denkt, ist. *Nicht so Sacha Nacht, dem die Stimmigkeit und Spürbarkeit des analytischen »Seins« wichtiger erscheint als alle Worte und noch so klugen Deutungen.*

In einem Vortrag, den Nacht 1961 auf dem Psychoanalytischen Kongreß in Edinburgh über die Heilungsfaktoren in der Psychoanalyse hält, bekennt er sich einmal mehr zu seinem Credo: Er behauptet, daß der wichtigste Heilungsfaktor »die Person« des Analytikers sei, insoweit ihr eine bestimmte, »tief verankerte innere Haltung« eigne. *Die Wirksamkeit jeglicher Deutung hänge von der Qualität der Übertragungsbeziehung und damit auch sehr stark von der Person des Analytikers und besagter innerer Haltung ab.* Besser, man gebe eine nur mittelmäßige Deutung und unterhalte dafür eine gute Übertragungsbeziehung mit seinem Patienten, als umgekehrt:

> »The very effectiveness of the interpretations depends on the quality of the transference relationship; it is of more value, from the curative point of view, to have a mediocre interpretation supported by a good transference than the reverse. *If the patient can discern behind the apparent and necessary attitude of ›benevolent neutrality‹, a genuine benevolence in the analyst,* then the interpretation and the progressive gaining of insight, which is indispensable to the progress of the treatment, will become possible and fruitful« (Hervorhebung von der Verf.) (Nacht, 1962, S. 208 und 209).

Auch an diesen Äußerungen zeigt sich ganz klar die nur senkundäre Bedeutung, die Nacht den Interpretationen des Analytikers im Vergleich mit der Gegenübertragung zumißt. Stimmt letztere und damit die Beziehung nicht, so wird die beste Deutung zur intellektuellen Fingerübung. Das hatten wir so auch schon gehört, und zwar von einem Wegbereiter der Moderne in der Phase des Dornröschenschlafs, von Leo Berman.

Die immer etwas bombastisch wirkenden Lobreden auf die Deutung und die Versicherungen, daß alle Prozesse des intellektuellen Begreifens beim Patienten von einschneidender Bedeutung für den therapeutischen Fortschritt seien, gibt es zwar auch im Werke Nachts. Aber es macht den Eindruck, daß Nacht hier bloße Alibiübungen vornimmt, damit ihn nicht der Bannfluch des Zentralmassivs treffen möge. Er kann es jedoch drehen und wenden wie er will, er verrät sich immer wieder, allein durch seine Wortwahl. Nachts geheime Liebe liegt woanders, nämlich eben bei der Gegenübertragung als *dem* therapeutischen Agens schlechthin.

Auffallend ist bei den »mütterlichen Liebestherapeuten« und Analytikern, welche die Gegenübertragung als den wichtigsten Heilungsfaktor überhaupt ansehen, immer wieder jenes schlechte Gewissen, an dem anscheinend auch Nacht leidet und das ihn das Prinzip Deutung lauthals hochloben läßt. Man fürchtet sich vor der neuen Freiheit, die man sich genommen hat, man fürchtet, von der Standardanalyse verstoßen zu werden, man muß daher andauernd klarstellen, daß man es natürlich nicht ausschließlich so meint, nicht mißverstanden werden möchte und größtmögliche Vorsicht walten lasse. *Die Furcht vor dem Bannfluch durch die »Rationalen« sitzt den »Emotionalen« fühlbar in den Knochen.* Man möchte vor den »Vernunfttherapeuten« offensichtlich nicht in einem allzu üblen, gefühlvollen Licht dastehen müssen und betont daher fleißig, wenn auch nicht immer sehr überzeugend, wie bedeutsam einem doch die mehr rationalen Seiten des therapeutischen Prozesses erscheinen. So wie es dem »enfant terrible« Ferenczi erging, dessen Spätwerk von der Psychoanalyse als der sentimentale Ausfluß eines abgebauten Psychoorganikers angesehen wurde, soll es einem nicht auch ergehen.

Man muß sich hier nur wundern, warum sich umgekehrt die »Rationalen« nicht auch andauernd für ihre Überschätzung der Ratio und ihren häufig erschreckenden Mangel an Gefühl, Wärme und Echtheit entschuldigen. Sie sind es, die im Bewußtsein, die Wahrheit zu besitzen, die »Liebestherapeuten« verurteilen, nicht umgekehrt. Sie haben den *wahren Glauben*, die anderen dienen nur falschen, sentimentalen, unanalytischen Götzen. Sie wissen sich der Unterstützung durch den Vater sicher, der schließlich spiegel- und chirurgengleiche Kinder wollte, die anderen gegenüber möglichst kühl, geizig und verschlossen sein sollten. Daß sich der Vater selber keineswegs an diese Vorschriften, die er einmal ausgegeben hatte, hielt, das unterschlagen sie. Und anscheinend schummeln auch die »Liebestherapeuten«, die sich als mißratene Kinder fühlen, wenn sie nicht zumindest auf dem Papier noch machen, was der Vater auf seinen Gesetzestafeln verordnet hatte. Sie tun zwar munter, was sie nicht lassen können, aber mit schlechtem Gewissen und vielen widersprüchlichen Aussagen in ihren theoretischen Schriften. *Die Mühe, die es kostete und noch immer kostet, sich vom Glauben an die alleinseligmachende Kraft der Spiegel-Passivitäts-Abstinenz-Haltung zu befreien, habe ich als Kandidatin am eigenen Leib erlebt: Der Kampf mit dem schlechten Gewissen beanspruchte Jahre und war mit ein Grund, diese Dissertation zu schreiben.* Der Druck, den die althergebrachten Wertvorstellungen auf uns ausüben, ist enorm. Nicht umsonst wählt Cremerius für alle jene Therapeuten aus dem Umfeld der »Liebestherapie« und der »Therapie der emotionalen Erfahrung« das vielsagende Wort »Dissidente« (Cremerius, 1982). *Wieder und wieder bekommt man es gesagt, analytisch ist, was »standardanalytisch« ist, das heißt: Analyse, wahre Analyse ist nur dort, wo es den Analytiker möglichst nicht gibt und dafür eine »spontan« sich entfaltende Übertragung des Patienten auf eine Projektionsleinwand. Balint und all die anderen können uns lange überzeugend vor Augen führen, daß es diese spontan sich entfaltende Übertragung gar nicht geben kann, daß sie immer ein reaktives Kunstprodukt darstellt und also auch die Sache mit der nackten Projektionsleinwand nur auf dem Papier existiert: das schlechte Gewissen bleibt, die Idealisierungen sind zu mächtig.* Über dieses schlechte Gewissen läßt sich auch Thomä aus, ein Mann, der es geschafft hat, seinen eigenen Weg zu gehen, der sich im besten Sinne des Wortes emanzipiert hat:

> »Obwohl aus Freuds behandlungstechnischen Empfehlungen festgeschriebene Regeln geworden waren, ergaben sich bei ähnlichen Krankheitsbildern recht vielgestaltige Übertragungen, die sich nach Form und Inhalt und auch nach der Schulzugehörigkeit des behandelnden Psychoanalytikers unterschieden. Die beunruhigende Vermutung, daß diese Vielfalt vor allem mit unterschiedlichen Handhabungen der technischen Regeln [...] zu tun haben könnte, war Teil der damaligen ›Desorientiertheit‹. *Die Krise wurde reaktiv durch die Idealbildung der klassischen Technik überwunden, die in ihrer heutigen streng neoklassischen Stilform (Stone, 1961) neben der Kleinianischen Technik schulbildend geworden ist. Von den Idealisierungen ging eine normierende Kraft aus, die sich auch am schlechten Gewissen von Psychoanalytikern ablesen läßt, wenn sie durch Variationen und Modifikationen von der Standardtechnik abweichen. Wenn nur die klassischen Regeln eingehalten werden, entwickelt sich die Übertragung spontan, und der Einfluß des Analytikers beschränkt sich auf ihre interpretative Bearbeitung mit dem Ziel ihrer Auflösung – so will es die Theorie der Standardtechnik.* Und wie sieht die Realität aus? Die ›persönliche Gleichung‹, die Gestaltung der Atmosphäre, das Verhältnis von Reden und Schweigen, die Flexibilität in der Handhabung von Regeln, die Gegenübertragung, die Inhalte von Deutungen und ihr theoretischer Hintergrund beeinflussen den Patienten und seine Übertragung von Anfang an« (Hervorhebungen von der Verf.) (Thomä, 1984, S. 30).

Aber kommen wir zurück zu Sacha Nacht: Wie bloße Lippenbekenntnisse wirken auch seine immer etwas zu wortreichen Erklärungen hinsichtlich der Wichtigkeit der frustrierenden Neutralitätshaltung. Er scheint einem ihre Bedeutung so auffallend bemüht einhämmern zu wollen, daß unweigerlich der Eindruck entsteht, er wolle etwas anderes verbergen, es müsse da etwas in Schach gehalten werden. Ich habe in der Tat den Eindruck, daß Nacht einen Damm gegen sein ursprüngliches Reparations- und Gratifikations-Bedürfnis zu errichten versucht und sich dem Leser in einem Lichte zeigen möchte, das noch wahre Psychoanalyse, sprich Standardanalyse ist. Aber der geneigte Leser merkt allen Beteuerungen von der Wichtigkeit der Neutralitätshaltung zum Trotz etwas, um so mehr, als Nacht gleichzeitig auch ein Autor ist, der jede Menge Argumente gegen die Neutralität zusammengetragen hat und dabei auffallend fündig geworden ist. Außerdem schreibt er dort, wo er mit dem nicht-neutralen, auch als reale Person vorhandenen und manchmal gratifizierenden Analytiker befaßt ist, regelmäßig viel ansprechender und lebendiger, so daß der Leser unweigerlich spürt: jetzt ist er bei seinem eigentlichen Anliegen.

Aber ich will nicht bei solchen Auslegungen und solchem Hineininterpretieren zwischen die Zeilen stehenbleiben, mich nicht einfach nur auf die Beschreibung des generellen, unterschwelligen Eindrucks beschränken, den die Lektüre der Nachtschen Schriften in mir hinterlassen hat, den Eindruck nämlich, daß Nacht ungeachtet aller gegenteiligen und relativierenden Beteuerungen eben doch in erster Linie dem Lager der »mütterlichen Liebestherapeuten« zugehört, in welche Kategorie ihn übrigens auch Cremerius ohne weiteres einordnet (Cremerius, 1979 b). Der Gerechtigkeit halber sollen, fürs erste zumindest, alle Hintergedanken dieser Art beiseite geschoben werden. Statt dessen soll kurz resümiert werden, was Nacht *auf* statt zwischen seinen Zeilen über die Bedeutung der Neutralitätshaltung, des Prinzips Deutung und aller Prozesse der Bewußtwerdung geäußert hat. Anschließend soll es dann um den »wahren« Sacha Nacht gehen, der die liebevolle Gegenübertragung des Analytikers als die wichtigste therapeutische Kraft ansieht.

Nacht selber versteht sich wie gesagt keineswegs als ein Mann aus dem Lager der »Therapie der emotionalen Erfahrung« oder der »mütterlichen Liebestherapie« im Sinne von Cremerius. Er sieht sich eher als liberaler Klassiker, der die überlieferten Regeln einfach etwas elastischer handhabt als allgemein üblich. Wie schon Freud tritt er dafür ein, daß der Patient – zumindest in einer ersten Phase der Behandlung – gründlich frustriert werde, weil allein die aufgrund der Abstinenz und Neutralität des Arztes entstehende Frustration den Patienten in die erforderliche Regression zu treiben vermöge. Bedeutsam scheint Nacht die Haltung der Neutralität in dieser ersten Phase der Behandlung aber auch deshalb zu sein, weil sie garantiere, daß die Übertragungsneurose keine allzu exzessiven Formen annehmen könne. Außerdem gilt: Der Patient wird nur dann am Gewinnen von Einsicht, an den Deutungen, die ihm gegeben werden, interessiert sein, wenn er leidet. Hat er es von allem Anfang an bereits »schön« in der Behandlung, stehen ihm infantile Befriedigungen zur Verfügung, dann wird ihn nichts und niemand auf der Welt dazu bewegen können, diesen befriedigenden Zustand aufzugeben und Veränderungen in Angriff zu nehmen. Aus allen diesen Gründen verlangt Nacht reichlich schematisch, daß jeglicher Patient, handle es sich nun um einen ich-starken Übertragungsneurotiker oder aber um einen schwerer Gestörten, der an Deformationen der Ich-Funktionen leidet, zu Beginn der Behandlung auf einen rein versagenden Analytiker treffen müsse, wie Freud dies gefordert habe. Das folgende Zitat macht dies deutlich und zeigt außerdem, daß Nacht sich intensiv bemüht, eine klare Grenzlinie zwischen dem bei der Standardanalyse verpönten Alexander und sich selber zu ziehen (vermutlich vor allem deshalb, weil viele seiner Gedanken denjenigen Alexanders auffallend nahe kommen, worauf ich unten noch zu sprechen kommen werde):

»La responsabilité du thérapeute se trouve engagée du fait que c'est de son attitude que dépend en définitive d'abord l'utile éclosion du transfert, puis son évolution vers le sommet qu'elle doit atteindre, et enfin la possibilité de résoudre la névrose de transfert. C'est pourquoi il me paraît indispensable de respecter dès le départ l'attitude de neutralité prescrite à l'analyste, comme chacun sait, par la technique classique. Cette attitude doit être comme une surface lisse n'offrant aucune prise à un transfert excessif, contrairement à ce que préconise Alexander, pour qui le contre-transfert aurait un rôle *actif* à jouer dès le début du traitement« (Nacht, 1963, S. 70 und 71).

Und als letztes Argument für die Unerläßlichkeit der reinen Neutralitätshaltung am Anfang der Behandlung nennt Nacht dieses: Patienten, die von ihren Therapeuten zu rasch zu viel erhalten, und zwar zu einem Zeitpunkt, zu dem ihre aggressiven Konflikte noch nicht genügend durchgearbeitet sind, werden durch eine verfrühte Gratifikationshaltung unweigerlich tiefer in Schuldgefühle verstrickt.

Nacht ist also, verzichtet man auf ein Lesen zwischen den Zeilen, keiner jener Analytiker, welche die Neutralitäts- und Spiegelhaltung in Bausch und Bogen als »unmenschlich« oder »gottähnlich« verurteilen und sie als den Erzfeind jeglichen gesunden, analytischen Klimas ansehen. Im Gegenteil, so schreibt er, um die Neutralitätshaltung komme man in der ersten Phase von Behandlungen nicht herum, wolle man sich mit seinen Patienten nicht in einem unentwirrbaren Übertragungs-Gegenübertragungs-Knoten verstricken und eine so intensive Übertragungsneurose heraufbeschwören, daß es einem dabei so ergehen müsse wie dem Zauberlehrling mit seinen Geistern.

Allerdings habe, so fügt Nacht gleich einschränkend bei, auch die Neutralitäts- und Abstinenzhaltung ihre Tücken. Sie darf deshalb niemals stur wie ein ehernes Gesetz angewendet werden: Masochistische Patienten beispielsweise können jede Menge infantiler, masochistischer Befriedigungen aus einer Situation ziehen, in der sie einem rigoros neutralen und frustrierenden Analytiker gegenüberstehen (Nacht, 1963, S. 171). Sadistischen Analytikern liefert die therapeutische Forderung nach vollkommener Neutralität des Analytikers eine willkommene Rationalisierung, die sie von der Notwendigkeit entbindet, sich dem Ausmaß ihres Sadismus wirklich zu stellen (Nacht, 1963, S. 173). Überdies liefert der immer nur neutrale Analytiker solchen Patienten eine ebenso gern gesehene, aber therapeutisch gänzlich unfruchtbare Möglichkeit, ein wehrloses Gegenüber beliebig traktieren zu können (Nacht, 1963, S. 173).

Die größte Schwäche der Neutralitätshaltung aber liegt nach Nacht darin, daß sie, hält man zu lange an ihr fest, zu einer gefährlichen Art von »Routine« werden kann, welche es dem Patienten erlaubt, es sich in seiner Übertragungsneurose gemütlich einzurichten und einen regressiven Mißbrauch von Deutungen zu machen, um der realen Konfrontation mit dem Analytiker als Realitätsobjekt auszuweichen (Nacht, 1967, S. 159 und 160). Deshalb tritt Nacht entschieden dafür ein, daß die erste, von Neutralität geprägte Behandlungsphase von einer zweiten gefolgt werde, in welcher der Analytiker das genaue Gegenteil eines bloßen Spiegels zu sein habe. In ihr sollte die Neutralität über Bord geworfen werden und der Analytiker sich dem Patienten als der, der er tatsächlich ist, enthüllen.

Nun wird die Gegenübertragung zu einer bewegenden Kraft in der Behandlung. Der in seiner infantilen Welt des Mythos und der Übertragung gefangene Patient wird dank einer echten Begegnung mit einem realen Menschen in die aktuelle Wirklichkeit geführt – die Gegenübertragung wird zum eigentlichen Katalysator dieses Prozesses:

»Enfin, plus immédiatement, pour que le malade puisse faire face à la réalité et se mesurer avec elle, il faut que l'analyste s'intègre dans cette réalité vivante, qu'il cesse d'être une image où le malade retrouve seulement et toujours ces propres projections. Il n'est plus un demi-dieu ou un sorcier. Il n'est pas davantage une rampe d'appui: il est un homme parmi d'autres hommes. Voilà la découverte capitale que devra faire un jour le malade [...]« (Nacht, 1950, S. 159).

Nacht hat einen besonderen Terminus geschaffen, um diese neue Haltung des Analytikers, dieses vermehrte Sich-Einbringen mit der Gegenübertragung, zu charakterisieren: »*la présence*«, die »Präsenz«, oder das Vorhandensein des Analytikers. Nacht hat diesem Terminus und dieser Haltung nicht nur ein ganzes Buch mit dem Titel »De la présence du psychanalyste« gewidmet, sondern er befaßt sich auch in vielen seiner anderen Werke, Vorträge und Aufsätze damit.

Eine Fülle an Material steht mir also zur Verfügung, wenn ich mich jetzt daran machen will, genauer zu definieren, was Nacht unter dieser »Präsenz« des Analytikers verstanden haben will. Dennoch ist dieses Unterfangen alles andere als ein Kinderspiel und es hat mir wochenlang Kopfzerbrechen bereitet, denn: *Nacht widerspricht sich bei seinen Beschreibungsversuchen des Phänomens der »Präsenz« wieder und wieder, und zwar nicht nur, was marginale Fragen angeht, sondern in der Essenz*

der Sache. Die »Präsenz« wurde mir dadurch zu einem schillernden, alles andere als präsenten Gebilde, das mir einmal mehr zu verdeutlichen schien, wie unklar sich doch dieser Autor selber über seinen Standort im Felde Gratifikation, Liebestherapie und versagender Standardanalyse doch eigentlich ist. Sehen wir uns diese Widersprüche näher an:
1963 schreibt Nacht explizit und in warnenden Worten, daß seine Ausführungen über die neue Haltung der »Präsenz« keinesfalls dahingehend mißverstanden werden dürften, daß er einer simplen und reinen Gratifikationshaltung das Wort gesprochen habe:

> »Je pense m'être expliqué assez clairement pour ne pas avoir pu faire croire que l'attitude de stricte neutralité et le climat de frustration qui l'accompagne devraient, à un certain moment de l'analyse, être remplacés par une attitude de gratification pure et simple« (Nacht, 1963, S. 76).

Sein Anliegen sei es einzig – sehe man einmal vom Umgang mit jenen wenigen, stark deprivierten Patienten ab, deren Reparationsbedürfnisse tatsächlich befriedigt werden müßten – mit der Haltung der »Präsenz« mehr Realität zu stiften, um den Patienten aus der Welt der Mythen herauszuholen. »Präsenz« und Gratifizieren, das sei zweierlei.

So weit, so gut. Im selben Jahre aber und sogar im selben Buch, in welchem Nacht diese Klarstellung formuliert hat, erhält die »Präsenz« aufs Mal ein verräterisches Adjektiv beigesellt, und aus der »présence« wird auf Seite 201 doch tatsächlich und ohne alle weitere Erläuterung die »*présence gratifiante*«. Nacht hat, das geht aus dem Text deutlich hervor, hier aber keineswegs seine einzig für schwer Deprivierte vorgesehene Gratifikationshaltung vor Augen, sondern er versucht zusammenzufassen, was er bisher über die »Präsenz« geäußert habe. Ohne weitere Begründung und irgendein Gespür dafür, wie sehr er sich doch selber widerspricht, heißt es jetzt, daß in einer Psychoanalyse die anfängliche Neutralitätshaltung nach einiger Zeit von einer Haltung der »gratifizierenden Präsenz« abgelöst werden müsse, womit unter anderem auf das Verlängern einzelner Sitzungen und ermunternde Worte des Analytikers angespielt wird:

> »La névrose de transfert, à mon avis, doit seulement marquer l'acmé du processus thérapeutique et ne durer qu'un temps aussi court que possible, sous peine d'embourber le traitement dans des chemins inextricables. Si l'on veut éviter cet écueil, qui équivaut à un échec, il me paraît nécessaire, le moment venu, de remplacer insensiblement l'attitude classique de neutralité par une attitude que je qualifierai de *présence gratifiante*, dans laquelle le malade perçoit une attitude toute intérieure de disponibilité et d'ouverture attentive. A

la faveur d'un tel climat, il suffit d'une parole d'encouragement [...] ou encore la prolongation de la séance habituelle ne serait-ce que durant quelques minutes [...]« (Nacht, 1963, S. 201).

Soll der »präsente« Analytiker in einer zweiten Phase der Behandlung nun gratifizierend wirken? Oder darf er dies gerade nicht? Nacht bleibt uns eine eindeutige Antwort schuldig. Er behauptet einmal dies, und ein paar Seiten weiter das genaue Gegenteil. Er läßt seine Linke nicht wissen, was seine Rechte tut. Sein von den Klassikern und Neo-Klassikern geformtes analytisches Gewissen scheint ihm das Gratifizieren zu verwehren, mit seinem unbewußten Bedürfnis tendiert er anscheinend dennoch dazu. Anders läßt es sich nicht erklären, daß Nacht ungeachtet aller gegenteiligen Erläuterungen (vgl. die oben zitierten Stelle) ohne weiteres von der »gratifizierenden Präsenz« reden kann, *1967 außerdem die »Präsenz« als eine Haltung authentischer »Liebe und Güte«* (Nacht, 1967, S. 161 und 162) *definiert und andernorts gar notiert, der Patient müsse an seinem Analytiker – über dessen »Präsenz-Haltung« – eine »korrigierende, dekonditionierende« Erfahrung machen können und habe von ihm das zu erhalten, was er in früher Kindheit entbehren mußte, nämlich Liebe:*

»[...] le malade doit percevoir dans cette ›présence‹ une disponibilité constante et un accueil inconditionnel, une patience illimitée et une capacité de *don*, résumant pour lui cet amour dont il se sent sevré depuis l'enfance et dont il a besoin pour apprendre à vivre« (Nacht, 1963, S. 3).

Meine eingangs ausgesprochenen »Verdächtigungen«, mein Zwischen-den-Zeilen-Lesen und Behaupten, Nacht habe sein Herz im Grunde genommen an das Gratifizieren, nicht aber an das Neutralsein verloren, obwohl er die klassischen Technikregeln manchmal so übermäßig hoch lobt, finden in dem angeführten Zitat eine Bestätigung, die für sich spricht. *Im Grunde genommen geht Nacht weit über Alexander hinaus, der das Schenken von »Entschädigungs-Liebe« keineswegs bei allen Patienten für angebracht hielt, obwohl der Ausdruck der »korrigierenden, emotionalen Erfahrung« vielfach fälschlich so ausgelegt wird.* Alexander schlug nie – wie Nacht im obigen Zitat – vor, jeglichen Patienten mit Gratifikationen zu versehen, da er nicht davon ausgehen mochte, daß alle Patienten zu wenig geliebt worden seien (was er auch mit überzeugenden Fallbeispielen belegte). *Alexander verlangte einzig, Patienten müßten an ihren Analytikern eine »komplementäre Erfahrung« zu derjenigen von einst machen können.* Das kann für Alexander aber durchaus auch heißen, daß endlich einmal Anforderungen an einen übermäßig verwöhnten Patienten gestellt werden, daß es

Grenzen gibt, dort, wo es keine Grenzen gab. Nacht hingegen ist anscheinend der Auffassung, daß die optimale Gegenübertragungs-Einstellung inhaltlich ein für alle Mal festgelegt werden kann, und verlangt schematisch, daß erst versagt und nachher geliebt werde – und dies völlig unabhängig von der Problematik und Vorgeschichte, von der Struktur und Psychopathologie des Patienten. Wahrlich eine simple Theorie der Technik.

Was hat uns Nacht sonst noch über die »Präsenz« zu sagen? Der Analytiker müsse, so schreibt er, in der zweiten, der synthetischen Phase der Behandlung, in welcher die Neutralitäts- und Spiegelhaltung abzulegen sei, damit beginnen, voll zu tönen oder »sonner plein«, wie es in seinen Worten heißt (Nacht, 1967, S. 161 und 162).[3] Jetzt gilt es, sich in all seiner menschlichen Realität ins Spiel zu bringen. Allfällige Projektionen, die der Patient noch am Analytiker festmachen möchte, müssen nunmehr klar zurückgewiesen werden. Mit der phantastischen Welt des Patienten darf sich der Analytiker nun nicht länger mehr solidarisch erklären (Nacht, 1967, S. 163 und 164). Der Patient muß erleben können, daß sein Analytiker dazu imstande ist, unmißverständlich »ja« zu sagen und entsprechend auch eindeutig »nein« (Nacht, 1950, S. 159). In der zweiten Phase der Behandlung wird der Analytiker beispielsweise Assoziationen, die als analytisches Material erschöpft sind, mit denen der an der Aufrechterhaltung des Status quo interessierte Patient sich aber gerne noch ein Weilchen weiterbeschäftigen möchte, ohne weiteres zurückweisen und dazu als reale Person »nein« sagen (Nacht, 1950, S. 159). Der Analytiker muß dem Patienten jetzt die Möglichkeit geben, sich ihm entgegenzustellen, sich mit ihm zu messen und mit ihm zu ringen, indem er real und greifbar wird (Nacht, 1963, S. 169). Man frage mich nicht, wie das mit einer Haltung »unbegrenzter Geduld« und »konstanter Verfügbarkeit«, die Nacht eben noch beschworen hat, zusammengehen soll. Ich weiß es nicht.

An dieser Stelle drängt sich ein Vergleich mit Little auf. Auch sie nahm sich die Freiheit heraus, ihren Patienten ein rechtes Stück weit klarzumachen, wer sie wirklich war, was ihr paßte und was nicht, was sie ärgerte und was sie langweilte. Nur, Little schlug ihre Modifikationen der Standard-Technik vor allem für den Umgang mit Patienten vor, die an schweren Realitätsdefiziten litten und die Wirklichkeit des Analytikers wie einen Leuchtturm im Meer ihrer wahnhaften Überzeugungen benötigten, um sich orientieren und »anlanden« zu können. *Bei Nacht dagegen wird solches Realsein (und damit die Verweigerung der Rollenübernahme als Fantasieobjekt oder Spiegel) in der Schlußphase der Behandlung für den Umgang mit allen Patienten, auch mit bloßen Übertragungsneurotikern, empfohlen.* Nur dank solchem »Real- oder Präsentsein« des Analytikers könne dem Patienten der Weg fort vom Behandler als eines Übertragungsobjekts gewiesen werden, nur so lerne der Patient erkennen, daß der Therapeut nicht mehr länger jenen »Brutkasten« verkörpere, der er während der Phase der Neutralität gewesen sei (Nacht, 1950, S. 160).

Erneut ist der Leser verwirrt, wenn er diese Gedanken mit Nachts anderen Äußerungen über die »Präsenz« und über die Neutralität vergleicht. Nacht verstrickt sich in immer unentwirrbarere Widersprüche. Hieß es vorher, die Neutralitätsphase des Anfangs habe konsequent versagend und frustrierend zu sein, so heißt es nun plötzlich, die Neutralitätshaltung des Analytikers sei einem »Brutkasten« vergleichbar: Versagen und Frustrieren auf der einen und »Bebrüten« auf der anderen Seite, das sind aber doch grundverschiedene Dinge. Nacht wirft alles unterschiedslos durcheinander. Auch die Sache mit der »Präsenz« wird immer verworrener: Eben noch wurde die »Präsenz« als Haltung »authentischer Liebe und Güte« charakterisiert, eine Haltung, die den Patienten dafür entschädigen solle, daß er als Kind zu wenig geliebt worden sei, plötzlich aber heißt es, Präsentsein, das bedeute die standhafte Weigerung des Analytikers, noch weiter einen »Brutkasten« für den Patienten darzustellen. *Auf welche dieser Aussagen soll man als Leser nun abstellen? Ist die Verwirrung, die im Leser entsteht, vielleicht ein Abbild der inneren Zerrissenheit in Sacha Nacht selber? Ist sich dieser Autor selber nicht klar darüber, ob er es nun mit dem Versagen oder mit dem Reparieren halten soll?* Oder genauer gefragt: Wagt er es nicht, zu dem, was ihn eigentlich anspricht, voll zu stehen, aus Angst vor dem Bannfluch durch das Zentralmassiv? Ich werde diesen Eindruck nicht los.

Vollends chaotisch wird die Situation, wenn Nacht neben der Neutralitäts- und der Präsenzhaltung noch eine dritte Kategorie einzuführen versucht, die seiner Auffassung nach von den beiden erstgenannten völlig verschieden ist: Es handelt sich um die schon erwähnte *»Gratifikationshaltung«,* die einzig für den Umgang mit schwer deprivierten Patienten, welche infolge massiver Traumata an Ich-Deformationen leiden, reserviert bleiben soll. Hier muß der Analytiker jenes »gute Objekt« sein, dessen sich diese Patienten in ihrer Kindheit beraubt sahen. Er hat deren »unabweisbares Bedürfnis nach einem Reparationsgeschenk« zu stillen (Nacht, 1958, S. 271). Der gratifizierende Analytiker sei einer, dem eine »tiefe authentische Haltung des Schenkens« eigne, der intensives Mitleid für den Patienten – auch für den hassenden – verspüre (Nacht, 1963, S. 172), der »viel authentische Güte« besitze, die so unerschöpflich sei, wie die eines absolut guten, mütterlichen Objekts. Liebevolle Worte oder andere Manifestationen seines Engagements benützt der gratifizierende Analytiker zur Übermittlung seiner Güte jedoch nie, derlei wäre sogar ausgesprochen schädlich (Nacht, 1967, S. 164). Andernorts heißt es dann allerdings – ein Widerspruch mehr, auf den ich nur im Vorbeigehen hinweisen will –, daß der gratifizierende Analytiker beispielsweise die Stundenzahl vergrößern und die normale Sitzungszeit überschreiten solle, um so dem Patienten das Gefühl zu verleihen, »mehr« zu bekommen (Nacht, 1963, S. 77 und 78).

Vergleicht man hier einige der schon dargestellten Äußerungen über die »gratifizierende Präsenz« und jene – vermeintlich so ganz anderen – über die »Gratifikationshaltung«, dann will es einem beim besten Willen nicht mehr gelingen, Unterschiede zu sehen. Nacht scheut sich nicht, identische Formulierungen zur Charakterisierung sowohl der einen wie der anderen Haltung zu verwenden, besteht aber immer weiter darauf, daß die »Präsenz« auf der einen und die »Gratifikationshaltung« auf der andern Seite zwei grundverschiedene Weisen, Patienten zu begegnen, seien. Was soll man da noch sagen?

Das Tüpfelchen aufs i im Chaos sich widersprechender Begriffe setzt Nacht mit seinem »*Unions-Konzept*«, das mir stark gratifizierend zu sein scheint, von Nacht aber keineswegs unter dem Stichwort der Gratifikation abgehandelt wird. Weil es nach seiner Auffassung mit Gratifikationen nichts zu schaffen hat, empfiehlt er es für den Umgang mit *allen* Patienten, selbst mit Übertragungsneurotikern. Nacht legt seinem »Unions-Konzept« folgende Annahme zugrunde: Jeder Mensch trage zwei basale Bedürfnisse in sich, eines nach Separation und ein anderes nach Union, will sagen, nach völliger Verschmelzung mit einem Gegenüber. Der gute Analytiker habe beiden dieser Grundbedürfnisse gerecht zu werden. Das Erlebnis des Getrenntseins vermittle der Analytiker via *verbale Kommunikation* mit dem Analysanden, das Erlebnis des unterschiedslosen Einsseins mittels *nonverbaler »Kommunion«*, in der es kein »Ich« und kein »Du«, sondern nur noch »Wir« gibt. »Kommunion« findet immer im gemeinsamen Schweigen statt, aber nicht immer, wenn geschwiegen wird, bedeutet dies auch automatisch Kommunion. Es braucht eine besondere Gegenübertragung des Analytikers, damit dieses Schweigen nicht einfach nur als Abwesenheit von Worten oder aber als Widerstand erlebt wird, sondern zu einem gemeinsamen, Verschmelzung stiftenden Erlebnis zwischen Patient und Therapeut werden kann. Diese Gegenübertragung ist zärtlicher, mütterlicher Natur, und der Patient fühlt sich deshalb im Falle von »Kommunion« in den Mutterschoß zurückversetzt. *Immer dann, wenn ein Patient erklärt, nun wisse er nichts mehr zu reden, hört Nacht das Bedürfnis nach Kommunion heraus, und er deutet dann nicht das Vorhandensein von*

*Widerstand, sondern begibt sich zusammen mit dem Patienten in ein verschmelzendes Schweigen hinein.*
Nachts starkes Gratifikations- und Unions-Bedürfnis schimmert, so meine ich, einmal mehr klar durch, wenn er uns in schwärmerischen Worten schildert, was bei Aufhebung der Subjekt-Objekt-Spaltung geschieht. Einen Patienten zitierend, der eben an der »Brust des Schweigens« (Nacht, 1963, S. 194) gelegen hatte, schreibt Nacht, verzückt wie ein Mystiker, der um das Geheimnis der unio mystica weiß, folgendes:

> »Il arrive, en effet, que l'être se sente alors *un* avec le monde et comme confondu dans un tout où s'effacent les limitations inhérentes à la condition humaine. Il ne désire alors plus rien, ne poursuit plus rien, mais vit l'intense joie d'être.
> Si certains d'entre vous ne voient ici que des spéculations métaphysiques étrangères à la psychanalyse proprement dite, je leur raconterai ce que m'a dit un jour un de mes malades à qui la métaphysique était cependant totalement étrangère: après être resté silencieux pendant la plus grand partie de la séance, il me dit: ›Je n'ai pas parlé aujourd'hui [...] je m'étais laissé aller, dans ce silence, à quelque chose d'infiniment bon, de réparateur, comme si j'avais plongé dans un bain chaud, délicieux. Vous sentir là, dans ce silence, était pour moi un grand bien-être [...]‹ Le sens symbolique de cette plongée dans un bain chaud, et la délectation éprouvée dans ce silence n'ont pas besoin, je pense, de vous être expliqués. Mais au-delà de ce retour inconscient au giron maternel, m'apparaissait une autre signification plus vaste: celle du retour à un état d'union originel, inconditionné, informel.
> Une autre de mes malades, après un long silence marquant le début de la séance – silence vécu en parfaite tranquillité – regarda le ciel à travers la fenêtre qu'elle avait sous les yeux et me dit: ›Je me sens comme unie au ciel et au soleil, fondue dans le Cosmos‹« (Nacht, 1963, S. 194 und 195).

Damit man mich richtig versteht: Ich zweifle nicht daran, daß diese wunderbare Ruhe und Geborgenheit in der Symbiose ohne alle Übergriffe und Forderungen, die Nacht seinen Patienten anscheinend vermitteln konnte, zumindest für einige der prägenital Gestörten unter ihnen, von großem therapeutischem Wert waren. Ein Patient, der in seiner Säuglingszeit niemals erfahren konnte, was es heißt, »gehalten« zu werden (Winnicott), der statt dessen nur unempathische Übergriffe oder die Abwesenheit von Zärtlichkeit erfuhr, wird, wenn er es endlich wagt, sich der Intimität, Passivität und dem Einssein zu überlassen, eine derartige nonverbale »Union« mit seinem Analytiker als etwas unendlich Gutes, Neues, noch nie Dagewesenes erfahren. Auch die Nachtschen Ausführungen über die Wichtigkeit spürbarer Liebe und Güte beim Analytiker und vor allem seine Auffassung, daß das Sein oder die Gegenübertragung des Analytikers letztlich bedeutsamer seien als die Deutungen, scheinen mir von großer Tragweite zu sein, und zwar um so mehr, je eher wir eine »Grundstörung« (Balint) vorliegen haben. Mulmig wird mir bei der Lektüre der Schriften von Nacht bloß deshalb, weil er es nicht wagt, seine Karten offen auf den Tisch zu legen und dazu zu stehen, daß er den Freudschen Chirurgen und Spiegel meilenweit hinter sich gelassen hat, auch, wo er es mit recht tragfähigen Übertragungsneurotikern zu tun hat. Sein Mangel an Zivilcourage hat ein theoretisches Chaos im Schlepptau. Das »Unions«-Konzept ist nun mal ein gratifizierendes Konzept, man mag es drehen und wenden, wie man will. Der oben von Nacht zitierte Patient sah dies klarer als sein Analytiker, als er zu bemerken beliebte, das gemeinsame Schweigen sei *»quelque chose d'infiniment bon, de réparateur«* (Nacht, 1963, S. 194) gewesen.

Sacha Nacht ist fraglos ein »mütterlicher Liebestherapeut«, sogar, wie mir scheinen will, ein recht extremer, weil er die Sache mit der »Kommunion« und der »Union« auch für Analysen mit bloßen Übertragungsneurotikern empfiehlt leider, ohne daß er sich über die »Überfülle seines weichen Herzens« (Freud) klar geworden wäre. *Dauernd will er dem Leser und sich selber einreden, daß er von den orthodoxen Positionen des »Zentralmassivs« so weit doch gar nicht entfernt sei –, und genau dies macht seine Schriften so verwirrend, so unklar. Wo das Gratifizieren und das Reparieren aber nicht aus vollem Bewußtsein, sondern aus einem unbewußten Bedürfnis des Analytikers heraus geschieht, und dann immer wieder geleugnet wird, ist automatisch die Gefahr gegeben, daß der Patient zur Befriedigung eigener Bedürfnisse mißbraucht wird.* Ella Sharpe lehrte uns, daß die *unbewußte Gegenübertragung in aller Regel gefährlich* sei, auch eine noch so liebevolle. Gitelson und Searles (1981, S. 71 ff.) haben deutlich genug gezeigt, was sich alles hinter einer vordergründig nur als mütterlich-zärtlich und »authentisch« gütig imponierenden Gegenübertragung verbergen kann: Abwehr des eigenen Sadismus beim Analytiker, der Wunsch, den Patienten abhängig zu halten, narzißtische Identifikationen, eine geheime Verliebtheit beim Analytiker, oder auch die Angst, vom Patienten attackiert zu werden. Vorsicht ist also geboten. Der Gefahr, tatsächlich auf eine solch unlautere Weise zu »lieben«, entgeht der Analytiker nur, wenn er sich über seine penetrante Vorliebe für eine Haltung »authentischer Liebe und Güte« sowie über seine dauernden »Unions- und Kommunions«-Angebote genauso sorgfältig Rechenschaft ablegt wie über seine Aggressionen Patienten gegenüber. Wie sagte doch Ferenczi schon 1929:

>»Ich bin mir natürlich auch der gesteigerten Anforderungen bewußt, die diese doppelte Einstellung der Versagung und Gewährung an die Kontrolle der

Gegenübertragung und des Gegenwiderstandes durch den Analytiker selbst stellt. Unvollkommen beherrschte Instinkte pflegen auch ernste Lehrer und Eltern in beiden Hinsichten zu Übertreibungen zu verleiten. Nichts ist leichter, als unter dem Deckmantel der Versagungsforderungen an Patienten und Kinder den eigenen uneingestandenen sadistischen Neigungen zu frönen, aber auch übertriebene Formen und Quantitäten der Zärtlichkeit Kindern und Patienten gegenüber mögen mehr den eigenen, vielleicht unbewußten libidinösen Strebungen als dem Wohle des Pflegebefohlenen zugute kommen. Meine oft und eindringlich geäußerte Ansicht über die Notwendigkeit einer bis in die tiefsten Tiefen reichenden, zur Beherrschung der eigenen Charaktereigenschaften befähigenden Analyse des Analytikers gewinnt unter diesen neuen schwierigen Verhältnissen eine womöglich noch triftigere Begründung« (Ferenczi, 1939 a, S. 488).

## 3. Donald W. WINNICOTT und Masud KHAN: Die Gegenübertragung wird somatisch. Sie ist der warme Mutterleib, der den Patienten trägt

Ich habe es schon mehrfach angedeutet: Es sind vor allem die Ergebnisse der Mutter-Kind-Forschung sowie die Weiterentwicklung der Lehre von den Objektbeziehungen, welche der Gegenübertragung der Analytiker im Umgang mit prägenital gestörten Patienten eine neue Stütz-, Ergänzungs- und Tragefunktion nahegelegt haben. Ganz besonders differenziert ausgebildet findet sich diese »mütterliche Funktion« bei Winnicott und seinem Schüler Khan, da Winnicott als Pädiater, der »Tausende« von Mutter-Kind-Beziehungen gesehen hatte, wie er einmal schrieb, so viele konkrete Erfahrungen über das Wesen der Mutter-Kind-Beziehung mitbrachte wie kein Zweiter.

Wie Balint (vgl. Teil IV, 4.), geht auch Winnicott von dem grundlegenden Theorem aus, daß manche Störungen durch ein frühes Umweltversagen zustande kommen (was in diesem Kontext ein Versagen der mütterlichen Funktion meint) und nur dann aufgelöst werden können, wenn dem Patienten in der Analyse eine *Regression bis auf oder unter die traumatische Ebene* ermöglicht wird, die ihn erstmals erfahren läßt, *daß die Umwelt nicht mehr versagt*. Dafür hat der Analytiker mit seiner spezifisch mütterlichen Gegenübertragung zu sorgen. Der früh gestörte Patient hat die ursprüngliche, traumatische Situation, die ihn krank werden ließ, gewissermaßen in sich »eingefroren«, aber nie die Hoffnung aufgegeben, daß sie eines Tages wieder aufgetaut und unter anderen Vorzeichen im Zustand der Regression, in einer besser eingestimmten Umgebung, doch noch bewältigt werden könnte – darum kommt er zur Analyse:

»One has to include in one's theory of the development of a human being the idea that it is normal and healthy for the individual to be able to defend the self against specific environmental failure by a *freezing of the failure situation*. Along with this goes an unconscious assumption (which can become a conscious hope) that opportunity will occur at a later date for a renewed experience in which the failure situation will be able to be unfrozen and reexperienced, with the individual in a regressed state, in an environment that is making adequate adaption« (Winnicott, 1975, S. 281).

*Eine derartige Regression hin zu einer neuerlichen Situation vollständiger Abhängigkeit, wie sie in der Säuglingszeit bestanden hatte, stellt aber für den ehemals traumatisierten Patienten immer ein enormes Wagnis dar und wird nur eintreten, sofern der Patient spüren kann, daß ihm jemand entgegenkommt, der ihn wirklich »halten« wird, wie eine gute Mutter ihr Baby hält. Bietet der Analytiker das entsprechende Klima nicht an, ist seine Gegenübertragung nicht zuverlässig, tragend genug, dann wird sich nichts ereignen und der Patient bewegt sich oberhalb jener Tiefen, in denen die eigentliche Psychopathologie angesiedelt ist.* Trifft er also auf einen Standardanalytiker aus dem Zentralmassiv, dem seine Deutungen über alles gehen, der die Gegenübertragung als Agens geringschätzt und dafür seine Passivität und seine »neutrale Distanz« idealisiert, dann bleibt der tote Punkt im Patienten tot.

Das emotionale Entgegenkommen des Analytikers und das »Halten« des Patienten erweist sich aber noch aus einem weiteren Grunde als enorm bedeutsam: der Patient hat nämlich vielfach noch keine Sprache für das, was er braucht. Diesen neuen Gesichtspunkt hatten wir schon bei Bion kennengelernt (vgl. Teil III, 6.). Wie schon Sacha Nacht, so ist auch Winnicott der Auffassung, daß das Nicht-Reden des Patienten keineswegs in allen Fällen einen Widerstand darstelle, sondern oft genug einer Unfähigkeit entspringe, das, was fehle, in Worte zu kleiden. Bedenkt man, daß die Tiefe der Regression, in der sich Winnicott mit seinen früh traumatisierten Patienten bewegt, gewissermaßen ein Analogon zur frühesten Säuglingszeit darstellt, verwundert diese Schwierigkeit im Umgang mit Wörtern nicht: Säuglinge haben, nicht anders als tief regredierte Patienten, als Mittel der Kommunikation nur ihre Schreie, ihren Körperausdruck. Wollte man ihnen, wie in der Standardanalyse üblich, die Fähigkeit zur Verbalisierung ihrer Wünsche abverlangen, würde man sie hoffnungslos überfordern. Es ist an der Mutter – oder aber am mütterlich eingestellten Analytiker – herauszufinden, herauszuspüren, worauf es in jeder Sekunde ankommt, wie das jeweilige Bedürfnis des hilflosen, sprachlosen Gegenübers aussieht. *Wunsch und Bedürfnis sind nicht dasselbe: Wünsche haben Worte, Bedürfnisse müssen herausgespürt werden. Mit dieser fundamental wichtigen Unterscheidung zwischen Wunsch und Bedürfnis (eine Unterscheidung, die 1968 von Balint aufgegriffen werden sollte) geht Winnicott einen gewaltigen Schritt über Freud hinaus.* Freud war nämlich noch der Auffassung gewesen, daß das Nichtaussprechen von etwas, was man gerne hätte, dessen man bedarf, in jedem Falle Ausdruck von Widerstand (sei es nun ein unbewußter oder ein bewußter) sei, und entsprechend galt es nur einfach all das aus dem Weg zu räumen, was das Aussprechen des Wunsches verhinderte, den Widerstand eben. Winnicott erkannte, daß es mit dem Deuten von Widerständen manchmal nicht getan ist, weil nämlich diese vermeintlichen Widerstände gar keine Widerstände sind, sondern *eine echte Lücke im Bewußtsein des Patienten darstellen. Wer nie erlebt hat, was eine »ausreichend gute Umwelt« sein kann, weiß manchmal nicht, was ihm denn eigentlich fehlt, was er braucht.* Er muß zuerst die Erfahrung des Gehaltenwerdens machen können, bis er Worte für seine Bedürfnisse nach Bemutterung findet, bis er sich Genaueres wünschen kann. Lesen wir doch Winnicotts Unterscheidung zwischen Wunsch und Bedürfnis im Originaltext nach:

»*It is proper to speak of the patient's* wishes, *the wish (for instance) to be quiet. With the regressed patient the word wish is incorrect; instead we use the word need. If a regressed patient needs quiet, then without it nothing can be done at all. If the need is not met the result is not anger, only a reproduction of the environmental failure situation which stopped the processes of self growth. The individual's capacity to ›wish‹ has become interfered with, and we witness the reappearance of the original cause of a sense of futility. The regressed patient is near to reliving of dream and memory situations; an acting out of a dream may be the way the patient discovers what is urgent, and talking about what was acted out follows the action but cannot precede it*« (Hervorhebungen von der Verf.) (Winnicott, 1975, S. 288).

Besonders interessant und bedeutsam am obigen Zitat scheint mir der Satz zu sein: »*If the need is not met, the result is not anger*«. In diesen paar wenigen Worten verdichtet uns Winnicott den ganzen Unterschied zwischen Wunsch und Bedürfnis auf eindrückliche Weise. Enttäuschungswut, so sagt uns Winnicott nämlich hier, taucht nur dort auf, wo es die Fähigkeit zum Wünschen gibt. Geht der Analytiker jedoch auf ein frühes Bedürfnis des Patienten nicht ein, so ist die Antwort nur Leere. Wie könnte dort Wut sein, wo man gar nicht weiß, daß es so etwas wie Befriedigung gibt, wie könnte man sich etwas wünschen, was man doch gar nicht kennt? Balint, auf den ich im folgenden Kapitel zu sprechen kommen werde, hat genau dieselbe Entdeckung noch einmal gemacht, eine Parallele, die uns hellhörig werden lassen sollte. Balint unterscheidet nämlich zwei Typen von Regressionen: zum einen die »*Regression mit dem Ziel der Befriedigung*« und zum andern die »*Regression mit dem Ziel des Erkanntwerdens*« (Balint, 1973, S. 176). Wenn wir nun lesen, was diese beiden Arten von Regressionen voneinander unterscheidet, und hören, daß Balint die erstere für hochgefährlich und unerwünscht ansieht, die letztere aber als entscheidend wichtig für früh gestörte Patienten erachtet, so erkennen wir eine frappante Verwandtschaft mit dem Denken Winnicotts: *Wünsche nämlich, so lehren alle beide, darf der Analytiker niemals befriedigen, Bedürfnisse dagegen muß er hören, herausspüren, damit aus der Regression eine Progression werde.* Balint schreibt:

»In einem Falle zielt die Regression auf die Befriedigung von Triebverlangen hin; was der Patient sucht, ist ein äußeres Ereignis, ein Tätigwerden des Objekts. Im anderen Falle erwartet der Patient nicht so sehr eine Befriedigung durch Handlungen von außen, sondern vielmehr die stillschweigende Erlaubnis, die äußere Welt so benutzen zu dürfen, daß er mit seinen inneren Problemen vorankommen kann – das, was mein Patient als ›zu sich selber kommen‹ bezeichnete. Obwohl die Beteiligung von außen, vom Objekt her wesentlich ist, ist es eine ganz andere Art von Beteiligung; abgesehen von der Enthaltung von jeglicher Einmischung und unnötigen Störung der inneren Vorgänge im Patienten (zwei wichtige Aspekte) besteht die Hauptform dieser vom Patienten erhofften Beteiligung *in der Anerkennung der Existenz dieses seines Innenlebens* und seiner unverwechselbaren Individualität. Um diese beiden Regressionstypen voneinander abzuheben, möchte ich vorschlagen, die erstere Form ›Regression mit dem Ziel der Befriedigung‹ und die zweite ›Regression mit dem Ziel des Erkanntwerdens‹ zu nennen« (Hervorhebung von der Verf.) (Balint, 1973, S. 176).

Wo Balint von »Anerkennung der Existenz seines Innenlebens« oder von »Erkanntwerden« redet, da heißt es bei Winnicott ganz einfach »Hören auf die Bedürfnisse des Patienten« oder »Entgegenkommen«, im Prinzip aber ist dasselbe gemeint: die mütterliche Gegenübertragung des Analytikers muß das leisten, was der Patient sich nicht selber geben kann, was er noch nicht einmal als Bedürfnis bei sich selber registrieren kann, wenn es da nicht jemanden gibt, der herausspürt, was fehlt und dieses Fehlende dann als völlig berechtigtes Bedürfnis des Patienten behandelt. Das ist es, was

Winnicott meint, wenn er immer wieder vom »*Halten*« des Patienten redet, vom »Holding« also und vom »good enough environment« oder der »good enough mother«. *Gut genug ist eine Mutter oder der Analytiker eines früh gestörten Patienten dann, wenn sie Ohren hat zu hören, auch auf das, was sich ohne ein einziges Wort einfach nur in der emotionalen Antwort dieser Mutter oder des Analytikers abzeichnet.* Verspürt der genügend gute Analytiker beispielsweise das intensive Bedürfnis, seinen Patienten zu wiegen, dann ist dies ein Abbild dessen, was der Patient gerade benötigt, ohne daß dieser aber die Möglichkeit hätte, seine Bedürfnisspannung in Worte zu fassen und auf die Ebene des Wunsches zu heben. Der Analytiker wird dem bedürftigen Patienten also entgegenkommen und ihm durch seine spezifische Präsenz vermitteln, *daß* er ihn jetzt wiegt. Vielleicht wird er es auch in Worten aussprechen, daß man den Patienten jetzt eigentlich wiegen *sollte* – die Wahl der Mittel bleibt der Situation und dem Fingerspitzengefühl des jeweiligen Analytikers überlassen. Das Wichtige ist jedenfalls dies, daß der Analytiker das Bedürfnis des Patienten merkt, anerkennt und darauf eingeht, wie eine Mutter auf die wortlose Sprache ihres Säuglings eingeht.

Wie nun dieses Eingehen auf die Bedürfnisse des regredierten Patienten in der Praxis aussehen kann, wie beschaffen die Gegenübertragung des Analytikers sein sollte, damit der Analysand die Tiefen der Regression voll ausloten kann, das schildern uns auf besonders plastische Weise die Schriften des Masud Khan, eines Analysanden, Schülers und langjährigen Mitarbeiters Winnicotts. Sie sollen uns im folgenden beschäftigen.

Was am Denken Masud Khans, des verstorbenen Lehranalytikers des Britischen Institutes für Psychoanalyse in London, sofort ins Auge sticht, ist *die Einbeziehung des Analytiker-Körpers in die Arbeit und in das Konzept von Gegenübertragung: Khans emotionale Antwort auf den Patienten, Khans Fühlen bedeutet unweigerlich ein intensives Mitschwingen mit jeder Faser seines Körpers und entsprechend körperbezogen sind die Gegenübertragungs-Reaktionen, die er uns schildert, wenn er aus seiner Arbeit erzählt.* Er trägt den Patienten mit einer totalen psycho-physischen Präsenz, nicht anders als eine Mutter, die ihren Säugling streichelt, wiegt oder sehr fest hält, wenn er von übermäßiger Spannung geschüttelt wird. Das Wort »Tragen« oder »Tragung«, welches ja im Ausdruck »Gegenübertragung« mitenthalten ist, erhält dadurch einen neuen, vertieften Sinn, indem es nun ganz wörtlich genommen wird. Zwar berührt, streichelt, wiegt, hält Khan seine Patienten nicht realiter, wie es Ferenczi häufig und Khans Lehrer Winnicott[4] gelegentlich und sehr dosiert getan haben. Rein äußerlich gesehen gibt es keinerlei Körperkontakt zwischen Khan und seinem

Patienten. Aber im Erleben beider Beteiligter ist solcher Körperkontakt in Phasen tiefer Regression auf eine frühe Mutter-Kind-Beziehungs-Ebene dennoch intensiv vorhanden. So spürte Khan mehrfach *körperlich, wie eine schwer regredierte, depressive Patientin sein »Fleisch und seine Knochen« benötigte, um sich daran zu klammern:*

»In this states I felt this patient needed and borrowed my flesh and bone to hang on to. Being a ›supplementary ego‹ to use Heimann's phrase, meant providing a body-ego for her. There was no actual physical contact between the patient and me at any point of the treatment. It was *a way of being* she asked for [...]« (Hervorhebung von der Verf.) (Khan, 1960, S. 142).

Diese stark am körperlichen Erleben, an der körperlichen Präsenz des Analytikers ausgerichtete Arbeitsweise hat Khan direkt von seinem Lehrer Winnicott übernommen, der einmal folgendes über sich selber äußerte:

»Ich sage dies ohne Furcht, denn ich bin kein Intellektueller und *tatsächlich tue ich meine Arbeit sehr weitgehend sozusagen aus dem Körper-Ich*« (Hervorhebung von der Verf.) (Winnicott, 1974 a, S. 212).

Auch Winnicotts berühmter Begriff des ›Holding‹ weist darauf hin, wie sehr er sich in seinem therapeutischen Denken und Handeln von seiner Körperantwort leiten ließ.

Ich habe mich gefragt, wie es nur möglich werden konnte, daß Winnicott und Khan die Tatsache, daß sie intensiv mit ihrem Körper mitgingen, nicht länger – wie bis dahin in der Psychoanalyse üblich – schamvoll verschweigen mußten. Das Tabu der Berührung ist seit je eines der mächtigsten in der Psychoanalyse. Es ist so stark, daß selbst die fantasierte Berührung zur Denk-Unmöglichkeit wurde. Wie kommt es, daß diese zwei Engländer es wagen konnten, ihre körperlichen Sensationen, ihre körperliche Präsenz zu einem entscheidenden therapeutischen Agens zu machen? Wahrscheinlich ist der Grund für ihre Angstfreiheit zum einen darin zu suchen, daß Khans Lehrer Winnicott von seinem ganzen Wesen her ein Mensch war, der den Mut hatte, durchgängig zu sich selber zu stehen und sich von daher wenig von Tabus beeindrucken ließ. Zum anderen sehe ich die Ursache für dieses neue Selbstverständnis des Analytikers – als eines Wesens aus Fleisch und Blut, mit weicher Haut, Brüsten, einem warmen Bauch und starken Armen zum Halten – darin begründet, daß das Zentrum des Interesses bei Winnicott ganz im Bereich der frühen Mutter-Kind-Beziehung lag. Diese Beziehung ist ja tatsächlich eine weitgehend körperliche, taktile. Ich zitiere dazu Battegay:

»Die Kleinkinder bedürfen in den ersten Lebensmonaten nicht etwa nur der oralen Befriedigung, sondern auch – wie Tierversuche und Beobachtungen am Menschen ergeben haben – des wärmenden Hautkontaktes, der auch taktil spürbaren Nähe der Mutter. Wir haben deshalb das erste Halbjahr im Leben des Menschen als taktile Phase bezeichnet. Sie steht unter dem Primat des taktilen Wärmebedürfnisses des Kindes« (Battegay, 1979, S. 7).

Entsprechend wichtig konnte darum das Moment des Körperlichen in den Analysen Winnicotts werden. Khan aber, als Schüler und Analysand Winnicotts, profitierte von dieser neuen Öffnung hin zum physischen Erleben und erhob des Analytikers »body-attention« (Khan, 1960, S. 141), sein körperliches Vorhandensein und Mitschwingen in der Fantasie in den Rang des tragenden Fundaments der Gegenübertragung. Vor allem bei jenen so häufig anzutreffenden Patienten, deren Psychopathologie um ein defektes Selbst-Bild zentriert sei, hält Khan die Arbeit mit dem Analytiker-Körper für ganz entscheidend wichtig (Khan, 1960, S. 130).

Es verwundert nicht, daß Khan, der von der Wichtigkeit körperlicher Präsenz in der Gegenübertragung überzeugt ist und selber ein ausgeprägtes Körperbewußtsein besitzt, ein spezielles, verfeinertes Sensorium auch für die Art der körperlichen Präsenz anderer ausgebildet hat. Beschreibt er ein Gegenüber, so bekommt seine Darstellung gerade dadurch Plastizität und Tiefe. Man nehme etwa das kurze Porträt, das Khan in seiner Einführung zu Winnicotts Schriften von seinem Lehrer gezeichnet hat. Da steht zu lesen, Winnicott habe mit der Ganzheit seines Körpers zugehört und eine ungeheure, körperliche Präsenz aufgewiesen. Körperliches und Seelisches seien bei ihm in einem ständigen Dialog miteinander gestanden und hätten zusammen debattiert. Winnicott habe entspannte Körperlichkeit und sprühende Konzentration miteinander zu vereinigen gewußt. Sein scharfer, aber unaufdringlicher Blick habe das Gegenüber mit einer Mischung aus Unglauben und gänzlichem Akzeptieren angesehen. Seinen Bewegungen sei eine kindliche Spontaneität eigen gewesen. Und dennoch habe er so still sein können, so völlig reglos und still (Khan, bei Winnicott, 1975, S. XI).

Khan geht in dieser Beschreibung durchgängig vom Fundament der Körperlichkeit Winnicotts aus, von der Art seines Blicks, der Reglosigkeit beim stillen Sitzen, von der kindlichen Spontaneität der Bewegungen und der entspannten körperlichen Präsenz. Und nach diesen wenigen Sätzen schon kann man sich Winnicott tatsächlich lebhaft vorstellen, wie er als liebevoller, lebendiger und gleichzeitig gelassener Weiser vor einem sitzt. *Khan hat den ganzen Menschen berücksichtigt, den Menschen, der zuallererst einmal ein Körper ist, durch welches Medium sich das Psychische zur Darstellung bringt.*

Nicht anders verhält es sich, wenn Khan in der analytischen Sitzung hinter einem Patienten sitzt. Auch hier kommt dieses besondere Körperbewußtsein zum Tragen. Der Analytikerkörper wird zum Resonanzkörper, auf dessen Schwingungen Khan ununterbrochen hört. So erhält das Geschehen in der Analyse eine entscheidende Dimension mehr, indem nämlich *in der Arbeit mit regredierten Patienten der Körper des Analytikers zum wichtigsten Wahrnehmungs- und Kommunikationsmittel wird. Das nonverbale körperliche Zusammenspiel von Analytiker und Patient verdrängt in regressiven Phasen über weite Strecken die Deutung.* Was der Analytiker in dieser tiefen Regression seines Patienten fühlt und erlebt, das sagt ihm vor allem andern sein Körper. Was er dem Patienten mitteilen möchte, das schafft er über weite Strecken ohne Worte, einzig mittels seiner so oder so gearteten körperlichen Gegenwart[5]:

> »In this phase I had to learn more and more to rely on and use my *body* as a vehicle of perception in the analytic setting. By my body I mean the body-ego. The experience in counter-transference was a mental plus a sensation-body-perception experience« (Khan, 1960, S. 140).

Wer nun aber meint, der Analytiker habe während solcher Perioden der Regression ein leichtes Spiel, da er sich jetzt nicht länger mehr mit dem Hervorbringen von Deutungen beschäftigen müsse, irrt. *Die Aufgabe ist, sagt Khan, schwerer geworden. Vielfach sehnt sich der psycho-physisch total geforderte Analytiker nach nichts mehr als danach, endlich reden, endlich deuten zu können, um der unerträglichen Spannung und enormen Anforderung zu entgehen:*

> »It is very hard when one has to articulate oneself through this alert and alive stillness not to feel discouraged and try one's hand at cutting the Gordian knot with interpretations« (Khan, 1960, S. 141).

*Manchmal ist Schweigen also schwieriger als Deuten. Wird aus der Unfähigkeit, die Spannung des Schweigens zu ertragen, heraus gedeutet, dann steht die Deutung einzig im Dienst des Analytikers*, nicht aber des Patienten. Schweigen wird dann wirklich Gold und Reden zum bloßen Silber. *Eine aus dem Wunsch, wieder reden zu können, erwachsene Deutung erweist sich nicht nur als überflüssig, sondern sie wird zum Störfaktor der regressiven Bewegung beim Patienten.* Der Analysand fühlt sich, taucht die Deutung im falschen Moment auf, von seinem Analytiker im Stich gelassen und auf eine höhere, weniger regressive Ebene, wo er reden und Worte verstehen können sollte, gezwungen. Er sollte ein Erwachsener, ein

Großer sein, dort, wo er nicht erwachsen sein kann. Das ist ein völlig neuer Aspekt rund um die Diskussion des Schweigens und den Umgang mit ihm, den die »paternistischen Einsichtstherapeuten« in ihrer Überbewertung verbaler Kommunikation gründlich unterschlagen hatten. Da nämlich das Fixiertsein auf Worte, Worte und noch einmal Worte, in manchen Fällen schlicht der eigenen Angstabwehr dient, dem Vermeiden umfassender Intimität und eigener Regression vor lauter grandiosem Verteufeln aller »nicht-analytischen« Beziehungs- und Erlebnis-Momente im analytischen Prozeß, hatten sie wohlweislich vergessen, sich selber zu fragen, wieso sie eigentlich *alle nonverbale Kommunikation* während Jahrzehnten in ihrer Bedeutung vollständig negiert hatten.

In seiner Analyse der depressiven Mrs. X mußte Khan mehrfach erleben, wie ungeheuer sensibilisiert Patienten in Phasen tiefer Regression doch sind und wie sie es mit geradezu seismographischer Genauigkeit registrieren, wenn der Analytiker aus Angst vor dem Gewicht der nonverbalen Situation zu deuten beginnt. Bei besagter Mrs. X hatten derartige Störungen durch Deutungen im falschen Moment in aller Regel zur Folge, daß es zu einem Wechsel des affektiven Rhythmus und auch des Materials kam (Khan, 1960, S. 141). Wut allerdings tauchte niemals auf, was jene bedeutsame Feststellung Winnicotts in ihrer Richtigkeit untermauert, welche so lautet, daß frustrierte Bedürfnisse niemals zu Enttäuschungswut führen, wohl aber frustrierte Wünsche.

Aufgrund von Erfahrungen wie denjenigen, die er in der Analyse der Mrs. X sammelte, lernte Khan allmählich, daß es für den Analytiker, der einen regredierten Patienten begleitet, vor allem darauf ankommt, nicht in Worte zu flüchten, sondern im Schweigen standzuhalten. Was solches Standhalten angeht, hatte Khan Mut und beeindruckende Standfestigkeit aufzuweisen. Obwohl es ihm häufig schwer fiel, die starken Gefühle und körperlichen Spannungen auszuhalten, die ein nonverbales Sich-Einlassen auf die Tiefen der Regression beim Gegenüber mit sich brachte, gelang es ihm, sich von seinen Ängsten nicht besiegen zu lassen und auf den Weg des geringsten Widerstandes in dieser Situation, das Deuten oder *Wegdeuten*, zu verzichten. Auch den zweiten Fluchtweg, das innerliche *Weggleiten*, versagte er sich konsequent, so groß die Verlockung auch sein mochte. Das zeigt sich einem sehr eindrücklich bei der Lektüre der Khanschen Falldarstellungen, sei es nun jene der Mrs. X oder aber jeden des Adoleszenten Peter (Khan, 1960 und 1963a). J. Cotter Hirschberg, der den zweiten der erwähnten Fallberichte diskutiert, erwähnt, daß ihn das Ausmaß der Khanschen Empathie sowie sein Mut in der Behandlung dieses Jungen tief beeindruckt hätten. Viele andere Analytiker, so Hirschberg, hätten sich außerstande gesehen, die primitive Angst, welche in dem gemeinsamen Schweigen mit dem Patienten aufgekommen sei, zu ertragen und wären vor dem unerträglichen Druck mittels intensiver verbaler analytischer Arbeit geflohen. Sie hätten gedeutet, um nicht mehr schweigen zu müssen (Khan, 1963 a, S. 315 und 316).

Khan aber hält in Phasen tiefer Regression bei Patienten mit Selbstdefekten schweigend durch, eine Aufgabe, die nicht nur Mut und Kraft, sondern auch höchste Konzentration und Wachheit vom Analytiker verlangt, weil nämlich *der regredierte Patient immer spüren können muß, daß der ihn begleitende Analytiker eine Gegenübertragung einbringt, die sich mit den Worten »Lebendigkeit, Wachsamkeit, körperliche Präsenz und Vitalität« beschreiben läßt.* Nur so fühlt sich der Patient wirklich gehalten. Gleitet der Analytiker auch nur eine Sekunde weg, so registriert dies der restlos abhängige und ungeschützte Patient augenblicklich. Die folgenden zwei Zitate charakterisieren die spezifische Art des totalen Mitseins mit dem Patienten, um welche es Khan vordringlich geht:

> »My role in the analytic situation was basically and dynamically this: *to be there, alive, alert, embodied, and vital, but not to impinge with any personal need to correlate her affective experiences into their mental correlates.* I tried many experiments with modes of being still with her. *If I was not all there in my body-attention she would register it straight away.* I could never quite find out how she registered it, but I could always sense it had happened by the change in the affective rhythm or a new slant of material emerging next day« (Hervorhebungen von der Verf.) (Khan, 1960, S. 141).

Und:

> »When this patient was in this pain in the session she would be totally inert and still, and *I could meet it, respond to it, by what I can verbalize only as embodied sympathy, through my body-attention«* (Hervorhebung von der Verf.) (Khan, 1960, S. 142).

Wieso aber ist es so entscheidend wichtig, daß der Analytiker den Patienten in der Regression innerlich niemals verläßt, sondern statt dessen mit seiner totalen psycho-physischen Gegenübertragung und Präsenz begleitet? Khan greift zur Begründung auf Erkenntnisse der Mutter-Kind-Forschung wie auch auf bedeutsame Hypothesen der Ich-Psychologie zurück. *Jedes Kind, so erläutert er (vgl. Khan, 1963 b), benötigt seine Mutter nicht nur als Objekt, das es mit Libido besetzen kann, sondern auch als Reizschutz und Hilfs-Ich, das ihm hilft, seine noch unreifen Ich-Funktionen zu unterstützen.* Diese Hilfs-Ich-Funktion der Mutter beinhaltet in erster Linie die ausreichende Anpassung an die anaklitischen Bedürfnisse des Kindes. Das heißt mit anderen Worten, daß die Mutter die anaklitischen Bedürfnisse des Kindes korrekt herausspüren und beantworten können muß, wobei zu sagen ist, daß einzelne Fehler der Mutter nicht weiter tragisch sind, im Gegenteil sogar der Entwicklung des Kindes dienlich sein können (vgl. dazu Kohuts Konzept von den »phasenspezifischen Frustrationen«). Khan beging gelegentlich auch »Fehler«, worauf die Patientin – kurzzeitig – »aus dem Takt geriet«. Khan schreibt über diese Hilfs-Ich-Rolle der Mutter weiter, daß sie alles andere als eine passive sei, sondern vielmehr *wachsam, anpassend und organisierend* genannt werden müsse. Kann die Mutter infolge eigener Psychopathologie ihrem Kinde nicht auf die genannte Weise zur Verfügung stehen, versagt sie in ihrer Hilfs-Ich-Rolle nicht nur gelegentlich, sondern chronisch, so erleidet das Kind ein »Kumulierungs-Trauma« oder »cumulative trauma« (Khan, 1963 b), das die Ich-Entwicklung in schädlicher Weise beeinflußt. Charakterstörungen vom schizoiden Typus sind die Folge.

Solche Patienten, denen der Analytiker nach Khan immer häufiger begegnet, können einzig mittels einer Regression auf das Stadium anaklitischer Abhängigkeit, in dem ihnen dann ein geeigneteres Hilfs-Ich (der Analytiker) begegnet, ihre frühen Defekte beheben lernen – oder genauer, beheben lassen. Indem nämlich der Analytiker dem regredierten Patienten sein totales psycho-physisches Gegenwärtigsein und seine ganze Empathie zur Verfügung stellt, kann er herausspüren und anbieten, was der Patient jeweils benötigt, und insofern wird dann seine Gegenübertragung also zu einer aktiven, bewegenden Kraft, die die Ich-Entwicklung dort wieder ankurbelt, wo sie einst stehengeblieben ist. Sie vermittelt dem Patienten das, was ihm einst vorenthalten wurde.

Diese ganze Theorie erinnert stark an diejenige von Heinz Kohut, der mir in Termini des Narzißmus abgehandelt zu haben scheint, was Khan innerhalb eines ichpsychologischen Bezugsrahmens versucht. In beiden Fällen wird die Empathie der Mutter zum entscheidenden Entwicklungsfaktor und entsprechend dann auch die Empathie des Analytikers. Bei Kohut hat sich diese Empathie vor allem auf die exhibitionistische Allmacht einzustellen, bei Khan auf die anaklitischen Bedürfnisse und schwachen Ich-Funktionen des Kleinkindes oder des regredierten Patienten. Bei fehlender Empathie des »Selbst-Objektes« Mutter kann sich, so Kohut, kein kohäsives, nukleares Selbst bilden. Khan redet statt dessen von Störungen in der Ich-Entwicklung und Ich-Integration als direkter Folge defizitärer mütterlicher Empathie.

Ungeachtet dieser Parallelen gibt es allerdings auch einen wichtigen Unterschied im Konzept der beiden Autoren: er betrifft die Sache mit der Reparation und Gratifikation im nachhinein. Hier scheiden sich die Geister. Gehört Khan zur Kategorie der »mütterlichen Liebestherapeuten«, so kann man dies von Kohut keinesfalls behaupten, wenn eine derartige Ausrichtung Kohut auch vielfach fälschlich unterstellt wird, weil er einmal die berühmte Äußerung vom »warmen Glanz im Auge der Mutter« getan hat, der dem narzißtisch gestörten Patienten gefehlt haben soll. Kohut hat, obwohl er die Schuld an der Entstehung einer narzißtischen Persönlichkeitsstörung zu einem guten Teil der präödipalen Mutter gibt, niemals behauptet, daß der Analytiker das, was einst in der Kindheit geschehen ist, wiedergutmachen könne. Es läßt sich, davon ist er überzeugt, im nachhinein nichts mehr reparieren, der Analytiker kann mit dem Patienten nur noch empathisch verstehen, wie sein frühes Unglück wirklich ausgesehen haben könnte und welche Wünsche und Sehnsüchte ihn infolgedessen heute noch beherrschen. Bis hin zu tatsächlicher Wunscherfüllung darf sich der Analytiker jedoch nicht hinreißen lassen. Es ist zwecklos, da zu spät. *Der Analytiker ist nach Kohuts Auffassung also nicht die seinerzeit vermißte Mutter, er spiegelt bloß das Bedürfnis nach einer solchen Mutter.* In seinem Narzißmus-Buch (Kohut, 1973, S. 50) wendet sich Kohut direkt gegen therapeutische Aktivitäten wie »Wunscherfüllung im Dienste einer ›corrective emotional experience‹«. Des weiteren stellt er ausdrücklich fest (Kohut, 1973, S. 49), daß narzißtische Persönlichkeitsstörungen nichts derartiges wie »ungewöhnliche Wärme im Verhalten des Analytikers« verlangen würden.

Bei Khan hingegen sehen die Vorstellungen zum Umgang mit regredierten Patienten, die an Selbstdefekten leiden, ganz anders aus: das Übernehmen der Hilfs-Ich-Rolle seitens des Analytikers heißt bei diesem Autor *mehr als bloßes Spiegeln der anaklitischen Bedürfnisse* des Patienten. Bei Khan werden diese Bedürfnisse darüber hinaus zum Teil sehr konkret gestillt. In den regressiven Phasen der Analyse von Mrs. X erklärte sich Khan bereit, bedrohliche Briefe des Ehemanns, die die Patientin beunruhigten, aufzubewahren, sie stellvertretend für sie zu lesen und ihr daraus selektiv Sachverhalte von praktischer Bedeutung, die in den Briefen enthalten waren, mitzuteilen (Khan, 1960, S. 141). Weiter stand er der Patientin, die sich auf ein Examen vorbereitete, mit Rat und Tat zur Seite und bot ihr an, sie, wann immer sie es wünschen sollte, bei ihrer Lektüre zu beraten (Khan, 1960, S. 139). Bedingung für alle derartigen Hilfsaktionen war allerdings in jedem Fall, daß die Patientin ausdrücklich um Beistand bat. Khan mochte sich nicht aufdrängen oder wie eine überprotektive

Mutter gebärden, er fand es allerdings auch nicht richtig, der so schwer regredierten Patienten ihre seltenen Bitten abzuschlagen. Ihr Verlorenheitsgefühl war in diesen Phasen so vollständig, daß einige der Ansprüche, welche die Realität an sie stellte, sie schlicht überforderten. Da galt es für den Analytiker als ganz reales Hilfs-Ich einzuspringen, wenn die Patientin es wünschte. Hätte Kohut hier nur das Bedürfnis nach tatkräftiger Unterstützung und konkreter Hilfe in dieser äußersten Verlorenheit gespiegelt, so ließ es Khan beim bloßen Spiegeln nicht bewenden. Khan ersetzte das, was einst gefehlt hatte, er benannte nicht bloß die Lücke.

Ob es das tiefe Engagement war, das für Khan so bezeichnend war, welches so eindrückliche therapeutische Erfolge wie etwa bei Mrs. X bewirkte? Die Beantwortung dieser Frage bleibt eine Glaubens-, Überzeugungs- und Standortfrage. *Die »paternistischen Verstandestherapeuten« werden von Khans Gratifikationen und seiner nonverbalen maximalen »body-attention« wenig bis gar nichts halten, da es in ihrer Arbeit einzig auf Deutungen ankommt und also auch darauf, Bedürfnisse nur zu benennen, nicht aber zu stillen.* Die »Liebestherapeuten« dagegen werden in Khans gelebter mütterlicher Gegenübertragung das eigentliche therapeutische Agens sehen, das Mrs. X' frühes Vakuum aufzufüllen imstande war und gewissermaßen den Dünger für das Wachstum ihrer Ich-Funktion darstellte.

4. Michael BALINT:
Im Umgang mit Grundgestörten wird eine Gegenübertragung, schmiegsam und unzerstörbar wie Wasser, wichtiger als alles Deuten

Obwohl Michael Balint nachweislich große Sympathien für seinen Lehranalytiker Ferenczi, den Begründer der »Therapie der emotionalen Erfahrung« wie auch der »mütterlichen Liebestherapie« innerhalb der Psychoanalyse hegte, obwohl sich Balint, anders als das »Zentralmassiv« (Balint) oder die orthodoxe Standardanalyse, konsequent weigerte, das Gedankengut des späten Ferenczi en bloc zu verurteilen und statt dessen immer wieder daran erinnerte, daß es Ferenczis Ideen neu zu bewerten gelte, zögere ich, Balint als einen »mütterlichen Liebestherapeuten« im Sinne von Cremerius anzusehen. *Mütterlichkeit und Liebe werden nämlich von Balint nur in einem ganz spezifischen Sinne als therapeutisch wirksam angese-*

*hen.* Im Zentralmassiv, bei den puren Einsichtstherapeuten und immer nur passiven Resonanzkörpern, hat er aber auch nichts verloren, denn er findet es zum Beispiel durchaus in Ordnung, ja manchmal sogar unerläßlich, daß man einem regredierten Analysanden unter gewissen Umständen gestattet, den Finger des Analytikers zu umklammern. So etwas würde von einem orthodoxen Standardanalytiker bekanntlich niemals, unter keinen Umständen, befürwortet. Lieber tot als rot.

Balint mochte sich weder eindeutig auf die Seite der Abstinenz, der Versagung und der Deutung als einzigem Agens noch auf die Seite der emotionalen Neuerfahrungen, der Gratifikation oder Reparation schlagen. Er suchte sich seinen ganz individuellen Weg und ist gewissermaßen im Mittelfeld zwischen orthodoxer Standardanalyse und »Liebestherapie« oder »Therapie der emotionalen Erfahrung« anzusiedeln. Ich-starke, an Konflikten leidende, nicht-regredierte Patienten behandelte er mit der versagenden, passiv-neutralen Standardtechnik, der die Deutung über alles geht. Patienten jedoch, die auf die »Ebene der Grundstörung« (Balint) regrediert waren, begegneten einem anderen Analytiker, einem Mann, bei dem anscheinend Deutungen oder Worte über weite Strecken nur noch eine untergeordnete Rolle spielten, der ihnen dafür kraft seiner Gegenübertragung ermöglichte, zu einer primitiven, nonverbalen Objektbeziehung zurückzukehren, die einst unbefriedigend verlaufen war und das zweite Mal unter einem neuen, günstigeren Stern stehen sollte.

Bevor ich diese von Balint so besonders plastisch und poetisch geschilderte Form der optimalen Gegenübertragung im Umgang mit regredierten Patienten auf der Ebene der Grundstörung charakterisieren kann, soll erst kurz dargestellt werden, was Balint vorschwebt, wenn er immer wieder von jener »Ebene der Grundstörung« redet.

In seinem Buch »Therapeutische Aspekte der Regression. Die Theorie der Grundstörung« (Balint, 1973) unterscheidet Balint zwei Ebenen der analytischen Arbeit: Bei der ersten handelt es sich um die *ödipale Ebene*, auf welcher sich die klassische analytische Arbeit abspielt. Folgende drei Charakteristika zeichnen sie aus: wir haben es auf dieser Ebene immer mit Dreierbeziehungen zu tun, ganz gleich, ob es sich nun um genitale oder prägenitale Erlebnisse des Patienten handelt. Diese Ebene ist weiter durch das Vorhandensein von Konflikten gekennzeichnet. Die normale Erwachsenensprache funktioniert hier drittens durchgängig als zuverlässiges Kommunikationsmittel.

Neben dieser ödipalen gibt es eine zweite, sehr viel primitivere Ebene der analytischen Arbeit, welche von Balint die »*Ebene der Grundstörung*« genannt wird. Wie der Terminus es nahelegt, handelt es sich hier um eine

Störung, nicht mehr aber um das Vorhandensein von Konflikten, wie sie die ödipale Ebene charakterisieren. Gestört wurde die Entwicklung einer stabilen Ich-Struktur und eines gesunden Selbst, weil die frühe Umwelt und das kleine Kind schlecht miteinander harmoniert haben, weil es für das Kind eine »Diskrepanz zwischen seinen biophysischen Bedürfnissen und der materiellen und psychischen Versorgung« (Balint, 1973, S. 33) gab. Entsprechend gehören alle Vorgänge in der Analyse, die sich auf dieser Ebene ereignen, nur noch zu einer reinen Zwei-Personen-Situation. Die Verwendung der Erwachsenensprache erweist sich bei auf diese Ebene regredierten Patienten oft als unmöglich, da Worte ihre konventionelle Bedeutung verloren haben, und der Patient Deutungen deshalb immer wieder in den falschen Hals bekommt. Das verwundert nicht, stellt doch das Auftauchen der Ebene der Grundstörung in der Behandlung eine Regression auf die Frühzeit des Individuums dar, in welcher es noch nichts derartiges wie Sprache gab, sondern nur gefährliche und beruhigende Laute.

Die Ebene der Grundstörung ist in der Behandlung dann erreicht (manchmal muß man feststellen, daß ein Patient schon seine allererste Analysenstunde auf dieser Ebene beginnt), wenn es zu einem spezifischen Umschwung der gesamten Atmosphäre kommt, der sich vor allem in einem veränderten Umgang des Patienten mit der Deutung ausdrückt: gibt man dem Patienten irgendeine harmlose Deutung, so erlebt er sie plötzlich ganz anders als bisher, nämlich wie einen Angriff oder eine Forderung, oder schlimmer noch, wie eine unverdiente Grobheit oder Beleidigung. Es kann sich allerdings auch umgekehrt verhalten, daß nämlich der Patient in der Deutung einen Liebesbeweis, etwas Erregendes, Einlullendes oder Verführerisches sieht. Es gilt, daß jede Deutung auf eine ganz neue Art bedeutungsschwanger wird, daß der Patient aus ihr viel mehr heraushört als der Analytiker sagen wollte. Dasselbe gilt für kleinste Bewegungen und Gesten des Analytikers. Auch sie werden fehlinterpretiert. Das, was der Analytiker mit Worten oder einer Körperbewegung ausdrücken wollte, wird häufig glatt überhört. Angesichts solcher Verhältnisse ist es nach Balint nicht mehr länger möglich, die Standardtechnik anzuwenden, weil deren wichtigstes Werkzeug die Deutung ist, mit welcher der Patient, der sich auf der Ebene der Grundstörung befindet, alles anstellt, nur nicht das, was der Analytiker eigentlich beabsichtigte (vgl. Balint, 1973, S. 28).

Es sei mir hier ein kleiner Exkurs gestattet, der mir das von Balint Gemeinte treffend zu veranschaulichen scheint. Liest man den Bericht einer Dörte von Drigalski über ihre zwei verunglückten Analysen (v. Drigalski, 1980), ein Buch, das eine einzige Anklage gegen die Standardanalyse darstellt, so gewinnt man unweigerlich den Eindruck, daß sich diese Analysandin auf besagter Ebene der Grundstörung befand und daher nahezu jegliche Deutung wie einen zerstörerischen Angriff oder eine Entwertung ihrer Person umdeuten mußte. Aus einer Behandlung wurde für diese Frau das Erlebnis einer Mißhandlung. Tilmann Moser schreibt dazu in seiner – in der Wochenzeitung »Die Zeit« veröffentlichten – Rezension des Drigalski-Buches folgendes:

»Die Patientin möchte mit einem großartigen und geliebten und bewunderten Menschen wie ein sehr kleines Kind verschmelzen, um an seiner Kraft und Herrlichkeit teilzuhaben und die traumatischen inneren Bilder der Eltern korrigieren oder ausscheiden zu können. Das setzt aber voraus, daß der Therapeut es aushält, vorübergehend keine fest umrissene Person zu sein, sondern ein seelischer Riese mit flottierenden Ichgrenzen. Beide Therapeuten haben die Deutungen dazu benutzt, um das extrem zudringlich und intensiv wirkende Kind immer wieder in seine eigenen Grenzen zurückzuschieben. Die (erfolgreiche) Scheinerwachsenheit der Patientin verlockt freilich dazu. Es entsteht die Fiktion einer analytischen Beziehung zwischen Personen, die klar miteinander sprechen können, und doch ist für die Patientin die Aufforderung zum Verbalisieren eine qualvolle Überforderung. In der Verzweiflung entschließt sie sich, sich anzupassen und die Deutungen des Analytikers zu übernehmen, obwohl sie sie noch gar nicht realistisch aufnehmen kann. Sie wirken entweder wie riesige Geschenke oder häufiger als Geschosse, die sich in sie einbohren und in der Tiefe eine magische Wirkung entfalten« (Moser, 1980, S. 12).

Zur Verdeutlichung der Art, auf welche Dörte von Drigalski das Prinzip Deutung als etwas a priori Aggressives oder Nörglerisches erleben mußte, seien hier zwei Zitate aus ihrem Selbstbericht angeführt:

»Es schleicht sich so leicht etwas Hämisch-Entlarvendes, Denunzierendes, Abkanzelndes in Deutungsaktivitäten ein« (v. Drigalski, 1980, S. 246).

»Viele Deutungen kamen routiniert, automatisch, wie nach erlernten grammatikalischen Regeln: femina, feminae, feminae, feminam, femina. Und im Dativ haben sie allesamt ein langes i. Begierig, kundig, eingedenk, teilhaftig, mächtig, voll, regieren stets den Genitiv, das ist ja wirklich toll. Der Ton kann auch ausdrücken, daß man diese Symbolik doch kannte, daß sie doch das und das bedeutete; zwar nicht immer logisch und zwingend, aber doch häufig. Wie bei einer lateinischen Vokabel brauchte man nur eine der bekannten Bedeutungen einzusetzen, und schon hatte man Recht« (v. Drigalski, 1980, S. 78).

Schon der Titel des Buches, »Blumen auf Granit«, enthält dieses Grundgefühl wütender Ohnmacht der Patientin angesichts der versagenden, deutenden Analytiker-Wand, an der sie sich den Kopf blutig schlägt. Die Wut aufgrund der zahllosen »Zurückweisungen« durch Deutungen ist von einer unbeschreiblichen Intensität und verleiht dem Buch diesen unerträglich lamentierenden Ton, der es einem schwer macht, bei der Lektüre zu bleiben und die Patientin innerlich nicht gleichfalls zurückzuweisen. Aber wer weiß, vielleicht hätte diese Analysandin eine Chance gehabt, hätte man sie *mit weniger Deutungen konfrontiert* und dafür mit ihr auf eine Weise gearbeitet, wie sie Balint für Patienten vorschlägt, die sich auf der Ebene der Grundstörung befinden. Hier, davon ist Balint überzeugt, muß die für ichstarke Menschen entwickelte Standardtechnik versagen, denn der Analysand mißversteht – so geschehen bei Dörte von Drigalski – des Analytikers Absicht und reagiert verstimmt (sofern er nicht übermäßig stimuliert erscheint). *Ist ein Patient auf die Ebene der Grundstörung regrediert, so wird die Objektbeziehung und damit auch die Gegenübertragung zum wichtigeren therapeutischen Agens als die Deutung!* Balint schreibt:

»In bestimmten Abschnitten der Behandlung ist die Schaffung und Erhaltung einer leistungsfähigen Beziehung, besonders mit regredierten Patienten, vielleicht wichtiger als korrektes Deuten« (Balint, 1973, S. 194).

Daß der Analytiker auch die Verantwortung dafür zu übernehmen hat, wie seine Deutungen bei seinen Analysanden *ankommen* – und nicht bloß, wie er sie »wirklich« gemeint hat –, das verlangt schon Frau von Drigalski ganz zurecht, die ahnte, daß sie viele der ihr gegebenen Deutungen in den falschen Hals bekommen hatte und dennoch nicht anders konnte, als alle Deutungen immer neu wie Geschosse zu erleben. Für diese besondere Notlage fehlte es ihren Analytikern womöglich an Verständnis. Sie schreibt:

»Wenn ich handfest organmedizinisch unsachgemäß behandelt worden bin und Schäden davon getragen habe, kann ich wenigstens noch mit Mitgefühl und Verständnis der Umgebung rechnen; möglicherweise auch auf objektive Feststellung, wenn das auch schwierig ist. Mit einem seelischen Schaden gelte ich als Verrückte; nichts ist nachzuweisen. *Die Deutungen kann ich* – und das ist dann absolut meine Schuld – *ja völlig verkehrt aufgefaßt haben; ganz anders, als sie gemeint oder formuliert waren, läßt sich sagen. Trotzdem sind Deutungen, mit welcher Betonung in welchem aktuellen Sinnzusammenhang gegeben, eben nicht nur das, was sie grammatikalisch enthalten. Und es ist an sich unfair, einem Laien, dem Analysanden, Patienten, die Verantwortung dafür aufzubürden, wenn er falsch versteht und traumatisiert wird. Es gehört ja zum Fachwissen des Analytikers, Situationen und Auswirkungen von Deutungen zu übersehen*« (Hervorhebungen von der Verf.) (v. Drigalski, 1980, S. 238 und 239).

Womöglich wurde in der Geschichte der Psychoanalyse schon viel Leid vorschnell »negative therapeutische Reaktion«, »paranoide Regression« oder »unüberwindbarer Masochismus« genannt, was schlicht Ausdruck und Folge einer inadäquaten und zu wenig empathischen Technik war. Auch Sacha Nacht war schon überzeugt gewesen, daß es wichtiger sei, mit seinen Patienten eine gute Übertragungsbeziehung zu unterhalten als fehlerfreie Deutungen von sich zu geben – und dies galt nicht bloß hinsichtlich der Grundgestörten. Und Masud Khan hatte seinerseits postuliert, daß es in Phasen der Regression bei Patienten mit Selbstdefekten für den Analytiker darauf ankomme, Deutungen durch eine Form totaler psycho-physischer Präsenz zu ersetzen. Bei Balint heißt es, das Entscheidende in der Arbeit mit grundgestörten regredierten Patienten sei die »Schaffung und Erhaltung einer leistungsfähigen Beziehung«.

Was schwebt Balint genau vor, wenn er von einer derartigen Beziehung redet? Wie sollte die Gegenübertragung nach Auffassung dieses Autors idealerweise aussehen, damit sie wirklich zu einer tragenden und bewegenden Kraft wird, auf die der regredierte Patient sich verlassen kann? Die Antwort, die uns Sacha Nacht gegeben hat, ist jedenfalls nicht die seine. *Eine Gegenübertragung, die sich vor allem durch »Liebe, Güte und eine authentische Freude am Schenken« (Nacht) auszeichnet, stellt für Balint keine tragende, bewegende, emanzipatorische Kraft sui generis dar. Häufig habe das Vorhandensein einer solchen Form der Gegenübertragung einzig zur Folge, daß der Patient noch stärker in seine Regression hineingetrieben werde.* Dennoch ist Balints Umgang mit Patienten sehr liebevoll. 1934 schreibt er zum Beispiel, daß ein Patient das Lieben in der Behandlung nur dann wirklich entdecken und »neu beginnen« könne, wenn er auf ein »im wahrsten Sinne des Wortes ›liebenswürdiges‹ Benehmen des Objektes« (Balint, 1969, S. 200) treffen könne. Aber bei Balint handelt es sich in aller Regel um den Einsatz von stark sublimierten libidinösen Energien, niemals aber um ein spontanes Spenden und Schenken »aus der Überfülle eines weichen Herzens«, wie Freud es spöttisch formuliert hatte. Selbst dort wo sein Vorgehen recht direkt gratifizierend aussehen mag – wenn Balint beispielsweise einem regredierten Analysanden seinen Zeigefinger zum Halten überläßt – unternimmt er das niemals aus einer naiven, unreflektierten Freude am Schenken heraus. Er prüft in jedem Falle sehr genau, welchen Stellenwert eine derartige Geste für den Patienten haben wird, und überlegt sich, wie die Folgen für den weiteren Verlauf der Behandlung aussehen werden. Unkontrolliertes, spontanes Gratifizieren, Reparieren und Zuliefern von korrigierenden, emotionalen Erfahrungen (im Sinne von versuchter Wiedergutmachung) ist ihm äußerst suspekt, *weil nämlich Analytiker, die sich in der Rolle des nur guten, spendenden Primärobjektes gefallen, vom Patienten unweigerlich als omnipotent erlebt würden.* Das aber vergrößert nach Balint das Ungleichgewicht, die Ungleichheit in der Beziehung und *führt nur zu leicht zu einer malignen Regression. Gefährliche Sucht-Spiralen auf seiten des Patienten können durch wahlloses Gratifizieren ins Leben gerufen werden:* der Patient verliert dann alles weitere Interesse an seiner Entwicklung und interessiert sich nur noch für eines, nämlich für noch mehr Zuwendung seitens des Analytikers (Balint, 1969, S. 139, 195 und 196, 204 und 205, 217). *Ferenczis gewährende Technik hatte genau die eben beschriebenen, verheerenden Auswirkungen gezeitigt* und begünstigte die malignen Regressionen, vor denen Balint so eindringlich warnt. In all seiner spendenden Güte wurde Ferenczi für seine Patienten zu einem allwissenden, übermächtigen Objekt, das es allein in der Hand hatte, Veränderungen überhaupt zu bewirken (Balint, 1969, S. 136 und 137).

Wieso aber hat Balint denn wieder und wieder auf die Bedeutung der Ferenczischen Experimente hingewiesen? *Ferenczi erkannte, so meint Balint, bei allen Fehlern, die ihm unterlaufen waren, etwas zentral Wichtiges: dies nämlich, daß es nicht angeht, regredierte Patienten mit der versagenden, distanzierten Standardtechnik zu behandeln,* weil sie in ihrem Zustand ein gewisses Maß an Befriedigung und größeren Beistand ganz dringend benötigen, soll die therapeutische Beziehung nicht aufhören zu existieren. *Der Unterschied zwischen Ferenczi und Balint ist eigentlich einzig in der Wahl der Mittel, in der Art der befürworteten Modifikationen der Standardtechnik zu sehen.* Daß aber die Objektbeziehung und eine spezifische unterstützende Gegenübertragung (und damit auch das Erlebnis einer neuen, emotionalen Erfahrung beim Patienten) das entscheidende, therapeutische Agens im Umgang mit Regredierten darstellen, darüber sind sich Balint wie Ferenczi vollkommen einig.

Sieht die wesentliche Modifikation bei Ferenczi vor allem so aus, daß gewisse schwer gestörte Patienten im nachhinein doch noch die »Segnungen einer Kinderstube« und das »Prinzip Verzärtelung« kennenlernen dürfen (dank eines Analytikers in der Rolle eines nur-guten Primärobjekts), *so hält Balint es für wesentlicher, daß der Patient in seiner Regression oder seiner »Phase des Neubeginns« auf einen Analytiker treffen kann, der imstande ist, ohne alle Worte die Erfahrung einer grundsätzlich neuen, zwischenmenschlichen Beziehung anzubieten, in der es nichts solches mehr wie jene übermäßig starren oder auch zu stimulierenden Objekte der Kindheit gibt.* Dazu Balint:

»In den dreißiger Jahren begann ich einzusehen, daß die vom Patienten geforderte und erlangte Befriedigung in der Phase des Neubeginns zwar wichtig, aber nicht entscheidend war; sie war vielleicht nur ein Mittel zum Zweck. Worauf es wirklich ankam, das war die Hilfe, die der Patient bekam, um sich aus komplizierten, erstarrten, bedrückenden Beziehungen zu seinen Liebes- und Haßobjekten zu befreien – etwas was man damals Charakterzüge nannte – und einfachere, weniger bedrückende Formen einzuleiten« (Balint, 1969, S. 164 und 165).

Das Moment des *Nicht-Bedrückenden* in der Gegenübertragung des Analytikers wird also von Balint vor allem hervorgehoben. Die Flexibilität, die Leichtigkeit, die Abwesenheit von Zwang und Druck, darauf kommt es ihm an. Genau diese spezifische Form von Gegenübertragung hat Dörte von Drigalski so sehr vermißt und nur im Umgang mit Freunden finden können:

»Unterhaltungen mit Freunden *unter privaten, gleichberechtigten Bedingungen* haben mir einfach viel mehr gegeben als professionelle Versuche. *Sie waren entspannter, von Leistungsdruck freier, von gegenseitiger Vorsicht freier [...]. [...] notwendigerweise mich Kränkendes konnte ich unter privater, liebevoller Atmosphäre besser annehmen*« (Hervorhebungen von der Verf.) (v. Drigalski, 1980, S. 242 und 243).

*Balint hat zur Charakterisierung der erforderlichen Gegenübertragung die Metapher von den Ursubstanzen Wasser, Erde oder Luft herangezogen*, ein auf den ersten Blick ungewöhnlicher, im Grunde genommen aber wunderschöner und künstlerischer Vergleich. *Nehmen wir das Wasser: Balint beschreibt es als fügsam, arglos, unaufdringlich, unzerstörbar und anspruchslos.* Es ist einfach da, macht alles mit. Man kann es hierhin leiten, dorthin leiten, umleiten, in jede beliebige Form gießen, ganz wie man will. Man kann sich von ihm tragen lassen, ohne es im Geringsten beachten zu müssen. Es ist eine – mütterliche – Ursubstanz, die man mit einem noch so aggressiven Zugriff niemals zerstören kann. Balint schreibt:

»*Ein Objekt kann zerbrochen, verletzt, beschädigt oder zerstört werden, wie jedes Kind bald lernt, wenn es mit seinen Spielsachen umgeht.* Substanzen und Materie wie Wasser, Sand, in mancher Hinsicht auch Plastilin, können weder zerbrochen noch beschädigt oder zerstört werden. *Da Substanzen nicht oder nur wenig Widerstand leisten, kann man alles mögliche mit ihnen machen und ihnen antun, vieles, das mit Objekten vollkommen unmöglich wäre.* Im Gegensatz zu Objekten kann man sie genießen, ohne daß man seine eigene Aggressivität zügeln müßte.

In jedem Kinderleben gibt es Perioden, wo das Kind sich vom Wasserhahn faszinieren läßt, der wie durch Zauberei einen Strahl hervorbringt und ihn wieder verschwinden läßt. Man kann den Strahl auch mit der Hand ablenken oder gar anhalten, aber sobald die Hand weggezogen wird, erscheint er wieder, wie wenn nichts geschehen wäre. *Ebenso kann man mit Sand umgehen, man kann ihn formen, durchnässen, trocknen, man kann ein Schloß daraus bauen und es wieder zerstören und wieder von neuem aufbauen,* und so weiter in endlosen Abweichungen. Es ist nach dem Vorhergehenden augenscheinlich, daß weder Sand noch Wasser wirkliche Objekte, sondern eine Art Vorläufer der Objekte sind« (Hervorhebungen von der Verf.) (Balint, 1972, S. 99).

Die optimale Gegenübertragung im Umgang mit Regredierten hält den Patienten also nach Auffassung Balints keineswegs so, wie der starke Christophorus den kleinen Jesus: da wird niemand auf starken Armen sicher über den Fluß der Regression getragen und keiner muß sich dabei fühlen wie ein kleines, schutzloses Kind. Statt dessen trägt die Gegenübertragung den Patienten so sicher, aber auch so diskret und personlos, wie Wasser, das einen Schwimmenden trägt:

»Er müßte also willens sein, *den Patienten zu tragen, nicht aktiv, sondern wie Wasser den Schwimmer oder wie die Erde den darauf Gehenden trägt, d. h. für den Patienten da zu sein und sich von ihm, ohne zuviel Widerstand dagegenzustemmen, gebrauchen zu lassen*« (Hervorhebung von der Verf.) (Balint, 1973, S. 203).

Wenn sich dies aber so verhält, wenn die Gegenübertragung in ihrer Trage- und Haltefunktion so wenig aktiv werden darf, wie Balint hier schreibt, wo liegt denn da eigentlich noch der Unterschied zur Standardtechnik, die vom Analytiker ja auch sympathisierende Teilnahme, verbunden mit Passivität, verlangt? Ein wesentlicher Unterschied ist sicher einmal darin zu sehen, daß *bei Balint der regredierte Patient während gewisser Phasen von Deutungen weitgehend verschont bleibt und dadurch den Analytiker als viel verfügbarer und anspruchsloser, als weniger strukturierend und organisierend erlebt,* wie wenn der sein »*Recht auf Deutungen*« oder seine »*Pflicht zu verstehen*« geltend machen würde. *Der zweite Unterschied: Der Analytiker begreift sich nicht als ein vom Patienten wirklich getrenntes Objekt mit fest gefügten Grenzen, sondern sein Selbstverständnis ist das einer beliebig verfügbaren Substanz.* Das bedingt ein ganz neues Klima im Behandlungsraum. Etwas wird dadurch fundamental anders »in der Atmosphäre, der Stimmung, und zwar sowohl beim Patienten wie beim Analytiker« (Balint, 1973, S. 222 und 223). *Das Zusammensein mit dem Analytiker wird vom Patienten als so harmonisch erlebt, daß er den Analytiker als Person nicht mehr wahrzunehmen braucht:* niemand dringt in ihn ein, niemand will ihm etwas »klarmachen«, »es« ist einfach stimmig. Die »chirurgische«, spiegelglatte, aufklärerische Atmosphäre, unter der Dörte von Drigalski so sehr litt, gibt es nicht:

> »Etwas fürchterlich Strenges hat sich in die praktizierte Analyse eingeschlichen; und ich will nicht glauben, daß dies primär so in ihr liegt. An manchen Praxiswänden, in Instituten hängen in Kreuzhöhe Freud-Bilder, aus hohem Alter, vor deren bitterer, niederdrückender, leidender, rigoroser Strenge ich eigentlich nur erschrecken kann. (Den weisen, väterlichen, gütigen, abgeklärten Akzent kann ich nur mühsam an diesem Bild sehen.) Wenn es wirklich nur solche gäbe – aber auf jüngeren Bildern sieht er wirklich gut aus, attraktiv; in so einen könnte man sich verlieben; da strahlt er noch Dynamik aus, Mut, Leben. Die schönen, vitalen Abbildungen haben sich aber irgendwie nicht durchgesetzt« (v. Drigalski, 1980, S. 260 und 261).

Zu Balints Charakterisierung dieses neuen, anderen Klimas, dieser spezifischen Gestimmtheit des Analytikers im Umgang mit regredierten Patienten, fällt mir vor allem das Wort *Gelassenheit* ein. Und zwar, weil *es in erster Linie darum geht, daß der Analytiker sich nicht gedrängt fühlt, alles auftauchende Material sofort durch Deutungen »organisieren« zu müssen*, weil er die Regression des Patienten auf nonverbale Ebenen nicht auf die Ebene des Wortes hinaufzwingen muß. Wenn der Patient nicht redet, dann wartet der Analytiker nicht ungeduldig, bis der Patient endlich wieder redet und man wieder »richtig Analyse« machen kann, sondern er *ist* in der Wortlosigkeit *mit* dem Patienten. Er wartet nicht und er wendet auch keine Mittel an, die regressiven Prozesse zu stoppen. Er begleitet den Patienten dorthin, wohin dieser ihn führt, gelassen, arglos, ruhig, zuverlässig und liebenswürdig.

Balint führt den Unterschied zwischen der klassischen Passivitäts-Haltung und jener anderen Haltung, bei der der Analytiker den Patienten passiv wie Wasser trägt, nicht näher aus, aber man spürt aus seinen Sätzen zum Thema heraus, daß *hier zwei gänzlich verschiedene Formen analytischer Passivität zur Debatte stehen*. Die Standardtechnik zielt mit ihrem Aufruf zur Passivität vor allem darauf ab, daß der Analytiker sich nicht zu sehr »dreinverwickeln« lasse, um die Übertragungsentwicklung beim Patienten nicht zu stören. Diese Art von Passivität seitens eines teilnehmenden Beobachters wird von Rangell 1954 so beschrieben:

> »[...] die Vorstellung, daß der psychische Apparat um sich herum ein magnetisches Energiefeld ausbreitet. Der Analytiker nimmt seinen Platz an der Peri-

pherie dieses Feldes ein, nicht soweit entfernt, daß es nutzlos ist und so erscheint, als ob er gar nicht da wäre, aber auch *nicht so nah, daß er durch sein eigenes magnetisches Feld in Aktion mit dem Patienten gerät. Er ist immun gegenüber der Abstoßung und Anziehung. Er sitzt an der Grenze wie ein Linienrichter beim Tennismatch, so daß er zum Patienten sagen kann, das ist das, was du jetzt tust, hier ist ein Impuls, hier ist eine Abwehr, hier ist ein Widerstand* [...]« (Hervorhebungen von der Verf.) (Rangell, bei Cremerius, 1979 b).

Wer sich hingegen auf die von Balint beschriebene Weise passiv verhält, ist natürlich niemals dem am Spiel nicht teilnehmenden Linienrichter beim Tennismatch vergleichbar, der nur taxiert. Er ist eminent mitbeteiligt und mit von der Partie und trägt den Patienten mit seiner Gegenübertragung so, daß dieser in der Regression nicht untergeht. Obwohl er von außen gesehen völlig passiv wirkt, legt er niemals die Hände in den Schoß, sondern er vermittelt dem regredierten Patienten mit seiner spezifischen Gegenwart ganz ohne Verwendung von Worten oder Deutungen den Eindruck, daß er, was auch immer geschehen möge, zu ihm stehen wird, unzerstörbar ist, in jeglicher Situation gelassen bleiben wird, daß seine Toleranz und Arglosigkeit kein Ende haben. Parallelen zu der von Khan geforderten psychophysischen Präsenz im vordergründigen Nichts-Tun und Nicht-Reden tun sich auf, und es erscheint gar nicht so weit hergeholt, wenn man auch noch den Zen-Buddhismus zum Vergleich herbemüht. So wie der Analytiker bei Balint Arglosigkeit, Gelassenheit und Absichtslosigkeit erlangen muß, will er dem Patienten in der Regression das optimale Klima bieten, so gilt es auch für den Zen-Mönch, in äußerster Konzentration und Meditation Absichtslosigkeit zu erlangen. Erst wenn der Zen-Meister sich selber vollständig vergessen hat, alles Wollen, Planen, Zielen abgelegt hat, trifft er beim Bogenschießen mit völliger Sicherheit ins Schwarze. Solange er noch zielt, die Absicht hat, ins Schwarze zu treffen, geht der Schuß daneben. Ein auf diese Weise passiver Bogenschütze oder Analytiker ist aber alles andere als einfach »faul«, es handelt sich vielmehr um eine spezifische Form von Passivität, die zu erlangen volle Konzentration und uneingeschränktes Dabeisein erfordert.

In dieser von Balint gemeinten Auffassung von analytischer Passivität haben übrigens manchmal sogar Handlungen des Analytikers, Ermunterungen zu Handlungen an die Adresse des Patienten und selbst – allerdings in einem eng umschriebenen Sinne – gratifikatorische Handlungen Platz. Das mag einen auf den ersten Blick verwundern, weil man nun gerade begriffen hat, daß *das absichtslose, den Eigenschaften des Wassers verwandte Mitgehen, Sich-ziehen-lassen des Analytikers das ist, worauf es im Um-*

*gang mit Regredierten ankommt.* Was haben denn hier Handlungen und Ermunterungen zu Aktionen verloren? Wie kann der Analytiker passiv und formbar sein wie eine Ursubstanz und zugleich aktiv gratifizierend wirken? Des Rätsels Lösung: Auch allfällige aktive Interventionen und Aktionen müssen aus demselben Geist, aus derselben *Grundhaltung des Geschehenlassens* heraus zustande kommen, einfach weil sie im Moment das verkörpern, was der Patient gerade braucht. Ein Beispiel: Zu Beginn dieses Kapitels habe ich erwähnt, daß Balint manchmal widerspruchslos mitmacht, wenn ein regredierter Patient sich an seinem Finger halten möchte (Balint, 1973, S. 164 und 165). Eine derartige Handlung ist, so aktiv gratifizierend sie auf den ersten Blick aussehen mag, dennoch nur ein passives Sich-benutzen-lassen bei Balint und von der Absicht und der Gegenübertragung her etwas völlig anderes als etwa die »gratifizierende Präsenz« eines Sacha Nacht, der befand, Analytiker sollten ihren Patienten im nachhinein noch jene Liebe geben, die einst vermißt worden sei. Balint schlüpft niemals in die Rolle des guten, spendenden, reparierenden Primärobjekts. Er ist, während sein Patient seinen Finger umklammert, gewissermaßen nur der Ast, der auf dem Wasser treibt, an welchem sich der Schwimmer halten kann, wenn seine Kräfte ihn verlassen. Er will nichts wiedergutmachen, er stellt sich einfach bedingungslos so zur Verfügung, daß der Patient im Ausloten der regressiven Tiefen weiterkommt. Das kann – abgesehen von einer körperlichen Berührung respektive einem Sich-berührenlassen – auch eine vom Patienten benötigte Ermunterung zu einer Handlung, wie etwa das Schlagen eines Purzelbaumes, sein:

»Es sei ein konkreter Fall angeführt. In der zweiten Hälfte der zwanziger Jahre nahm ich eine attraktive, lebhafte, ziemlich kokette junge Frau Ende der Zwanzig in analytische Behandlung. *Ihre hauptsächliche Beschwerde war, daß sie nichts durchführen konnte.* Sie hatte schon vor mehreren Jahren ihr Studium praktisch beendet, brachte es aber nicht fertig, sich zum Abschlußexamen zu melden. Sie war sehr beliebt, mehrere Männer hatten sich ihr genähert, einige mit ernsthaften Heiratsabsichten, aber sie konnte ihre Liebe nicht erwidern. Allmählich kam heraus, daß *ihre Hemmung mit einem lähmenden Gefühl der Unsicherheit einherging, sobald sie ein Risiko eingehen* und eine Entscheidung fällen sollte. [...] Es dauerte fast zwei Jahre, ehe diese Zusammenhänge für sie einsichtig wurden. Es war etwa zu jener Zeit, als *ich einmal die Deutung gab, es sei für sie sehr wichtig, immer den Kopf oben und die Füße fest auf dem Erdboden zu behalten. Darauf erwähnte sie, daß sie es seit frühester Kindheit nie fertiggebracht habe, einen Purzelbaum zu schlagen*, obwohl sie es oft versucht hatte und ganz verzweifelt war, wenn es nicht ging. *Ich warf ein: ›Na, und jetzt?‹ – worauf sie von der Couch aufstand und zu ihrer eigenen größten Überraschung ohne weiteres auf dem Teppich einen tadellosen Purzelbaum schlug.*

Dies erwies sich als ein wahrer Durchbruch. Es folgten Veränderungen in ihrem gefühlsmäßigen, sozialen und beruflichen Leben in Richtung auf größere Freiheit und Elastizität. Sie erreichte es, zu einer schwierigen Prüfung zugelassen zu werden, bestand sie, verlobte sich bald darauf und heiratete« (Hervorhebungen von der Verf.) (Balint, 1973, S. 156 und 157).

Dies scheint mir ein Prachtbeispiel für das zu sein, was Balint meint, wenn er vom arglosen, nicht-bedrückenden, absolut verfügbaren Analytiker, der die Regression begleitet, redet. Der Analytiker geht in dieser Szene vom Purzelbaum so spielerisch-liebevoll mit der Patientin um, wie sie es braucht. Dadurch kann sie nicht mehr länger an sich halten, gibt dem neckischen Schubs hin zu mehr Spontaneität nach und wagt etwas Neues, was in der Luft gelegen hat. In Balints Sätzchen »na, und jetzt?« verbirgt sich keine bedrückende Forderung, sondern die Gewißheit, daß die Patientin einen Purzelbaum doch ohne weiteres schaffen könne. Das macht ihr Mut und unwiderstehliche Lust auf diesen Purzelbaum. Balint verhält sich hier wie eine Mutter, die ihr Kind alleine laufen lehrt, auf eine Weise, wie Kierkegaard es so schön beschrieben hat:

»Die liebende Mutter lehrt ihr Kind, allein zu laufen. Sie ist weit genug von ihm entfernt, um ihm keine wirkliche Unterstützung zu bieten, doch sie streckt ihm ihre Arme entgegen. Sie ahmt seine Bewegungen nach, und wenn es schwankt, beugt sie sich rasch nieder, als wolle sie es festhalten, so daß das Kind glauben könnte, es liefe nicht allein [...] Und dennoch tut sie mehr. Ihr Blick, mit dem sie das Kind heranwinkt, ist wie eine Belohnung, eine Ermutigung. So läuft das Kind allein, während seine Augen auf das Gesicht der Mutter gerichtet sind und nicht auf die Schwierigkeiten, die auf seinem Wege liegen. Es hilft sich selbst durch die Arme, die es nicht halten – es strebt beständig der Zuflucht in den Armen der Mutter zu. Dabei ahnt es kaum, *daß es in eben dem Augenblick, in dem es sein Bedürfnis nach ihr zeigt, beweist, daß es ohne sie auskommen kann,* weil es allein läuft« (Kierkegaard, zitiert bei Mahler, 1978, S. 96).

Spätestens an diesem Punkt wird deutlich, wieso ich zu Beginn dieses Kapitels gezögert habe, Balint so ohne weiteres der von Cremerius beschriebenen Kategorie der »mütterlichen Liebestherapeuten« zuzuordnen: Verfügbarkeit ist eben nicht dasselbe wie aktives Spenden von Mutterliebe, obwohl solche Verfügbarkeit seit je einen wichtigen Aspekt mütterlicher Liebe ausmacht. Balint schreibt es selber:

»Dieses Sich-als-›primäres Objekt‹-Darbieten ist natürlich nicht gleichbedeutend mit dem Geben primärer Liebe« (Balint, 1973, S. 217).

Wenn Ferenczi seine zu kurz gekommenen Patienten streichelte, so hatten wir es mit einer therapeutisch grundsätzlich anderen Absicht und Gegenübertragung als bei Balint zu tun. Wasser stellt zwar das mütterliche Element par excellence dar. Dennoch entspricht das Verhalten eines Analytikers, der einem Patienten eine dem Wasser vergleichbare Gegenübertragung entgegenbringt, einer ganz anderen Form von Mütterlichkeit, als viele »mütterliche Liebestherapeuten« sie uns nahezulegen versuchen. Die Analytiker-Mutter ist für Balint weniger die immer nur Liebe spendende Mutter als die vollkommen verfügbare Mutter, mit der man alles machen kann, »als wärs ein Teil von mir«. *Balint betonte den Hilfs-Ich- oder Selbstobjekt-Aspekt der Mutter oder des Analytikers, er ließ den Analysanden entscheiden, wie er ihn jeweils haben und brauchen wollte, er ging nicht von vornherein davon aus, daß dieser ein bedauernswertes Geschöpf sei.*

Wie schon bei Masud Khan, dem es, sieht man einmal ab von seinen gratifizierenden Absichten, auch vor allem um die Verfügbarkeit des Analytikers im Umgang mit regredierten Patienten ging, wird man hier noch einmal an die neuere Narzißmus-Theorie und insbesondere an Formulierungen von Heinz Kohut erinnert. Wo liegt der Unterschied, wenn wir bei Balint lesen, daß der auf die Ebene der Grundstörung regredierte Patient Objekte und Umwelt »*als selbstverständliche Gegebenheiten*« voraussetzt (Balint, 1973, S. 90), die keinerlei eigenen Interessen und Ansprüche haben dürfen, daß »*zuzeiten der Analytiker alles tun muß, was in seiner Macht steht, um nicht zu einem zu scharf konturierten Objekt zu werden*« (Balint, 1973, S. 203), daß der Analytiker sein muß wie eine Ursubstanz, die sich nicht um die Aufrechterhaltung von Grenzen sorgt und *keinerlei »Wert auf separate Existenz«* legt (Balint, 1973, S. 204) – und Kohutschen Beschreibungen vom Analytiker in der Rolle des Selbstobjekts, wie den folgenden:

> »Da in der Wiederbelebung dieses frühen Stadiums der primären Identität mit dem Objekt der Analytiker als Teil des Selbst erlebt wird, erwartet der Analysand – im Bereich der spezifischen, therapeutisch aktivierten Regression – ihn uneingeschränkt zu beherrschen« (Kohut, 1973, S. 140).

Und:

> »Bei den Zwillings- (Alter-Ego-) und Verschmelzungsvariationen der Wiederbelebung des Größen-Selbst wird der Analytiker im allgemeinen als selbständiges Individuum von den Assoziationen des Patienten vollkommen ferngehalten und verliert somit gerade jenes Minimum an narzißtischer Befriedigung, das ihm in der Spiegelübertragung sonst noch geboten wird: die An-

erkennung seiner getrennten Existenz durch den Patienten« (Kohut, 1973, S. 308).

Auch von Kohut wird dem Analytiker bei gewissen Übertragungsformen keinerlei Autonomie zugestanden und auch er pocht darauf, daß der Analytiker so völlig verfügbar wie irgendein Körperteil des Patienten zu sein habe. Es macht allerdings den Eindruck, daß es Kohut einiges schwerer als Balint fiel, für den Patienten nichts weiter als eine konturlose, formbare Substanz zu verkörpern. Das zeigt sich deutlich an seinen Formulierungen. Wenn er davon spricht, daß der Analysand erwarte, »ihn uneingeschränkt zu beherrschen« und ihm auch noch das letzte »Minimum an narzißtischer Befriedigung« entziehe, dann verrät er deutlich, wie schlecht er sich mit der erforderlichen Rolle abfinden kann. Formulierungen wie diese finden sich niemals bei Balint, ganz im Gegenteil. Er scheint es zu genießen, wenn seine Analysanden mit ihm spielen wie mit Wasser oder mit Sand. Er fühlt sich wohl in der Rolle der Sandburg, die aus einer Laune heraus plötzlich wieder zerstört wird, er ist gerne jener Wasserstrahl, der einmal hierhin, einmal dorthin geleitet wird. Seine Sprache ist lebendiger, sinnlicher, lustvoller als diejenige von Kohut. Das Moment des Spielerischen, das Balints Beschreibungen des regressiven Geschehens in der Patient-Arzt-Beziehung charakterisiert, fehlt bei Kohut. Ein Purzelbaum in einer analytischen Sitzung – das ist nicht jedermanns Sache. Dafür braucht der Patient das Wissen darum, daß da einer hinter ihm sitzt, der lachen kann, sich mit ihm freut, wenn der Purzelbaum gelingt, der arglos ist und ihn gewähren läßt. Ein solches Klima gibt es selten, viel zu selten innerhalb der Psychoanalyse. Kohut jedenfalls, so vermute ich, vermochte es trotz der beschriebenen Parallelen zu Balint nicht anzubieten (vgl. zu Kohuts Gegenübertragungsschwierigkeiten Cremerius' Aufsatz über Kohuts Behandlungstechnik: Cremerius, 1981 b). Purzelbäume, das ist doch Agieren!

Zu meinem Leidwesen sehe ich mich allmählich genötigt, mein Kapitel über Balint, diesen so kreativen wie anregenden und sympathischen Analytiker, bei dem man – nicht anders als bei Ella Sharpe – durchgängig die Luft der Freiheit atmet und niemals den Respekt vor der Eigenart und Einmaligkeit des Patienten vermißt, abzuschließen. Einige Schlußsätze seien mir aber noch gestattet. *Balints verhaltener, aber hundertprozentig verläßlicher und liebevoller Umgang mit dem regredierten Patienten stellt meiner Meinung nach eine ausnehmend geglückte Synthese zwischen Einsichten der »Vernunfttherapie«, die zu Recht vor den Gefahren der Verwöhnung warnte, und Erkenntnissen der »Liebes- und Erlebnistherapie«*

*dar –, die mit ebensolchem Recht vor den Gefahren von Unterkühlung und Kopflastigkeit warnte und auf einem Mehr an Beziehung bestand.* Betrachten wir Patienten, so lehrte er, zu sehr als abhängige, bedürftige, zu kurz gekommene Wesen und schlüpfen wir voll Mitgefühl in die Rolle des Retters und der guten Eltern (besser als die einstigen!), dann sind wir, so Balint, zu groß, der Patient aber zu klein. Wir stoßen ihn dann in eine Regression hinein, in der es keinen fruchtbaren Humus für Wachstumsprozesse gibt. Bestehen wir aber im Umgang mit Grundgestörten dauernd auf der Produktion von Deutungen, so wirken wir zu »objektal« und dominant, zu beherrschend oder verführerisch, und Wachstum wird so neuerlich blockiert. Die Kunst, etwas takt- und liebevoll zu versagen, beherrschte Balint daher so souverän wie die andere, Trost passiv-diskret und ganz nebenbei zu gewähren. An einer von Balint berichteten Szene aus einer Analyse will ich kurz veranschaulichen, was ich meine, wenn ich sage, Balint habe so besonders feinfühlig auch versagen können:

Ein regredierter Patient verlangt eine Extrastunde. Balint deutet weder klassisch-kränkend, daß hier ein neues Zeichen von unersättlichem Verlangen vorliege, noch erfüllt er wie weiland Ferenczi die Bitte. Er unternimmt statt dessen dies: er anerkennt und akzeptiert erst die Qual und große Not des Patienten, damit sich der Patient in seinem Anliegen verstanden fühlen kann. Dann äußert er, er habe nicht den Eindruck, daß eine Extrastunde ausreichen würde, um dem Patienten wirklich das zu geben, wonach er sich so inständig sehne. Außerdem, so erklärt er, würde ihn das zu klein und nichtig machen, er, Balint, aber würde dadurch zu groß und zu mächtig, was beides nicht wünschenswert sei (Balint, 1973, S. 207 und 208). Von der Frostigkeit der klassischen Passivität und Versagung, aber auch von den Sauna-Temperaturen und dem großherzigen Spenden und Reparieren mancher Liebestherapeuten ist da nichts zu spüren. Gefunden wurde eine Gegenübertragung, die, obwohl sehr liebevoll, niemals des Patienten Wachstum behindert, eine die ihn nie zu abhängig macht, eine Gegenübertragung, lauter wie Wasser.

## 5. Marguerite SECHEHAYE:
## Nicht der direkten Mutterliebe und Wunscherfüllung, sondern einzig der verhüllten Mütterlichkeit und der symbolischen Wunscherfüllung bedürfen die Psychotiker

Zu den ersten Therapeuten, die in der Nachfolge Ferenczis Vorstellungen von »mütterlicher Liebestherapie« auch in die Behandlung von Psychotikern eingebracht hatten, zählten zwei Frauen: Gertrude Schwing und Marguerite Sechehaye. Bei beiden spielte die Deutung nur eine randständige Rolle, der Liebe in der Gegenübertragung aber wurde aller therapeutische Fortschritt zugeschrieben. Gertrude Schwing (1954) ließ es sich schon zu Beginn der vierziger Jahre angelegen sein, psychotische Patienten, die man als hoffnungslose Fälle definitiv in Anstalten untergebracht hatte, mit etwas ganz Neuem, nämlich mittels einer »liebevollen Umgebung« (Schwing) zu kurieren. Damit meinte sie vor allem Nachgiebigkeit im Umgang mit diesen Patienten, mütterliches Sorgen für deren körperliche Bedürfnisse und verschiedene andere Formen von ganz direktem, unverhülltem Gratifizieren.

Marguerite Sechehaye unternahm zur selben Zeit etwas im Prinzip Vergleichbares. Einer schwer gestörten schizophrenen Patientin (der Fall der Adoleszenten »Renée«, der Sechehaye später so berühmt machen sollte) ließ sie ein nur schwer mit Worten wiederzugebendes Maß an mütterlicher Fürsorge und Liebe zukommen – und dies über Jahre. Allerdings gebe es, so findet Sechehaye, einen wesentlichen Unterschied, vergleiche man ihre Arbeitsweise mit derjenigen von Gertrude Schwing. Sie selber, so schreibt sie, habe niemals einfach direkte, unverhüllte Mutterliebe als therapeutisches Agens eingesetzt, sondern immer nur *Symbole für die Gegenwart solch liebevoller Mütterlichkeit*, sei sie doch überzeugt, daß das simple Erfüllen von Wünschen auch einen Schizophrenen nicht weiterbringe, sondern einzig und allein »*symbolische Wunscherfüllungen*«. Wenn ihr immer wieder unterstellt werde, daß es ihr enormes Engagement und ihre Mütterlichkeit gewesen seien, welche das Mädchen Renée aus den Fängen der Psychose gerettet hätten, so freue sie sich daher gar nicht über eine derartige Anerkennung, weil sie an die pure Mutterliebe als therapeutisches Agens eben nicht glauben könne. Es sei immer nur die getarnte, verhüllte oder eben die symbolische Mütterlichkeit, welche einen Patienten voranbringe:

»Eine Kollegin hat mir kürzlich gesagt: ›Was Renée gerettet hat, das war die Mutterliebe, die Sie ihr erwiesen haben‹.

Ist es wirklich glaubhaft, daß einzig die Liebe, die ich der kleinen Renée gezeigt habe, ihr erlaubte, die Aggression gegen die feindliche Welt zu überwinden? Ich glaube es nicht. Eine mütterliche Haltung war sicher erforderlich, um dem angsterfüllten Unbewußten der Kranken Vertrauen einzuflößen. Gewiß hat vom analytischen Gesichtspunkt aus meine Zuneigung, die nötige Übertragung des Unbewußten auf eine neue Mutter, die ›liebende Mutter‹ hergestellt. [...] Aber ich betone nochmals, daß dies nicht der Hauptfaktor der Heilung war. Und der Beweis: ungefähr seit dem zweiten Jahr der Behandlung habe ich mich als ›liebende Mutter‹ betragen und bin es bis heute geblieben. Und während dieser Zeit hat sich der Zustand der Kranken zuerst verschlechtert, dann hat sie Fortschritte gemacht. Und erst, nachdem es ihr von neuem schlechter ging, wurde sie geheilt. Wenn also die Zuneigung zur Heilung genügt hätte, wäre die Entwicklung bis zum Erfolg stetig geblieben. Die positive Übertragung ist im Gegenteil zu gewissen Zeiten verschwunden, und die Kranke zog sich vollständig in den Autismus zurück.
Aus allen diesen Gründen bin ich überzeugt, daß *›die Mutterliebe‹ ohne die symbolischen Befriedigungen für die Heilung nutzlos gewesen wäre*« (Sechehaye, 1955, S. 99).

Über die Stichhaltigkeit der obigen »Beweisführung« läßt sich natürlich streiten: Der Umstand, daß ein Patient in einer Behandlung Bewegungen nicht nur nach vorn, sondern manchmal auch wieder zurück macht, sagt so gut wie gar nichts über die Qualität der angewendeten therapeutischen Technik aus. Dasselbe gilt für den Verlust der positiven Übertragung auf Zeit. Progressionen und Regressionen, positive und negative Übertragungen, gibt es bekanntlich in allen Behandlungen, bei Analytikern jeglicher Couleur. Keine Methode, keine Spielart der Gegenübertragung kann von sich behaupten, daß dank ihr »die Entwicklung bis zum Erfolg stetig geblieben sei«, denn psychische Entwicklung verläuft nun einmal nicht geradlinig, sondern zumeist wie jene Prozessionen, bei denen auf zwei Vorwärtsschritte ein Rückwärtsschritt erfolgt. Wenn eine Phase des zuverlässigen, konstanten Fortschritts erst gegen Ende der Behandlung von Renée möglich wurde, muß das keineswegs – wie Sechehaye postuliert – daran liegen, daß direkte Zuneigung in indirektes oder unverhülltes Gratifizieren in symbolische Wunscherfüllungen umgewandelt worden war. Doch ich will das Pferd nicht am Schwanz aufzäumen und Sechehayes Methode diskutieren, bevor überhaupt deutlich gemacht worden ist, wer die kleine Renée war, worunter sie litt und auf welche Weise sie behandelt wurde.

Undankbarer, hoffnungsloser, prognostisch ungünstiger hätte der Fall Renée gar nicht sein können. Ganze *fünfzehn* Psychiater und Psychoanalytiker hatten das Mädchen Renée bereits erfolglos untersucht und behandelt, als die Achtzehnjährige im Jahre 1930 auch noch bei Marguerite Sechehaye erschien. Niemand versprach sich allerdings viel von diesem Besuch, hatten doch die genannten fünfzehn Kapazitäten bereits den Stab über Renée gebrochen und sie unisono als »hoffnungslosen Fall« bezeichnet. Die Diagnosen zielten alle in eine ähnliche Richtung: »in Entwicklung begriffene Hebephrenie«, »Schizophrenie«, »Dementia praecox«, »schizophrenes Paranoid« oder auch »beginnende Schizophrenie mit neurotischen Symptomen« (Sechehaye, 1955, S. 18). Aber wie man es auch formulieren oder etikettieren mochte, Renée konnte nicht geholfen werden.

Schon in frühester Jugend legte die Patientin ungewöhnliche Verhaltensweisen an den Tag, die von Sechehaye mit den massiven Traumata erklärt werden, welche Renée schon im Säuglingsalter erlebt hatte: Als Baby verhungerte sie beinahe, weil sie von der Mutter unbewußt abgelehnt wurde. »Seiner Gesundheit zuliebe« fügte die Mutter der täglichen Milch regelmäßig viel zu viel Wasser zu. Nur der besorgten Großmutter, die das zum Skelett abgemagerte Kind entdeckt, ist es zu verdanken, daß Renée überhaupt überlebt. Sie füttert das Kind wieder auf, ist gut zu ihm, verschwindet aber, wie das Kind elf Monate alt ist, wieder aus seinem Gesichtsfeld. Renée erlebt diesen Verlust wie einen schweren Schock. Sie schlägt stundenlang mit dem Kopf gegen die Wand und schreit. Vom Vater ist in dieser Krise – und übrigens auch später nicht – keinerlei Unterstützung zu erwarten, reagiert er doch chronisch eifersüchtig auf die Tochter, weil ihm die Aufmerksamkeit seiner Frau nun nicht mehr allein gehört. Er antwortet immer wieder in stark sadistisch gefärbter Weise auf das Kind. Wie Renée vierzehn Monate alt ist, tötet er vor ihren Augen ihren zärtlich geliebten kleinen Hasen. Dieses neuerliche Trauma wird von Renée mit Verweigern der Nahrung, mit Fieberdelirien und der ständig geäußerten Frage »Häsi weh-weh?« beantwortet (Sechehaye, 1955, S. 20).

Aber diese Vorkommnisse stehen nur für den Anfang eines langen Leidensweges, an dem Renée nach Auffassung Sechehayes nicht anders als zerbrechen konnte: Es kommen weitere Kinder zur Welt, die die Aufmerksamkeit der Mutter beanspruchen und Renée noch einsamer werden lassen. Der Vater läßt die Familie im Stich, und Renée muß ab dem Alter von neun Jahren viele seiner Funktionen übernehmen. Die Mutter läuft öfters einmal weg und droht mit Suizid.

Schon als ganz kleines Kind suchte Renée auf Spaziergängen in Gärten immer wieder »eine Mama«. Mit sieben Jahren leckte sie am Rost der Zugbarrieren, um »starr wie Eisen« zu werden. Manchmal tat sie dasselbe auch mit Steinen, in der Hoffnung, »kalt und hart« wie diese zu werden (Sechehaye, 1955, S. 21). Im selben Alter ist sie erstmals schwer suizidal und stürzt sich um ein Haar von einem Felsen herab. Im Alter von elf

Jahren geht Renée auf Friedhöfe, um dort mit den Toten zu sprechen und sie zu bitten, ihr den Blumenschmuck ihrer Gräber für einsamere Tote zu überlassen. Renée hört dann tatsächlich, wie ihr eine bejahende Antwort gegeben wird. Mit zwölf Jahren hat Renée ihre ersten Gesichtstäuschungen. Den Priester in der Kirche sieht sie als einen kleinen Hampelmann, der an Fäden gezogen wird. Einmal erscheint er ihr wie eine Figur aus einem Film, die sich zwar bewegt, aber nicht wirklich lebendig ist. An einem Kinderfest stellt das Mädchen entsetzt fest, daß sämtliche Anwesenden statt eines Menschenkopfes einen Rabenkopf auf ihren Schultern tragen. Im Alter von vierzehn Jahren wird Renée zu allem hin noch schwer körperlich krank. Man diagnostiziert eine Tuberkulose, was von der Mutter mit der Bemerkung quittiert wird, es wäre ihr lieber, ihre Tochter eigenhändig zu vergiften, statt sie tuberkulös zu wissen. Auf der Höhenstation, in welche Renée zur Erholung geschickt wird, springt sie den ganzen Tag mit verstörten Augen umher. Andauernd muß sie in Bewegung sein und unablässig lacht sie dazu. Sie erzählt von Fliegern und von einer Maschine, die die Welt in die Luft sprengen werde. Während einer Nacht, in der sie die Augen für keine Sekunde schließen kann, legt sie sich statt ins Bett auf die eiskalten Fliesen darunter. Sie will sich so abhärten und jegliche Empfindlichkeit verlieren. Außerdem fürchtet sie, im Bett ein Skelett zu finden, das ihrer Mutter gleichen und ihr mit dem Finger drohen könnte (Sechehaye, 1955, S. 24).

Im Alter von knapp achtzehn Jahren sucht Renée dann Marguerite Sechehaye für eine erste Konsultation auf. Der Therapeutin bietet sich folgendes Bild:

> »In *psychischer Hinsicht* zeigen sich vom 17. Altersjahr an Störungen der *Affektivität* (Gleichgültigkeit gegenüber Umgebung und Ereignissen, Stumpfheit, Eßunlust, Ängste, unbegründete Furcht und Niedergeschlagenheit), der *Motorik* (Apathie, Willenlosigkeit, Stupor, Automatismen, Stereotypien, Mutismus, abwechselnd mit Äußerung von Wortneubildungen und Wortsalat, Negativismus, hemmungsloses Schreien, Lachausbrüche, Wandertrieb, Selbstmordimpulse, Gehörstäuschungen), der *Hirnfunktion* (äußerst geringe und lückenhafte Aufmerksamkeit, sehr lockere Ideenassoziation, Gedankenflucht, inhaltslose Traumzustände, Perseveration und Beherrschtbleiben von einzelnen Ideen, Erinnerungsstereotypien und zeitweise abnorme Gedächtnissteigerung« (Sechehaye, 1955, S. 18).

Die Behandlung, die für Sechehaye bis zur Entdeckung ihres Prinzips der symbolischen Wunscherfüllung ein verzweifeltes Ringen um den richtigen Zugang zur Patientin darstellt, verläuft, methodisch gesehen, in drei Stufen. Während der ersten, sieben Monate dauernden Phase wird Renée mit klassischer Psychoanalyse behandelt. Am Wall des allumfassenden Schuldgefühles der Patientin scheitert, so schreibt Sechehaye, die »paternistische Vernunft- und Einsichtstherapie« jedoch kläglich. Deutungen verstärken die tiefen, die eigentliche Existenz betreffenden Schuldgefühle sogar noch und sind daher ausgesprochen kontraproduktiv. Und zwar darum:

> »Jedesmal, wenn ich versuchte (bevor ich die symbolische Methode gefunden hatte), eine Wahnvorstellung durch Vernunft zu korrigieren, habe ich den gegenteiligen Effekt bewirkt. Die Kranke hat sich stärker an die Idee geklammert, und daraus resultierte eine beträchtliche Vergrößerung ihres Schuldgefühls. Renée hat mir die Erklärung dazu gegeben: der Versuch, verstandesgemäß ihre Wahnideen oder die Befehle ihrer ›Stimmen‹ zu zerstören, war der unumstößliche Beweis von deren Existenz« (Sechehaye, 1955, S. 97 und 98).

Mit dieser Einsicht beginnt die zweite Phase der Therapie, welche bis gegen Ende des dritten Behandlungsjahres dauert. Aus Deutungen wird jetzt eine konkrete Parteinahme der Therapeutin gegen die verurteilenden »Stimmen« und für die ihnen ausgelieferte Patientin. Mütterlichkeit, Unterstützung, Zuwendung wird jetzt ganz direkt offeriert, was sich beispielsweise auch am Setting zeigt: Die Therapeutin sitzt jetzt nicht mehr hinter der Patientin auf einem Stuhl, sondern sie setzt sich dicht neben sie auf den Diwan, damit sich diese nicht mehr so verlassen fühlen muß (Sechehaye, 1955, S. 34). Ungeachtet aller Modifikationen muß Sechehaye es aber ohnmächtig miterleben, wie sich der Zustand der Patientin sukzessive verschlechtert, bis sie zu guter Letzt suizidal wird und interniert werden muß.

Phase drei beginnt mit der Entdeckung der symbolischen Wunscherfüllung. Sechehaye glaubt nämlich begriffen zu haben, daß Renée ihre noch so gut gemeinte Mütterlichkeit und liebevolle Zuwendung darum nicht annehmen kann, weil ihre Schuldgefühle zu groß sind. Schuldgefühle hat Renée vor allem, was die Nahrungsaufnahme angeht (die Mutter hatte ihr doch seinerzeit die Nahrung weitgehend verweigert). Das Mädchen zwingt sich daher nach dem Klinikaufenthalt, nur unreife, grüne Äpfel, die es selbst von einem Baume gepflückt hat, zu essen. Einen Sack voller schöner, reifer Äpfel, den Sechehaye ihr in die Pension mitbringt, in der sie untergebracht ist, verschmäht sie, weil – so Sechehaye – ihr überstrenges Gewissen eine derartige Gratifikation oder direkte Wunscherfüllung nicht tolerieren kann. Erst wie ihr Sechehaye Nahrungs-Geschenke *zusammen mit der Erlaubnis, diese Geschenke benützen zu dürfen*, überreicht, wird es der Patientin möglich, sie anzunehmen. Das wird Sechehaye in jener Sekunde deutlich, in welcher Renée reife Äpfel zurückweist und dazu äußert, dies seien nur gekaufte Äpfel, nicht aber – und dazu zeigt sie auf die Brust der Therapeutin – solche von der Mutter. *In diesem Augenblick wird die Methode der symbolischen Wunscherfüllung geboren. Jetzt begreift Sechehaye, daß Renée nicht bloß Äpfel braucht, sondern Äpfel, die ihr von einem Muttersurrogat verfüttert werden, so daß sie ganz sicher sein kann: Die Mutter oder die Therapeutin hat nichts gegen die Nahrungsaufnahme*:

> »Da verstand ich endlich, was ich tun mußte! Wenn die Äpfel die Muttermilch darstellten, muß ich sie ihr geben wie eine Mutter, die ihr Kind stillt: ich muß ihr selbst das Symbol geben, direkt und ohne Vermittler – und zur festgesetzten Zeit. Um meine Hypothese auf die Probe zu stellen, entschloß ich mich sofort, ans Werk zu gehen. Ich hole einen Apfel und indem ich ein Stück abschnitt, um es ihr zu reichen, sagte ich zu ihr: ›Es ist Zeit, die gute Milch von den Äpfeln der Mutter zu trinken. Mama wird sie dir geben‹. Da lehnte sich Renée an meine Brust und aß mit geschlossenen Augen, feierlich und voll unermeßlichem Glück« (Sechehaye, 1955, S. 43).

Weil dieses Vorgehen einen so durchschlagenden Erfolg zeitigte, dachte sich Sechehaye immer neue Variationen desselben Prinzips aus, so daß die symbolische Wunscherfüllung allmählich zum wichtigsten therapeutischen Instrument innerhalb der Behandlung wurde.[6] Ob Sechehaye stellvertretend für die Patientin deren Puppe sorgfältig badet, um diese dann mit einer Kinderklapper zu unterhalten und anschließend schlafen zu legen, ob sie der von verfolgenden Stimmen geplagten Renée eine Beruhigungsspritze gibt und dazu sagt, sie werde jetzt Renée mittels dieser Spritze »in die Wiege legen« (Sechehaye, 1955, S. 59), ob sie der Patientin einen Ballon als Symbol für die immer verfügbare Mutterbrust schenkt (Sechehaye, 1955, S. 61), *Sechehaye unternimmt im Grunde genommen immer dasselbe: sie spielt mit Renée über dazwischengeschaltete Symbole alle frühkindlichen Pflegesituationen durch*, in denen es um Ernährung geht, um Körperpflege, um Zärtlichkeit, Beruhigung, Schutz und Körperkontakt. Über die Symbole, die von der Therapeutin bemuttert werden, erfährt die Patientin, was Bemutterung überhaupt ist und daß es ein Recht auf solche Bemutterung gibt. Ihre Schuldgefühle müssen aber dennoch nicht anspringen, weil die Therapeutin den Umweg über das Symbol auswählt. Soweit Sechehaye.

Mit diesem neuen Verfahren gelingt es Sechehaye nach vielen Jahren unbeschreiblicher Hingabe an ihre Patientin, eine denkwürdige Heilung zu erzielen. Und zwar handelt es sich keineswegs nur um eine kurzfristige Besserung, sondern tatsächlich um die Entstehung einer tragenden Struktur und eine »psychische Geburt« (Mahler). Sieben Jahre nach Abschluß der Behandlung ist Renée immer noch rezidivfrei. Bei Abschluß der Behandlung sagt das Mädchen zu Sechehaye immerhin dies:

> »Jetzt lebe ich nicht mehr in einer abgeschlossenen Traumwelt, ich fühle mich nicht mehr wohl in einem Leben abseits von allen anderen. Ich lebe nicht mehr im Autismus. Ich erkenne dich als eine selbständige Persönlichkeit; ich verstehe, daß du müde, entmutigt und befriedigt sein kannst, während du früher für mich ›verkleidet‹, ›ärgerlich‹ oder ›Mama‹ warst. Jetzt will ich leben und ich pflege mich, auch wenn ich mich schlecht fühle. Ich habe nicht mehr den Wunsch, zu sterben. Ich erkenne mich an, ich habe narzißtische Wünsche, und ich beschäftige mich mit meinem Körper, der wieder für mich existiert. Früher wollte ich es erreichen, nicht mehr zu leiden, keine ›Stimmen‹ mehr zu haben und Mama ganz allein für mich zu besitzen. Auch jetzt will ich etwas für mich erreichen, aber ich weiß, daß dies nicht bedeutet, in vollkommenem Glück zu leben, sondern sich anzupassen, freudig Opfer zu bringen, kurz, die Wirklichkeit gelten zu lassen.
> Ich lasse auch die anderen ein bißchen gelten« (Renée, zitiert bei Sechehaye, 1955, S. 92).

Es wäre, kennt man Renées Vorgeschichte und hat man dann die obigen, bewegenden und reifen Sätze desselben Menschen gelesen, eine Vermessenheit, wollte man an Sechehayes überragenden Qualitäten als Therapeutin zweifeln. Ihre Form therapeutischen Engagements trägt den Stempel des Absoluten. So viel radikale Hingabe an einen Patienten gibt es selten. Daß aber Marguerite Sechehaye eine ebenso begabte wie engagierte Therapeutin war, soll uns nicht hindern, ihre Theorie der Technik und ihre Begründungen für den erzielten Erfolg kritisch zu hinterfragen. Es könnte immerhin sein, daß Sechehaye nicht genügend deutlich wurde, wo ihre eigentliche Leistung in dieser Behandlung lag. Vielleicht hat sie zwar instinktiv das Richtige getan, die Resultate aber im nachhinein auf eine wenig überzeugende Weise ausgelegt? So souverän wie Sechehaye als Therapeutin wirkt, so wenig überzeugend scheinen mir jedenfalls ihre Begründungen zu sein. Ich stehe mit dieser Auffassung nicht alleine da. Bei Benedetti habe ich folgenden Satz gefunden:

> »[...] jene von Sechehaye beschriebene Methode, bei der man sich des Eindrucks nicht ganz erwehren kann, daß der Autorin selbst gar nicht so recht bewußt war, was dabei vorgeht« (Benedetti, 1983, S. 185).

Sechehaye begründet die Erfolge, die sie mittels ihrer Methode der symbolischen Wunscherfüllung zu erzielen vermochte, im wesentlichen damit, daß es ihr mit der verhüllenden Symbolik gelungen sei, die schweren Schuldgefühle der Patientin zu überlisten. Da die Mutterliebe im Tarngewande aufgetreten sei, habe die so sehr an Selbstbestrafung interessierte Patientin sie annehmen können. Direkte, unverhüllte Mutterliebe habe sie jedoch – wegen der genannten Schuldgefühle – regelmäßig zurückweisen müssen. Beispielsweise mochte Renée die von der Therapeutin mitgebrachten Säcke voller reifer Äpfel nicht essen, weil das, so Sechehaye, zu viele Schuldgefühle mobilisiert hatte. Auf die getarnte, symbolisierte Fütterungs- und Stillsituation habe sie dagegen eintreten können, weil dadurch das Schuldgefühl als Klippe umschifft worden sei. Den verbotenen oralen Triebwunsch habe das Mädchen auf diese Weise nicht selber spüren müssen. Die Therapeutin habe die Verantwortung dafür übernommen: »Es ist Zeit, die gute Milch von den Äpfeln der Mutter zu trinken, Mama wird sie dir geben.« Diese Begründungen scheinen mir nicht stichhaltig zu sein. Und zwar darum:

Eine *Erlaubnis* betreffend die Nahrungsaufnahme wurde der Patientin schon *vor* der symbolisierten Stillszene in aller Form gegeben. Wir erinnern uns, daß Sechehaye dem Mädchen »kiloweise der schönsten Äpfel« (Sechehaye, 1955, S. 43) als Geschenk mitgebracht hatte und außerdem die Wirtin, welche angewiesen war, Renée zu betreuen, gebeten hatte, das Mädchen damit zu ernähren. Einmal wurde Renée von der Wirtin sogar *gezwungen*, mit den anderen Pensionsgästen am Tisch zu essen, aber nicht einmal diese krasse Form von »Erlaubnis« verfing. Renée weigerte sich zu essen. Zum zweiten Argument von Sechehaye, daß nämlich die Befriedigung eine symbolische sein mußte, damit die Patientin sie tolerieren konnte, ist kurz und bündig zu sagen, daß *ein Apfel, der in der verfänglichen Nähe einer Brust verfüttert wird, einiges mehr an den gefährlichen, oralen Triebwunsch erinnert als ein Apfel, den man allein auf seinem Stuhl verzehrt. Die Symbolik war hier also ganz und gar nicht verhüllend, sondern – im Gegenteil – enthüllend!*

Ich behaupte daher: Wenn Renée Äpfel (auch geschenkte Äpfel) nicht von sich aus und ohne fremde Hilfe essen mochte, so lag das nicht am Schuldgefühl, sondern daran, daß sie so tief regrediert und bedürftig war. Sie mochte Nahrung nur noch in der Art eines Babys zu sich zu nehmen: in den Armen und an der Brust einer Mutterfigur nämlich. Das zeigt sich ganz unverhüllt daran, daß Renée selber es war, die auf die Brust der Therapeutin zeigte. Wäre der Wunsch nach der nährenden Brust so tief verboten und verdrängt gewesen, wie Sechehaye es annimmt, dann hätte die Patientin es doch niemals gewagt, gierig und direkt auf diese Brust zu weisen. Ich möchte daher der eingangs zitierten Kollegin der Marguerite

Sechehaye recht geben, welche äußerte, es sei allein die gezeigte Mutterliebe gewesen, welche Renée gesund gemacht habe. So dumm ist kein Schuldgefühl, daß es nicht laut aufheulen würde, wenn die Therapeutin lauter verbotene Pflege- und Fütterungshandlungen direkt vor der Brust und an Puppen, die nota bene auch noch »Renée« heißen, vornimmt.

In anderer als der von Sechehaye gemeinten Hinsicht scheint mir ihre Wertschätzung symbolischer Gratifikations-Handlungen jedoch eine Entdeckung von großer Tragweite zu sein: *Mit ihren Symbolen begab sich Sechehaye nämlich mitten in die Welt der Patientin und erstmals auf diejenige Bedürfnis- und Symbolebene, auf der sich die Patientin tatsächlich befand.* Indem sie einen Apfel stückchenweise vor ihrer Brust verfütterte, begann sie in der Sprache der Patientin zu sprechen. Erst von diesem Augenblick an erwiesen sich die Gratifikationen als maßgeschneidert und vermochten sie das tief regredierte Mädchen zu erreichen. Allein die Mütterlichkeit einer Therapeutin, die mit dem Patienten wirklich in *seiner* Welt verweilt, wird in der Psychosentherapie zum therapeutischen Agens. *Nicht die Überlistung des Schuldgefühls, sondern das »Eintreten in die psychotische Welt«, um eine der Lieblings-Metaphern Benedettis zu gebrauchen, war das Entscheidende.* Sowie Sechehaye damit begann, die Symbole der Patientin zu ihren eigenen zu machen, vermochte sie sie zu erreichen. Und eben *weil* Sechehaye imstande war, eine Brücke in die so andere, psychotische Welt zu schlagen, *weil* sie es fertigbrachte, die Sprache Renées zu erlernen, ihre Symbole in ihrer Bedeutung zu erfassen und darauf adäquat zu antworten, sehe ich sie – zusammen mit John Rosen, um den es im folgenden Kapitel gehen soll – als die wichtigste Vorläuferin der Psychosentherapie von Benedetti an. Benedetti beschreibt sein eigenes Vorgehen nämlich mit dem Terminus des »interpsychischen Metabolismus« und meint damit eine

»[...] Art psychischen Stoffwechsel, der vom Kranken auf den Therapeuten übergreift und der es ersterem ermöglicht, in dem Partner das eine oder andere Fragment seines zerbröckelten Selbst wiederzufinden oder wie neu zu erschaffen« (Benedetti, 1983, S. 199).

Es versteht sich, daß die Voraussetzung für das Zustandekommen eines derartigen »interpsychischen Metabolismus« vor allem darin gesehen werden muß, daß *Patient wie Therapeut dieselbe Sprache sprechen – eine Sprache, deren Lehrer immer der Patient sein wird.* Das sah übrigens vor Benedetti, Rosen und Sechehaye schon Otto Rank. Im Jahre 1929 schrieb er:

»Man muß mit anderen Worten die Sprache des Andern erlernen und nicht ihm das eigene geläufige Idiom aufzwingen [...]« (Rank, 1929 a, S. 8).

325

Auch Balint wies im vorigen Kapitel in diese Richtung, wenn er verlangte, früh gestörten regredierten Patienten nicht dauernd Deutungen (aus einer andern Welt) aufzudrängen, sondern sich von ihnen so verwenden zu lassen, *wie sie es brauchten.*

Als therapeutisch fruchtbar erweist sich Sechehayes symbolische Ebene aber auch deshalb, weil *über nur-symbolische Wunscherfüllungen die Autonomie des Patienten stärker gewährleistet bleibt.* Auch diesen Vorzug ihrer neuen Technik konnte Sechehaye nicht selber sehen, weil sie den Akzent so sehr auf die Überlistung des Schuldgefühls legte. Wenn nämlich Sechehaye viele ihrer gratifizierenden Pflegehandlungen nicht direkt an der Patientin selber, sondern an einer Stellvertreterin der Patientin, der Puppe Renée, vornimmt, dann wird die wirkliche, lebendige Renée nicht in die Rolle eines Babys gebracht. Dadurch wird genau jenes so gefährliche Ungleichgewicht zwischen Therapeut und Patient verhindert, vor welchem Balint (vgl. das vorhergehende Kapitel) so eindringlich warnte, da es so oft maligne Regressionen im Schlepptau habe.

Winnicotts Überlegungen zum Übergangsobjekt drängen sich hier als Vergleich auf. Allerdings kreierte Sechehaye ein Übergangsobjekt mit anderen Vorzeichen, als Winnicott selber es meines Wissens beschrieben hat. Winnicott machte uns bekanntlich darauf aufmerksam, daß der schmuddelige Teddybär oder die »ewige« Windel, an denen ein kleines Kind oft so innig hängt, ohne die es einfach nicht einschlafen oder von der Mutter weggehen kann, gewissermaßen einen Ersatz für die Mutterfigur darstellen, der es dem Kind ermöglicht, die leibliche Trennung von der Mutter auszuhalten. Auf dieses Übergangsobjekt, gewissermaßen eine Brücke zwischen äußerer und innerer Realität, könne, so Winnicott, erst dann verzichtet werden, wenn es die zuverlässige innere Gewißheit von Mutters konstanter Existenz gebe. Sechehaye hat nun, so möchte ich behaupten, eine Art Übergangsobjekt geschaffen, das sich komplementär zu dem von Winnicott beschriebenen verhält: Dieses andere Übergangsobjekt dient weniger dazu, Trennung besser ertragen zu helfen, als daß es angesichts übermächtiger oral-regressiver Wünsche ein gewisses Maß an Trennung garantiert. Das kleine Kind, so lehrt uns Mahler, bedarf ganz dringend der Gewißheit, daß es die Mutter als sicheren Hafen gibt, aber genauso sehr muß es sicher sein können, daß es die Möglichkeit hat, diesem schützenden (und verschlingenden) Hafen der Symbiose immer wieder und gemäß seinen ureigensten Bedürfnissen zu entrinnen und autonom sein zu können. Um es mit Sacha Nacht zu sagen: Jeder Mensch benötigt dringend nicht nur »Union«, sondern genauso sehr »Separation«. Wenn Sechehaye die Puppe Renée badet, streichelt und in den Schlaf wiegt, die wirkliche Renée aber in der Rolle der Zuschauerin beläßt, dann bietet sie gleichzeitig Union an und Separation.

*Symbolische Liebe und Mütterlichkeit läßt dem Patienten also ein Mehr an Autonomie und bedroht ihn weniger direkt in seinen Ich-Grenzen.* Dies intuitiv gespürt zu haben, ist das große Verdienst der Marguerite Sechehaye. Mit ihrer Technik hat sie die mütterliche Liebestherapie um einen entscheidenden Eckstein bereichert.

## 6. John ROSEN: Mutterliebe und Nähren der Seele als übergeordnetes Prinzip in der Psychosentherapie

Der Psychiater John Rosen versuchte nur kurze Zeit später in Amerika etwas ganz Ähnliches wie vor ihm Marguerite Sechehaye. Auch ihn haben wir zu den großen Pionieren der Psychosentherapie und Vorläufern Benedettis zu zählen, weil er die herkömmlichen Verfahren, Hirnchirurgie, Insulintherapie und Elektroschock, ernsthaft in Frage zu stellen wagte – wir befinden uns in den frühen vierziger Jahren – und statt dessen überzeugt war, daß »Menschlichkeit für den Mitmenschen ›Medizin‹ sein kann« (Rosen, 1964, S. 241). Ich zitiere:

»Meine Subjektivität läßt mich an meine Kollegen, die Psychiater, folgende Bitte richten: ›Erstens, wenn Sie dem Patienten nicht helfen können, so schaden Sie ihm wenigstens nicht. Das heißt, unterlassen Sie Schockbehandlung und Lobotomie. Nehmen Sie ein hilfloses Individuum nicht als Objekt für Experimente. Zweitens, lassen Sie einen verschreckten Psychotiker nicht allein mit 50 oder 100 weiteren Patienten, die in einem ähnlichen Zustand sind: verlassen Sie ihn nicht. Sogar ein verirrtes Kind wird von freundlichen Fremden zur Polizeiwache gebracht und liebevoll behandelt. Der Psychotiker, der unendlich viel verlassener und viel stärker verängstigt ist, verdient wenigstens ebensoviel Güte und Verständnis« (Rosen, 1964, S. 231 und 232).

Mit einer solchen Auffassung stand Rosen in den frühen vierziger Jahren noch weitgehend allein da in den USA. Seine Versuche, die Produktionen von Psychotikern zu verstehen, seine Appelle an die Kollegen, diese Kranken zu lieben, stießen auf Unmut und Verständnislosigkeit. Die Assistenzarztzeit im Brooklyn State Hospital, in das Rosen 1943 eintrat, wurde zum Härtetest für den jungen Mediziner mit den vielen Ideen. In diesem Spital war man stolz darauf, daß man pro Jahr »mehr Schockbehandlungen [...] als jedes andere Krankenhaus im Osten« (Rosen, 1964, S. 12) durchführte. Und nun kam da einer, ein Anfänger, der sich bald einmal weigerte, solche Schockbehandlungen durchzuführen und als überwertige Ideen immer nur Liebe, Verstehen und Psychoanalyse im Kopf hatte. Gerade von Freuds Denken aber hielt man so gut wie gar nichts, das hatte schon Alexander in Chicago zu spüren bekommen. Die Folge für Rosen: Die obligate Außenseiter-Position mit allen ihren Konsequenzen und ein täglicher, zermürbender Kampf im Spital. Aber Rosen hielt durch und schaffte es, ungeachtet aller Restriktionen und Widrigkeiten, den Weg zu gehen, den er gehen mußte. Mit vollem Erfolg, wie sich 1946 herausstellen sollte.

Dieser Weg ist wie derjenige der Marguerite Sechehaye dadurch gekennzeichnet, daß *die Mutterliebe als das entscheidende Prinzip in der Behandlung von Psychotikern angesehen wird*. In einem Aufsatz aus dem Jahre 1951 schreibt Rosen, daß der Therapeut in der »Direkten Analyse« (die von Rosen entwickelte Form der Psychosentherapie) zur ständig gebenden und beschützenden Mutterfigur werden müsse:

»Before discussing specific techniques, I should like to state again what I call *the overriding principle of direct analytic therapy: that the therapist must become the evergiving, ever-protecting maternal figure.*
[...] *Only if the therapist is able to provide love and protection, only if he can convince the patient that he really understands his needs and is prepared to satisfy them, will the patient dare to wake up*« (Hervorhebungen von der Verf.) (Rosen, 1953, S. 139 und 140).

Andernorts steht bei Rosen zu lesen, daß der Psychiater zum Nährer der Seele des Psychotikers und zu seinem Pflegevater werden müsse.[7] Im Originaltext lautet die Stelle so:

»Auf der Suche nach einem Wort zur Bezeichnung der einzigartigen Funktion des psychoanalytisch orientierten Psychiaters schlug man mir den Ausdruck ›Psychotrophie‹ vor. Das heißt wörtlich ›Nähren der Psyche‹, ›Nähren des Geistes‹. *Demnach würde ein Psychiater – zumindest ein psychoanalytischer Psychiater – ein Psychotrophist sein, ein Nährer der Seele.* Ich zögere, dem bereits überladenen Wortschatz der Psychiatrie noch einen weiteren Begriff hinzuzufügen. Dieser aber scheint mir beachtenswert, denn er drückt *das Gesamtkonzept des ›lenkenden Prinzips‹ der Psychotherapie der Psychosen kurz und bündig aus: Der Psychiater soll dem psychotischen, zur Kindheit regredierten Individuum, das ganz von neuem aufgezogen werden muß, eben wirklich ein Pflegevater sein*« (Hervorhebungen von der Verf.) (Rosen, 1964, S. 18).

Aber ungeachtet seiner Überzeugung von der enormen Bedeutung der Liebe in der Gegenübertragung des Psychosentherapeuten glaubt Rosen nicht – so wenig wie Marguerite Sechehaye –, daß es mit dem bloßen Lieben schon getan sei. Die mütterliche oder väterliche Gegenübertragung allein habe, so Rosen, noch keinen Psychotiker gesund gemacht, wenn sie auch fraglos das Fundament der Behandlung darstelle. Die noch so große Hingabe und Sympathie der betreuenden Krankenschwester auf einer Station reiche nicht aus, um eine tiefgreifende Besserung im Zustand der Psychotiker herbeizuführen (vgl. Rosen, 1953, S. 43).

Es muß zum Lieben noch etwas hinzukommen, damit der Psychotiker mit dieser Liebe wirklich etwas anfangen, sie überhaupt verstehen und von ihr profitieren kann. Dieses »etwas« hat wiederum, wie schon bei Sechehaye, *mit der Überbrückung der Kluft zwischen dem Psychotiker und dem Gesunden zu tun* und läßt sich am ehesten mit jener Formulierung Benedettis umschreiben, die da lautet: »Eintreten in die psychotische Welt«. Nur wer wirklich »eintritt« in den so ganz anderen Kosmos, nur dessen Liebe kann sich zu einem fruchtbringenden therapeutischen Agens entwickeln – diesen Grundgedanken der modernen Psychosentherapie dachte Rosen schon zu Beginn der vierziger Jahre.

Bei Sechehaye sah dieses »Eintreten« so aus, daß sie damit begann, sich in die Symbolwelt der kleinen Renée einzufühlen und anfing, selber über diese Symbole zu sprechen und zu handeln. Die Liebe der Therapeutin wurde gewissermaßen über das Symbol in die Welt der Patientin hinübertransportiert. Rosen dagegen versucht, sich einen Zugang zu der autistischen Welt des Schizophrenen zu verschaffen, indem er damit anfängt, Personen, welche im Wahnsystem des Kranken immer wieder auftauchen, selber zu verkörpern – und zwar auf eine neue, konstruktivere Weise. Durch solche Rollenübernahme wird er zu einem integralen Bestandteil des psychotischen Kosmos. *Nur wenn zum Lieben auch noch ein derartiges »Partizipieren« hinzukomme, habe, so Rosen, die Behandlung eines Psychotikers irgend Aussicht auf Erfolg.* 1951 schreibt er:

»In other words, you cannot treat a patient unless you are prepared to participate in the psychosis« (Rosen, 1953, S. 145).

Über das *Wie*, mit dem Rosen dann versuchte, seinen grundlegenden Gedanken von der Notwendigkeit von Partizipation in der Psychosentherapie in die Tat umzusetzen, kann man sich allerdings mit Fug und Recht streiten, was tatsächlich auch ausgiebig getan wurde. Weil Rosens Konzepte und die von ihm entwickelten Methoden teilweise sehr fragwürdig, wenn nicht verstörend anmuten, kam es zu einer eigentlichen »Rosen-Kontroverse« in der Literatur, die an Leidenschaftlichkeit nichts zu wünschen übrig ließ. Ich werde weiter unten darauf eingehen. Die ganze Ambivalenz, welche die Lektüre von Rosens Schriften hervorruft, sollte uns aber dennoch nicht, wie viele seiner Kritiker, dazu verleiten, diesen Autor in Bausch und Bogen zu verurteilen oder lächerlich zu machen. Immerhin verdankt die Psychosentherapie diesem Manne eine ganze Menge. Er brachte einen Stein ins Rollen, indem er schon in den vierziger Jahren äußerte, *ein Psychiater, der Psychotiker als »kontaktlos« bezeichne, sei selber kontaktlos* (Rosen, 1964, S. 81). Durch nichts ließ er sich von seiner Überzeugung abbringen, daß auch psychotisches Material sinnerfüllt sei und verstanden werden könne, wenn man nur genügend engagiert und mit einer prinzipiell liebevollen Gegenübertragung am Kosmos dieser Kranken zu partizipieren bereit sei. Das mußte erst einmal gedacht und gesagt sein!

Rosen macht es einem allerdings nicht leicht, seine Leistungen der jungen Jahre nicht ob der vielen Ausrutscher der »Reifezeit« zu vergessen. Man könnte meinen, es hätte zwei Rosen gegeben, der eine radikal verschieden vom andern: Rosen eins, der Assistenzarzt und besessene Kämpfer für die »gute Sache«, ein Mann, der ohne weiteres zwölf Stunden am Bett eines hochgradig erregten, perniziös Katatonen ausharren konnte und mit jeder Faser seiner Person Einlaß in das psychotische Chaos seines Gegenübers suchte, um es mit seiner Liebe und seinem Verstehen strukturieren und daran partizipieren zu können. Rosen zwei hingegen ein Mensch, der Schizophrene und Manisch-Depressive nur noch verwaltete, beherrschte, manipulierte, unterdrückte und »bessern« wollte. Es ist, wie wenn sich ein unheimlicher, tiefer Riß durch das Leben dieses Mannes ziehen würde, ein Riß, den er selber wohl gespürt haben muß, schreibt er doch 1964 auf den einleitenden Seiten zu seinem Buch »Psychotherapie der Psychosen« wehmütig, daß er manchmal den ersten Jahren seiner Praxis nachtrauere, in denen er noch von einem eigentlichen *Sendungsbewußtsein* erfüllt gewesen sei:

»*In den nächsten Jahren war ich in meiner Privatpraxis tätig. Unermüdlicher Eifer und Energie trieben mich an. Auf diese Zeit blicke ich heute mit einer gewissen Sehnsucht zurück. Es schien mir keine Anstrengung zu sein, mich 12 oder gar 18 Stunden lang einem psychotischen Patienten zu widmen.* Wochenlang muß ich eine Unzahl von Stunden in dieser Form gearbeitet haben. *Dabei spornte mich vielleicht eine Art Sendungsbewußtsein an. Mein Enthusiasmus wird in den Veröffentlichungen dieser Jahre deutlich*« (Hervorhebungen von der Verf.) (Rosen, 1964, S. 12).

Als aus dem ›Sendungsbewußtsein‹ des Anfangs die therapeutische Routine geworden war, erlöschte das »heilige Feuer« und machte erschreckend viel Lieb- und Respektlosigkeit Platz. Hatte Rosen sich in jungen Jahren gründlich übernommen, litt er am »burned out«-Syndrom? Bedeutend für die Weiterentwicklung der Psychosentherapie wie auch der mütterlichen Liebestherapie war jedenfalls nur einer: der junge Rosen, der mit dem Sendungsbewußtsein und dem Enthusiasmus im Herzen. Rosen hat ganz recht: Man merkt es seinen Schriften an, wieviel er jeweils investierte oder dann eben nicht mehr investierte. Seine wichtigste Veröffentlichung über den neuen Zugang zum Psychotiker verfaßte er gleich nach seiner Assistenzarztzeit im Brooklyn State Hospital, nämlich 1946. Der Titel dieser Arbeit lautete: »A Method of Resolving Acute Catatonic Excitement« (Rosen, 1953, S. 28 ff.). Zu diesem Zeitpunkt hatte sich Rosen sein theoretisches Stützkorsett noch nicht geschaffen, das starre Deutungsschema war noch nicht geboren, in das der Patient in späteren Jahren wie in ein Prokrustesbett eingespannt werden sollte. 1946 war alles noch offen, Dogmatik noch nicht existent und dem Leser dieser in jungen Jahren verfaßten Schrift vermittelt sich nur eins, dies aber in größter Eindringlichkeit: Rosens Wunsch, einen Kontakt mit dem an seine innere Hölle ausgelieferten, fiebernden Katatonen herstellen zu können.

In keiner anderen der Schriften dieses Autors, die in den folgenden Jahrzehnten noch verfaßt werden sollten, dringen Rosens Engagement und Liebe für sein untergehendes Gegenüber so erschütternd und dramatisch durch wie hier. Im Gesamtwerk begegnet der Leser kein zweites Mal einem solchen Ausmaß an therapeutischem Mut und Einsatz. Zwar ist in späteren Schriften noch häufig von der Notwendigkeit zu lieben und zu partizipieren die Rede, aber – liest man die Fallberichte dieser Jahre –, so zeigt sich, es geht nur noch um graue Theorie. Das engagierte Ringen des suchenden Anfängers in der Psychosentherapie verwandelt sich sukzessive in die omnipotent wirkende Virtuosität des Routiniers, der sich im geschlossenen System seiner Theorie sicher weiß und dahinter verschanzt. Die wirklich gelebte Liebe und Partizipation bleibt dabei auf der Strecke. Damit aber fehlt der Behandlung das eigentliche Ferment. Es macht den Eindruck, als ob Rosen die ursprüngliche, totale Intensität des Mitseins mit dem Patienten und das Einsteigen in seine Welt in späteren Jahren nicht mehr durchzuhalten imstande gewesen wäre, als ob er sich gegen diese Überforderung in einem Weltbild, in dem es keine Fragen und keine therapeutische Ohnmacht mehr gab, hätte verbarrikadieren gehen müssen.

Worum geht es in dem Aufsatz von 1946? Rosen beschreibt darin seine Erfahrungen im Umgang mit perniziös katatonen Patienten, jenen als hoffnungslos angesehenen Fällen, die ihm die Klinikleitung des Brooklyn State Hospitals als einzige Patientengruppe für seine Experimente überlassen wollte. Alle ärztliche Kunst, die Insulintherapie, die Hirnchirurgie, die Methode des Elektroschocks, hatte bei diesen Patienten versagt. Jedermann rechnete mit ihrem baldigen Hinscheiden, infolge ihres lebensgefährlichen Fiebers und ihrer hochgradigen Erregung. In die Sterbezimmer dieser endgültig aufgegebenen Patienten »in extremis«, wie es hieß, durfte sich Rosen ab 1943 setzen. Das brauchte nicht nur sehr viel Zuversicht, sondern auch eine ganze Menge Mut. Rosen wurde immerhin einmal von einem Patienten tätlich mit einem Messer angegriffen. Aber derlei »Kleinigkeiten« scherten ihn nicht weiter, zu groß war seine therapeutische Neugier und sein Engagement. Von seiner Aufgabe abhalten ließ er sich auch nicht von dem Umstand, daß diese Patienten manchmal tagelang an ihm vorbeiredeten und ihn überhaupt nicht zu bemerken schienen, grad wie wenn er Luft gewesen wäre. Rosen ließ sich von nichts aus der Fassung bringen und blieb auf seinem Posten. Und das »Wunder« geschah tatsächlich: Rosen brachte es in vielen Fällen fertig, mit seiner neuen Art des Umgangs dem alarmierend hohen Fieber, der äußersten Verwirrung und hochgradigen Erregung definitiv Einhalt zu gebieten. Es gelang ihm, sich in die Welt dieser Kranken einzuschleusen und ihnen dort deutlich zu machen, daß sie nicht allein waren, daß es noch Liebe gab.

Wie machte er das? Er schüttelte vor allem nicht den Kopf, wie wirr und chaotisch ihn die Produktionen dieser Patienten auch anmuten mochten. Er ließ nicht von der Überzeugung, daß es auch in absurdem Wirrwarr noch Sinn zu entdecken gäbe. Er blieb an den Betten dieser Kranken sitzen und hörte stundenlang, tagelang zu, mit jeder Faser seiner Person. Wo immer sich ein noch so winziger Zipfel an Sinnhaftem erhaschen ließ, packte er ihn und versuchte er, ihn zu deuten, häufig genug allerdings ohne Erfolg. Fruchtete alles Deuten nichts, rief er den Kranken begütigende, beruhigende Worte zu, in der Hoffnung, so Einlaß in den Angst-Kosmos des Gegenübers finden zu können. Allmählich mußte er aber erkennen, daß es nicht genügt, einen solchen Patienten nicht zu verlassen und sich ihm als begütigendes Objekt anzubieten. Diese hochgradig erregten Patienten hatten keinerlei Möglichkeit, liebevolle Angebote aus einer andern Welt überhaupt wahrzunehmen. Rosen versuchte es daher mit dem von ihm entwickelten *Prinzip der Rollenübernahme*, das heißt, er schlüpfte in das Gewand, in die Rolle von Wahnpartnern, die im erregten Monolog der Fiebernden immer wieder vorkamen. Und er suchte diese Wahnpartner in ihrer Gefährlichkeit zu entschärfen, indem er deren Part auf eine neue, den Patienten weniger bedrohende Weise spielte. Die vom Patienten vorgegebene Rolle wurde gewissermaßen mit der integrierenden, Angst bannenden Liebe des Therapeuten angereichert und dadurch ungefährlicher gemacht (vgl. Bions »container«-Funktion. Teil III, 6.).

Was ich hier mit ein paar blassen Worten zu umschreiben suche, kann die Dramatik der Situation unmöglich wiedergeben. Nur die Lektüre des Originaltextes vermag zu vermitteln, was die liebende Partizipation eines Rosen wirklich bedeutete, nur sie macht deutlich, welch erregendes Abenteuer und welche Leistung Rosens Umwandlung eines wahnhaften Monologs in einen echten Dialog wirklich waren. Besonders eindrücklich gestaltete sich (in dem Aufsatz von 1946) Rosens »Eintreten« in die psychotische Welt des fünfzehnjährigen Josef S. Nach nur zwei Sitzungen (wobei die zweite dieser Sitzungen immerhin ganze sechzehn Stunden dauert!) gelingt es Rosen, den fiebernden Jungen, der seit vielen Tagen und Nächten ununterbrochen wach liegt und so erregt und verwirrt ist, daß ihn das Pflegepersonal in eine Zwangsjacke gesteckt hat, so zu entspannen, daß das hohe Fieber absinkt und der Junge in einen tiefen Schlaf verfällt.

Rosen versteht diese erstaunliche Wende so: Es sei ihm gelungen, sein gesünderes, zu Liebe und Integration fähiges Ich in das Erleben dieses Patienten einzuschleusen (via Rollenübernahme) und auf diese Weise das in Auflösung begriffene Ich des Jungen mit seiner intakten Person zu stützen. Rosen nennt diesen fundamental wichtigen Vorgang eine »*transfusion*«:

»Perhaps one may take the liberty *calling this an ego ›transfusion‹*. At any rate, the strong ego of the physician serves as a support for the weak ego of the patient. *The problem, then, is one of supplementing a sick ego with a healthy one.* The physician must lend himself to the psychosis in such a rôle that the patient will finally trust him in order to leave his retreat for the world of reality« (Hervorhebungen von der Verf.) (Rosen, 1953, S. 41).

Dieser Grundgedanke Rosens ist heute noch so gültig wie vor vierzig Jahren. Den Hilfs-Ich- und »container«-Gedanken haben wir bei Khan und bei Bion kennengelernt. Aber auch die Psychosentherapie des Rosen-Schülers Benedetti erscheint weitgehend davon geprägt. Allerdings hat die moderne Psychotherapie der Schizophrenie, bei allem Festhalten an der Grundidee, diese auf eine Weise modifiziert, die einiges überzeugender als noch bei Rosen wirkt. Nach wie vor hält auch Benedetti an der Notwendigkeit einer »transfusion«, die in seinem Werk eine »Infusion« genannt wird, fest, aber er weiß einen anderen, authentischer wirkenden Weg, die Macht der verfolgenden Wahnpartner zu bannen. Das Moment des Theaterspielens fällt bei ihm völlig weg. Benedetti behauptet niemals, er selber sei der Verfolger, allerdings gar nicht so schlimm und gefährlich, wie der Patient dies fälschlich annehme. Benedetti tritt dem Verfolger als der, der er ist, entgegen. Er spricht mit dem Verfolger und zeigt dem Patienten, daß er stärker ist als sein Feind. So gelingt es ihm, wie Rosen, Einlaß in die Wahnwelt des Kranken zu finden, ohne daß es notwendig geworden wäre, etwas Unechtes, Verlogenes mit ins Spiel zu bringen.

Benedettis Weiterentwicklung des Transfusionsgedankens – im Sinne eines konsequenten Verzichts auf alles wenn auch noch so gut gemeinte Theaterspielen vor Schizophrenen – stellt einen wesentlichen Fortschritt gegenüber Rosen dar. Dies gilt nicht nur im Hinblick auf die von einem Therapeuten prinzipiell zu verlangende Ehrlichkeit. Wenn man sich vor Augen hält, daß gerade der Schizophrene sehr weitgehend an einem Realitätsverlust krankt, erscheint es mehr als gefährlich, ihm den Zugang zur Realität der Gesunden noch mehr zu verstellen, indem man vorgibt, einer zu sein, der man nicht ist – so wie es Rosen gehalten hat. Nicht umsonst hat uns Little darauf aufmerksam gemacht, daß es gerade die ichschwachen Patienten sind, die ihren Therapeuten als eine Art Leuchtturm benötigen, welcher den Weg in das Land der Realität erhellt, indem er selber ganz besonders real, plastisch und greifbar wirkt. Benedettis Verzicht auf das Rollenspiel bedeutet also auch ein Mehr an Plastizität des Therapeuten und einen Verzicht auf das Stiften zusätzlicher Verwirrung angesichts des psychotischen Chaos. Daß er damit einen entscheidenden Schritt nach vorn getan hat, zeigt sich deutlich, wenn wir lesen, wie sehr Rosen mit seinem Rollenspiel manche seiner Patienten tatsächlich verwirrt hat. Ich zitiere einen von Rosens Patienten:

»You did not introduce reality. Nothing can do that. *You introduced a bigger unreality, and then I got totally confused and went to pieces.* I suspected that it was a fake« (Hervorhebung von der Verf.) (Rosen, 1953, S. 149).

Wenn Rosen diesen schwerwiegenden Vorwurf eines Kranken leichthin mit dem Argument vom Tisch zu wischen versucht, daß es gerade die durch das Rollenspiel entstandene Verwirrung gewesen sei, die den Patienten gezwungen habe, seine wahnhafte Realität zu überprüfen, dann überzeugt er nicht. Es gibt, Benedetti hat es bewiesen, anständigere, weniger Konfusion erzeugende Methoden, einen Patienten stärker zur Realität hinzuführen.

Und dennoch bleibt, auch wenn uns Rosens Rollenspiel heute überholt vorkommen muß, die Pioniertat der Absicht und dem eingeschlagenen Weg nach gültig: Rosen hat als einer der ersten Psychiater Amerikas den

Schizophrenen in seiner Welt nicht alleingelassen. Es steht außer Zweifel, daß es nichts anderes als jene beim jungen Rosen so intensiv spürbare Bereitschaft war, in den psychotischen Kosmos einzutreten und daran zu partizipieren, welche den perniziös Katatonen das Leben rettete, überflüssige Konfusion infolge von Rollenspiel hin oder her.

Ich kann nach dieser Würdigung nun aber nicht umhin, auch auf die reichlich vorhandenen Schattenseiten im Werke Rosens hinzuweisen, welche zu der eingangs erwähnten Rosen-Kontroverse geführt haben. *Die autoritären, lieb- und respektlosen Methoden, die Rosen in seinen späteren Jahren für den Umgang mit Psychotikern vorgeschlagen hat, sind Legion und stehen in extremem Gegensatz zu seinen Äußerungen über die Notwendigkeit liebender Partizipation.* Der nicht mehr so junge Rosen verlacht Patienten, belügt sie schamlos, zwingt ihnen Deutungen mit allen nur erdenklichen Mitteln auf und mokiert sich in Anwesenheit von Dritten ohne alle Hemmungen über sie. Wie um alles in der Welt soll man derlei mit Rosens Forderung, der Therapeut müsse zur »evergiving, everprotecting, maternal figure« (Rosen, 1953, S. 39 und 40) werden, zusammenbringen?

Hinter solchen, dem Prinzip Mutterliebe kraß widersprechenden Verhaltensweisen kann man wohl nur eine hochambivalente Gegenübertragung bei Rosen vermuten, die einerseits von dem Wunsch, zu verstehen und zu lieben, andererseits von Angst vor dem und Verachtung für den Psychotiker geprägt war. Diese so zwiespältige um nicht zu sagen gespaltene Gegenübertragung unseres Autors fand ihr Abbild in den heftigen, ebenso widersprüchlichen Reaktionen auf Rosen, wie sie sich in der erwähnten Rosen-Kontroverse zeigten. Stone schreibt darüber dies:

»Obwohl Rosens erste Abhandlung bereits 1946 erschien, wurden dennoch die meisten mit seiner Arbeit nur durch dramatisiertes Gerede bekannt. *Im Tenor dieser Berichte klingen Unglauben, Erstaunen, enthusiastische Bewunderung, Amüsement, Ablehnung an. Je nach Berichterstatter werden bestimmte Einzelheiten hervorgehoben: Ringkämpfe mit Patienten, Kraftausdrücke, Flaschenfütterung abwechselnd mit Starker-Mann-Gehabe. Ein Patient wird ›verrückt‹ genannt, dann aber an den hingehaltenen Zehen gerochen, um zu demonstrieren, wie unbegründet der Wahn ist, an anstößigem Geruch zu leiden*« (Hervorhebung von der Verf.) (Stone, zitiert in Rosen, 1964, S. 13 und 14).

Die von Stone geschilderte Mischung aus Ablehnung, Amüsement und Unglauben, auf die Rosen mit seinen Arbeiten stieß, verwundert nicht. Rosen bewegt sich häufig tatsächlich nicht nur am Rande des Erträglichen, sondern auf dem Gipfel der Geschmacklosigkeit. Der älter gewordene

Rosen entpuppt sich als ein Mensch, dem die Aggressionen seiner Patienten und vor allem ihr »Verrücktsein« so große Angst bereiteten, daß er die ihm Anvertrauten ungeachtet aller guten Absicht, sie zu lieben, nur noch in allmächtiger Weise kontrollieren und über sie triumphieren konnte. Zum Beispiel fordert Rosen von seinen Hilfstherapeuten, daß sie die Patienten tagtäglich zu lehren hätten, allein er, Rosen, habe das Sagen:

»Die Hilfskräfte erhalten speziell darauf ausgerichtete Instruktionen. *Der Psychotiker muß ständig hingewiesen und erinnert werden, daß der Therapeut die Führung hat, die absolute Autorität und das Recht zur Kontrolle besitzt*, die im Interesse des Psychotikers und zu seinem Schutz ausgeübt wird« (Hervorhebung von der Verf.) (Rosen, 1964, S. 87).

Ich habe begründete Zweifel daran, ob es bei dieser Vorschrift wirklich nur um das »Interesse des Psychotikers« und um seinen »Schutz« geht, wie Rosen in obigem Zitat vorgibt. Das Allmächtige, das Grandiose schimmert bei Rosen nämlich auch dort immer wieder durch, wo es das Interesse seiner Patienten keineswegs erfordern würde, im Gegenteil.

Ein Vergleich mit Wilhelm Reich drängte sich für mich während der Lektüre von Rosens Schriften immer wieder auf. Die Stimmung, in die man beim Lesen versetzt wird, ist jedenfalls auffallend ähnlich. Bei beiden Autoren plagt den Leser dieses ungemütliche Erlebnis einer »durchrüttelnden Fahrt über Stromschnellen«, um es mit der schon einmal zitierten Formulierung Richard Sterbas zu sagen, der damit seine Befindlichkeit beim Lesen Reichscher Schriften zu charakterisieren versuchte. Weder bei Reich noch bei Rosen findet sich ein zuverlässiger, tragender Boden im Umgang mit Patienten. Immer wieder brechen in das Geschriebene vielsagende Formulierungen ein, die einen an paranoide Furcht vor Patienten denken lassen. Bei Rosen liest man viel von Mütterlichkeit, von Liebe und Partizipation, aber im nächsten Satz schon stolpert der Leser über eine echte Gemeinheit. Hier bewahrheitet sich die Behauptung, daß »Mütterlichkeit« als Programm manchmal schlicht ein Abwehrmanöver gegen den latenten Sadismus eines Therapeuten darstellt, so scheint es. Das macht die Lektüre so »rüttelnd«. Einige Deutungen sind von einer eindrücklichen Einfühlungsgabe getragen, andere muten einen an wie ein Schlag ins Gesicht. Das ausgeprägte Mißtrauen, die paranoide Furcht vor der Aggression des Patienten und die damit verbundenen Versuche, den Patienten mittels omnipotenter Kontrollmechanismen »in den Griff« zu kriegen, finden wir bei beiden Autoren. Nur wenn der Patient ganz unterworfen werden kann, wird sowohl für Reich wie für Rosen ein Zugang zu ihm möglich – zumindest gilt dies für den späteren Rosen.

Aber schauen wir Rosen jetzt doch kurz bei der Arbeit zu. Einige wenige Vignetten aus Therapien und ein paar Kostproben Rosenscher Methoden sollen meine Behauptungen über die ambivalente, zwischen Liebe, Angst und Verachtung oszillierende Gegenübertragung dieses Autors belegen. Nehmen wir das Setting: Rosen hält es für unerläßlich, daß während seiner Behandlungssitzungen nicht nur Zwangsjacken, Handschellen und Seile, sondern auch einige kräftige Assistenten zugegen sind. Liest man seine Begründung dafür, dann enthüllt sich einem bereits das ganze Ausmaß an paranoider Furcht vor der Wut des Patienten, mit dem Rosen fertigwerden mußte. Diese Angst ist so groß, daß sich Rosen nur aus einem »sicheren Bunker« heraus fähig fühlt, überhaupt eine Therapiesitzung mit einem Psychotiker abzuhalten:

»Die Anwesenheit der Assistenten während der Behandlungssitzungen dient verschiedenen Zwecken.
Sie gibt dem Psychiater physischen Schutz, sollte der Psychotiker angriffslustig werden oder mit ungewöhnlichen Körperkräften ausgestattet sein. *Mit einer derartigen Rückendeckung braucht der Analytiker vor einem ärgerlichen oder gewalttätigen Akt, den er mit seinen Interpretationen oder anderen Bemerkungen auslöst, keine Furcht zu haben. Subtiler gesehen, zieht er psychologisch Gewinn aus der Gegenwart anderer Menschen, die er mit beschützender Macht unbewußt gefühlten Gefahren gegenüber ausstattet* – ganz ähnlich wie der Psychotiker dem Therapeuten derartige Kräfte zubilligt« (Hervorhebung von der Verf.) (Rosen, 1964, S. 96).

Erst wenn alles »seine Ordnung« hat, die Handschellen, Seile, Assistenten und Zwangsjacken in Reichweite sind, ist Rosen furchtlos, dann aber dafür sehr. Jetzt spielt er das Erlebnis seiner Überlegenheit und Stärke triumphierend aus und rächt sich mittels Allmacht für die Gefühle von Ohnmacht, die ihn – allein mit dem Patienten im Zimmer – heimgesucht hätten. Der Patient wird für seine Verrücktheit ausgelacht und es wird ihm provokativ vorgehalten, daß er sich eine ziemlich langweilige Form von Geistesgestörtheit ausgesucht habe:

»Der direkt analysierende Analytiker kann die Anwesenden auch als ›Stützen‹ für seinen ›therapeutischen Dialog‹ heranziehen. Seine ›Randbemerkungen‹, die er an die Assistenz richtet, können für den Psychotiker Lob oder Kritik sein, sie können seine Erschöpfung, seine ›Langeweile‹, sein ›Mißbehagen‹ über das, was der Psychotiker tut oder zu tun unterläßt, anzeigen. Zusätzlich können die Randbemerkungen benutzt werden, um dem Psychotiker deutlich zu machen, daß er sich ›lächerlich‹ oder ›verrückt‹ verhält. *Der Therapeut kann beispielsweise zu einem Assistenten sagen: ›Fred, diese ›St. Josephs-Fälle‹ sind doch alle gleich, nicht wahr? Warum denken sich die Leute nicht eine interessantere Form von Geistesgestörtheit aus?‹ Der Assistent stimmt dann zu, daß die ›St. Josephs-Fälle‹ langweilig sind.* Dieses Lächerlichmachen hilft möglicherweise, den Glauben des Psychotikers an seinen Wahn abzuschwächen« (Hervorhebung von der Verf.) (Rosen, 1964, S. 96 und 97).

Wer so mit seinen Patienten umspringt, tut allerdings gut daran, sich mit Handschellen und Zwangsjacken vor rabiaten Übergriffen der Gegenseite zu schützen, denn er lockt mit seinen Methoden genau das hervor, was er doch bannen wollte: die entfesselte Wut des andern. Dieselbe self-fulfilling prophecy haben wir schon bei Reich gefunden. Ein Übermaß an paranoider Angst schürt unweigerlich die Aggressivität des Therapeuten und dann wiederum die des Patienten.

Nicht umsonst haben Methoden wie die oben zitierte vom Lächerlichmachen einer Wahnvorstellung Rosen den Vorwurf eingetragen, es gehe ihm gar nicht darum, Patienten ernsthaft zu verstehen, sondern darum, andere zu knechten und mit gewaltsamen Methoden zu angepaßten Konformisten zurechtzubiegen. Rosens Antwort auf diesen Vorwurf läßt ihn grad noch einmal in einem ziemlich fragwürdigen Licht erscheinen und straft seine Behauptung, er wolle Patienten wirklich verstehen, wiederum Lügen. Rosen betrachtet es nämlich als »keinen kleinen Erfolg«, wenn es ihm gelingt, mit welchen Methoden auch immer, aus einem Psychotiker einen Pseudo-Normalen zu machen, der nichts verstanden hat, aber sich angepaßt benimmt:

»Einige Kritiker, die die Direkte Psychoanalyse vom Zusehen oder Hörensagen kennen, werfen uns vor, daß wir lediglich eine Unterdrückung der Psychose erreichen oder aus dem psychotischen Menschen einen Konformisten machen. [...] *Es würde kein kleiner Erfolg sein, könnte man einen Psychotiker, der – nehmen wir einmal an – seit 10 Jahren in der Phase der katatonen Erstarrung ist, durch Überzeugung oder Gewalt so weit bringen, daß er mitarbeitet, so handelt und so spricht, als ob er normal wäre.* Vielleicht ist damit schon umrissen, was die Direkte Psychoanalyse vollbringen kann« (Hervorhebung von der Verf.) (Rosen, 1964, S. 83 und 84).

Die Vorliebe für das Gewaltsame und die versuchte »Gehirnwäsche« findet sich beim späteren Rosen auffallend häufig, selbst dort, wo er im Gewande des verstehenden Therapeuten auftritt. Wenn sich ein Patient erlaubt, sein starres Deutungs-Weltbild anzuzweifeln, in dem alles auf das Wirken der bösen, der »perversen« Mütter, wie Rosen sie nennt, zurückgeführt wird, dann greift Rosen zu so absurden wie tyrannischen »Beweisführungen«, mit denen er dem Patienten doch noch die absolute Richtigkeit seiner Deutungen einhämmern will. Verfängt auch dies nicht, dann beginnt Rosen zu lügen, damit der Patient nur endlich zu glauben anfange, daß seine Mutter eben doch pervers und nichts als pervers war. Dazu ein Beispiel: Ein Patient, der paranoide Ängste bei der Nahrungsaufnahme entwickelt, erhält die Deutung, er habe Angst vor Mutters vergifteter Milch. Der Patient erlaubt sich, gegen diese Deutung zu protestieren. Rosen fängt nun an zu »beweisen«, daß er eben doch recht hat:

> »Wahrscheinlich wird der Psychotiker eine derart kühne Feststellung nicht akzeptieren; *er wird sie abstreiten. Hier beginnt seine Erziehung durch den Psychiater: Er nötigt ihn, gewisse Tatsachen zu erkennen.* ›Wer bereitete das Essen für Sie zu?‹ (Mutter); ›Wer brachte Ihnen das Essen?‹ (Mutter); *Essen ist gleich Mutter. Zögert der Patient weiterhin mit der Antwort, fährt der Psychiater fort:* ›Wer arbeitet in der Küche und bereitet das Essen?‹ [...] Wenn der Psychotiker sagt, daß ein Koch oder die Firma Horn & Handart das Essen zubereite, oder andere ausweichende Antworten gibt, muß der Psychiater die Beziehung zwischen Essen und Mutter herstellen, um therapeutisch den Hebel ansetzen zu können [...] *Wenn die Interpretation des Therapeuten den Psychotiker aus der Fassung bringt, kann das als Bestätigung ihrer Richtigkeit gewertet werden*« (Hervorhebungen von der Verf.) (Rosen, 1964, S. 153 und 154).

Man könnte diese Art von »Beweisführung« leicht noch weiter treiben und auf den Schlußsatz des Zitats bezogen sagen: Da nicht nur der attackierte Psychotiker, sondern auch die Referentin von Rosen aus der Fassung gebracht wurde, ist die Deutung doppelt gesichert und auch die Referentin psychotisch. Die Abwesenheit jeglicher Selbstkritik bei Rosen ist manchmal tatsächlich nur noch mit dem Worte »grandios« zu erfassen.

In einem weiteren Beispiel, das ich hier anführen will, wird der Patient belogen, weil er sich weigert, Rosens Deutung betreffend den perversen Charakter seiner Mutter zu akzeptieren. Das geht dann so: Der depressive Patient, der eben einen Selbstmordversuch hinter sich hat, erhält als Deutung für den versuchten Suizid die, daß er sich den Tod habe geben wollen, weil seine perverse Mutter dies gewünscht habe. Der Patient ist da jedoch anderer Meinung als Rosen. Als Antwort auf diese »Befehlsverweigerung« lügt Rosen dem Kranken schamlos vor, er habe es aber selber am Telefon gehört, wie die Mutter des Patienten den Wunsch geäußert habe, ihr Sohn möge endlich tot umfallen. Ja, Rosen scheut sich nicht, auch anderen Psychosentherapeuten diese »Technik« anzuraten:

> »Beispielsweise könnte er (der Therapeut) sagen: ›Sie haben versucht, sich umzubringen. Das bedeutet, daß Ihr Mund für immer geschlossen bleibt. Vielleicht würde Ihre Mutter Sie dann lieben. Sie sagt, sie hätte es gern, wenn Sie

sterben würden.‹ *Wenn der Psychotiker das abstreitet und sich zu einer Verteidigung der Mutter aufschwingt, ist anzuraten, die Rede etwa auf ein fingiertes Telefongespräch zu bringen, als habe die Mutter ›uns hier angerufen, um nachzufragen, ob er schon tot ist. Ich wünsche, er würde tot umfallen; ich wünsche, daß ich ihn nie wiedersehe‹«* (Hervorhebung von der Verf.) (Rosen, 1964, S. 132).

Ich meine, die wenigen angeführten Beispiele exemplifizieren zur Genüge, wie respektlos, tyrannisch, verlogen und lieblos dieser selbe Rosen, der für die Notwendigkeit verstehender, liebender Partizipation in der Psychosentherapie gekämpft, leidenschaftlich gekämpft hatte, auch sein konnte. Vom ursprünglich eingeschlagenen Weg kam er im Laufe der Jahre mehr und mehr ab. Aus unerfindlichen Gründen war sein Reservoir an Engagement, Liebe und Mut zum Risiko nach einigen Jahren erschöpft.

Das Vermächtnis der frühen Jahre bleibt dennoch gültig. Unter Rosens Einfluß fand in Amerika ein denkwürdiger Umschwung statt: Aus einer Haltung der Resignation im Umgang mit psychotischen Patienten, aus Verständnislosigkeit ihnen gegenüber, wuchs ein neuer Glaube daran, daß Psychotiker in ihrer so ganz anderen Welt doch noch erreicht werden können, wenn die Liebe in der Gegenübertragung stark und die Fähigkeit, in den psychotischen Kosmos einzutreten, groß genug ist.

## 7. Gaetano BENEDETTI:
## Nicht auf Mütterlichkeit,
## sondern auf die erschütterte Liebe eines Bruders
## oder Stellvertreters in der Gegenübertragung kommt es an

Daß die Liebe in der Gegenübertragung das A und O einer Schizophrenie-Behandlung bedeutet, davon ist Gaetano Benedetti, einer der wichtigsten Psychosen-Therapeuten der Gegenwart, genauso überzeugt wie seine Vorläufer Schwing, Sechehaye und Rosen. Ohne radikale Hingabe an den leidenden Mitmenschen, ohne »grundsätzliche Bejahung der Person des Kranken« (Benedetti, 1976, S. 84) nützt alle Technik, alles Interpretieren, alles Wissen um theoretische Zusammenhänge nichts. Das entscheidende Wort, das passende Symbol, welches den Kranken in seiner absoluten Einsamkeit aufzufinden und seine Situation zu »dualisieren« vermag, wird der Therapeut nur dann entdecken, wenn er sein Gegenüber wirklich liebt.

Fehlt solche Liebe, kann der tief am Wert aller Mitmenschlichkeit zweifelnde Kranke nicht erreicht werden, die vom Therapeuten angebotenen Symbole der Dualisierung bleiben hohl und nichtssagend. Benedetti schreibt:

>»Ich glaube, gezeigt zu haben, daß dies (das Erreichen des Kranken durch den Therapeuten; Erläuterung von der Verf.) durch die (niemals geplanten, uns Therapeuten nur ›gegebenen‹) Symbole der Dualisierung geschieht. *Wenn wir den Kranken lieben, gibt er selber unserem Unbewußten die nötigen Symbole*« (Hervorhebung von der Verf.) (Benedetti, 1976, S. 44).

Wenn Benedetti, nicht anders als der frühe Rosen und Sechehaye, von der enormen Bedeutung der Liebe in der Gegenübertragung des Schizophrenie-Therapeuten überzeugt ist, bedeutet dies aber nicht ohne weiteres, daß er den »mütterlichen Liebestherapeuten« zugeordnet werden dürfte. *Mütterliche Therapeuten, die ihre Patienten zu schwachen, abhängigen Kindern degradieren, sind ihm sogar eher suspekt. Er selber fühlt sich viel eher als ein Bruder seiner Patienten, das heißt, er liebt von gleich zu gleich.* Bescheidener als Sechehaye und Rosen, verzichtet Benedetti darauf, sich in der Rolle des besseren, ja, idealen Objekts zu sehen. Statt dessen geht er den Weg des anderen nur einfach mit einer unbeschreiblichen Anteilnahme begleitend mit. Wird ein schizophrener Patient immer nur wie ein hilfloses Kind behandelt und andauernd mit Aufmerksamkeit und spendender Fürsorglichkeit umgeben, so kann dies für ihn sogar recht gefährlich werden, weil solch überprotektives Gebaren seinem aufgelösten Ich nur allzu leicht den endgültigen Todesstoß versetzt. Benedetti verdeutlicht uns diese Gefahr anhand eines Beispiels aus einer Kontrollgruppe: eine übermäßig mütterlich-spendende und possessive Therapeutin berichtete dort, daß ihr psychotischer Patient ohne für sie ersichtlichen Grund plötzlich an einer zusätzlichen Wahnidee zu leiden begann, die so aussah, daß er befürchtete, er werde von seiner Therapeutin »aufgesaugt«. Für Benedetti steht es außer Zweifel, daß es gerade das übertrieben mütterliche Verhalten dieser Therapeutin war, das – da zu stark infantilisierend und den Kranken in die Rolle des Nur-Ohnmächtigen drängend – bei der Entstehung der Wahnidee direkt als Katalysator wirkte (vgl. Benedetti, 1983, S. 180).

Direkte oder auch symbolisch verhüllte, speziell »mütterlich« gefärbte Gratifikationen und Wunscherfüllungen hat Benedettis Umgang mit dem Patienten nicht nötig, weil ein starkes Engagement sich auch ohne alle »handfesten Beweise« wie gratifizierende Handlungen vermittelt. Nur in seltenen Ausnahmefällen, bei sehr regredierten Patienten, hält Benedetti es für richtig, den Bereich des Verbalen zu verlassen und zum Handeln und symbolischen Erfüllen von Wünschen im Sinne von Marguerite Sechehaye überzugehen. Normalerweise aber genügen »verbale Realisierungen« (Benedetti, 1975, S. 130) vollauf, sofern die Beziehung zum schizophrenen Patienten tief ist und trägt:

»Eine therapeutisch prospektive Wirkung vermag die symbolische Wunscherfüllung indessen nur dann zu erreichen, wenn sie auf Identifikationen beruht, die *in eine tiefe affektive Beziehung gebettet* sind: Oft genügen dann einzelne Worte, ohne irgendwelche Handlungen, um den Realisierungsprozeß einzuleiten, und bedarf es keiner kausalen, bzw. genetischen Deutungen oder umständlicher bildhaft und gestisch ausgeschmückter Darlegungen« (Hervorhebung von der Verf.) (Benedetti, 1983, S. 185).

Dennoch macht für Benedetti das Lieben das tragende Fundament der Psychosentherapie aus. Er mag sich keineswegs mit Frieda Fromm-Reichmanns oder auch Laings Ansicht identifizieren, wonach Liebe überhaupt dem Schizophrenen zur tödlichen, entgrenzenden Bedrohung werden muß (Benedetti, 1983, S. 184 und 185). Die therapeutische Liebe soll nach Benedettis Auffassung sogar überaus stark sein und muß sich auch ununterbrochen zu erkennen geben. Es kommt dabei allerdings entscheidend darauf an, in welcher Form, auf welche Weise wir den schizophrenen Patienten lieben. Wir sollen uns nicht überprotektiv gebärden, wir dürfen dem Kranken aber auch niemals wie in der Neurosentherapie als ein anderer, von ihm Getrennter gegenüberstehen, der sein Gegenüber via den Prozeß des Deutens »objektiviert«. Sonst erschlägt unsere Liebe, statt daß sie trägt. Das hatte auch Balint für den Umgang mit »Grundgestörten« schon so gesehen. Benedetti schreibt:

»Schon die bloße Tatsache, daß der Therapeut über den Kranken reflektiert, wird von diesem als etwas Gefährliches erlebt, weil der Kranke, der kein ›Ich‹ hat, sich deshalb sehr leicht von jedem zufälligen Partner zu einem willenlosen Gegenstand ›gemacht‹ fühlt, den man nach Belieben beeinflußt und verändert. Deshalb können ihn schon die Augen des Psychotherapeuten, die sein ›Problem‹ anschauen, ›hypnotisieren‹. Das Gefühl, vom Psychotherapeuten zu einem leblosen Gegenstand gemacht zu werden, wird vom Kranken im Verfolgungswahn verarbeitet, wo er dann seinen Therapeuten aller unmöglichen sinnlosen Intentionen verdächtigt. Solche wahrhaften Anklagen, die oft den Sinn haben, den Patienten vor einer ihn vergegenständlichenden Nähe zu schützen, können unmöglich durch neue Deutungen unterbrochen werden, weil neue Deutungen das machen, was der Kranke eben fürchtet, sie objektivieren ihn, sie erforschen ihn« (Benedetti, 1976, S. 31).

*Weder mittels Deutungen noch über das Lieben dürfen wir dem Schizophrenen also so begegnen, daß eine Situation entsteht, in der ein Ich auf ein Du zugeht. Sonst entsteht tödliche Angst. Nur wenn der Therapeut nach dem symbiotischen Modus liebt, ist seine Liebe ungefährlich.* Das heißt, er sollte nur sehr bedingt von seinem Patienten unterschieden sein, zum bloßen »Teilobjekt« (Benedetti, 1983, S. 184), »ein von den Projektionen des Patienten durch und durch erfüllter, überladener Therapeut« (Benedetti, 1983, S. 185) werden, damit seine therapeutische Liebe keine Angst mehr erzeugt und den Patienten nicht noch tiefer in seinen Wahn hineintreibt. *Vermag der Therapeut dieser entscheidenden Voraussetzung Genüge zu leisten, dann erweist sich seine liebende Gegenübertragung als jene optimale, integrierende Kraft, als jenes Bindemittel gewissermaßen, das allein die auseinandergebrochenen Fragmente der psychotischen Psyche wieder zu einem kohärenten Ganzen zusammenzufügen vermag.* Dann wirkt sie nicht mehr entgrenzend, sondern wird zur einzigen Chance bei der Entstehung neuer Grenzen und der Geburt des Ich. Wie es dem Therapeuten gelingen kann, zum bloßen Teilobjekt und integralen Bestandteil in den »Todeslandschaften der Seele« dieser Kranken zu werden, das ist die eigentliche Grundfrage, die das ganze Werk Benedettis durchzieht. Die Antworten, die er darauf gefunden hat, verdichten sich in den von ihm geschaffenen Begriffen, wie: »Dualisierung«, »psychischer Metabolismus«, »symmetrische Beziehung«, »Eintreten in die psychotische Welt«, »psychische Symmetrie«, »Spiegelbeziehung«, »Einspringen«. Letztlich zielen alle diese Wortschöpfungen in dieselbe Richtung, indem sie es nämlich samt und sonders darauf abgesehen haben, im Leser ein Gespür für die *absolute Notwendigkeit von Reziprozität,* eines gemeinsam erlebten und getragenen Schicksals in der Psychosentherapie zu wecken.

Die gemeinsame Ebene in der Beziehung zwischen Therapeut und Patient beginnt bei Benedetti schon sehr früh, bereits beim Gewichten von Kranksein, Nicht-Normalsein nämlich. Niemals steht er, wie so viele andere Psychiater (unter ihnen beispielsweise auch Rosen) einem Psychotiker als der nur Gesunde, ganz Normale gegenüber, der den anderen vor allem im Hinblick auf seine Defekte wahrnimmt und klassifiziert. Er ist sich klar darüber, daß dieser andere gerade *wegen* seiner Defekte, *wegen* des unbeschreiblichen Leidens, das eigentlich ein psychisches Sterben darstellt, existentielle Aussagen von großer Tragweite zu machen hat, welche auch ihn, den Therapeuten, im Innersten angehen und formen. Die übliche Kluft zwischen dem Gesunden und dem Kranken läßt Benedetti gar nicht erst entstehen. Es gehört auch nicht zu seinen Anliegen, den anderen à-tout-prix »heilen« zu wollen, weil im Heilenwollen schon die seiner Auffassung nach gefährliche Gewißheit anklingt, daß man als Therapeut im Besitz der »höheren Weihen« mit Namen »seelische Gesundheit« ist. Heilenwollen ist schon Besserwissen. Benedetti schreibt:

> »Es hat Psychiater gegeben, die schizophrene Menschen behandelten, indem sie sich gleichzeitig von ihnen distanzierten. Carl Schneider rühmte sich z. B., die Bildnereien seiner schizophrenen Kranken vor deren Augen zu zerstören, um ihnen auf diese Weise zu zeigen, daß sie krankhaft waren: ein Versuch, die Patienten in unsere oft so magere Realität zurückzubringen. Das sind freilich extreme Beispiele unserer Tendenz, all das auszuschließen, was uns schizophrene Menschen durch ihre Symbole zu sagen haben. Aber wie oft ist immer wieder betont worden, was der Patient bezüglich der Normen *nicht* ist. Man bezeichnete ihn als läppisch, inadäquat, stur, bizarr usw. Zweifellos hat auch diese Beschreibungsweise ihre Berechtigung. Es wurden Befunde erhoben, die den Standpunkt derer reflektieren, die im Auftrage der Gesellschaft den Kranken von außen her betrachten und allenfalls ›heilen‹ sollen. Indem man sich mit diesem Auftrag identifiziert, begibt man sich in eine Abwehrstellung, um so der Gefahr vorzubeugen, in der eigenen Auffassung von Normalität Grenzkorrekturen vornehmen zu müssen« (Benedetti, 1983, S. 192 und 193).

Statt den Kranken in die Welt der Normalität zurückzuführen, geht es Benedetti darum, die gemeinsame Ebene, den Dialog mit ihm zu finden, was in aller Regel »heilender« als jede noch so gut gemeinte Helfer- und Heiler-Einstellung wirke. Die Herstellung des Dialogs gelingt gerade dadurch, daß Benedetti *nicht* auf die eigene Normalität pocht, sondern sich der psychotischen Anteile erinnert, die er mit dem Kranken gemeinsam hat. Durch seine Bereitschaft, dem eigenen »Schatten« ins Gesicht zu sehen, wird Reziprozität mit dem Schizophrenen viel eher möglich. Benedetti will also nicht einem Kranken bei der Genesung helfen, man entwickelt sich im therapeutischen Prozeß gemeinsam. Zum Schluß erscheinen beider Realitäten angereichert, die des Kranken und die des Therapeuten. Es ist mit anderen Worten eine »existentielle Gemeinschaft« entstanden:

> »Diese zwangsläufige Entwicklung bedeutet nicht weniger, als daß seelische Leiden allgegenwärtig sind; daß das Kranke in uns zu erkennen und sich mit ihm auseinanderzusetzen uns erst zu wahren Mitgefährten der Patienten macht; *daß der Psychiater bereit ist, sich auf die Stufe seines Patienten zu begeben, und daß der Patient dem Therapeuten zur Entwicklung seines Selbst hilft.* Die psychoanalytische Introspektion reißt die Barriere des Privilegs weg, die der Gesunde gegenüber dem nicht Normangepaßten aufgerichtet hat. Wenn andere Introspektionsmethoden den Menschen zu der philosophischen Tiefe der Welt

führen, so führt die psychoanalytische Introspektion wie keine andere in der bisherigen Geschichte zu dem Ort, wo die *Solidarität mit dem Leidenden nicht vom bloßen Mitleid, sondern vom Wissen um existentielle Gemeinschaft geleistet wird«* (Hervorhebungen von der Verf.) (Benedetti, 1982, S. 25).

Oder auch:

»Mein Anliegen war, zu zeigen, wie viele psychopathologische Symptome, die eigentlich ein verhängnisvolles Anderssein des Menschen aufweisen, als Symbole eines Ringens um Selbstverwirklichung angehört werden können, sich in dieser Art der Hörens dialogisch artikulieren *und gar zu einer gemeinsamen Selbstverwirklichung führen, die für den Therapeuten übrigens in gewissem Sinne nicht weniger bedeutsam ist als für den Patienten selber«* (Hervorhebung von der Verf.) (Benedetti, 1982, S. 34).

Wenn ein Therapeut so denkt, wenn er anerkennt, daß schizophrene Menschen ihm durch ihre Symbole Wesentliches zu sagen haben, an dem er selber wachsen und sich entwickeln kann, dann trägt die therapeutische Beziehung einen eminent reziproken Charakter, denn in ihr empfängt und gibt jeder der zwei Beteiligten Bedeutsames. Die von Balint beschriebene Gefahr eines Ungleichgewichts zwischen einem nur gratifizierenden Therapeuten und einem Gratifikationen empfangenden Patienten ist gebannt. Der Patient kann erleben, daß er in seinem Entsetzen nicht alleingelassen wird, daß Kommunikation und Verstandenwerden auch in der »Eiswüste der Psychose« (Benedetti) noch möglich sind, der Therapeut, der vorher in der »fragloseren Mitte« (Benedetti) wohnte, erfährt, aufgerüttelt durch das Leiden seines Patienten, die Brüchigkeit und Grenze seines eigenen Daseins, was zum Entwicklungskatalysator für ihn selber wird.

Mit dem in Anlehnung an den Existenzphilosophen Karl Jaspers[8] geprägten Terminus der *»psychischen Grenzsituation«* anerkennt Benedetti, daß die Psychopathologie des Schizophrenen nicht bloß Ausdruck von Zerfall und Defekten ist, sondern die Möglichkeit zur Existenzerhellung, zur Öffnung hin auf eine neue Dimension, auf Transzendenz – bei Patient wie Therapeut – in sich birgt. Benedetti schreibt:

*»Die psychische Grenzsituation, wie ich sie in diesem Kontext verstehe, ist die positive Seite eines negativen Phänomens, nämlich der Psychopathologie.* (Hervorhebung im Original) Meint also Psychopathologie das psychisch Abnorme, Abweichende, Ausfallende, *so weist der Begriff der psychischen Grenzsituation* nicht nur *darauf hin,* daß es Grenzzustände zwischen Krankheit und Gesundheit gibt, sondern noch mehr darauf, *daß die psychische Krankheit selbst als eine Grenzsituation der Existenz wesentlich dazu beiträgt, diese zu*

*erhellen, weil der in ihr weilende Mensch gerade von dieser Position aus etwas zu erfassen vermag, was dem in der fragloseren Mitte Wohnenden entgeht«* (Hervorhebung von der Verf.) (Benedetti, 1975 a, S. 15).

Eine unkritische Idealisierung des Geisteskranken ist solches Anerkennen einer wichtigen Kehrseite der Psychopathologie keineswegs. Anders als die Antipsychiater, die den Wahnsinn tatsächlich zu der Weisheit letztem Schluß hochstilisierten und sich zur Behauptung verstiegen, die ganze Gesellschaft der Gesunden und Normalen sei krank, der Wahnsinnige aber der einzige Gesunde, bleibt Benedetti dabei, daß der Schizophrene trotz der Möglichkeit zur Existenzerhellung, die sein Leiden mit sich bringt, ein Kranker ist. Er schreibt ausdrücklich dies:

*»Unsere Aufgabe soll nicht die sein, Kranksein durch Verstehen auf das Normale zu reduzieren, sondern die, dem Kranksein die Möglichkeit nicht abzusprechen, Zugang zur Existenz zu sein«* (Hervorhebung im Original) (Benedetti, 1975 a, S. 23).

Es sei mir hier ein kleiner Exkurs gestattet: Sollte uns, so habe ich mich gefragt, der Umstand nicht nachdenklich werden lassen, daß es eine Haltung wie die oben beschriebene in der psychoanalytischen Literatur zur Gegenübertragung, von wenigen Ausnahmen (wie etwa Ella Sharpe) abgesehen, nicht gibt? Hängen wir als Psychoanalytiker so sehr daran, uns als die Gesunden, Ausbalancierten und Durchanalysierten zu sehen, daß wir nicht mehr imstande sind, wahrzunehmen, was der Patient in seiner Ausnahmesituation *uns* zu geben hat, womit er *uns* bereichert, immer aufs Neue gefährdet und also formt? Wie kommt es nur, daß Elisabeth Zetzel oder Anni Reich (vgl. Teil III, 7.) behaupten können, in einer Analyse entwickle sich *bloß einer der Beteiligten*, nämlich der Patient, der andere habe das Entwickeln schon hinter sich? Verbirgt sich hinter solchen Äußerungen nicht das grandiose Selbst des Analytikers? Haben die Jungianer, die vor starren Rollenverteilungen im Sinne von Heiler und Pflegling ausdrücklich warnen (vgl. Teil II, 7.), hat Benedetti, dessen Gegenübertragung immer auch *Dankbarkeit* gegenüber Patienten enthält, besagten Analytikern nicht einiges voraus? In jedem Falle läßt doch der Umgang auch mit einem nicht-psychotischen, nur-neurotischen oder psychosomatischen Patienten den Analytiker seine Untiefen neuerlich ausloten (sofern er nicht noch neue entdeckt), Facetten der eigenen Person werden ein weiteres Mal durchgearbeitet, Vergessenes neuerlich integriert, alte Ängste und die uns spezifisch zugehörige Konflikthaftigkeit noch einmal geortet, und die dagegen errichtete Abwehr ein weiteres Mal hinterfragt. Dies gilt auch für den, der eine noch so lange Lehranalyse hinter sich hat. Michael-Lukas Moeller erklärt in einem originellen Artikel zur Gegnübertragung die Unfähigkeit vieler Analytiker, sich selber in der Rolle von Entwicklungsbedürftigen zu sehen, so: Unter Psychoanalytikern bestehe deshalb eine ausgeprägte Vorliebe für die überlegene Rolle der Elternfigur, die selber nichts benötige, weil diese Rolle garantiere, daß man dem eigenen depressiven, infantilen Selbst nicht ins Auge sehen müsse. Dieses anrüchige Selbst delegiere man einfach an seinen doch so pflegebedürftigen Patienten, dieses »hilflose, angegriffene Kind« (Moeller, 1977, S. 163) ab. Immerhin, Battegay hat es unternommen, den Reziprozitätsgedanken auch in die Psychotherapie und Psychoanalyse von keineswegs psychotischen Patienten hinüberzutragen. Unter dem Aspekt der Grenzsituation, die unweigerlich auch den Therapeuten befruchte und verändere, betrachtet Battegay in seinem »Grenzsituationen« betitelten Buch all dies:

»Der Menschen Angst oder ihre Depressivität, ihre psychosomatischen Beschwerden, ihr mangelndes Selbstwerterleben, ihre unbegründete Euphorie, ihre Vereinsamung, ihr Alterungsprozeß, ihre Schwäche, ihr Mißtrauen, aber auch ihr körperlicher Verfall, der drohende Untergang ihrer Individualität kann Menschen in emotionale Grenzsituationen hineinbringen, die ihnen zur schwerwiegenden Bedrohung werden [...].
Durch die Teilnahme an diesen Grenzsituationen werde ich (als Therapeut – Erläuterung von der Verf.) in Dimensionen hineingeführt, die mir sonst vielleicht nicht recht und nicht in solchem Maße erschlossen worden wären« (Battegay, 1981 a, S. 9 und 10).

Unabdingbare Voraussetzung für das Zustandekommen einer reziproken Beziehung zum Patienten ist die Gemeinsamkeit des Erlebens, oder, um es mit Benedetti zu sagen, die *»psychische Symmetrie«*. Nur wenn der Therapeut die tiefe Ohnmacht des Psychotikers, seine Furcht vor Auflösung und Verwischung aller Grenzen, sein Erleben des Nicht-Seins und seine Verfolgungsgefühle so weit an sich herankommen lassen kann, daß er sich selber im Innersten bedroht fühlt, *nur wenn er bereit ist, selber durchzumachen, was der Kranke erleidet, ist die Beziehung wirklich von psychischer Symmetrie geprägt.* Sie stellt für Benedetti die entscheidende Voraussetzung dafür dar, daß wir einen Schizophrenen überhaupt behandeln können. Wenn wir nicht zu einem wirklichen Leidensgefährten des Patienten werden, erreichen wir ihn nicht:

»Psychotherapie der Schizophrenie beginnt dort, wo ein Verhältnis der psychischen Symmetrie zwischen uns und dem Patienten möglich wird. *Symmetrie bedeutet, daß wir innerhalb unserer Vorstellungs- und Empfindungswelt über*

*Modelle verfügen, die das Erleben des Kranken zum unsrigen machen können. Der Kranke merkt, daß er in uns und wir in ihm sind«* (Hervorhebung von der Verf.) (Benedetti, 1975 b, S. 131).

Die therapeutische Liebe muß also bereit sein, beträchtliche Opfer zu bringen. Sie muß es sich gefallen lassen, daß sie auf den Prüfstand gestellt und unter härtesten Bedingungen getestet wird. *Sympathiebekundungen, mütterliche Gefühle und großherziges Verteilen von Gratifikationen – das ist nicht die Liebe, die Benedetti vor Augen hat. Für ihn ist nur die Liebe etwas wert, die sich mitten in der Hölle unter Beweis stellt.* Was der Therapeut seinem Patienten letztlich zu spenden und zu schenken hat, ist niemals eine »Liebeserklärung«, die ihm leicht über die Lippen geht, sondern etwas vom Kostbarsten, was er selber besitzt: es ist dies der eigene »Seelenfriede«, das beruhigende Gefühl inneren Gefestigtseins, die Gewißheit von beruflicher Kompetenz und fraglosem Integriertsein. Ist die therapeutische Liebe imstande, diese Opfer klaglos zu bringen, erträgt sie es, in eine echt reziproke Beziehung mit einem so kranken Menschen einzusteigen, dann ist auf sie Verlaß, und die Behandlung kann ihren Anfang nehmen.

In eindrücklichen Worten beschreibt Benedetti in seinem Werk »Todeslandschaften der Seele«, wie das Erleben des eigenen Scheiterns und der völligen Ohnmacht seitens des Therapeuten zu einem Wendepunkt und eigentlichen Anfang der Behandlung werden kann, weil der Therapeut in diesem Moment endlich gleich zu erleben beginnt wie sein Patient, da er sich ebenso machtlos fühlt wie dieser. Erst jetzt ist er wirklich *mit* seinem Patienten:

»Die Katastrophe des psychischen Zerfalls setzt aller Logik ein Ende. Es ist deshalb nur zu verständlich, wenn selbst der Psychotherapeut, der sonst mit subtilen, tiefgreifenden psychodynamischen Konzepten zu operieren gewohnt ist, angesichts eines schizophrenen Patienten *nur noch Ohnmacht* verspürt. Ein noch so intelligenter, noch so verrständnisvoller und mit gutem Willen erfüllter Psychotherapeut wird sich plötzlich eingestehen müssen: ›Ich verstehe nichts mehr‹. Und tatsächlich versteht er in solchen Augenblicken nichts mehr. *Für sein Unbewußtes ist das der große Wendepunkt: Nun beginnen jene Zeichen und Symbole, Bilder und Gefühle ins Bewußtsein aufzusteigen, die nicht ›erklären‹ wollen: Sie stürzen ihn in jene Abgründe, die zwischen den auseinandergebrochenen Ichanteilen des Patienten klaffen«* (Hervorhebung von der Verf.) (Benedetti, 1983, S. 189).

Haben wir es hier etwa mit einem Rückgriff auf das Jungsche »Infektionsideal« zu tun? Wir erinnern uns: Jung verlangte im Jahre 1946, daß der

Therapeut zum »Opfer des gleichen Leidens« werden müsse wie sein Patient (vgl. Teil II, 7.). Benedetti zielt tatsächlich in dieselbe Richtung, aber er geht, so meine ich, über Jung hinaus, indem er zum einen in der Praxis das hält, was er in der Theorie verspricht (Jung selber erkannte zwar in seinen letzten Jahren die Bedeutung des Infiziertwerdens seitens des Therapeuten, war aber anscheinend lange Zeit über keineswegs besonders risikofreudig bei seiner Arbeit) und indem er zum andern verlangt, der Therapeut müsse parallel zum Infiziertwerden *gleichzeitig gesund, integriert und stabil bleiben*. Mit diesem so paradox klingenden Anspruch an den Therapeuten ist die Gefahr einer folie-à-deux, in der beide, der Therapeut wie der Patient, ertrinken, gebannt. Bei Jung hingegen heißt es nur, der Psychotherapeut müsse sich so weit »affizieren« lassen, daß er wie der Alchemist nicht mehr sicher wissen könne, ob er es sei, der die »metallische Arkansubstanz« im Tiegel schmelze, oder ob er selber als »Salamander« im Feuer glühe. Bereitschaft zum Eingehen einer Symbiose heißt bei Benedetti dagegen niemals totale Vermischung – und dies bei aller vorbehaltlosen Bereitschaft, sich ganz mit dem Patienten einzulassen. Er schreibt:

»Es scheint mir fast überflüssig zu sein, abschließend zu präzisieren, daß ich unter ›dualisierter Psychose‹ keine ›folie à deux‹, sondern einen ›normalen‹ therapeutischen Vorgang verstehe, analog etwa zu jener mentalen Disposition der Mutter, die Winnicott mit ›normal illness‹ umschreibt: Dieser Hintergrund allein macht es möglich, daß der Therapeut das Übel, das Chaos und das Todeserleben des Kranken unbeschadet in sich aufnehmen kann« (Benedetti, 1983, S. 196).

Würde der Therapeut zu einem bloßen Double des Patienten werden, wie könnte es zu Wachstum, Entwicklung und der Geburt eines Ich beim Schizophrenen kommen? Das Einsteigen in die psychotische Welt, das Mittragen des Schicksals der Psychose, heißt für Benedetti niemals, daß der Therapeut seinen Vorsprung bezüglich Kohärenz und Stabilität vollständig verlieren sollte. Es darf nicht anders sein, als daß der Therapeut ungeachtet aller Reaktivierung psychotischer Anteile in ihm selber »[...] *eine kleine Strecke seinem Patienten voraus ist und für ihn Ausschau halten kann, wo dieser nur das Leere und das Schwarze sieht*« (Hervorhebung von der Verf.) (Benedetti, 1976, S. 68). Wäre er dem Kranken nicht diese »kleine Strecke« voraus, dann wäre es ihm nicht mehr möglich, seine integrierende Liebe als *das* therapeutische Agens in die Behandlung einzubringen. Um denselben Sachverhalt mit einer Wortschöpfung Benedettis auszudrücken: der Therapeut hätte nicht mehr die Kraft, die so drin-

349

gend notwendige »*archetypische Gegenübertragung*« (Benedetti, 1975 b, S. 135) aufzubringen, die sich dadurch auszeichnet, daß sie den Therapeuten ein »lebensträchtiges Symbol« auch dort noch entdecken läßt, wo der Patient selber rundherum nur noch eine »Todeslandschaft« erkennt. Die archetypische Gegenübertragung macht, daß der Kranke seinem inneren Zerfall nicht länger überlassen bleibt, sie ist es, die den Therapeuten seinen Patienten ungeachtet aller Brüche, Fragmentiertheit und Nicht-Existenz als lebendige »psychische Ganzheit« (Benedetti, 1975 b, S. 135) sehen und zurückspiegeln läßt. *Der Blick auf dieses ganzheitlichere Spiegelbild seiner selbst, das ihm entgegengehalten wird, ermöglicht dem Kranken dann die schrittweise Integration seiner weit verstreuten Fragmente.* Will man eine Metapher verwenden, dann könnte man den Psychosentherapeuten mit einem Archäologen vergleichen, der aus wenigen Scherben eine Vase zu rekonstruieren sucht. Wo immer die vorhandenen Fragmente eine Rundung, einen Griff, ein Muster auch nur andeuten, springt er selber ein und ergänzt das Fehlende mit Hilfe von selber geformten Ersatzstücken. Er macht das so lange, bis zu guter Letzt aus einem Scherbenhaufen ein wohlgeformtes und ganzes Gefäß geworden ist, das der Betrachter bewundern kann. Das alles aber kostet sehr viel Zeit, eine enorme Hingabe an und Versenkung in jene untergegangene Kultur, aus welcher die Scherben stammen. *Analog dazu vermag der Psychosentherapeut die schwierige Arbeit des Zusammensetzens und des Ergänzens der fehlenden Teile nur dann zu leisten, wenn ihn eine ganz besondere Art von Hingabe erfüllt, nämlich eben die »archetypische Gegenübertragung«. Sie stellt die Matrix dar, aus welcher des Therapeuten Kraft zur Synthese geboren wird.* Allein dank ihr vermag der Schizophrene zu einer Ganzheit zusammenzuwachsen.

Anhand eines Traumes, den ein Psychosentherapeut ihm in einer Kontrollsitzung berichtete, veranschaulicht uns Benedetti dieses Wirken der archetypischen Gegenübertragung:

»Voraussetzen möchte ich, daß der Therapeut sich während dieser Zeit hilflos mit seiner Patientin fühlte. Keines seiner Worte konnte sie erreichen. Eine undurchdringliche Mauer stand dazwischen. Von dieser Situation der Mauer geht der Traum aus. Der Tagesrest ist das Erleben der Mauer, zugleich der Verzweiflung dabei. Im Traum ist der Therapeut konkret und buchstäblich vor einer Mauer. Aber diese Mauer verwandelt sich vor seinen Augen in die hohe und steile Wand einer gotischen Kathedrale ohne Öffnungen. *Es ist eine nicht nur wunderschöne, sondern auch lebendige und warme Wand.* Der Therapeut vermutet nun, daß sich die Patientin hinter dieser Wand verhüllt. Er geht auf die Wand zu, welche, wie eine Festungsmauer, keine Türen und keine Portale besitzt. Die Wand öffnet sich aber vor seinen Schritten, läßt ihn durchschreiten, jedoch hinter ihr ist nichts. Plötzlich weiß der Therapeut: Diese Wand ist die Patientin selbst (nebenbei bemerkt ist die Patientin im Gegensatz zu der schönen, lebendigen und warmen Wand der Kathedrale selbst ein physisch unansehnlicher Mensch). Ist aber die gotische Wand die Patientin selber, dann bleibt dem Therapeuten nichts anderes übrig, als in der Wand auszuharren, ohne sie zu finden. Soweit der Traum.

Aus den Assoziationen des Therapeuten zu diesem Traum ergab sich das Gefühl, die Patientin sei nicht da, sie existiere für die psychotherapeutische Beziehung nicht. *Aber diese trostlose Situation wird durch den Traum insofern gewandelt, als die Patientin aus der bloßen Feststellung des Nicht-Seins, der Spannung und der spaltenden Mauer hinausgehoben wird in ein lebensträchtiges Symbol.* Dieses Symbol der Kathedrale spiegelt in der Tat die Art wider, wie das Unbewußte des Therapeuten die Patientin erlebt. Der Traum veranschaulicht eine Weise der Gegenübertragung. *Diese Art Gegenübertragung hat offensichtlich die Funktion, die Situation des Patienten so zu konstellieren, daß sie Züge der psychischen Ganzheit durch das Erleben des Therapeuten bekommt«* (Hervorhebungen von der Verf.) (Benedetti, 1975 b, S. 134 und 135).

Die bisherigen Ausführungen haben gezeigt, daß sich die optimale Gegenübertragung eines Schizophrenietherapeuten nach Auffassung Benedettis aus folgenden Bausteinen zusammensetzen sollte: Dankbarkeit, Bescheidenheit, Bereitschaft zur Selbstgefährdung, Erschütterung, intensive therapeutische Liebe, der es um ein Einspringen und Mittragen geht. Es fehlt in dieser Liste noch ein letzter Aspekt, und zwar die Aggression in der Gegenübertragung. Es mag auf den ersten Blick verwundern, daß ein Therapeut, der die Liebe ganz oben in seine Hierarchie des therapeutisch Fruchtbaren setzt, im selben Atemzug auch die Aggression als therapeutisches Agens anzusehen vermag. Hat man aber erst Benedettis Ausführungen zu diesem Thema gelesen, so fügt sich der anfangs befremdende Baustein nahtlos in das Ganze des übrigen Gebäudes ein.

Besagte Gedanken finden sich bei Benedetti erst in neuerer Zeit. In den Jahren vor 1982 beschränkt er sich auf vorsichtige Äußerungen, die ganz den Anschein erwecken, als ob der Autor die Gegenübertragungs-Aggressivität in der Psychosentherapie als eine eher ephemere Angelegenheit angesehen hätte, selbst wenn die destruktiven Reaktionen eines psychotischen Gegenübers sehr heftig ausfallen mochten. Daß solche Aggressivität auf seiten des Therapeuten als bedeutsam für eine Behandlung – und nicht nur als Ausdruck mangelnder Selbstbeherrschung oder fehlender Liebe gewertet werden muß – diesen Gedanken denkt Benedetti zwar schon 1973, allerdings noch sehr zögernd und nicht mit der Überzeugungskraft, die seinen Worten in einem am Otto Will-Symposium gehaltenen Vortrag im Jahre 1982 eignen sollte. In dem »Psychoanalyse und Psychosynthese« betitelten Aufsatz von 1973 schreibt Benedetti, daß der Therapeut die eigene Aggressivität in der Psychosentherapie darum zulassen und sogar ein Stück weit *zeigen* können sollte, weil der Kranke eigenes Gespaltensein nur überwinden könne, wenn er auf einen nicht-gespaltenen Menschen treffe, auf eine Person, der die Integration ihrer verschiedenen Fragmente gelungen sei. 1973 schreibt Benedetti dazu dies:

> Es gilt, »[...] daß die Entwicklung einer gewissen, freilich geringen, Gegenübertragungsaggressivität die Psychotherapie nicht einmal gefährdet, vorausgesetzt, daß eine solche Reaktion des Therapeuten verschmilzt mit einer ursprünglich annehmenden Einstellung. Oft gelingt die Egoifizierung der schizophrenen Persönlichkeit erst im Spiegel einer Gegenübertragungsarbeit des Therapeuten, der eigene ambivalente Gefühle verarbeitet und hierin eine Beziehung zu dem gespaltenen und ›ihn spaltenden‹ Kranken findet« (Benedetti, 1975 b, S. 136).

Der Grundgedanke aus dem neun Jahre später gehaltenen Vortrag von 1982 hingegen lautet so: Aufkommende Aggressivität in der Gegenübertragung ist die Folge einer Introjektion des ganzen Patienten, das heißt aber auch seines destruktiven inneren Objekts, das für diesen selber zu schwer, zu erdrückend war. Indem der Therapeut selber wütend wird, hilft er seinem Patienten eine Last zu tragen, die für diesen allein zu schwer war, die ihn, weil sie so gefährlich war, bis anhin zwang, im Autismus zu leben. Bringt der Therapeut den Mut zur Aggression auf, dann befreit er gerade dadurch den Patienten aus dem Gefängnis seines Autismus. Zum besseren Verständnis soll hier eine längere Passage aus dem Vortrag von 1982 zitiert werden:

> »I see a triple function of countertransferential aggressivity as long as it is well moderated. To start with, it is restricted by the love for the patient and so it is always, implicitly, a proposal of human aggressivity to the patient. The omnipotence of the persecutor is the tragic omnipotence of the patient, and so is, at the same time, the tragic powerlessness of the victim. Therapeutic aggressivity is on the contrary, a bearer of the suffering caused by having to be like this, by the tragic sense of life.
> Secondly, therapeutical aggressivity is not only restricted by love, but is also compatible with it; in other words it is always subject to a psychosynthesis between ›good self and bad self‹, ›good object and bad object‹. This pattern, which is implicative of psychosynthesis, urges the patient to overcome his desolating split state wherever *the continued offer of the good therapeutic self alone makes the psychotic feel the full weight of the difference and inevitability of his bad self.*

Thirdly, there is not only the possibility of psychosynthesis in the presence of the splitting in others, but also the opposite. Countertransferential aggressivity may indeed split the therapist between that part of him which identifies with the patient and that which rejects him; between that part which understands the patient before words are spoken and the other which remains confused about him, which cannot find any sense in what he says; between that part which experiences the patient's sitting as a waste of time, and the opposite which feels his suffering as if it were the pivot of all wordly suffering. The therapist is therefore ›split‹. He has taken upon himself the patient's splitting in order to relive it within a coherent model, his own self; to reproduce it within a framework that will not break; to transform it from inside and give it back, new, to the patient« (Hervorhebung von der Verf.) (Benedetti, 1982, S. 11).

Indem er zeigt, daß er durchaus auch aggressiv werden kann, wird der Therapeut seinem Patienten also ähnlicher, und das bedrückende, lähmende Ungleichgewicht zwischen einem »guten« und einem »schlechten« Menschen schwindet. Das läßt den Patienten sich eher an seinen eigenen Haß heranwagen und sich öffnen. Außerdem lebt ihm der Therapeut modellhaft vor, daß Haß etwas ist, mit dem sich umgehen läßt, genauso wie mit anderen Affekten. Weil er seinen eigenen Affekt bereits integriert hat, wird dieser nie zu einem blinden Haß, sondern erscheint immer mit dem Eros amalgamiert. Das entschärft ihn in seiner Gefährlichkeit und garantiert, daß die therapeutische Beziehung niemals zerstört wird.

Mit diesem Ansatz trifft sich Benedetti mit einem anderen Psychosentherapeuten aus dem Lager der »Liebestherapie«, mit Donald Woods Winnicott. Genau wie Benedetti, so hat auch er den Ärger des Therapeuten, ja sogar seinen Haß, nicht anders als seine Hingabe und Liebe, als therapeutisches Agens von weitreichender Bedeutung und großem Gewicht angesehen. Wie für Benedetti stellt sich auch für Winnicott das erforderliche Gleichgewicht zwischen Patient und Therapeut als das Hauptargument dar, wo es darum geht, die These von der Notwendigkeit des offen gezeigten Ärgers respektive Hasses beim Therapeuten zu verteidigen. Der Psychotiker, so schreibt er, wird sich nur an die Entdeckung seines eigenen Hasses machen können, wenn er merkt, daß sein Therapeut diese Möglichkeit genauso hat und keinesfalls ein besserer oder höherer Mensch ist als er selber (vgl. Teil II, 6.). Aber auch zu einem anderen großen Psychosentherapeuten, der keinesfalls mit so etwas wie »mütterlicher Liebestherapie« identifiziert werden möchte, der sogar von der therapeutischen Liebe leichthin auf die Neurose des Behandlers schließt, bestehen Parallelen. Ich spreche von Harold Searles.[9] Dieser Autor denkt, zumindest was die in der Psychosentherapie aktualisierte Aggressivität im Therapeuten angeht, nicht anders als Winnicott und Benedetti, bloß daß bei ihm nicht mehr nur von

»temperierten« oder »modifizierten« Ärgergefühlen die Rede ist, und auch nicht »bloß« von Haß, sondern von so archaisch-massivem Haß, daß dieser den Patienten nur noch töten will, zerstückeln will. Fehlen solche Mordgelüste, stimmt nach Auffassung von Searles etwas nicht in einer Psychosentherapie. Vor allem in der zweiten Phase einer sich üblicherweise in fünf Phasen abspielenden Schizophrenietherapie, in der »Phase der ambivalenten Symbiose«, tauchen, davon ist er überzeugt, heftige Todeswünsche in der Gegenübertragung auf:

> »Unter diesen Umständen ist der Therapeut aus verschiedenen, zum Teil einleuchtenden Gründen dazu geneigt, *geradezu mörderische Haßgefühle* zu entwickeln. Diese Gefühle entstehen aus der Frustrierung aller seiner therapeutischen Bemühungen, aus der Bedrohung seiner Individualität durch die symbiotische Beziehung mit dem Patienten und aus den Resten des infantilen Allmachtsgefühls, das während der gemeinsamen Regression, wie sie solch eine Symbiose mit sich bringt, ans Licht gekommen ist, *so daß die therapeutische Beziehung oft die Form eines wütenden Kampfes zweier Götter annimmt.* Auf diese Weise tritt *die mörderische Aggressivität eines Kindes auf, das seinen Willen nicht bekommt, und zwar nicht nur im Patienten, sondern auch im Therapeuten.*
> Obwohl es ein ungemütliches Gefühl für den Therapeuten ist, sich vor seinem mordlustigen Patienten zu fürchten, ist es doch noch wesentlich schwieriger für ihn, *das volle Ausmaß seiner eigenen Mordimpulse gegenüber dem Patienten* zu erkennen [...]« (Hervorhebungen von der Verf.) (Searles, 1964/65).

Aber nicht nur unter Psychosentherapeuten ist man vielfach der Auffassung, daß der Analytiker dem Patienten furchtlos vorangehen muß, was das Erleben und Zeigen von Haßgefühlen angeht. Auch in der Borderline-Therapie werden solche Auffassungen vertreten. Christa Rohde-Dachser schreibt:

> »Unabdingbare Voraussetzung für die Bewältigung von Haß und Angst gegenüber dem Patienten ist in jedem Falle, daß der Analytiker diese Gefühle bewußt erlebt und sich mit ihnen konfrontiert. Jede nicht bewußte Angstreaktion des Analytikers muß im Patienten den Glauben an die magische, destruktive Qualität seiner Aggression verstärken. Die Furchtlosigkeit des Analytikers im Umgang mit den eigenen Angst- und Haßgefühlen vermittelt dem Patienten dagegen vielleicht zum erstenmal in seinem Leben die Erfahrung, daß Haß als ursprüngliche menschliche Lebensreaktion das gute Objekt nicht zerstört, sondern es im Gegenteil zu einem menschlichem Wesen mit Vorzügen und Schwächen macht, das damit erst wirklich erreichbar wird.
> Nach meinen Erfahrungen teilen auch in der Borderline-Therapie in bestimmten Phasen Analytiker und Patient die von Searles für die Psychosentherapie beschriebene Grundangst, daß der Haß die Liebe endgültig überwiege und

damit die Welt der guten Objekte ein für allemal auslösche. Wenn der Analytiker in dieser Krise stellvertretend für den Patienten und trotz eigener Ängste an der sicheren Überzeugung von der Überwindbarkeit des Hasses festhalten kann, vermittelt er dem Patienten jene grundlegende Neuerfahrung, mit deren Hilfe die bisher gespaltenen ›guten‹ und ›bösen‹ Objekte zueinander finden können« (Rohde-Dachser, 1979, S. 179 und 180).

Die von allen diesen Borderline- und Psychosentherapeuten geforderte Liebe in der Gegenübertragung (oder sagen wir Searles zuliebe besser ihr »Engagement«) trägt, wie man sieht, erfrischend wenig sentimentale Kennzeichen mehr: Ärgergefühle, Haß, ja sogar Mordgelüste haben in diesem Verständnis von therapeutischer Liebe durchaus Platz. Nicht nur die Psychoanalytiker, die ihr Inkognito- und »Strohpuppen«-Benehmen (Fliess) weit hinter sich gelassen haben, sind mehrdimensionaler und damit humaner geworden, auch die Liebe hat sich weiterentwickelt, von »Urformen der Liebe« (Balint) bis hin zu engagierter, reifer Ambivalenz Patienten gegenüber.

Otto KERNBERG:
Die Väter melden sich zurück:
Schluß jetzt mit soviel Verwöhnung von
früh gestörten Patienten! Wo bleiben die Grenzen?
Wo die Selbstverantwortung des Patienten?
Wo die Neutralität und die Forderungen der Realität?

Wie die Geschichte der Gegenübertragung und das vorliegende Buch gezeigt haben, ruft in der Psychoanalyse eigentlich jede These mit metronomischer Exaktheit ihre Antithese auf den Plan. Es wäre zum Verzweifeln, wenn es nicht so anregend wäre. Was wäre das Jahr ohne seine Jahreszeiten, was die Psychoanalyse ohne ihre wärmeren und kühleren Phasen, ihre rationaleren und emotionaleren Vertreter, ihre Feinde und Freunde der Fusion.

Nur gerade die indikatorische Funktion der Gegenübertragung wurde seit den fünfziger Jahren nicht länger mehr in Frage gestellt, sondern in allen Lagern zunehmend ernster genommen. Doch an der Frage, wieviel wir einem Patienten zumuten können und ihm versagen dürfen respektive wieviel wir ihm abnehmen sollten und gewähren müssen, scheiden sich die Geister nach wie vor, auch was den Umgang mit den frühen Störungen angeht. Die neueste Entwicklung beweist es einmal mehr, eine Entwicklung, die mich veranlaßt hat, neun Jahre nach Beendigung meiner Dissertation noch einmal zur Feder zu greifen und dieses Kapitel über Otto Kernberg nachzutragen. 1993 erschien nämlich ein neues Buch von ihm und seinen Mitarbeitern (amerikanische Erstausgabe 1989), die »Psychodynamische Therapie bei Borderline-Patienten«, ein als pragmatisch imponierendes Handbuch für den Praktiker zur Behandlung von Borderline-Störungen, um dessen Studium und Diskussion man nicht herumkommt, wenn man sich eingehend Gedanken zur Handhabung und Bedeutung der Gegenübertragung als Motor der Kur macht.

Eine ganze Weile lang hätte man ja meinen können – vor allem während der Lektüre der Autorenportraits in Teil IV des vorliegenden Buchs –, die Psychoanalyse habe, zumindest was den Umgang mit früh gestörten, schwerer traumatisierten Patienten angeht, tendenziell auf eine weichere, »mütterlichere« Linie umgeschwenkt, war doch im Zusammenhang mit der Verlagerung des psychoanalytischen Interesses vom Ödipuskomplex hin zur prägenitalen Zwei-Personen-Psychologie so ausgiebig von der »Tragefunktion der Mutter« die Rede gewesen, so viel auch von »ausreichend guter Umwelt«, »extrauteriner Matrix«, vom offenen »container«, von »Schutzschild«, »Hilfs-Ich« und »liebevoller Präsenz« der Mütter und der Analytiker – doch die Zeiten ändern sich: Auf den Sommer folgt der Herbst und dann der Winter.

Die Väter melden sich mittlerweile energisch und kraftvoll, im vollen Bewußtsein ihrer Autorität zurück. Die ehernen Gesetzestafeln werden wieder ausgegraben und neu poliert, der Vater erklärt den Tarif. Allen voran Otto Kernberg, der eine ganz und gar nicht weich, liebevoll, »verzärtelnd« oder »mütterlich« imponierende Therapieform speziell für Borderline-Patienten entwickelt hat, die uns im folgenden beschäftigen soll.

Zwar kommt der Gegenübertragung bei dieser neuen Behandlungsform für früh gestörte Patienten, von Kernberg und seinen Mitarbeitern des Borderline-Psychotherapieforschungsprojekts am New York Hospital-Cornell Medical Center »expressive Psychotherapie« genannt (Kernberg, 1993, S. 17), nach wie vor eine enorme Bedeutung zu, zwar wird sie – nicht anders als bei den »mütterlichen Liebestherapeuten« – neuerlich zum Motor der Kur und ausschlaggebenden Fundament der Deutung erklärt, doch der Wind, der jetzt weht, ist frostiger geworden. Das Behandlungsklima insgesamt scheint härter, fordernder, amerikanischer. »Hilf dir selbst, sonst hilft dir keiner«, so etwa lautet der neue forsche Tenor, mit dem der Borderline-Patient sich jetzt konfrontiert sieht.

Kernberg hält dies für völlig angemessen, sieht er doch in seinen Patienten eher selbstverantwortliche Täter als zu kurz gekommene Opfer, ein grundsätzlicher Unterschied zum Gros der »*mütterlichen Liebestherapeuten*«, die in der Regel stärker als Kernberg vor Augen haben, was einem früh gestörten Patienten *in seiner Kindheit angetan und vorenthalten wurde. Für Kernberg jedoch* – und hier liegt er ganz auf der Linie Melanie Kleins – *hat die Psychopathologie des früh gestörten Patienten vielfach mindestens so sehr, wenn nicht stärker noch mit einer tückischen Anlage, mit übermäßigem, angeborenem Neid und starkem, angeborenem Haß zu tun*, der die Entwicklungsprozesse in der Kindheit beeinträchtigt habe.

Das läßt sich schlecht beweisen: Es scheint eine Glaubensfrage und eine Frage des Geschmacks oder letztlich der basalen Gegenübertragung Leidenden gegenüber zu sein, ob wir sie eher als Opfer ihrer unempathischen Umgebung oder lieber gewissermaßen als »von Natur aus« beeinträchtigt ansehen. Die Freudschen »Ergänzungsreihen« erlauben es, mehr den Umwelt- oder mehr den Anlagepol zu akzentuieren, ganz wie es beliebt respektive die Gegenübertragung nahelegt.

Kernberg jedenfalls erklärt sich das Zustandekommen früher Störungen über weite Strecken mit der Anlage und weniger mit dem Versagen der Umwelt, so scheint es, obwohl er letzteres durchaus auch in Rechnung stellt. So beschrieb er zum Beispiel die Mutterfiguren narzißtisch gestörter Patienten als vordergründig zwar gut funktionierend und für geordnete Verhältnisse sorgend, doch im Grunde ihres Herzens seien sie hart, indifferent und voll unausgesprochen mürrischer Aggression (Kernberg, 1978, S. 270). Doch obwohl Kernberg als Theoretiker ein schwerwiegendes Versagen der Umwelt bei den frühen Störungen manchmal mit in Betracht zieht, scheint dies den Praktiker nicht weiter zu interessieren, da dieses Versagen der Umwelt im Prozeß des Deutens kaum je in Rechnung gestellt wird, womit dem Patienten gewissermaßen die volle Last der Verantwortung für seine Schwierigkeiten aufgehalst wird.

Dementsprechend traut Kernberg seinen Borderline-Patienten auch nicht über den Weg, will sagen weigert er sich, ihren Schilderungen Glauben zu schenken, wenn sie zu Beginn der Behandlung ihre Elternfiguren als gefährlich, verfolgend und unempathisch schildern. Das seien alles nur groteske Zerrbilder der Wahrheit, so urteilt Kernberg, die direkte Folge des Mechanismus der Spaltung, der seinerseits die exzessive, angeborene Aggression und den angeborenen starken Neid dieser Patienten in Schach halten und die mehr liebevollen Gefühle von diesem archaischen Haß getrennt zu halten aufgerufen sei. Erst wenn der Patient es nicht mehr nötig habe, aggressive und liebevolle Anteile seines Selbst und seiner

Objekte radikal via Spaltungsprozesse auseinanderzudividieren – das heißt aber eigentlich erst Behandlungsende –, sei auf die Schilderung seiner Elternfiguren seitens des Patienten einigermaßen Verlaß, denn erst dann sei er imstande, sie wirklich realistisch, will sagen mit reifer Ambivalenz wahrzunehmen und zu beschreiben (Kernberg, 1993, S. 18).

Wer da nun recht hat, der Patient oder Kernberg, das läßt sich natürlich schlecht ausmachen. Ich selber habe den Eindruck, daß auch Menschen, die den Mechanismus der Spaltung ausgiebig verwenden, ihn keineswegs immer verwenden und manchmal zu höchst präzisen Wahrnehmungen imstande sind. Auch die narzißtische Organisation nimmt niemals das Gesamt der Persönlichkeit ein, darauf macht uns Juan Manzano aus Genf aufmerksam:

> »Wir haben die Erfahrung gemacht, daß bei diesen Patienten, die in Psychoanalyse oder Psychotherapie kommen, die narzißtische Organisation nicht die gesamte Persönlichkeit einnimmt; aus diesem Grund ist eine narzißtische und eine neurotische Übertragung gleichzeitig vorhanden, und zwar in verschieden großen Proportionen (J. Manzano, 1989)« (Manzano, 1994, S. 11).

Für Kernberg allerdings scheint zu gelten: einmal Spaltung, immer Spaltung. Deshalb dürfen in diesem Denken Kindheitsbeschreibungen von Borderline-Patienten niemals zum Nennwert genommen werden, obwohl Kernberg andernorts ernste Empathie-Defizite, Härte, Lieblosigkeit und Gleichgültigkeit seitens der frühen Objekte beim Zustandekommen schwerer Persönlichkeitsstörungen ohne weiteres in Rechnung stellt. Somit könnten die Klagen und das Entsetzen des Patienten den Nagel doch manchmal durchaus auf den Kopf treffen. Nur, Kernberg glaubt ihm nicht.

Die eben geschilderte Einstellung dem Material des Patienten gegenüber scheint mir nicht ungefährlich zu sein, da der Therapeut überzeugt ist, es besser zu wissen als sein Patient, eine problematische therapeutische Haltung. Können wir tatsächlich so überaus sicher sein, daß wir die Wahrheit gepachtet haben, obwohl wir nicht dabei waren, wohl aber der Patient? Ist da nicht immer die Gefahr gegeben, daß ein Therapeut auch adäquate, realistische Kritik an seiner Person schnell auf dieselbe Weise mit dem Stichwort »Zerrbild« für sich abtut? Wo bleibt da der Respekt dem Patienten gegenüber und das Wissen um die Unvollkommenheit der eigenen Erkenntnis? Fragen über Fragen, die Kernberg allerdings nicht weiter beunruhigen.

Der so andere theoretische Hintergrund, der dem Patienten nicht nur seine Fähigkeit zu exakter Wahrnehmung, sondern auch seinen Opferstatus nun mal partout nicht abnehmen mag, beeinflußt das gesamte Klima im

Kernbergschen Behandlungszimmer in Richtung von viel Nüchternheit und Sachlichkeit, Pochen auf Übernahme von Selbstverantwortung, Beharren auf Grenzen und Verweigerung von tiefem Mitgefühl. Wie hieß es doch in den Anfangszeiten der Psychoanalyse noch so karg und bar jeder Libido:

> »Ich kann den Kollegen nicht dringend genug empfehlen, sich während der psychoanalytischen Behandlung den Chirurgen zum Vorbild zu nehmen, der alle seine Affekte und selbst sein menschliches Mitleid beiseite drängt und seinen geistigen Kräften ein einziges Ziel setzt: die Operation so kunstgerecht als möglich zu vollziehen« (Freud, 1975, S. 175).

Kernberg variiert den alten Spruch nur leicht, wenn er schreibt: »Der Therapeut sollte daran denken, daß er den Patienten behandeln und nicht lieben soll [...]« (Kernberg, 1993, S. 177-178). Racker, der Verstehen mit Lieben gleichsetzte, hätte diesen Satz bestimmt nicht unterschrieben, da für ihn Nicht-Lieben Verständnislosigkeit bedeutet hätte. Natürlich hätte auch Sacha Nacht sich gegen obiges Zitat gewehrt, da er die »liebevolle Präsenz« des Analytikers für so überaus bedeutsam hielt, und Berman, der die therapeutische »Hingabe« als das wichtigste Heilmittel überhaupt ansah, hätte hier mit Gänsehaut reagiert.

Doch Kernberg bleibt dabei: wer das Bedürfnis verspürt, eine etwas permissivere, warmherzigere Haltung als verlangt einzunehmen, hat nur einfach seinen latenten Sadismus noch nicht erkannt. Drum muß er dauernd gegensteuern. Kurz und gut: Wer an die Macht der therapeutischen Liebe glaubt, ist ein verkappter Sadist. So etwas kann nur einem Mann einfallen, und auch nur ganz bestimmten, martialischen Modellen unter den Männern. Searles zählt, wie wir schon sahen, auch zu ihnen (vgl. Teil IV, 7. Benedetti), und auch in seinem Werk war so viel grandioses und gedankenloses Entwerten der therapeutischen Liebe unangenehm aufgefallen. Es steht zwar außer Zweifel, daß es den unbearbeiteten, latenten Sadismus in manchen Therapeuten gibt, genauso wie den Versuch, ihn via Sentimentalität, sprich zuckersüße Reaktionsbildungen, in Schach zu halten. Aber die echte therapeutische Liebe gibt es auch. Dem Himmel sei Dank.

Die Antithese zur »mütterlichen Liebestherapie«, zu Therapeuten wie Khan, Winnicott, Benedetti und Balint, könnte radikaler nicht sein. Zwar schreibt Kernberg über Winnicott beispielsweise, daß dieser genau wie er davon ausgehe, daß Aggression angeboren sei und eine wichtige Rolle bei der Gestaltung früher Interaktionen spiele (Kernberg, in Mertens, 1993a, S. 96-104), doch scheint mir die Parallele weit hergeholt, denn Winnicott bringt wesentlich mehr an Anteilnahme für seine Patienten mit, wie seine

Fallbeispiele zeigen. Holdings-Defizite nimmt er als schwere Versagungen seitens nicht »genügend-guter« Mütter überaus ernst als Belastungen, die des Patienten Entwicklung erschwert haben. Kernberg hingegen *sieht und deutet kaum je das, worum der Patient betrogen wurde, er sieht das, was der Patient selber macht, was er sich und andern antut.* Von seiten der Selbstpsychologie, die ihrerseits zweifellos stark zu Einseitigkeiten im Hinblick auf die »Opfer-Optik« neigt, wird Kernbergs Deutungsstil als viel »zu aversiv« erlebt. Bacal und Newman beispielsweise schreiben:

»Kernbergs Deutungen konzentrieren sich ausschließlich auf die Verfassung des Patienten und vermitteln deshalb kaum ein Verständnis dafür, daß dessen Selbstkonzept (›Schlechtigkeit‹) eine Unfähigkeit des frühen Umweltobjekts signalisiert, das Kind angesichts der machtvollen negativen Affekte, die im Laufe von Frustrationen aktiviert werden, zu halten« (Bacal und Newman, 1994, S. 124).

Kernbergs Umgang mit seinen Patienten imponiert jedenfalls, wenn nicht als unempathisch, so doch als ausgesprochen resolut. Die Atmosphäre im Kernbergschen Behandlungszimmer hat mit der »Unions«-Stimmung, die Sacha Nacht so verzückt beschworen hatte, aber auch nicht das Geringste mehr zu tun, statt dessen fordert Vater Kernberg zu einer sublimierten Art von Stierkampf auf. Schwachwerden gilt nicht, Symbiose scheint unerwünscht, Sonderzulagen und Pflege werden noch nicht einmal in suizidalen Krisen gewährt. Der Patient könnte mit seiner Hilflosigkeit ja Macht über den Therapeuten gewinnen, da sei Gott vor. Die Deutung und die technische Neutralität des Analytikers erhalten, selbst im Umgang mit früh gestörten, schwer deprivierten Patienten, ihre alte Macht vollumfänglich zurück. Die Atmosphäre, die der Analytiker in seinen Räumen schafft, scheint nicht weiter von Interesse, als Person steht er nicht länger zur Debatte. Was zählt, ist die Qualität seiner Deutungen, sonst nichts. Wenn einer friert im Hohen Norden, ist das sein Problem. Wenn einer Angst hat vor dem Therapeuten, so verwundert das Kernberg nicht, da er doch so viel Neid und Haß in sich herumtrage. Begründete Angst vor einem forschen Analytiker scheint es nicht zu geben, immer nur projizierten Haß. Obwohl ich mein Herz nicht eben an das Weltbild der Selbstpsychologen verloren habe, kann ich nur zustimmen, wenn Bacal und Newman in der Fortsetzung ihrer Diskussion des Kernbergschen Ansatzes schreiben:

»Wir behaupten nicht, daß das Kind keinen Beitrag zur Prägung seiner pathologischen inneren Welt leistet, sind aber der Meinung, daß die entscheidende Rolle des versorgenden Objekts unzulässig bagatellisiert wird, wenn man der konstitutionell bedingten Beteiligung des Kindes an der Gestaltung dieser Welt allzu großes Gewicht beimißt« (Bacal und Newman, 1994, S. 125).

Interessant ist hier der Vergleich mit einem anderen amerikanischen Borderline-Therapeuten, der einen ähnlich rauhen Umgangsstil wie Kernberg mit seinen früh gestörten Patienten pflegt, James Masterson. Auch bei ihm wähnt sich der Leser, und schätzungsweise öfter einmal auch der Patient, im Behandlungszimmer gelegentlich in den Wilden Westen mit seinen unsanften Gebräuchen versetzt, weniger, weil Masterson den Beitrag des Objekts an die Schwierigkeiten des Patienten außer acht läßt, aber weil er Regression strikt vereitelt. Masterson hat es darauf abgesehen, sämtlichen regressiven Tendenzen seiner Borderline-Patienten einen Riegel vorzuschieben, da diese Menschen in der Kindheit in aller Regel für abhängiges Verhalten belohnt und für autonomes Verhalten bestraft worden seien. In der Therapie geht es für Masterson ganz im Alexanderschen Sinne darum, daß seine in Richtung Regression tendierenden Patienten an ihrem fordernden und dauernd auf Autonomie pochenden Therapeuten gewissermaßen eine Umkehrerfahrung machen können (Masterson, 1980). Entsprechend scheint mir auch Kernberg ein Analytiker zu sein, bei dem man mit einer regressiven Bewegung ins Leere läuft. Da beißt man auf Granit. Was die Fähigkeit, sich gegen solche Ansprüche abzugrenzen, angeht, scheint mir Kernberg ganz klar der kompromißloseste unter den mir bekannten Psychoanalytikern zu sein. Da kann man eine Menge lernen. Sofern man vor lauter Freude an der eigenen Abgegrenztheit im Behandlungszimmer die Not des Patienten nicht gründlich aus den Augen verliert.

Es zeigt sich einmal mehr: Die Analytiker sind offensichtlich nicht alle aus demselben Holz geschnitzt und ihre Patienten noch einmal nicht, seien sie nun früh gestört oder neurotisch. Die einen unter diesen Patienten suchen sich einen Analytiker, der als ausgeprägt »männlich« imponiert, der wie Freud vermittelt, »ich bin nicht gern die Mutter in der Übertragung«, der viel unkompromittierbare Autorität ausstrahlt, der Lust auf Grenzen und am Kämpfen hat, die andern zieht es – je nach Vorgeschichte und Defiziten – hin zu mehr Wärme, Sonne, Einssein und schrankenloser therapeutischer Hingabe. Beides hat sein Gutes und birgt seine spezifischen Gefahren in sich. Die Wahrheit hat in den Wissenschaften vom Menschen, also auch in jener mit Namen Psychoanalyse, viele Gesichter.

Otto Kernberg jedenfalls, berühmt für seine theoretischen Werke zur Borderline-Pathologie, die Freud selber noch für unbehandelbar hielt, für seine Ausführungen zur Entwicklung der menschlichen Liebesfähigkeit und seine Untersuchungen über normale und pathologische Beziehungen in

Gruppen und Institutionen – der wohl prominenteste unter den amerikanischen Psychoanalytikern, der die psychoanalytische Ich-Psychologie mit der britischen Objektbeziehungstheorie, vor allem mit Kleinschem Gedankengut zu verbinden sucht – versteht sich nicht als Minnesänger, sondern scheint ein Macher durch und durch: »Ich weiß gar nicht, wann der Mann schläft«, so äußerte sich Margaret Mahler einmal voll schrankenloser Bewunderung über den vielseitig interessierten und hochgebildeten Menschen Kernberg. »Er liest jedes Buch, hat jeden Film gesehen«, so fügte sie beeindruckt hinzu (Zundel, 1987, S. 13). Zu allem hin besitzt er auch noch Charme und Witz und erweist sich, ich habe es selber erleben können, als wahrhaft brillanter Redner, lebendig, liebenswürdig, schlagfertig, scharfzüngig, voll kristallklarer Intelligenz, ganz strahlende Selbstsicherheit, die durch nichts zu erschüttern scheint. Diesem Stierkämpfer ist kein Stier so schnell gewachsen. In seiner corrida gibt es keinen Ausweg. Ohne den Ballast des Mitgefühls und übergroßer Anteilnahme wird der Patient gefordert, herausgefordert, sofern er, wenn ich mir diese Bemerkung gestatten darf, von Vater Kernberg nicht manchmal gründlich überfordert wird.

Der verstorbene Zürcher Analytiker Fritz Morgenthaler unterschied einmal vier verschiedene Typen von Analytikern (Morgenthaler, 1984, S. 18-20) und ihren ganz anderen Umgang mit dem Patienten. Die erste Analytikersorte, so schrieb er, sei vor allem darauf versessen, das Seelenleben des Analysanden zu erforschen, aber am Vermitteln dieser Einsichten sei sie eigentlich nicht besonders interessiert. Die frühkindliche Schaulust im Rahmen der infantilen Sexualforschung sei hier das zugrundeliegende Motiv – Kommunikation über das Entdeckte deshalb nicht weiter von Interesse. Die zweite Gruppe finde es besonders befriedigend, alle gewonnenen Einsichten sofort »an den Analysanden heranzutragen«, und deute zu rasch. Hier hapere es mit der Fähigkeit zum Aufschub einer Tendenz zu motorischer Aktivität. Eine »kindliche Impulsivität« zeichne die sublimierte Sexualneugier dieser Analytiker aus. Die dritte Gruppe sei besonders an den Konsequenzen ihres Verhaltens und an den Folgen der gegebenen Deutungen interessiert. Diese Analytiker imponierten als besonders gelassen, distanziert und neutral. Hier sei »der Funktionswandel der Abwehr deutlicher spürbar als die Sublimierung von Triebregungen«. Und der vierten Gruppe sei es anscheinend besonders wichtig, »sich gegenüber allen Äußerungen und Verhaltensweisen ihrer Analysanden *souverän* zu fühlen«. Hier habe es in der Kindheit womöglich nur »zielgehemmte Möglichkeiten« gegeben, die infantile Sexualforschung lustvoll zu betreiben.

Mit einem Wort: Die einen deuten zu selten, die andern deuten zu schnell, die dritten sind dauernd so distanziert und die vierten müssen unbedingt immer alles im Griff und Oberwasser haben, um bloß souverän zu sein. Es steht für mich außer Zweifel, daß Kernberg der vierten Gruppe zuzuordnen ist, wobei ich mir nicht anmaße, über Kernbergs »zielgehemmte Möglichkeiten zu lustvoller infantiler Sexualforschung« weiter zu spekulieren. Von seiner Kindheit weiß ich so gut wie gar nichts, außer, daß dieser Kämpfer, der so gerne Klartext redet und klare Verantwortlichkeiten schafft, einem ausgesprochen konfliktscheuen Milieu entstammt:

> »Otto war Einzelkind, freundlich erzogen und ›wienerisch‹: man war auf gute Sitten und gutes Essen bedacht; Konflikten wich man aus. Als Jugendlicher rebellierte Otto dagegen und ging auf Distanz« (Zundel, 1987, S. 14).

Und was ich auch noch weiß, ist dies, daß konfliktscheue Milieus es so an sich haben, daß die Aggression hier gerne über Hintertürchen und jede Menge Manipulationen, wie zum Beispiel Opferhaltungen und Schuldzuweisungen, eingebracht wird, die in einem Kind leicht den Eindruck erwecken, daß es ohnmächtig und hilflos zum Spielball der andern wird. Auch Erfahrungen wie die – nicht nur die »zielgehemmten Möglichkeiten zu lustvoller infantiler Sexualforschung« – können dazu führen, daß ein Analytiker einiges daran setzt, bloß nie mehr zum Spielball von anderen zu werden, daß er um jeden Preis souverän sein und bleiben möchte, auch und vor allem im Behandlungszimmer, wo bekanntlich gehäuft manipuliert wird.

Sei dem, wie dem wolle, das Schlimmste wäre für Kernberg fraglos, das Heft *nicht* in der Hand zu haben, sich in einer Behandlung auch einmal über längere Zeit ausgeliefert, ohnmächtig, hilflos, wehrlos fühlen zu müssen. Das wehrt er, so mein genereller und konstanter Eindruck während der Lektüre seines Therapie-Handbuchs für Borderline-Patienten, so heftig wie – man verzeihe mir den schnöden Vergleich – der Teufel das Weihwasser ab. Er selber scheint sich dessen aber nicht bewußt zu sein, schreibt er doch in seinem Handbuch ohne weiteres folgenden bedeutungsschweren Satz hin, den ich voll und ganz unterschreiben kann:

> »Zum Beispiel wird es einem Therapeuten, der Hilflosigkeit nicht zugeben kann, schwerfallen, sich mit der Hilflosigkeit des Patienten zu identifizieren« (Kernberg, 1993, S. 79).

Hatte Benedetti im Rahmen seiner Psychosentherapie den Sturz des analytischen Ikarus vom Zustand des Wissens in jenen des Nicht-Wissens, Nicht-Verstehens und damit in das so schwer erträgliche Erlebnis der therapeutischen Hilflosigkeit und Ohnmacht zum entscheidenden Ereignis und eigentlichen Beginn der Behandlung eines schizophrenen Menschen gemacht, weil erst dann wahre Gleichheit und Brüderlichkeit und damit Vertrauen entstehen könne, so scheint Kernberg von derartigen ergreifend humanen und bescheidenen Ansichten im Rahmen seiner Psychotherapie für Borderline-Patienten herzlich wenig zu halten. Ihm scheint es einiges lieber, wenn aus therapeutischer Ohnmacht therapeutische Allmacht wird und er jegliche Situation, die den Analytiker im Laufe der Behandlung tatsächlich ohnmächtig und hilflos machen könnte, bereits in der Abklärungssituation eruieren und dann im Behandlungsvertrag mit entsprechenden Regeln und Verboten ein für alle Mal verunmöglichen kann. Es scheint ihm ein Anliegen, daß ihn sein Gegenüber möglichst nie erwischen und drankriegen, sprich mit Manipulieren und Agieren vom rechten analytischen Wege abbringen und womöglich hilflos, wütend oder schuldbewußt machen kann. Angst, unbewußte Angst in der Gegenübertragung führt, so meine Vermutung, bei Kernberg immer wieder dazu, daß er den therapeutischen Prozeß übermäßig zu kontrollieren und kanalisieren beginnt. Die untergründige Furcht vor Überwältigung durch den Patienten zeigt sich, so meine ich, vor allem am Kernbergschen Behandlungsvertrag.

Damit nicht alles beim bloßen Behaupten bleibt, will ich meinen Eindruck, daß Kernberg sich auffallend stark gegen seine Patienten absichert und ihnen bereits mit dem Behandlungsvertrag das Handwerk so weit wie nur möglich zu legen versucht, mit ein paar Beispielen belegen. Nehmen wir als erstes den Umgang mit dem Schweigen. Ein schweigender Patient, das darf in diesem Kosmos anscheinend nicht sein, denn dieser Widerstand – sofern es sich überhaupt um einen Widerstand handelt und manchmal nicht auch ganz anderes dahintersteckt (vgl. zum Beispiel meine Kapitel über Sacha Nacht, über Michael Balint, über Masud Khan) – hat es so an sich, daß er den Analytiker schnell wehrlos und machtlos macht. Wenn jemand nichts mehr sagt, dann gibt es auch nichts zu deuten, der Analytiker ist gründlich entmachtet und auf bloße Spekulationen zurückgeworfen. Da Kernberg gerade diesen Zustand der Wehrlosigkeit und Machtlosigkeit des Analytikers aber außerordentlich schlecht zu ertragen scheint, schreitet er kurzerhand dazu, jedes Schweigen mit einem langen Sermon bereits vor Beginn der Behandlung bei der Präsentation des Behandlungsvertrags als Möglichkeit zu unterbinden, indem er klarstellt, daß es vor allem darauf ankomme, keine Pausen zu machen, sondern zu reden, zu reden und noch einmal zu reden:

»Ich erwarte von Ihnen, daß Sie so offen wie möglich über die Probleme und Schwierigkeiten sprechen, die Sie während unserer Sitzung beschäftigen; oder wenn es gerade keine besonderen Probleme und Schwierigkeiten gibt, daß Sie ebenfalls offen über alles sprechen, was Ihnen in den Sinn kommt. [...] Je offener und freier Sie über sich sprechen, je mehr Sie versuchen, Ihre Gedanken vollständig mitzuteilen, bis zu den Grenzen Ihres eigenen Bewußtseins, desto besser. [...] Egal, was Ihnen in den Sinn kommt, mag es wichtig oder trivial erscheinen, es wird Ihnen auf Dauer helfen, wenn Sie fortfahren und darüber reden. [...] Ich werde Ihnen zuhören. Immer, wenn ich das Gefühl habe, daß ich etwas beizutragen habe, werde ich eine Bemerkung machen. Das Material, mit dem ich arbeite, basiert auf Ihren Bemühungen, mir das, was Sie über sich wissen, so gut Sie können zu erklären. [...] Ich werde [...] Fragen beantworten oder nicht, je nachdem, was ich am hilfreichsten finde« (Kernberg, 1993, S. 32 und 33).

Bereits hier war ich beim Lesen in der Identifikation mit dem Patienten, der sich als Startschuß für eine Behandlung diese Predigt anhören muß, irritiert. Kernberg kam mir vor wie die Mutter der analen Phase, die dem Kind das Töpfchen hinhält und ihm mit ausschweifenden Erklärungen und erhobenem Zeigefinger verdeutlicht, daß etwas passieren werde, wenn es nicht jeden Morgen pünktlich um acht Uhr null fünf seinen ihr ordnungsgemäß zustehenden Haufen produziere. Protest meldete sich an. Als Kernberg-Patientin würde ich gerade infolge dieses Käfigs aus Regeln, in den er andere zu stecken beliebt, opponieren, so vermute ich. Wie, wenn ich mich den Wonnen des Schweigens und des Nicht-Gehorchens überlassen würde?

Aber da hätte ich nicht mit dem Verwalter des Töpfchens gerechnet. Der würde jetzt nämlich, gut trainiert und einstudiert, so kontern:

»Therapeut: Wenn Sie alles unter einem Schweigen begraben, gibt es nichts zu besprechen.
Patient: Was schlagen Sie vor, was ich tun soll?
Therapeut: Besprechen Sie einfach alle Themen, die für Sie in bezug auf Probleme in Ihrem Leben von Interesse sind. Sprechen Sie über sie so offen wie möglich. Wenn Ihnen im Moment keines dieser Probleme besonders wichtig erscheint, sprechen Sie einfach über das, was Ihnen in den Sinn kommt. Ich denke, Sie erinnern sich daran, daß ich Ihnen dies letzte Woche, als wir begannen, gesagt hatte« (Kernberg, 1993, S. 33).

Hätte ich bei so viel Erwartungsdruck und Abwesenheit von gleichschwebender Aufmerksamkeit noch immer keine Lust, den geforderten Haufen zu produzieren, würde Kernberg mich attackieren:

»Sie sitzen hier, starren mich an und sagen nichts. Es ist, als ob Sie von mir fordern, zu akzeptieren, daß alles, was Sie tun müssen darin besteht, hier aufzutauchen. Wie denken Sie über das, was ich Ihnen sage?« (Kernberg, 1993, S. 160).

Wenn ich jetzt eingeschüchtert antworten würde: »Ich fürchte, daß Sie mich demnächst streng bestrafen, weil ich gegen Ihre Regeln opponiere und meinen Haufen nicht produziere«, bekäme ich womöglich zur Antwort, es sei kein Wunder, daß ich ein solch furchterregendes Zerrbild von ihm hätte, da in mir doch so viel Haß und Neid sei, was mich dauernd die Rache der Gegenseite fürchten lasse. Ich hätte keine Chance.

Aber selbst, wenn wir einmal absehen davon, daß *Kernberg mit seinem strikten und fordernden Umgang mit dem Patienten Machtkampf-Interaktionen geradezu provoziert*, die dann vermutlich vermehrt zu jenen Gegenübertragungs-Stürmen und -Wechselbädern führen, die sich, so Kernberg, so leicht im Umgang mit Borderline-Patienten einstellen, scheint mir das Prozedere des so reglementierfreudigen Behandlungsvertrags noch einen ganz anderen, viel gravierenderen Haken zu haben, den Kernberg wiederum als Problem nicht in Betracht zu ziehen scheint: die Rede ist vom *direktiven statt analytischen Umgang mit dem Patienten, bei dem jede Menge kostbares Material auf der Strecke bleibt*. Vor lauter Befehlen, daß ich nun endlich, endlich reden müsse, daß mein Schweigen gegen die Regeln sei, vergißt Kernberg nämlich völlig, mir die freundliche und interessierte Frage zu stellen, warum ich im Moment wohl nicht reden könne. Wer weiß, vielleicht hätte ich dann in Ruhe erklären mögen, wie sehr ich mich doch eingeengt fühle und daß ich strenge Leute nicht ausstehen kann. Und dann hätte man untersuchen können, warum ich auf strenge Leute verstockt und störrisch reagiere, warum ich Eingeengtsein aller Art nicht tolerieren kann und auch nie tolerieren werde. Wieso auch. Wenn ich aber einfach reden muß, kann man all dies *nicht* untersuchen, *nicht* herausfinden, das Material geht verloren.

Nehmen wir zur Verdeutlichung dieses Verlusts von kostbarem Material angesichts der Kernbergschen Regelsucht ein anderes Beispiel aus dem Behandlungsvertrag. Wenn ein Patient durchblicken läßt, daß er schon bei früheren Behandlern unzuverlässig gezahlt habe, dann läßt Kernberg sich gar nicht erst auf das Wagnis ein, mit diesem Patienten, ohne eine Spezialregel festzusetzen, zu arbeiten. Dann kommt folgende Regel ins Spiel:

»Es wird unsere Arbeit erschweren, wenn Sie bei mir Schulden machen, wie Sie es bei früheren Therapeuten auch schon getan haben. Um dies zu vermeiden, schlage ich vor, daß Sie das Behandlungshonorar im voraus bezahlen« (Kernberg, 1993, S. 37).

Ein schlauer Fuchs ist Kernberg allemal, das habe ich nie bestritten, und die obige Regel wirkt sicher höchst effizient. Die Frage stellt sich mir bloß, ob es wirklich »im Interesse der Behandlung« ist, wenn der Therapeut sich so weitgehend wie Kernberg vor Gefühlen ohnmächtiger Wut, Hilflosigkeit und Ohnmacht zu schützen versucht, wie sie rasch anspringen, wenn wir uns angesichts unbezahlter Rechnungen als ausgenutzt und betrogen erleben. Es hat doch seinen guten Sinn, daß der Patient mit seinem Agieren diese Gefühle in uns zu mobilisieren versucht und die Gründe dafür wären zu untersuchen, statt ein solches Agieren einfach zu unterwandern und den Patienten mit Regeln und Verboten auszutricksen, zumindest sofern der Anspruch erhoben wird, streng psychoanalytisch zu arbeiten, ein Anspruch, den Kernberg expressis verbis erhebt:

»Die Grundtechniken der expressiven Psychotherapie entsprechen denen der Psychoanalyse: Deutung, Übertragungsanalyse und technische Neutralität« (Kernberg, 1993, S. 19).

Für einigermaßen problematisch und wiederum für nicht analytisch halte ich Kernbergs Vorgehen auch in folgender Szene (es gäbe noch viele Szenen dieser Art zu berichten): Reklamiert der Patient, daß der Therapeut nichts sage, dann wird wiederum nicht untersucht, was denn hinter diesem Wunsch nach den Worten des Therapeuten stecken könnte, was an Ängsten, was an Sehnsüchten, was an Empörung, nein, der Lehrer hebt von neuem den Rohrstock und kontert, schließlich habe er in den Anfangsinstruktionen unmißverständlich erklärt: »Wenn ich etwas beizutragen habe, werde ich es sagen [...]« (Kernberg, 1993, S. 33).

Natürlich geschieht das alles »dem Patienten zuliebe« und »um die Behandlung zu schützen«, wie Kernberg zu betonen nicht müde wird, doch ich kann mir nicht helfen, als Verehrerin des Theoretikers Kernberg und soweit also unvoreingenommene oder sogar wohlwollende Leserin des neuen Handbuchs für den Praktiker wurde ich über weite Strecken den penetranten Eindruck nicht los, daß Kernberg auf diese autoritäre, den Patienten von allem Anbeginn an enorm einschränkende und eingrenzende Weise selber agiert. Sein Behandlungsvertrag enthält so viele Regeln und Verbote für den Patienten und damit Absicherungen für den Therapeuten, daß man meinen könnte, hier müsse jemand einem tiefsitzenden Mißtrauen und einer großen Furcht vor dem Patienten dauernd Rechnung tragen. Respektive, Kernberg wehrt sein Mißtrauen und diese Angst dauernd ab, indem er den Patienten nach Möglichkeit von Anfang an »schachmatt« setzt, statt sich voll auf ihn – und damit natürlich auch auf sein Agieren und seine Manipulationen – einzulassen und sich, wenn es dann soweit ist, mit Deutungen und letzter Kraft aus der Falle wieder zu befreien.

Was die Angelegenheit mit dem Mißtrauen und der latenten Angst angeht, scheint Kernberg mit seiner Mutter innig verbunden und ihr sozusagen aus dem Gesicht geschnitten, schilderte er sie doch selber einmal als mißtrauischen und ängstlichen Menschen (Zundel, 1987, S. 14). Aber es macht den Eindruck, daß er sich über diesen Aspekt der Bande des Blutes zu wenig im klaren ist. Kernberg läßt öfters mal seine Rechte nicht wissen, was seine Linke tut, so scheint es. Obwohl sein Behandlungsvertrag eine einzige Mißtrauenserklärung an den Patienten darstellt, schreibt er weiter unten im Handbuch ohne weiteres hin, daß allfälliges Mißtrauen eines Therapeuten unbedingt als gewichtiges Problem und Hindernis für eine Behandlung untersucht werden müsse:

»Immer wenn der Therapeut schon im voraus genau ›weiß‹, was geschehen muß, damit die Therapie gut wird, wenn er nicht in der Lage ist, Überraschungen zuzulassen und neue Informationen mit Mißtrauen behandelt, ist es wichtig, diese Reaktionen zu untersuchen [...]« (Kernberg, 1993, S. 77).

Es ist schwer verständlich, wie Kernberg einen solchen Satz hinschreiben kann und sich gleichzeitig mit dem Behandlungsvertrag derart umfassend vor »Überraschungen« abzusichern versucht, ganz zu schweigen von seinem Mißtrauen allen Schilderungen des Patienten im Hinblick auf Charakteristika seiner Elternfiguren gegenüber respektive kann ich das alles nur verstehen, wenn ich unbewußte Gegenübertragungs-Komplikationen seitens des Behandlers postuliere.

Gegenübertragungs-Komplikationen gehören jetzt aber zum Metier, und Überheblichkeit in diesem Feld empfiehlt sich nicht. Keiner bleibt ungeschoren, niemand unbefleckt, vor allem nicht, wer den Mut aufbringt, sich auf schwerere Psychopathologie mit ihrer archaischen Abwehr und den entsprechenden Konsequenzen für den Behandler einzulassen. Was das angeht, kämpft Kernberg bekanntlich an vorderster Front. Daß das ohne Schußwunden und wüste Narben in der Gegenübertragung nicht abgeht, ist – zumindest bei manchen Behandlern – womöglich der Preis für so viel Tollkühnheit.

Es geht mir also weniger darum, Kernberg zum Vorwurf zu machen, daß er, ein psychoanalytischer Gigant im Feld der Theoriebildung, offensichtlich als Praktiker auch nur ein Mensch ist und jenseits von Vollkommenheit. Ich möchte nur davor gewarnt haben, Kernbergs Handbuch bedingungslos über den Weg zu trauen, lädt es doch in all seiner bestechenden Selbstgewißheit, kristallenen Klarheit und leichten Faßlichkeit förmlich dazu ein, die eigene Kritikfähigkeit über Bord zu werfen und in der Gesichtslosigkeit der »töchterlichen Existenz« (Rohde-Dachser) unterzutauchen. Damit meine ich soviel wie dies: es brav, stur und linientreu auch so zu machen, auch so zu halten, wie Vater Kernberg es für unumstößlich richtig und notwendig erklärt. Es könnte zumindest sein, daß Kernberg seine Gegenübertragung etwas ausgiebig agiert.

Ich habe es in einer Behandlung mit einer konsequent schweigenden Borderline-Patientin – eine Behandlung, die mit einem Abbruch endete – selber erlebt, wie gefährlich und falsch es doch sein kann, Kernbergs Lust an Regeln und gnadenlosen Deutungsstil als der Weisheit letzten Schluß zu nehmen. Darüber will ich kurz berichten.

Da die Patientin sich eines schönen Tages plötzlich weigerte, mehr von sich zu erzählen und alles Warten auch nichts half, begann ich nach geraumer Zeit, wie Kernberg es lehrt, tüchtig Druck zu machen und Worte zu fordern. Als ich damit nicht durchkam, griff ich zu stärkerem Geschütz und attackierte die Patientin mit Deutungen, die ihr Aggression unterstellten. Ich behauptete, sie wolle mich mit ihrem Schweigen lahmlegen, entmachten, zur Null degradieren, da sie im Grunde ihres Herzens wütend und neidisch auf mich sei. Mit dem Effekt, daß sie nach einigen Wochen – eine wahrhaft gesunde Reaktion – schlicht und einfach das Weite suchte.

Ein paar Jahre später kehrte sie für zwei Einzelsitzungen zu mir zurück, um mir, wortgewandter geworden, des Rätsels Lösung zu bringen. Vieles, was ich ihr gegeben hätte, meinte sie, habe sich als brauchbar erwiesen, aber mein Umgang mit ihrem Schweigen sei eine bare Katastrophe gewesen, meine Forderungen für sie bedrohlich, meine Wut- und Neiddeutungen ganz falsch und schlimme Verletzungen. Sie habe damals in dieser Phase der Behandlung einfach das Empfinden gehabt, den Kontakt zu mir vollständig verloren zu haben, und vor lauter Angst über diese entsetzliche Leere zwischen ihr und mir habe sie nicht mehr reden können. Ich aber hätte nur mein Schema im Hinterkopf gehabt.

Dann zeigte sie auf ein Bild über der Couch, das schon vor Jahren dort gehangen hatte, für mich ein Symbol von Entwicklung und Befreiung. Es stellt einen mächtigen Kohlkopf dar, dessen Blätter sich vergleichbar einer blühenden Rose – in immer neuen Schichten wie im Tanz – entfalten. Den Hintergrund des Bildes bildete ursprünglich eine Art gemaltes Millimeterpapier, das dann aber Jahre später von der Malerin durch eine Fläche aus reinem Gold ersetzt worden war, da ihr der karierte Hintergrund als zu beengend erschienen war. Und nun zurück zu meiner Patientin: sie wies also auf den Kohlkopf und fragte mich:

»Ist das dasselbe Bild, das schon während meiner Behandlung über der Couch prangte?«
»Im Prinzip ja.«
»Aber damals hatte es ein Raster als Hintergrund, das weiß ich noch ganz genau. Soll ich Ihnen erzählen, was mir passiert ist: als es mir in den vergangenen Jahren einmal sehr schlecht ging, da zog ich mich in ein völlig leeres Zimmer zurück, weil ich gar nichts mehr ertragen konnte, keine Menschen mehr und keine Dinge mehr. Als ich in dem Zimmer war, sah ich plötzlich diesen Kohlkopf an der Wand. Ich weiß nicht, ob es eine Halluzination war, aber das ist nicht so wichtig. Wichtig ist, daß ich Ihren Kohlkopf *ohne* Raster sah.«

Da vergeht einem das Reglementieren. Schade, daß Kernberg nicht dabei war.

Doch kehren wir zum Handbuch zurück. Wie auch immer, ob Kernberg seine Gegenübertragung nun wirklich agiert, oder ob so ein Gefängnis aus Regeln tatsächlich »im Interesse des Patienten« liegt, fest steht, daß Kernberg es bestimmt nicht mit Benedettis Gleichheits- und Dualisierungsprogramm hält und halten mag. Die Zügel gibt er nie aus der Hand.

Aber ungeachtet aller gravierenden Unterschiede des Umgangs mit dem Patienten vertreten diese beiden Therapeuten in anderer Hinsicht ähnliche Auffassungen, was die Richtung angeht, die die Behandlung, sei es nun eines schizophrenen Patienten oder eines Borderline-Patienten, einschlagen muß, soll diesem wirklich geholfen werden. Alle beide gehen sie nämlich davon aus, daß das zentrale Problem dieser Patienten so aussieht, daß sie in viele unzusammenhängende Fragmente gewissermaßen »zerbröckelt« sind. Beim Psychotiker ist diese Fragmentierung natürlich dramatischer und weiter fortgeschritten, seine Selbst- und Objektrepräsentanzen erscheinen miteinander verschmolzen, und vor allem ist bei ihm die Fähigkeit zur Realitätsprüfung nicht mehr gegeben, aber ein schwerwiegender Mangel an Integration findet sich nach Kernberg auch bei der Borderline-Persönlichkeits-Organisation, und zwar ein Mangel an Integration zwischen verschiedenen Selbstwahrnehmungen sowie tief widersprüchlichen Wahrnehmungen anderer. Diese sogenannte »Identitätsdiffusion« bezeichnet er sogar – neben der primitiven, archaischen Abwehr – als eines der beiden kardinalen Merkmale der genannten Patienten (Kernberg, 1993, S. 15).

Wie ein Puzzle, das noch nicht zusammengesetzt werden konnte, liegt der Patient zu Beginn der Behandlung in viele unzusammenhängende Einzelteile aufgefächert da, die zusammen ein Ganzes bilden sollten, bilden könnten, aber nicht bilden. Mit einem Wort, Ausgangspunkt der Bemühungen beider Behandler, sowohl Benedettis wie Kernbergs, ist gewissermaßen die Psyche am Tag vor der Schöpfung:

> »Ehe es Meer gab und Land und als Dach über allem der Himmel, war in der ganzen Welt ringsum nur eines zu sehen: Chaos nannte man es, eine riesige Masse, formlos und wüst, nichts als lastende Schwere, ein Haufen noch unverträglicher Keime von schlecht verbundenen Dingen. [...] Nichts hatte seine eigene, bleibende Gestalt, und eins war dem andern im Wege, weil in einem Gebilde Kaltes mit Warmem im Widerstreit lag, mit Trockenem Feuchtes, Weiches mit Hartem und Schwereloses mit Schwerem« (Ovid, 1989, S. 5).

Kernberg formuliert daher, nicht anders als Benedetti, als zentrales Therapieziel dies: aus den Puzzle-Stückchen muß endlich ein Ganzes, eine Einheit werden. Das Mittel der Wahl ist für beide Behandler ihre Gegenübertragung. Ihr allein eignet das Potential, das Wunder der Zusammenschau letztlich bewerkstelligen zu können. Und doch: wie anders ist das ganze Klima und der Umgang!

Bei Benedetti, so hörten wir, ist es die von ihm so genannte »archetypische Gegenübertragung«, der die Aufgabe des Zusammenfügens zukommt, eine ganz spezielle Art der therapeutischen Hingabe, die nicht davon abläßt, mitten im Chaos noch Ordnung und Einheit erkennen zu wollen und können. Das Prinzip Hoffnung ist aufs engste mit ihr verknüpft, ist doch der Psychosentherapeut bei Benedetti aufgerufen, ungeachtet aller Erlebnisse von Ohnmacht und Hoffnungslosigkeit im Umgang mit dem schizophrenen Menschen, an der Überzeugung und am Glauben festzuhalten, daß dieses Puzzle Sinn macht und letztlich eine Gestalt ergibt, die zum Bereich des Lebendigen gehört, und nicht, noch nicht, tot ist, selbst dann nicht und dort nicht, wo er zusammen mit dem Psychotiker rundherum nur die Erfahrung von Leblosigkeit, Leere, Fragmentierung und Nicht-Existenz machen und registrieren kann. Die »archetypische Gegenübertragung« läßt sich von dieser Katastrophe trotz allem nicht zunichtemachen, sie lebt mitten in der »Wüste aus Eis« und erkennt ein »lebensträchtiges Symbol« selbst dort, wo der Schizophrene nur noch den psychischen Tod und den Zerfall der eigenen Person, wie der Welt, registrieren kann (vgl. Teil IV, 7. Benedetti).

Im Grunde genommen geht es also bei dieser Art der Gegenübertragung als Motor der Kur, die Benedetti für so wichtig hält, um so etwas wie eine Weigerung des Behandlers, den psychischen Tod seines Gegenübers als Realität zu akzeptieren. Darauf kommt es entscheidend an, im Verbund mit einem tiefsitzenden, parallel dazu stattfindenden Erlebnis radikaler, therapeutischer Ohnmacht. Es geht also eigentlich um eine Philosophie des »Trotzdem« im Werk und in der Gegenübertragung Benedettis. Er läßt sich und seinen Glauben an das Leben nicht unterkriegen, auch dort nicht, wo alles nur noch sinnlos und absurd erscheint. Dieser basalen Gegenübertragung eigne eine wahrhaft integrierende und damit synthetische Funktion. Soweit Benedetti.

Auch bei Kernberg kommt der Gegenübertragung des Behandlers eine integrierende Funktion zu. Allerdings verlangt Kernberg nicht, daß sie von Hoffnung mitten in der Hoffnungslosigkeit geprägt sein müsse. Der psychische Zerfall ist beim Borderline-Patienten auch nicht so weit fortgeschritten wie beim schizophrenen Patienten und die Erfahrung des inneren Todes ungeachtet aller Zusammenhangslosigkeit der zerbröckelten Selbst- und Objektbilder (-repräsentanzen) niemals im selben Ausmaß gegeben. Außerdem hält Kernberg es, wie erwähnt, für überflüssig, seine Patienten zu lieben. Kernberg verlangt der Gegenübertragung anderes ab.

Um die integrierende Aufgabe, die Kernberg der Gegenübertragung in der expressiven Therapie zumißt, genauer beschreiben zu können, müssen erst zwei grundlegende Axiome, auf denen Kernbergs Objektbeziehungstheorie und damit auch seine psychodynamische Therapie für Borderline-Patienten fußt, skizziert werden, Gedanken von großer Tragweite, die der Psychoanalyse ein ganz neues Verständnis menschlichen Verhaltens und Erlebens nahegelegt haben. Kernbergs Objektbeziehungstheorie gründet nämlich auf folgender, zentraler Annahme:

> »Bei allen Interaktionen, die sich zwischen dem Kind und bedeutsamen elterlichen Personen abspielen, ist das, *was das Kind internalisiert*, nicht das Bild oder die Repräsentanz des anderen, sondern *die Beziehung zwischen dem Selbst und dem anderen* – in Form einer Interaktion zwischen Selbstrepräsentanz und Objektimago oder Objektrepräsentanz. Auf der Basis dieser inneren Struktur werden in der intrapsychischen Welt sowohl reale wie auch phantasierte Beziehungen zu bedeutsamen Anderen repliziert« (Hervorhebungen im Original) (Kernberg, in Mertens, 1993 a, S. 97).

Das heißt mit anderen Worten und vereinfacht gesagt in etwa dies: die Mutter, der Vater und andere bedeutsame Kindheitsfiguren werden in unserem Inneren nicht einfach wie statische Fotografien in einem Fotoalbum als Introjekte oder innere Objekte gespeichert und aufbewahrt, nein, wir speichern lauter Beziehungsmuster in der Art kleiner Theaterstückchen, Szenen, die man mit uns und wir mit anderen aufgeführt haben. Die Gesamtheit dieser Szenen, aneinandergereiht und untereinander verbunden, ergibt ein einigermaßen umfassendes, wirklichkeitsgetreues Bild unserer

Mütter, unserer Väter und unseres Selbst. Diese Kindheitsszenen, die für uns so bedeutsam waren, die uns geprägt haben, und die wir lebenslang in uns bewahren, bilden unsere »innere Struktur«, gemäß der wir auch neue Beziehungen zu bedeutsamen anderen organisieren, seien diese Beziehungen nun real oder fantasiert. Sie bilden gewissemaßen unser Beziehungsmodell. Jeder sein eigener Aristophanes.

In seinem Handbuch fügt Kernberg diesem grundlegenden Axiom von der prinzipiell szenischen Natur unserer Erinnerungen an Kindheitsfiguren und damit auch der Übertragung noch ein weiteres bei, auf dem die gesamte expressive Therapie beruht, nämlich folgendes: die Szenen oder Interaktionen, die wir verinnerlicht haben und später im Leben immer neu replizieren und gemäß derer wir unsere Beziehungen zu anderen gestalten, setzen sich immer aus drei Elementen zusammen: aus einer Vorstellung über unser Selbst, einer Vorstellung über das Objekt und drittens aus einer ganz spezifischen Gefühlslage, welche die beiden Schauspieler der jeweiligen Szene miteinander verbindet. Hören wir doch Kernberg zu:

»Diese Bestandteile jeder Übertragungsdisposition beinhalten immer eine Selbstvorstellung, eine Objektvorstellung und einen affektiven Zustand, der beide miteinander verbindet« (Kernberg, 1993, S. 18).

Wenn man nun das spezifische Problem des Borderline-Patienten in dieser neuen Denk- und Sichtweise des menschlichen Erlebens und Verhaltens zu charakterisieren versucht, dann müßte man sagen: auch er birgt eine Sammlung von Szenen in seinem Inneren, wie alle andern auch, aber anders als bei anderen liegen die verschiedenen Szenen völlig zusammenhangslos nebeneinander da, ohne Verbindung zu weiteren Szenen, die womöglich ganz andere Botschaften über das Selbst oder ein Objekt transportieren. Ungeachtet ihrer Verschiedenheit führt die Gesamtheit der Szenen nicht dazu, daß reiche, mehrdimensionale Bilder des Selbst und der Objekte entstehen, sondern *der Borderline-Patient bleibt dabei, daß die jeweils aktuelle Szene die ganze Wahrheit über ihn selber und sein Objekt transportiere.* Er »vergißt« gewissermaßen dauernd, daß eine Schwalbe noch keinen Frühling macht und eine einzelne Miniszene noch kein Drama in drei Akten respektive keine ganze Mutter und keinen ganzen Vater und auch kein reifes, ganzes Selbst widerspiegelt. Die Übertragungen des Borderline-Patienten sind deshalb prinzipiell »primitiv«, immer auf einen einzigen Aspekt beschränkt, der Minuten später schon wieder völlig vergessen geht und einem anderen Aspekt Platz machen muß, der dann als ganze Wahrheit bezeichnet wird. Was das angeht, verhält sich der Borderline-Patient grundsätzlich anders als beispielsweise der Neurotiker, dessen Übertragungen mehrdimensionaler und »reifer« sind, nicht aber eigentliche »Zerrbilder« darstellen, wie – so Kernberg – die Übertragungen des Borderline-Patienten.

Der Gegenübertragung des Behandlers eignet nun nach Kernberg insofern eine integrierende Funktion, als sie aufgerufen ist, alle diese Einzelszenen wie mit einem emotionalen Geigerzähler genauestens zu durchforsten, auszuloten und zu benennen, denn sie bilden, jede für sich, einen bestimmten Aspekt oder ein Puzzlestückchen des Selbst und seiner Objekte ab. *Allein mit der Hilfe der Gegenübertragung können sämtliche Puzzlestückchen oder kleinen Beziehungsszenen genauestens identifiziert werden, die Voraussetzung dafür, daß es eines Tages gelingen kann, sie zu einem übergeordneten Drama zusammenzubauen, in dem es endlich ganze, lebendige, vielschichtige, handelnde Personen* hat, statt bloße Figuren aus einem Kasperle-Theater, als da wären Hexe, Teufel, Polizist, König, Krokodil, unschuldig-unbeflecktes Prinzeßchen und was der einseitigen, eindimensionalen Charaktere mehr sind. Hexe und Prinzeßchen sind nämlich nur zwei Seiten ein und derselben Medaille. Das unterscheidet das Kasperle-Theater, das wie das Märchen so gerne alles spaltet, und Menschen in Schwarz und Weiß auseinanderdividiert, vom wirklichen Leben, das sehr viel komplexer ist.

Die verschiedenen Puzzlestücke lassen sich deshalb mit Hilfe der Gegenübertragung auffinden und identifizieren, weil der Patient sein Kasperle-Theater, das in seiner Innenwelt von Kindesbeinen an gespeichert ist, neuerlich inszeniert, also auch im Behandlungszimmer. Einmal nimmt er den Therapeuten plötzlich als verächtlichen Elternteil wahr und sich selber als unzulängliches und wertloses Kind, dann wieder benimmt er sich von einer Sekunde auf die andere wie ein strafender sadistischer Elternteil, den Therapeuten aber bringt er mit geschickten Manipulationen in die Rolle eines zerstörerischen, bösen Kleinkindes. Oder er macht umgekehrt aus seinem Therapeuten einen hilflosen Elternteil, er selber aber bringt sich in dieser dritten Szene voll in die Rolle des unbändigen, aufgebrachten Kindes. Das Kasperle-Theater kennt noch manch andere eindimensionale Szene, von der der Patient dann regelmäßig überzeugt ist, dies sei nun die ganze Wahrheit über seinen Therapeuten und ihn (weitere Beispiele für solche Rollenpaare für Patient und Therapeut finden sich auf S. 99 in Kernbergs Handbuch).

Da der Borderline-Patient andere so phänomenal geschickt zu manipulieren versteht, wird der Therapeut nolens volens dauernd in diese Szenen mitinvolviert. An seiner Gegenübertragung kann und muß er dann jeweils ablesen, was jetzt gerade wieder läuft. Es kommt entscheidend darauf, die Merkmale der jeweiligen Rolle und den verbindenden Gefühlszustand mit Hilfe der Analyse der Gegenübertragung genauestens auszuloten, um dem Patienten dann verdeutlichen zu können, welche Szene er momentan gerade ins Leben gerufen hat, welches Puzzlestück hier vorliegt:

»Der Therapeut sollte die verwirrenden Gefühle uneingeschränkt auf sich wirken lassen, statt ihnen Widerstand entgegenzusetzen, sie zu verleugnen oder sie sofort zu unterdrücken. Der Therapeut sollte vor allem der besonderen Qualität der in ihm evozierten Gefühle Beachtung schenken. Dies kann ein wichtiger Anhaltspunkt für ähnliche oder gegensätzliche Gefühlszustände sein, die beim Patienten momentan aktiviert sind« (Kernberg, 1993, S. 96).

Und in einem nächsten Schritt, wenn er dann die aktuell vorliegende Szene genau erkannt, dingfest gemacht und benannt hat, deutet der Behandler die Spaltung und er erinnert den Patienten immer neu daran, daß Minuten vorher alles noch ganz anders war, daß ein einzelnes Puzzlestück noch kein geschlossenes Bild ergibt, weder ein Bild des Selbst noch ein Bild seiner Objekte.

Ein Beispiel soll dieses Geschehen, wie es die »expressive Therapie« kennzeichnet, verdeutlichen helfen:

»Therapeut: Gerade jetzt sagen Sie mir, ich bin gütig, und Sie sind völlig gelöst bei mir.
Patient: Was ist daran verkehrt?
Therapeut: Ich finde es verwirrend, daß Sie vor zehn Minuten sagten, Sie ›müßten auf mich aufpassen wie ein Luchs‹, weil ich gefährlich sei.
Patient: So waren Sie *zu diesem Zeitpunkt*. Jetzt sind Sie anders.
Therapeut: Wie können wir die offensichtlich so schnelle Veränderung verstehen? Es scheint so, als ob Sie nur dann etwas mit mir anzufangen wüßten, wenn Sie mich als das eine oder andere Extrem wahrnehmen« (Hervorhebung im Original) (Kernberg, 1993, S. 103).

Daß er zehn Minuten vorher eine völlig andere Szene mit dem Therapeuten durchgespielt hat, hat der Patient nämlich schon vergessen. Aber der Therapeut hat es gerade nicht vergessen, sondern in seinem Inneren aufbewahrt, und die so kostbare andere Information, die ihm seine Gegenübertragung vermittelt hatte, wird jetzt mit der neuen, gerade aktuellen Szene verbunden, um den Horizont und das Bewußtsein des Patienten sukzessive zu erweitern.

Auch Kernberg hat also, nicht anders als Benedetti, bei seiner Arbeit mit früh gestörten Patienten dauernd die Ganzheit im Auge, und dem Kasperle-Theater als letzter Wahrheit über den Patienten und seine Objekte glaubt er nicht, genausowenig wie Benedetti den psychischen Tod seiner Patienten für unumstößlich wahr zu halten bereit ist. Wie in Benedettis Psychosentherapie wird auch in der »expressiven Therapie« für Borderline-Patienten die Gegenübertragung als diejenige Kraft angesehen, die dazu aufgerufen ist, aus Teilen ein Ganzes herzustellen. Zusammen mit der Übertragungsdeutung, die entscheidend auf ihr aufbaut, und mit der Deutung der Spaltung, schafft sie es zu guter Letzt, so Kernberg, aus vielen Fragmenten endlich ein Ganzes zu bilden. Und insofern besitzt sie ein wahrhaft schöpferisches Potential. Aus dem Chaos mit seinen diffusen Schemen läßt sie lebendige, vielschichtige Vollblut-Menschen entstehen, – das reife Selbst und ganze Objekte.

*Die Hochachtung vor der Gegenübertragung als wichtigstem therapeutischem Werkzeug des Analytikers verbindet, wie man sieht, die »mütterliche Liebestherapie« mit der »paternistischen Verstandestherapie«.* Selbst im Bereich der tief fragmentierten Psychoanalyse mit ihren zahllosen, divergierenden Schulen und Richtungen entfaltet sie jetzt ihre integrierende Kraft. Die »zerbröckelte« Psychoanalyse kann das brauchen, nicht anders als der fragmentierte Patient.

Wie heißt es doch bei Ovid im Anschluß an die schlimme Chaos-Schilderung:

»Diesen Zwiespalt löste ein Gott und bessere Ordnung. Er trennte nämlich vom Himmel das Land, das Land von den Wogen, und schied auch von der dichteren Luft den reinen Himmelsäther. Als er dies alles herausgelöst und dem unergründlichen Durcheinander entrissen hatte, verband er, was nun räumlich getrennt war, in Eintracht und Frieden« (Ovid, 1989, S. 5).

## Anmerkungen

1 Der Terminus der »Mütterlichkeit« des Analytikers wird von einigen Analytikern allerdings abgelehnt, da er zu reduktionistisch sei. Thomä beispielsweise zählt zu ihnen und zieht Formulierungen wie »therapeutisches Ergänzungs- oder Hilfs-Ich« oder auch nur »Funktion« bei weitem vor:
»Der Psychoanalytiker erfüllt hier eine humane Aufgabe, die nicht auf Vater oder Mutter in einer geschlechtsspezifischen Weise reduziert werden kann. P. Heimann hat diese Funktion als Ergänzungs-Ich bezeichnet, sie lebensgeschichtlich auf die Mutter zurückgeführt und als ›mütterliche Funktion‹ bezeichnet. Wegen der Gefahr der reduktionistischen Erklärung möchte ich das therapeutische Ergänzungs- oder Hilfs-Ich nicht als mütterliches deklarieren [...]« (Thomä, 1981 a, S. 120).

2  Wenn ich dieses »Sein« des Analytikers, das Nacht für so außerordentlich bedeutsam hält, mit der Gegenübertragung des Analytikers gleichsetze, so gehe ich einen Schritt über Nacht hinaus. Nacht selber versteht unter Gegenübertragung nichts anderes als die Pioniere: die neurotischen Tendenzen, das der Analyse abträgliche Übertragungspotential des Behandlers. Unter dieser enggefaßten Definition hat der ganze Rest, der vom Wörtchen »das Sein des Analytikers« umschrieben wird, nicht auch noch Platz. Geht man allerdings von einem ganzheitlichen Verständnis von Gegenübertragung aus, so wird das »Sein« des Analytikers automatisch zu einem Synonym von Gegenübertragung.

3  Der Wechsel von der analytischen zur synthetischen Phase der Behandlung, von der Neutralitäts- zur Präsenzhaltung also, hat nach Nacht dann stattzufinden, wenn im Analytiker erstmals der Gedanke auftaucht, sein Patient sei der Genesung nicht mehr fern und nahe daran, sich von ihm abzulösen. Wie ein Zugpferd muß die Präsenz und die Realität der Analytiker-Person den Patienten jetzt aus der Welt seiner infantilen Bindungen herausholen.

4  Winnicott beschreibt uns, wie er eine 40jährige Frau nicht nur symbolisch, sondern ganz real so behandelte, wie eine Mutter ihren Säugling. Er nahm den Kopf seiner regredierten Analysandin in seine Hände und entdeckte dabei mit Erstaunen (ohne daß klar war, ob die Initiative dabei von ihm selber oder von der Patientin ausging – so eng war die Symbiose), daß sich der Kopf in seinen Händen intensiv hin- und herzuwiegen begann, in einem Rhythmus von etwa siebzig Ausschlägen pro Minute, also etwa im Rhythmus des Herzschlags (vgl. Winnicott, 1975, S. XXII).

5  Dieser Verzicht auf die Worte, auf das Deuten, gilt allerdings nicht durchgängig bei Khan. Sowie sich innerhalb einer regressiven Phase eine kleine Lichtung auftut und der Patient sich – wenn auch nur während einer einzelnen Sitzung – wieder etwas »gesünder« und vollständiger vorkommen kann, wird die Gunst der Stunde sofort genutzt, um das vorher nonverbal Geschehene mit Deutungen sofort zu integrieren. So geschehen beispielsweise in der Analyse einer gewissen Mrs. X, jener bereits erwähnten schwer depressiven Patientin, die Khans »Fleisch und Knochen« benötigte, um sich daran zu klammern. Kaum tauchte die Patientin ein wenig aus den Tiefen auf, wurde sofort so viel wie möglich verbalisiert:
»There were oscillations in the intensity of regression. Some sessions she would only lie still, and just need me to be there. In others she would feel ›quite normal‹ and then it would be possible to do interpretative work on what was happening in her. The importance of this ›verbalization‹ of what she experienced in her silent and regressed moods was of crucial value because only through this process of verbalization was a link gradually established between what was happening now and its genetic antecedents in her infancy and past« (Khan, 1960, S. 141).

6  Der Genauigkeit halber muß festgehalten werden, daß die symbolische Wunscherfüllung zwar das wichtigste, aber keineswegs das einzige therapeutische Werkzeug während der dritten Behandlungsphase darstellt. Daneben bemüht sich Sechehaye auch um Nacherziehung, darum, die Patientin mit den

verschiedensten Übungen stärker in die Realität zu führen, darum, die Ich-Funktionen des Denkens, der Wahrnehmung und der Motorik laufend mit Übungen zur Weiterentwicklung anzuregen. Aber auf all dies will ich hier nicht näher eingehen, da es für Sechehaye in erster Linie die symbolische Wunscherfüllung war, welche das Fundament der Behandlung darstellte.

7   Mit »Mütterlichkeit« auf der einen und mit »Väterlichkeit« auf der anderen Seite meint Rosen, so scheint es, im wesentlichen dieselbe Form der therapeutisch wirksamen Gegenübertragung. Ihm geht es mit diesen Bezeichnungen vor allem darum, deutlich zu machen, daß der Psychosentherapeut ein liebendes, betreuendes Objekt zu verkörpern habe. Ob sich der Therapeut in dieser Rolle mehr weiblich oder mehr männlich fühlt, ist für Rosen Nebensache.

8   Karl Jaspers schrieb 1932 über »Grenzsituationen« (Jaspers, 1973): Zu ihnen gehöre, so hielt er fest, die Möglichkeit, den Menschen als unreflektiertes »Dasein« gewissermaßen zu »überhöhen«, indem sie ihn sich selber in einer Situation der Aussichtslosigkeit als »Existenz« erfahren lassen. Durch das Erleben der Grenzsituation, zu der immer notwendig das Moment der Hoffnungslosigkeit und Bodenlosigkeit, aus der es kein Entrinnen mehr gibt, gehört, kann der Mensch (sofern er innerlich bereit dazu und auf der Suche ist) sein Weltdasein übersteigen und als Existenz auf ein Göttliches hin offen werden. Die Grenzsituation birgt mit anderen Worten die Möglichkeit in sich, uns zum Glauben hinzuführen, wobei das Wort »Glauben« bei Jaspers keinesfalls im Sinne von Kirchentreue verstanden werden darf. Geglaubt wird vielmehr an Transzendenz. Die wichtigsten Grenzsituationen sind für Jaspers: die Unausweichlichkeit des Stehens in Situationen; Kampf; Leiden; Schuld und Tod.

9   In seinem 600 Seiten starken Werk mit dem Titel »Countertransference« zieht Searles auf eine Weise über die hingebungsvollen Liebestherapeuten her, daß einem angst und bange werden könnte: sie seien samt und sonders neurotisch. »Dedication«, therapeutische Hingabe also, wie sie von Berman, Ferenczi, Khan, Nacht, Little und Benedetti gefordert wurden, dienen immer nur der Abwehr von eigener Grausamkeit, der Selbsterhöhung, dem Wunsch, andere von sich abhängig zu sehen (Searles, 1981, S. 71 ff.), so wird da behauptet. In solcher Verallgemeinerung werden derartige Äußerungen, die im Einzelfall zwar durchaus zutreffend sein mögen, zu ebenso selbstherrlich klingenden wie falschen Simplifizierungen. Vor allem wundert mich, daß es gerade Searles ist, der die therapeutische Liebe so aggressiv entwertet. Liest man nämlich seinen eindrücklichen Artikel aus dem Jahre 1964, der den Titel »Phasen der Wechselbeziehung zwischen Patient und Therapeut« trägt, so entdeckt man, daß Searles ein Therapeut ist, dessen »dedication« und Liebe für den Patienten zumindest in der Phase der vollständigen oder präambivalenten Symbiose radikaler und engagierter nicht sein könnte:

*»Die Liebe zum Patienten wird jetzt als grenzenlos und frei von jeder Bedrohung empfunden, sie stellt nicht länger eine Gefahr dar für die Beziehung des Therapeuten zu seiner Frau und seinen Kindern, ist ihm vielmehr ein Beweis seiner Fähigkeit, jeden Menschen zu lieben. Die sexuellen Komponenten der Liebe werden nicht länger als vorherrschend empfunden, sondern gehen in einer Art grenzenloser, im Grunde mütterlicher Fürsorge für den Patienten auf«* (Hervorhebung von der Verf.) (Searles, 1964/65, S. 509 und 510).

# Schlußbetrachtungen

Die Autorenportraits offenbaren es: Die Wahrheit ist im Fluß. Das Spektrum des für optimal befundenen Umgangs mit Patienten reicht von angestrebter Personlosigkeit bis hin zu intensivstem psycho-physischem Person- und Präsentsein, von martialischer, versagender »Erziehung zur Lebenstüchtigkeit« bis hin zur »Verzärtelung«, vom Bemühen, sich »von den armen Neurotikern nicht verrückt machen zu lassen« bis hin zur Forderung, gemeinsam mit dem Patienten das Schicksal seiner Krankheit zu tragen und selber ein Stück weit zum Patienten zu werden, von Aufrufen zu absoluter Selbstkontrolle bis hin zum Betonen der Natürlichkeit, Ehrlichkeit und Menschlichkeit des Analytikers, vom Glauben an die Wirksamkeit des bloßen »Typus von Person«, der nur deutet und sonst nichts, bis hin zur Überzeugung, daß es gerade die Subjektivität und die einmalige Analytiker-Person seien, die Entwicklung erst ermöglichen.

Mit verschiedenen Patiententypen und Diagnosen allein, für die diese spezifischen Umgangsformen speziell entwickelt worden seien, kann man die imponierende Vielfalt und Gegensätzlichkeit der psychoanalytischen Theorien zur Gegenübertragung und ihrer Handhabung keinesfalls erklären. Greift man nämlich einzelne Untergruppen, wie beispielsweise die Borderline-Patienten, die Psychotiker oder die Übertragungsneurotiker heraus, so begegnet man noch immer jener Fülle gegenläufiger Thesen. Einigkeit besteht bestenfalls, wenn überhaupt, innerhalb einzelner Schulen oder Richtungen. *Für die Borderline-Behandlung beispielsweise* empfehlen die einen (Rank etwa und die Blancks) größte Zurückhaltung und Passivität seitens des Analytikers und die Beschränkung auf die Rolle des Katalysators (welcher per definitionem niemals selber in eine entstehende Verbindung eingeht, sondern chemische Reaktionen immer nur in Gang setzt oder beschleunigt). Andere dagegen (Little, Clifton, Krohn und Nacht) treten, was dieselbe Borderline-Therapie angeht, für ein freimütiges Aussprechen von Gegenübertragung und damit für den Analytiker als Realperson ein, damit dieser endlich als eigenständiges, vom Patienten getrenntes Individuum und selber fühlende Person faßbar werde. Die einen wiederum fordern ein Milieu und ein Klima für grundgestörte, früh deprivierte Patienten, welches eine tiefe Regression auf oder gar unter die Ebene des eigentlichen Traumas ermöglichen solle (Balint, Winnicott, Khan), die andern versuchen genau umgekehrt, einer tiefen Regression nach Kräften entgegenzutreten und niemals, unter keinen Umständen, auch nicht bei Grundgestörten, »Mütterlichkeit« in der Gegenübertragung oder gar eine

»corrective emotional experience« anzubieten, weil sie dies für gefährlich und grundfalsch halten (vgl. Rohde-Dachser, 1979, S. 158). *Betritt man das Reich der Psychosentherapie*, so trifft man genausowenig auf Einigkeit, was die Auffassung zum optimalen Umgang mit dem Patienten angeht. Laing und Fromm-Reichmann beispielsweise werten die Liebe in der Gegenübertragung des Behandlers als unwägbare Gefahr für das zerborstene Ich des Patienten, Searles kann in der »dedication« des Analytikers ohnehin immer nur eine neurotische Verirrung sehen, Benedetti dagegen entdeckt in solch engagierter Liebe und dedication die einzige Chance für das fragmentierte Ich des Kranken. *Den Übertragungsneurotikern ergeht es nur wenig besser*: wie mit ihnen idealerweise umzugehen sei, welcher Umgang, »wieviel Gegenübertragung« ihnen am besten bekommt, auch darüber streiten sich die Geister. Ist ihnen ein bloßer »Linienrichter« beizugesellen, der nur taxiert, niemals aber mitspielt, oder ist die Vorstellung vom Linienrichter nichts als ein Selbst- und Fremdbetrug und die analytische Beziehung immer eine Objektbeziehung, das heißt aber eine reziproke Beziehung, in der einer unweigerlich auf den andern einwirkt – und zwar vice versa? Gibt es die spontan sich entwickelnde Übertragung, wenn die analytische Leinwand nur sauber genug ist oder gibt es sie nicht, und soll die Sache mit dem Bemühen um Eigenschaftslosigkeit endlich ad acta gelegt werden? Streitfragen über Streitfragen.

Ich habe schon in der Einleitung angedeutet, daß die Hauptursache für die beeindruckende Vielfalt an vorgeschlagenen Möglichkeiten des Umgangs mit Patienten und der eigenen Gegenübertragung meiner Meinung nach *in den verschiedenen Persönlichkeitsstrukturen der Therapeuten* zu suchen ist. Die Techniken, mit denen sich eine Zwangsstruktur wohl fühlt, die zu ihr passen, sind nicht dieselben, die zu einer hysterischen, schizoiden oder depressiven Struktur passen. Die klassische Technik paßt zweifellos optimal zu Zwangsstrukturen und Schizoiden. Bis zu einem gewissen Grade kann man sich unter das Joch fester Regeln, die andere geschaffen haben, zwingen, aber die eigene Anlage schlägt in der Arbeit, in der Theoriebildung und bei der Wahrnehmung immer wieder durch. *Wenn sechs Blinde einen Elefanten berühren und daraus schließen, daß er ziemlich genau einer Wand, einem Speer, einer Schlange, einem Baum, einem Fächer oder einem Seil gleiche, je nachdem, welchen Teil sie zufällig erwischt haben, wer hat dann wirklich recht? Sieht nicht jeder eine Teilwahrheit, die mit seinem spezifischen Standort zu tun hat?* Wenn das Gespräch zwischen Vertretern verschiedener psychoanalytischer Richtungen häufig so erschreckend harzt und in ein nur schlecht und recht verdecktes gegenseitiges Beschimpfen und Entwerten ausartet, liegt es vermutlich mit daran, daß *die Gleichheit der Berufsbezeichnung noch lange keine Gleichheit der diesen Beruf Ausübenden bedeutet*. Würde in Diskussionen über die optimale Handhabung der Gegenübertragung stärker darauf geachtet, daß wir nicht alle aus demselben Holz geschnitzt sind, daß es beträchtliche Unterschiede des Charakters, des Temperaments, der gesammelten Lebenserfahrungen gibt, dann müßten sie auch nicht immer in dieser ermüdend-dogmatischen Sackgasse enden, die uns nur lähmt, selten aber befruchtend wirkt. *Sagte Freud eigentlich völlig umsonst, daß sich die von ihm entwickelte Technik als für seine Individualität passend erwiesen habe, daß er sich aber durchaus Modifikationen derselben bei anders gearteten ärztlichen Konstitutionen vorstellen könne?* Wenn es nur eine einzige unfehlbare Technik gäbe, wie könnte man sich erklären, daß jede psychoanalytische Schule beeindruckende Erfolge wie auch Mißerfolge aufzuweisen hat?

Neben ganz verschieden gearteten Therapeuten-Strukturen trug aber *auch das erweiterte Indikationsgebiet* (Borderline-Fälle, Psychosen, Süchte, »Grundstörungen«, schwere Charakterstörungen, Psychosomatiker, narzißtische Persönlichkeitsstörungen), wie ich gezeigt habe, wesentlich mit dazu bei, daß eine so enorme Meinungsvielfalt hinsichtlich des optimalen Umgangs mit Patienten entstehen konnte. Die Psychoanalytiker sahen sich mit anderen Entwicklungsniveaus und anderen Bedürfnissen konfrontiert und wurden so zu »uferlosem Experimentieren« (Freud) gezwungen. Der enorme Zuwachs an Wissen über die Bedeutung der frühen Mutter-Kind-Beziehung und die Entwicklung der Objektbeziehungen führte zu weiteren zahlreichen Modifikationen des ursprünglich von Freud vorgeschlagenen Umgangs.

Je länger ich mich mit der Gegenübertragungs-Theorie befaßte, desto mehr erwies sich mir die Fragestellung, wer denn nun »wirklich« recht habe, als prinzipiell falsch gestellt. Wer so fragt, ist borniert, weil er voraussetzt, daß es nur einen einzigen Weg gebe, ein einmal gestecktes Ziel zu erreichen. Die anale Entweder-Oder-Optik bringt die Gegenübertragungs-Theorie nicht weiter, im Gegenteil, sie lähmt Kreativität wie Spontaneität der Analytiker. *Worauf es ankommt, ist doch vor allem dies, ob das, was ein je einmaliger Analytiker mit seinem je einmaligen Patienten macht, den analytischen Prozeß voranbringt, Selbsterkenntnis und Entwicklung ermöglicht, ob das, was zwischen den zweien geschieht, authentisch ist und zu beiden Beteiligten paßt.* Sind diese grundlegenden Voraussetzungen erfüllt, dann mag sich der theoretische Überbau mehr in orthodoxer oder mehr in dissidenter Richtung neigen oder eklektisch sein – der Analytiker macht seine Arbeit gut. Würde man sich diese mehr pragmatisch orientierte Sichtweise verstärkt zu eigen machen, das Gespräch zwischen den verschiedenen Schulen käme womöglich eher in Gang.

Es verhält sich vermutlich ohnehin so, daß jeder Analytiker, auch der vordergründig orthodoxeste, linientreuste Standardanalytiker immer *mit einem ganzen Spektrum von Beziehungsstilen arbeitet* und sehr viel mehr unternimmt als nur zu deuten. Letztlich übernehmen wir alle immer wieder einmal Techniken, die dieser Richtung angehören oder jener. Sobald es allerdings darum geht, Farbe zu bekennen, wird plötzlich alles ganz eindeutig und die »Paternistischen« scheinen meilenweit vom Matriarchat entfernt. Die Wärme und besondere Herzlichkeit beispielsweise, die in ihrer Stimme mitschwang, als der Patient so verzweifelt weinte, scheint plötzlich vergessen, sobald das Reizwort der »Gratifikationen« fällt. Der Standardanalytiker deutet nämlich nur, sonst nichts. Aber entsprechen derartige Behauptungen denn wirklich der Realität? Cremerius jedenfalls schreibt:

»Alle Analytiker tun mehr und anderes, als das, was Eissler als psychoanalytisch im strengen Sinne des Wortes definiert hat, nämlich ausschließlich nur deuten. Sie tun dies entweder mit Schuldgefühlen in der Verschwiegenheit ihres Sprechzimmers oder im Schutze der Parametertheorie Eisslers, die definiert, was der Analytiker tun darf, wenn die Standardmethode versagt« (Cremerius, 1982, S. 507).

Weil die Befürchtung, als unwissenschaftlich und unanalytisch disqualifiziert zu werden, so groß ist, werden jene Arbeiten, die man für akademische Zwecke verfaßt, jene Aussagen, die man in Fall-Seminarien macht, gerne frisiert und »rein« gehalten. Entsprechend versteift man sich auf die von bestimmten Schulen als einzig richtig deklarierte Weise des Umgangs, was dann dazu führt, daß die einen den Ausdruck »corrective emotional experience« als Schimpfwort verwenden und die andern das analytische Inkognito als »unmenschlich« und »gottähnlich« taxieren. Der arme Ausbildungskandidat aber dreht sich ratlos zwischen den verschiedenen Skyllen und Charybden im Kreise und weiß nicht, wem er recht geben soll. Ihm selber scheint es nämlich so, daß er hier etwas lernen, aber auch im gegnerischen Lager profitieren und sogar bei den Kleinianern noch ein wenig klüger werden könnte, daß so viel Feindschaft gar nicht notwendig wäre, aber die Lauen werden vom Herrn bekanntlich ausgespuckt. Der rüde Umgang, den die verschiedenen Schulen miteinander pflegen, verlangt vom Kandidaten, daß er ein für alle Mal Stellung nehme und auch an eine alleinseligmachende Wahrheit zu glauben anfange. Riemann hat diese Zwickmühle, in der der Kandidat da steckt, folgendermaßen beschrieben:

»Wie die Dinge heute gehandhabt werden, erkennt der Ausbildungskandidat bald, welches Denken von ihm erwartet wird, und er paßt sich den Erwartungen an. Es ist bekannt genug, daß unter diesen Umständen Einfälle redigiert werden. Schließlich will der Kandidat seine Prüfung bestehen und der Aufwand soll nicht umsonst gewesen sein. Dadurch läßt er es aber an Aufrichtigkeit sich selbst und dem Analytiker gegenüber fehlen. Aufrichtigkeit halte ich aber (von seiten beider Partner) für das sittlich und therapeutisch wichtigste Element von Psychoanalyse und Psychotherapie.
So ergeben sich an manchen Instituten die gleichen Mißstände wie an den Universitäten mit der zu großen Macht der Ordinarien. Hier sehe ich für unser ganzes Fachgebiet die Gefahr von Stagnation und Sterilität in der Erziehung zu einem linientreuen und uniformen Nachwuchs, anstatt zu freier Persönlichkeitsentfaltung. Das wirkt sich dann oft so aus, daß, in den Kontrollanalysen und in der therapeutischen Arbeit selbst, die Freude daran durch die Angst überdeckt wird, es ›richtig‹ zu machen – die Methode wird zum Über-Ich. Angst ist aber für Forschung und Therapie kein guter Boden« (Riemann, 1973, S. 370).

Und noch einmal Riemann:

»Gerade in der Therapie geht es nicht um den Streit von Wissenschaftlern im Elfenbeinturm, sondern um Patienten, die Hilfe erwarten. Die orthodoxe Methode neigt zu einem technischen Perfektionismus, der mehr und mehr zum Selbstzweck geworden ist. Von Freud selbst stammt das Wort vom ›reinen Gold der Psychoanalyse‹ und seine Abneigung gegen ›Legierungen‹ (was man ihm als dem Begründer zugestehen mag). *Aber vielleicht hat er damit den Keim zu jenem Perfektionismus gelegt, dem das Fahrzeug wichtiger ist als das Ziel.*
*So ist es vielen Analytikern wichtiger, daß ihre Therapie ›wirkliche Psychoanalyse‹, als daß sie dem Patienten angemessen ist.* Es fühlt sich nur als Freudianer, wer ›klassisch‹ arbeitet. Weil jede Abweichung davon (oder Bereicherung) als ›Verwässerung‹ abgewertet wird (dafür sorgen schon die Kollegen), bemüht sich jeder durch entsprechend häufiges Zitieren von Freud sich das geforderte wissenschaftliche Alibi zu verschaffen« (Hervorhebungen von der Verf.) (Riemann, 1973, S. 368).

Aber der Kandidat kann auch Glück haben und auf einen jener seltenen Autoren treffen, die ihn in seiner Auffassung unterstützen, daß unser Umgang mit jedem einzelnen Patienten tatsächlich immer viele verschiedene Gesichter hat und haben muß, wollen wir exakt an die sich wandelnden Entwicklungsbedürfnisse des Gegenübers angepaßt sein. Margaret Little zum Beispiel gehört zu diesen Glücksfällen, die dem verunsicherten Kandidaten das Rückgrat stärken können. Nach Little gibt es nämlich die einzig richtige Art des Umgangs mit Patienten nicht (auch nicht, was umschriebene Diagnosen angeht). Ein bestimmtes Analytiker-Verhalten könne sich, so lehrt sie, bei einer bestimmten Person und in einer spezifischen Situation als sehr fruchtbar, in einem anderen Umfeld und in einer anderen Situation jedoch als verheerend auswirken – und zwar ein- und dasselbe Verhalten. *Inhaltlich bestimmen dürfe man daher des Analytikers Verhalten niemals*, und zwar gelte das für das Deuten nicht anders als für das Ausdrücken von Gefühlen, für das Antworten auf Fragen genauso wie für impulsives Handeln. Es sei immer erst die je spezifische Situation, die über Wert oder Unwert einer Handlung bestimme. *Nach Little ist daher nicht derjenige ein guter Analytiker, der feste Wahrheiten und das Wissen um die einzig richtige Form des Umgangs in Händen hält, sondern genau umgekehrt jener andere, der um die Relativität aller festen Regeln weiß, der sich den Erfordernissen der jeweiligen Situation flexibel anpassen kann, der willens ist, alle nur möglichen Ressourcen für den Patienten zu erschließen, der Zuverlässigkeit und Stärke in die analytische Situation mitbringt – und bei alledem noch imstande ist, den analytischen Prozeß in Gang zu halten* (Little, 1957, S. 252). Wir erinnern uns, daß Ella Sharpe sich ganz ähnlich geäußert hatte: Selbst wenn einer ein ganzes »Lagerhaus« gefüllt mit Wissen über psychoanalytische Technik besitze, garantiere dies noch keineswegs, daß er ein guter Therapeut sei. Psychoanalyse sei eben zuerst einmal eine Kunst und erst nachher eine Wissenschaft (vgl. Teil II, 4.). Bedauerlicherweise aber waren die klugen Worte dieser zwei Frauen in den Wind gesprochen. Die Fronten blieben so verhärtet wie eh und je, das gegenseitige Diskriminieren und das anal fixierte Pochen auf einzig richtige Wahrheiten wurde fortgesetzt.

Heute allerdings, in einer Zeit, in der die Psychoanalyse noch sehr viel fragmentierter als vor vierzig Jahren erscheint, besinnt man sich erneut darauf, daß die Flexibilität eines Analytikers vielleicht eines seiner wichtigsten Qualitätsmerkmale überhaupt darstellen könnte. *Aus einem vormals rein methodenzentrierten Umgang wird bei manchen Analytikern ein stärker patientenzentrierter.* Thomae beispielsweise hat im Zuge der enormen Wandlungen, die die Psychoanalyse in den letzten Jahrzehnten durchgemacht hat, einen derartigen Umschwung vollzogen. Heute sind ihm alle psychoanalytischen »Uniformitätsmythen« (Thomae, 1981 b, S. 66) äußerst suspekt. Cremerius vertritt 1982 eine Position, die mit derjenigen Littles aus dem Jahre 1957 praktisch identisch ist. Es steht zu hoffen, daß dieser neuerliche Vorstoß hin zu mehr Flexibilität im Umgang mit der Wahrheit und Patienten nicht ebenso ungehört verhallen wird wie derjenige von Margaret Little.

Cremerius hält es, wie Little, für verfehlt, Patienten in das Prokrustesbett einer bestimmten Methode zu spannen. *Er verlangt statt dessen, daß sich die Methode umgekehrt am Patienten zu orientieren habe.* Stunde um Stunde habe der Analytiker dem, was der Patient für seine Entwicklung jeweils am dringendsten benötige, mit seiner Methode gerecht zu werden. Das könne einmal eine Deutung sein, ein anderes Mal ein präverbaler Umgang, ein drittes Mal das Übernehmen von Rollen. Cremerius nennt dieses elastische, exakt auf die Bedürfnisse des Patienten abgestimmte Verfahren »*die Technik der Übernahme von Funktionen*«. Er beschreibt diese funktionale Technik folgendermaßen:

»*In der Technik, die von der Funktion des Analytikers im analytischen Prozeß ausgeht, muß sich der Analytiker nicht mehr an der Fiktion einer Standardmethode orientieren und seine Abweichungen von ihr rechtfertigen. Statt dessen geht er mit der Theorie der Technik so um, wie es dieser Patient in dieser Phase des analytischen Prozesses baucht. Das heißt, er versteht die Regeln, nach denen es Dinge gibt, die man tun darf oder nicht tun darf, nicht als Gesetze, sondern als Erfahrungen, die dialektisch zu gebrauchen sind. Das heißt, nicht die Regel bestimmt, sondern die analytische Situation. So kann es dazu kommen, daß er viel mehr tut als nur zu deuten. Ja, in dieser funktionalen Therapie hat auch die Spiegelplattentechnik ihren Platz – auch sie kann eine Operation sein, die der Patient in einer bestimmten Situation braucht. Aber,* und hier greife ich den obigen Punkt noch einmal auf: *Wir tun dies nicht aufgrund einer speziellen Diagnose* – ödipale oder präödipale Störung, Hysterie oder narzißtische Neurose –, *sondern aufgrund des Verständnisses des analytischen Prozesses. In diesem sich verändernden Feld* – es verändern sich die Strukturen, die Übertragungsbewegungen, die Wünsche und Phantasien und deren Abwehr usf. bei Analysand und Analytiker – *ist es unsere Aufgabe, jeweils das zu tun, was für die Erreichung des analytischen Zieles notwendig ist. Und das können* – wie Freuds dissidente Technik gezeigt hat – *auch Experimente mit dem Setting, mit der Stundenzahl, Manipulation und Rollenübernahme, körperlicher Kontakt wie präverbaler Umgang mit dem Patienten sein*« (Hervorhebungen von der Verf.) (Cremerius, 1982, S. 507).

Auch Mertens plädiert 1992 für eine flexible Technik:

»Im Verlauf einer Psychoanalyse, ja manchmal sogar innerhalb einer einzigen Behandlungsstunde, können sich – auf unterschiedlichen psychischen Niveaus – regressive und progressive Phasen manifestieren, und es gilt immer wieder erneut, vor allem aufgrund der bewußten und unbewußten Beziehungsdynamik, sich darüber Gedanken zu machen, welcher operationale Schritt für den Analysanden zum gegebenen Zeitpunkt am angemessensten ist. [...] Ein falsch konzeptualisiertes ausschließlich mütterlich intendiertes Verstehen kann von einem Patienten als unbewußte Angst des Therapeuten vor einer Konfrontation mit abgewehrten Konflikten aufgefaßt werden, auf die er entsprechend reagiert; ebenso kann aber auch eine zum falschen Zeitpunkt gegebene Trieb-Abwehr-

Deutung, wo eine Halt-vermittelnde Verstehensleistung angemessener gewesen wäre, dem Patienten bewußt oder unterschwellig signalisieren, daß sein Therapeut in diesem Bereich des Erlebens mit sich selbst möglicherweise unempathisch umgehen muß. Die sich daraus ergebenden Mißverständnisse bis hin zum gemeinsamen neurotischen Agieren sind wohl die häufigsten Ursachen unbefriedigend verlaufender Analysen [...]« (Mertens, 1992, S. 227 und 228).

Ähnlich liberale Töne fanden sich allerdings bereits auf dem 29. Kongreß der Internationalen Psychoanalytischen Vereinigung im Jahre 1975. So hielt Green fest, daß es nicht länger mehr möglich sei, so zu tun, wie wenn die Psychoanalyse ein kohärentes Gebäude sei, an das man einfach noch weiter Teile anfügen könne. Heute komme der Analytiker nicht darum herum, mit ganz verschiedenen Bezugssystemen zu arbeiten. Und Marmor gab auf demselben Kongreß seiner Überzeugung Ausdruck, daß *jede effiziente psychoanalytische Behandlung in Zukunft elastischer sein müsse, und daß sie sich nicht auf die orthodoxe Technik beschränken dürfe* (vgl. Wyss, 1977, S. 451, 452, 478).

Manch ein Analytiker wird sich angesichts von so viel Liberalität, wie sie Little, Sharpe, Mertens, Thomae, Cremerius, Green und Marmor bezeugen, noch immer lieber in den Schutz der neoklassischen Dogmen begeben, weil man dann wenigstens wieder weiß, was gut ist und was böse. Die Geborgenheit, die das Dogma zu bieten hat, ist nicht zu unterschätzen, genausowenig wie das Ausmaß an Heimatlosigkeit und Verunsicherung der eigenen Identität, die jene peinigt, welche den Glauben an ein für alle Mal richtige Technikregeln aufzugeben wagten. Es ist sicher kein Zufall, daß gerade heute, wo die Zersplitterung der Psychoanalyse ein maximales Ausmaß erreicht hat, die Neoklassik wieder so viel Zulauf hat.

Ich meine allerdings, daß es auch für jene, die sich tapfer entschlossen haben, die »Fröste der Freiheit« zu atmen und den Mut aufbringen, zu sagen, daß sie im Grunde genommen nichts Unumstößliches wissen, noch eine ganze Reihe von Merkmalen gibt, die sie zu Psychoanalytikern stempeln und die es berechtigt erscheinen lassen, daß sie für ihre Weise, Beziehungen im Behandlungszimmer einzugehen, viel Geld verlangen.

*Da wäre einmal die Lehranalyse, die der Analytiker hinter sich hat, und die es unweigerlich mit sich bringt, daß er eine größere Toleranz als üblich für das Verbotene, Gefährliche, Gefürchtete im menschlichen Innern anzubieten hat.* Dieses Mehr an Elastizität, das er sich in einem langen, schmerzlichen Prozeß erworben hat, garantiert, daß er relativ gut zuhören kann, ohne gleich verurteilen oder zu Aktionen schreiten zu müssen, was immer der Patient auch an »Schrecklichem« zutage födern mag, seien es nun homosexuelle Phantasien, Todeswünsche oder Größenphantasien. Dank der Lehranalyse kommt es im allgemeinen weniger rasch zu einer Generalmobilmachung der Abwehr als sonst üblich; der Analytiker wirkt – wenn er nicht gerade an seiner Achillesferse touchiert wird – bemerkenswert gelassen und tolerant, was einen angenehm lindernden Einfluß auf die Ängste des Patienten hat und ihn Vertrauen schöpfen läßt. Robert Fliess hat die beruhigende, analytische Gelassenheit einmal vielleicht etwas gar salopp mit der locker-distanzierten Grundhaltung des Humoristen verglichen. Sage der Humorist dem Zuhörer nach Freud: »Sieh her, das ist nun die Welt, die so gefährlich aussieht, ein Kinderspiel, gerade gut genug, einen Scherz darüber zu machen«, so vermittle der Analytiker mit seiner Gelassenheit die folgende Botschaft: »Sieh her, das ist nun die innere Welt, die so gefährlich aussieht. Ein Kinderspiel, einfach etwas, das man analysieren, wiederbeleben und verstehen muß« (Fliess, 1942). Und ist die innere Welt kein Kinderspiel, so läßt sich jedenfalls mit ihr umgehen – diese Gewißheit vermittelt der selber analysierte Analytiker.

Den zweiten Unterschied zu einem »gewöhnlichen« Umgang sehe ich darin, daß *der Psychoanalytiker ein therapeutisches Gewissen in die zwischenmenschliche Begegnung mitbringt, das ihm vor allem andern abverlangt, daß das Zusammensein mit dem Patienten einzig dessen Selbsterkenntnis und Entwicklung, nicht aber der eigenen Befriedigung zu dienen habe.* Wo beides in eins fällt, um so besser, wo nicht, hat der Patient in jedem Fall Vorrang. Nichts belegt die Strenge und Wachsamkeit dieses analytischen Gewissens besser als das leidenschaftliche Ringen, das alle Neuerungen im Feld der Gegenübertragungs-Theorie unweigerlich im Schlepptau hatten. Wie stark und wie gut ausgebildet dieses therapeutische Gewissen bei Analytikern ist, das zeigt sich aber auch an der innerhalb der Psychoanalyse so verbreiteten Angst, unanalytisch, dissident, unwissenschaftlich zu arbeiten. Auf dieses Gewissen kann sich der Analytiker verlassen. Es wacht darüber, daß der Analytiker mit seinem Patienten so umgeht, wie Erich Fromm es als bezeichnend für die »*reife oder wirkliche Liebe*« beschrieben hat:

> »Wirkliche Liebe ist Ausdruck der inneren Produktivität und umfaßt Fürsorge, Respekt, Verantwortlichkeit und Wissen. Sie ist kein ›Affekt‹ in dem Sinn des passiven Getriebenwerdens, sondern ein aktives Streben nach der Entfaltung und dem Glück der geliebten Person [...]« (Fromm, 1976, S. 85).

Wer es lieber mit Karl Menninger als mit Erich Fromm hält, wird nahezu identische Äußerungen auch bei ihm finden. Auch bei Menninger ist die Rede von der Gegenwart einer selbstlosen Form von Liebe und Hingabe in den Behandlungen:

»Jeder Arzt, der einen Patienten behandelt, gibt ihm noch etwas mehr als bloße ›Behandlung‹; er gibt ihm Liebe. Diese Form von Liebe ist oft mit anderen Emotionen durchsetzt, aber die Hingabe des Arztes an den Patienten ist Liebe von hohem Range. Sie ist der Ausdruck von Agape, von selbstloser Anteilnahme« (Menninger, 1974, S. 358).

Diese »selbstlose Anteilnahme« definiert Menninger ähnlich wie Fromm folgendermaßen:

»Was uns die Psychoanalyse gelehrt hat, ist dies: Wahre Liebe macht sich mehr Sorgen um das Wohlergehen einer geliebten Person als um die Befriedigung eigener spontaner Wünsche; sie fordert nichts, sie ist geduldig, freundlich, bescheiden; sie ist frei von Eifersucht, Prahlerei, Dünkel und Willkür« (a. a. O., S. 361).

Natürlich kommt es immer wieder einmal vor, daß der Analytiker seinen Patienten haßt oder sich langweilt mit ihm, aber, wenn der Analytiker seine Arbeit gut macht, dann ist der übergeordnete Nenner trotz allem noch jene Grundhaltung der »reifen Liebe« oder des »concerns«. Der Analytiker läßt daher seinen Haß auch nicht ungefiltert in seine Deutungen oder in seinen Umgang mit dem Patienten einfließen. Wenn er es dem therapeutischen Ziel zuliebe unternimmt, den Patienten wissen zu lassen, daß dieser Haß auslöst, verarbeitet er seine Haßgefühle – und erst nachher, wenn sie abgeklungen sind, spricht er sie aus (vgl. Winnicott, 1974 a). Da der Analytiker eine Lehranalyse hinter sich hat, ist in ihm eine besondere Wachheit für das Wirken eigener Triebregungen vorhanden. Er merkt es im allgemeinen rasch, wenn er in Gefahr steht, »wirkliche Liebe« in Selbstsucht zu verkehren.

Man möchte mir hier vielleicht entgegnen, daß in der Literatur aber doch mehr als genug Ausrutscher dieser Liebe mit Namen Gegenübertragungs-Komplikationen beschrieben worden seien, bei denen es dem Analytiker in aller Regel nicht mehr um den Patienten, sondern um das eigene Seelenheit geht, und daß man sich daher nicht so ohne weiteres auf die reife Liebesfähigkeit des Analytikers verlassen dürfe. Starre Regeln und eherne Gesetze, so könnte man weiterfahren, seien also doch ein Muß, weil sie allein den Patienten vor Mißbrauch durch den Analytiker schützen würden. Auf diesen Einwand kann ich nur antworten: *Wer auf Mißbrauch aus ist, der schafft dies mit und ohne Regeln! Ich habe im Verlaufe meiner Arbeit deutlich gemacht, daß sich letztlich jegliche Umgangsform und -regel auch mißbrauchen läßt, wenn ein unbewußter Konflikt oder eine neurotische Regung im Analytiker dies nur genügend will.* Das Abstinenzprinzip und das Pochen auf die Versagung können ohne weiteres zum Vehikel für die verborgene Aggressivität des Analytikers werden, genauso wie seine Mütterlichkeit, sein Holding unter Umständen bedeuten können, daß er Mühe hat, den Patienten selbständig werden zu lassen, oder Angst, von ihm attackiert zu werden, oder daß es ohne eine derartige Reaktionsbildung gegen den unbewußten Sadismus im eigenen Inneren nicht geht. Jedes Ding hat wie gesagt zwei Seiten, mindestens.

Als kostbarer Erfahrungsschatz sind Regeln zur Technik bereichernd und ihre Kenntnis unerläßlich, als absolut gesetzte Verhaltensvorschriften laden sie den Analytiker förmlich ein, sie im Dienste der eigenen Abwehr oder der Suche nach libidinöser Befriedigung zu mißbrauchen. Damit soll nicht gesagt sein, daß jene Analytiker, welche technische Regeln flexibel handhaben und sie immer nur als Vorschläge, niemals aber als Dogmen ansehen, weniger in Gefahr stehen würden, ihre Patienten zur Befriedigung eigener Bedürfnisse zu mißbrauchen. Gitelson hat uns 1952 darauf aufmerksam gemacht, daß so manches, was im Gewande von Technikvariationen und technischem Fortschritt daherkomme, schlicht Ausdruck von Neurose sei. Es ist einiges angenehmer, sich vorzumachen, man müsse die überlieferte Technik »den Patienten zuliebe« modifizieren, statt sich einzugestehen, daß man das unabweisbare Bedürfnis verspürt, die eigene Gegenübertragung auf eine oder andere Weise zu agieren.

Vor Restneurose ist kein Analytiker gefeit. Aber selbst Gegenübertragungs-Komplikationen tauchen, so zeigte beispielsweise Kemper auf, nicht einfach aus dem Nichts auf, sondern haben »irgendwie« doch immer noch ein Quentchen mit der Neurose des Gegenübers zu tun und sind insofern also aussagekräftig. Auch sie können – mit der gebotenen Vorsicht – den analytischen Prozeß durchaus weiterbringen. Auch Mertens schreibt:

»Trotzdem sollte aber auch im Auge behalten werden, worauf Kernberg (1965) hingewiesen hat, daß nämlich Gegenübertragungsreaktionen, die auf ungelöste neurotische Konflikte und Charakterprobleme des Analytikers zurückgehen, doch auf innige Weise mit der analytischen Interaktion mit einem ganz bestimmten Patienten verknüpft sind [...]. Das regressive Mitgehen in der Empathie, um die Konflikte des Patienten verstehen zu können, kann nämlich ähnliche Konflikte aus der Vergangenheit des Analytikers aktivieren und ebenso alte Charakterwiderstände [...]« (Mertens, 1993 b, S. 22).

*Das dritte Unterscheidungskriterium zwischen einem analytischen und einem »normalmenschlichen« Umgang scheint mir in der andauernd fortgesetzten Selbstanalyse des Analytikers zu liegen.* Was sich auch zwischen seinen Patienten und ihm ereignen mag, es geschieht nie unbefragt, sondern es wird (ganz besonders dann, wenn Störungen in der Beziehung auftreten) vom Analytiker in aller Regel sorgfältig daraufhin überprüft, ob er vielleicht selber mit ungelösten Problemen zu besagter Störung der Interaktion beigetragen haben könnte. Der Balken im eigenen Auge kommt beim Analytiker immer zuerst. Dadurch ist der Patient zusätzlich davor geschützt, der Willkür und Beliebigkeit ausgeliefert zu sein.

*Das vierte Kriterium sehe ich im Wissen des Analytikers begründet.* Er hat sich durch Lektüre und Kontrollanalyse die Erfahrung zahlloser anderer Analytiker angeeignet. Er kennt eine Fülle verschiedener Bezugssysteme, Techniken und metapsychologischer Modelle, er weiß, wenn er gut informiert ist, um die Vorteile und die Nachteile der Standardtechnik und ihrer vielen Modifikationen. All das hat er bei seiner Arbeit dauernd im Hinterkopf. Es garantiert, daß sein Umgang mit dem Patienten – selbst wenn er dabei auf absolut gesetzte Regeln verzichtet – therapeutisch wirkt, nicht aber beliebig ist. Er reflektiert seine Gegenübertragung also ununterbrochen und konfrontiert seine gefühlsmäßigen Eindrücke laufend mit dem theoretischen Wissen, das er sich angeeignet hat.

Kommt zur erhöhten Toleranz, der reifen Liebesfähigkeit, der fortgesetzten Selbstanalyse und einem reichen Fundus an Informationen über vorhandene Theorien und Techniken *fünftens auch noch der von Ferenczi geforderte Takt beim Analytiker* hinzu, dann setzt sein Umgang mit großer Wahrscheinlichkeit Entwicklung in Gang, selbst wenn sich der Analytiker nicht sklavisch an bestimmte, absolut gesetzte Regeln hält, manchmal mit Gegenübertragungs-Komplikationen zu kämpfen hat, und mit seinem Patienten so umgeht, wie dieser es in jeder einzelnen Stunde braucht, nicht aber wie eine bestimmte Methode es fordert.

Fehler macht der Analytiker so oder so, bei Befolgung wie unter Mißachtung von ein für alle Mal gültigen Regeln des Umgangs, denn der Analytiker ist ein Mensch, kein Übermensch. Aber Fehler sind, so meine ich, nicht weiter tragisch, sofern es dem Analytiker gelingt, immer wieder zu reifer Liebesfähigkeit zurückzufinden. Racker hat dies schöner formuliert:

»[...] der Ausgang der Behandlung hängt weitgehend von der Fähigkeit des Analytikers ab, seine positive Gegenübertragung über alle Schicksale seiner ›Gegenübertragungsneurose‹ hinweg aufrechtzuerhalten, oder sie aus allem Schaden, den sie erlitten haben mag, wieder unverletzt hervorgehen zu lassen, so wie der mythische Vogel Phoenix immer wieder aus der eigenen Asche aufersteht« (Racker, 1978, S. 42).

# Personenregister

Abraham 111
Adler 43, 85
Alexander 27, 93, 94, 95, 96, 97, 98, 99, 100, 101, 102, 106, 109, 150, 170, 175, 177, 267, 279, 280, 283, 328, 361

Balint, A. und M. 24, 64, 65, 66, 68, 71, 74, 93, 95, 102, 119, 123, 146, 151, 154, 155, 156, 157, 159, 160, 161, 162, 163, 164, 165, 168, 174, 181, 194, 195, 204, 212, 225, 260, 266, 273, 274, 277, 288, 289, 291, 292, 301, 302, 303, 305, 306, 307, 308, 309, 310, 311, 312, 313, 314, 315, 326, 342, 345, 359, 364, 379
Battegay 85, 144, 294, 295, 347
Bauriedl 16, 158, 159, 166, 181, 267
Beavin 157
Béjarano 27, 64, 271, 272
Benedek 95
Benedetti 17, 64, 66, 119, 120, 122, 146, 246, 267, 272, 274, 323, 325, 327, 329, 333, 334, 340, 341, 342, 343, 344, 345, 346, 347, 348, 349, 350, 351, 352, 353, 359, 363, 370, 371, 372, 375, 376, 378, 380
Berman 91, 92, 93, 150, 168, 169, 170, 171, 181, 203, 211, 214, 276, 359, 378
Bibring 92, 165, 267
Binswanger 146

Bion 26, 94, 146, 185, 224, 225, 226, 227, 228, 229, 230, 231, 232, 233, 234, 235, 236, 237, 238, 239, 242, 243, 244, 245, 246, 247, 273, 290, 333
Blanck, G. und R. 48, 66, 72, 74, 76, 83, 84, 92, 93, 101, 102, 113, 179, 379
Blanton 42, 43, 66
Blitzsten 106
Blum 42
Boadella 124, 130
Boss 42
Bräutigam 36, 43, 142
Breuer 46, 81, 179
Buber 148

Charcot 81
Chasseguet-Smirgel 124
Clifton 379
Cohen 185, 210
Cremerius 12, 13, 14, 16, 17, 19, 27, 30, 35, 42, 44, 45, 68, 73, 74, 95, 106, 119, 142, 145, 146, 152, 161, 162, 164, 171, 177, 195, 204, 205, 264, 265, 267, 273, 274, 275, 277, 279, 301, 311, 313, 315, 382, 384, 385, 386
Deutsch 42, 246
Doolittle 42, 43, 73
Dorsey 42, 43
Drigalski, v. 303, 305, 308, 310

Eicke 13
Eissler 65, 382

391

Federn 65
Fenichel 93, 103, 130, 165, 166, 174, 175, 176, 260
Ferenczi 25, 37, 45, 47, 48, 64, 65, 66, 67, 68, 69, 70, 71, 72, 73, 74, 75, 76, 79, 83, 91, 92, 95, 96, 101, 102, 114, 115, 140, 143, 144, 170, 171, 175, 177, 181, 204, 212, 251, 266, 273, 274, 277, 288, 289, 293, 301, 307, 314, 316, 317, 378, 390
Fliess 25, 93, 149, 150, 151, 152, 153, 154, 167, 180, 181, 201, 355, 387
French 93, 94, 95, 101, 177
Freud, A. 129
Freud, S. 13, 17, 25, 30, 35, 36, 37, 38, 39, 40, 41, 42, 43, 44, 45, 46, 47, 48, 49, 50, 51, 52, 53, 55, 56, 57, 58, 59, 64, 65, 66, 67, 68, 69, 70, 73, 74, 75, 76, 77, 79, 80, 81, 82, 83, 86, 90, 92, 94, 96, 97, 100, 103, 104, 105, 106, 108, 111, 113, 114, 117, 129, 130, 134, 135, 136, 138, 140, 141, 142, 143, 144, 145, 149, 150, 151, 152, 153, 154, 160, 161, 162, 165, 166, 167, 168, 170, 178, 179, 186, 190, 197, 204, 205, 207, 212, 231, 244, 251, 252, 258, 260, 264, 265, 273, 278, 279, 288, 291, 306, 310, 328, 357, 359, 361, 381, 383, 385, 387
Frijling-Schreuder 30
Fromm 387, 388
Fromm-Reichmann 178, 254, 342, 380

Fürstenau 35, 91, 274
Gitelson 206, 207, 208, 209, 210, 211, 212, 213, 244, 261, 262, 267, 288, 389
Glover 35, 55, 56, 57, 58, 59, 60, 61, 62, 63, 93, 97, 160, 178, 192, 195, 196, 224
Green 386
Greenson 30, 31
Grinker 42, 43, 95
Groddeck 174
Grotjahn 95
Grunberger 76, 77, 124, 179
Guggenbühl 143, 144, 180

Hartmann 42, 93
Hasek 129
Heimann 26, 49, 86, 90, 91, 104, 132, 133, 138, 167, 172, 173, 174, 178, 180, 185, 186, 188, 189, 190, 191, 192, 193, 194, 195, 196, 197, 199, 200, 206, 210, 214, 215, 216, 225, 238, 243, 252, 259, 262, 294, 376
Hirschberg 297
Horney 43, 93, 103, 104, 105, 106, 107, 108, 109, 110, 111, 112, 113, 117, 123, 124, 128, 132, 133, 178, 214

Jackson 157
Jaspers 17, 345, 378
Jones 178, 224
Jung 43, 45, 46, 47, 48, 93, 135, 140, 141, 142, 143, 144, 145, 146, 147, 148, 149, 150, 151, 158, 180, 185, 243, 346, 348, 349

Kardiner 42, 43, 74
Kemper 185, 212, 250, 251, 252, 253, 254, 255, 256, 257, 258, 263, 389
Kernberg 11, 12, 16, 21, 22, 23, 24, 27, 29, 73, 83, 136, 188, 355, 356, 357, 358, 359, 360, 361, 362, 363, 364, 365, 366, 367, 368, 369, 370, 371, 372, 373, 374, 375, 376, 389
Khan 64, 66, 134, 212, 225, 226, 273, 274, 289, 293, 294, 295, 296, 297, 298, 299, 300, 301, 306, 311, 314, 333, 359, 364, 377, 378, 379
Kierkegaard 313
Klein 26, 133, 134, 146, 185, 186, 187, 190, 214, 217, 219, 224, 225, 238, 239, 243, 246, 265, 266, 278, 357, 362, 382
Kohut 19, 64, 66, 187, 195, 207, 274, 299, 300, 301, 314, 315
Kris 42
Krohn 379

Lacan 80, 81
Laing 342, 380
Lampl-de-Groot 42
Lipton 264
Little 20, 28, 119, 185, 187, 189, 191, 192, 196, 197, 198, 199, 200, 201, 202, 203, 204, 205, 206, 207, 209, 211, 212, 260, 261, 262, 266, 267, 271, 273, 284, 334, 378, 379, 383, 384, 386
Loch 29, 30
Loewald 101
Lorand 132, 133

Louis 85

Mahler 76, 273, 313, 323, 326, 362
Malan 181
Marmor 386
Masterson 76, 78, 79, 361
Maupassant 122
Menninger und Holzman 31, 387, 388
Miller 135
Moeller 22, 177
Money-Kyrle 42, 185, 187, 224, 243, 263
Morgenthaler 15, 17, 119, 120, 161, 362
Moser 304

Nacht 64, 66, 71, 186, 274, 275, 276, 278, 279, 280, 281, 282, 283, 284, 285, 286, 287, 288, 290, 306, 312, 320, 326, 359, 360, 364, 377, 378, 379
Nerval 122, 129

Pasche 186
Pfister 45, 153

Racker 60, 70, 89, 90, 93, 119, 130, 131, 132, 147, 177, 185, 188, 189, 195, 214, 215, 216, 217, 218, 219, 220, 221, 222, 223, 224, 250, 251, 252, 259, 263, 359, 390
Radó 95
Rangell 83, 310, 311
Rank 25, 37, 45, 73, 75, 76, 77, 78, 79, 80, 81, 82, 83, 84, 85, 91, 92, 95, 96, 101, 102, 175, 177, 218, 325, 379

393

Rapaport 83
Rattenmann 42, 265
Redlich und Freedman 16
Reich, A. 147, 187, 201, 258, 259, 260, 261, 262, 263, 264, 265, 275, 346
Reich, W. 93, 122, 122, 124, 125, 126, 127, 128, 129, 130, 131, 147, 179, 218, 259, 260, 336, 338
Reik 19, 21, 24, 93, 119, 129, 130, 171, 172, 173, 174, 175, 176, 177, 179, 180, 185
Renard 186
Riemann 29, 382, 383
Rivière 42
Rohde-Dachser 76, 354, 355, 369, 380
Rosen 64, 66, 128, 274, 330, 331, 332, 333, 334, 335, 336, 337, 338, 339, 340, 341, 343, 378
Rosenfeld 146, 185, 224, 325, 327, 328, 329
Rubins 103, 106, 107, 108, 109, 110, 111

Sachs 111, 178
Sadger 45
Sandler 20, 38, 39, 48, 56, 264
Sarasin 36
Saussure de 42
Schneider 344
Schultz-Hencke 14
Schwing 274, 317, 340
Searles 146, 288, 343, 354, 355, 359, 378, 380
Sechehaye 64, 66, 274, 317, 319, 320, 321, 323, 324, 325,

326, 327, 328, 329, 340, 341, 342, 377, 378
Segal 224, 266
Sharpe 93, 111, 112, 113, 114, 115, 116, 117, 118, 119, 120, 121, 122, 134, 135, 136, 137, 144, 150, 152, 161, 162, 178, 198, 210, 288, 315, 346, 384, 386
Spitz 66, 273
Stekel 45
Sterba 129, 130, 168, 336
Stern 50, 53, 54, 55, 56, 57, 64, 96, 97
Stierlin 46, 47
Stone 35, 41, 69, 70, 71, 86, 102, 278, 335
Stork 134
Strachey 42, 134
Strindberg 122, 129
Sullivan 254
Szondi 128, 179, 180

Tacharow 174
Thomä 23, 86, 92, 153, 162, 163, 167, 174, 175, 176, 177, 181, 185, 186, 193, 217
Tower 90, 147, 179
Trenkel 85, 144
Trüb 148, 149

Wahl 30
Wehr 149
Weigert 267
Weiss 44, 95
Will 351
Willi 180
Winnicott 64, 66, 93, 102, 130, 132, 133, 134, 135, 136, 137,

138, 139, 140, 144, 145, 147, 148, 152, 170, 180, 185, 187, 199, 202, 210, 212, 225, 228, 235, 248, 273, 274, 287, 289, 290, 291, 292, 293, 294, 295, 297, 326, 349, 359, 377, 379, 388

Wolfsmann 42, 43
Wortis 42
Wyss 386

Zetzel 147, 346

# Literatur

Alexander, F. (1925 a): Besprechung von Ferenczi. In: Zeitschr. f. Psa. 11, S. 113-122.
- (1925 b): A metapsychological description of the process of cure. In: Int. J. Psycho-Anal. 6, S. 13-34.
- (1950): Analyse der therapeutischen Faktoren in der psychoanalytischen Behandlung. In: Psyche 4, S. 401-416.
- (1960): The Western Mind in Transition. New York: Random House.

Alexander, F. et al. (1946): Psychoanalytic Therapy. Principles and Application. New York: The Ronald Press Company.

Argelander, H. (1968): Der psychoanalytische Dialog. In: Psyche 22, S. 325-339.
- (1977): Diskussionsbeitrag zu P. Fürstenaus Arbeit ›Die beiden Dimensionen des psychoanalytischen Umgangs mit strukturell ichgestörten Patienten‹. In: Psyche 31, S. 208-215.

Auhagen, U. (1975): Weiblichkeit, Mütterlichkeit und Gegenübertragung. In: Psyche 29, S. 568-579.

Bacal, H. u. Newman, K. (1994): Objektbeziehungstheorien – Brücken zur Selbstpsychologie. Stuttgart: frommann-holzboog.

Balint, M. (1950 b): Changing therapeutical aims and techniques in psychoanalysis. In: Int. J. Psycho-Anal. 31, S. 117-124.
- (1969): Die Urformen der Liebe und die Technik der Psychoanalyse. Frankfurt: Fischer (1965[1]).
- (1972): Angstlust und Regression. Beitrag zur psychoanalytischen Typenlehre. Hamburg: Rowohlt (1959[1]).
- (1973): Therapeutische Aspekte der Regression. Die Theorie der Grundstörung. Hamburg: Rowohlt (1968[1]).

Balint, M. u. Tacharow, S. (1950 a): Psychoanalytic Therapy. In: J. Frosch (Hg.): The Annual Survey of Psychoanalysis. Vol. I, S. 227-240. New York: Int. Univ. Press.

Balint, A. u. M. (1939): On Transference and Counter-Transference. In: Int. J. Psycho-Anal. 20, S. 223-230.

Barande, J. (1972): Sandor Ferenczi. Paris: Payot.

Battegay, R. (1971): Psychoanalytische Neurosenlehre. Eine Einführung. Bern: Huber.
- (1979): Narzißmus und Objektbeziehungen. Bern: Huber (1977[1]).
- (1981 a): Grenzsituationen. Bern: Huber.
- (Hg.) (1981 b): Herausforderung und Begegnung in der Psychiatrie. Bern: Huber (1977[1]).

Battegay, R. u. Trenkel, A. (Hg.) (1978): Die therapeutische Beziehung unter dem Aspekt verschiedener psychotherapeutischer Schulen. Bern: Huber.

Bauriedl, T. (1980): Beziehungsanalyse. Frankfurt a. M.: Suhrkamp.

Béjarano, A. (1977): Counter-Transference and Narcissism (in the Patient [...] and the Analyst). In: Bull. Europ. Psychoanal. Föder. 12, S. 5-10.
Benedetti, G. (1963): Das Werden des paranoid Kranken in unserem psychotherapeutischen Handeln. In: E. Wiesenhütter (Hg.): Werden und Handeln. V. E. v. Gebsattel zum 80. Geburtstag. S. 370-387. Stuttgart: Hippokrates.
- (1974): Der psychisch Leidende und seine Welt. München: Kindler.
- (1975 a): Psychiatrische Aspekte des Schöpferischen und schöpferische Aspekte der Psychiatrie. Göttingen: Vandenhoeck.
- (1975 b): Ausgewählte Aufsätze zur Schizophrenielehre. Göttingen: Vandenhoeck.
- (1976): Der Geisteskranke als Mitmensch. Göttingen: Vandenhoeck.
- (1982 b): Illuminations of the Human Condition in the Encounter with the psychotic patient. Unveröffentlichter Vortrag, gehalten am Otto Will-Symposium.
- (1983): Todeslandschaften der Seele. Göttingen: Vandenhoeck.
- (1994): Mein Weg zur Psychoanalyse und zur Psychiatrie. In: Hermanns, L. (Hg.): Psychoanalyse in Selbstdarstellungen, Band 2, S. 11-72. Tübingen: edition diskord.
Benedetti, G. u. Wagner-Simon, T. (Hg.) (1982 a): Sich selbst erkennen. Göttingen: Vandenhoeck.
Berman, L. (1949): Countertransferences and Attitudes of the Analyst in the Therapeutic Process. In: Psychiatry 12, S. 159-166.
Bion, W. (1963): Elements of Psychoanalysis. London: Heinemann.
- (1974): Erfahrungen in Gruppen und andere Schriften. Stuttgart: Klett (1961[1]).
- (1982): The Long Week-End, 1897-1919. Part of a Life. Abingdon: Fleetwood Press.
- (1990): Lernen durch Erfahrung. Frankfurt a. M.: Suhrkamp (1962[1]).
Blanck, G. u. R. (1980): Ich-Psychologie II. Psychoanalytische Entwicklungspsychologie. Stuttgart: Klett (1979[1]).
- (1981): Angewandte Ich-Psychologie. Stuttgart: Klett (1974[1]).
Blanton, S. (1975): Tagebuch meiner Analyse bei Sigmund Freud. Frankfurt: Ullstein (1971[1]).
Boesky, D. (1982): Acting out. In: Int. J. Psycho-Anal. 63, S. 39-55.
Bott Spillius, E. (Hg.) (1990): Melanie Klein Heute, Band 1. München: Verlag Internationale Psychoanalyse.
- (Hg.) (1991): Melanie Klein Heute, Band 2. München: Verlag Internationale Psychoanalyse.
Bouvet, M. (1958): Technical variation and the concept of distance. In: Int. J. Psycho-Anal. 39, S. 211-222.
- (1967): La relation d'objet. Paris: Payot.
Boyer, B. (1976): Die psychoanalytische Behandlung Schizophrener. München: Kindler.
Bram, F. M. (1973): Das Geschenk der Anna O. In: Psyche 27, S. 449-459.

Bräutigam, W. (1983): Beziehung und Übertragung in Freuds Behandlungen und Schriften. In: Psyche 37, S. 116-129.

Buber, M. (1954): Elemente des Zwischenmenschlichen. In: Die Schriften über das dialogische Prinzip. Heidelberg: Schneider.

Burnham, D. (1978): Orthodoxy and eclecticism in Psychoanalysis. In: J. M. Queen u. E. T. Carlson (Hg.): American Psychoanalysis: Origins and Development. New York: Bruner and Mazel.

Cohen, M. (1952): Countertransference and Anxiety. In: Psychiatry 15, S. 231-243.

Constantine, D. (1992): Friedrich Hölderlin. München: Beck.

Cramer, B. u. Flournoy, O. (1976): Panel on »The Changing Expectations of Patients and Psychoanalysts today«. In: Int. J. Psycho-Anal. 57, S. 419-427.

Cremerius, J. (1969): Schweigen als Problem der psychoanalytischen Technik. In: K. Dräger et. al.: Jahrbuch der Psychoanalyse, Bd. VI, S. 69-103. Bern: Huber.

– (1977 a): Grenzen und Möglichkeiten der psychoanalytischen Behandlungstechnik bei Patienten mit Über-Ich-Störungen. In: Psyche 31, S. 593-636.

– (1977 b): Übertragung und Gegenübertragung bei Patienten mit schwerer Über-Ich-Störung. In: Psyche 31, S. 879-896.

– (1979 a): Die Verwirrungen des Zöglings T. Psychoanalytische Lehrjahre neben der Couch. In: Psyche 33, S. 551-564.

– (1979 b): Gibt es *zwei* psychoanalytische Techniken? In: Psyche 33, S. 577-599.

– (1980): Archaische Urlaute oder der als Mutter verkleidete Psychotherapeut. In: Prax. Psychother. Psychosom. 25, S. 223-236.

– (1981 a): Freud bei der Arbeit über die Schulter geschaut. Seine Technik im Spiegel von Schülern und Patienten. In: U. Ehebald u. F. Eickhoff (Hg.): Humanität und Technik in der Psychoanalyse. Festschrift für Gerhart Scheunert zum 75. Geburtstag. Jahrbuch der Psychoanalyse/ Beiheft Nr. 6, S. 123-158.

– (1981 b): Kohuts Behandlungstechnik. In: Psychoanalytisches Seminar Zürich (Hg.): Die neuen Narzißmustheorien: zurück ins Paradies? S. 77-117. Frankfurt: Syndikat.

– (1982): Die Bedeutung des Dissidenten für die Psychoanalyse. In: Psyche 36, S. 481-514.

– (1983): »Die Sprache der Zärtlichkeit und der Leidenschaft«. Reflexionen zu Sandor Ferenczis Wiesbadener Vortrag von 1932. In: Psyche 11, S. 988-1015.

– (1994): Die psychoanalytische Ausbildung – ein Unterwerfungsritual? In: Psychologie heute 21, S. 44-47.

Dahmer, H. (1982): Sandor Ferenczi und die Probleme der Psychoanalyse. In: Libido und Gesellschaft, S. 203-238. Frankfurt: Suhrkamp (1973¹).

Deutsch, H. (1926): Okkulte Vorgänge während der Psychoanalyse. In: Imago 12, S. 418-433.

Doolittle, H. (1956): Tribute to Freud. New York: Norman Holmes Pearson.

Drigalski, D. v. (1980): Blumen auf Granit. Eine Irr- und Lehrfahrt durch die deutsche Psychoanalyse. Frankfurt: Ullstein.

Eicke, M. (1994): Mein Weg zur und mit der Psychoanalyse. In: Hermanns, L. (Hg.): Psychoanalyse in Selbstdarstellungen, Band 2, S. 145-197. Tübingen: edition diskord.

Eissler, K. (1953): The Effect of the Structure of the Ego on Psychoanalytic Technique. In: J. Amer. Psycho-Anal. Assoc. 1, S. 104-143.

– (1958): Remarks on some variations in psychoanalysis. In: Int. J. Psycho-Anal. 39, S. 222-229.

– (1969): The Present and the Future of Psychoanalysis. In: Int. J. Psycho-Anal. 50, S. 461-471.

Federn, P. (1933): Sandor Ferenczi, geb. am 16. Juli 1873, gest. am 22. Mai 1933. Gedenkrede, gehalten in der Trauersitzung der Wiener Psychoanalytischen Vereinigung am 14. Juni 1933. In: Int. Zeitschr. f. Psa. 19, S. 305-321.

Fenichel, O. (1930): Zur prägenitalen Vorgeschichte des Ödipuskomplexes. In: Int. Zeitschr. f. Psa. 16, S. 319-342.

– (1934): Besprechung Reik. In: Zeitschr. f. Psa. 20, S. 399-400.

– (1941): Problems of Psychoanalytic Technique. New York: The Psychoanalytic Quarterly, Inc.

– (1945): The Psychoanalytic Theory of Neurosis. New York: W. W. Norton.

Ferenczi, S. (1939 a): Bausteine zur Psychoanalyse. Bd. III. Arbeiten aus den Jahren 1908-1933. Bern: Huber.

– (1939 b): Bausteine zur Psychoanalyse. Bd. IV. Gedenkartikel, Kritiken und Referate. Fragmente. Bibliographie. Sachregister. Bern: Huber.

– (1964): Bausteine zur Psychoanalyse. Bd. II. Praxis. Bern: Huber (1927[1]).

Ferenci, S. u. Rank, O. (1924): Entwicklungsziele der Psychoanalyse. Zur Wechselbeziehung von Theorie und Praxis. Leipzig: Int. Psychoanal. Verlag.

Fliess, R. (1942): The metapsychology of the analyst. In: Psychoanal. Quart. 11, S. 211-227.

– (1953): Countertransference and Counteridentification. In: J. Amer. Psycho-Anal. Assoc. 1, S. 268-284.

Freud, A. (1954): The widening scope of indications for psychoanalysis. In: J. Amer. Psycho-Anal. Assoc. 2, S. 607-620.

– (1976): Changes in psychoanalytic practice and experience. In: Int. J. Psycho-Anal. 57, S. 257-260.

Freud, S. (1933): Sandor Ferenczi gest. In: Int. Zeitschr. f. Psa. 19, S. 301-304.

– (1975): Schriften zur Behandlungstechnik. Frankfurt: Fischer.

Frijling-Schreuder, E. (1979): Übertragung und Gegenübertragung. In: Psyche 33, S. 600-609.

Fromm, E. (1976): Die Kunst des Liebens. Frankfurt: Ullstein (1956[1]).

Fromm-Reichmann, F. (1949): Recent advances in psychoanalytic therapies. In: A Study of Interpersonal Relations. New York: Hermitage Press.

– (1950): Principles of Intensive Psychotherapy. Chicago: The University of Chicago Press.

– (1978): Psychoanalyse und Psychotherapie. Eine Auswahl aus ihren Schriften. Stuttgart: Klett (1959[1]).

Fürstenau, P. (1977): Die beiden Dimensionen des psychoanalytischen Umgangs mit strukturell ich-gestörten Patienten. In: Psyche 31, S. 197-207.
- (1979): Die konstitutiven Faktoren der psychoanalytischen Situation. In: Zur Theorie der psychoanalytischen Praxis, S. 55-65. Stuttgart: Klett.
Gaddini, E. (1964/65): Über Konstitutivphänomene der Gegenübertragung. In: Psyche 18, S. 139-159.
Gardiner, M. (Hg.) (1972): Der Wolfsmann vom Wolfsmann. Frankfurt: Fischer (1971[1]).
Gedo, J. (1979): Beyond interpretation. New York: Int. Univ. Press.
Gitelson, M. (1952): The emotional Position of the Analyst in the Psycho-analytic Situation. In: Int. J. Psycho-Anal. 33, S. 1-10.
- (1962): The curative of actos in Psycho-Analysis. In: Int. J. Psycho-Anal. 43, S. 194-205.
Glover, E. (1924): ›Active therapy‹ and psychoanalysis. In: Int. J. Psycho-Anal. 5, S. 269-311.
- (1927 u. 1928): Lectures on Technique in Psycho-Analysis. In: Int. J. Psycho-Anal. 8, S. 311-338 und 9, S. 7-46 sowie 181-218.
- (1955): The Technique of Psycho-Analysis. London: Baillière, Tindall & Cox.
Green, A. (1975): The Analyst. Symbolization and absence in the analytic setting. In: Int. J. Psycho-Anal. 56, S. 1-22.
Greenson, R. (1960): Empathy and its Vicissitudes. In: Int. J. Psycho-Anal. 41, S. 418-424.
- (1973): Technik und Praxis der Psychoanalyse. Stuttgart: Klett (1967[1]).
- (1982): Psychoanalytische Erkundungen. Stuttgart: Klett (1978[1]).
Greenson, R. u. Wexler, M. (1969): The Non-Transference Relationship in the Psychoanalytic Situation. In: Int. J. Psycho-Anal. 50, S. 27-39.
Grinberg, L. u. Sor, D. u. Tabak de Bianchedi, E. (1993): W. R. Bion. Eine Einführung. Jahrbuch der Psychoanalyse, Beiheft 17. Stuttgart-Bad Cannstatt: frommann-holzboog.
Grinker, R. (1957): On Identification. In: Int. J. Psycho-Anal. 38, S. 378-390.
Grunberger, B. (1976): Vom Narzißmus zum Objekt. Frankfurt: Suhrkamp (1971[1]).
Grunberger, B. u. Chasseguet-Smirgel, J. (1979): Freud oder Reich? Psychoanalyse und Illusion. Frankfurt: Ullstein (1976[1]).
Guntrip, H. (1961): Personality Structure and Human Interaction. New York: Int. Univ. Press.
Healy, W. u. Bronner, A. u. Bowers, A. (1930): The Structure and the Meaning of Psychoanalysis. New York: Alfred Knopf.
Heimann, P. (1950): On Counter-Transference. In: Int. J. Psycho-Anal. 31, S. 81-84.
- (1964): Bemerkungen zur Gegenübertragung. In: Psyche 18, S. 483-493 (1960[1]).
- (1978): Über die Notwendigkeit für den Analytiker mit seinem Patienten natürlich zu sein. In: S. Drews et al. (Hg.): Provokation und Toleranz. Festschrift für Alexander Mitscherlich zum siebzigsten Geburtstag, S. 215-230. Frankfurt: Suhrkamp.

Hinshelwood, R. D. (1993): Wörterbuch der kleinianischen Psychoanalyse. Stuttgart: Verlag Internationale Psychoanalyse.
Hoedemaker, E. (1960): Psychoanalytic Technique and Ego Modifications. In: Int. J. Psycho-Anal. 41, S. 34-46.
Hoffmeister, M. (1977): Michael Balints Beitrag zur Theorie und Technik der Psychoanalyse. München: Kindler.
Horney, K. (1939): New Ways in Psychoanalysis. New York: W. W. Norton. Deutsch (1977): Neue Wege in der Psychoanalyse.
Janus, L. (1987): Die Bedeutung des Konzepts der Geburtsangst in der Geschichte der Psychoanalyse. In: Psyche 41, S. 832-845.
Jaspers, K. (1973): Philosophie II. Existenzerhellung. Berlin: Springer ($1932^1$).
Jones, E. (1960): Das Leben und Werk von Sigmund Freud. Bd. I. Bern: Huber ($1953^1$).
Jung, C. (1958): Die Psychologie der Übertragung. Erläutert anhand einer alchemistischen Bilderserie. Ges. Werke, Bd. 16. Zürich: Rascher ($1946^1$).
Kemper, W. (1954): Die Gegenübertragung. Grundsätzliches und Praktisches. Psyche 7, S. 593-626.
Kernberg, O. (1978): Borderline-Störungen und pathologischer Narzißmus. Frankfurt: Suhrkamp ($1975^1$).
- (1981): Objektbeziehungen und Praxis der Psychoanalyse. Stuttgart: Klett ($1976^1$).
- (1994): Der gegenwärtige Stand der Psychoanalyse. In: Psyche 48, S. 483-508.
Kernberg, O. u. Selzer, M. u. Koenigsberg, H. u. Carr, A. u. Appelbaum, A. (1993): Psychodynamische Therapie bei Borderline-Patienten. Bergn: Huber ($1989^1$).
Khan, M. (1960): Regression and Integration in the Analytic Setting. A Clinical Essay on the Transference and Counter-Transference Aspects of these Phenomena. In: Int. J. Psycho-Anal. 41, S. 130-146.
- (1963 a): Silence as communication. In: The Bulletin of the Menninger Clinic 27, S. 300-317.
- (1963 b): The Concept of Cumulative Trauma. In: Psychoanal. Stud. Child 18, S. 286-306.
- (1969): On the clinical provision of frustrations, recognitions and failures in the analytic situation. In: Int. J. Psycho-Anal. 50, S. 237-248.
- (1977): Selbsterfahrung in der Therapie, Theorie und Praxis. München: Kindler ($1974^1$).
Klauber, J. (1975): Über einige Schwierigkeiten, Psychoanalytiker zu sein. In: Psyche 29, S. 835-839.
- (1980): Schwierigkeiten in der analytischen Begegnung. Frankfurt: Suhrkamp.
Klein, M. (1948): Contributions to Psycho-Analysis 1921-1945. London: Hogarth.
- (1957): Works of Melanie Klein, Band 3. London: Tavistock.
- (1962): Das Seelenleben des Kleinkindes und andere Beiträge zur Psychoanalyse. Stuttgart: Rowohlt.

Klein, M. et al. (1952): Developments in Psychoanalysis. London: Hogarth.
Klein, M. et al. (1956): New Directions in Psychoanalysis. New York: Basic Books.
König, K. (1993): Gegenübertragungsanalyse. Göttingen: Vandenhoeck und Ruprecht.
Kohut, H. (1973): Narzißmus. Frankfurt: Suhrkamp (1971[1]).
– (1977): Introspektion, Empathie und Psychoanalyse. Frankfurt: Suhrkamp (1959[1]).
– (1979): Die Heilung des Selbst. Frankfurt: Suhrkamp (1977[1]).
Kris, E. (1951): Ego Psychology and Interpretation in Psychoanalytic Therapy. In: Psycho-Anal. Quart. 20, S. 15-30.
Lacan, J. (1978): Das Seminar von Jacques Lacan, Buch I (1953-1954). Freuds technische Schriften. Freiburg im Breisgau: Walter.
Laplanche, J. u. Pontalis, J. (1973): Das Vokabular der Psychoanalyse, Bd. I und II. Frankfurt: Suhrkamp (1967[1]).
Leclaire, S. (1971): Der psychoanalytische Prozeß. Olten: Walter.
Little, M. (1951): Counter-Transference and the Patient's Response to it. In: Int. J. Psycho-Anal. 32, S. 32-40.
– (1957): ›R‹ – The Analyst's total Response to his patient's Needs. In: Int. J. Psycho-Anal. 38, S. 240-254.
– (1958): On delusional Transference (Transference Psychosis). In: Int. J. Psycho-Anal. 39, S. 134-138, S. 240-254.
– (1960): On basic unity. In: Int. J. Psycho-Anal. 41, S. 377-384 und S. 637.
Loch, W. (1965): Übertragung – Gegenübertragung. In: Psyche 19, S. 1-23.
– (1966): Studien zur Dynamik, Genese und Therapie der frühen Objektbeziehungen. In: Psyche 20, S. 881-903.
– (1974): Der Analytiker als Gesetzgeber und Lehrer. In: Psyche 28, S. 431-460.
– (1976): Zur Theorie, Technik und Therapie der Psychoanalyse. Frankfurt: Fischer (1972[1]).
– (1977): Anmerkungen zum Thema Ich-Veränderungen, Ich-Defekte und psychoanalytische Technik. In: Psyche 31, S. 216-227.
Loewald, H. (1960): On the therapeutic Action of Psycho-Analysis. In: Int. J. Psycho-Anal. 41, S. 16-33.
Loewenstein, R. (1959/60): Bemerkungen über einige Variationen der psychoanalytischen Technik. In: Psyche 13, S. 594-608.
Löwith, K. (1928): Das Individuum in der Rolle des Mitmenschen. München: Drei Masken Verlag.
Lorand, S. (1946): Technique of Psychoanalytic Therapy. New York: Int. Univ. Press.
– (1948): Comments on the correlation of theory and technique. In: Psychoanal. Quart. 17, S. 32-50.
Low, B. (1935): The Psychological Compensations of the Analyst. In: Int. J. Psycho-Anal. 16, S. 1-8.

Mahler, M. u. Fuhrer, M. (1979): Symbiose und Individuation. Stuttgart: Klett.
Mahler, M. u. Pine, F. u. Bergman, A. (1978): Die psychische Geburt des Menschen. Frankfurt: Fischer (1975[1]).
Malan, D. (1972): Psychoanalytische Kurztherapie. Hamburg: Rowohlt (1963[1]).
Manzano, J. (1994): Trennung, Narzißmus und Identität. In: Bulletin der Schweizerischen Gesellschaft für Psychoanalyse 38, S. 10-15.
Masterson, J. (1980): Psychotherapie bei Borderline-Patienten. Stuttgart: Klett (1976[1]).
Meissner, W. (1980): A note on projective identification. In: J. Amer. Psycho-Anal. Assoc. 28, S. 43-69.
Menninger, K. (1974): Das Leben als Balance. München: Kindler.
Menninger, K. u. Holzman, P. (1977): Theorie der psychoanalytischen Technik. Stuttgart: frommann-holzboog (1958[1]).
Mertens, W. (1992): Einführung in die psychoanalytische Therapie, Bd. 1. Stuttgart: Kohlhammer (1990[1]).
– (Hg.) (1993 a): Schlüsselbegriffe der Psychoanalyse. Stuttgart: Verlag Internationale Psychoanalyse.
– (1993 b): Einführung in die psychoanalytische Therapie, Bd. 3. Stuttgart: Kohlhammer (1991[1]).
– (1994): Psychoanalyse auf dem Prüfstand? Eine Erwiderung auf die Meta-Analyse von Klaus Grawe. Berlin: Quintessenz.
Miller, A. (1979): Das Drama des begabten Kindes. Frankfurt: Suhrkamp.
Moeller, M. (1977): Zur Theorie der Gegenübertragung. In: Psyche 31, S. 142-166.
Money-Kyrle, R. (1956): Normal Counter-Transference and some of its Deviations. In: Int. J. Psycho-Anal. 37, S. 360-366.
– (1975): Melanie Kleins Beiträge zur Psychoanalyse. In: Psyche 29, S. 223-241.
Morgenthaler, F. (1978): Technik. Zur Dialektik der psychoanalytischen Praxis. Frankfurt: Syndikat.
– (1984): Homosexualität, Heterosexualität, Perversion. Paris: Qumran.
Moser, T. (1980): Zeit des Jammerns. Dörte von Drigalski: »Blumen auf Granit«. In: Die Zeit 47, S. 12.
Nacht, S. (1950): De la Pratique à la Théorie Psychanalytique. Paris: Presses Universitaires de France.
– (1958): Causes and Mechanisms of Ego Distortion. In: Int. J. Psycho-Anal. 39, S. 271-273.
– (1962): The Curative Factors in Psycho-Analysis. In: Int. J. Psycho-Anal. 43, S. 206-233.
– (1963): La Présence du Psychanalyste. Paris: Presses Universitaires de France.
Nacht, S. u. Viderman, S. (1960/61): Von der Präobjekt-Welt in der Übertragungsbeziehung. In: Psyche 14, S. 711-717.
Nacht, S. et al. (1967): La Psychanalyse d'Aujourd'hui. Paris: Presses Universitaires de France.
Neyraut, M. (1976): Die Übertragung. Frankfurt: Suhrkamp (1974[1]).

Orr, D. (1954): Transference and Countertransference: A Historical Survey. In: J. Amer. Psycho-Anal. Assoc. 2, S. 621-670.
Ovid (1989): Metamorphosen. Zürich: Artemis.
Parin, P. (1960): Die Gegenübertragung bei verschiedenen Abwehrformen. In: K. Dräger et al.: Jahrbuch der Psychoanalyse. Bd. I, S. 196-214. Köln: Westdeutscher Verlag.
Payne, S. (1946): Notes and developments in the theory and practice of psychoanalytic technique. In: Int. J. Psycho-Anal. 27, S. 12-18.
Peters, U. (1977): Übertragung – Gegenübertragung. Geschichte und Form der Beziehungen zwischen Psychotherapeut und Patient. München: Kindler.
Pongratz, L. (Hg.) (1973): Psychotherapie in Selbstdarstellungen. Bern: Huber.
Psychoanalytisches Seminar Zürich (Hg.) (1981): Die neuen Narzißmustheorien: zurück ins Paradies? Frankfurt: Syndikat.
Racker, H. (1954): Notes on the Theory of Transference. In: Psychoanal. Quart. 23, S. 78-86.
– (1957): The Meaning and Uses of Countertransference. In: Psychoanal. Quart. 26, S. 303.
– (1958): Übertragung und Gegenübertragung. Studien zur analytischen Technik. München: Reinhardt (1959[1]).
Rangell, L. (1954): Similarities and Differences Between Psychoanalysis and Dynamic Psychotherapy. In: J. Amer. Psycho-Anal. Assoc. 2, S. 734-744.
– (1975): Psychoanalyse und Veränderung. In: Psyche 29, S. 481-502.
Rank, O. (1924): Das Trauma der Geburt und seine Bedeutung für die Psychoanalyse. Leipzig: Int. Psychoanal. Verlag.
– (1929 a): Die analytische Reaktion in ihren konstruktiven Elementen. Leipzig: Deuticke.
– (1929 b): Wahrheit und Wirklichkeit. Entwurf einer Philosophie des Seelischen. Leipzig: Deuticke.
– (1931): Die Analyse des Analytikers und seiner Rolle in der Gesamtsituation. Leipzig: Deuticke.
– (1945): Will Therapy and Truth and Reality. New York: Alfred Knopf.
Rapaport, D. (1961): Die Struktur der psychoanalytischen Theorie. Stuttgart: Klett (1960[1]).
Redlich, F. u. Freedman, D. (1976): Theorie und Praxis der Psychiatrie. Frankfurt: Suhrkamp (1966[1]).
Reich, A. (1960): Bemerkungen zum Problem der Gegenübertragung. In: Dräger et al.: Jahrbuch der Psychoanalyse, Bd. I, S. 183-195. Köln: Westdeutscher Verlag.
Reich, W. (1933): Charakteranalyse. Technik und Grundlagen. Wien: Selbstverlag des Verfassers.
Reik, T. (1933): New Ways in psycho-analytic technique. In: Int. J. Psycho-Anal. 14, S. 321-334.
– (1976): Hören mit dem dritten Ohr. Die innere Erfahrung eines Psychoanalytikers. Hamburg: Hoffmann und Campe (1948[1]).

Riemann, F. (1959/60): Die Struktur des Therapeuten und ihre Auswirkungen in der Praxis. In: Psyche 13, S. 150-159.
- (1973): Fritz Riemann. In: L. Pongratz (Hg.): Psychotherapie in Selbstdarstellungen, S. 346-376. Bern: Huber.
Rioch, J. (1943): The transference phenomenon in psychoanalytic therapy. In: Psychiatry 6, S. 147-156.
Rohde-Dachser, Ch. (1979): Das Borderline-Syndrom. Bern: Huber.
Rosen, J. (1953): Direct Analysis. Selected Papers. New York: Grune and Stratton.
- (1964): Psychotherapie der Psychosen. Stuttgart: Hippokrates (1962[1]).
- (1968): Selected Papers on Direct Psychoanalysis. Bd. II. New York: Grune and Stratton.
Rosenfeld, H. (1958): Contributions to the discussion on variations in classical technique. In: Int. J. Psycho-Anal. 39, S. 238-239.
- (1981): Zur Psychoanalyse psychotischer Zustände. Frankfurt: Suhrkamp (1966[1]).
Rubinfine, D. (1962): Maternal Stimulation, Psychic Structure and Early Object Relations. In: Psychoanal. Stud. Child 17, S. 265-282.
Rubins, J. (1980): Karen Horney. München: Kindler (1978[1]).
Ruitenbeek, H. (1974): Die neuen Gruppentherapien. Stuttgart: Klett (1970[1]).
Sandler, J. (1976): Gegenübertragung und Bereitschaft zur Rollenübernahme. In: Psyche 30, S. 297-305.
Sandler, J. u. Dare, Ch. u. Holder, A. (1973): Die Grundbegriffe der psychoanalytischen Therapie. Stuttgart: Klett.
Schafer, R. (1959): Generative Empathy in the Treatment Situation. In: Psychoanal. Quart. 28, S. 342-373.
Scheunert, G. (1959/60): Zum Problem der Gegenübertragung. In: Psyche 13, S. 574-593.
- (1961/62): Die Abstinenzregel in der Psychoanalyse. In: Psyche 15, S. 105-123.
Schwing, G. (1954): A way to the Soul of the Mentally Ill. New York: Int. Univ. Press (1940[1]).
Searles, H. (1959): Oedipal Love in the Countertransference. In: Int. J. Psycho-Anal. 40, S. 180-190.
- (1963): Transference Psychosis in the Psychotherapy of Chronic Schizophrenia. In: Int. J. Psycho-Anal. 44, S. 249-281.
- (1964/65): Phasen der Wechselbeziehung zwischen Patient und Therapeut bei der Psychotherapie der chronischen Schizophrenie. In: Psyche 18, S. 494-531.
- (1981): Countertransference and Related Subjects. Selected Papers. New York: Int. Univ. Press (1979[1]).
Sechehaye, M. (1955): Die symbolische Wunscherfüllung. Darstellung einer neuen psychotherapeutischen Methode und Tagebuch der Kranken. Bern: Huber.
Segal, H. (1974): Melanie Klein. München: Kindler (1964[1]).
Sharpe, E. (1947): The Psycho-Analyst. In: Int. J. Psycho-Anal. 28, S. 1-6.
- (1950): Collected Papers in Psycho-Analysis. London: The Hogarth Press.

Silverberg, W. (1948): The concept of transference. In: Psychoanal. Quart. 17, S. 309-310.
Spitz, R. (1956/57): Übertragung und Gegenübertragung. In: Psyche 10, S. 63-81.
– (1960): Die Entstehung der ersten Objektbeziehungen. Stuttgart: Klett.
– (1967): Vom Säugling zum Kleinkind. Stuttgart: Klett (1965[1]).
Sterba, R. (1934): The fate of the ego in analytic therapy. In: Int. J. Psycho-Anal. 15, S. 117-126.
Stern, A. (1924): On the Counter-Transference in Psychoanalysis. In: Psychoanalytic Review 11, S. 166-174.
Stierlin, H. (1978): Das Tun des Einen ist das Tun des Anderen. Eine Dynamik menschlicher Beziehungen. Frankfurt: Suhrkamp (1971[1]).
Stone, L. (1973): Die psychoanalytische Situation. Frankfurt: Fischer (1961[1]).
Strachey, J. (1934): The nature of the therapeutic action of psychoanalysis. In: Int. J. Psycho-Anal. 15, S. 130-137.
Szasz, T. (1963): The Concept of Transference. In: Int. J. Psycho-Anal. 44, S. 432-443.
Thomä, H. (1974): Zur Rolle des Psychoanalytikers in psychotherapeutischen Interaktionen. In: Psyche 28, S. 381-394.
– (1980): Auf dem Weg zum »Selbst«. Einige Bemerkungen zur psychoanalytischen Theorieentwicklung in den letzten Jahrzehnten. In: Psyche 34, S. 221-245.
– (1981 a): Schriften zur Praxis der Psychoanalyse: Vom spiegelnden zum aktiven Psychoanalytiker. Frankfurt: Suhrkamp.
– (1981 b): Die Aktivität des Psychoanalytikers als Determinante des therapeutischen Prozesses. In: U. Ehebald und F. Eickhoff (Hg.): Humanität und Technik in der Psychoanalyse. Festschrift für Gerhart Scheunert zum 75. Geburtstag. S. 1-80. Bern: Huber.
– (1984): Der Beitrag des Psychoanalytikers zur Übertragung. In: Psyche 38, S. 29-62.
Thorner, H. (1975): Zur Technik nach M. Klein. In: Psyche 29, S. 906-918.
Tower, L. (1956): Countertransference. In: J. Amer. Psycho-Anal. Assoc. 4, S. 224-255.
Trüb, H. (1951): Heilung aus der Begegnung. Stuttgart: Klett.
Valenstein, A. (1979): The concept of ›classical‹ psychoanalysis. In: J. Amer. Psycho-Anal. Assoc. 27, S. 113-136.
Wahl, W. (1974): Psychoanalysis of the Rich, the Famous and the Influential. In: Contemporary Psychoanal. 10, S. 71-77.
Waley, A. (1974): Lebensweisheit im Alten China. Frankfurt: Suhrkamp (1939[1]).
Watzlawick, P. u. Beavin, J. u. Jackson, D. (1974): Menschliche Kommunikation. Bern: Huber (1967[1]).
Wehr, G. (1969): C. G. Jung. Hamburg: Rowohlt.
Weigert, E. (1962/63): Die Rolle der Sympathie in der Psychotherapie. In: Psyche 16, S. 209-220.
Willi, J. (1975): Die Zweierbeziehung. Hamburg: Rowohlt.

Winnicott, D. (1954): Metapsychological and Clinical Aspects of Regression within the Psycho-Analytical Set-up. In: Int. J. Psycho-Anal. 36, S. 16-26.
- (1956): On Transference. In: Int. J. Psycho-Anal. 37, S. 386-388.
- (1960/61 a): Die emotionelle Entwicklung im ersten Lebensjahr. In: Psyche 14, S. 25-38.
- (1960/61 b): Primäre Mütterlichkeit. In: Psyche 14, S. 393-399.
- (1963): Dependence in Infant Care, in Child Care, and in the Psycho-Analytic Setting. In: Int. J. Psycho-Anal. 44, S. 339-344.
- (1973): Vom Spiel zur Kreativität. Stuttgart: Klett (1971[1]).
- (1974 a): Reifungsprozesse und fördernde Umwelt. München: Kindler (1965[1]).
- (1974 b): Fear of Breakdown. In: Int. Review of Psychoanalysis 1, S. 103-107.
- (1975): Through Paediatrics to Psycho-Analysis. New York: Basic Books (1958[1]).
- (1976): Von der Kinderheilkunde zur Psychoanalyse. München: Kindler (1958[1]).
- (1982): Bruchstück einer Psychoanalyse. Stuttgart: Klett (1972[1]).

Wyrsch, J. (1949): Die Person des Schizophrenen. Bern: Haupt.
- (1956): Zur Geschichte und Deutung der endogenen Psychosen. Stuttgart: Thieme.

Wyss, D. (1977): Die tiefenpsychologischen Schulen von den Anfängen bis zur Gegenwart. Göttingen: Vandenhoeck (1961[1]).

Zetzel, E. (1953): Panel Report, Midwinter Meeting 1952: The Traditional Psychoanalytic Technique and its Variations. In: J. Amer. Psycho-Anal. Assoc. 1, S. 526-537.
- (1974): Die Fähigkeit zu emotionalem Wachstum. Stuttgart: Klett (1970[1]).

Zundel, E. u. R. (1987): Leitfiguren der Psychotherapie. München: Kösel.

# Psychosozial-Verlag

Jean-Michel Quinodoz
## Freud lesen
Eine chronologische Entdeckungsreise durch sein Werk

George Makari
## Revolution der Seele
Die Geburt der Psychoanalyse

2011 · 477 Seiten · Broschur
ISBN 978-3-89806-782-9

2011 · 648 Seiten · Gebunden
ISBN 978-3-8379-2039-0

Dieser Band ist eine leicht zugängliche Darstellung der gesammelten Werke Freuds. Jedes Kapitel befasst sich mit einer von Freuds Schriften und enthält wertvolle Hintergrundinformationen sowie relevante Details aus Biografie und Zeitgeschichte, eine Chronologie seiner Ideen und Beschreibungen von post-freudianischen Entwicklungen.

»Das Buch ist eine einzigartige Hilfe bei Lehre und Studium der Freud'schen Schriften. Es ist ebenso fantasievoll wie hilfreich, vor allem, was die Kontextualisierung der Werke anbelangt. Ein absolutes Muss für jeden, der sich ernsthaft mit der Psychoanalyse beschäftigt.«

*Anne-Marie Sandler, Lehranalytikerin der Britischen Psychoanalytischen Vereinigung, London*

Ausgezeichnet mit dem Gradiva Award 2009 als beste historische Arbeit und dem Heinz Hartmann Award 2009 als herausragendste Publikation, stellt Makari erstmals zusammenhängend die Geschichte der Psychoanalyse von ihren Anfängen 1870 bis zu ihrer Vertreibung aus Europa durch den Nationalsozialismus 1945 dar. Er erforscht gezielt die zentralen Probleme, die diese angehende Wissenschaft der Psyche in ihrer Entwicklung definierten, strukturierten und spalteten.

*The New York Post:* »Brilliant! Eine fesselnde, reichhaltige Geschichte voller faszinierender Charaktere und bunter Schauplätze.«

*Paul Auster:* »George Makari hat nichts Geringeres geschrieben als eine Geschichte des modernen Geistes.«

Thomas B. Kirsch

## C. G. Jung und seine Nachfolger

**Die internationale Entwicklung der Analytischen Psychologie**

Wolfgang M. Mertens, Herbert Scholpp Willy Obrist,

## Was Freud und Jung nicht zu hoffen wagten ...

**Tiefenpsychologie als Grundlage der Humanwissenschaften**

2007 · 386 Seiten · Gebunden
ISBN 978-3-89806-447-7

2004 · 321 Seiten · Broschur
ISBN 978-3-89806-323-4

»C. G. Jung und seine Nachfolger« ist das erste Buch, das die Entwicklung der Analytischen Psychologie als Beruf von ihren Ursprüngen 1913 bis in die Gegenwart aufzeichnet. Thomas Kirsch führt den Leser kenntnisreich durch die Geschichte dieser »Bewegung« und dokumentiert ihr Wachstum in der ganzen Welt. Darüber hinaus präsentiert er auch neue Einsichten zur viel diskutierten Beziehung Jungs zum Nationalsozialismus und Judentum.

»Dieses Buch ist eine bahnbrechende Studie, die für viele Jahre ein einflussreiches ›Lese-Muss‹ sein wird.«

*Deirdre Bair, Biografin von Samuel Beckett, Anais Nin, Simone de Beauvoir und C. G. Jung*

In diesem Buch schreiben zwei Jungianer und ein Freudianer über die Notwendigkeit, den tiefenpsychologischen Erkenntnisansatz pfleglich zu behandeln. Angesichts des rasanten Zuwachses an neurowissenschaftlichen und kognitionspsychologischen Befunden und Theorien scheinen die ursprünglichen Entdeckungen Sigmund Freuds und C. G. Jungs hoffnungslos überholt und veraltet. Doch gerade angesichts solcher Entwicklungen ist das Querdenken der Tiefenpsychologie unverzichtbar. Trotz der Revision mancher Auffassungen bleiben die grundsätzlichen Erkenntnishaltungen auch ein Jahrhundert später absolut notwendig.

www.ingramcontent.com/pod-product-compliance
Lightning Source LLC
LaVergne TN
LVHW040131080526
838202LV00042B/2871